施普林格 国际统计教育研究手册

International Handbook of Research in STATISTICS EDUCATION

[以] 达尼 · 本 -兹维（Dani Ben-Zvi）
[澳] 凯蒂 · 马卡尔（Katie Makar） ◎主编
[美] 琼 · 加菲尔德（Joan Garfield）
徐文彬　潘禹辰　等◎译

科学出版社
北京

图字：01-2023-0817 号

图书在版编目（CIP）数据

施普林格国际统计教育研究手册 /（以）达尼・本–兹维（Dani Ben-Zvi），（澳）凯蒂・马卡尔（Katie Makar），（美）琼・加菲尔德（Joan Garfield）主编；徐文彬等译. —北京：科学出版社，2024.6

书名原文：International Handbook of Research in Statistics Education

ISBN 978-7-03-076557-4

Ⅰ. ①施…　Ⅱ. ①达…　②凯…　③琼…　④徐…　Ⅲ. ①统计学–教育研究–手册　Ⅳ. ①C8-4

中国国家版本馆 CIP 数据核字（2023）第 209372 号

责任编辑：朱丽娜 / 责任校对：王晓茜
责任印制：徐晓晨 / 封面设计：润一文化

科学出版社出版
北京东黄城根北街 16 号
邮政编码：100717
http:// www.sciencep.com

北京建宏印刷有限公司印刷
科学出版社发行　各地新华书店经销
*
2024 年 6 月第　一　版　开本：787×1092　1/16
2024 年 6 月第一次印刷　印张：29
字数：600 000

定价：299.00 元

（如有印装质量问题，我社负责调换）

贡 献 者

珍妮特·安利（Janet Ainley）

莱斯特大学教育学院（英国） 电子邮箱：jma30@le.ac.uk

皮普·阿诺德（Pip Arnold）

认知教育有限公司（新西兰） 电子邮箱：parnold@cognitioneducation.com

雅姆·巴格兰（James Baglin）

皇家墨尔本理工大学（澳大利亚） 电子邮箱：james.baglin@rmit.edu.au

阿瑟·巴克（Arthur Bakker）

乌得勒支大学弗赖登塔尔研究所（荷兰） 电子邮箱：a.bakker4@uu.nl

达尼·本-兹维（Dani Ben-Zvi）

海法大学教育学院（以色列） 电子邮箱：dbenzvi@univ.haifa.ac.il

罗尔夫·比勒尔（Rolf Biehler）

帕德博恩大学数学研究所（德国） 电子邮箱：biehler@math.upb.de

贝丝·钱斯（Beth Chance）

加利福尼亚理工州立大学统计学系（美国） 电子邮箱：bchance@calpoly.edu

乔治·W. 科布（George W. Cobb）

蒙特霍利约克学院（美国） 电子邮箱：gcobb@mtholyoke.edu

杰雷·康弗里（Jere Confrey）

北卡罗来纳州立大学教育学院（美国） 电子邮箱：jere_confrey@ncsu.edu

若昂·佩德罗·达蓬特（João Pedro da Ponte）

里斯本大学教育研究所（葡萄牙） 电子邮箱：jpponte@ie.ulisboa.pt

罗贝尔·戴尔马（Robert delMas）

明尼苏达大学教育心理学系（美国） 电子邮箱：delma001@umn.edu

林恩·英格利希（Lyn English）

昆士兰科技大学教育学院（澳大利亚） 电子邮箱：l.english@qut.edu.au

吉尔·菲尔丁-韦尔斯（Jill Fielding-Wells）

昆士兰大学教育学院（澳大利亚） 电子邮箱：j.wells2@uq.edu.au

诺莱内·菲查伦（Noleine Fitzallen）

塔斯马尼亚大学教育学院（澳大利亚） 电子邮箱：Noleine.Fitzallen@utas.edu.au

丹尼尔·弗里舍梅尔（Daniel Frischemeier）

帕德博恩大学数学研究所（德国） 电子邮箱：dafr@math.upb.de

伊丽莎白·弗赖伊（Elizabeth Fry）

明尼苏达大学教育心理学系（美国） 电子邮箱：fryxx069@umn.edu

伊多·贾勒（Iddo Gal）

海法大学人类社会服务系（以色列） 电子邮箱：iddo@research.haifa.ac.il

琼·加菲尔德（Joan Garfield）

明尼苏达大学教育心理学系（美国） 电子邮箱：jbg@umn.edu

罗伯特·古尔德（Robert Gould）

加利福尼亚大学统计学系（美国） 电子邮箱：rgould@stat.ucla.edu

科恩诺·格雷夫迈耶（Koeno Gravemeijer）

埃因霍芬理工大学（荷兰） 电子邮箱：koeno@gravemeijer.nl

兰德尔·格罗思（Randall Groth）

索尔兹伯里大学教育系（美国） 电子邮箱：regroth@salisbury.edu

尼古拉斯·J. 霍顿（Nicholas J. Horton）

阿默斯特学院数学与统计学系（美国） 电子邮箱：nhorton@amherst.edu

瑞安·塞思·琼斯（Ryan Seth Jones）

中田纳西州立大学教育学院（美国） 电子邮箱：Ryan.jones@mtsu.edu

西贝尔·卡扎克（Sibel Kazak）

棉花堡大学教育学院（土耳其） 电子邮箱：skazak@pau.edu.tr

弗劳克·克罗伊特尔（Frauke Kreuter）

马里兰大学帕克分校（美国） 曼海姆大学（德国） 电子邮箱：fkreuter@umd.edu

霍利琳内 · S. 李 (Hollylynne S. Lee)

北卡罗来纳州立大学教育学院（美国） 电子邮箱：hollylynne@ncsu.edu

理查德 · 莱勒 (Richard Lehrer)

范德堡大学教育学院教学与学习系（美国） 电子邮箱：rich.lehrer@vanderbilt.edu

桑德拉 · 马登 (Sandra Madden)

马萨诸塞大学阿默斯特分校教学与教师发展中心（美国）

电子邮箱：smadden@umass.edu

凯蒂 · 马卡尔 (Katie Makar)

昆士兰大学教育学院（澳大利亚） 电子邮箱：k.makar@uq.edu.au

凯文 · 麦康韦 (Kevin McConway)

开放大学数学与统计学系（英国） 电子邮箱：kevin.mcconway@open.ac.uk

阿梅莉亚 · 麦克纳马拉 (Amelia McNamara)

史密斯学院（美国） 电子邮箱：amelia.a.mcnamara@gmail.com

玛丽亚 · 梅莱蒂乌-马夫罗瑟里斯 (Maria Meletiou-Mavrotheris)

塞浦路斯欧洲大学人文、社会与教育科学学院（塞浦路斯）

电子邮箱：m.mavrotheris@euc.ac.cy

佩尔 · 尼尔森 (Per Nilsson)

厄勒布鲁大学科学技术学院（瑞士） 电子邮箱：Per.Nilsson@oru.se

珍妮弗 · 诺尔 (Jennifer Noll)

波特兰州立大学马席赫数学与统计学系（美国） 电子邮箱：noll@pdx.edu

罗杰 · D. 彭 (Roger D. Peng)

约翰 · 霍普金斯大学生物统计学系（美国） 电子邮箱：rpeng@jhsph.edu

彼得 · 派特茨 (Peter Petocz)

麦考瑞大学统计学系（澳大利亚） 电子邮箱：Peter.Petocz@mq.edu.au

玛克辛 · 普凡库赫 (Maxine Pfannkuch)

奥克兰大学统计学系（新西兰） 电子邮箱：m.pfannkuch@auckland.ac.nz

戴夫 · 普拉特 (Dave Pratt)

伦敦大学学院教育学院（英国） 电子邮箱：david.pratt@ucl.ac.uk

兰德尔·普鲁姆（Randall Pruim）

凯尔文学院数学与统计学系（美国） 电子邮箱：rpruim@calvin.edu

克里斯·雷丁（Chris Reading）

新英格兰大学澳大利亚农村与地区科学、信息与通信技术及数学教育国家研究中心（澳大利亚） 电子邮箱：creading@une.edu.au

安娜·里德（Anna Reid）

悉尼大学悉尼音乐学院（澳大利亚） 电子邮箱：Anna.Reid@sydney.edu.au

吉姆·里奇韦（Jim Ridgway）

杜伦大学教育学院（英国） 电子邮箱：jim.ridgway@durham.ac.uk

艾伦·罗斯曼（Allan Rossman）

加利福尼亚理工州立大学统计学系（美国） 电子邮箱：arossman@calpoly.edu

安蒂·鲁宾（Andee Rubin）

技术教育研究中心（美国） 电子邮箱：andee_rubin@terc.edu

麦可·申德勒（Maike Schindler）

科隆大学人文科学学院（德国） 电子邮箱：maike.schindler@uni-koeln.de

J. 迈克尔·肖内西（J. Michael Shaughnessy）

波特兰州立大学马席赫数学与统计学系（美国） 电子邮箱：mikesh@pdx.edu

杰茜卡·M. 厄茨（Jessica M. Utts）

加州大学尔湾分校统计学系（美国） 电子邮箱：jutts@uci.edu

简·沃森（Jane Watson）

塔斯马尼亚大学教育学院（澳大利亚） 电子邮箱：Jane.Watson@utas.edu.au

克里斯托弗·J. 怀尔德（Christopher J. Wild）

奥克兰大学统计学系（新西兰） 电子邮箱：c.wild@auckland.ac.nz

杰夫·威特默（Jeff Witmer）

欧柏林学院文理学院（美国） 电子邮箱：jeff.witmer@oberlin.edu

安德鲁·齐夫勒（Andrew Zieffler）

明尼苏达大学教育心理学系（美国） 电子邮箱：zief0002@umn.edu

序　一

社会的变革促使各国教育界不断思考未来学生应具备哪些关键能力和核心素养。显然，这种思考对数学课程的发展也产生了相应的影响。在以信息和技术为主导的现代社会中，数据无处不在，人们的身边充斥着各种信息。因此，学会有效处理数据和信息成为人们更好地认识世界和适应社会不可或缺的关键能力。

统计学正是与此密切相关的一门学科，许多国家都将统计或/与概率作为中小学数学课程的重要组成部分，并且世界各国对统计教育的重视程度也在不断加强，以应对社会变革与时代发展的需求。

尽管世界各国都在积极地探索统计教育，但是，各国之间的实际课程内容与实践成效仍然存在着巨大差异。仅就我国而言，21 世纪初期的课程改革对统计教育产生了显著的影响。然而，相较于其他国家，我国义务教育阶段统计内容的广度仍然有限，高中的概率统计知识则略显宽泛而不深入。2017 年和 2022 年，我国进行的两次课程改革重新调整并进一步明晰了基础教育各学段的统计教育要求，这体现了对统计教育重视程度的又一次提升。

随着教育界对数智时代人才培养的探讨逐步深入，我们应当意识到统计素养对未来公民的基础性意义。经济合作与发展组织形成的面向 2030 的素养框架中，数据素养、数字素养，以及批判性思维和媒介素养等，都与统计学所蕴含的思想紧密相连，同时展现了统计学作为一门方法论学科在现实生活中的广泛应用。

无论如何，统计思维都是独特的，且难以在短期内掌握。它不仅涉及处理数据中的变化，更与判断决策时进行权衡与冒险密切相关。然而，在人的判断决策过程中，常常充斥着人类思维的局限。

其实，统计教育在传统的数学教育中也是一个独特的存在，因为与其他数学内容相比，学生学习统计、教师理解并教授统计，以及研究人员探究统计的教与学问题，似乎都面临更大的挑战。

由于统计学中的变异挑战着人们日常的确定性思维，攻克统计教育的难关并不容易。这要求统计教育工作者和研究者首先要能意识到统计思维与数学思维之间的差异。《施普林格国际统计教育研究手册》对统计学、统计教育和统计教育研究的系统论述，可以为迷失于这一领域中的教育工作者和研究者指明方向，有助于他们从根本上认识统计学这门独立学科的本质特征，进而深入理解为什么要教授这门学科，以及教授这门学科的深远意义所在。

与此同时，或许正是由于这些困难的客观存在，我国数学教育研究中关于统计教育部分的探讨总是偏少，且研究进程缓慢。这种瓶颈主要体现在尚未充分吸纳国内外较为成熟和系统的理论成果，同时也鲜有针对统计知识进行的深入实证研究或理论探讨。《施普林格国际统计教育研究手册》探讨了世界范围内丰富的统计教育研究案例，这些案例大多聚焦于一个特定的统计知识点或主题。它们通过精心设计的学习任务收集关于学习者统计认知的"证据"，涵盖了统计学的不同内容领域。这些案例的研究视角和研究设计均具有较高的价值，值得国内统计教育的学习者或研究者学习、参考和借鉴。通过深入研究这些案例，我们也观察到了国内外数学教育研究的范式差异。在一定程度上，我们需要提高对实证研究的重视程度，并提升相应的研究水平，以统计学重数据、重实证的精神从事统计教育及其研究工作。

统计教育及其研究的发展之路虽然可能充满挑战，但自21世纪以来，我们已经取得了显著的突破。我坚信，通过加强广泛的国际交流与合作，以及进行更深入、更系统的本土探索，我们终将迎来统计教育及其研究的美好未来。

因此，由徐文彬、潘禹辰等翻译的《施普林格国际统计教育研究手册》，由科学出版社出版发行，可谓适逢其时。该手册有望为我国统计教育带来更为广泛、深入的实践循证变革，推动更为系统的理论探索，以及促进更为深入的实证研究。

北京师范大学

序　　二

在教育数字化转型的时代背景下，信息化对学生的数据分析能力提出了更高要求。现实生活中，对各种统计数据或表格的理解，以及各类建议或决策的制定，都密切依赖于数据的整理和分析。这种生活实际需求比数学课程更迫切地让统计知识走进了大众的视野。

尽管统计教育的重要性不言而喻，且国内中小学统计教育已逐渐重视学生对统计过程的体验和对随机性的感受，以及在情境中提升学生的应用意识，但国内统计教育的发展仍面临一些波折。

20 世纪 30 年代，中国广泛使用的高中教材《范氏大代数》已设有“概率”章节。1950 年，教育部印发的《数学教材精简纲要》（草案）中，也将概率内容纳入了高中教材。然而，到了 1951 年 3 月，教育部起草的《中学数学科课程标准草案》（第一、二案）却并未包含统计和概率的内容，而当时的小学则保留了较少的统计知识，作为统计的入门知识。

1956 年的《小学算数教学大纲》（修订草案）中引入了简单统计图表的内容，并在初中算术课程中系统地讲解统计图表方面的知识。到了 1978 年，根据《全日制十年制学校中学数学教学大纲》（试行草案）的规定，初中三年级的学生开始学习总体和样本、频率分布、样本均值、样本方差和标准差等统计知识。随后，该教学大纲又增加了累积频率分布的内容，使得统计内容得到了显著的重视。然而，此时的教学大纲尚未特别强调对学生统计观念的培养。

跟随时代的发展和社会需求的变迁，1988 年的上海市中小学课程教材改革对高中数学教学进行了重要调整，引入概率的统计型概念、独立事件的概率计算、条件概率、正态分布和二项分布等概念，以及样本估计总体的方法等，并构建了一个相对丰富的知识框架。自 20 世纪 80 年代起，统计素养作为基本数学素养之一，被纳入中小学的课程体系之中。

进入 21 世纪，《普通高中数学课程标准（实验稿）》对统计和概率的重视程度达到了新的高度，将其视为“一个公民的必备常识”。2001 年，“统计与概率”首次与“数与代数”“空间与图形”“实践活动”并列，一同被纳入《全日制义务教育数学课程标准（实验稿）》。随后，“统计”作为高中必修的内容，正式成为数学课程的一部分。

在课程标准的明确引领下，统计和概率的学习逐渐受到更为广泛的重视。《普通高中数学课程标准（2017 年版 2020 年修订）》针对统计内容在课程结构、知识内容以及教学要求上均进行了显著的调整：在选择性必修内容中，特别强调了计数原理、离散型随机变量的分布列及数字特征、正态分布、条件概率、2×2 列联表等关键知识点。《义务教育数学课程标准（2022 年版）》则进一步将“数据分析观念”细化为数据意识和数据观念两个层次，分别对应于小学和初中学段。其中，数据意识侧重于培养学生对数据的意义和随机性的感悟，而数据观念则要求学生对数据的意义和随机性有比较清晰的认识。由此不难发现，统计教育在国内数学教育领域已越来越受关注。

在大数据时代，学会收集、整理与分析、利用各种数据信息以做出合理决策，已经成为每个公民的必备常识与基本素养。因此，统计教学的目标应聚焦于促进学生深入理解统计概念的实质及数据的价值，关注学生对统计概念的理解，发展学生的数据素养，从而全面培养学生的统计思维能力。

从基础教育各学段的衔接来看，对数据素养的发展要求表现为从小学阶段侧重意识的培养，到初中阶段侧重观念的建立，进而在高中阶段转向数据分析能力的深化。循着国内统计教育的研究动向，学生在基础教育阶段的统计学习不应仅仅局限于简单机械地运用统计符号或统计概念解决问题，而应通过不断的经验积累，发展出可持续的统计素养。

《施普林格国际统计教育研究手册》对世界范围内的统计教育研究进行了系统梳理，并对该领域的未来发展难点进行了深入分析，同时展望了未来的愿景。可以预见，该手册的译介将对国内统计教育及其研究的持续推进与发展起到积极的促进作用。

因此，我们有充分的理由相信，由徐文彬、潘禹辰等翻译，科学出版社出版发行的《施普林格国际统计教育研究手册》必定能为国内统计教育界带来丰富的借鉴与深刻的启示。同时，该手册也将为基础教育阶段的统计教学提供坚实的理论支撑和切实可行的实践指导，进而有望推动我国统计教育实现实质性的变革。

南京师范大学

译　者　序

英国作家威尔斯（H. G. Wells）曾预言，统计思维总有一天会像读与写一样成为一个有效率公民的必备能力。大数据的兴起预示着信息时代进入崭新阶段，在这个数据无处不在的世界，如何正确地看待并适时质疑数据，如何合理地揭示数据背后的故事，如何在关键时刻做出明智决策，这一系列问题的解决都会彰显统计学的价值。

统计教育研究的发展推动着统计教育的发展，进而又将促进统计学的繁荣。这种关系下，统计教育研究应当引起当代数学教育研究人员的重视。我国2001年颁布的《全日制义务教育数学课程标准（实验稿）》首次将“统计与概率”领域纳入九年义务教育数学课程中，确立了其在数学课程中的地位。2011年颁布的《义务教育数学课程标准（2011年版）》亦然。

随着对该领域内容的认识不断深入，“数据分析素养”于2017年作为高中数学核心素养之一被提出，而曾经作为义务教育数学课程十大核心词之一的“数据分析观念”，也在2022年颁布的《义务教育数学课程标准（2022年版）》中被确立为核心素养（小学阶段为“数据意识”，初中阶段为“数据观念”）。

由此可见，我国统计教育的对象囊括了越来越年轻的学习者。至于我国的统计教育研究，从最初对课程内容的探讨逐渐转移到对教与学等实践问题的研究，近年来多围绕数学核心素养展开，统计思维也成为热点。尽管相关研究的数量有所上升，但是总体上还不够成熟且研究视野较为狭窄。

本手册开创性地梳理了当代国际统计教育研究的主题、内容和方法，并对其当代议题和未来方向进行了展望，为推动高质量的统计教育研究和统计教育改革提供了研究基础或理论参照，对我国统计教育及其研究的发展也具有借鉴意义。本手册包括三个部分。第一部分3个章节分别介绍了统计学、统计教育和统计教育研究及其相互关系，为后续章节的展开提供基础和背景；第二部分7个章节，选取了统计实践、数据推理、不确定性、变异性建模、统计推断、统计学学习轨迹、统计学教师等7个涵盖统计教学、学习和理解的统计教育研究等主题进行综述，在总结成果的同时指出未来研究的可能发展方向；第三部分包括4个研究性章节和2个反思性章节，关注了统计教育改革中的整体方法、统计知识对公民活动的重要性，以及技术的重要作用。

通过本手册的译介，我们看到了统计实践在统计教育中的重要性，关注到了统计推理这一统计教育的核心目标，以及构建一个具有统计素养的社会的美好愿景，也发现了教师研究的薄弱之处与学习轨迹的新视角。我们希望本手册的翻译与出版能够引发我国数学教育界对从幼儿园到成人的全阶段统计教育的思考，并将这些想法与思路付诸研究与实践，从而推动我国统计教育的实质性变革。

全书由潘禹辰、李亚琼、刘豹等研究生合作译出初稿，尔后由徐文彬和潘禹辰逐章译校，并对全书进行统稿与审校。本手册的顺利出版要感谢科学出版社的鼎力支持与协助，尤其是朱丽娜、朱冠华等编辑的严谨与专注使得本手册的语言更加流畅、清晰；同时，感谢南京师范大学教育科学学院为本手册出版提供的一定资助。由于我们水平有限，一定存在不少疏漏或不足之处，敬请专家、读者批评指正。

徐文彬　潘禹辰 等

南京师范大学课程与教学研究所

原　书　序

本手册的内容源自编者精心挑选的统计教育领域的前沿话题，并遴选了该领域顶尖学者撰写的一些文章，这些文章以科学研究为基础又致力于实践的改进。与此同时，本手册不只是一本文集，而且是关于几十年来人们对一门萌芽已久并被一代又一代学生和学者所培育的新学科的未来憧憬的认识。

起初，这里既有土壤又有种子。土壤是统计学，统计学是从数据中学习的科学，不是作物本身，而是像孕育作物的环境，是利用数据去了解学科领域。种子来源于众多学科领域，在这里是教育领域，我们想探究的是我们是如何学习的。种子找到适宜的土壤，统计教育这门新科学就会萌芽并迅速发展，这既源自教好统计学这一承诺，也受一些早期统计教材的引领，这些教材的作者包括斯内德克和科克伦（Snedecor & Cochran，1937），赫尔（Hoel，1947），霍格和克雷格（Hogg & Craig，1958），莫斯特勒、鲁尔克和托马斯（Mosteller，Rourke，& Thomas，1961），以及统计教育的第二次发展浪潮中有影响力的作者弗里德曼、皮萨尼和珀维斯（Freedman，Pisani，& Purvis，1978），穆尔（Moore，1978），安斯科姆（Anscombe，1981），穆尔和麦凯布（Moore & McCabe，1989），舍弗、沃特金斯、威特默和格纳纳迪西肯（Scheaffer，Watkins，Witmer，& Gnanadesikan，1996）等。伴随第二次浪潮而来的是一门新兴学术科目的诞生：如何运用统计学来探究统计教学。

像耕作一样，教学是一门手艺，无关乎天赋，如果你关注数据，你就能从经验中学到一些东西。在统计教育研究中所获取的数据应该能够指导我们这些教授统计学的人改进统计教学的技艺。与此同时，我们这些教授统计学的人也应当能够指导那些运用数据研究学生学习方式的人。基于这种精神，本手册对教授统计学（即如何从数据中学习的学科）的人如何使用数据改进其教学方式来说，有很大帮助。确实，统计教育处于一个独特的、富有丰硕成果的可能性的交汇处。

统计学作为一门学科的发展取决于它作为一个专业的发展；统计学作为一个专业的发展取决于统计教学的发展；统计教学的发展取决于将统计教学作为一种技能的发展；而将统计教学作为一种技能的发展又取决于科学研究的发展，即学生如何学习统计学以及关注该问题的教师如何最佳地帮助学生学习。

我将以一个令人担忧的挑战和一个乐观的观点结束本手册的前言。面临的挑战是日益显著的时间滞后。从事这项研究并将其教授给博士研究生的学者促进了统计学的前沿发展。但其发展所涉及的范围却是狭窄的——教授基因组学最新思想的人往往不是教授马尔可夫链蒙特卡洛（Markov Chain Monte Carlo，MCMC）方法或商业数据挖掘最新思想的人。统计学教学的前沿发展主要是由极少数的博士推进的，他们毕业于研究型大学并选择在为数不多的文理学院任教，较轻的教学工作量使他们有时间进行课程创新并期望开设新课程。统计教育研究的前沿发展至少部分取决于文理学院的教授，他们针对研究型大学的课程革新撰写文章或发表演讲。值得调侃的是，统计学的革新受到高层的财政支持，而 K-16 课程改革者所获得的统计教育经费却越来越少，而且统计教育的研究人员经常被弃置于去满足底层需要的境地。不过，那是过去的事情了。幸运的是，对数据科学和有效性评估的日益重视正在改变着这些优先次序。

在此，我想要明确的是对时间滞后的担忧。要想让最新研究融入研究生课程可能还需要一段时间，然后再进入本科课程，再由此进入那些吸引教育研究人员注意力的文章和演讲中，这些教育研究人员使用数据科学去推动我们对学生学习数据科学的理解。不只是对当前的时间滞后的担忧，我甚至担心统计学和统计教育研究可能越来越背道而驰。直至最近，统计学和教育研究人员在其博士项目中所学到的统计学的重叠部分才被看作统计教育学科的核心。目前，统计学在许多研究方向都有迅速发展。我所关注的是，统计教育研究的核心是什么？

除了担忧和挑战，我也会提出一些乐观的观点。统计教育研究是独特的，因为正在研究其教与学的这个目标学科（统计学），同时也提供了从研究数据中获取信息所需的主要概念与方法。那些研究化学教与学的人并非主要依赖于分子去了解学生是怎样学习的。那些研究天文学或微生物学教与学的人也不会运用望远镜或显微镜来观察学生。唯独在统计教育中，学科本身的研究人员，那些致力于教好这门学科的人，以及那些用科学去研究这门学科的教与学的人，这三者有着“共同的核心”，那就是统计学学科本身。我们的历史证明了这一点：从未有过“统计学战争”。

很高兴能够向您推荐这本既有开创性又毫无争议的研究手册。

乔治·W. 科布
蒙特霍利约克学院

参考文献

Anscombe，F. J.（1981）. Computing in statistical science through APL. New York：Springer.

Freedman，D.，Pisani，R.，& Purves，R.（1978）. *Statistics*（1st Ed.）. New York：W.W. Norton & Company.

Hoel，P. G.（1947）. *Introduction to mathematical statistics*（1st Ed.）. New York：Wiley.

Hogg，R. V.，& Craig，A. T.（1958）. *Introduction to mathematical statistics*（1st Ed.）. New York：Macmillan Publishing.

Moore，D. S.（1978）. *Statistics：Concepts and controversies*（1st Ed.）. New York：W. H. Freeman and Company.

Moore，D. S.，& McCabe，G. P.（1989）. *Introduction to the practice of statistics*（1st Ed.）. New York：W. H. Freeman and Company.

Mosteller，F.，Rourke，R. E. K.，& Thomas，G. B.（1961）. *Probability with statistical applications*（1st Ed.）. Reading：Addison-Wesley.

Scheaffer，R. L.，Watkins，A.，Witmer，J.，& Gnanadesikan，M.（1996）. *Activity-based statistics：Instructor's guide*（1st Ed.）. New York：Springer.

Snedecor，G. W.，& Cochran，W. G.（1937）. *Statistical methods*（1st Ed.）. Iowa：Iowa University Press.

前　　言

经过多年的努力和广泛合作，我们深感荣幸地向统计和数学教育界介绍第一本《施普林格国际统计教育研究手册》。我们几十年来的努力都致力于提高这门支持统计学教与学的重要学科的知名度和可信度。这本手册不仅反映了这些努力，而且旨在进一步推动更高质量的研究和统计学教与学的改进。

本手册建立在我们过去十年的承诺之上。这个承诺就是探索理解并培养学生的统计素养、统计推理和统计思维的方式。尽管来自三个不同的国家，我们仍然一起合作并通过 Skype 沟通，以撰写这本反映当代统计教育的知识和思想的研究手册。

关于是否需要一本研究手册的最初讨论始于 2011 年在荷兰举办的统计推理、统计思维和统计素养国际研究论坛（International Research Forum on Statistical Reasoning，Thinking and Literacy，SRTL）。随后，撰写这本手册的计划逐步得到确立。首次编辑委员会会议与 2013 年的 SRTL 论坛一同在美国举行。我们确定了本手册的结构，主要包括三个部分，每一个部分均由两名编者共同负责。我们共同确定了本手册的目标，即为教育工作人员和研究人员提供一个有价值的知识基础。我们深深地感谢这六位与我们合作并帮助我们将这一愿景化作正式出版物的编者们：

第一部分：贝丝・钱斯和艾伦・罗斯曼。

第二部分：玛克辛・普凡库赫和罗贝尔・戴尔马。

第三部分：珍妮特・安利和戴夫・普拉特。

与这些如此敬业且顶尖的编者以及每章合作的国际学者团队共同撰写这本手册，是一次难忘的经历。撰写本手册需要不断阅读、写作、讨论和学习，我们在美国国际统计教学大会（International Conference on Teaching Statistics，ICOTS）期间与许多作者进行了面对面的会谈（2014 年 7 月 12—13 日）。

我们非常感谢审阅本手册各章节的所有编者和作者们，以及整个 SRTL 论坛所提供的大量宝贵的帮助和反馈。我们也感谢统计教育领域的同事们，他们承担了外部审稿人的责任：多尔·阿伯拉罕森（Dor Abrahamson）、克伦·阿里多尔（Keren Aridor）、皮普·阿诺德、阿瑟·巴克、斯蒂芬妮·巴杰特（Stephanie Budgett）、盖尔·伯里尔（Gail Burrill）、海伦·奇克（Helen Chick）、内维尔·戴维斯（Neville Davies）、阿德里·迪多普（Adri Dierdorp）、安德烈亚斯·艾克勒（Andreas Eichler）、林恩·英格利希、吉尔·菲尔丁-韦尔斯、伊多·贾勒、安纳特·吉尔（Einat Gil）、兰德尔·格罗思、珍妮弗·卡普兰（Jennifer Kaplan）、西贝尔·卡扎克、克利夫·科诺尔德（Cliff Konold）、吉利恩·兰开斯特（Lancaster）、辛迪·朗格拉尔（Cindy Langrall）、艾斯琳·利维（Aisling Leavy）、理查德·莱勒、玛莎·洛维特、海伦·麦吉利夫雷、桑德拉·马登、哈娜·马诺尔·布雷厄姆（Hana Manor Braham）、玛丽亚·梅莱蒂乌-马夫罗瑟里斯、珍妮弗·诺尔、苏珊·彼得斯（Susan Peters）、罗宾·皮尔斯（Robyn Pierce）、罗宾·雷亚伯恩（Robyn Reaburn）、杰基·里德、吉姆·里奇韦、路易斯·萨尔达尼亚（Luis Saldanha）、苏珊·施内尔、迈克尔·肖内西、鲍勃·斯蒂芬森（Bob Stephenson）、简·沃森（Jane Watson）、杰夫·威尔默（Jeff Wilmer）、露西娅·萨帕塔-卡多纳（Lucia Zapata-Cardona）、安德鲁·齐夫勒。

本手册的编写是一次积极且富有成效的合作。我们三个人也因共同开展这项工作而感到开心，尤其是当我们中的一个人（琼·加菲尔德）从她的教职岗位退休时。

我们感谢施普林格出版社为本手册的出版提供渠道，感谢约瑟夫·夸特拉（Joseph Quatela）代表出版社娴熟地管理了本手册的出版工作。

最后，非常感谢我们的家人哈瓦·本-兹维（Hava Ben-Zvi）、桑贾伊·马卡尔（Sanjay Makar）和迈克尔·拉克森伯格（Michael Luxenberg），以及我们的孩子——诺亚（Noa）、尼尔（Nir）、达冈（Dagan）、迈克尔·本-兹维（Michal Ben-Zvi），凯亚·马卡尔（Keya Makar），以及哈伦（Harlan）、丽贝卡·拉克森伯格（Rebecca Luxenberg）——他们给了我们巨大的动力和支持。

达尼·本-兹维　凯蒂·马卡尔　琼·加菲尔德

目　　录

第二部分　统计教育研究的主要贡献

玛克辛·普凡库赫　罗贝尔·戴尔马

第三部分 统计学教与学研究的当代议题和新兴方向

珍妮特·安利 戴夫·普拉特

引 言

统计教育由来已久，这门独特的学科源自许多不同领域。在过去 50 年中，其不断成长并具有了自身特质。每门学科都需要一个公认的研究主体来建立其作为一个合理的知识与研究领域的信誉。现在是时候让这个相对较新的统计教育领域拥有一本研究手册了，从而为支持统计学的教与学提供完备的知识体系。

在充满各种信息与大数据的现代社会中，统计学成为主要的研究主题之一。随着各门学科对统计学习需求的急剧增长，统计教育研究也取得了巨大进步。同时，各级教育工作者也教授更多关于定量推理、数据分析和数据科学的课程，涉及的学科包括数学、科学及其他科目，学生所在年级也越来越向较低年级发展。然而，尽管统计教育在发展，其研究却不断揭示着帮助学习者发展统计素养，培养统计推理和统计思维方式时所面临的许多挑战。新的课程和技术工具有望促进这些预期成果的达成。该领域新的研究进展能够为大学教师、任课教师、课程设计者、数学与统计教育研究人员、政策制定者和统计教育领域的新人提供重要信息。

《施普林格国际统计教育研究手册》旨在为统计教育研究奠定坚实基础。与统计学本身一样，统计教育研究在本质上也是跨学科的，其实践和原理都源自许多不同的领域。此外，在不断变化的世界中，当前的统计实践问题和方法需要分享给教育实践者们。

本手册所介绍的知识体系和研究成果主要基于三个领域，并以三位对此做出主要贡献的杰出人物的成果为代表，他们是约翰·图基（John Tukey，1915—2000 年）、阿莫斯·特沃斯基（Amos Tversky，1937—1996 年）和让·皮亚杰（Jean Piaget，1886—1980 年）。

图基推动统计学实践进入探索数据的新时代。20 世纪 70 年代，统计学被重新划分为探索性数据分析（exploratory data analysis，EDA）和验证性数据分析［confirmatory data analysis，CDA；即推断统计（inferential statistics）］两个相互独立的实践领域，这种分类使数据分析从概率模型的束缚中解放出来，因而数据分析开始获得其作为一个独立智力活动的地位。简单数据工具如茎叶图（stem and leaf plot）和箱线图（boxplot）的引入，为各级各类学生做交互式数据分析铺平了道路，他们不必在基础理论、计算和复杂步骤上花费太多时间。图基和他同事的研究成果被推广至各级各类学生，并推动了中小学新课程的开设。随后，计算机和新教学法将完成统计教育领域的“数据革命”。

特沃斯基研究并启迪了人们的思考与推理方式。他记录了人们误解随机性和概率的频率，而这势必会导致人们使用错误的探索方法做出样本推断。特沃斯基和他同事（如Kahneman，Slovic，& Tversky，1982）的研究成果使人们认识在已有基础上构建学习轨迹（learning trajectories，LTs）的新方法，通过模拟和可视化探索来挑战启发法错误（faulty heuristics）和偏差（biases）的方法，以及严谨地评价推理与思考的方法。

最后，皮亚杰等的成果（如 Inhelder & Piaget，1958；Piaget & Inhelder，1962）提供了一个模型，说明如何仔细研究儿童理解世界的过程，以及儿童是如何做出关于机会和可能性的推断的（Piaget & Inhelder，1975）。他对学生进行深入研究的方法为当代研究人员观察和研究儿童的思维方式铺平了道路，包括研究儿童是如何看待推断和随机事件的。

虽然他们的研究是在 20 世纪发展起来的，但我们相信当前大多数统计教育研究是建立在这三位才华横溢的思想家的独特见解与知识之上的。统计教育研究包括以下几个方面：人们是如何看待数据和机会的、人们系统地犯了哪些影响推理和判断的错误，新工具和学习环境的使用与影响，以及通过观察、访谈和教学实验对丰富的定性数据的使用。

本手册中所做的工作代表了来自全世界的前沿教育者、研究人员和统计学者等专业人士的合作。我们的目标是为当前和未来所面临的挑战提供一种将统计实践和统计学教与学相联结的资源。各章作者和编者对本手册的开发、写作和编辑都做出了贡献。正如统计教育学科是建立在不同学科领域基础之上一样，本手册的作者来自统计学、数学教育、心理学和技术教育等领域，在某些情况下，本手册的作者还来自统计教育的新项目。

本手册包括三个部分，涵盖了教育各层次水平及其场域的统计学教与学的研究。因此，作者和编者竭力合作，将所要表达的各种观点贯穿到本手册的三部分之中。

第一部分：统计学、统计教育和统计教育研究。该部分描述了统计学、统计教育和统计教育研究及其之间的相互作用。

第二部分：统计教育研究的主要贡献。该部分主要关注统计教育研究在教统计学、学统计学和理解统计学方面做出的主要贡献，包括对传统和当代成果的总结，以呈现主要议题的发展和不同观点。与此同时，该部分也指出了现有研究的不足之处。

第三部分：统计学教与学研究的当代议题和新兴方向。该部分主要展望和研究统计教育的新兴领域及其预期结果，大部分内容是理论性的探讨而不是经验性的发现，因为关于这些主题还没有很多已发表或是可被预期为“即将出现”的研究成果。

本手册可供所有对最新的统计学教与学的国际研究感兴趣的人参考。我们很荣幸成为这门新学科的一员，也期待看到各层次水平学生在统计学教与学方面取得新进展。

达尼·本-兹维　凯蒂·马卡尔　琼·加菲尔德

参考文献

Inhelder，B.，& Piaget，J.（1958）. *The growth of logical thinking from childhood to adolescence*. New York：Basic Books.

Kahneman，D.，Slovic，P.，Tversky，A.（1982）. *Judgment under uncertainty：Heuristics and biases*. Cambridge：Cambridge University Press.

Piaget，J.，& Inhelder，B.（1962）. *The psychology of the child*. New York：Basic Books.

Piaget，J.，& Inhelder，B.（1975）. *The origin of the idea of chance in children*. London：Routledge & Kegan Paul Ltd.

Tukey，J. W.（1977）. *Exploratory data analysis*. Reading：Addison-Wesley.

第一部分

统计学、统计教育和统计教育研究

贝丝·钱斯　艾伦·罗斯曼

《施普林格国际统计教育研究手册》第一部分的目标是为构成本手册主体部分的文章和主题奠定基础。为此，我们将用三章来概述统计学、统计教育和统计教育研究这三个领域的发展历史、核心内容及未来展望。换句话说，第一部分仔细考察了统计、教育、研究之间的相互作用。这三章每章都由一个三人组成的作者团队完成，每个团队均由资深的著名统计学者、统计教育工作者和来自四个国家的统计教育研究人员构成。第一部分的目标是让读者了解统计教育发展并成长为一门独立学科的历程，同时着眼于统计教育未来的需求和研究问题。

我们希望本手册的这一部分将有助于建立共识，并促进统计学者、统计学教师和统计教育研究人员之间的互动，他们在统计教育中是不可或缺的三个群体。这些群体彼此之间可以提供很多东西。例如，教师要提升学生学习统计学的效果，不仅可以通过了解统计学学科，还可以通过应用并转化教育研究人员的成果进行有效教学。同样，教育研究人员不仅需要了解统计学学科，还需要关注教师的有效教学实践，从而开展更有意义和更具影响力的研究。我们担心，即使这三个群体的成员参加同一会议，比如ICOTS，他们也可能只关注自己的领域，而不与其他群体的成员进行交流。因此，我们希望第一部分的三章内容能够促进他们彼此之间的沟通和协商。数据科学家构成了第四个相关群体，而且这三章内容都涉及数据科学在统计教育及其未来发展中发挥的作用。

为了理解统计教育研究的本质，我们认为首先要理解统计学的本质及其与其他学科的区别，这有助于我们了解统计学应该教授什么以及如何教。为了在开篇章节中讨论这个非常宏观的主题，我们邀请了三位出色的统计学者，他们也参与了大学和中学的统计学课程开发和其他统计教育工作。怀尔德曾担任国际统计教育协会（International Association for Statistics Education，IASE）主席，并为新西兰的K-12统计学课程提供了持续支持。厄茨担任美国统计协会（American Statistical Association，ASA）会长，并为本科生撰写了深受欢迎的统计学入门教材。霍顿主持了 ASA 委员会，该委员会修订了本科统计学项目指导纲要，还修订了本科统计学入门课程的《统计教育评估和教学指南》（Guidelines for Assessment and Instruction in Statistics Education，GAISE）。这三位作者为拥有定量信息、了解相关知识的消费者界定了统计教育的需求和议题。

第 1 章由怀尔德、厄茨和霍顿撰写，讨论了统计学作为一门科学学科的本质，叙述了它的一些历史，并确定了统计学的一些特征，这些特征能够体现统计思维及其与数学思维的区别。本章还讨论了为什么统计学对众多专业领域以及受过教育的公民来说，都有重要的价值。有几个例子强调了统计思维是如何与日常生活紧密相关的，并且是增进知识所必需的。本章最后认为，在数据富足的当代世界，统计学仍然是一门正在发展和充满活力的学科。此外，随着统计学发展为一门学术专业和一种职业选择，以及数据科学作为与之密切相关的领域和热门职业选择的出现，最后一节还大胆地预测了统计学科未来几十年的发展方向。

解决了“统计学是什么”这个问题之后，第 2 章将考察什么是统计教育。这一章的三位作者都参与建设了美国第一个统计教育方向的博士项目。琼・加菲尔德是过去 25 年来[①]统计教育研究领域的领军人物之一，其研究和著作对各层次的统计学教与学都产生了深远影响。加菲尔德主导了明尼苏达大学统计教育博士项目的开发和形成。她以前在该项目中的两位学生和她一起完成了第 2 章。安德鲁・齐夫勒是这个项目中加菲尔德的第一个学生，他领导课程开发和其他统计教育项目。伊丽莎白・弗赖伊是加菲尔德近期的学生之一，她的研究重点是开发针对统计教育课程改革的高质量评估。

第 2 章由齐夫勒、加菲尔德和弗赖伊撰写，首先介绍了统计学教与学的简要历史，统计学最初以数学和科学教育为基础，后来扩大到包括对各级学生的统计教学。作者提到了一些重要事件，这些重要事件使统计教育成为区别于统计学和数学教育的一门独立学科，包括专门为统计教育服务的各种专业协会、会议和期刊的建立。统计教育包含多层面的内容和广泛的主题，这些将在本手册后面的章节介绍。齐夫勒等讨论了其中的几个主题，包括统计教育的认知和非认知教学目标、教学方法、技术使用、教师准备和研究生课程等。在单独的章节中，作者会从国际视角，尽可能在各个教育水平上充分讨论这些话题。

随着统计教育自身的发展与完善，相关研究文献也在不断发展。第 3 章提供了一些有关不同形式研究的观点，以及这些研究是如何深受几个综合学科积极影响的。本章由彼得・派特茨、伊多・贾勒和安娜・里德撰写。派特茨和贾勒是《统计教育研究杂志》（Statistics Education Research Journal，SERJ）近期的两名编辑，里德是教育定性和定量研究方法方面的专家。

① 译者注：本手册中如“过去 25 年来”等关于时间的描述均以原作者写作时的时间为基准。

作为第 3 章的一部分，派特茨、里德和贾勒介绍了他们所做的研究，即根据过去几年发表在各种渠道的统计教育研究文章进行定性研究，来考察统计教育研究的当前形势。他们的目标是描述进行这种研究的人是谁、研究正在解决的问题是什么，以及用于研究的方法和概念框架是什么。派特茨等试图区分他们所说的小 r 和大 R 研究（small-r and large-R research），小 r 研究解决特定情境下的局部性问题，大 R 研究针对更广泛的概括性问题。分析了自己的研究结果之后，作为总结，他们为统计教育学科的未来发展方向提出了一些建议。

本手册第一部分涉及非常深远的主题，因为它旨在为本手册其他部分更重要的章节奠定基础。我们期待前三章能提供有价值的观点，帮助读者解答统计学、统计教育、统计教育研究的构成等具有挑战性的问题。我们相信，第一部分能够激发读者的兴趣，使其探寻本手册其余章节描述的统计教育的研究成果，理解它们的含义，并展望统计教育的未来。

第 1 章　什么是统计学

克里斯托弗·J. 怀尔德　杰茜卡·M. 厄茨　尼古拉斯·J. 霍顿

什么是统计学？本章试图回答这个问题，因为它涉及统计教育的基础研究。统计学是从数据中学习的科学，我们将讨论其学科性质、历史和传统、统计思维的特征及其与数学思维的区别、统计学与计算和数据科学的联系、学习统计学的必要性，以及统计学中最重要的是什么。最后，基于对统计技能需求的快速增长以及学科发展方向的了解，尤其是对数据科学以及大数据的前景和问题的了解，我们将展望统计学的未来。

1.1　简介

本章提出了一个问题："什么是统计学？"我们不能孤立地看待这个问题，而是应当结合统计教育的基础研究背景来考虑。我们可以将统计学中的教育问题大致划分为"是什么"和"怎么办"。"是什么"这个问题涉及统计学的性质及其所涵盖的范围，而"怎么办"（包括"何时"）这个问题涉及很多额外因素，譬如认知和学习理论、受众和准备、态度、文化问题、与教师和其他学生的社会互动，以及学习、教学、评估策略和体制等。

本章将讨论统计学的本质，因为它与统计教学有关。本章有三个主要部分。第 1.2 节讨论统计学的性质，包括简要的统计学历史回顾，以及对统计思维与数学思维差异的讨论；第 1.3 节讨论学习统计学的重要性；第 1.4 节讨论人们对统计技能需求的不断增长，以及该学科的发展方向。贯穿本章的一条主线是，随着时间的推移，人们对统计学本质的认识不断发生变化，最近人们越来越强调广义而非狭义的统计学概念。我们强调广义的统计学概念，是因为我们认为它能更好地满足新兴领域的需求，我们也不希望研究人员将公平博弈作为研究对象时，会感到约束。

1.2　统计学的性质

美国统计协会将"统计学"定义为从数据中学习，以及度量、控制和交流不确定性的科学。尽管不是每一位统计学者都同意这种描述，但这个定义却来源于广泛而扎实的背景。它融合并简要概括了诸多观点，包括马夸特和怀尔德的“更广泛的观点”（Marquardt，1987；Wild，1994），钱伯斯的“更宏大的统计”（Chambers，1993），巴塞洛缪的“更广泛的领域”（Bartholomew，1995），布朗和卡斯所提倡的更广泛的愿景（Brown & Kass，2009），哈恩和多阿纳克索伊以及芬伯格在其著作开篇中给出的一系列定义（Hahn & Doganaksoy，2012；Fienberg，2014）。

图 1.1 是怀尔德和普凡库赫的统计调查循环（statistical-inquiry cycle）模型，即 PPDAC 模型（Wild & Pfannkuch，1999）。这个局部的、基本的“地图”暗示了“从数据中学习”所涵盖领域的多样性。美国统计协会对统计学的定义涵盖了图 1.1 中所有甚至更多的元素。尽管统计学者对这个统计调查循环的各个方面进行了研究，但是在不同时期，统计理论与方法的思想者和研究人员重点关注的元素是不同的。至少在过去的半个世纪中，研究人员主要关注的是概率模型在分析和结论阶段的应用，在更小的范围内，研究人员关注的是计划阶段的抽样设计和实验设计。我们需要以更宏观的视野规划统计教育的未来之路。

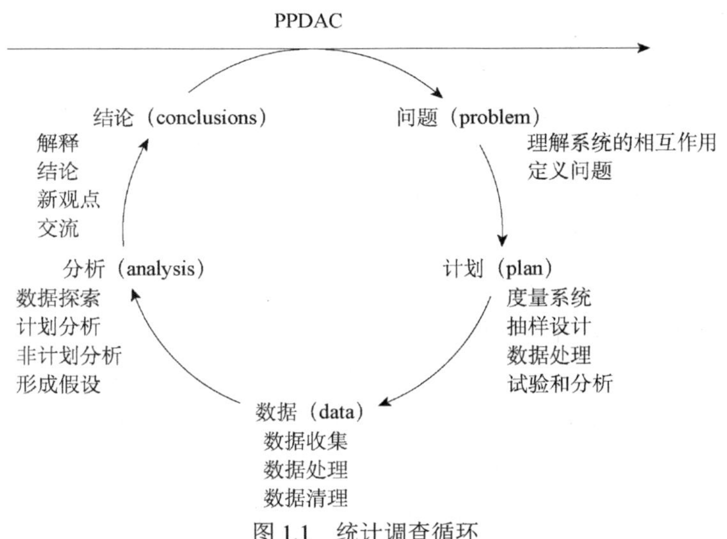

图 1.1　统计调查循环

统计学学科，具体来说是统计教育，就其本质而言，是属于“未来”的事务。统计教育的使命是提供概念框架（结构化思维方式）和实践技能，以便让学生在迅速变化的世界中更好地应对未来生活。由于数据世界正在迅速扩展和变化，教育工作者需要更多地关注未来而不是回顾过去。当然，我们也必须回顾过去，主要是为了从历史中汲取智慧，以更好地规划未来的路径。从教育目的的角度来说，统计学应该基于这门学科所追求的目标来界定，而不是基于统计学者过去用于达成目标的方法来界定。随着时间的推移，诸如技术进步带来的解决问题能力的变化，可以改变人们追求目标的首选方式，但是，基本目标本身将保持不变。我们以“关注全局”为开篇，将人类的基本需求置于宇宙的中心，即能够利用数据了解世界如何运行，同时承认不确定性的来源和水平：

> 统计学者遇到特定的实质性问题时会发展新的方法论，他们也会暂退一步，运用统计原则和统计思维，将他们之前所学的内容整合进一个更一般化的框架中。然后，他们可以将自己的想法带入新的领域，并以创新的方式运用变异（Fienberg，2014，p.6）。

大多数学科的核心是思考并学习生活和世界的某些特定方面，比如宇宙或生物体的物理性质，或是经济和社会是如何运行的。统计学是一门元学科，因为它研究的是将数据转化为对现实世界的真知灼见的思维方式。作为一门元学科，统计学可以从特定领域的工作中提炼出方法论经验和原则，并将其整合到一个理论框架中，使其能被应用到各个领域的多个问题上，这就是统计学发展的路径。

1.2.1 统计学史

本小节将概述统计学主要线索的演变，它们交织在一起造就了当今的统计学，形成了我们收集、理解和学习使用数据的各种方法的基础。这些线索包括对数据的需求、作为统计建模与处理不确定性基础的随机性和概率，支撑数据收集和数据分析的原则性方法的理论，以及用于探索和呈现数据中信息的图表。

虽然人口普查这种形式的数据收集可以追溯到古代，统治者“感兴趣的是记录其人民、金钱和关键事件（如战争和尼罗河的洪水），但几乎没有对整个世界进行量化评估的方式”（Scheaffer，2001）。数据统计分析最早可以追溯到约翰·格朗特（John Graunt）的工作，可参见他 1662 年的著作《自然与政治观察》（Natural and Political Observations）。譬如，格朗特总结出，瘟疫是通过人与人之间的传染传播的，而不是随着时间推移通过“传染性空气”（infectious air）传播的。文艺复兴时期，以观察自然界为基础的科学兴起，格朗特和其他来自西欧各地的“政治算术家”（political arithmeticians）深受其影响，他们“像我们今天这样思考……他们对自己的数据进行推断”（Kendall，1960，p.448）。政治算术家们不只是描述或收集事实，他们基于数据进行估计、预测和学习，还提出了这样一种观念，即国家应该运用数据调整政策，而不是通过教会和贵族的权威调整政策（Porter，1986）。但是，政治算术家们使用统计学时，缺乏正式的收集和分析数据的方法论技术。直到 19 世纪，他们所使用的抽样调查和人口普查的方法还处于萌芽阶段（Fienberg，2014）。

建立现代统计学的另一个基本线索是由帕斯卡（Pascal，1623—1662 年）和伯努利（Bernoulli，1654—1705 年）所奠定的概率理论的基础，这些理论基础是为理解机会游戏发展起来的。贝叶斯（Bayes）在 1764 年的工作以及后来拉普拉斯（Laplace，1749—1827 年）的逆概率分析，促成了概率理论在概念层面上的重大进展，概率开始应用于数据推断，即使用给定参数的数据或事件的概率知识，去推断给定数据的参数：

> 1800 年左右占主导地位的科学是天文学，当时伟大的数学家们在该领域做出了科学贡献。勒让德尔（Legendre）对最小二乘法的贡献、高斯（Gauss）对正态误差理论的贡献、拉普拉斯对最小二乘法及中心极限定理（central limit theorem）的贡献是被天文学问题所激励的（Scheaffer，2001）。

这些想法后来被凯特勒（Quetelet，1796—1874 年）应用于社会领域，他运用诸如“平均人”（average man）的观念试图获得适用于人类行为的一般规律，就像物理定律那样。众所周知，法国大革命之后的统计学者正在对贸易、工业进步、劳动、贫困、教育、卫生和犯罪等方面进行调查，因此，人们以往对统计学作为研究国情的一门学科的看法发生了微妙的转变（Porter，1986）。

统计学发展的另一条主线是统计图表的发展（Friendly，2008）。第一个主要人物是威廉·普莱费尔（William Playfair，1759—1823 年），他发明了折线图、条形图和饼图。弗兰德利将 1850—1900 年这一时期称为“统计图表的黄金时代”（Friendly，2008，p.2）。这个黄金时代产生了很多著名图表，有约翰·斯诺（John Snow）的“点图”（dot map），他将霍乱死者的位置在地图上用点绘制出来，从而指出伦敦布罗德街道水泵中的水可能是引起霍乱的原因；有米纳德（Minard）的图表，它呈现了拿破仑在莫斯科行军及撤退时损失的士兵数量；有弗洛伦斯·南丁格尔（Florence Nightingale）的玫瑰图，她用该图说明了改良野战医院的必要性；还有大多数我们至今仍用在地图上表示地理位置相关信息的图表，包括交通模式的流程图、相关图形的网格、三维等高线图、人口金字塔、散点图等。

皇家统计学会（Royal Statistical Society，RSS）成立于 1834 年，其前身为伦敦统计学会（London Statistical Society，LSS）；美国统计协会成立于 1839 年，由五位对改进美国人口普查工作感兴趣的人组成（Horton，2015；Utts，2015b）。LSS 中具有影响力的创始人包括阿道夫·凯特勒、计算机的发明者查尔斯·巴比奇（Charles Babbage）和因人口增长理论而闻名的托马斯·马尔萨斯（Thomas Malthus）（Pullinger，2014，pp.825-827）。第一位女性伦敦统计学会成员是弗洛伦斯·南丁格尔，她于 1858 年加入。她同时也加入了 ASA，亚历山大·格雷厄姆·贝尔（Alexander Graham Bell）、赫尔曼·霍利里思（Herman Hollerith）、安德鲁·卡内基（Andrew Carnegie）和马丁·范布伦（Martin van Buren）也是。这些伦敦统计学会和美国统计协会的早期成员在各个现实领域（科学、经济、政治和社会）的活动十分有代表性，他们对社会也产生了重要影响：

> 接近 19 世纪末，统计学理论的根源出现在弗朗西斯·高尔顿（Francis Galton）、弗朗西斯·伊西德罗·埃奇沃思（Francis Ysidro Edgeworth）以及卡尔·皮尔逊（Karl Pearson）和乔治·尤德内·尤尔（George Udny Yule）稍晚些的作品当中。这些科学家广泛地从生物学、经济学和社会科学中获取统计数据，开创了更为正式的统计方法，这些方法不仅适用于他们感兴趣的领域，还适用于更广泛的科学领域（Fienberg，2014，p.4）。

20 世纪 20 年代另一波热潮由威廉·戈塞特（William Gosset）问题所引发，罗纳德·费希尔（Ronald Fisher）的研究使其达到了顶峰，他发展了实验设计、方差分析、最大似然估计和显著性检验。接下来是埃贡·皮尔逊（Egon Pearson）和耶日·内曼（Jerzy Neyman）在 20 世纪 30 年代的合作，他们发展了假设检验（hypothesis testing）和置信区间（confidence interval）。大约在同一时期，还有布鲁诺·德菲内蒂（Bruno de Finetti）关于主观贝叶斯推断的开创性工作和哈罗德·杰弗里斯（Harold Jeffreys）关于客观贝叶斯推断的研究，到 1940 年，20 世纪“现代统计学”的大部分理论基础知识已经形成。第二次世界大战也是统计学取得巨大进展的时期，因为有许多极具数学天赋的年轻人加入了进来，他们必须及时地找到与战争有关的问题的答案，他们中的许多人都留在了正在拓展中的统计专业领域。我们还特别关注到约翰·图基在 20 世纪 70 年代引入的“探索性数据分析”。这是一种数据分析方法，涉及各种探索性技术的应用，其中许多是可视化的，人们通过这种方法可以深入了解数据集并揭示其潜在结构和异常。

简短讲述统计学历史的有芬伯格的文章（Fienberg，2014）；舍弗的文章，舍弗强调了数学家获得资助或被雇用的方式，以及这些方式对他们的思考和发展的影响（Scheaffer，2001）；还有普凡库赫和怀尔德的著作，他们叙述了统计思维的发展（Pfannkuch & Wild，2004）。芬伯格、波特、施蒂格勒和哈金的著作讲述了更详细的统计学历史（Fienberg，1992；Porter，1986；Stigler，1986，2016；Hacking，1990）。关于统计教育历史的主要参考文献包括维尔-琼斯（Vere-Jones，1995）、舍弗（Scheaffer，2001）、霍姆斯（Holmes，2003）和福布斯（Forbes，2014）的文章；同时请参见本手册第 2 章。

统计学经过逐渐演变形成了目前的知识内容和范畴，其中既有缓慢的进步，也有因知识巨匠和远见者的贡献而产生的飞跃，他们那个时代的学术氛围和当时世界公认的挑战都对统计学发展产生了影响，但统计学还没有发展到最终的状态。统计学在继续进化和成长，以回应现在不断变化的环境中产生的新挑战和新机遇。

1.2.2 统计思维

统计学者需要能够以统计的、数学的和计算的方式进行思考。数据分析中使用的思维模式与数学推导中使用的思维模式不同，二者又与用于编写计算代码的思维模式不同。尽管这三类思维模式在各自领域的内部联系很强，但是它们之间的联系相对较弱。在此，我们将重点关注“统计思维”，即运用数据解决现实世界问题的思维中，最独特的统计学部分。

然而，在统计学中，我们有时会过于随意地谈论“解决现实世界（或实际）的问题”。对于普通大众来说，“解决一个现实世界问题”是指采取行动以使问题消失，或者至少减少问题的影响（如降低失业率）。我们需要更好地区分“行动需求”和“理解需求”。“行动需求”是指采取具体行动，而确定采取行动的具体方式通常需要获取更多知识。这正是统计调查可能有用的地方，它解决了“理解需求”的问题。因此，当统计学者谈论解决一个现实世界的问题时，指的通常是解决一个现实世界中知识不足或理解不足的问题。

1.2.2.1　统计调查中的统计思维

通过运用现有文献，以及对统计从业人员、进行统计调查活动的学生的访谈，怀尔德和普凡库赫研究了统计思维的本质，并为统计思维的不同“维度”提供了模型（Wild & Pfannkuch，1999）。

维度一是图 1.1 所示的调查循环的 PPDAC 模型。基本的 PPDAC 模型应归功于麦凯和奥尔福德（MacKay & Oldford，2000），也有其他基本相同的对统计调查循环的描述。这个调查循环与科学方法的标准描述相关联，但更为灵活，与科学方法不同的是，调查循环并不强调假设的提出，也没有将获取科学理论公式作为其最终目标。

PPDAC 模型说明了进行统计调查时涉及的主要步骤，这是统计思维发生的背景。PPDAC 模型中的第一个“P”（problem）强调了具体化问题（或疑问）的阶段。早些时候，问题的定义总是不清楚。人们起初对他们的问题是什么、他们需要理解什么、要理解的原因是什么都只有非常模糊的观念。“问题”阶段试图将这些模糊的感觉转化为更加精确的信息目标，以及一些能够用数据来回答的具体问题。定义真正能用统计数据来回答的有用问题需要反复思考和准备，统计教育研究对此几乎没有任何论述，但是阿诺德的博士论文开了个好头（Arnold，2013）。

随后的“计划”（plan）阶段确定我们应该获取哪些人/对象/实体的数据，应该“度量”什么事物，以及我们将如何去做。“数据”（data）阶段涉及数据收集、存储和辨析（通过各种转换来重组数据、整合不同来源的数据，以及清理数据，为分析做准备）。接下来的“分析”（analysis）阶段和“结论”（conclusions）阶段涉及对所有内容的理解，以及提取并交流所获的内容。其中，总是会有涉及分析、初步形成结论、再进行更多分析的往复过程。事实上，每当后续步骤中收获的新内容导致前一个步骤需要被修正时，主要阶段之间就会有往复的过程（Konold & Pollatsek，2002）。

从数据中获得的任何重要内容都会涉及一个外推的过程，即从数据的内容推断其与更广泛的世界的联系。PPDAC 模型运用计划好的过程，聚焦于为某种目的收集的数据，这些过程是基于统计基础来被选择的，用来证明某些类型的推断是合理的。目前关于数据广泛可用性和潜力（包括“大数据”）的大部分热点，都与利用机会性（偶发事件或“发现的”）数据（opportunistic data）有关——恰好以电子形式存在的数据，出于商业或政府的行政程序、互联网活动的审计跟踪、医疗程序的账单数据等目的，机会性数据得以积累：

> 实际上，如果我们走进电影院时，电影已经放到一半，我们只能顺着故事看下

去……对于机会性数据，推断的合理性不是通过数据收集的过程来证明的，因为数据的收集过程没有被专门设计过。我们所能做的最好的事情就是，尝试准确地重建这些数据的内容并研究它是如何形成的（它的“来源”）。数据对哪些实体进行了“测量”？测量的方式是什么，又是如何实施的？我们通过什么过程来判断需要和不需要被记录的内容？这可能导致什么类型的数据失真？所有这一切都是为了估计我们可以在多大程度上将数据体现出的模式推广到我们关心的总体（population）或过程中（Wild，2017，p.34）。

需要特别注意的是，我们正在寻找的可能是导致我们做出错误结论的偏见。

维度二列出了思维类型，包括一般类型和以统计学为基础的类型。一般类型分为策略性的、寻求解释的、构建并使用模型的，以及应用技术的（通过将问题映射到问题原型来解决问题）。以统计学为基础的思维类型分为对数据需求的认识、数据分析（transnumeration，改变数据表征以寻找引发理解的数据形式）、对变异及其来源的考虑、使用统计模型进行推理，以及整合统计数据和背景（信息、知识、概念）。这里没有强调的是统计推断（statistical inference）的归纳性质——基于部分的数据做出推断，以获得关于一个总体（更广泛的现实）的结论。

维度三是一个疑问循环（interrogative cycle），是一个包括产生、寻求、解释、评价、判断等过程的持续运行的高频循环，具体是指产生可能的信息诉求、说明或应对计划，寻求信息和想法，做出适当的解释，参照标准进行评价，判断是接受、拒绝还是暂时接纳结论。格罗勒芒德和威克姆从认知文献中引入了重要思想，从而深入研究了这一维度（Grolemund & Wickham，2014）。

维度四列出了成功的从业者解决问题时展现出来的个人品质或性格，包括质疑、想象力、好奇心和意识、倾向于寻求更深层的意义、具有逻辑性、参与性和毅力，详见哈恩和多阿纳克索伊在其著作第 6 章“成功统计学者的特征”进行的论述（Hahn & Doganaksoy，2012）。

1.2.2.2 初学者的统计思维

上述内容尽管只是触及表面，但强调了解决现实世界的统计问题时，思维所具有的丰富性和复杂性，并提供了一组有用的参考标准，研究人员和教师可以据此对教育经验进行三角测量（“……在哪里被解决？”）。然而，对于大多数学生尤其是初学者来说，这太复杂了。讨论怀尔德和普凡库赫的研究时，穆尔提到“我们应该向初学者教些什么呢？”（Moore，1999），对此，他建议：

……我们首先可以为调查循环的“数据、分析、结论”部分绘制更详细的结构，即为目前基础教学的中心概念绘制更详细的结构。以下是此类结构的一个样例：

当你第一次检查一组数据时，可以依照以下步骤：①将数据绘制成图表并解释你所看到的内容；②寻找总体模式以及这组数据与总体模式的偏差，并在问题背景中寻求解释；③基于数据检查，对具体方面选择适当的数字描述；④如果总体模式足够有规律性，继续寻找该模式的更为简洁的数学模型（Moore，1999，p.251）。

穆尔提出的一些基本评判条目，是对他在 1999 年针对“数据节拍轶事”（data beat anecdotes）和主要元认知问题所提出的策略列表的补充，这些条目是：“这是正确的问题吗？答案是否有意义？你能看懂图表吗？你有过滤掉无意义的内容吗？”（Moore，1998，p.1258）。

将简短、流畅的列表作为起点有很多优点。钱斯论述的统计思维的七种习惯引入了穆尔的大部分列表，下述各章节标题即可反映这一点：“从头开始；将统计过程作为一个整体去理解；总是持有怀疑精神；考虑涉及的变量；始终将数据与背景相联系；理解并相信统计学中的相关关系；超越教科书去思考”（Chance，2002，p.4）。格罗勒芒德和威克姆针对高年级学生给出了类似的列表（Grolemund & Wickham，2014）。布朗和卡斯指出，“当面对问题陈述和一组数据时，稚嫩的学生会立即试图找到合适的统计技术（如卡方检验、t 检验），专家则首先确定科学问题”（Brown & Kass，2009，p.123）。他们强调了三个“统计思维原则”。

1）存在干扰信息的时候，我们可以通过归纳推理，用具有数据规律性和变异性（variability）的统计模型表达与某个信号有关的知识和不确定性（p.109）。

2）可以通过分析统计方法考量该方法的效果（p.109）。

3）计算方面的考虑有助于确定统计问题的形式化方式（p.122）。

我们将以斯尼非常专业的定义来结束本小节，该定义被广泛运用于各业务和组织的质量改进：

> 我将统计思维定义为思维过程，这些思维过程认识到变化就围绕在我们周围，而且也出现在我们所做的每一件事情当中，所有工作都是一系列相互关联的过程，而识别、描述、量化、控制和减少变化则提供了改进工作的机会（Snee，1990，p.118）。

1.2.3　统计学与数学的关系

虽然在某些词典中，统计学仍然被定义为数学的分支，但是，作为一门学科，统计学的独立性和独特性被建立起来了。正如穆尔所说，“统计思维是一种关于数据、变异和机会的一般的、基本的、独立的推理模式”（Moore，1998，p.1257）。“在理想的情况下，统计学能够提供实用又科学有效的方法论，用来实证地处理复杂和不确定的信息。”（Chambers，1993，p.184）“统计学是一门方法论学科。它不为自己而存在，而是为其他研究领域提供一套有条理地处理数据的思想和工具。”（Cobb & Moore，1997，p.801）为达到此目的，统计学会运用任何有用的工具。数学和计算机拥有非常多的实用工具。正如物理学为了理解物理世界而将数学作为工具一样，统计学也为了将数据转化为对现实世界的洞见而将数学作为工具。数学很多时候研究的是数学结构本身，而在统计学中，数学结构仅仅是达到目的的手段（Box，1990；de Veaux & Velleman，2008）。借用约翰·图基的一句名言，一位数学家更喜欢一个近似问题的精确解答，而一位应用统计学者更喜欢一个精确问题的近似解答。

统计学的重点，特别是情境的作用，也是和数学截然不同的。“统计学不仅仅是特定应用领域的方法论，它还关注如何从特殊到一般再回到特殊”（Fienberg，2014，p.6）：

> 虽然数学家经常把应用情境作为推动力和研究问题的来源，但是，数学思维的重点最终落在抽象模式上：情境只是必须在抽象概念的火焰之上被蒸发掉的无关细节，被用来揭示隐藏的纯粹数学结构晶体。在数学中，情境掩盖了结构。像数学家一样，数据分析师也会寻找模式，但在数据分析中，该模式是否具有意义和价值，取决于其线索与情境的互补线索相互交织的状况。在数据分析中，情境提供了意义（Cobb & Moore，1997，p.803），这一点正是我们所强调的。

模式和情境之间存在着持续的“相互作用”（Cobb & Moore，1997）。对现实世界问题的统计调查来说，其最终收获的是关于情境领域的新知识——我们做到了“从特殊到一般”（使我们能够使用存储在统计知识库中的方法）“并再次返回到特殊”（提炼了对现实世界的理解）。

接下来我们将注意力转向理论在统计学中的作用。当大多数统计学者论及统计理论的时候，他们考虑的是由“统计模型”，以及运用这些模型进行推理并得出结论的原则性方法构成的数学理论。在大多数分析中起核心作用的统计模型，是包含机会或随机元素等术语的数学模型，这些术语是概率论中的术语。也许这类模型中最简单的例子便是 $y=\mu+\varepsilon$，在此，我们试图通过测量 μ 来确定 y，而在这一测量过程中我们必须承受随机误差 ε［比如，可能被模型化为正态分布（normal distribution）］。在简单的 $y=\beta_0+\beta_1 x+\varepsilon$ 线性模型中，y 的平均值与解释变量 x 呈线性相关，而不是一个常数。随机项（参见 ε）是模型中不可预测的部分，并为我们提供了整合和处理不确定性的方法。从这个意义上讲，“统计理论”在很大程度上与“数理统计”（mathematical statistics）同义。

概率论是数学理论的一个分支，其最初是受机会游戏驱动而产生的。近期，它更多地受到统计建模需求的推动，统计建模采用随机性的抽象概念，通过编码这些抽象概念来形成数学结构，并对这些结构的行为进行推导。统计建模者把这些结构作为建构模型时可以使用的一些构建模块，就像上面那个简单的模型中的随机误差项一样。通过对随机建模从业者的访谈，普凡库赫等近期的研究探讨了统计教育视角下的概率建模（Pfannkuch et al.，2016）。该研究提供了一组关于这一概率建模活动的新概念模型。他们的 SWAMTU 模型基本上是一个循环，附带一些反馈。它有这样一些节点：问题情境（problem situation）→想要知道的［want（to know）］→假设（assumptions）→模型

（model）→测试（test）→使用（use）。模型总是衍生自一组数学假设，因此，对数据的假设检验应该是模型构造和使用的核心部分。除了用于统计分析之外，模型通常还被用于解答“假设”（what if）问题（比如，“如果超市增加一个收银员会发生什么？”）。虽然统计学问题的解决过程有很多独特之处，但与数学问题解决的过程也有很多相同之处，因此，统计教育研究人员也可以从数学教育研究和诸如舍恩菲尔德（Schoenfeld，1985）所做出的传统研究工作中学到很多东西。

当大多数统计学者听到“理论”时，他们认为“统计理论”就是上文所描述的数学理论，这些数学理论支撑着 PPDAC 模型分析和计划阶段的许多重要实践。但是，每当我们要对事物的运作方式做出抽象或概括性解释时，“理论”就是适用的。因此，PPDAC 模型的其他要素也有相关理论，这些理论通常以流程图和概念图等形式来展现（图 1.1）。譬如，格罗勒芒德和威克姆提出了一个数据分析过程的理论模型，将其与人类心智的认知过程即“意义建构”进行类比，“意义建构”指依据新信息更新已有的心智模型（Grolemund & Wickham，2014）。

近年来，数据分析方法开始从数学方法转向计算密集的方法[如使用基于计算机模拟的方法，包括自助抽样法（bootstrapping）和随机化检验、灵活的指数平滑法，以及分类算法]。在此，基础模型做出的假设要弱得多，而且无法用简单的方程来描述。因此，虽然“统计学实践需要运用数学来发展其基础理论，但统计学与数学不同，它需要许多非数学技能”（American Statistical Association Undergraduate Guidelines Workgroup，2014，p.8）。这些技能（许多其他学科也需要）包括基本的科学思维、计算/算法思维、图表/可视化思维（Nolan & Perrett，2016）和沟通技能。

所以，“……那么，统计学是怎样被视为数学的一个分支的呢？对于我们而言，这比将化学工程视为数学的一个分支更不合情理”（Madigan & Gelman，2009，p.114）。过去半个世纪以来，绝大多数资深统计学家最早是数学专业的。起初，人们的计算能力非常有限，简化问题和数学近似是非常重要的数学解决方案（Cobb，2015）。在致力于学术研究的统计学家的工作环境中，奖励制度也曾过度支持数学发展。来自“大数据”和“数据科学”的警钟正在推动统计学回归其早期的、更全面的状态，即扎根于广泛的科学推理之中（Breiman，2001）。

1.3 为什么学习统计比以往任何时候都重要？

在当今数据丰富的世界中，所有受过教育的人都需要理解统计思想及其结论，以丰富其职业生活和个人生活。有趣且复杂的数据集的广泛可用性，越来越易于使用的用户友好可视化方法，以及分析软件都意味着任何人都可以运用数据来探寻和解答有趣的问题。譬如，怀尔德的可视化推断工具（Visual Inference Tools，VIT）（http://www.stat.

auckland.ac.nz/~wild/VIT/）和 iNZight 软件（https://www.stat.auckland.ac.nz/~wild/iNZight）都允许任何人探索他们自己所选择的数据集。通用在线数据分析平台（Common Online Data Analysis Platform，CODAP）（https://con-cord.org/projects/codap）为基于网络的数据分析提供了一个简单的平台，iNZight Lite（http://lite.docker.stat.auckland.ac.nz/），以及由 TuvaLabs（https://tuvalabs.com）和 Tableau（https://www.tableau.com）所创建的商业解决方案也是如此。

统计方法可被运用于几乎所有知识领域，并越来越多地帮助企业、政府、医疗从业人员、其他专业人士和个人更好地做出决策，媒体中基于统计方法给出的结论和建议比比皆是。基于定量数据的决策所用的一些思想正在延伸至日常生活中包含不确定性的决策当中，即使没有定量数据时也是如此。基于这些原因，对于专业人士和通达的公民来说，可能没有哪一门学科能比统计学更有用了。

数据科学的快速发展和统计学课程教学内容的扩展向统计教育者在确定学习目标时提出了挑战，也为统计教育研究人员探索哪些教学方法能够最好地实现这些目标提供了机会。譬如，在几乎同一时期的文章中，科布和里奇韦都认为我们需要对大学统计学课程进行重大改革，尤其是应对入门课程和本科课程进行改革（Cobb，2015；Ridgway，2015）。中小学课程也应进行类似的改革，从而在课程中纳入更多数据技能。使用数据时，如果忽视数据广泛可用性和对用户友好的软件的影响，将导致统计学在不断扩张的数据科学世界中逐渐被边缘化。

目前，数据革命中一个重要且引人入胜的组成部分便是人们日常活动的“数据踪迹”（data traces），这些数据是由社交网络、个人登录设备和环境传感器所捕获的，教学生如何以建设性的方式检验自己的个人数据可以提升学习数据技能的吸引力。这些进步为人们成为代理人和倡导者提供了新途径，让他们能使用数据改善与其生活密切相关的周围世界（Wilkerson，2017，个人通信）。

本小节，我们进一步解释每个人都可以从统计学学习中获益的动因，也将给出一些适用于不同群体的案例。由此，统计教育工作者针对不同受众进行教学时，就能以此强调统计学的有用性。统计教育研究人员研究的是，统计学教师如何教导学生在一生中都能使用统计推理提出并解决与自己相关的问题。

个人所需的竞争力、统计知识的数量和理想类型取决于其个人目标，是想成为专业研究人员（统计研究的生产者）来研究数据，还是想为其他人解释统计结果（统计学的专业使用者），或者只是需要了解如何在生活中使用数据并解释统计信息（受过教育的数据和统计消费者）。专业使用者包括医疗工作者（需要了解医学研究结果并将其转译为患者所能够理解的信息）、财务顾问（需要了解经济数据的趋势和变化）和政治家［需要了解与公共政策相关的科学数据，以及如何实施普遍调查（survey）和民意调查（poll）并理解调查的结果］。统计研究的生产者可能需要学习几门统计方法课程，但这不会成为本章的重点（更多讨论可参见第 1.4 节）。受过教育的消费者几乎包括现代社会中的所有人，他们需要了解统计研究是如何得出结论的，得出了什么样的有效结论，以及无论是否需要定量数据，统计思维是如何被作为工具用在回答问题和做出决策中的。

1.3.1　统计学的专业使用者都需要知道些什么

许多专业人士不需要了解如何开展他们自己领域的研究，却需要知道如何解释和质疑统计研究的结果，并将其解释给患者和客户。商业应用中，销售经理等专业人士可能需要了解自己公司内统计人员生成的统计结果。本小节，我们将提供几个案例来说明为什么统计学的专业使用者需要理解超出普通消费者所需的基本统计思想。常用的统计方法在不同学科略有不同，一些基本思想却是普遍适用的。最基本的概念之一便是数值变异性和分布（distribution）的重要性，第一个例子将说明这个概念对财务顾问及其客户的重要性。

1.3.2　案例 1：你应该存多少钱？收支波动

2015 年，金融巨头摩根大通集团（JP Morgan Chase）宣布成立一家研究机构，利用其所拥有的大量专有财务数据回答有关消费者金融方面的问题。2015 年 5 月发布的首份报告调查了消费者的金融数据，样本为从符合银行和信用卡使用的特定标准的 250 万个摩根大通客户中随机选择的 10 万人（Farrell & Greig，2015）。最重要的公开调查结果之一便是家庭每个月的收支都有很大差异，而且不一定是朝着同一个方向变化的（Applebaum，2015，p.9）。譬如，该报告指出“有 41%的个人每月收入波动超过 30%的基数”（p.8）以及“足有 60%的个人每月平均消费变化超过 30%”（p.9）。此外，报告还指出，收入和消费的变化不是接连发生的，因此，消费者在收入增加时并不一定花费更多。为什么这些信息很重要呢？财务规划师会建议客户留存相当于 3—6 个月收入的备用储蓄。在某些情况下，由于收支波动及其可能发生的反方向变化，这些储蓄可能还不够。报告的三个主要发现之一便是“典型个体并没有足够的财务缓冲来承受我们在数据中所观察到的收支波动程度”（p.15）。

与变异性相关的概念是极少有个体是“典型的”。在前面的案例中，个体消费者应该知道报告中的建议对他们的适用性取决于他们的收入保障、可能的主要支出以及应对金融风暴所需要的资源。知道了“典型”或“普通”的消费者都需要留存 3—6 个月的收入可能产生这样的疑问，即个体的具体情况是如何导致其采用有别于上述建议的其他做法的？

巴尔迪和厄茨讨论了对于未来的医疗从业者来说，学习入门课程（可能仅限于统计学课程）时就很重要的主题和案例（Baldi & Utts，2015）。一个核心概念是自然变异性（natural variability）及其在定义疾病和“异常”健康测量中所起的作用。下面一个改编自巴尔迪和厄茨的案例将表明，有关数值变异和分布的知识是如何帮助医生及其患者正确看待医学测试结果的。

1.3.3 案例 2：（几乎）所有人都有高胆固醇

医疗指南会根据研究结果而定期地更改，而且统计研究通常也会引导制药公司和监管机构改变他们向医疗工作者所提出的有关病理学构成的建议。根据美国国家卫生研究院（United States National Institutes of Health）的数据，高胆固醇被定义为血液胆固醇总含量为 240 mg/dL 及以上，偏高或临界高胆固醇被定义为血液胆固醇总含量为 200—240 mg/dL。①假设你被诊断为高胆固醇或临界高胆固醇，然后医生建议你服用他汀类药物来降低胆固醇，你可能很好奇，想知道有多少人和你是同样的情况。根据来自世界卫生组织的数据，我们可以使用正态分布来构建美国 45—59 岁女性的总体胆固醇水平的模型，其中均值（mean）约为 216mg/dL，标准差（standard deviation）约为 42 mg/dL（Lawes et al.，2004），图 1.2 呈现了这种分布。如图 1.2 所示，该年龄段中大约有 35%的女性有高胆固醇，另外 36.5%的女性有临界高胆固醇。这就意味着只有大约 28.5%的人没有此类问题！那么，超过 70%的中年妇女都应该服用他汀类药物吗？鉴于高胆固醇的风险以及服用他汀类药物的副作用，这应是患者个人与医生之间需要讨论的问题。大多数人都有这些胆固醇风险，明白这一点对医生和患者来说都很有必要。因此，要帮助医生和患者理解并权衡是否服用他汀类药物及其风险还需要运用其他统计推理工具（超出了本例范围）。这个案例说明了理解数值分布概念的重要性，以及它与个人决策之间的关系。

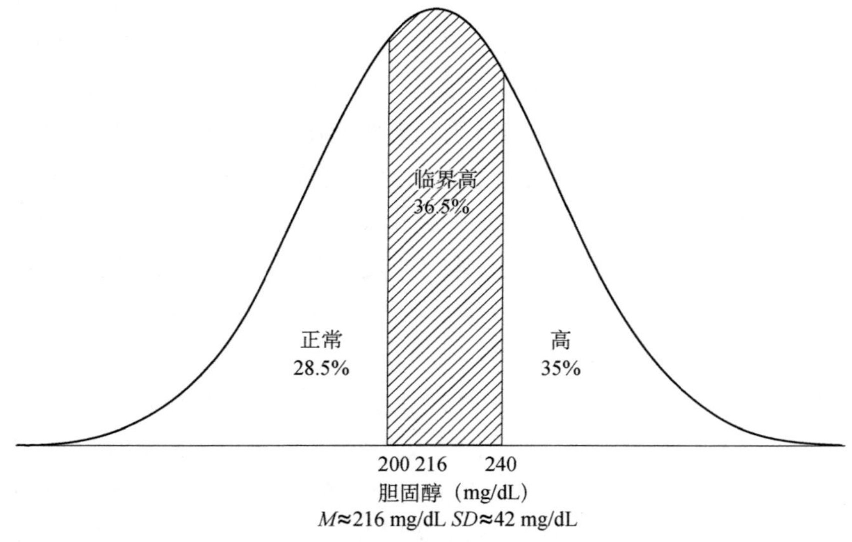

图 1.2 45—59 岁女性的胆固醇含量

1.3.4 受过教育的数据和统计消费者需要知道些什么

大多数上过统计学课程的学生没有机会在其职业生涯中使用正式的统计程序，他们

① National Heart，Lung，and Blood Institute. What is Blood Cholesterol?.（2022-03-24）. http://www.nhlbi.nih.gov/health/health-topics/topics/hbc.

经常会遇到一些情况，让他们运用个人生活中的数据和统计信息做出明智的决策，统计学入门课程的教师应当指导人们运用这些信息。里奇韦（Ridgway，2015）、巴尔迪和厄茨（Baldi & Utts，2015）、厄茨（Utts，2003，2010）的文章描述了十几个重要议题，并配有许多案例。上一小节我们介绍了其中的一部分，是关于统计学的专业使用者需要了解的内容。在此，我们将列举更多内容，并解释其对消费者的重要性。用来说明这些内容的案例可以在本小节提到的参考文献找到，也可以在以统计素养为重点的教科书中找到，比如科恩和科普，汉德，穆尔和诺茨，以及厄茨的著作（Cohn & Cope，2011；Hand，2014；Moore & Notz，2016；Utts，2015a）。这些案例也可以在网站 http://www.stats.org 找到，它是由美国统计协会与美国“科学智识”组织（Sense about Science USA）共同资助的一个组织。

1.3.4.1　基于观察性研究却毫无根据的结论

近年来，媒体对观察性研究结果的解释有所改进，但基于观察性研究暗示因果关系的报告仍然很常见。公民应该认识到不能基于观察性研究得出因果结论。下面列举了几条基于观察性研究或元分析得出的误导性标题：

1）“每天 6 杯？研究发现，咖啡爱好者死亡的可能性较小。”（NBC News，2012）

2）“柑橘类水果能降低女性中风风险。”（Live Science，2012）

3）“走得更快，你可能活得更久。”（NBC News，2011）

许多情况下，研究人员会告诫人们不要轻易得出因果结论，但是人们看到和记住的只有新闻标题。学生和公民应该始终质疑一个因果结论是否合理，而且应该知道如何回应这种质疑。

1.3.4.2　统计显著性与实际显著性

理想状况下，大学生会在统计学入门课程中学习对 p 值的正确解释，可以参见努佐关于 p 值的非技术性解释（Nuzzo，2014）。一个最常见的错误解释是很难被纠正的，即 p 值测量的是只有偶然性才能解释观察结果的概率。所以，学生们至少应该认识到区分统计显著性与实际显著性的重要性。

譬如，努佐在其发表的文章中就讨论了一项研究，该项研究声称，相比线下见面，网恋的人婚姻更幸福（$p<0.001$）且离婚率更低（$p<0.002$）。p 值小于 0.001 和 0.002，这看起来令人印象深刻，但依据七点量表，两组的平均“幸福”评分分别为 5.48 分和 5.64 分，离婚率分别为 7.67%和 5.96%。这些差异几乎没有任何实际意义，p 值小只是因为有超过 19 000 人的大样本容量（Nuzzo，2014）。

要说明统计显著性和实际显著性之间的差异，最简单的方法是，考量一些具有较小 p 值的研究，比如刚刚描述的那项研究，然后再在每个研究中考量其总体参数的置信区间。尽管应用 p 值的情境通常不包含易于解释的参数（置信区间可计算），但是给出包含可解释参数的示例能够阐述统计显著性与实际显著性，尤其是样本容量的重要性。

2016 年，美国统计协会发表了关于使用和误用 p 值的声明（Wasserstein & Lazar，2016）并配有众多统计学者的评论，这是一项不同寻常的措施。该声明在被发表后的一年内被浏览了近 200 000 次，这表明人们对于学习更多有关如何使用和解释 p 值的知识具有普遍的兴趣。

如果学生们想理解统计显著性和实际显著性之间的区别，那么诸如研究规模及其如何影响 p 值等方面的内容是很重要的。正如下一小节所表明的那样，引入“效应量”（effect size）这一概念可以帮助我们解释这一点。

1.3.4.3 无效果与无统计显著性效果的区别

无统计显著性效果的研究也许永远都不会被发表，因为它们被认为没有发现任何有趣的东西，也没有新闻价值。媒体报道通常会提及某项早期研究的一次“不成功复制”，并将其报告为与先前研究的结果相矛盾。消费者应该明白，出现这种明显的矛盾存在多种原因，而且这些原因也并不一定都会产生真正的矛盾。

请考虑以下被称为“假设检验悖论”（hypothesis testing paradox）的场景（Utts & Heckard，2015，p.542）。研究人员基于 $n=100$ 个观测值的样本对总体均值进行 t 检验，得到 $t=2.50$ 和 $p=0.014$ 的结果，因此，零假设被拒绝。实验者决定用 $n=25$ 个观测值的样本重复实验以验证结果，令人失望地发现结果是 $t=1.25$，$p=0.22$，因此，实验者不能拒绝零假设，影响效果似乎消失了。为了挽救这种情况，研究人员决定合并数据，使 $n=125$。基于组合数据，研究人员得到 $t=2.80$，$p=0.006$！第二项研究似乎降低了第一项研究的统计显著性结果，当它与第一项研究相结合时，怎么会使得统计显著性结果更为有力呢？

这个悖论是，单独的第二项研究并没有再现统计显著性，当其与第一项研究相结合时，p 值从 0.014 降到 0.006，统计显著性似乎比单独的第一项研究更大。问题显然在于统计检验和 p 值取决于样本容量。事实上，在这个示例中，两项研究中的效应量[以 $(\bar{x}-\mu_0)/s$ 来测量]是相同的。因此，造成 t 和 p 值差异的肯定是样本容量。有关数值的解释，可参见表 1.1。

表 1.1　样本容量、统计检验和 p 值之间关系的假设示例

研究	n	效应量 $(\bar{x}-\mu_0)/s$	t 值	p 值
1	100	0.25	2.50	0.014
2	25	0.25	1.25	0.22
结合	125	0.25	2.80	0.006

注：同样的效应量，样本容量更大的研究产生了具有统计显著性的结果

1.3.4.4 调查研究中的潜在偏差来源及其结果适用的人群

由于很少有家庭还在使用固定电话，而且来电显示使人们更易拒绝接听来自陌生号

码的呼叫，所以在社会调查和其他统计研究中想获得有代表性的样本变得越来越困难。因此，在许多情况下，社会调查和其他研究的结果可能无法反映目标总体的情况。根据西尔弗的说法，“即使民意调查尽一切努力联系有代表性的选民样本，但也只有不到 10%的样本群体完成调查，而这一比例在 20 世纪 90 年代是 35%”（Silver，2014）。

问卷回收率有限只是调查和其他研究中众多偏差的来源之一。其他偏差来源包括不良或故意带有偏见的问题措辞、问题出现的顺序、提问者是谁、调查的话题是否会使人们倾向于撒谎（如表现得符合社会规范）。审阅调查结果时，确切地知道以下方面非常重要：问题的内容是什么；提问者是谁；提问方式是面对面提问，还是通过邮件、电话或在线提问；是否有特殊利益集团以任何可能影响结果的方式参与其中。科恩和科普提供了记者报道此类研究时应该提出的问题清单，不过对任何想要了解如何检测调查结果的偏差的人来说，该清单都有帮助（Cohn & Cope，2011）。问题清单涉及以下内容：问题的措辞是什么样的；受访者是如何被选择的；给出回答的受访者占比；调查是否由特殊利益集团资助；有没有偏向某个观点的答案选项。

1.3.4.5　多重检验与选择性报告结果

几乎所有研究都测量多个解释变量和/或反应变量，进而进行多重统计检验以找出相关变量。媒体通常只报道那些碰巧具有统计显著性的研究发现，却不提及这些发现只是某项大型研究的一个部分。如果原始研究报告没有经多重检验并更正报告结果，那么，其统计显著性结果就很容易是虚假的。对于通过 20 个零假设都成立的独立检验却希望获得一个具有统计显著性的假设，媒体报道中出现虚假声明就并不足为奇了。学生们应该学会询问一项研究中进行了多少次不同的检验，以及统计结果是否根据多重检验进行了调整。约安尼季斯在文章《为什么大多数已发表的研究结果都是假的》（Why most published research findings are false）中，运用了许多案例来阐明这个问题及其相关问题（Ioannidis，2005）。

1.3.4.6　解释相对风险、绝对风险、个人风险和风险权衡

了解如何考虑风险可以在很多方面帮助消费者。教育研究表明，教授风险和相对风险的内容时，与从概率的角度讲相比，从频率的角度去讲更容易让大多数学生理解相关概念，而且除了相对风险，基线风险将能使人们做出更合理的决策（Gigerenzer et al.，2008），特别是当基准率非常低的时候。譬如，说“接受某种治疗方式的人中，有 0.003 或 0.3%的人可能会死”，不如说“1000 人中有 3 人可能死于某种治疗方式”更容易让学生理解。说“某种行为会使你患癌症的概率（或风险）从 0.003 翻倍到 0.006”，这种说法对于大多数人而言并不容易理解，如果说“某种行为会使相似人群的癌症患病数从 1000 人中有 3 例增加到 1000 人中有 6 例”，就会更容易理解一些。报告频率而不是比例会使基线风险的作用更加清晰。大多数人都可以理解“1000 人中有 3 例增加到 1000 人

中有 6 例”是不同于“从 1000 人中有 30 例增加到 1000 人中有 60 例”的，并且将立即认识到每种情况的基线风险。

譬如，厄茨的一项研究表明，每天饮酒的男性患食道癌的风险大约是不饮酒男性患食道癌风险（基线风险）的三倍（Utts，2015a，p.258）。如果你是一个每天都喝酒的男性，这个数据会给你带来多少担忧呢？根据美国国家癌症研究所（United States National Cancer Institute）的统计，男性食道癌的年发病率约为每 10 万人中有 7.7 例。该统计数据包括饮酒者和非饮酒者，因此我们可以猜测，对于不饮酒的人来说，其基线风险大约为每 10 万人中有 5 例。由此我们可以知道，每日饮酒者的风险大约是每 10 万人中有 15 例。这样人们就知道三倍风险不是指“由每百人有 5 人增长到每百人有 15 人”，而是指“由每 10 万人有 5 人增长到每 10 万人有 15 人”，后者令人担忧的程度显然不如前者。因此，想要确定一个相对风险能引起多大担忧，去了解基线风险是很重要的。

需要向学生解释的风险的另一个重要特征是，为了避免风险而改变行为可能导致产生其他结果的风险增加。譬如，服用降低血压或胆固醇的药物可能增加产生其他医疗问题的风险。使用胸部 X 线照片降低未发现的乳腺癌的风险可能增加辐射影响的风险，或增加产生假阳性结果的心理风险以及伴随的压力。厄茨（Utts，2010）曾介绍吉仁泽等（Gigerenzer et al.，2008）所做的研究，该研究说明了英国一场与避孕药相关的媒介恐慌如何导致避孕药使用的减少，又如何导致堕胎和少女怀孕的大量增加，这两种情况带来的风险远高于服药本身的风险。受过良好教育的公民应该了解，如何在更宏观的风险权衡背景下看待为降低风险而发生的行为改变。

1.3.4.7 条件概率（conditional probability）和“反向混淆”

心理学家知道人们对概率的直觉很不准确，“反向混淆”（confusion of the inverse）就是其中的一个案例。在反向混淆中，人们会将一个方向上的条件概率与另一个方向上的条件概率混淆。一种典型的情况就是，混淆患病条件下测试结果阳性的概率和测试结果阳性条件下患病的概率。当然，这两种概率有很大的不同，而这种混淆却无疑会给那些拿到假阳性医学检查结果的人带来很多不必要的焦虑。埃迪的一项帮助心理学家理解这种现象的经典案例表明，医生基于胸部 X 射线检查阳性结果给出的乳腺癌发病概率估计值会偏高至实际值的 10 倍，当实际概率为 0.075 时，估计值却接近 0.75（Eddy，1982）。

这种混淆的另一种案例是在法庭上，特定证据条件下有罪的概率和有罪条件下符合证据的概率是不同的。这两种概率也有很大不同，陪审团需要认识到这种差异。例如，假设警察在犯罪现场发现了 13 码鞋子的鞋印。如果一个人被确定是案犯了，那么这个人穿的很有可能就是 13 码鞋子。如果只知道一个人穿 13 码鞋子而没有其他证据的话，基本不可能确定他就是案犯。

与相对风险的解释类似（如前面的案例所示），从频率而不是比例或概率的角度去理解条件概率更容易些。要想分别在两个方向上解释条件概率并说明它们在两个方向上的不同，最简便的方法之一便是使用“假设十万”表（“hypothetical hundred thousand” table）。假设人群中平均每 1000 人中就有 3 人患某种疾病，并且该疾病的测试准确度为 99%。假设某人测试的检查结果是阳性，那么此人患病的概率是多少呢？假设有 100 000 人参与测试检查，我们可构建表 1.2。首先，填写行总计。如果 1000 人中有 3 人患病，那么 10 万人中就会有 300 人患病，99 700 人没有患病。其次，填写每行中的阳性和阴性测试结果。患病人数为 300 时，其中 99%是 297 人，这表明 297 个人测试结果为阳性，3 人测试结果为阴性。同样，99 700 个没有患病的人中有 1%，即 997 人测试结果为阳性，其余 98 703 人测试结果为阴性。因此，假设的 10 万人分布如表 1.2 所示，那么阳性测试检查结果条件下患病的概率很容易得出，即是 297/1294=0.23。

表 1.2　给定测试检查结果阳性条件下患病的概率　　单位：人

项目	测试检查结果阳性	测试检查结果阴性	总计
患病	297	3	300
未患病	997	98 703	99 700
总计	1294	98 706	100 000

厄茨讲到了另一个案例，同时也讲到了心理作用影响概率估计及其解释的其他方式（Utts，2010）。

1.3.5　决策者需要知道些什么

统计思想和方法为生活中的决策提供了许多工具，特别是涉及权衡的决策。之前我们讨论过制定决策时需要考虑如何权衡风险。在涉及权衡问题的时候，统计思想还可以有其他方法来帮助我们做出决策，接下来我们将讨论这些方法。

1.3.5.1　期望值对做出更好决策的重要性

保险公司、赌场、彩票代理商和延期保修的销售商都依赖于期望值，并以此剥削不了解这一概念的消费者。在这些情况下，消费者基本上是输家，有时付出代价换来的保护（如保险和延期保修）是值得的。对于消费者而言，重要的一点是要学会判断什么时候换取保护是值得的。譬如，如果你购买了一个设备，你是否应该购买延期保修？如果你有足够的收入或财政储备来修复或更换设备，那么答案可能是“不购买”。因为从长期来看，如果你经常购买保险和延长保修服务，你将会损失金钱。但是，个体消费者购买房屋或汽车时，却不会指望从“长期”中获益，因此，在这些情况下，出于对小概率灾难事件的考虑，购买保险可能是值得的。此外，如果你真是一个笨手笨脚的人并且经常打破东西，那么你可能从延期保修中获利。学生应该了解这些问题，以便做出明智的选择。

1.3.5.2　案例：你应该提前付款吗？

在此，我们将用一个简单的例子来表明，做决策时期望值可能是有用的（Utts，

2015a，练习 17.29）。假设你选择了一家酒店并打算从现在开始住一个月，但你并非100%地确定会去旅行。酒店提供两种付款方式。你可以现在就支付 85 美元的“提前购买”价格，但不可退款；或者，你可以预订一间客房并在入住的时候支付 100 美元，但如果你决定不去，则不需支付任何费用。你应该选择哪种付款方式？对于提前购买这种方式，你将支付的“期望值”为 85 美元，因为你将支付该金额的概率为 1.0。将 p 定义为你旅行的概率。如果你不选择提前购买，期望值为 $(\$100)(p)+(\$0)(1-p)=\$100p$。请注意，如果 p 小于 0.85，则100p$ 小于$85。因此，如果你认为旅行的概率小于 0.85，提前购买并不是一个好主意；如果你认为旅行的概率高于 0.85，则能通过提前购买来降低期望值。

1.3.6 运用假设检验研究框架做决策

除了统计研究的技术方面，用于假设检验的推断即使在没有定量数据时，对决策也是有用的。请考虑以下源自本手册作者的生活案例。

巧克力棒的空包装纸在桌子上，它不小心被留在了你的狗可以找到的地方。拿巧克力棒的人不记得他们是吃了整个巧克力棒，还是留了一半在桌子上。你担心狗可能吃了剩下的巧克力，这种放纵对狗来说可能是致命的。你是否应该赶去动物医院并让兽医对你的狗进行催吐？

如表 1.3 所示，我们可以在假设检验的框架中思考这个决定，并在考虑决策时看看Ⅰ型错误和Ⅱ型错误的等效项。实际决策将取决于你认为这两种假设发生的可能性是多少，标明可能采取的行动及其后果在提供信息的同时也有助于做出决策。

表 1.3　狗吃巧克力了吗?

假设	决策	
	狗没有吃巧克力	狗吃了巧克力
零假设：狗没有吃巧克力	不去看兽医；健康	Ⅰ 型错误：去看兽医；狗毫无必要地被催吐
备择假设：狗吃了巧克力	Ⅱ型错误：不去看兽医；狗死了	去看兽医；多亏了催吐

在这个案例中，即使狗吃巧克力的可能性相对较小，大多数狗主人可能也会带狗去兽医那里做评估。一般而言，决策将基于两类错误后果的严重性，像表 1.3 这样列出各种选择会使这些后果更加清晰。

1.3.7 关于统计学重要性的小结

预测数据科学和统计学的未来是很难的，因为资源变得可用，人们可以方便地访问数据并运用可视化和分析数据的方法。正如著名统计学家布拉德·埃弗龙（Brad Efron）所指出的那样，“那些忽视统计数据的人注定要重新发现它”（转引自 Friedman，2001：

6)，而怀尔德指出，“他们对统计数据的忽视会造成真正的损害”（Wild，2015：1）。统计教育工作者肩负重要责任并应抓住教学的最佳时机，确保每个人都能够懂得统计学的有用性。统计教育研究人员要以有效的方式来传授这些思想，从而使学生能够运用数据来做出更好的决策。

1.4　统计学的发展走向

前面几个小节中，我们描述了统计学的性质和统计教育的重要性。本小节，我们将讨论统计学的当代发展，并就统计学的发展走向给出建议。

1.4.1　成为统计学者的好时期

这是一个成为统计学者的好时机，人们对统计学和数据分析的兴趣正在高涨。在这个日益以数据为中心的社会，我们收集的信息数量是惊人的。社会和雇主越来越需要毕业生能将统计学、数据处理、计算和可视化知识融合在一起，进而帮助他们做出更好的决策，因此统计专业知识比以往任何时候都更有价值。虽然富足的信息带来了更多机会，但是统计学作为一门学科也面临着挑战。未来该何去何从？我们需要解决什么问题，才能够确保学生发展出其生活和职业所需的统计技能、知识和能力？

近期的数据大泛滥并非夸张，高盛集团（Goldman Sachs）的乔治·李（George Lee）在 2014 年估计，全球 90%的数据是近两年产生的①。《2013 年统计学未来》（2013 Future of Statistics）报告列举了诸如天文学的例子。新型望远镜每天将产生 1 PB 的数据，脸书等社交媒体公司的商业数据库每天会产生超过 500 TB 的数据。美国总统贝拉克·奥巴马（Barack Obama）于 2013 年签署了开放数据行政命令②，呼吁有关健康、能源、教育、安全、金融和全球发展的数据可以通过机器访问，从而创造新产品和服务，建立业务，创造就业机会，这将使人们更加容易地获得复杂和详细的信息。

人们将日益多样化的数据运用于社会的各个领域以便做出决策。2015 年美国科学促进会（American Association for the Advancement of Science，AAAS）年会的主题是创新、信息和成像，该会议重点关注的是，收集和使用信息的新方法改变科学和技术的方式，组织数据、可视化数据和分析数据的能力日益推动着科学和技术的进步（American Association for the Advancement of Science，2015）。

计划去纽约市旅行吗？相关数据都可以从网上直接下载并用于分析，比如，自 1987 年以来美国所有商业航班的数据（1.8 亿条记录）③、2013 年纽约市 1400 万辆出租车的

① Lee，G. The big data phenomenon.（2014-09-24）. http://www.goldmansachs.com/our-thinking/pages/big-data.html.

② The White House Office of the Press Secretary. Executive order：Making open and machine readable the new default for government information.（2013-05-09）. https://obamawhitehouse.archives.gov/the-press-office/2013/05/09/executive-order-making-open-and-machine-readable-new-default-government-.

③ 数据来源：http://www.amherst.edu/~nhorton/precursors.

记录[①]、2009—2015 年超过 10 亿条的出租车记录[②]、数百万花旗自行车租赁记录[③]和餐馆违规记录[④]。这种类型的有用信息可以广泛地被运用于许多其他大城市、政府和相关领域。

值得注意的是，虽然关于“大数据”的说法很多，但是，纽约市的这些案例都不符合其条件。“大数据”的典型定义中，数据集的规模是难以用典型的工作流程及时处理的，该定义引用了容量（volume）、速度（velocity）和多样化（variety）的 3V 模型[⑤]，纽约市的例子具有容量适中、速度低和多样化适中的特点（其数据形式不容易被存储在矩形阵列中）。虽然“大数据”问题很重要，但是，较小规模的信息会产生更多挑战和机会。

新的和易于使用的计算工具（其中许多是开源的，采用时障碍较小）的发展促进了人们对这些新数据源的分析。近期的进展包括数据整理的一般框架（Wickham，2014）、对高性能数据库系统访问的改进（如 http://cran.rstudio.com/web/packages/dplyr/vignettes/databases.html）、用于数据擦除的精细界面和相关的网络技术（如 Nolan & Temple Lang，2014）。许多教师注意到了那些致力于在早期统计学课程中吸纳数据整理及其管理技能的人的建议（Carver & Stevens，2014）。

1.4.2 统计学面临的挑战

虽然这无疑是一个成为统计学者的好时期，但仍然面临着许多挑战。社会对定量技能的需求显然存在。被广泛引用的麦肯锡（McKinsey）报告描述了一种潜在的巨大劳动力缺口，这个缺口就是有能力理解当前巨量数据的员工（Manyika et al.，2011）。麦肯锡报告和其他人期盼的大量新员工将来自哪里呢？统计学专业的本科毕业生将只占其中的一小部分，即使这部分人的数量近十年来持续增长。新的统计学博士生的涌入不太可能解决供应需求增加的问题，虽然博士毕业生的人数正在缓慢增加，但其增长不足以满足工业、政府和学术界对新职位的需求。

还能从哪里找到这些技术熟练的毕业生呢？如果他们不是统计学专业的毕业生，他们将来自何处？伦敦报告描述了人们对数据科学家的需求（Future of Statistical Sciences Workshop，2013）——数据科学家很难被确切定义，而且还是一个极具争论的问题——并提出了关于统计学者身份和作用的重要问题（Horton，2015；Wasserstein，2015）。数据科学家是什么意思？需要什么技能？需要哪些培训才能在新职位上发挥作用？统计学在这个新领域中将扮演什么角色？如何确保填补数据科学缺口的其他专业的学生能获得

---

① 数据来源：http://www.andresmh.com/nyctaxitrips/.

② 数据来源：https://www1.nyc.gov/site/tlc/about/tlc-trip-record-data.page.

③ 数据来源：http://www.citibikenyc.com/system-data.

④ 数据来源：http://www.nyc.gov/html/doh/html/services/restaurant-inspection.shtml.

⑤ Chuvakin，A. Broadening big data definition leads to security idiotics!.（2013-09-18）. https://blogs.gartner.com/anton-chuvakin/2013/09/18/broadening-big-data-definition-leads-to-security-idiotics/?_ga=2.159076605.617120476.1659347413-798361134.1659347412.

统计学的重要信息？

2012 年计算研究协会（Computing Research Association，CRA）的白皮书广泛流传，其内容是关于“大数据”面临的挑战和机遇的，白皮书以鼓舞人心的方式开篇：“数据驱动决策的前景得到广泛认可，并且人们对于‘大数据’概念的热情也越来越高。”（CRA，2012）令人不安的是，报告第六页才首次提到统计学：“查询和挖掘大数据的方法与传统的小样本统计分析有根本的不同。”（CRA，2012，p.6）白皮书其他提及统计学的地方都只是将其当作技巧一笔带过，而不是将其作为数据驱动决策的核心部分。

2015 年的 Strata+Hadoop 大数据大会上，美国总统贝拉克・奥巴马在其主题演讲的视频介绍中表示，对数据的理解和创新有可能改变我们，使我们在几乎所有事情上都做得更好。我们赞同这些观点。然而，事实上，这个演讲以及众多媒体对大数据领域的描述根本没有提到“统计学”，这是一个让人很担忧的问题。

统计学在这个“大数据”时代面临挑战的另一个例子是，于 2016 年秋季首次开设的新大学预修课程（Advanced Placement，AP）中的计算机科学原理课程（College Board，2017）。这门课的反响十分惊人，2017 年有近 48 000 名学生参加考试。相比之下，AP 统计学考试在第一年（1997 年）约有 7000 名学生报名，2017 年约有 216 000 名学生报名。计算机科学原理课程重点关注基础计算机技术、编程素养，以及对计算机应用程序影响的理解这三方面的发展。课程基础的七个“大观念”（big ideas）中的两个是“创造力”和“数据与信息”。课程对创造力的描述包括讨论“计算机技术如何促进人们对计算工具和新知识的探索与创造，进而帮助人们解决个人、社会和全球问题”（College Board，2017，p.11）。“大观念 3”的副标题是“数据和信息促进知识创新”。课程说明指出：

> 计算机技术支持并推动了信息处理的新方法，推动了从艺术到商业再到科学等跨越多个学科的巨大变化。管理和解释大量原始数据是信息社会和经济基础的一部分，人们使用计算机和计算方法来转化、处理和可视化原始数据并创建信息，计算和计算机科学促进并实现对向世界贡献知识的数据和信息的新理解。本课程的学生使用各种计算工具和技术处理数据，以更好地理解数据转化为信息和知识的多种方式（p.18）。

学习目标 3.1.1 中描述道“使用计算机来处理信息、寻找模式，并对数字处理的信息进行假设检验，以获得洞察力和知识”。这个目标比整个大学预修统计学课程更加广泛，学生应该能够“描述模式以及模式的偏离；做出计划和进行研究；使用概率和模拟探索随机现象；进行总体参数估计和假设检验”（有关大学预修统计学课程的信息，请参见 https://apstudent.collegeboard.org/apcourse/ap-statistics/course-details）。虽然这门课实施的效果仍有待观察，但 AP 计算机科学原理课程为个人生活和世界提供了广阔的视野和更多可能性，这是统计教育需要学习的内容。伦敦报告提醒道，如果统计人员不去参与他们可能不太熟悉的相关领域，如计算机技术和数据相关的领域，统计学就有可能错过 21 世纪的重要科学发展（Future of Statistical Sciences Workshop，2013）。

统计学需要在哪些领域进行调整并与数据科学相关联呢？除了教育学及其内容外，技术也是一个关键领域。虽然2005年的GAISE K-12报告和2016年的GAISE大学报告鼓励使用技术（从积极的角度来看，现在技术在大多数课程中很普遍），但仍有成千上万高中生在使用计算器而不是计算机进行分析，这让他们的能力被限制在了简单的计算上，他们也无法体会到现实世界中可能遇到的任何真实的工作流程。更为糟糕的是，这还狭隘地限制了他们对统计学是什么和统计学能做什么的看法，并且忽略了视觉表征对于从数据中获取洞察力的巨大潜力，这肯定不是数据科学家正在使用的（或在新的AP计算机科学原理课程中实施的）技术。

1.4.3 我们将走向何方?

数据科学作为一门学科，其发展给统计学者和统计教育者带来了机遇和挑战（Ridgway，2015）。雇主们正在寻找具有编程、统计建模、机器学习方面的专业知识和较强沟通能力的创新问题解决者，而数据科学家正是他们所需要的雇佣对象（Rodriguez，2013）。

计算机科学家带来了分析大型复杂数据集的有用技能和方法。统计学者在理解变异性和偏差等方面提供了重要的专业知识，这些专业知识可以确保结论的合理性。除了“大数据”之外，在诸如遗传学、生态学和气候科学等领域，越来越复杂的随机概率模型正在被开发。数据科学通常被描述为一个“团队运动”，为了确保数据科学拥有坚实的基础，历史上不同学科的互补知识需要融合并增强。这就意味着要想让统计学在这个数据时代发挥作用，统计学者必须更好地面向数据科学，以避免数据科学在脱离统计学的情况下继续发展。

统计学作为一门新兴的独立学科，对受过高等教育的专家来说不仅仅是数学的附加物。数据科学的发展凸显了计算机科学的重要性，并改变了统计学与其他学科联系的基础。统计学的某些方面植根于数学，不过用发展的眼光来看，除了与数学在离散数学和应用数学方面的深刻联系外，我们同时也要强调统计学与计算机科学之间高度动态和有效的联系。

为了应对数据科学的挑战，许多人为统计学者提出了创造性的解决方案。在2012年的ASA主席演讲中，罗伯特·罗德里格斯（Robert Rodriguez）提出了一个统计学的“大帐篷”（big tent）观念，它包括任何使用统计数据的人，包括诸如分析学和数据科学等相关学科（Rodriguez，2013）。布朗和卡斯提醒人们，统计学想要保持活力，就要开设相关培训（Brown & Kass，2009）。诺兰和坦普尔·兰勾画了一门课程大纲，该课程建构了作为实际问题分析基础的计算技能（Nolan & Temple Lang，2010）。芬泽提出了一个框架来建立“头脑数据习惯”（data habits of mind）（Finzer，2013）。谷歌的黛安娜·兰伯特（Diane Lambert）还描述了学生能够“用数据思考”的必要性（Horton & Hardin，

2015）。

统计学的未来可能与数据科学的各个方面都密切相关。要在数据科学领域取得成功，中学和大学课程都需要进行广泛且富有创造性的变革，与此同时，我们还要与相关学科的同人建立起伙伴关系。研究人员需要在统计教育研究领域开展大量工作，以评估用来表现这些能力的途径和方法。美国统计协会一直在积极地撰写报告以应对可能的课程变革，可参见 2016 年的 GAISE 大学报告和 2005 年的 GAISE K-12 报告，以及《统计科学本科课程指南》（Curriculum Guidelines for Undergraduate Programs in Statistical Science）（American Statistical Association Undergraduate Guidelines Workgroup，2014）。统计学和数据科学正在迅速发展，而课程和教学变革也需要发展以保持与两门学科的相关性。

1.5　结论

在统计学和数据科学领域不断扩大的同时，人们对统计技能、知识和能力的需求也在不断增长。现在统计学课程包含了很多主题，而且涉及各种各样的方法，这导致课程的变革会存在许多障碍。尽管如此，让数据科学在脱离统计学的情况下发展也是不合适的，因为这不仅会削弱统计学，还会削弱数据科学，并且不利于基于数据做出的社会决策。这将限制统计学毕业生对就业市场的吸引力，并因此而限制统计学专业本身的吸引力。

科布认为课程改革在任何情况下都不容易，他将其比作移动一座墓地（Cobb，2015）。培养统计学学生的额外能力需要时间，这可能要求采用的教学方法能让学生反复接触到相关内容，并且采用螺旋式上升的课程，逐步引入、扩展、整合统计和数据的相关技能。课程还应让学生掌握多维思考方式，使他们为应对现实问题和复杂数据做好准备，此外，还要让他们掌握计算技能。这些是加入课程中的挑战性课题，但这种方法可以帮助学生解决更复杂的问题，并有利于培养他们有效使用数据做出决策的能力。也许最重要的是，课程还应该开阔学生的视野，让他们认识到统计学在自己的世界和未来生活中的潜力。

随着如此多的课程、教学和技术变革的进行，这是一个参与统计教育研究的好时期。为了使未来的教学和学习都最有利于学生，有许多重要的研究问题需要被解决，包括确定如何以最佳方式定位、架构、教授和评估新兴的课程。对于统计教育研究人员来说，从来没有这么多有趣和重要的问题需要被解决。本手册中的深刻见解应该有助于在未来多年内激发和指导研究人员在这一领域做出努力。

参考文献

American Association for the Advancement of Science.（2015）. 2015 Meeting theme：Innovations， information, and imaging. Retrieved from https://www.aaas.org/AM2015/theme.

American Statistical Association Undergraduate Guidelines Workgroup.（2014）. *Curriculum guidelines for undergraduate programs in statistical science*. Alexandria: American Statistical Association.

Applebaum, B.（2015, May 21）. Vague on your monthly spending? You're not alone. *New York Times*, A3.

Arnold, P. A.（2013）. *Statistical investigative questions: An enquiry into posing and answering investigative questions from existing data*. Ph.D. thesis, Statistics University of Auckland.

Baldi, B., & Utts, J.（2015）. What your future doctor should know about statistics: Must-include topics for introductory undergraduate biostatistics. *The American Statistician*, *69*（3）, 231-240.

Bartholomew, D.（1995）. What is statistics? *Journal of the Royal Statistical Society, Series A: Statistics in Society*, *158*, 1-20.

Box, G. E. P.（1990）. Commentary. *Technometrics*, *32*（3）, 251-252.

Breiman, L.（2001）. Statistical modeling: The two cultures. *Statistical Science*, *16*（3）, 199-231.

Brown, E. N., & Kass, R. E.（2009）. What is statistics?（with discussion）. *The American Statistician*, *63*（2）, 105-123.

Carver, R. H., & Stevens, M.（2014）. It is time to include data management in introductory statistics. In K. Makar, B. de Sousa, & R. Gould（Eds.）, *Sustainability in statistics education. Proceedings of the 9th International Conference on Teaching Statistics, Flagstaff, AZ, USA*. Voorburg: International Statistical Institute.

Chambers, J. M.（1993）. Greater or lesser statistics: A choice for future research. *Statistics and Computing*, *3*（4）, 182-184.

Chance, B.（2002）. Components of statistical thinking and implications for instruction and assessment. *Journal of Statistics Education*, *10*（3）. Retrieved from http://jse.amstat.org/v10n3/chance.html.

Cobb, G. W.（2015）. Mere renovation is too little, too late: We need to rethink the undergraduate curriculum from the ground up. *The American Statistician*, *69*（4）, 266-282.

Cobb, G. W., & Moore, D. S.（1997）. Mathematics, statistics, and teaching. *The American Mathematical Monthly*, *104*（9）, 801-823.

Cohn, V., & Cope, L.（2011）. *News and numbers: A writer's guide to statistics*. Hoboken: Wiley-Blackwell.

College Board.（2017）. *AP Computer Science Principles: Course and exam description*. New York: College Board.

CRA.（2012）. Challenges and opportunities with big data: A community white paper developed by leading researchers across the United States. Retrieved from http://cra.org/ccc/wp-content/uploads/sites/2/2015/05/bigdatawhitepaper.pdf.

de Veaux, R. D., & Velleman, P.（2008）. Math is music; statistics is literature. *Amstat News*, *375*, 54-60.

Eddy, D. M.（1982）. Probabilistic reasoning in clinical medicine: Problems and opportunities. In D. Kahneman, P. Slovic, & A. Tversky（Eds.）, *Judgment under uncertainty: Heuristics and biases* （pp.249-267）. Cambridge：Cambridge University Press.

Farrell，D.，& Greig，F.（2015，May）. *Weathering volatility：Big data on the financial ups and downs of U.S. individuals*（J.P. Morgan Chase & Co. Institute Technical Report）. Retrieved from http://www.jpmorganchase.com/corporate/institute/research.htm.

Fienberg，S. E.（1992）. A brief history of statistics in three and one-half chapters：A review essay. *Statistical Science，7*（2），208-225.

Fienberg，S. E.（2014）. What is statistics? *Annual Review of Statistics and Its Applications，1*，1-9.

Finzer，W.（2013）. The data science education dilemma. *Technology Innovations in Statistics Education，7*（2）. Retrieved from http://escholarship.org/uc/item/7gv0q9dc.

Forbes，S.（2014）. The coming of age of statistics education in New Zealand，and its influence internationally. *Journal of Statistics Education，22*（2）. Retrieved from https://doi.org/10.1080/10691898.2014.11889699.

Friedman，J. H.（2001）. The role of statistics in the data revolution? *International Statistical Review，69*（1），5-10.

Friendly，M.（2008）. The golden age of statistical graphics. *Statistical Science，23*（4），502-535.

Future of Statistical Sciences Workshop.（2013）. *Statistics and Science：A report of the London Workshop on the Future of the Statistical Sciences.* Retrieved from https://www.worldofstatistics.org/wos/pdfs/Statistics&Science-TheLondonWorkshopReport.pdf.

Gigerenzer，G.，Gaissmaier，W.，Kurz-Milcke，E.，Schwartz，L. M.，& Woloshin，S.（2008）. Helping doctors and patients make sense of health statistics. *Psychological Science in the Public Interest，8*（2），53-96.

Grolemund，G.，& Wickham，H.（2014）. A cognitive interpretation of data analysis. *International Statistical Review，82*（2），184-204.

Hacking，I.（1990）. *The taming of chance.* New York：Cambridge University Press.

Hahn，G. J.，& Doganaksoy，N.（2012）. *A career in statistics：Beyond the numbers.* Hoboken：Wiley.

Hand，D. J.（2014）. *The improbability principle：Why coincidences，miracles，and rare events happen every day.* New York：Scientific American.

Holmes，P.（2003）. 50 years of statistics teaching in English schools：Some milestones（with discussion）. *Journal of the Royal Statistical Society，Series D（The Statistician），52*（4），439-474.

Horton，N. J.（2015）. Challenges and opportunities for statistics and statistical education：Looking back，looking forward. *The American Statistician，69*（2），138-145.

Horton，N. J.，& Hardin，J.（2015）. Teaching the next generation of statistics students to "Think with Data"：Special issue on statistics and the undergraduate curriculum. *The American Statistician，69*（4），258-265.

Ioannidis，J.（2005）. Why most published research findings are false. *PLoS Medicine，2*（8），e124.

Kendall，M. G.（1960）. Studies in the history of probability and statistics. Where shall the history of statistics begin? *Biometrika，47*（3），447-449.

Konold，C.，& Pollatsek，A.（2002）. Data analysis as the search for signals in noisy processes. *Journal for Research in Mathematics Education*，*33*（4），259-289.

Lawes，C. M.，Vander Hoorn，S.，Law，M. R.，& Rodgers，A.（2004）. High cholesterol. In M. Ezzati，A. D. Lopez，A. Rodgers，& C. J. L. Murray（Eds.），*Comparative quantification of health risks，global and regional burden of disease attributable to selected major risk factors*（Vol. 1，pp.391-496）. Geneva：World Health Organization.

Live Science.（2012，February 22）. *Citrus fruits lower women's stroke risk.* Retrieved from http://www.livescience.com/18608-citrus-fruits-stroke-risk.html.

MacKay，R. J.，& Oldford，R. W.（2000）. Scientific method，statistical method and the speed of light. *Statistical Science*，*15*（3），254-278.

Madigan，D.，& Gelman，A.（2009）. Comment. *The American Statistician*，*63*（2），114-115.

Manyika，J.，Chui，M.，Brown B.，Bughin，J.，Dobbs，R.，Roxburgh，C.，& Byers，A. H.（2011）. Big data：The next frontier for innovation，competition，and productivity. Retrieved from http://www.mckinsey.com/business-functions/digital-mckinsey/our-insights/big-data-the-next-frontier-for-innovation.

Marquardt，D. W.（1987）. The importance of statisticians. *Journal of the American Statistical Association*，*82*（397），1-7.

Moore，D. S.（1998）. Statistics among the Liberal Arts. *Journal of the American Statistical Association*，*93*（444），1253-1259.

Moore，D. S.（1999）. Discussion：What shall we teach beginners? *International Statistical Review*，*67*（3），250-252.

Moore，D. S.，& Notz，W. I.（2016）. *Statistics：Concepts and controversies*（9th ed.）. New York：Macmillan Learning.

NBC News.（2011，January 4）. *Walk faster and you just might live longer*. Retrieved from http://www.nbcnews.com/id/40914372/ns/health-ftness/t/walk-faster-you-just-might-live-longer/#. Vc-yHvlViko.

NBC News.（2012，May 16）. 6 cups a day? Coffee lovers less likely to die，study finds. Retrieved from http://vitals.nbcnews.com/_news/2012/05/16/11704493-6-cups-a-day-coffee-lovers-less-likely-to-die-study-fnds?lite.

Nolan，D.，& Perrett，J.（2016）. Teaching and learning data visualization：Ideas and assignments. *The American Statistician*，*70*（3），260-269.

Nolan，D.，& Temple Lang，D.（2010）. Computing in the statistics curricula. *The American Statistician*，*64*（2），97-107.

Nolan，D.，& Temple Lang，D.（2014）. *XML and web technologies for data sciences with R*. New York：Springer.

Nuzzo，R.（2014）. Scientific method：Statistical errors. *Nature*，*506*，150-152.

Pfannkuch，M.，Budget，S.，Fewster，R.，Fitch，M.，Pattenwise，S.，Wild，C.，et al.（2016）. Probability modeling and thinking：What can we learn from practice? *Statistics Education Research Journal*，*15*（2），11-37.

Pfannkuch，M.，& Wild，C. J.（2004）. Towards an understanding of statistical thinking. In D. Ben-Zvi，& J. Garfield（Eds.），*The challenge of developing statistical literacy，reasoning，and thinking*（pp.17-46）. Dordrecht：Kluwer Academic Publishers.

Porter，T. M.（1986）. *The rise of statistical thinking，1820−1900*. Princeton：Princeton University Press.

Pullinger，J.（2014）. Statistics making an impact. *Journal of the Royal Statistical Society，A，176*（4），819-839.

Ridgway，J.（2015）. Implications of the data revolution for statistics education. *International Statistical Review，84*（3），528-549.

Rodriguez，R. N.（2013）. The 2012 ASA Presidential Address：Building the big tent for statistics. *Journal of the American Statistical Association，108*（501），1-6.

Scheaffer，R. L.（2001）. Statistics education：Perusing the past，embracing the present，and charting the future. *Newsletter for the Section on Statistical Education，7*（1）. Retrieved from https://www.amstat.org/sections/educ/newsletter/v7n1/Perusing.html.

Schoenfeld，A. H.（1985）. *Mathematical problem solving*. Orlando：Academic Press.

Silver，N.（2014，August 25）. Is the polling industry in stasis or in crisis? Retrieved from http://fivethirtyeight.com/features/is-the-polling-industry-in-stasis-or-in-crisis.

Snee，R.（1990）. Statistical thinking and its contribution to quality. *The American Statistician，44*（2），116-121.

Stigler，S. M.（1986）. *The history of statistics：The measurement of uncertainty before 1900*. Cambridge：Harvard University Press.

Stigler，S. M.（2016）. *The seven pillars of statistical wisdom*. Cambridge：Harvard University Press.

Utts，J.（2003）. What educated citizens should know about statistics and probability. *The American Statistician，57*（2），74-79.

Utts，J.（2010）. Unintentional lies in the media：Don't blame journalists for what we don't teach. In C. Reading（Ed.），*Proceedings of the 8th International Conference on Teaching Statistics. Data and Context in Statistics Education*. Voorburg：International Statistical Institute.

Utts，J.（2015a）. *Seeing through statistics*（4th ed.）. Stamford：Cengage Learning.

Utts，J.（2015b）. The many facets of statistics education：175 years of common themes. *The American Statistician，69*（2），100-107.

Utts，J.，& Heckard，R.（2015）. *Mind on statistics*（5th ed.）. Stamford：Cengage Learning.

Vere-Jones，D.（1995）. The coming of age of statistical education. *International Statistical Review，63*（1），3-23.

Wasserstein，R.（2015）. Communicating the power and impact of our profession：A heads up for the next Executive Directors of the ASA. *The American Statistician，69*（2），96-99.

Wasserstein，R. L.，& Lazar，N. A.（2016）. The ASA's statement on *p*-values：Context，process，and purpose. *The American Statistician，70*（2），129-133.

Wickham，H.（2014）. Tidy data. *Journal of Statistical Software，59*（10）. Retrieved from https://www.

jstatsoft.org/article/view/v059i10.

Wild，C. J.（1994）. On embracing the“wider view”of statistics. *The American Statistician*，*48*（2），163-171.

Wild，C. J.（2015）. Further，faster，wider. *The American Statistician*. Retrieved from http://nhorton.people.amherst.edu/mererenovation/18_Wild.PDF.

Wild，C. J.（2017）. Statistical literacy as the earth moves. *Statistics Education Research Journal*，*16*（1），31-37.

Wild，C. J.，& Pfannkuch，M.（1999）. Statistical thinking in empirical enquiry（with discussion）. *International Statistical Review*，*67*（3），223-265.

第2章 什么是统计教育

安德鲁·齐夫勒 琼·加菲尔德 伊丽莎白·弗赖伊

统计教育是一个聚焦于统计学教与学的跨学科领域。本章介绍了统计教育的出现和发展，即如何从对统计从业人员的培训发展到对各级学生的教育，以及如何从以数学和科学为基础的实践发展成一门跨越多个领域的学科。本章还考察了统计教育的发展现状，探讨了世界各地统计教学内容和环境的多样性，最后，概述了统计教育面临的机遇和挑战。

2.1 简介

统计教育是一个聚焦于统计学教与学的跨学科领域。统计教育从数学教育的领域发展而来，数学教育为其提供了宝贵的学习理论、概念发展和变化的模型，以及定性研究的方法（如教学实验、临床访谈），统计教育已成为一个独立的学术研究领域，拥有专门的期刊、会议、组织、网站和课程标准（Garfield & Ben-Zvi，2008）。

或许，可以把 1982 年的第一届国际统计教学大会看作该学科正式起步的标志。在此之前，很少有人在统计教育领域有深入研究，而宣传该领域学术成果的主要渠道是国内和国际数学教育会议或数学教育研究期刊。学者还在其他特定领域的期刊（如心理学期刊、经济学期刊）发表统计教育研究成果。当今，统计教育领域的学者和研究人员变得越来越多，同时还有大量与统计教育有关的会议、期刊和支持组织。

本章将介绍统计教育这门学科是如何产生的，是如何从对统计从业人员的培训转向对各级学生的教育的，又是如何从根植于数学和科学的实践转变为一门跨越多领域的学科的。我们探讨了统计教育的广泛活动和丰富资源，以及统计教育发展的当前趋势和未来挑战。立足于国际视角，我们将提供对统计教育的广泛调查结果，综合各国统计教育发展的相似之处。我们将说明统计教育这门学科是如何建立并展开研究的，以及统计教育研究是如何将各领域的学者和实践者联系在一起的。最后，我们将讨论教师、学生和研究人员面临的问题和挑战。

首先要说明的是，虽然概率在统计教育中起着重要作用，但本章很少提及这个概念。因为我们将概率论视为与统计学分开的学科，并且只是统计教育的一个组成部分，而非全部。对概率论感兴趣的读者可以参考相关文献（Jones，2005；Kapadia & Borovcnik，1991；Shaughnessy，1991；Jones，Langrall，& Mooney，2007；Chernoff & Sriraman，2014）。

2.2 统计教育简史

虽然统计教育是从数学教育和科学教育发展而来的，但是它有自己的历史，本节将对此作简要说明。在毕比、亨特、内曼、舍弗和雅各布的相关作品中可以找到更全面的描述（Bibby，1986a，1986b；Hunter，1999；Neyman，1976；Scheaffer，2001；Scheaffer & Jacobbe，2014）。

2.2.1 19 世纪末—20 世纪初的统计教学状况

1900 年以前的统计教学内容主要集中在定量数据的收集、检查和表达（Bibby，1986a；Fitzpatrick，1955；Walker，1890，1929）。高等院校教授这些课程的主要目的是训练受政府资助的研究人员和专业人员，使他们能对民众的情况进行量化研究。沃克对该时期具有代表性的统计学课程进行了描述：

> 首先，引导学生查找与给定主题有关的数据，这些数据可能分散在一系列官方报告中；将各种陈述汇总；检查数据之间的兼容性；通过各种方式测试其准确性；并将它们整理在表格中。然后，进一步引导学生计算分析数据时应考虑的百分率，并将一类事实与其他事实联系起来，譬如，计算每百万或每千名有关人口的资产估值、支出、死亡的比率。最后，用图表以适当的比例呈现调查确定的各个要素（Walker，1890，p.7）。

许多国家也在早期阶段将统计学纳入其学校课程。譬如，毕比（Bibby，1986a）提到，匈牙利早在 1849 年就将概率论作为学校课程教授，而法国于 1868 年在地理课程中教授概率论。1870 年，英国建立学校统计委员会，致力于将统计学正式纳入国家课程（但是，文件显示该组织可能在短短 8 天后就解散了）。此外，日本和比利时也在这一时期将统计学纳入了学校课程（Bibby，1986b）。

20 世纪初，统计学的应用趋向于自然科学（如生物学），并开始强调日益专业化的统计分析方法，而不仅仅是定量描述。统计学课程的内容也很快跟进，譬如，许多高等教育教科书中引入了新的数据分析方法，诸如中心、离差（dispersion）和相关性的度量（如 Bailey，1906；Davenport，1899；King，1912）。中学阶段，佩里（Perry，1900）提出了一个面向数据的教学大纲，这被用于英国学校的数学课程，其中包括插值和概率误差。

大概在该时期，统计教学在许多学校的课程中成为了主流，一些院校开始教授专门的统计学课程。下一节，我们将探讨高等教育中统计教学的一些里程碑。

2.2.2　高等教育中统计教学的里程碑

20 世纪初，一些大学（尤其是美国的大学）开始教授更为正式的统计学课程。这些课程设在不同的学术部门，大多是为了在各自学术领域的研究和实际工作中应用统计学。随着高等教育阶段开设的统计学课程的数量持续增加，统计教育的早期支持者越来越呼吁学校提供更多、更好的统计教学（如 Chaddock，1926；Willcox，1910）。

在此期间，最有争议的是学生参加统计培训需要怎样的数学理论水平。统计应用课程和数学基础课程日益增大的分歧在公共论坛中展现得尤为明显，双方都在争论数学在统计学课程和培养统计学者中的作用（如 Wilson，1930）。亨特认为这是统计学界两个群体之间更大的争论的开端，“他们开始探索统计学的理论方面……（他们）将统计学作为工具应用在其他领域”（Hunter，1996，p.14）。随着统计学继续从其他领域中脱离出来，并成为一个独立的学科，这一分歧将在接下来的十年内加深。理论与应用之间的分裂（最终诞生了数理统计）（David，1998；Neyman，1976；Stigler，1996）并不是只发生在统计学领域，实际上在数学中同样存在（Craig，1961）。

除了美国，其他国家的大学也重视数学。譬如，在英国皇家统计学会的一次讨论中，威沙特（Wishart）指出早在 1931 年统计学就于剑桥大学作为数学学科的一部分被教授，并于 1948 年首次作为数理统计学位被授予；巴纳德（Barnard）和巴特利特（Bartlett）在报告中也分别指出了伦敦大学和曼彻斯特大学对统计学课程的重视（Pearson et al.，1955）。其他国家或地区对统计学课程的关注直到后来才发生，譬如，中国在 20 世纪 50 年代才引入数理统计（Shi-Jian，1990）。

20 世纪 30—40 年代，数理统计的进步与发展为统计学入门课程提供了更先进的统计方法（如 Snedecor，1948）。譬如，抽样论（如 Neyman，1934，1938；Yates，1946），以及相关和回归（regression）分析（如 Bartlett，1933；Fisher，1924—1925；Tolley & Ezekiel，1923；Welch，1935）都开始被列入入门课程的内容中。此外，20 世纪 30 年代初，费希尔开发了方差分析这一实用方法，正如舍弗强调的那样，“农业和费希尔对统计学作为一门学科的成熟的影响不容小觑，并且这种影响也渗透到统计教育中”（Scheaffer，2001，p.2）。

第二次世界大战后，随着学生大量涌入大学，统计方法的教学、应用和使用迅速发展起来（Bibby，1986a；National Research Council，1947）。随着退伍军人重返平民生活，许多人选择参加技术课程，其中就包括统计学课程。虽然学习统计学的学生数量日益增加，但到 20 世纪 40 年代末，行业中对训练有素的统计学者的需求量仍然远远超过了申请的人数——甚至在第二次世界大战之前申请人数就较少，因而许多个人和组织对需求量的增长特别关注（Balfour Committee，1929；Cornell，1945；Dwyer，1945；Inman，1990）。

第二次世界大战后，统计学课程和项目的激增、训练有素且合格的统计学使用者的稀少，都突出表明了统计教育面临的挑战，这些挑战体现在现有统计学课程的数量、课程中涵盖的内容及相应的组织方式等方面（如 Hotelling，1940；National Research Council，1947；Pearson Committee，1947）。统计学教师所作的准备工作情况、学生日益增长的差异性，以及学生的学术背景是当时许多出版物为了解决这些挑战所关注的焦点。

在这场危机中，统计教育界开始看到统计学界为此进行的更广泛的、更有组织的努力，包括统计学会教育分会的设立，以及许多大学统计学本科项目的正式开设。譬如，对统计培训方案进行评估后，发现现有方案无法满足训练有素的统计人员的需求，因此，非洲统计培训计划（Statistical Training Programme for Africa，STPA）于 1978 年启动了（Tulya-Muhika，1990）。

高等教育中的统计学课程在 20 世纪后期继续发展。约翰・图基（Tukey，1962，1977）在数据分析方面的工作彻底改变了统计学的实践和教学。这项工作，加之对计算机使用的增多，使许多统计学课程的重点从数学理论转向数据分析，并且面向更为广泛的学生群体。统计教学的最新变革将在后面的章节中进行描述。

2.2.3 中等教育中统计教学的里程碑

将统计学内容引入中学课程花费了一些时间和精力。尽管概率与数学（最终教授统计内容的学科）联系紧密，但这些内容直到20世纪后期才被引入中学。19—20 世纪之交到 20 世纪 20 年代，美国学校数学课程的重点是代数和几何，这主要是为学生上大学而准备的。1929 年股市崩盘导致的经济萧条使上大学的学生人数减少，学校从而将其教育重点转移到强调职业需求和社会需求上。其间，数学成为一门选修科目，学校从而开始不重视数学课程的连续性，这导致学校开设新的课程，其中一些学校就开始教授统计学（Jones & Coxford，1970）。

20 世纪 40 年代中后期的战事使人们重新重视学校层面的数学学习，学习内容与军队入职考试对数学知识的要求保持一致，再次强调代数、几何和三角学。第二次世界大战后，大学数学学者对中学生的数学知识储备感到担忧，美国大学入学教育委员会（College Entrance Education Board，CEEB）于 1954 年组建了一个委员会来研究美国学生对数学的需求，该委员会的一项重要建议就是在高中最后一年教授一门关于概率的课程（Commission on Mathematics，1959）。此外，该委员会还撰写了一本高中数学教科书，这打破了历史先例（以前仅仅是提出建议，而没有实际措施），并批准对课程进行可行性研究。

由于该委员会还编写了供大多数学院和大学使用的入学考试试题，因而美国大学入学教育委员会的建议对中学课程的设置有很大影响，统计教学也开始在中学阶段变得更加普遍。他们的建议对加拿大的学校课程设置也有影响，其许多省份重编了他们的数学教程，并纳入了概率论和统计学教学（Crawford，1970）。

20 世纪 60 年代前，英国对于第六学段（年龄在 16—18 岁）以下（Green，1982）的孩子几乎没有教授概率或统计的要求。1959 年，欧洲经济合作组织（Organization for European Economic Co-operation）在法国罗也蒙（Royaumont）举办了一次关于“学校数学新思考”的研讨会，与会的 18 个国家重点讨论了学校数学教育的改革（Shubring，2013）。这次研讨会提出的设想和建议最终启动了一次国际数学教育运动，还影响了后来的课程内容设置。会议报告中发布的课程建议影响了几个教育项目，其中包括学校一级的概率和统计推断教学。借鉴这项建议的三个项目分别是英国的学校数学项目（United Kingdom's School Mathematics Project）、米德兰兹数学实验（Midlands Mathematics Experiment）和苏格兰数学小组（Scottish Mathematics Group），它们都包括针对 11—16 岁学生的统计教学，主要是概率课程。

整个 20 世纪 60 年代，涉及教育改革的广泛的课程计划持续影响着中学阶段的数学教学。1967 年，美国统计协会（ASA）和美国数学教师协会（National Council of Teachers of Mathematics，NCTM）成立了统计与概率课程联合委员会（Joint Committee on the Curriculum in Statistics and Probability），为 K-12 各年级的课程提供引导和支持。哈佛大学统计学教授弗雷德里克·莫斯特勒（Frederick Mosteller），时任 ASA 主席，在早期阶段领导该委员会取得了许多成就。统计与概率课程联合委员会做出的第一项成果是《统计：对未知的指南》（Statistics：A Guide to the Unknown）（Tanur et al.，1972），它是一本统计学者的文集，内容聚焦于“统计学和概率论的价值以及这些学科对生物学、政治学、社会学和物理学发展的贡献及其在日常生活中的价值”（American Statistical Association，n.d.）。该委员会还制作了一个四卷本的课程丛书——《统计案例》（Statistics by Example）（Mosteller，Kruskal，Link，Pieters，& Rising，1973），其中包括“为高中教师提供真实有趣的教学材料，从而用于统计和概率课程”（American Statistical Association，n.d.）。这两项成果以易于理解的方式向高中生和教师提供统计学专题和分析，进一步深化了统计教育的民主化。

约翰·图基所撰写的一本关于探索性数据分析的书也对中学课程产生了很大影响（Tukey，1977）。以前，只有概率被纳入中学的数学课程，而深受图基工作影响所编撰的系列课程材料是《定量素养计划》（Quantitative Literacy Project，QLP）（Scheaffer，1990）。QLP 由一系列书籍组成，这些书籍是在 20 世纪 80 年代后期被作为 ASA 和 NCTM 的联合项目再次出版的。在此期间，NCTM 出版了一本完全致力于统计教学的年鉴《统计与概率教学》（Teaching Statistics and Probability）（Shulte & Smart，1981），2006 年出版了第二本与统计教学有关的 NCTM 年鉴（Burrill & Elliott，2006）。

《学校数学课程与评估标准》（Curriculum and Evaluation Standards for School Mathematics）

（National Council of Teachers of Mathematics，1989）体现出统计学正成为数学课程中公认的组成部分，这些全面的标准反映了美国高质量数学教学的目标。这个文件受到日益增多的教育学和心理学研究（这些研究认为学习是一个积极的、建构的过程），以及技术在“做”数学中的作用变化的影响，呼吁在每个年级（K-12）增加统计和概率课程。2000年修订的标准《学校数学的原则和标准》（Principles and Standards for School Mathematics）（National Council of Teachers of Mathematics，2000）对K-12学生的数学教学产生了深远影响，同时也影响了高等教育的课程变革。

在NCTM发布详细说明概率和统计在数学课程中的作用的指南和标准之前，英格兰学校项目（Schools Project in England）发表了关于“数学算数”（Mathematics Counts）（Cockcroft，1982）的报告。报告中，英国正式将统计引入该国中学课程，该报告也因推广“计算能力”（numeracy）一词而闻名。舍弗指出，该报告可能有助于澳大利亚、新西兰、美国等国家编写并实施相关标准（Scheaffer，2003）。

随着中学教学和课程为适应新的标准而改革，许多统计教育工作者开始根据这些转变重新考虑高等教育的统计学入门课程。关于如何教授该课程，以及课程应该包括哪些内容的话题和问题被重新提及。下一节，我们将探讨影响各级教育的统计教学改革的里程碑。

2.2.4 统计教学改革的里程碑

在美国，美国数学协会（Mathematical Association of America，MAA）组织了一个专项小组，讨论并提出了“改革”大学入门课程的建议。科布报告了该小组的工作，提出了统计学入门课程教学的三项改革建议：①强调统计思维；②纳入更多数据和概念（减少理论和方法）；③促进主动学习（Cobb，1992）。在这些建议的基础上，穆尔从内容变化（数据分析较多，概率较小）、教学法（讲授较少，主动学习较多）和（用于数据分析和模拟的）技术的角度描述了改革需求（Moore，1997）。

在科布的报告发布大约10年后，ASA资助了一批著名的统计教育工作者，让他们为大学之前的阶段（pre-K-12阶段）和大学阶段的统计教学编写一套教学和评估指南。最终形成的报告包括《统计教育评估和教学指南》（American Statistical Association，2005；Franklin et al.，2005），以及近期教学研究的相关课程标准（Franklin & Garfield，2006），这两份报告建立在先前的建议和改革成就的基础之上，并且均于2005年获得了ASA董事会的认可。

pre-K-12阶段的GAISE侧重于统计素养，并根据学生在统计素养方面的发展，在三个层面制定了统计问题解决框架。该框架包括四个部分：①制定问题；②收集数据；③分析数据；④解释结果。该框架还提醒教师关注贯穿过程中各个部分的变异。大学阶段的GAISE为高等教育的统计学入门课程的教学和评估提供了六条建议：①强调统计素养，发展统计思维；②使用真实数据；③强调概念理解而不仅仅是了解统计程序；④促进课堂上的主动学习；⑤利用技术促进概念理解并进行数据分析；⑥整合与课程目标一致的评估，以改进和评估学生的学习。2016 年，大学阶段的 GAISE 进行修订，从而“反映现代实践并利用广泛可用的技术”（American Statistical Association，2016，p.6），除了前面的六条建议之外，报告还强调了统计教学是解决问题、决策和为学生提供多变量思维体验的过程。

GAISE 的发布激发了各种讨论和设想。自报告发布以来，在诸如联合统计会议（Joint Statistical Meeting）、联合数学会议（Joint Mathematics Meeting）和美国统计教学大会（United States Conference on Teaching Statistics，USCOTS）等重要专业会议上，每年都会设置与 GAISE 有关的会议议程。此外，许多统计学教师还开发了符合推荐指南的课程，并在专业会议上分享课程实施的内容。在美国，国家科学基金会（National Science Foundation）资助了新课程项目，这些项目以 GAISE 提出的建议和学习成果为基础（如 Garfield，delMas，& Zieffler，2012；Gould et al.，2010；Tintle et al.，2015；West，2014；Woodard & McGowan，2012）。

虽然这里描述的许多改革成就是在美国发起的，但这些成果并不只对美国产生了影响。其中，新西兰就是一个积极致力于改革学校课程的国家。这在很大程度上归功于戴维·维尔-琼斯（David Vere-Jones），他不仅影响了新西兰的统计教育，也影响了国际统计教育的水平，他促进了新西兰对学校课程中统计学习成果（如统计素养）的认识（Vere-Jones，1995）。

为了应对统计实践与统计教育之间日益扩大的差距，新西兰的研究人员和统计教育工作者开发了一组基于计算机教授统计推断的创新方法（Pfannkuch et al.，2013）。他们发现对于中等教育阶段和高等教育阶段的学生来说，使用随机化和辅助方法，以及动态可视化方法更易理解统计推断的概念。新西兰在统计教育者的培养方面也是领头羊，如让统计教育工作者掌握数据处理、数据可视化、推断模拟方面的教学方法（Forbes，Campos，& Helenius，2013）。

英国学校普查计划（United Kingdom’s Census at School Project）的制定是对中等教育中统计教育的最重要贡献之一。该项目让 4—12 年级的学生通过在线调查参与统计活动，随后，分析他们的课程成绩，并将其与其他人群（如本国和其他国家的学生）的成绩进行比较（American Statistical Association，2017a）。学校普查计划在全球多个国家（如澳大利亚、加拿大、爱尔兰、日本、新西兰和南非）被采用。

2.3　与统计教育相关的专业组织和期刊

任何学科的专业组织或协会对于促进想法和信息的产生与分享都是至关重要的。它们可以帮助专业领域保持活力，并为团体成员提供认可和支持。本节我们将介绍一些具有代表性的致力于统计教育的组织或协会和期刊。

2.3.1 组织和协会

随着时间的推移，对统计教育和培训的需求影响了许多统计学专业组织。目前，世界上几乎所有国家的统计协会都明确将统计教育作为其组织的一部分（如加拿大、印度、日本、新西兰、菲律宾、南非），其中一些协会成立了更多专门致力于统计教育的正式委员会或专项小组，这反过来又影响着统计学的教学工作。譬如，新西兰统计协会（New Zealand Statistical Association）的统计教育委员会积极致力于将数据分析纳入小学和中学，并将怀尔德等（Wild et al.，2011）统计教育工作者的远见卓识整合到学校课程中，他们还推广了学校课程里数据处理和问题解决教学中对技术和可视化图像的使用。

此外，许多组织还赞助项目、组织会议，并为成员提供与统计学教与学相关的交流机会。有三个统计学组织（国际统计学会、皇家统计学会和美国统计协会）在支持统计教育方面有着悠久的历史，下文将重点介绍。

2.3.1.1 国际统计学会和国际统计教育协会

国际统计学会（International Statistical Institute，ISI）于 1948 年成立了统计教育委员会，旨在开展统计教育活动并借此与联合国教科文组织以及联合国的其他机构合作（Vere-Jones，1995）。该委员会是根据 ISI 主席斯图尔特·赖斯（Stuart Rice）博士的建议成立的，他是统计教育的坚定拥护者，他的论文《统计教育的推进》（Furtherance of Statistical Education）（Rice，1949）为 ISI 在未来几十年内涉足统计教育领域奠定了基础。

20 世纪 70 年代后期，ISI 统计教育委员会成立了若干工作小组，包括学校统计教学工作小组（Task Force on Teaching Statistics at School Level，TOTSAS）和国际统计教育会议工作小组。TOTSAS 最初由比克·巴尼特（Vic Barnett）担任主席，为感兴趣的中小学和大学统计学教师提供定期资讯，它还创立了《统计教学》（Teaching Statistics）期刊，首期出版于 1979 年。TOTSAS 还负责出版《全球学校统计教学》（Teaching Statistics in Schools Throughout the World）（Barnett，1982），这是对世界各地的大学预科统计学“状况”（如教授统计学的场所、教学大纲等）的调查，它还出版了一本配套手册《全球统计学者培训》（Training of Statisticians around the World）（Loynes，1987）。

ISI 统计教育委员会于 1991 年成为 ISI 的正式组成部分，并更名为国际统计教育协会。虽然它的名称发生了变化，但其重点仍然是改进统计学的教与学以及推进统计教育研究（Schuyten & Ottaviani，2006）。为了完成这项任务，国际统计教育协会举办了一系列以 4 年为一个周期的专业会议，包括：①国际统计教学大会；②卫星会议和 ISI 双年展（Satellite and ISI Biennial）；③圆桌会议（Roundtable）；④卫星会议和 ISI 双年展。国际统计教育协会还赞助了国际统计素养项目（International Statistical Literacy Project，ISLP），包括国际海报和项目竞赛。

2.3.1.2　皇家统计学会

英国学校对统计教育的支持有着悠久的历史，皇家统计学会是一个发挥关键作用的组织。皇家统计学会起初致力于在学院和大学中推广统计教学（如 Royal Statistical Society，1947；Wishart，1939），特别是在第二次世界大战之后，皇家统计学会在促进将统计教学纳入英国中学课程方面做出了很大贡献，霍姆斯在他的论文《英国学校统计教学 50 年：一些里程碑》（“50 Years of Statistics Teaching in English Schools：Some Milestones”）中描述了这一历史（Holmes，2003）。

内维尔·戴维斯在文章中指出了皇家统计学会对英国统计教育产生的更为广泛的影响（个人通信，2016.03.20），文中写道：

> 1995—2014 年，皇家统计学会是第一个通过（为其中心）预算拨款为统计教育提供持续支持的学术和专业统计机构。它逐渐把统计教育视为一门学科，并在这个过程为其提供了公开和宝贵的支持。事实上，这种支持确实源于 1982—1995 年在谢菲尔德建立的第一个统计教育中心，尽管皇家统计学会没有参与那一时期在谢菲尔德的工作。

之后，皇家统计学会继续关注统计教育。2010 年，怀尔德和他的同事们向社会宣读了一篇论文（后来发表，即 Wild et al.，2011），承认了统计教育作为一门学科的时代即将到来。值得注意的是，与教育相关的论文很少在皇家统计学会的期刊发表。RSS 目前还赞助了一项活动，该活动涉及统计知识普及倡议和相关资源，以帮助教师、记者和公众增加他们的统计知识。

2.3.1.3　美国统计协会

在美国，美国统计协会（ASA）在 20 世纪中期也增加了对统计教育的支持。1947 年，美国统计协会正式成立，并将统计培训委员会（Committee on Training Statisticians）定为统计培训部（Section on Statistical Training）。在这里用“培训”（training）而不是“教育”（education）是经过深思熟虑的，罗伯特·霍格（Robert Hogg）于 1972 年提议将该部门名称改为统计教育部（Section on Statistical Education）。1973 年，当霍格管理该部门时，他提交了一份新的章程，部门名称发生了变化，并在同年获得了部门成员的批准。关于统计教育部的历史可参见英曼的文章（Inman，1990）。除了给对教育感兴趣的统计人员提供交流空间外，成立这样一个正式部门还能确保将与统计教育有关的会议纳入到年度联合统计会议中。

霍格继续将统计教育作为 ASA 的优先事项对待。1991 年，他提出担任即将召开的 ASA 冬季会议的项目主席（Randles，2007）。这次会议于 1992 年 1 月在肯塔基州路易斯维尔举行，主题是统计教育。这次会议有600多名参与者（其中包括约200名学生），促成了影响未来几年统计教育发展的合作（如Cobb，2013；Rossman & Garfield，2011）。厄茨综合了ASA对统计教育的许多贡献，并描述了他们最近的成果（Utts，2015）。

2.3.1.4 数学专业组织

一些著名的数学专业组织也支持统计教育。国际层面，长期以来，国际数学联合会（International Mathematical Union）一直通过国际数学教育委员会（International Commission on Mathematical Instruction，ICMI）支持统计教育，来自世界各地的统计教育研究人员可以参加四年一届的国际数学教育大会（International Congress on Mathematical Education，ICME）。2008年，国际数学教育委员会与国际统计教育协会（IASE）共同开展了一项研究，题目是“学校数学中的统计教育——教学和教师教育面临的挑战”（Statistics Education in School Mathematics-Challenges for Teaching and Teacher Education）（Batanero，Burrill，& Reading，2011）。

在美国，统计教育也得到了著名的美国数学协会的支持。除了成立由乔治·科布主持的入门课程专项小组之外，美国数学协会还在他们的备注系列（Notes Series）中发布了几本关于统计教学的书籍（如Garfield，2005；Moore，2000），为讲授统计学的数学家成立了工作室，并主办了统计教育专项小组（Special Interest Group in Statistics Education）。

2.3.2 期刊

创办发表特定领域研究成果的期刊能帮助学科正统化。目前有四种主要致力于统计教育研究的期刊，这些期刊中最古老的是创刊于1979年的《统计教学》（Teaching Statistics），它由简短的文章、活动和研究报告组成。虽然该期刊的总部设在英国，但它是国际性的，而且随着该期刊在格式、内容和学术方面的变革，其声望也在增长。

四种期刊中第二古老的是创刊于1993年的《统计教育杂志》（Journal of Statistics Education，JSE），在此之前，《统计教学》是唯一出版与统计教育相关研究成果的专门期刊。此后，JSE开始提供同行评审的统计教育学术出版物，并介绍统计教育的创新和课程改革（Dietz et al.，2013）。此外，JSE是第一个统计学的电子期刊，自成立以来一直在网上发布。

《统计教育研究杂志》是IASE创办的同行评审的免费电子期刊，尽管它可以追溯到1982年的第一届国际统计教学大会，但于2002年首次亮相。正是在第一届国际统计教学大会上萌生了组建对统计教育感兴趣的研究团队的想法，由此诞生了概率与统计学习国际研究小组（International Study Group for Research on Learning Probability and Statistics）。1987年，琼·加菲尔德接任戴维·格林（David Green）担任研究小组秘书，当时戴维·格林刚刚成为《统计教学》的编辑，并撰写了该小组的第一份简讯（Garfield，1987），该简讯包含有关统计教育的信息，包括当前已发表的研究成果的清单（有时还有详细描述）、有关活动和专业会议的信息以及其他值得注意的趣闻。国际统计教育界的两位关键人物卡门·巴塔内罗（Carmen Batanero）和玛丽亚·加布里埃拉·奥塔维亚尼（Maria Gabriella Ottaviani），以其研究成果说服了 IASE，将该研究小组纳入研究团队，并将该简讯转变为定期出版物，并于 2000 年 1 月正式更名为 IASE 的《统计教育研究通讯》（Statistical Education Research Newsletter，SERN）。大约在同一时间，IASE 内部开始讨论统计教育研究领域存在的问题、使用的方法和产生的结果，其中大部分记录在了 SERN（如 Bacelar-Nicolau，2001；Batanero，Garfield，& Ottaviani，2001；Batanero et al.，2000；Ottaviani，2000），这促成了《统计教育研究杂志》的建立。该期刊现在每年出版两期，并继续受到 IASE 和 ISI 的赞助。

《统计教育技术创新》（Technology Innovations in Statistics Education，TISE）是宣传与统计教育相关的高质量学术和研究成果的最新出版物。这是一本由罗伯特·古尔德创立的电子期刊，该期刊发表的学术和研究成果涉及所有阶段（从幼儿园儿童到研究生，以及专业人士）的统计教育中使用的技术。与统计教育的其他期刊不同的是，该期刊不隶属于任何专业组织，而是由加利福尼亚大学洛杉矶分校运营，该校的统计学系对改善教育有着坚定的信念。

除了这四种期刊，还有一些不是专门针对统计教育的期刊，偶尔会发表与统计教育相关的文章。譬如，《美国统计学家》（The American Statistician）自 1947 年创刊以来，针对本科课程、入门课程中贝叶斯统计学的教学以及对研究生助教的培训等主题发表了许多文章和专刊。该期刊还设有一个名为“教师角”（Teacher’s Corner）的常规部分，由与统计教学相关的同行评审文章组成，主要针对高等教育阶段的统计教学。

《国际统计评论》（International Statistical Review）也发表过与统计教育有关的文章，这些文章（其中一些是该领域的里程碑式文章）涵盖了诸如统计思维、评估、素养和统计学教与学研究等主题（如 Garfield，1995；Garfield & Ben-Zvi，2007；Moore，1997；Wild & Pfannkuch，1999）。《数学思维与学习》（Mathematical Thinking and Learning，MTL）、《数学教育研究杂志》（Mathematics Education Research Journal，MERJ）、《数学教育研究期刊》（Journal for Research in Mathematics Education，JRME）、《数学教育研究》（Educational Studies of Mathematics，ESM）等国际数学教育研究期刊也发表过有关统计学教与学研究的文章和专刊，这些专题包括“背景在发展非正式统计推断中的作用”（The Role of Context in Developing Reasoning about Informal Statistical Inference）（Makar & Ben-Zvi，2011）和“统计推理：学会从样本中进行推理”（Statistical Reasoning：Learning to Reason from Samples）（Radford，2015）。除专业期刊之外，数学教育界所制作的一些国际手册也包含了全面而有影响力的综合研究，这些综合研究为统计教育的知识共享做出了巨大贡献（如 Langrall et al.，2017；Shaughnessy，1991，2006）。

必须指出的是，尽管专门针对统计学教与学的学术研究的期刊普遍存在，仍有人质疑这些期刊的合法性。对于在数学或统计学系需要评职称和晋升的许多教师来说，他们更关注学科领域的专业期刊，在这些期刊上，与理论相关的学术研究常常比与教学相关的研究更受重视。即使对于数学教育的专业教师而言，在统计教育期刊上发表文章可能也不那么重要。

2.4 统计教育的现状

在许多国家，统计教育几乎出现在所有教育阶段，而这个科目的深入教学大多出现在中学和大学。在中学，统计教学一般在数学课程中进行；而在高等教育中，统计教学会跨越许多学科和部门，包括数学、工程学、心理学、社会学、公共卫生、经济学，当然还包括统计学本身。随着时间的推移，这种多样性使人们产生了一些问题：统计教育的场所应该在哪里、统计教学的内容应该包括哪些，以及应该由谁来教（如 Moore，1988；Moore & Cobb，2000）。

20 多年来，尽管统计教育工作者和研究人员一直在努力解决其中的一些问题，但统计学课程的内容和设置仍然存在很大变动。随着社会对具有统计素养的公民和受过规范统计训练的劳动力的需求增加，以及我们在课堂上面临的学生群体的日益多样化，这种变动更加明显。为了应对这些挑战，统计教育工作者主要关注课程内容和课堂教学的革新。学校教授的统计内容不断受到实践变革和基础学科范围的影响（本手册第 1 章）。多年来，中等教育或高等教育的统计学入门课程的主题通常包括数据收集、数据表示、数据汇总、概率和推断（Watson，2006），这个范围和顺序反映了统计从业人员进行统计实践的基本分析过程。最近，对统计实践产生重大影响的计算技术的进步也导致了课堂的变化。譬如，许多教师正在使用模拟方法教授统计推断，并在他们的课堂引入更多的统计建模（如 Cobb，2007；Garfield et al.，2012）。

统计教育工作者也正在采用创新的教学方式，如活动式学习、翻转课堂和协作学习，从而促进学生学习。这些变化通常反映了统计教学和学习研究中出现的新观点（本手册第 3 章），许多方法、设想和研究是通过前述的组织、期刊和会议实现共享的。

接下来，我们将探讨不同教育阶段的统计教育现状。首先，我们考察小学和中学的统计教育，重点关注世界各地教学内容的范围、影响该内容变化的标准化评估，以及如何通过合作改进教学。接着，我们考察高等教育中的统计教育，对于此，我们关注围绕本科统计学专业的建议和改革，以及目前关于入门课程的看法。最后，我们将研究如何在工作场所开展统计教育。

2.4.1 中小学统计教育

目前，统计学在各国小学和中学课程中的地位存在很大差异。一些国家有国家强制性的统计学课程；一些国家有统计学国家课程计划，但没有根据计划实施；还有一些国家并没有统计学国家课程。各国之间的一个共同点是，统计学的内容经常是在数学课程中教授的。譬如，在乌干达，统计学被作为应用数学的一部分进行教学（Opolot-Okurut & Eluk，2011）；在埃塞俄比亚，统计学被视为数学的五大分支之一（Michael & O'Connell，2014）；在菲律宾，基本的概率和统计概念也在数学课程中教授（Reston & Jala，2014）。英国同样也在数学课程中教授统计，史密斯的一项调查建议，统计学应该嵌入应用学科中，并由该科目的教师进行教学（Smith，2004）。最终，政府在数学课程中保留了统计教学，这一决定得到了皇家统计学会的支持（Porkess，2011）。

最近，全世界都在加大努力，将统计内容纳入小学和中学阶段。譬如，澳大利亚为所有小学和中学制定了统计学学习标准（Australian Curriculum，Assessment and Reporting Authority，2013）。同样，新西兰课程中统计教学的标准就涉及小学一年级（Ministry of Education，2007）。埃塞俄比亚也扩大了统计教学对象的范围，从仅在 12 年级课程中教授一个单元，扩大到在整个 K-12 课程中都纳入统计教学（Michael & O'Connell，2014）。相比之下，尽管美国统计协会建议在学校课程的早期阶段纳入统计内容（Franklin et al.，2005），但美国的学校课程在 6 年级前一般不会包含统计内容（Watson，2014）。然而，截至 2017 年 5 月，美国 50 个州中有 42 个州采用了《州共同核心数学标准》（Common Core State Standards for Mathematics），计划在 3 年级引入关于数据和测量的内容。

随着中小学开始更为广泛地教授统计学，专业组织、政府和大学合作，共同促进统计学的教学和学习。譬如，伊朗统计学会（Iranian Statistical Society，ISS）、伊斯法罕数学馆（Isfahan Mathematics House）和伊斯法罕数学教师协会（Mathematics Teacher's Society of Isfahan）组织了针对伊朗高中学生的一年一度的团队形式的统计竞赛。这些组织还合作开发了波斯语网站，以促进统计学的普及（Parsian & Rejali，2011）。在菲律宾，这些类型的合作促成了教材的开发——如为小学教师编写的说明统计学用途的参考资料以及中等和高等教育中统计学入门课程教科书——还促进了对教师进行概率和统计培训的全国课程的实施（Reston & Bersales，2011）。

统计学不仅更早地被纳入学生的学习，而且在学校教授的统计内容的范围可以说比以往任何时候都要广泛。譬如，法国的初中课程曾经局限于一些计算方法与图表阅读和制作，现在扩展到诸如抽样变异性、概率和模拟之类的推断主题（Bihan-Poudec & Dutarte，2014）。

更为经济且强大的技术工具的使用，也能够拓宽学校所教授的统计内容的范围。譬如，20 世纪 90 年代，图形计算器的流行使学生更容易进行统计分析（如探索性数据分析推断），反过来这也使学校教育纳入了更多相关内容。最近，得益于更为强大的计算机的使用，新西兰和美国在中学阶段使用模拟方法介绍统计推断（Forbes，Campos，& Helenius，2013；Wild et al.，2011；Wild et al.，2017）。

技术并不是影响学校课程的唯一因素，课程也受到国家教育目标的影响。许多国家的目标之一是让公民更具统计素养（如 Biggeri & Zuliani，1999；Gal，2004）。譬如，巴西强调统计推理是学生公民素养的一部分（Campos，Cazorla，& Kataoka，2011）。而在南非，教授统计内容的目的是让学生为成年后所面临的社会和经济需求做好准备（Wessels，2011）。

学生在国际评估中的表现也是扩大或简化学校统计学课程的催化剂。有两项此类评估影响了几个国家的课程选择，即国际数学和科学趋势研究（Trends in International Mathematics Science Study，TIMSS；Mullis & Martin，2013）以及国际学生评价项目（Programme for International Student Assessment，PISA；OECD，2013），这两项评估包括各种统计问题（如根据图表解释和表示数据、比较数据集的特征、使用数据进行推断）。譬如，日本在 21 世纪初期从中学课程中删除了大部分统计内容，但是，当他们的学生在 2012 年的 PISA 测试中表现不佳后，他们决定重新扩大统计学习的范围（Fujii et al.，2014）。类似地，德国学生在 PISA 统计任务上表现不佳，也促使其在所有年级的国家数学课程中重视数据分析和统计推理（Martignon，2011）。

2.4.2 大学统计教育

高等教育阶段，有两个学习统计学的主要学生集体：①想获得统计学学位（主修或辅修）的人；②那些参加统计学课程学习但正在攻读其他领域学位的人。在美国，两类学生的数量似乎都在稳步增长（Blair，Kirkman，& Maxwell，2013；Bryce，2002）。统计教育工作者界定了面向这两类学生开展教学和课程所面临的挑战。下面，我们将尝试描述这两类学生以及不同国家的这些学生之间的差异。我们还分析了向这些学生群体教授统计学内容时可能出现的一些课程挑战和需要考虑的因素。

2010—2013 年，统计学是美国 STEM（science，technology，engineering，and mathematics，科学、技术、工程和数学）教育中学生数量增长最快的本科学位（American Statistical Association，2015b），这种增长并非美国独有。然而，尽管一些国家关注到学生将统计学作为本科学习重点的兴趣日益增加，但统计学专业的普及性在不同国家之间仍存在很大差异。譬如，理查森对澳大利亚、越南和美国大学的统计学专业进行了比较，发现尽管在澳大利亚和美国接受调查的许多大学开设统计学课程，但在 50 所接受调查的越南大学中仅有 4 所设有统计学专业。她还发现各国统计学专业的学习内容和要求各不相同。例如，她报告说，在越南，大约 45%的统计学专业课程侧重于数学和统计学，而在澳大利亚和美国，这一比例接近 70%，这可能是因为美国和澳大利亚的大多数统计学专业是由数学系负责的（Richardson，2014）。

由于这些差异性，各国分别面临着一些独特的挑战。鉴于即使在同一个国家内，各机构统计学专业的结构和内容也存在巨大差异，一些统计学专业组织思考如何达成更多的统一性。1999 年，美国统计协会启动了本科统计教育倡议（Undergraduate Statistics Education Initiative，USEI），该计划重点关注组织工作，编写指导方针，并为美国本科统计项目提供宣传和持续支持。他们还批准了一套统计科学本科课程指南（American Statistical Association Undergraduate Guidelines Workgroup，2014），该课程指南为学院和大学统计学主修、辅修或专修课程内容和教学提出了建议。日本的大学在 2014 年之前没有统计学系（Kudo et al.，2014），所以日本统计学会（Japan Statistical Society）近期为从初中到研究生各阶段的学生和统计学者编写了一套资格考试材料（Fujii et al.，2014）。

随着高等教育阶段专门学习统计学的学生越来越多，更多成熟的数据分析师被培养了出来，他们能够在商业和工业中从事各种各样的工作，但是其他学科的学生也有一定的统计学习需求，他们想要理解数据和概率的基本思想并将这些概念应用到他们自己的研究领域中。2010 年数学科学联合委员会（2010 Conference Board of the Mathematical Sciences）的调查显示，自 1995 年以来，统计学入门课程和高级统计学课程的选课人数均有所增加（Blair，Kirkman，& Maxwell，2013）。然而，对于许多在统计学以外的领域攻读学位的学生，特别是那些攻读非 STEM 学位的学生，统计学入门课程仍是他们本科阶段唯一接触的统计学课程。因此，统计教育工作者针对统计学入门课程的目标、内容和教学提出了许多问题。下面，我们将研究统计教育工作者为这类学生确定的一些目标，包括认知性的和非认知性的（如态度）。

关于认知性目标（cognitive goals），GAISE（第 2.2.4 节）为大学预科学生设置了一套学习目标，为高等教育阶段的学生设置了另一套学习目标。此外，参与教育工作的统计学者也对选修统计学入门课程的学生应该学习和理解的内容提出了一些见解，这些见解通常基于他们自己对受教育公民应有的统计概念的反思（如 Scheaffer，2001；Utts，2003，2010）。

选修统计学入门课程的学生的学习目标往往与数据和统计调查设计有关。譬如，学习目标可能包括设计调查方案、规划并收集数据、探索并比较观察结果，以及适当使用统计推断（如 College Board，2010）。此外，统计教育工作者还提出了培养学生统计素养、统计推理能力和统计思维的目标，而不是让学生死记硬背统计技能、计算步骤和操作程序（如 American Statistical Association，2005；Batanero，Burrill，& Reading，2011）。尽管统计教育工作者经常提到统计素养、统计推理和统计思维，但统计教育学术界对于这些学习结果的操作性定义几乎没有达成共识。譬如，加菲尔德和本-兹维将统计素养描述为能够阅读并使用基本的统计语言和图示来理解媒体和日常生活中的统计信息（Garfield & Ben-Zvi，2008），而贾勒认为统计素养还包含批判性地评估和传达统计信息和结论的能力（Gal，2002）。

非认知性目标（non-cognitive goals）包括改变学生对统计学的认知和态度、改善学生对统计学学习的态度并提升动机、减少学生对高等教育统计学课程中目标内容的焦虑。统计教育研究人员使用特别设计的工具，如关于学生对统计学的态度的量表（Student Attitudes Towards Statistics）（Schau et al.，1995），研究了许多高等教育阶段选修统计学课程的学生的非认知结果。

贾勒和金斯伯格建议统计教育工作者要注意学生对统计学的反应和感受，因为这可能对学生的学习产生影响（Gal & Ginsburg，1994）。人们普遍认为，许多学生开始学习统计学课程时是带着忧虑的，这与他们做出的学习努力背道而驰。其中一部分问题在于，许多学生经历过数学焦虑，然后将统计学与数学等同起来，从而对统计学有同等的焦虑。除了克服焦虑和消极态度之外，特定的态度（如好奇心和兴趣、质疑态度）在成功的统计学学习中也是必需的（Wild & Pfannkuch，1999）。

2.4.3 工作场所的统计教育

除了课堂，工作场所是进行统计培训和教育的另一个常见场所。譬如，美国的许多公司都会对员工进行质量把控和技术改进的培训（如关于六西格玛的培训）（Montgomery & Woodall，2008）。工作场所也为统计教育研究人员提供了丰富的研究环境（如 Bakker，2014；Bakker & Akkerman，2015；Bakker et al.，2008）。

许多职业也采用了更多循证的实践和决策策略，政策性组织、政府和医疗保健就是三个典型的领域。为了更好地满足这些需求，诸如新西兰统计局（Statistics New Zealand）（Janssen & Forbes，2014）这样的组织就制定了一系列计划，使之能够使用数据做出更好的决策。同样，阿韦和万斯介绍了弗吉尼亚理工大学的跨学科统计分析实验室（Virginia Tech's Laboratory for Interdisciplinary Statistical Analysis），该实验室培训了来自发展中国家的统计学者和科学家，使其与非统计学者进行沟通和合作，以做出更好的循证决策（Awe & Vance，2014）。

2.5 统计教育面临的挑战和机遇

1982 年以来，统计教育取得了一定进展，但对于培养公民的统计素养这一目标来说，教育工作者仍面临着一些问题和挑战。学界对研究的再现性的关注（Peng，2015；Wasserstein & Lazar，2016）、最近对数据处理和计算的重视（American Statistical Association Undergraduate Guidelines Workgroup，2014），以及可供分析的数据类型的丰富性和差异性（Gould，2010），这些都可能在改变统计教学中发挥作用。在此，我们将概述统计教育面临的一些机遇和挑战。

2.5.1 技术

技术对统计教学产生最重要的影响。技术的进步使统计学课程中的计算变得更容易而且结果更准确，这减少了统计学教师在统计分析程序上所花费的时间，也使他们在课堂上有更多时间关注统计概念（Chance et al.，2008）。譬如，即使是最基本的统计软件也能轻而易举地计算出置信区间和 p 值，而不是像传统方法那样占用课堂时间来读取和使用统计表，如 z 值表和 t 值表（这两个表已经过时），学生也可以用更多时间理解并解释所获得的值。技术工具（如统计数据模拟）也被用于帮助学生将诸如样本和 p 值等统计概念可视化，从而促进对数据和结果的理解（Biehler et al.，2013）。

技术实际上改变了课程本身，而不仅仅是改变统计学课程中的计算方法或学习重点。譬如，出现了围绕可视化方法、蒙特卡洛模拟（Monte Carlo simulation）（Tintle et al.，2014；Zieffler & Catalysts for Change，2013）和贝叶斯方法（Bayesian method）（Albert & Rossman，2009）而开设的整个统计学课程。这些方法曾经只能在具有大型计算机的计算能力时才能实现，现在甚至可以在入门级课程中被教授。

技术还提供了越来越复杂的工具来改变统计教学的模式和环境。譬如，许多大学正在探索和扩展他们在线上环境中教授统计学的能力。除了大学之外，营利性公司和机构，如“科学智识”组织、RStudio 和 Statistics.com 也提供在线统计学课程和培训。

为了满足统计教学的需求，约翰斯·霍普金斯大学和斯坦福大学使用在线平台（如 Coursera，iTunesU）帮助数千名学生更为便捷地学习课程。这些平台通过技术进行课程管理并获得学生的反馈，从而使开设这些大型课程成为可能。例如，卡内基梅隆大学的开放式学习倡议（Open Learning Initiative）就塑造了一个在线虚拟导师的角色，为学生提供即时并有针对性的反馈（Lovett，Meyer，& Thille，2008）。

值得注意的是，技术还使人们获得了更多与统计教育相关的教学材料和知识。譬如，本科统计教育促进会（Consortium for the Advancement of Undergraduate Statistics Education，CAUSE）的网站 CAUSEweb（https://www.causeweb.org/）是一个综合性的网络存储库，为统计教师提供了大量同行评审的资源和专业发展机会（如网络研讨会）。此外，CAUSE 还赞助了两年一届的美国统计教学大会，以及两个电子会议——统计教学电子会议（Electronic Conference on Teaching Statistics）和本科统计研究电子会议（Electronic Undergraduate Statistics Research Conference）。IASE 在其网站上发布了许多有价值的链接和资源，包括过去的会议和圆桌会议记录、最近的统计教育论文和相关的会议，以及前面所提及的关于国际统计素养项目的广泛的网站资源（如 http://iase-web.org/islp/，http://iase-web.org/Publications.php?p=Dissertations）。ASA 统计教育中心还为教师提供了几个网站，这些网站为教师提供了许多活动和课程计划方面的资源（如 American Statistical Association，2017b，2017c）。

2.5.2 教学法

对于统计学入门课程教学和评估的建议是很明确的，即教师在统计学课堂中要较少采用以讲授为主的方式（American Statistical Association，2016；Saxe & Braddy，2015）。以学生为中心的教学方法，如主动学习、翻转课堂和项目式学习，是传统讲授模式的可能替代方案。在小学和中学阶段，一些教育工作者借助学习环境的视角，整合了各个教学方法来进行统计教学（本手册第 16 章）。

主动学习是讲授式课堂的替代方法。在教学中倡导学生主动学习或让学生探索，这并不是统计教学独有的方法。总的来说，对统计学教学的建议，很大程度上来自心理学和教育学领域积累的成果。在统计教学中采用主动学习方法的例子很多，对课程的研究可参考相关成果（Chance，Wong，& Tintle，2016；Garfield，delMas，& Zieffler，2012；Rossman & Chance，2013）。

另一种以学生为中心的教学方法是翻转课堂。在翻转课堂中，学生在课外阅读相关内容或观看视频，然后在课上与其他学生一起研究学习材料。有证据表明，使用翻转课堂学习统计学入门课程的大学生比其他在讲授式教学下学习课程的学生有更好的表现和态度（如 Wilson，2013；Winquist & Carlson，2014）。

项目式学习也是创建以学生为中心的课堂的教学方法。项目不仅可以帮助学生将统计学视为解决问题和决策过程的重要组成部分（American Statistical Association，2016），而且还可以为教师提供更真实的方式来评估学生对统计学更为广泛的理解（如 Fillebrown，1994；Zeleke，Lee，& Daniels，2006）。

随着人们逐渐意识到这些教学建议的合理性，了解统计学教师对呼吁变革的积极性是很重要的。《科布报告》（Cobb Report）发布十年后，加菲尔德等对统计学教师展开调查，以确定改革工作在多大程度上影响了入门课程（Garfield et al.，2002）。结果表明，除了在教学中增加技术使用之外，统计教学几乎没有改变。最近，对高等教育的统计学入门课程教师的调查显示，许多教师正在进行推荐的教学实践，如让学生使用技术、评估概念知识和使用真实数据。然而，结果还表明，大多数教师仍然继续将讲授作为知识传递的主要方法，而不是使用推荐的教学实践，如开展鼓励学生体验和建构概念的协作活动（Fry & Garfield，2015；Garfield et al.，2015）。当问及教师为什么不使用推荐的教学实践时，许多教师声称，由于个人时间和学生的特征等限制，他们对于在授课方式上做出改变还比较犹豫或存在阻力。

2.5.3 学校一级纳入更多统计内容

我们不断看到越来越多的统计学内容渗透到了学校课程中。在美国，《州共同核心数学标准》所包含的统计学内容比大多数学校以前教过的多。澳大利亚、埃塞俄比亚、以色列和新西兰等国也在增加课程中的统计学内容。统计学课程的扩展还伴随着美国大学预修课程（AP）等项目的成功，这些项目为中学生提供高等教育课程。任何课程都可以作为 AP 课程的一部分，只要学生参加该课程的考试并取得优异的成绩，都可以在相应的学院和大学获得相应的课程学分。该项目始于 1997 年，取得了很大成功，在其首年进行了 7500 次考试，2014 年进行了 185 000 次考试（Rossman，2015，个人通信），大约是首年的 25 倍！AP 统计学课程的发展历史可参见相关文章（Roberts，Scheaffer，& Watkins，

1999；Franklin et al.，2011）。

学校层面教授的统计内容越来越多，关于在这一层面应该教授的统计内容的具体数量和类型，人们提出了许多疑问。譬如，近期许多统计推理、统计思维和统计素养（Statistical Reasoning，Thinking and Literacy，SRTL）方面的国际研究论坛都侧重于非正式统计推断和统计建模（详情请浏览 srtl.info），并且一些参与者在学校层面对师生就这些侧重点的看法进行了研究（Zieffler & Fry，2015）。还有一些悬而未决的问题，例如，如何改变高等教育内容，以适应那些已经学习了高等教育统计学入门课程的学生。最后也是最重要的是，关于中小学教师的教学准备工作的问题，这是我们接下来论述的重点。

2.5.4　教师准备和发展

如何帮助各级教师做好教学准备并给予其相应的支持，在统计教育中仍然是一个具有重要意义的问题（如 Batanero，Burrill，& Reading，2011）。在小学和中学层面，许多从未学过统计学的教师需要做好准备，以教授现在包含在课程中的更为广泛的统计内容。数学教师一般具有一些统计训练背景，他们在数学训练之外也需要额外的准备和专业发展，包括积累统计学科内容知识，学习使用合适的工具和技术，接受教育学推荐的统计教学方法（如主动学习、项目式学习等）的指导（另见本手册第 12 章和第 13 章）。

在一些国家，不同实体（如政府机构、专业统计协会、学术机构、私人组织）之间通过合作对教师进行统计教学的培训。譬如，伊朗统计学会和伊朗数学教师协会（Iranian Association of Mathematics Teacher's Society）说服伊朗教育部在全国高中课程中增加统计学课程，以提升学生的统计素养。相关专业组织和伊朗统计学会在全国各地组织讲座和研讨会，对数学教师进行统计教学培训并提供各种教学资源（Parsian & Rejali，2011）。在菲律宾，个人、大学、政府和私人组织共同努力，为教师实施修订后的学校课程做好准备，包括统计学课程和概率课程（Reston & Bersales，2011）。改革工作还包括审查当地编写的教科书、对参考书的编写予以补助，以及举办发布统计研究的论坛。

不同国家的大学也对培养未来统计学教师做出了努力。譬如，弗勒利希描述了美国一所大学为未来中学数学教师提供的统计学新课程，该课程让职前教师学习数据收集和分析、概率和推断统计，并向他们强调数学和统计学之间的相似性和差异性（Froelich，2011）。同样地，格林和布兰肯希普为职前小学教师开设了统计学入门课程，从而让他们知道统计学在基础课程中的重要性（Green & Blankenship，2013）。在德国，六所教育类大学达成合作，让职前教师参加关于统计和教学内容知识的定期研讨会（Martignon，2011）。此外，德国的一些州在其教师资格考试中也纳入了数据分析和可视化分析方面的统计学问题。

迄今为止，教师发展还面临着一个挑战，即对于教师准备教授的统计内容，尚且缺乏指导。虽然之前的报告，如《教师数学教育报告》（Mathematical Education of Teachers Report），提到了对数学教师进行统计培训的重要性，但没有关于培训内容的具体说明（Conference Board of the Mathematical Sciences，2012）。2015 年 4 月，ASA 发布了《教师统计教育》（Statistical Education of Teachers，SET），对 K-12 阶段教师的统计培训进行了更加明确的界定，强调教师需要理解超出他们所教授水平的内容。SET 为各阶段教师设置了特定的统计主题和概念，并倡导为教师至少提供一门融合学科知识和教学知识的统计学课程。

教师发展方面还存在一些其他挑战。对于许多国家的统计学教师而言，他们所修的本科课程尚不足以支持他们成为合格的统计学教师。这或许源于过时的学科内容知识（Reston & Jala，2014），或许源于教学培训的缺乏（Sorto，2011），或源于教师培训所需资源在经济条件方面的限制（Muñoz et al.，2014）。无论源于何种因素，对于统计学成为中小学课程重点的许多国家来说，这些挑战给他们带来了一些实际问题。

为了应对这些挑战，许多国家为在职教师和职前教师提供了专业发展机会。譬如，赖斯顿和雅拉报告了在菲律宾开展研讨会的情况，这些研讨会旨在通过反思性实践改善统计学教师的教学实践（Reston & Jala，2014）。同样，穆尼奥斯等编写了一些课程素材，以使智利未来的小学教师了解更多的统计内容，并提升他们的统计知识（Muñoz et al.，2014）。虽然职前教师和在职教师的专业发展似乎提供了改进统计教学的短期方法，但是要培养能够领导该领域的统计教育工作者，还需要更多准备和研究。

2.5.5 研究生阶段的统计教育

虽然研究生一直以来都在完成与统计学的教与学有关的博士研究论文（许多论文都保存在 IASE 网站上，可浏览 http://iase-web.org/Publications.php?p=Dissertations），但仅仅在过去的十年，大学才开始在统计教育方面发展研究生项目、研究研讨会和专门研究指导工作。认证项目是教育者参与研究生培训的另一种方式。皇家统计学会提供了高等教育统计教学证书（Certificate in Teaching Statistics in Higher Education），这是一个独特的研究生资格证书，它可以为高等教育机构的统计学教师提供个人发展机会。

明尼苏达大学于 2002 年启动了第一个正式的统计教育研究生项目。在此之前，没有任何机构能够授予统计教育硕士学位或博士学位。从那时起，美国其他机构也开始开设统计教育的研究生项目（如佛罗里达大学、波特兰州立大学、佐治亚大学）。因机构而异，这些项目被编入了统计学系或教育学系。此外，世界各地大学的研究生继续完成涉及统计教育研究的论文（如荷兰开放大学、巴西圣保罗大学、西班牙格拉纳达大学、以色列海法大学）。虽然各个国家对博士学位的要求不同，但是大多数需要学生撰写统计学论文的项目实际上并不真正包含该领域的课程作业或研讨会。

2009 年，ASA 批准了一套统计教育研究生课程指南，即《研究生统计教育项目》

（Statistics Education Graduate Programs），指南内容包括统计内容、统计实践、统计教学以及教育研究方法方面的专业知识的需求。指南还建议，教育学系和统计学系的教师应加入到为研究统计学教与学的学生所设立的研究生委员会中。

2.6　结论

统计学被公众接受并被媒体推广，这是一件振奋人心的事，这部分得益于像汉斯•罗斯林（Hans Rosling）和纳特•西尔弗（Nate Silver）这样的人。罗斯林在技术、娱乐、设计（Technology，Entertainment，Design，TED）的讲座以彩色图形和动态数据图表为特色，描述了复杂的多维数据。罗斯林也是 Gapminder 公司的创始人之一，Gapminder 是一家非营利性企业，旨在提升人们对全球范围内社会、经济和环境发展的统计数据和相关信息的使用和理解。美国作家纳特•西尔弗在准确预测了 2008 年美国总统大选时 50 个州中 49 个州的选票结果后，这使他本人和统计学都获得了关注。西尔弗是 ESPN 的 Five Thirty Eight 博客的主编，该博客会发表分析政治、经济和体育中统计信息的相关文章。

2013 年，在国际统计年（International Year of Statistics）期间，统计学也在全球范围内获得了关注。国际统计年得到了世界各地数百个组织和机构的响应和支持，其中包括国际统计学会，该学会也是本手册的发起方之一。国际统计年的目标是提高公众意识、向年轻人介绍统计职业，以及激发统计科学的创造力。国际统计年计划的一部分是设立一个网站，向公众宣传统计学学科、提供统计科学职业信息和统计教师所需的资源（可浏览 http://www.worldofstatistics.org/）。

随着数据的激增，以及基于数据进行决策的重要性得到更为广泛的认可，对具有统计素养的公民的需求可能更强烈。由于统计学科的快速变革以及一些新的数据科学课程和学位的出现，这些信息可以通过网址 http://datascience.community/colleges 找到。统计教育界如果想要与时俱进，其所面临的挑战也将增加。

现在的统计教育工作者比以往更应义不容辞地，继续确保学生得到有效的教学并重视学生学习。技术将继续改变统计学课程和统计学学习环境，统计教育者必须愿意采纳有前景的教学方法和课程革新。这意味着研究人员需要继续研究这些创新，特别是关注成功的课堂实践背后的机制和支持。此外，专业组织和会议组织者需要继续支持教育工作和教师发展，不仅要通过资金支持，还要提供资源和材料。

我们也希望以学生为中心的课堂和教育的趋势能延伸到入门课程之外的统计学课程中。随着数据科学和统计学课程的发展以及其学生基础的增强，重要的是，我们不仅要评估这些高级课程中的教学工作，还要研究如何将这些课程与入门课程整合。数据科学有望吸引来自不同领域和背景的学生，因此，我们还需要监控教育渠道，努力吸纳学生，而不是排斥他们。

统计教育界迄今为止所积累的知识和经验，以及公布的优先事项和指导方针，为统计教育的美好未来奠定了基础。随着统计教育机构不断地开发出新的项目和课程，该领域应该继续发展和完善，促进更多和更高质量的研究，并为统计教育学科提供坚实、公认的基础。

参考文献

Albert，J.，& Rossman，A.（2009）. *Workshop statistics：Discovery with data，a Bayesian approach*. Emeryville：Key College Press.

American Statistical Association.（2005）. *Guidelines for assessment and instruction in statistics education：College report*. Alexandria：American Statistical Association.

American Statistical Association.（2015）. Statistics：Fastest-growing undergraduate STEM degree. *AmStat News*. Retrieved from http://magazine.amstat.org/blog/2015/03/01/statistics-fastest-growing-undergraduate-stem-degree.

American Statistical Association.（2016）. *Guidelines for assessment and instruction in statistics education：College report*. Alexandria：American Statistical Association.

American Statistical Association.（2017a）. Census at school-United States. Retrieved from http://ww2.amstat.org/censusatschool/about.cfm.

American Statistical Association.（2017b）. STatistics Education Web（STEW）. Retrieved from http://www.amstat.org/ASA/Education/STEW/home.aspx.

American Statistical Association.（2017c）. Welcome to stats 101：A resource for teaching introductory statistics. Retrieved from http://community.amstat.org/stats101/home.

American Statistical Association.（n.d.）. Frederick Mosteller：1916–2006. Statisticians in History [website]. Retrieved from http://www.amstat.org/about/statisticiansinhistory/index. cfm?fuseaction=main.

American Statistical Association Undergraduate Guidelines Workgroup.（2014）. *Curriculum guidelines for undergraduate programs in statistical science*. Alexandria：American Statistical Association.

Australian Curriculum，Assessment and Reporting Authority.（2013）. *The Australian curriculum，Version 5.0，20 May 2013*. Sydney：Australian Curriculum，Assessment and Reporting Authority.

Awe，O.，& Vance，E.（2014）. Statistics education，collaborative research，and LISA 2020：A view from Nigeria. In K. Makar，B. de Sousa，& R. Gould（Eds.），*Sustainability in statistics education. Proceedings of the 9th International Conference on Teaching Statistics，Flagstaff，AZ，USA*. Voorburg：International Statistical Institute.

Bacelar-Nicolau，H.（2001）. On the paper "Research in statistical education：Some priority questions". *Statistical Education Research Newsletter，2*（1），3-4.

Bailey，W. B.（1906）. *Modern social conditions：A statistical study of birth，marriage，divorce，death， disease, suicide, immigration, etc., with special reference to the United States*. New York: The Century.

Bakker, A. (2014). Characterising and developing vocational mathematical knowledge. *Educational Studies in Mathematics, 86* (2), 151-156.

Bakker, A., & Akkerman, S. F. (2015). A boundary-crossing approach to support students' integration of statistical and work-related knowledge. *Educational Studies in Mathematics, 86* (2), 223-237.

Bakker, A., Kent, P., Derry, J., Noss, R., & Hoyles, C. (2008). Statistical inference at work: Statistical process control as an example. *Statistics Education Research Journal, 7* (2), 130-145.

Balfour Committee. (1929). *Report of the committee on industry and trade*. London: Her Majesty's Stationery Office.

Barnett, V. (Ed.). (1982). *Teaching statistics in schools throughout the world*. Voorburg: International Statistical Institute.

Bartlett, M. S. (1933). On the theory of statistical regression. *Proceedings of the Royal Society of Edinburgh, 53*, 260-283.

Batanero, C., Burrill, G. F., & Reading, C. (Eds.). (2011). *Teaching statistics in school mathematics-Challenges for teaching and teacher education: A Joint ICMI/IASE Study: The 18th ICMI Study*. Dordrecht: Springer.

Batanero, C., Garfield, J. B., & Ottaviani, M. G. (2001). Building a research agenda for statistics education. A response to reactions in SERN 2 (1). *Statistical Education Research Newsletter, 2* (2). Retrieved from http://iase-web.org/documents/SERJ/Newsmay01.pdf.

Batanero, C., Garfield, J. B., Ottaviani, M. G., & Truran, J. (2000). Research in statistical education: Some priority questions. *Statistical Education Research Newsletter, 1* (2), 2-6.

Bibby, J. (1986a). *Notes towards a history of teaching statistics*. Edinburgh: John Bibby (Books).

Bibby, J. (1986b). 1786–1986: Two centuries of teaching statistics. In R. Davidson & J. Swift (Eds.), *Proceedings of the Second International Conference on Teaching Statistics* (pp.478-493). Victoria: The Organizing Committee, ICOTS2.

Biehler, R., Ben-Zvi, D., Bakker, A., & Makar, K. (2013). Technology for enhancing statistical reasoning at the school level. In M. A. Clements, A. Bishop, C. Keitel, J. Kilpatrick, & F. Leung (Eds.), *Third international handbook of mathematics education* (pp.643-690). New York: Springer.

Biggeri, L., & Zuliani, A. (1999). The dissemination of statistical literacy among citizens and public administration directors. *52nd Session of the International Statistical Institute, Helsinki, Finland*. Retrieved from http://iase-web.org/documents/papers/isi52/bigg0981.pdf.

Bihan-Poudec, A., & Dutarte, P. (2014). What did they learn? Statistics skills: From French secondary school to university. In K. Makar, B. de Sousa, & R. Gould (Eds.), *Sustainability in statistics education. Proceedings of the 9th International Conference on Teaching Statistics, Flagstaff, AZ, USA*. Voorburg: International Statistical Institute.

Blair, R., Kirkman, E., & Maxwell, J. (2013). *Statistical abstract of undergraduate programs in the mathematical sciences in the United States: Fall 2010 CBMS Survey*. Washington: American Mathematical

Society.

Bryce，G. R.（2002）. Undergraduate statistics education：An introduction and review of selected literature. *Journal of Statistics Education，10*（2）. Retrieved from http://jse.amstat.org/v10n2/bryce.html.

Burrill，G.，& Elliott，P. C.（Eds.）.（2006）. *Thinking and reasoning with data and chance：68th NCTM Yearbook 2006.* Reston：National Council of Teachers of Mathematics.

Campos，T. M.，Cazorla，I. M.，& Kataoka，V. Y.（2011）. Statistics school curricula in Brazil. In C. Batanero，G. Burrill，& C. Reading（Eds.），*Teaching statistics in school mathematics-Challenges for teaching and teacher education*（pp.9-14）. New York：Springer.

Chaddock，R.（1926）. The function of statistics in undergraduate training. *Journal of the American Statistical Association，21*（153），1-8.

Chance，B.，Ben-Zvi，D.，Garfield，J.，& Medina，E.（2008）. The role of technology in improving student learning of statistics. *Technology Innovations in Statistics Education，1*（1）. Retrieved from http://escholarship.org/uc/item/8sd2t4rr.

Chance，B.，Wong，J.，& Tintle，N.（2016）. Student performance in curricula centered on simulation based inference：A preliminary report. *Journal of Statistics Education，24*（3），114-126.

Chernoff，E. J.，& Sriraman，B.（Eds.）.（2014）. *Probabilistic thinking：Presenting plural perspectives.* New York：Springer.

Cobb，G. W.（1992）. Teaching Statistics. In L. Steen（Ed.），*Heeding the call for change：Suggestions for curricular action*（pp.3-43）. Washington：Mathematical Association of America.

Cobb，G. W.（2007）. The introductory statistics course：A Ptolemaic curriculum?. *Technology Innovations in Statistics Education，1*（1）. Retrieved from：http://escholarship.org/uc/item/6hb3k0nz.

Cobb，G. W.（2013）. What might a twenty-year old conference tell us about the future of our profession? *Journal of Statistics Education，21*（2）. http://ww2.amstat.org/publications/jse/v21n2/cobb.pdf.

Cockcroft，W.（1982）. *Mathematics counts：Report of the Committee of Inquiry into the teaching of mathematics in schools.* London：HMSO.

College Board.（2010）. *AP Statistics course description.* Princeton：College Board.

Commission on Mathematics.（1959）. *Program for college preparatory mathematics.* New York：College Entrance Examination Board.

Conference Board of the Mathematical Sciences.（2012）. *The mathematical education of teachers II.* Providence，RI and Washington：American Mathematical Society and Mathematical Association of America.

Cornell，F. G.（1945）. Training to supply the demand. *Journal of the American Statistical Association，40*（230），167-171.

Craig，C. C.（1961）. The first course in mathematical statistics. *The American Statistician，15*（5），14-16+25.

Crawford，D. H.（1970）. Rethinking school mathematics：1959–present. In P. S. Jones（Ed.），*A history of mathematics education in the United States and Canada，32nd Yearbook of the National Council of Teachers of Mathematics*（pp.426-450）. Washington：National Council of Teachers of Mathematics.

Davenport，C. B.（1899）. *Statistical methods with special reference to biological variation.* London：Chapman and Hall.

David，H. A.（1998）. Statistics in U.S. universities in 1933 and the establishment of the Statistical Laboratory at Iowa State. *Statistical Science，13*（1），66-74.

Dietz，E. J.，Gabrosek，J.，Notz，W.，& Short，T. H.（2013）. Celebrating 20 years of the Journal of Statistics Education. *Journal of Statistics Education，21*（2）. Retrieved from https://doi.org/10.1080/10691898.2013.11889681.

Dwyer，P. S.（1945）. Report on the Rutgers meeting. *The Annals of Mathematical Statistics，16*（3），317-318.

Fillebrown，S.（1994）. Using projects in an elementary statistics course for non-science majors. *Journal of Statistics Education，2*（2），1-5.

Fisher，R. A.（1924−1925）. *Note on Dr. Campbell's alternative to the method of least squares*. Unpublished manuscript，Barr Smith Library，University of Adelaide，Australia.

Fitzpatrick，P. J.（1955）. The early teaching of statistics in American Colleges and Universities. *The American Statistician，9*（5），12-18.

Forbes，S.，Campos，P.，& Helenius，R.（2013）. Promoting statistics to youth through the International Statistical Literacy Project. In *Proceedings of the 59th World Statistics Congress of the International Statistical Institute，2013*. The Hague：International Statistical Institute.

Franklin，C.，& Garfield，J. B.（2006）. The GAISE Project：Developing statistics education guidelines for pre K-12 and college courses. In G. Burrill（Ed.），*Thinking and reasoning with data and chance：2006 NCTM yearbook*（pp.345-375）. Reston：National Council of Teachers of Mathematics.

Franklin，C.，Hartlaub，B.，Peck，R.，Scheaffer，R.，Thiel，D.，& Tranbarger Freiera，K.（2011）. AP statistics：Building bridges between high school and college statistics education. *The American Statistician，65*（3），177-182.

Franklin，C.，Kader，G.，Mewborn，D.，Moreno，J.，Peck，R.，Perry，M.，et al.（2005）. *Guidelines for assessment and instruction in statistics education（GAISE）report：A pre-K-12 curriculum framework*. Alexandria：American Statistical Association.

Froelich，A.（2011）. Developing a statistics curriculum for future secondary mathematics teachers. In C. Batanero，G. Burrill，& C. Reading（Eds.），*Teaching statistics in school mathematics-Challenges for teaching and teacher education*（pp.27-32）. New York：Springer.

Fry，E.，& Garfield，J.（2015）. What do we know about best practices in teaching the introductory course?. *Joint Mathematics Meetings，San Antonio，TX.*

Fujii，Y.，Fukazawa，H.，Takeuchi，A.，& Watanabe，M.（2014）. A certification system for statistics knowledge and skills by Japanese Statistical Society. In K. Makar，B. de Sousa，&R. Gould（Eds.），*Sustainability in statistics education. Proceedings of the 9th International Conference on Teaching Statistics，Flagstaff，AZ，USA*. Voorburg：International Statistical Institute.

Gal，I.（2002）. Adults' statistical literacy：Meanings，components，responsibilities. *International*

Statistical Review，*70*（1），1-25.

Gal，I.（2004）. Statistical literacy-Meanings，components，responsibilities. In D. Ben-Zvi & J. Garfield（Eds.），*The challenge of developing statistical literacy*，*reasoning*，*and thinking*（pp.47-78）. Dordrecht：Kluwer Academic Publishers.

Gal，I.，& Ginsburg，L.（1994）. The role of beliefs and attitudes in learning statistics：Towards an assessment framework. *Journal of Statistics Education*，*2*（2）. Retrieved from https://doi.org/10.1080/10691898.1994.11910471.

Garfield，J.（1987）. *Newsletter of the International Study Group for research on learning probability and statistics*，*1*（1）. Retrieved from http://iase-web.org/documents/SERJIntStdGrp/studyv1n1.pdf.

Garfield，J.（1995）. How students learn statistics. *International Statistical Review*，*63*（1），25-34.

Garfield，J.（Ed.）.（2005）. *Innovations in teaching statistics*. Washington：Mathematics Association of America.

Garfield，J.，& Ben-Zvi，D.（2007）. How students learn statistics revisited：A current review of research on teaching and learning statistics. *International Statistical Review*，*75*（3），372-396.

Garfield，J.，& Ben-Zvi，D.（2008）. *Developing students' statistical reasoning*：*Connecting research and teaching practice*. New York：Springer.

Garfield，J.，delMas，R.，& Zieffler，A.（2012）. Developing statistical modelers and thinkers in an introductory，tertiary-level statistics course. *ZDM*：*The International Journal on Mathematics Education*，*44*（7），883-898.

Garfield，J.，delMas，R.，Zieffler，A.，& Fry，E.（2015）. e-ATLAS：Evaluation and assessment of teaching and learning about statistics. *Joint Mathematics Meetings*，*San Antonio*，*TX*.

Garfield，J.，Hogg，B.，Schau，C.，& Whittinghill，D.（2002）. First courses in statistical science：The status of educational reform efforts. *Journal of Statistics Education*，*10*（2），1-15.

Gould，R.（2010）. Statistics and the modern student. *International Statistical Review*，*78*（2），297-315.

Gould，R.，Davis，G.，Patel，R.，& Esfandiari，M.（2010）. Enhancing conceptual understanding with data driven labs. In C. Reading（Ed.），*Data and context in statistics education*：*Towards an evidence-based society. Proceedings of the 8th International Conference on Teaching Statistics*，*Ljubljana*，*Slovenia*. Voorburg：International Statistical Institute.

Green，D. R.（1982）. *Probability concepts in school pupils aged 11-16 years*（Doctoral dissertation）. Loughborough University of Technology，Loughborough，UK.

Green，J. L.，& Blankenship，E. E.（2013）. Primarily statistics：Developing an introductory statistics course for pre-service elementary teachers. *Journal of Statistics Education*，*21*（3）. Retrieved from https://ww2.amstat.org/publications/jse/v21n3/green.pdf.

Holmes，P.（2003）. 50 years of statistics teaching in English schools：Some milestones. *The Statistician*，*52*（Part 4），439-474.

Hotelling，H.（1940）. The teaching of statistics. *The Annals of Mathematical Statistics*，*11*（4），457-470.

Hunter，P. W.（1996）. Drawing the boundaries：Mathematical statistics in 20th century America. *Historia*

Mathematica，*23*（1），7-30.

Hunter，P. W.（1999）. An unofficial community：American mathematical statisticians before 1935. *Annals of Science*，*56*（1），47-68.

Inman，H. F.（1990）. The ASA section on statistical education：A historical note. *The American Statistician*，*44*（2），90-93.

Janssen，T.，& Forbes，S.（2014）. The use of official statistics in evidence-based policy making in New Zealand. In K. Makar，B. de Sousa，& R. Gould（Eds.），*Sustainability in statistics education. Proceedings of the 9th International Conference on Teaching Statistics*，*Flagstaff*，*AZ*，*USA*. Voorburg：International Statistical Institute.

Jones，G. A.（Ed.）.（2005）. *Exploring probability in school*：*Challenges for teaching and learning*. New York：Springer.

Jones，P. S.，& Coxford，A. F.，Jr.（1970）. Abortive reform-Depression and war：1920–1945. In P. S. Jones（Ed.），*A history of mathematics education in the United States and Canada*，*32nd Yearbook of the National Council of Teachers of Mathematics*（pp.46-66）. Washington：National Council of Teachers of Mathematics.

Jones，G. A.，Langrall，C. W.，& Mooney，E. S.（2007）. Research in probability：Responding to classroom realities. In F. K. Lester Jr.（Ed.），*The second handbook of research on mathematics teaching and learning*：*A project of the National Council of Teachers of Mathematics*（pp.909- 955）. Charlotte：Information Age Publishing.

Kapadia，R.，& Borovcnik，M.（Eds.）.（1991）. *Chance encounters*：*Probability in education*. Dordrecht：Kluwer.

King，W. I.（1912）. *The elements of statistical method*. New York：MacMillan.

Kudo，T.，Watanabe，M.，Morikawa，T.，Iwasaki，M.，Hayashi，Y.，& Furutani，T.（2014）. Challenges and issues in developing real-world curriculum for data scientists in Japan. In K. Makar，B. de Sousa，& R. Gould（Eds.），*Sustainability in statistics education. Proceedings of the 9th International Conference on Teaching Statistics*，*Flagstaff*，*AZ*，*USA*. Voorburg：International Statistical Institute.

Langrall，C. W.，Makar，K.，Nilsson，P.，& Shaughnessy，J. M.（2017）. The teaching and learning of probability and statistics：An integrated perspective. In J. Cai（Ed.），*Compendium for research in mathematics education*（pp.490-525）. Reston：National Council of Teachers of Mathematics.

Lovett，M.，Meyer，O.，& Thille，C.（2008）. The open learning initiative：Measuring the effectiveness of the OLI statistics course in accelerating student learning. *Journal of Interactive Media in Education*，*2008*（1）. Retrieved from http://jime.open.ac.uk/articles/10.5334/2008-14/.

Loynes，R. M.（Ed.）.（1987）. *The training of statisticians round the world*. Voorburg：International Statistical Institute.

Makar，K.，& Ben-Zvi，D.（Eds.）.（2011）. The role of context in developing reasoning about informal statistical inference ［Special issue］. *Mathematical Thinking and Learning*，*13*（1-2），1-4.

Martignon，L.（2011）. Future teachers' training in statistics：The situation in Germany. In C. Batanero，G.

Burrill, & C. Reading (Eds.), *Teaching statistics in school mathematics-Challenges for teaching and teacher education* (pp.33-36). New York: Springer.

Michael, K., & O'Connell, A. (2014). Statistics education in Ethiopia: successes, challenges and opportunities. In K. Makar, B. de Sousa, & R. Gould (Eds.), *Sustainability in statistics education. Proceedings of the 9th International Conference on Teaching Statistics, Flagstaff, AZ, USA*. Voorburg: International Statistical Institute.

Ministry of Education. (2007). *The New Zealand curriculum*. Wellington: Learning Media.

Montgomery, D. C., & Woodall, W. H. (2008). An overview of Six Sigma. *International Statistical Review, 76* (3), 329-346.

Moore, D. S. (1988). Should mathematicians teach statistics (with discussion)? *College Mathematics Journal, 19* (1), 3-7.

Moore, D. S. (1997). New pedagogy and new content: The case of statistics. *International Statistical Review, 65* (2), 123-165.

Moore, T. L. (Ed.). (2000). *Teaching statistics: Resources for undergraduate instructors*. Washington: Mathematics Association of America.

Moore, D., & Cobb, G. (2000). Statistics and mathematics: Tension and cooperation. *American Mathematical Monthly, 107*, 615-630.

Mosteller, F., Kruskal, W. H., Link, R. F., Pieters, R. S., & Rising, G. R. (Eds.). (1973). *Statistics by example (Volume 1: Exploring data, Volume 2: Weighing chances, Volume 3: Detecting patterns, Volume 4: Finding models)*. Reading: Addison-Wesley.

Mullis, I. V. S., & Martin, M. O. (Eds.). (2013). *TIMSS 2015 assessment frameworks*. Chestnut Hill: TIMSS & PIRLS International Study Center, Boston College.

Muñoz, E. C., Arañeda, A., Sorto, A., & León, J. L. (2014). Statistics and probability curriculum development for future elementary teachers in Chile: collaboration among countries. In K. Makar, B. de Sousa, & R. Gould (Eds.), *Sustainability in statistics education. Proceedings of the 9th International Conference on Teaching Statistics, Flagstaff, Arizona, USA*. Voorburg: International Statistical Institute.

National Council of Teachers of Mathematics. (1989). *Curriculum and evaluation standards for school mathematics*. Reston: National Council of Teachers of Mathematics.

National Council of Teachers of Mathematics. (2000). *Principles and standards for school mathematics*. Reston: National Council of Teachers of Mathematics.

National Research Council. (1947). *Personnel and training problems created by the recent growth of applied statistics in the United States* (NRC Reprint & Circular Series, No. 128). Washington: National Research Council.

Neyman, J. (1934). On the two different aspects of the representative method: The method of stratifed sampling and the method of purposive selection. *Journal of the Royal Statistical Society-A, 97*, 558-606.

Neyman, J. (1938). Contribution to the theory of sampling human populations. *Journal of the American Statistical Association, 33* (201), 101-116.

Neyman，J.（1976）. The Emergence of mathematical statistics：A historical sketch with particular reference to the United States. In D. B. Owen（Ed.），*On the history of statistics and probability：Proceedings of a symposium on the American mathematical heritage to celebrate the bicentennial of the United States of America*（pp.149-193）. New York：Marcel Dekker.

OECD.（2013）. *PISA 2012 assessment and analytical framework：Mathematics，reading，science，and problem solving knowledge and skills*. Paris：OECD Publishing.

Opolot-Okurut，C.，& Eluk，P.（2011）. Statistics school curricula for Uganda. In C. Batanero，G. Burrill，& C. Reading（Eds.），*Teaching statistics in school mathematics-Challenges for teaching and teacher education*（pp.15-20）. New York：Springer.

Ottaviani，M. G.（2000）. Research into statistical education. The point of view of a statistician. *Statistical Education Research Newsletter，1*（1）.

Parsian，A.，& Rejali，A.（2011）. An experience on training mathematics teachers for teaching statistics in Iran. In C. Batanero，G. Burrill，& C. Reading（Eds.），*Teaching statistics in school mathematics-Challenges for teaching and teacher education*（pp.37-40）. New York：Springer.

Pearson Committee.（1947）. Report on the teaching of statistics in universities and university colleges. *Journal of the Royal Statistical Society，110*（1），51-57.

Pearson，E. S.，Wishart，J.，Barnard，G. A.，Bartlett，M. S.，Champernowne，D. G.，& Finney，D. J.（1955）. A discussion on the teaching of mathematical statistics at university level. *Journal of the Royal Statistical Society，Series A（General），118*（2），193-223.

Peng，R.（2015）. The reproducibility crisis in science：A statistical counterattack. *Significance，12*（3），30-32.

Perry，J.（1900）. The teaching of mathematics. *Nature，2*，317-320.

Pfannkuch，M.，Forbes，S.，Harraway，J.，Budgett，S.，& Wild，C.（2013）. *"Bootstrapping" students' understanding of statistical inference*. Summary research report for the Teaching and Learning Research Initiative. Retrieved from https://www.tlri.org.nz/sites/default/fles/projects/9295_summary%20report_0.pdf.

Porkess，R.（2011）. *The future of statistics within our schools and colleges*. London：Royal Statistical Society.

Radford，L.（Ed.）.（2015）. Statistical reasoning：Learning to reason from samples [Special issue]. *Educational Studies in Mathematics，88*（3），291-303.

Randles，R. H.（2007）. A conversation with Robert V. Hogg. *Statistical Science，22*（1），137-152.

Reston，E.，& Bersales，L. G.（2011）. Reform efforts in training mathematics teachers to teach statistics：Challenges and prospects. In C. Batanero，G. Burrill，& C. Reading（Eds.），*Teaching statistics in school mathematics-Challenges for teaching and teacher education*（pp.41-46）. New York：Springer.

Reston，E.，& Jala，L. L.（2014）. Sustaining teachers' capacity for teaching statistical inference through reflective practice. In K. Makar，B. de Sousa，& R. Gould（Eds.），*Sustainability in statistics education. Proceedings of the 9th International Conference on Teaching Statistics，Flagstaff，AZ，USA*. Voorburg：

International Statistical Institute.

Rice, S. A. (1949). Furtherance of statistical education: Report to the XXVIth Session of the International Statistical Institute. *International Statistical Review*, *17* (1/2), 1-34.

Richardson, A. (2014). Building capability in statistics majors: Drawing strength from a diverse region. In K. Makar, B. de Sousa, & R. Gould (Eds.), *Sustainability in statistics education. Proceedings of the 9th International Conference on Teaching Statistics, Flagstaff, AZ, USA*. Voorburg: International Statistical Institute.

Roberts, R., Scheaffer, R., & Watkins, A. (1999). Advanced placement statistics-Past, present, and future. *The American Statistician*, *53* (4), 307-320.

Rossman, A., & Chance, B. (2013). *Workshop statistics: Discovery with data and minitab*. New York: Springer.

Rossman, A., & Garfield, J. (2011). Interview with Joan Garfield. *Journal of Statistics Education*, *19* (3). Retrieved from http://www.amstat.org/publications/jse/v19n3/rossmanint.pdf.

Royal Statistical Society. (1947). Report on the teaching of statistics in universities and university colleges. *Journal of the Royal Statistical Society A*, *110*, 51-57.

Saxe, K., & Braddy, L. (2015). *A common vision for undergraduate mathematical sciences programs in 2025*. Washington: Mathematical Association of America.

Schau, C., Stevens, J., Dauphinee, T., & Del Vecchio, A. (1995). The development and validation of the Survey of Attitudes Toward Statistics. *Educational & Psychological Measurement*, *55* (5), 868-876.

Scheaffer, R. L. (1990). The ASA-NCTM quantitative literacy project: An overview. In D. Vere-Jones, S. Carlyle, & B. P. Dawkins (Eds.), *Proceedings of the 3rd International Conference on Teaching Statistics* (pp.1-5). Voorburg: International Statistical Institute.

Scheaffer, R. L. (2001). Statistics education: Perusing the past, embracing the present, and charting the future. *Newsletter for the Section on Statistical Education*, *7* (1). Retrieved from http://www.amstat.org/sections/educ/newsletter/v7n1/Perusing.html.

Scheaffer, R. L. (2003). Statistics and quantitative literacy. In B. L. Madison & L. A. Steen (Eds.), *Quantitative literacy. Why numeracy matters for schools and colleges* (pp.145-152). Princeton: The National Council on Education and the Disciplines.

Scheaffer, R. L., & Jacobbe, T. (2014). Statistics education in the K-12 schools of the United States: A brief history. *Journal of Statistics Education*, *22* (2). Retrieved from http://www.amstat.org/publications/jse/v22n2/scheaffer.pdf.

Schuyten, G., & Ottaviani, M. (2006). Fifteen years of IASE: Mission and instruments. In A. Rossman & B. Chance (Eds.), *Working cooperatively in statistics education: Proceedings of the 7th International Conference on Teaching Statistics, Salvador, Bahia, Brazil [CD-ROM]*. Voorburg: International Association for Statistical Education and International Statistical Institute.

Shaughnessy, J. M. (1991). Research in probability and statistics refections and directions. In D. Grouws (Ed.), *Handbook for research in mathematics teaching and learning* (pp.465-494). New York: Macmillan

Publishing.

Shaughnessy，J. M.（2006）. Research on statistics learning and reasoning. In F. Lester（Ed.），*Second handbook for research in mathematics teaching and learning*（pp.957-1009）. Greenwich：Information Age Publishing and National Council of Teachers of Mathematics.

Shi-Jian，Y.（1990）. Probability and statistics courses in the universities in China. In D. Vere-Jones，S. Carlyle，& B. P. Dawkins（Eds.），*Proceedings of the 3rd International Conference on Teaching Statistics*（pp.85-90）. Voorburg：International Statistical Institute.

Shubring，G.（2013）. The road not taken-The failure of experimental pedagogy at the Royaumont Seminar 1959. *Journal für Mathematik-Didaktik*，*35*（1），159-171.

Shulte，A. P.，& Smart，J. R.（Eds.）.（1981）. *Teaching statistics and probability：1981 yearbook*. Reston：National Council of Teachers of Mathematics.

Smith，A.（2004）. *Making mathematics count：The report of professor Adrian Smith's inquiry into post-14 mathematics education*. London：Her Majesty's Stationery Office.

Snedecor，G. W.（1948）. A proposed basic course in statistics. *Journal of the American Statistical Association*，*43*（241），53-60.

Sorto，M.（2011）. Statistical training of Central American teachers. In C. Batanero，G. Burrill，& C. Reading（Eds.），*Teaching statistics in school mathematics-Challenges for teaching and teacher education*（pp.47-51）. New York：Springer.

Stigler，S. M.（1996）. The history of statistics in 1933. *Statistical Science*，*11*（3），244-252.

Tanur，J.，Mosteller，F.，Kruskal，W. H.，Link，R. F.，Pieters，R. S.，& Rising，G. R.（1972）. *Statistics：A guide to the unknown*. San Francisco：Holden-Day.

Tintle，N.，Chance，B.，Cobb，G.，Rossman，A.，Roy，S.，& VanderStoep，J.（2014）. *Introduction to statistical investigations*. Hoboken：Wiley.

Tintle，N.，Chance，B.，Cobb，G.，Roy，S.，Swanson，T.，& VanderStoep，J.（2015）. Combating anti-statistical thinking using simulation-based methods throughout the undergraduate curriculum. *The American Statistician*，*69*（4），362-370.

Tolley，H. R.，& Ezekiel，M. J. B.（1923）. A method of handling multiple correlation problems. *Journal of the American Statistical Association*，*18*（144），993-1003.

Tukey，J. W.（1962）. The future of data analysis. *The Annals of Mathematical Statistics*，*33*（1），1-67.

Tukey，J. W.（1977）. *Exploratory data analysis*. Reading：Addison-Wesley.

Tulya-Muhika，S.（1990）. Teaching statistics for future government statistical services in Africa. In D. Vere-Jones，S. Carlyle，& B. P. Dawkins（Eds.），*Proceedings of the 3rd International Conference on Teaching Statistics*（pp.552-561）. Voorburg：International Statistical Institute.

Utts，J.（2003）. What educated citizens should know about statistics and probability. *The American Statistician*，*57*（2），74-79.

Utts，J.（2010）. Unintentional lies in the media：Don't blame journalists for what we don't teach. In C. Reading（Ed.），*Data and context in statistics education：Proceedings of the 8th International Conference on Teaching Statistics*. Voorsburg：International Statistical Institute.

Utts，J.（2015）. The many facets of statistics education：175 years of common themes. *The American Statistician，69*（2），100-107.

Vere-Jones，D.（1995）. The coming of age of statistical education. *International Statistical Review，63*（1），3-23.

Walker，F. A.（1890）. Study of statistics in colleges and technical schools. *Technology Quarterly，3*（February），1-8.

Walker，H. M.（1929）. Statistics as a subject of instruction in American universities. In *Studies in the history of statistical method with special reference to certain educational problems*（pp.148-174）. Baltimore：The Williams and Wilkins Company.

Wasserstein，R. L.，& Lazar，N. A.（2016）. The ASA's statement on *p*-values：Context，process，and purpose. *The American Statistician，70*（2），129-133.

Watson，J.（2006）. *Statistical literacy at school：Growth and goals*. Mahwah：Lawrence Erlbaum Associates.

Watson，J.（2014）. Curriculum expectations for teaching science and statistics. In K. Makar，B. de Sousa，& R. Gould（Eds.），*Sustainability in statistics education. Proceedings of the 9th International Conference on Teaching Statistics，Flagstaff，AZ，USA*. Voorburg：International Statistical Institute.

Welch，B. L.（1935）. Some problems in the analysis of regression among *k* samples of two variables. *Biometrika，27*（1-2），145-160.

Wessels，H.（2011）. Statistics in the South African school curriculum. In C. Batanero，G. Burrill，& C. Reading（Eds.），*Teaching statistics in school mathematics-Challenges for teaching and teacher education*（pp.21-26）. New York：Springer.

West，W.（2014）. Teaching resampling in an introductory statistics course. In K. Makar，B. de Sousa，& R. Gould（Eds.），*Sustainability in statistics education. Proceedings of the 9th International Conference on Teaching Statistics，Flagstaff，AZ，USA*. Voorburg：International Statistical Institute.

Wild，C. J.，& Pfannkuch，M.（1999）. Statistical thinking in empirical enquiry. *International Statistical Review，67*（3），223-265.

Wild，C. J.，Pfannkuch，M.，Regan，M.，& Horton，N. J.（2011）. Towards more accessible conceptions of statistical inference. *Journal of the Royal Statistical Society：Series A（Statistics in Society），174*（2），247-295.

Wild，C. J.，Pfannkuch，M.，Regan，M.，& Parsonage，R.（2017）. Accessible conceptions of statistical inference：Pulling ourselves up by the bootstraps. *International Statistical Review，85*（1），84-107.

Willcox，W. F.（1910）. The outlook for American statistics. *Publications of the American Statistical Association，12*（89），43-51.

Wilson，E. B.（1930）. Mathematics and statistics. *Journal of the American Statistical Association，25*（169），1-8.

Wilson，S.（2013）. The flipped class：A method to address the challenges of an undergraduate statistics course. *Teaching of Psychology*，*40*（3），193-199.

Winquist，J.，& Carlson，K.（2014）. Flipped statistics class results：Better performance than lecture over one year later. *Journal of Statistics Education*，*22*（3）. Retrieved from http://www.amstat.org/publications/jse/v22n3/winquist.pdf.

Wishart，J.（1939）. Some aspects of the teaching of statistics（with discussion）. *Journal of the Royal Statistical Society A*，*102*，532-564.

Woodard，R.，& McGowan，H.（2012）. Redesigning a large introductory course to incorporate the GAISE guidelines. *Journal of Statistics Education*，*20*（3）. Retrieved from http://ww2.amstat.org/publications/jse/v20n3/woodard.pdf.

Yates，F.（1946）. A review of recent statistical developments in sampling and sampling surveys. *Journal of the Royal Statistical Society*，*109*（1），12-43.

Zeleke，A.，Lee，C.，& Daniels，J.（2006）. Developing projects based on student's data in introductory statistics. In A. Rossman & B. Chance（Eds.），*Proceedings of the 7th International Conference on Teaching Statistics（ICOTS-7，July，2006），Salvador，Brazil*. Voorburg：International Statistical Institute.

Zieffler，A.，& Catalysts for Change.（2013）. *Statistical thinking：A simulation approach to uncertainty*（3rd ed.）. Minneapolis：Catalyst Press.

Zieffler，A.，& Fry，E.（Eds.）.（2015）. *Reasoning about uncertainty：Learning and teaching informal inferential reasoning*. Minneapolis：Catalyst Press.

第3章　统计教育研究

彼得·派特茨　安娜·里德　伊多·贾勒

本章对统计教育研究进行概述和批判性的审视，统计教育研究涉及正式或非正式情境中统计和概率的教学、学习、理解和应用。本章回顾了统计教育领域研究活动依据的研究方法和概念架构（how）、研究内容（what），以及开展研究的人（who）。本章考察了统计教育中不同类型研究的目的和动机，区分了大R研究和小r研究，前者通常以形成学术报告和推广研究结果为目标，后者更多地指向特定情境的局部性问题。我们对该领域的论文和出版物的文本进行了探索性定性分析，将得出的实证结果作为依据，说明该领域的一些研究趋势。本章指出，统计教育研究的范围要比该领域的主要期刊和会议涵盖的范围广泛得多。本章强调了研究中运用的哲学基础和方法论的多样性。此外，本章还概述了统计教育研究的未来发展和研究的方向，包括统计素养、统计教育研究的文化维度、从业者研究的作用，以及广泛的跨学科研究在统计教育研究中的重要性。

3.1　简介

本章，我们对与统计教育相关的研究领域进行概述，以彰显其研究的总体趋势和方法。本章虽然是以个人见解的形式展开，但旨在思考统计教育研究中有关如何进行研究、研究什么内容和谁来做研究三个宽泛的问题，即该领域研究活动依据的方法和概念架构、正在研究的主题或问题，以及从事研究的人员。

尽管研究人员的身份不同，或者说他们的好奇心和动机指向的目标不尽相同，但是只要一个研究工作有可能对统计教育领域做出贡献，并在某种程度上提高学习者或成人对统计或概率情境进行思考或推理的能力，或是提高他们以具有统计素养的方式行事的能力，那么该研究工作就是与统计教育领域相关的。正是因为研究内容在某种程度上与统计和概率的教学、学习和应用所围绕的基本组成部分有关，研究工作才有可能实现这些目的。毕竟，大观念和核心概念的共同特征使统计学成为一个独特的领域（本手册第1章），这些观念和概念也应该渗透到统计学各个层面和背景的教学或应用中（本手册第2章）。举例来说，这些概念包括与变异性和分布有关的思想；不确定性、概率、误差和风险；抽样和结果推广；建模和数据整理；推断、预测和因果关系；通过文本、表格、数字，或图形和动态视觉表征等多种方式探索并表示分布、中心、离差、关联（association）概念的方法，还有很多其他概念和方法（更多示例见 Moore，1990；Moore & Cobb，2000）。

明确研究内容是很重要的，因为清楚的研究内容的定义可以直观地、实际地引导研究方法。统计教育研究的一个特点是，研究人员的学科或教学背景也可能影响其对研究方法的选择。在某些情况下，有些研究人员使用定量统计方法来研究统计学习的各个方面似乎是很自然的事。这些研究人员认为研究方法是预先确定的，因此无须被讨论，甚至有人认为其他研究方法在某种程度上都不如统计方法。化学教学研究可能倾向于使用定量方法，而历史教学研究可能倾向于使用定性方法。然而，除了统计学以外，任何一门学科的研究主题与可能合适的研究方法之间都没有那么直接的联系，统计教育也是如此。也就是说，与统计教育相关的研究使用的方法的实际范围是广泛的，而且远远超出了从事统计工作的专业统计学家通常使用的方法范围。

本章分为几个部分。我们先重申并批判性地考察了我们称之为“大 R 研究”和“小 r 研究”的区别特征，前者将教育调查视为可报告的研究，后者尽管可能在统计教育期刊或会议上出现，但并不以发表为目的。在提出这一区别时，我们无意赞扬大 R 研究或贬低小 r 研究。相反，我们认为这两种研究在统计教育研究中都发挥着重要的作用，相比采用更传统的调查方法（即将不符合研究的质量标准的小 r 研究结果剔除），将二者结合会产生更详细、全面的结果。

为了传达我们的一些想法，我们使用定性研究软件包 NVivo 对当前统计教育研究领域的出版物文集进行探索性分析，并报告了部分结果。在简要介绍这项调查之后，我们对研究的哲学视角进行一般性的讨论（这在研究结果的书面描述中经常被省略；另见本手册第 11 章有关统计教育研究理论的部分），我们举了一个例子说明哲学视角在统计素养研究中的多样性。以上述内容为背景，我们在本章余下部分进一步关注统计教育研究中相互关联的三个方面，即研究方法、研究内容和研究人员。本章的思路一方面基于我们对统计教育研究主题的概念探讨，另一方面基于我们对统计教育研究已有成果的实证分析。我们还讨论某些研究对象被选择的原因，以及不同的研究方法是如何适用于特定学习、社会和文化环境的。最后，我们进行讨论和并得出结论。

统计教育研究领域为我们提供了一个机会，让我们探索统计教育工作者经常使用的研究方法的价值，并借此了解这一领域是多么独特，同时又是多么通用。总的来说，本章旨在通过对统计教育研究领域的发展进行反思性和批判性的评估，为刚起步的研究人员和学者提供信息，同时也激起更多经验丰富的研究人员的研究兴趣。

3.2 背景

3.2.1 区分研究类型

对于什么可以被视为学术研究，埃文斯提供了一个有用的指南（Evans，2010）。他指出，研究的实践必须与一个策略相结合，这个策略应当具有目的性（基于对值得且有能力探究的议题或问题的认识）、探究性（寻求获得新知识）、根据性（基于对先前相关研究的认识）、条理性（有计划并按规则执行）和可传递性（产生并报告可供他人测试和访问的结果）。埃文斯的指南强调了研究的特点，这些特点可以很好地被应用到统计教育研究领域。有目的性的研究使我们能够将研究置于问题的社会背景中。例如，一些研究是为了作为教育的一部分成果，确保未来的公民和工作者能够获得并理解以数字或图形表示的统计信息，而其他一些研究是为了培养未来专业统计人员的正式知识和技术技能。有目的性地研究基于相关领域的知识并选择合适的方法，其结果是获得并传播新知识。研究问题的性质及认定也能表明研究人员所采用的认识论立场，而认识论立场又决定了研究方法。

这就是说，尽管大 R 研究和小 r 研究都具有目的性，但大多数大 R 研究的目的之一是推广研究结果，而小 r 研究普遍着眼于局部性问题。因此，小 r 研究的研究人员不一定有明确的意图来概括结果并将其推广到更广泛的群体中去。譬如，一个研究自身实践的从业者；一家官方统计机构研究其用户在多大程度上了解某种统计产品（如消费者价格指数），并且在多大程度上对网站上给出的说明感到满意；或者一种内部形成性评估过程，它是作为涉及学习或使用统计的受资助研究的一部分而进行的，如科学教育领域中的项目。

小 r 研究和大 R 研究问题之间的另一个关键共同点是好奇心。好奇心激励了进行研究的人，同时也定义了研究对象。譬如：

1）教育者感到好奇的可能是儿童发展统计理解能力的方式，或是家庭条件、课程材料、教学类型或技术使用等因素对学习者理解能力的影响。

2）讲师感兴趣的可能是高等教育阶段学生的态度或背景如何影响他们的表现、如何改善教与学过程，或是学生在专业背景下运用知识的能力。

3）管理人员可能注意到雇员或服务对象误解了哪些统计信息或风险信息，并想知道如何提高他们的理解能力。

4）某个学科的研究人员可能对影响受访者的统计思维和行为的因素感到好奇。

教师、专业人士或研究人员的好奇心是他们发起并实现与统计教育相关的研究的原因之一。在某些情况下，教育工作者可能在课堂上探索一些对特定学生群体产生直接影响的内容。在其他情境中，更广泛的概念和实践问题促使研究人员对某些相当复杂的学习、文化和统计问题进行长期调查。读者可以在本手册的许多章节中找到一些精选案例，这些案例深入探讨了在统计教育中被确立为关键概念的研究对象，强调了正在开展研究的学者或研究小组。其他章节探讨了统计教育工作者在研究特定领域或主题时所使用的一些常见研究方法和途径。

3.2.2 区分研究人员的类型

本章中，我们将参与统计教育研究的人称为“统计教育研究人员”（statistics education researchers）。尽管这个术语很简单，但实际上统计教育研究涉及各种各样的人和团体。本小节给出了一些典型示例（尽管还有其他群体存在），有些群体可能存在一些共性或重叠，但总的来说他们还是有许多不同之处：

1）传统形式的研究，关注正规教育环境（如中小学或高等院校）中的统计教育过程或结果。

2）基于从业者的本地性研究，一所学校的一位教师或一个小组决定以系统的方式考察他们自己的实践，但不一定希望将其推广。

3）基于从业者的更广泛研究，可能由学术界或具有研究生学历的教师进行，他们跨越机构合作，研究人们对某种创新的反馈或该创新的效益，如新的教学方法、新的评估系统和数字应用程序。

4）由统计数据生成者（如官方统计机构）或在正规教育范围之外的教育参与者（如提升工人对制造或服务流程质量数据进行理解的培训师）进行的实践研究，旨在为本地性决策提供信息。

5）与正在进行的、涉及某些统计数据的教育干预或应用项目有关的形成性研究，如项目评估、对该地区学生和/或教师的调查，目的是为该项目的进一步计划和执行提供信息。

6）由其他学科的学者进行的研究，他们专门研究与统计学或概率论的学习或教学相关的特定问题，但不一定以统计教育为主要重点，而是旨在了解其他学科感兴趣的问题，如数学教育、科学教育、判断和决策的心理、风险沟通的心理、健康教育和教育技术。

3.2.3 整体探查：实证分析

我们该如何考察研究方法、研究内容和研究人员这三个统计教育研究的基础？本手册中其他各章均集中于一个选定的子问题，并探讨了有关该方面的研究结果。本章的目的是提供有关整个领域的概述，涉及与研究方法、研究内容和研究人员相关的问题，这超出了子问题的范围，但一样重要。

通过使用定性研究软件包 NVivo 10，我们考察了当前统计教育研究领域的出版物。因为我们在 2015 年撰写了本章第一稿，所以我们选择了 2010—2014 年长达五年期间所发表的文章进行分析。我们收集了《统计教育研究杂志》《统计教育杂志》《统计教育技术创新》中发表的所有论文。我们还纳入了“受邀”（尽管不一定“有贡献”）在最近两次国际统计教学大会（2010年的ICOTS 8和2014年的ICOTS 9）上交流及在其会议网站上发布的论文，以及国际统计教育协会组织的几次卫星会议和圆桌会议的论文，读者可通过其网站获取：http://iase-web.org/Conference_Proceedings.php。

我们一共收集到653篇论文，这些论文虽然存在一定的局限性，但也有一些优点。首先，由于我们没有选择那些仅关注研究的文章，所以这些论文包括统计教育以及统计教育研究各个方面的内容。这样，我们就同时保留了小r研究和大R研究的论文，因为我们认为这两种类型都很重要。将五年内两次美国国际统计教学大会的记录包含进来使得我们的选择偏向于会议论文，这同时也突出了这些重要会议的特点，那就是国际多样性和以从业者为主导。此外，以上列出的来源并不是发表统计教育研究的指定途径，我们还没有考察过更广泛的数学教育研究中关注统计教育的那部分。通过对2010—2014年多个数学教育研究期刊的搜索，我们发现只有少量关于统计教育研究的论文。在7种主要期刊中，我们总共发现了20篇此类论文，包括某本期刊的一期专刊中的9篇（请参阅Makar & Ben-Zvi，2011）。尽管这类论文有重要的学术贡献，但由于数量太少，无法对本次分析的总体结果产生明显的影响。尽管我们收集的文章的覆盖范围不全面，但确实能成为一个可供调查的较为广泛且条理清晰的研究文献库。

NVivo能让我们使用各种检索词对该文献集的完整文本进行检索，这些检索词派生于所有论文的合并内容，并且尤其侧重于研究方式和方法方面。尽管我们的分析有其局限性，但还是有意义的。我们试图说明我们在一个合理但受限的搜索空间中发现了什么，以便为撰写本章提供参考。收录的653篇文章全面介绍了近五年来统计教育和统计教育研究的话语世界——这一视角在统计教育文献中从未被呈现过。

3.3 研究的哲学视角

本体论或“存在之道”，以及认识论或“认识之道”是所有研究的核心。研究范式由本体论、认识论、研究方法、分析形式、研究学科和解释所构成。本体论的观点将研究人员的注意力集中在某事物的本质或某事物的存在上，譬如，变异性的本质意义，或是解决某个问题的一般统计方法的性质。认识论的观点旨在了解人们如何理解某些东西，譬如，人们如何学习不同类型的平均数或整个统计学科。研究人员需要考虑所研究事物的本质，因为理解本体论与认识论之间的关系为指导研究实践提供了有力的工具。譬如，派特茨和里德强调了在统计教育过程中，除了认识论方面的“学习统计学”之外，本体论方面的“变成（和作为）统计学家”的重要性（Petocz & Reid，2010）。然而，许多研究人员并不知道这些区别，而是采取了一种更为自然主义的方式来研究，这在某些情况下可以解释小r研究和大R研究活动之间的区别。统计教育研究人员需要知道他们对统计知识本质的假设，以便他们能够以可靠和有效的方式适当地进行探究。为探索这个想法，我们将考虑对统计知识本质的假设的一些不同情况。对于统计学家来说，实证主义是这门学科的核心思想。

3.3.1 实证主义

斯科特兰认为实证主义是有现实主义依据的（Scotland，2012）。也就是说，事物存在并具有内在价值，而研究人员的作用就是发现并描述这种内在价值。因此，既然统计学中的数据在本质上是现实存在的，那么探索这种内在价值的方法就创造了一种认识论，它以收集客观事实并提供有关研究对象的分析为基础，因而没有文化主观性。后实证主义者质疑这种研究观点的某些方面（Popper，1959），他们认为每个问题都是由人提出的，每个发现都可以受到批评或质疑，在本体论意义上被认为是客观的东西也可以被认为是主观的。这种看法使人们认为研究人员和研究问题是对知识和好奇心进行社会建构的一部分。一座山即使没有人思考它也可以存在，但是人一旦想到这座山，就会想到自己的经历和社会历史。

实证主义和后实证主义研究方法的主要优势在于，它试图找到某种情况发生的可验证的原因，这个原因可以通过事物之间的关系来解释。对于统计教育研究人员以及一般的教育研究人员而言，这可以促使其以符合标准科学思路的方式和方法得出对特定问题的明确答案，并满足资助机构的要求。借助这种实证主义框架，研究人员可以构建整个研究项目。譬如，美国统计协会的成员为大学统计学入门课程的统计教育研究制定了指南。珀尔等给出了一个全面的研究清单，清单分为六个主要领域，列出了每个领域的研究重点和问题，并简短陈述了了解这些问题的答案会带来哪些益处（Pearl et al.，2012）。

与实证主义研究类型相关的方法包括调查工具、控制实验、标准化测试等。对通过这些方法收集的数据进行的分析包括描述或推断统计，二者的结果可以被推广到广泛的总体中。这种研究类型的一个重要方面是，它可以被重复进行且产生近似的结果。譬如，研究人员可能想探究学生对帮助他们理解概率的不同教学方法的反应。那么，研究人员可以对两个班的学生进行前测，以评估他们目前的概率知识。然后，一个班可以采用不同的教学方法，而另一个班维持原方法不变。最后，研究人员通过后测可以确定哪个班对概率的理解更好。

《在数学教育研究中有效地使用统计》（Using Statistics Effectively in Mathematics Education Research）报告对这种实证主义方法进行了详细描述（American Statistical Association，2007）。然而，正如该报告所指出的，对于统计教育研究人员来说，严格的科学方法可能产生问题。譬如，在一个学习环境中，控制条件几乎是不可能做到的。事实是，学生以非随机的方式被分配到教室或听课小组；他们有学习经验，这种经验包括与其他班级的学生和其他学习材料的互动；“干预”（treatment）可能只能以班级为单位实施，单盲或双盲的方式通常是不可行的。与其他领域的实验设计不同，教育研究几乎不可能在另一个学习环境中被复制。统计教育研究人员如果把研究建立在实证主义方法上，就需要意识到其固有的局限性。

从更广泛的科学背景来看，实证主义方法是我们所熟悉的，譬如，一项研究药物与安慰剂疗效的临床试验。从科学上说，这种临床试验的要点包括对治疗组或安慰剂组的随机分配、用单盲或双盲避免受试者和实验者的偏见，以及保证在另一组受试者中重复试验的可能性。这就产生了所谓的科学研究的黄金标准，这些标准在某些情况下被认为是理想的。有许多满足这种期望或标准的例子（如 Shelley，2005，讨论了美国政府在 2001 年的立法，旨在促进科学有效的教育研究）。

基于对《数学教育研究期刊》10 年间文章的分析，希尔和施考察了数学教育研究的质量（Hill & Shih，2009）。根据美国教育研究协会（American Educational Research Association，AERA）、美国心理学会（American Psychological Association）、美国国家教育测量委员会（National Council for Measurement in Education）等知名专业协会提出的标准，以及美国统计协会关于在数学教育研究中使用统计学的报告（American Statistical Association，2007），这些作者发现《数学教育研究期刊》中多数有关定量研究的文章缺乏黄金标准中的一个或多个方面。

3.3.2 社会建构主义

关于知识的一种完全不同的思考方式是认为它是社会建构的。其本体论的立场认为知识是相对的，而且知识的解释是开放的，相对主义的观点承认人与人之间会以不同方式感知现实（Guba & Lincoln，1994，p.110）。实证主义认为事物具有内在特性，而与此不同的是，社会建构主义的观点认为，知识是通过人与知识及其他事物的互动而被赋予意义的。总的来说，社会建构的知识可以被视为主观的，而不是实证主义范式所认为的客观的，这种看待事物的方式的不同带来了完全不同的认识论。现在，认识的方法是基于个人和社会经验的。所有人都经历事物，并且每个人的经历都是独一无二的。个人生活经历是独特的，无法跨越文化和时间被复制。人类的独特之处在于其好奇心，人们会有意识地尝试以不同的方式理解和体验事物。小孩子会注意到成年人发出声音的不同方式并与自己的发声进行比较。他们尝试复制成年人的声音时，注意到自己的嘴和舌头以不同的方式运动，然后注意到声音有先后顺序，这种先后顺序进而创造了意义，最后他们学会了说话。在人类从事的每一项活动中，注意变化是我们学习的方式。

统计教育研究人员在注意变化方面是专家。这是他们学科的核心，他们常常通过实证主义活动来发现变化。在理解学生学习的过程中，教师们会立即注意到班上是女生多还是男生多，或者学生是年幼的还是年长的、是深色头发的还是金发的、是本地学生还是来自其他国家或背景的学生。这些是很容易被观察到的，它们有助于教师了解学生所处的社会背景。然而，要注意到人们思维方式的变化就难一些。统计教育研究人员常常感到好奇的正是思维方式的变化。为了探索学生学习的各个方面，教育者需要使用能够让学生（或参与者）阐释他们的经历的方法。访谈研究、案例研究、有声思维法、叙事研究、现象学等，所有这些方法都符合这个范式。这些方法和其他方法的不同之处在于其认识论不同，也就是知识的形成方式不同。关于这些问题的进一步讨论和关于使用定性方法为统计教育提供信息的例证，可在派特茨和里德（Petocz & Reid，2010）、贾勒和奥格拉延舍克（Gal & Ograjenšek，2010）的文章以及许多其他研究来源中找到。

如果统计教育研究人员采用叙事研究的方法，就会查看课程文件、教科书、试卷和学生日记，以了解学生是如何认知概率的。通过这种方法，研究人员可以了解课程编写者为什么认为学生学习概率很重要、文本材料是如何呈现概率的、如何使概率适用于不同年龄组和不同文化背景、学生如何在课堂内外认知概率，以及学生如何将概率作为日常生活中的一种思维方式或作为更加科学的活动的一部分。这种研究的预期结果是了解学生的经历，旨在找到教育者与这些学生互动的更有效方法。

现象学研究方法与叙事研究方法有明显的不同，现象学研究方法旨在详细地描述个人对概率的认知。研究人员可以使用访谈、视频、讨论组、观察、日记、博客等方法收集信息，数据收集的目的是对个人经历进行“详尽的描述”，然后根据这种描述，通过注意变化和相似性理解其他类似的个体和情况。该方法的一个关键特征是，它着眼于作为知识创造者的个人，并认可该知识的权威性。

3.3.3 批判理论

批判理论是可供统计教育研究人员选择的另一种本体论和认识论。这一理论超越了实证主义和解释学方法，因为它考虑到了人们创造知识时所处的历史、政治和社会背景。知识被认为具有内在的政治性，因为它反映了人们赋予它的价值观。从这个角度看，其认识论包括性别（女权主义、酷儿理论）、文化（马克思主义、儒学）、自由（自决、贫困）、批判经济学或和平研究等。斯科特兰认为：

> 知识由文化产生、被历史定位、受政治意识形态影响，所以它不是不受价值影响的。批判范式研究的是价值论问题：什么是在本质上有价值？因此，批判范式是规范性的，它考虑事物应当是什么，它判断现实。批判范式的乌托邦愿望可能永远不会实现，但一个更民主的社会可能会实现（Scotland，2012，p.11）。

批判理论可以应用于实证主义和建构主义两种范式。批判理论在（后）实证主义范式中被应用的一个例子是 Gapminder 网站（www.gapminder.org）对当代社会的各个方面的图表调查，如女孩/妇女的教育与人口增长之间的关系。图表表明，在女孩受教育比例较高的国家，妇女的生育率较低，这种关系会随着时间的推移而显现出来。批判理论在建构主义范式中被应用的一个例子是维塔和片冈关于修改教学顺序和材料以帮助盲人学生学习概率的调查（Vita & Kataoka，2014）。他们的研究表明他们承认学生的多样性，并从伦理上关注教育为不同学生提供的学习机会。在《统计教育研究杂志》第 13 卷第 2 期中还有其他几篇文章甚至是完整的专刊，强调了批判理论的各个方面。

3.3.4 案例：将不同方法应用于统计素养研究

基于研究结果（包括定量研究）的知识是社会建构的，并且研究人员或统计人员做出的统计说明是可以被批判的正当对象，这一思想体现了培养未来和当前公民统计素养的动机（Gal，2002a）。这一点在世界各地的许多课程框架中都很明显。然而，统计素养的研究本身可以采取不同的形式，既可以是实证性的，也可以是解释性的。

统计素养领域的一些研究人员专注于获取定量或可量化的证据，从而能批判性地解释统计信息（比如通过统计数据识别媒体文章中的缺陷），他们使用定量方法来获取这些证据，如多项选择题测试，或使用评估准则对开放式任务的回答进行编码。这类思路的例子在《统计教育研究杂志》和其他我们分析的资料来源中不胜枚举，譬如，霍布登关于职前教师在理解南非艾滋病毒/艾滋病统计数据方面的统计素养水平的研究（Hobden，2014）。这类定量研究及其所依据的理论模型（如 Watson & Callingham，2003）对于帮助记录不同目标群体的能力水平及使用某些干预措施的影响是很有价值的。

然而，研究学习者在发展统计素养所需的“批判视角”时所经历的内在变化过程需要不同的、不那么直接的方法。在这方面，行动研究、批判性话语分析、现象图析学和其他一些使用开放式提问技术或“有声思维”方法可能是有用的。研究之所以需要这样的方法，一部分是因为它需要同时记录学习者认知和态度的变化（Gal，2002b）。此外，研究人员和被研究人员（即正在经历变化的学习者）可能对后者采用的批判性观点有不同的理解，这是由批判性观点本身的性质导致的。因此，为了了解统计素养是如何发展的，研究人员有必要将参与者作为共同研究人员，并认识到研究人员和参与者为研究对象提供了同等合理的贡献。这又意味着研究人员需要与相对成熟的参与者群体合作，这些参与者可以参与到共同创造的过程，在和研究人员一起思考的过程中，他们既是学习者又是合作者。布朗特林格尔的近期工作就是一个例子，他让上夜校的成年学生对一个图表进行批判性的解释，该图表描绘了不同学校的白人学生与有色人种学生的比例，及其与学生课间休息时间的关系。参与者不仅思考了这项活动作为一项教育任务的价值，而且也考虑了研究人员在多大程度上能够理解自己的观点（Brantlinger，2014）。

在从实证主义或社会建构主义转向批判理论的方法时，研究人员对伦理方面的深思熟虑在研究中会起很大作用。这一点在统计教育研究中与在其他领域的研究中是一样的。任何研究都有伦理学的方面，即使其认识论是科学的和实证主义的。然而，在这种情况下，寻找真相往往被认为是研究的最重要特征，而任何与“受试者”甚至实验者本身有关的问题往往被视为是次要的。随着社会建构的认识论的发展，参与研究的人的作用变得更加重要，如何对待他们以及如何使用他们提供的证据等伦理方面成为研究的一个组成部分。重视研究的伦理方面使研究人员能够在与任何受试者/参与者群体互动的过程中保持同情心和小心谨慎的态度，这一点在统计教育背景下很重要，譬如，任何参与研究的学生群体都可能是研究结果的接受者，由于研究的干预，他们的学习状况的某些方面可能发生变化。批判性的认识论进一步使伦理维度问题化，包括研究人员对参与研究项目可能产生的负面后果的考虑，以及研究的最终所有权问题，包括否决进一步使用所获得的材料甚至知识的权利。

3.4　关于研究方法、研究内容和研究人员的思考和依据

3.4.1　统计教育研究人员常用的研究方法

本节我们将探讨当代统计教育研究人员使用的研究方法、方式和方法论。探讨的依据主要是来自《统计教育研究杂志》《统计教育杂志》《统计教育技术创新》的653篇文章，还有在ICOTS 8和ICOTS 9以及2010—2014年IASE卫星会议和圆桌会议网站上受邀发表的论文。这些文章发表在统计教育研究领域最知名的期刊和会议上，广泛地涵盖了本领域的著作，小r研究和大R研究的文章都被包括在内。我们没有声称文章的选择是面面俱到的（尽管我们相信它是相当全面的），也没有声称它是随机样本，也没有在研究问题、研究人员或研究质量上有任何的偏向，请读者在阅读结果时牢记这一点。

NVivo使我们能够使用大量检索词来研究文章中涉及的各种方法论。检索词是通过我们对所有文章的全文进行初步审查挑选出来的，我们的目标是考察文章的研究方式和方法。我们选择并使用了以下检索词①：

一般检索词：研究方式、研究方法（论）、本体论、认识论。

定量方法：问卷调查、因子分析、结构方程模型。

定性方法：内容分析法、建构主义、小组访谈、行动研究、课例研究、学科内容知识、访谈（研究）、反思实践、现象学。

其他术语，如回归、假设检验和方差分析，也可以用来指向定量研究方法，对使用这些术语的文章的考察表明，这些术语绝大多数是指正在被教授和/或学习的统计技术（而不是作为研究方法出现），其他定量术语并非如此。

术语的概况和使用这些术语的论文数量表明，大多数文章没有明确提及所使用的研究方法或方式的哲学背景。例如，"研究方法"和"研究方式"分别被114篇和18篇论

① 译者注：附英文检索词，供读者参考。

General：research approach，research method（ology），ontology，epistemology.

Quantitative approaches：questionnaire，factor analysis，structural equation model.

Qualitative approaches：content analysis，constructivism，focus group，action research，lesson study，content knowledge，interview（study），reflective practice，phenomenology.

文提及（出现两种术语之一的有 121 篇，占 653 篇论文的 19%），而“认识论”和“本体论”这两个术语只出现在其中的 49 篇和 5 篇中（出现两种术语之一的有 51 篇，占 8%）。

定量方法的具体标记词是“问卷调查”（123 篇文章）、“因子分析”（42 篇）和“结构方程模型”（31 篇），总共有 154 篇文章（24%）至少包含了其中一个术语。定性方法的标记词包括“访谈”（177 篇文章）、“学科内容知识”（94 篇）、“建构主义”（34 篇）、“小组访谈”（28 篇）、“行动研究”（21 篇）、“内容分析法”（15 篇）、“反思实践”（9 篇）、“现象学”（9 篇），以及“课例研究”（7 篇），共有 283 篇文章（43%）至少包含了其中一个定性标记词。

总的来说，这些结果表明大约四分之一论文（24%）使用了定量方法，几乎一半（43%）论文使用了定性方法。总共有 358 篇论文（55%）提到了至少一种定性或定量方法的标记词，79 篇论文（12%）同时提到了定性和定量方法的标记词，这可能指向了“混合方法”（mixed methods），尽管“混合方法”一词本身只出现在 21 篇论文中（3%）。

以上总结介绍了统计教育研究的概况，其中几乎一半的论文没有明确讨论其研究方式或研究方法，几乎没有论文提到这些方法的哲学方面，虽然其中一些论文可能是暗含了这方面的内容，或者使用了一些没有包括在我们的检索词列表中的研究方法。通过对标记词的分析，我们发现大量的研究似乎在使用定性方法，只有较少的研究使用标准统计工具作为他们的研究方式，这有些令人惊讶。这些结论可能有局限性，因为我们是基于选定的指标词来搜索论文集文本而得到的结论。如果我们使用其他分析方法，如仔细阅读所有 653 篇论文或从中挑选出随机样本，可能得出不同的结论。

3.4.2 统计教育研究的内容

这一部分，我们将讨论统计教育研究的内容。我们先介绍统计教育研究从早期到现在的一些发展背景。当然，何时是“早期”值得商榷，在第二章中，我们从 1982 年举行的第一届 ICOTS 会议开始谈起，然后论及了早期 ISI 会议对统计教学的讨论。如第二章所述，《统计教学》杂志创刊于 1979 年，《统计教育杂志》创刊于 1993 年，《统计教育研究杂志》创刊于 2000 年。概率与统计学习国际研究小组的通讯只可追溯到 1987 年，其实该小组的历史比这更久远。本节我们关注的是统计教育研究是如何从早期对统计教学问题的讨论演变而来的。

在 ICOTS 6 会议上，奥塔维亚尼的主旨演讲探讨了发表在 ICOTS 1—ICOTS 6 会议集上的论文，并通过对比论文的标题展示了 ICOTS 会议的重点是如何随着时间的推移而改变的（Ottaviani，2002）。ICOTS 的前两次会议的重点主要是中小学的教师及其培训，还有教学中计算机的使用，以及在高等教育阶段中理论和实践统计工作者之间的合作。

ICOTS 3 把学生作为关注的中心，重点是统计教学的内容和方法，使其在初等和中等教育阶段有助于培养学生的定量素养（quantitative literacy），在高等教育阶段有助于改进大学的统计学入门课程。ICOTS 4 和 ICOTS 5 继续探讨了这些内容和方法，并增强了与基于计算机的方法的融合，特别是在数据分析和发展统计概念方面。研究人员还报告了如何利用项目培养学生的经验，并明确提到了与之相关的工程和经济学等应用学科的学生。在 ICOTS 6 的主旨演讲中，奥塔维亚尼第一次确定了研究的重点不仅包括研究统计学的教与学，还有“研究方法”——一种向不同学科学生教授统计学的有前景的方法。以前提及的计算机也开始扩展到了技术的应用，早期对定量素养的关注演变为对统计素养和思维的更广泛的关注，教师培训也扩大到各类统计专业人员的培养。

同样是在 ICOTS 6 上，沃森对统计教育的当代研究进行了总结，其中包括对理论研究、定性研究和定量研究的划分（Watson，2002）。她对统计思维、统计推理和统计素养相关的研究是基于她自己在 SRTL 研究论坛（详情请浏览 srtl.info）的一部分工作而进行的。例如，在理论研究方面，她描述了怀尔德和普凡库赫关于统计思维的研究（Wild & Pfannkuch，1999）；在定性研究方面，她根据学生对媒体文章的回应，讨论了学生对抽样的理解的发展情况（Watson & Moritz，2000a）。这个项目还扩展到对数千名学生关于抽样的想法的调查（Watson & Moritz，2000b），由此形成了一个定量研究。

“历史”信息的其他来源是该领域的参与者和该领域的研究（如 Jolliffe，2003）以及其他群体，比如数学教育者（如 Shaughnessy，Garfield，& Greer，1996），对统计教育研究的回顾。加菲尔德和本–兹维撰写的章节也总结了历史背景，然后对当代研究人员提出的研究问题进行了概述（Garfield & Ben-Zvi，2008）。前面提到的美国统计协会的关于统计教育研究方向和优先事项的报告列出了六个具体领域的主题、研究问题和研究重点：认知结果、情感结构、课程、教学实践、教师发展，以及技术，报告的最后一部分回顾了现有的评估工具（Pearl et al.，2012）。比勒尔等在 2013 年完成的另一项特别侧重于对学校层面技术使用的反思回顾研究（Biehler et al.，2013）可能也在统计教育的历史背景中占有一席之地。

我们使用 NVivo 对 2010—2014 年发表的 653 篇文章进行了研究，这也使我们能够探索目前统计教育研究领域正在研究什么。我们使用以下选自论文集完整文本的词汇或短语作为本次考察的检索词[①]：课程、评估、GAISE、技术、统计推理、统计思维、统计素养、对统计学的态度、（统计学方面的）概念，以及概率。

论文集中，统计教育研究最常见的重点是“课程”，653 篇文章中有 378 篇提到了这个词。这可能是统计教育研究的本质特征导致的，尤其是小 r 研究最有可能涉及统计学教与学的某些实际方面。“课程”一词的出现率表明这个术语已被广泛使用，相关术语还

① 译者注：附英文检索词，供读者参考。

curriculum，assessment，GAISE（Guidelines for Assessment and Instruction in Statistics Education），technology，statistical reasoning，statistical thinking，statistical literacy，attitudes towards statistics，conceptions（of statistics or some aspect of statistics），and probability.

有“评估”（392 篇文章）、“技术”（369 篇）和“GAISE”（138 篇）。总共有 564 篇文章（86%）包含了这些与课程的某些方面有关的术语。

这些论文中谈论的其他非常常见的方面是“统计素养”（250 篇文章）、“统计思维”（214 篇）以及“统计推理”（214 篇）。总共有 392 篇文章（约 60%）提到了这些术语中的至少一个，有时文章以缩写 SRTL 将三个词写在一起，这样这三个方面对研究人员来说就是一个整体。总共有 587 篇文章（约占论文的 90%）提到“课程”或“SRTL”的其中一个。

统计教育研究中的其他主题较少被提及，包括心理学方面的“对统计学的态度”（45 篇文章）和统计学方面的“概念”（140 篇，更准确地说是 70 篇，因为其他 70 篇文章只在参考文献中提到了一个术语）。大多数情况下，这些研究结果是基于学生的设想的，有时也包括教师的设想（特别是在学生准备成为教师的这种“重叠”情况下）。尽管将“概率”作为检索词是有问题的，因为大多数情况下它在文章中只表示其通常的技术含义，而不是作为研究对象出现，但由于其用途的多样性，它确实出现在 400 多篇论文中。不过，也确实有一些论文的重点是概率的教与学方面，或是对学生对概率的看法的探讨。

以上总结概述了统计教育研究的内容，它主要集中在两个主要领域：以 GAISE 为代表的广泛的课程主题，包括评估、技术和教学指南；统计素养的广泛概念，有时也被描述为“统计素养、统计推理和统计思维”。不太常见的研究内容是学生和教师对统计学的态度和概念理解，以及关于概率的一些研究。此外，我们先前关于本研究局限性的说明也适用于此。

3.4.3 统计教育研究的研究人员

统计教育研究的第三个方面涉及从事统计教育研究的人。当然，有各种各样的人参与这项工作，从个别（或一个团队的）教师到学术界一流的大学研究团队，前者在自己的课堂上进行调查，这超出了他们教学工作的范围（我们称之为小 r 研究人员），后者对统计教育的某些方面进行系统探讨（我们称之为大 R 研究人员）。研究人员还包括在统计教育的某些方面进行研究但与中小学和大学的正规教学无关的个人或团体。本节的目的就是描述统计教育研究领域的不同研究群体。

当然，我们不是第一个思考这些问题的人。1995 年，加菲尔德写了一篇引用量很高的论文“学生如何学习统计学”（How students learn statistics）（Garfield，1995），当时统计教育领域几乎没有什么实质性的研究，相反，大多数研究都来自于其他相关领域的研究或模型，如心理学和数学教育。1998 年和 2003 年，乔利夫（他后来与巴塔内罗一起成为《统计教育研究杂志》的首批联合编辑）思考了有关统计教育研究人员的问题（Jolliffe，1998），因为那时已经出现了统计教育工作者进行的研究。最近，加菲尔德和本-兹维的“回顾性”文章对统计教育研究的历史和当前研究的参与者进行了总结，同时也请参考二人在2008年的著作以及齐夫勒等的文章（Garfield & Ben-Zvi，2007；Garfield & Ben-Zvi，2008，pp.21-43；Zieffler et al.，2011）。在这些参考文献叙述的时间段内，统计教育领域在若干方面已经成熟并扩展，因此有关参与统计教育研究或相关研究的群体的问题值得被重新探讨。

统计教育研究人员有多种类型，譬如，ICOTS会议或OzCOTS（Australian Conference on Teaching Statistics，澳大利亚统计教学大会）这种区域和国家会议的参与者；《统计教育研究杂志》等杂志的作者、编辑和评论员（特别是那些策划专刊的人）；从事特定研究项目的研究人员，如明尼苏达大学由加菲尔德领导的团队；关注统计教育研究的特定方面的研究人员，如关注统计推理、统计思维和统计素养的国际研究团队；或特定统计教育计划的成员，如新西兰学校调查（CensusAtSchool）。

温格提出的“实践共同体”（communities of practice）概念为探讨这一问题提供了一种理论视角（Wenger，1998）。根据该模型，实践共同体由这样一群人组成：他们有共同感兴趣的领域，并与团队中其他人接触和互动，发展共同的技能，以实现他们的目标。温格在一个网站上简洁地描述了这一点：“实践共同体是一群对自己所做的事情有着相同关心或热情的人，并通过定期互动来学习如何做得更好。”（Wenger，2013，p.1）根据温格的观点，统计教育研究人员可以被描述为一个单一的、大型的、多样化的实践共同体。换句话说，进行统计教育研究的各个专业团体和社会群体就代表了相互联系的实践共同体。

一些研究人员可能是多个实践共同体的成员，因为他们充分参与到统计教育研究的不同方面，而另一些研究人员可能是一个或多个实践共同体的外围成员。譬如，格罗思强调了数学教育和统计教育研究人员之间日益增长的“边界互动”（Groth，2015）。一个实践共同体可以决定其领域研究的主题和方向。根据自己的实践开展探索性研究（小r研究）的统计教育个体可以被视为“合法的边缘参与者”（legitimate peripheral participants）（Lave & Wenger，1991），他们是实践共同体的新来者，正在逐渐熟悉任务、术语和组织原则，并且正在成为正式参与者。这些个体可以制定一个连贯的研究方案，并选择独立工作或与其他有类似兴趣的研究人员一起工作，从而成为实践共同体中更重要的参与者。

得益于对统计教育研究领域各种不同项目和参与者的熟悉，我们对文献的分析表明可以用多种方法描述从事统计教育研究的个人和群体。为了简单起见，我们将重点放在以下三个特征：①研究人员的学科背景；②研究的制度背景；③研究的地理或文化背景。我们不是要将这些特征作为硬性分类，因为它们不是相互排斥的，而且每个类别本身是多方面的。相反，我们将这些特征描述作为进一步工作的一部分，从而勾勒出统计教育研究领域研究人员的广泛多样性、丰富我们对本领域的独特性和范围的看法，以及我们对本领域的知识如何演变和如何继续发展的理解。

3.4.3.1 研究人员的学科背景

思考参与统计教育研究的个人的学科或专业背景，换言之，他们获得学位的领域，以及他们工作的学术部门或组织，是有益的。尽管没有汇总所有相关数据的中央数据库，但我们可以通过分析在《统计教育研究杂志》或《统计教育杂志》等期刊或诸如ICOTS这样的会议上发表研究成果的学者的联系方式和简介来了解他们的学科或专业背景。

当我们与统计教育领域以外的人交谈时，他们常常传达出一种信念，即从事统计教育研究的都是统计学家。然而，即便是对上述资料来源进行粗略的分析，我们也能得出截然不同的结论。一般来说，统计教育研究人员来自于统计学、心理学和教育中的各个领域，尤其是数学教育，也包括其他STEM领域，如计算机教育。此外，还有专业人士来自其他应用或教授统计学的领域，如生物统计学、生物学、农业、商业、医学和各种社会科学，以及来自官方统计机构（即统计数据生成者）和其他组织的专家，他们可能参与涉及教育的活动。

尽管上面的清单不是很完整，但它足以表明那些发表统计教育研究或相关研究的人的学科背景非常广泛，远远超出了统计学家本身的范畴。这一点很有意思，因为研究人员的学科背景可能决定了他们认为什么是可靠的研究依据，并可能影响他们对研究主题及其适合的研究方法的选择。譬如，统计人员的专业培训通常集中在定量方法上，很少或几乎不关注研究工具的设计（如问卷调查）和定性方法（Ograjenšek & Gal，2016）。因此，统计学家可能把重点放在他们可以接触到的或可以在实证范式中加以检验的研究问题上，对需要定性方法或混合方法研究的问题很少关注，这在数学教育中更为常见。前面提到我们通过对已发表文章的分析发现，大约1/4的论文提到了定量方法的标记词，几乎一半的论文提到了定性方法的标记词。这似乎与我们的观点相一致，即统计教育领域的许多研究都是由统计领域以外的工作者进行的。

3.4.3.2 研究的惯常背景

“背景”（context）是一个广义的术语，在研究方面有多种含义。这里我们关注的是背景的制度方面。首先，研究人员通常被他们的工作角色所定义，这种定义方式主要适用于那些希望将研究作为其专业工作的一个组成部分并通过在同行评审的学术期刊和会议上发表文章来促进一般知识积累的学者。这种大R研究通常解决一般性的挑战，不受时间和地点限制，以广泛的理论模型为基础，旨在帮助建立理论或是得到一般性的教育启示。然而，在统计教育中，我们也看到过许多小r研究的例子，这些研究通常是由中小学或大学教师实施的，他们主要针对的是特定背景下的局部性问题。

小r研究的一个典型例子是，教师可能没有将自己定义为研究人员，他们会受自己在实践中遇到的现象启发，从而对自己的班级进行调查，有时会使用自己设计的工具

（如简短的态度调查问卷或特定的认知任务测试）。教师系统地反思自己的教学，并通过学术渠道（如会议、同行评审期刊）与他人分享他们的结论，这种情况在过去三十年里，在与高等教育学术及学校有关的“教学学术”（scholarship of teaching and learning）或“学术研究”的学术文献中受到越来越多的关注（Bennett & Dewar，2012；Boyer，1990）。

小 r 研究有时会在专业会议上被报告，我们认为，尽管小 r 研究对实践的实际改进显然有重要作用，而且它有可能以自下而上的方式为大 R 研究提供信息，它在与统计教育相关的专业期刊上却并没有得到广泛的发布。这可能出于几个原因，如教师缺乏学术期刊的写作经验，或者由于他们的研究方法或研究设计较为个性化，很难在同行评审期刊上以评审者所重视或接受的方式进行推广，或者由于研究人员对现有文献的不熟悉，他们很难解释其研究与广泛的现有知识的兼容性。

这便意味着同行评审学术期刊上的论文呈现的状况是不完整的。我们对概念发展中的关键问题或过程的了解，以及对影响统计教学的其他问题的了解，包括教育时机、教学中什么有效或什么无效、可能的教育创新，或许在几个方面受到限制。统计教育领域中累积的知识，包括由小范围的小 r 研究得出的知识，或许没有引起人们的注意，因为它们被大 R 研究的光环所掩盖。为此，我们对统计教育会议上提交论文的定性分析更具包容性（即使是像 ICOTS 这种高知名度的会议），这些论文中肯定会包含小 r 研究。

3.4.3.3　研究的地理或文化背景

研究背景的另一个方面是研究实施的特定国家或地区，以及与之相关的孕育研究的特定学术文化。对统计教育研究的考察表明，很大一部分研究论文是由英语国家（主要是美国、澳大利亚、英国和新西兰）或其他欧洲国家（如荷兰、西班牙、比利时、法国等）的人撰写的。这些较富裕的国家在教育基础设施的质量、课堂上计算机系统和先进技术的使用、教师教育的质量以及其他组织方面（如是否有国家评估计划或国家课程）与许多不太富裕的国家不同。这些差异将对统计教育产生明显的影响，从而对统计教育研究和研究取得的成果产生明显的影响。

当然，英语出版物占主导地位是英语世界科学霸权的结果，在这种霸权中，研究优先以学术界的通用语言（即英语）发表。即使是使用其他语言的国家的研究人员也会尽可能将他们的研究结果投递到英语杂志或在一个英文会议上发表，如果他们不这样做，他们的研究结果通常会被归为“本地”的地位（因此获得的关注度有限）。在我们收集分析文章的来源中，只有《统计教育研究杂志》为研究人员提供了以另一种语言（法语或西班牙语）提交论文的机会。事实上，2010—2014 年，只有一篇非英语论文发表，该论文以法语撰写并有英文摘要（Bihan-Poudec，2010）。

当齐夫勒等分析《统计教育研究杂志》前 8 年的刊物时，发现其中的文章作者仅来自 15 个国家（Zieffler et al.，2011）。2014 年底，《统计教育研究杂志》出版了一期专刊

（第 13 卷，第 2 期），题为“统计教育研究的全球视角”（A Global View of Statistics Education Research），旨在扩大研究的国际代表性（North et al.，2014），目前有 25 个国家出现。然而，这一比例就世界各国的数量而言仍然很小，而且比出席 ICOTS 等会议的国家数还要少（ICOTS 大约有来自 50 个国家的代表）。

在 2014 年《统计教育研究杂志》的专刊中，巴西作者发表了 8 篇论文（可能是巴西在 2006 年主办第 7 届 ICOTS 产生的持续影响）。这些论文基于对学龄前到大学的所有教育级别的统计教育的投入，深刻地阐述了强大的统计教育研究文化。巴西的统计教育研究人员中有一个明显的实践共同体，因为研究的大部分内容是用葡萄牙语呈现的。巴西统计协会（Associação Brasileira de Estatística）活跃于各种会议和出版物中，尽管他们不只关注统计教育研究，但他们确实将此作为一个研究主题。一些大学在这一领域拥有活跃的研究人员群体以及正在完成统计教育方面的硕士和博士学位的研究生，如圣保罗大学和南里奥格兰德联邦大学。巴西数学教育协会（Sociedade Brasileira de Educação Matemática）自 2000 年以来一直有一个活跃的 12 号工作组，关注概率与统计教学（GT12 Ensino de Probabilidade e Estatística），卡佐拉、片冈和达席尔瓦对该工作组的背景和所从事的工作进行了详细描述（Cazorla，Kataoka，& da Silva，2010）。该工作组最近与圣保罗天主教大学在《数学教育研究》（Educação Matemática Pesquisa）上共同出版了统计教育研究专刊（Coutinho & Samá，2016）。尽管如此，巴西作者用英语撰写和发表八篇论文依然付出了很大努力，如果没有这样的努力，英语国家的研究人员无法看到这些研究成果。

法语国家对统计教育研究也很感兴趣。自 2008 年以来，法国统计学会（Société Française de Statistique）每两年会举行一次法语国家统计教育国际专题讨论会（Colloque Francophone Internationale sur l'Enseignement de la Statistique，CFIES），不过会议提交的论文似乎不能在网络上被获取。就讲西班牙语的研究人员而言，特别是拉丁美洲的研究人员，国际统计教育协会出版了名为“备择假设”（Hipótesis Alternativa）的以西班牙语（有时是葡萄牙语）总结会议、文章和论文的公报，以支持大量的使用西班牙语的统计教育研究人员。

其他国家不仅存在语言问题，甚至统计教育本身也只是最近才出现的。譬如，武村描述了日本的这种情况（Takemura，2013）。由于日本的学校很少进行统计教学，而且全国的大学没有统计学系，因此缺乏统计教育研究也就不足为奇了。但是，2018 年 ICOTS 10 在京都的举办可以极大地推动该国统计教学和研究的发展，如果参考其他几个举办过 ICOTS 的国家的发展轨迹，会议的效果将在一段时间内显现出来。

地理和文化的一个相关方面是与社会条件或研究传统有关的，这使得研究人员倾向于关注特定问题或使用特定方法，2014 年《统计教育研究杂志》专刊上就有一些例证。专刊上的许多论文来自世界上较不发达的地区，这些文章对统计教育的作用，或者说整个教育在国家发展中的作用表现出强烈的社会正义感。来自南非的文章展示了在种族隔离多年之后，统计教育促使社会状况重新恢复平衡，而巴西的许多论文都展示了保罗·弗莱雷（Paulo Freire）“批判教育学”的要素（Freire & Clarke，2000）。就研究传统而言，讲西班牙语和葡萄牙语的作者似乎使用了与英语国家（尤其是美国）不同的理论，一些论文使用了皮亚杰的哲学观点或戈迪诺和巴塔内罗的“符号学本体论”（onto-semiotic）方法（Godino，Batanero，& Font，2007）。

上述差异可能影响研究人员对教育问题的界定，并可能导致研究人员在设计研究或讨论研究与其他教育者和教学环境的相关性时，想当然地认为某些背景条件是理所当然的。因此，一些国家的研究结果对其他国家的适用性可能很有限，研究人员对研究的重要障碍或问题的判断可能受到被地理或文化背景渲染的价值判断的影响。

本节大致概述了统计教育相关研究的参与者的各种分类。至于是否存在一个统一的实践共同体，我们认为目前的答案是否定的。本节指出的有关研究人员的多样性趋势可能影响研究在统计教育中的潜在作用。研究人员倾向于认为研究的目的是为知识建构提供信息，对于教育研究在国家和地方或机构层面对实践和教育政策的实际贡献，比如研究对课程内容和教学方法的建议，还有其他观点和评论（如 Lester & Wiliam，2002）。我们认为，在我们真正谈论一个具有包容性的国际统计教育实践共同体之前，还有许多工作要做。

3.5　讨论

这一章，我们思考了统计教育研究的中心问题——研究方法、研究内容和研究人员，在某种程度上还有进行研究的原因。我们的研究既有理论性的，也有实证性的，前者着眼于研究方法和方法论的基本思想，后者是基于对本领域已发表研究的一个对象群体的考察。我们正面临着广泛的研究活动：

1）我们称之为小 r 的研究最先是源于从学前到大学各个层次的统计学教师的好奇心。有些教师把这种好奇心转化成了对自己班级和学生的调查，或者是对自己的教学实践的调查，最后以非正式和情境化的研究而告终，这种研究不是为了学术交流而设计的。

2）在连续体的另一端是参与大 R 研究的统计教育工作者，他们从事有目的、有根据、有条理和可传递的研究，这些探讨通常远远超出了他们自己的课堂。在其他学科领域（如数学）或官方统计机构中工作的研究人员也加入了这项工作，即使他们的工作背景超出了统计教育的范畴。

3）有些混合型案例融合了小 r 和大 R 研究的各个方面，如对侧重于统计教育的资助项目的评估或官方统计机构的内部用户调查。这种研究的陈述或报告可能相当正式，研究本身却是为内部交流而设计的，或是聚焦于局部问题而提出结论，而不是事先打算得出普遍性结论。

关于如何进行统计教育研究，我们已经看到统计教育研究的方法论可以是实证主义的或社会建构主义的，还可能结合批判理论方法，它们可以被宽泛地分为定量和定性方法及其各种组合。如果研究以符合统计学科本身逻辑的方式展开，那么当使用的定量实证研究方法是由根据标准科学方法而开展的基于设计的研究所确定的，这样的研究通常被认为能提供相对严格的结论。基于案例研究、访谈、民族志、内容分析法、行动研究等的定性方法在科学上的地位低一些，而且对于它们能在多大程度上为教学决策提供适当的依据也存在争议，如美国 2001 年的《不让一个孩子掉队法案》（No Child Left Behind Act of 2001）（Shelley，2005）。然而，在许多情况下，这种定性研究更适合某些研究目标，以便研究人员真正了解教育过程的参与者脑中在思考什么事情，而且事实上定性研究被广泛使用并通过多种渠道得以推广。然而，在我们看来，在统计教育研究领域发表的大多数论文都回避了对研究的方法论的本体论方面的明确讨论。

关于统计教育研究正在研究什么，以前的一些出版物讨论过，但是对应的描述需要跟上不断变化的趋势和重点。事实上，我们对近期出版物进行的实证分析表明，有关课程主题以及统计推理、统计思维和统计素养方面的研究占大多数。少数文章提到了对统计学各方面的态度和概念理解。

就研究人员而言，我们利用实践共同体的概念描述统计教育研究中各种相互关联的参与者群体。我们得出的结论是，该领域的大多数研究是由那些不被称为实践统计学家的人们所开展的。在很大程度上，他们是各种学科领域中的统计教育工作者，也是参与统计信息制作和传播的人。当统计教育工作者根据他们自己的背景和实践进行小 r 研究时，只有一部分研究结果会在专业会议或期刊上发表，而且潜在的有用信息还会丢失。少数教育工作者在更正规的研究小组工作，通常是在高等教育机构中，并且他们会在学术期刊上发表文章。由于大多数此类出版物是用英文出版的，因此其他语言国家（有时是其他研究传统）的研究人员的成果往往很难被纳入统计教育研究的整体之中。

我们对统计教育研究的研究方法、研究内容和研究人员的思考部分依赖于对 2010—2014 年发表的 653 篇文章的探索性分析。这种分析以前从未在文献中出现过，它帮助我们大致勾勒出统计教育研究的一些关键特征。我们概述了这种分析的基本原理及其利弊。下面我们简述了该探索性分析的一些改进方向，以增加我们对统计教育或与之相关的研究的方法和范围的整体理解。

1）期刊的选择范围可以扩展到那些偶尔发表统计教育研究文章的期刊（如《数学思维与学习》和其他数学教育期刊）。同样，会议的选择范围可以扩展到那些可能包括统计教育研究论文的会议（如美国教育研究协会会议）。参考文献年份的选择范围也可以适当扩大。

2）我们可以使用更广泛的概念和检索词来捕捉不容易通过词频或传统词云来识别的子主题的方法论和研究。

3）研究范围也许可以超出统计教育的核心方面，我们可以去考察更广泛的研究，这些研究的研究人员并不一定认为这些研究与统计教育直接相关。譬如，金融或医学等领域关于风险理解的研究、关于人类判断和决策的研究、数学教育中关于比例和百分比概念理解的研究、科学教育中关于学生理解因果关系或研究设计的研究，以及与数据素养或动态可视化设计相关的研究。

这些以及其他的观点都暗示着，对于未来进行的文献计量分析或大规模的文献综述来说，其搜索空间是模糊且有争议的。尽管像我们提供的总体情况可能有其用处，但对统计教育研究的特定研究领域的最好的总结是由相关领域具有专业和全面知识的人给出的，这确实也是本手册后面章节的内容。

3.6 结论

对我们来说，区分小 r 和大 R 两种研究类型，以及分析与研究方法、研究内容和研究人员（以及研究原因）相关的不同类别的研究很重要，因为分析这些使我们能够思考统计教育中的“研究”是什么、判断研究质量的标准是什么、需要了解这些研究的是哪些人以及了解的方式是什么、这些研究对现有知识的贡献有多少。统计教育（及与之相关的）研究的范围比该领域内主要期刊和会议涵盖的范围更为广泛。一些研究被发表在其他相关学科的出版物上，最常见的是数学教育研究期刊，在一些圈子中（不幸的是，包括一些资助机构），它们比统计教育期刊更具声望。此外，一些类型的研究和可能有用的研究结果在统计教育学界内未被重视，这可能是由于学界对这些研究问题或研究方法的认可度有不同的看法，或是由于出版物的语言限制。另外，参与研究的个人或群体关于推广其研究的个人意图会影响他们是否以发表为目的撰写研究过程，如果是，个人意图还会进一步影响撰写过程。这些和一些其他因素造成了信息的丢失，并限制了统计教育研究领域中被接受为“科学已知”的内容的范围。

从上述分析以及早先对研究人员问题的探索得出的另一个结论是，不同实践共同体会发起与统计教育相关的研究，这些群体的成员只是偶尔会有重叠。我们认为，可以通过更多互动让各个实践共同体之间在成员上有更多重叠，并进一步结合他们之间的工作，使之能相互分享成果。技术的进步有助于实现这一点，例如，快捷方便的互联网和视频通信、针对不同语言的文章和演示文稿的更强大的机器翻译，但能否实现交流也取决于不同成员是否有个人意愿。

我们提倡并希望在统计教育研究中看到更多促进知识共享的方面，例如：

1）同行评审过程中的文化包容性和宽容度。

2）由具有更规范的研究技能的人指导小 r 研究人员。

3）在专业会议上召开反思会议，以便分享从业者的研究和项目评价工作（可以看作是小 r 研究），强调其独特性和对知识积累的贡献，并讨论其与大 R 研究的联系。

4）召开“研究解释”（research interpretation）会议，使学术研究人员和从业者能够从在不同环境中工作的教师和教师培训者的角度考察大 R 研究。这是为了提高研究对该领域的思维模式和从业者的行动计划的贡献。这将增加“学术”研究结果为人所知的可能性，并影响统计教育中课程和教案的制订者、教师培训者、评估和监测学习目标进展的工具的设计者做出的教育决策。

关于统计教育相关研究的未来，本章作者还就这方面的挑战提出了个人看法。这三位作者有着不同的学科背景（彼得主攻统计学和数学，安娜主攻音乐和高等教育，伊多主攻应用心理学），他们都在统计教育研究领域活跃了 20 年以上的时间。伊多和彼得是《统计教育研究杂志》的编辑，安娜是其他杂志的编辑。他们来自不同国家，有不同的第一语言（伊多来自以色列，彼得来自匈牙利，安娜来自澳大利亚），他们的存在代表了我们在统计教育研究领域看到的一些多样性。以下是他们每个人的看法。

伊多：对我来说，有一个特别具有挑战性的领域：研究社会上的从业者和那些仍在正规教育系统、高等院校或中小学的学习者的统计素养发展情况。这种研究需要面对统计素养的多学科性质，统计素养不仅包括文化和数学、统计学和概率方面的知识基础，还包括与统计素养相关的许多态度和信仰体系。虽然从社会的角度来看，统计素养的发展很重要，但也面临着许多障碍，这是由于其在许多教师（如在大学或高中教授传统统计学入门课程的教师）的思想、课程设置和日程安排中没有合理的位置。因此，这方面的研究还必须考察与课程改革、教师准备、评估专业发展影响的方法或新技术工具等相关的众多制度和应用方面。

安娜：未来几十年统计教育研究的关注点是它对其他学科的影响力。奇怪的是，本章提供的例子几乎没有涉及有创造性和定性的学科，如音乐或设计（Gordon，Reid，& Petocz，2014）。这类学科的研究人员发现自己处于讨论的边缘位置，而且在研究中应用统计思想时往往有些准备不足，因为他们的学科在研究早期并不包括统计学。当我们考虑到统计教育研究的结果通常是改善包括统计思维或实践的学习环境的一个方面，从而改变当代生活的某些方面时，这一点尤为重要。

彼得：作为多年的《统计教育研究杂志》的编辑，我有机会与大 R 研究的研究人员合作，他们正在准备他们的研究结果，以便出版和广泛传播。该杂志对统计教育研究的各个方面进行了广泛的报道，并且很可能继续为此类研究提供最新见解，其中一个特别有价值的栏目专门关注统计教育研究的具体方面，有时是有问题的方面。这些研究包括对变异性的推理（2004）、关于分布的推理（2006）、非正式推断（2008）、统计教育研究中的定性方法（2010）、对统计的态度（2012）以及前面讨论过的统计教育研究的全局观点（2014）。最近完成了一期《统计学中的概率学习和教学》（learning and teaching probability within statistics）专刊（2016），另一期《统计素养》（statistical literacy）刚刚出版（2017）。这些特别议题的主题反映了统计教育研究在过去十年乃至更长时间内的主要关注点，并将继续作为迎接未来挑战的路标。

在过去30多年里，统计教育研究取得了长足发展，成为逐渐形成自己独特特性、不断发展的领域。鉴于本领域的迅速变化以及与之相关的许多背景，我们很有可能要在几年内重新审视研究方法、研究内容和研究人员。本体论和实证主义分析表明，对于什么或谁有资格成为“统计教育研究（者）”设置固定或明确的界限是不可能也是不明智的。统计和概率教与学的新需求和新环境的出现（如健康教育、金融教育或公民教育等领域）也要求研究人员对公认方法和混合方法的使用进行新的思考。

除此之外，技术的广泛应用正在迅速改变着统计教育的格局。统计教学中专门的小程序和教学软件的使用越来越多，这就产生了关于师生、生生、学生和技术之间互动的新问题，包括如何理解和改进它们的互动。超级课堂（megaclass）、大规模开放在线课程（慕课，MOOC）和其他虚拟学习环境（如官方统计机构或Gapminder公司等统计提供商网站上面向公众的培训模块）的激增对教学过程的本质提出了新问题。正如贾勒和奥格拉延舍克所说的，研究人员面对上述新问题以及相关变化需要使用新的研究方法（如网络志、文本分析、日志分析），并扩大参与统计教育研究的人员的专业或学科背景范围（Gal & Ograjenšek，2010）。

参考文献

American Statistical Association.（2007）. *Using statistics effectively in mathematics education research（SMER Report）*. Retrieved from http://www.amstat.org/asa/files/pdfs/EDU-UsingStatisticsEffectivelyInMathEdResearch.pdf.

Bennett，C. D.，& Dewar，J. M.（2012）. An overview of the scholarship of teaching and learning in mathematics. *PRIMUS（Problems，Resources，and Issues in Mathematics Undergraduate Studies），22*（6），458-473.

Biehler，R.，Ben-Zvi，D.，Baker，A.，& Makar，K.（2013）. Technologies for enhancing statistical reasoning at the school level. In M. A. Clements，A. Bishop，C. Keitel-Kreidt，J. Kilpatrick，& F. K. S. Leung（Eds.），*Third international handbook of mathematics education*（pp.643-690）. New York：Springer Science+Business Media.

Bihan-Poudec，A.（2010）. L'enseignement de la statistique：en premier lieu，l'apprenant（Statistical education：Focusing on the learner）. *Journal of Statistics Education，9*（2）. Retrieved from http://iase-web.org/documents/SERJ/SERJ9（2）_Bihan-Poudec.pdf.

Boyer，E. L.（1990）. *Scholarship reconsidered：Priorities of the professoriate*. San Francisco：Jossey-Bass.

Brantlinger，A.（2014）. Critical mathematics discourse in a high school classroom：Examining patterns of student engagement and resistance. *Educational Studies in Mathematics，85*（2），201-220.

Cazorla，I. M.，Kataoka，V. Y.，& da Silva，C. B.（2010）. Trajetória e perspectivas da educação estatística no Brasil：um olhar a partir do GT12（The growth of and prospects for statistics education in Brazil：A view from the GT12）. In C. E. Lopes，C. Q. S. Coutinho，& S. A. Almouloud（Eds.），*Estudos e Reflexões em Educação Estatística（Studies in and reflections on statistics education）*. Brazil：Mercado de Letras，Florianopolis.

Coutinho，C.，& Samá，S.（2016）. Editorial. *Educação Matemática Pesquisa，18*（3），1099-1108.

Evans，M.（2010）. Researcher practice：Embedding creative practice within doctoral research in industrial design. *Journal of Research Practice，6*（2），1-17.

Freire，P.，& Clarke，P.（2000）. *Pedagogy of freedom：Ethics，democracy，and civic courage（Critical perspectives series：A book series dedicated to Paulo Freire）*. Lanham：Rowman & Littlefield Publishers.

Gal，I.（2002a）. Adults' statistical literacy：Meanings，components，responsibilities. *International Statistical Review，70*（1），1-25.

Gal，I.（2002b）. Dispositional aspects of coping with interpretive numeracy tasks. *Literacy and Numeracy Studies，11*（2），47-61.

Gal，I.，& Ograjenšek，I.（2010）. Qualitative research in the service of understanding learners and users of statistics. *International Statistical Review，78*（2），287-298.

Garfield，J.（1995）. How students learn statistics. *International Statistical Review，63*（1），25-34.

Garfield，J.，& Ben-Zvi，D.（2007）. How students learn statistics revisited：A current review of research on teaching and learning statistics. *International Statistical Review，75*（3），372-396.

Garfield，J.，& Ben-Zvi，D.（2008）. Research on teaching and learning statistics. In Garfield，J.，Ben-Zvi，D.，Chance B.，Medina，E.，Roseth C.，Zieffler A. *Developing students' statistical reasoning：Connecting research and teaching practice*（pp.21-43）. New York：Springer Science+Business Media.

Godino，J.，Batanero，C.，& Font，V.（2007）. The onto-semiotic approach to research in mathematics education. *ZDM，39*（1-2），127-135.

Gordon，S.，Reid，A.，& Petocz，P.（2014）. Researchers' use of statistics in creative and qualitative disciplines. In H. McGillivray，M. Martin，& B. Phillips（Eds.），*Australian conference on teaching statistics-Topics from OZCOTS 2008–2012*（pp.365-384）. New York：Springer Science+Business Media.

Groth，R.（2015）. Working at the boundaries of mathematics education and statistics education communities of practice. *Journal for Research in Mathematics Education，46*（1），4-16.

Guba，E. G.，& Lincoln，Y. S.（1994）. Competing paradigms in qualitative research. In N. K. Denzin & Y. S. Lincoln（Eds.），*Handbook of qualitative research*（pp.105-117）. London：Sage.

Hill，H. C.，& Shih，J. C.（2009）. Examining the quality of statistical mathematics education research. *Journal for Research in Mathematics Education，40*（3），241-250.

Hobden，S.（2014）. When statistical literacy really matters：Understanding published information about the HIV/AIDS epidemic in South Africa. *Statistics Education Research Journal，13*（2），72-82.

Jolliffe，F.（1998）. What is research in statistics education. In *Statistical education-Expanding the network：Proceedings of the 5th International Conference on Teaching of Statistics，ICOTS5*（pp.801-806）. Retrieved from https://www.stat.auckland.ac.nz/～iase/publications/2/Topic6x.pdf.

Jolliffe，F.（2003）. Towards a data base of research in statistical education. *Statistics Education Research*

Journal, *2*（2），47-58.

Lave，J.，& Wenger，E.（1991）. *Situated learning：Legitimate peripheral participation.* Cambridge：Cambridge University Press.

Lester，F. K.，& Wiliam，D.（2002）. On the purpose of mathematics education research：Making productive contributions to policy and practice. In L. English（Ed.），*International handbook of research in mathematics education*（pp.489-506）. Mahwah：Lawrence Erlbaum Associates.

Makar，K.，& Ben-Zvi，D.（2011）. The role of context and evidence in informal inferential reasoning. *Mathematical Thinking and Learning*，*13*（1-2），1-4.

Moore，D. S.（1990）. Uncertainty. In L. A. Steen（Ed.），*On the shoulders of giants：New approaches to numeracy*（pp.95-137）. Washington：National Academy Press.

Moore，D. S.，& Cobb，G. W.（2000）. Statistics and mathematics：Tension and cooperation. *American Mathematical Monthly*，*107*（7），615-630.

North，D.，Reston，E.，Cordani，L.，& Petocz，P.（2014）. A global view of statistics education research. *Statistics Education Research Journal*，*13*（2）. Retrieved from http://iase-web.org/documents/SERJ/SERJ13（2）_Editorial.pdf

Ograjenšek，I.，& Gal，I.（2016）. Enhancing statistics education by including qualitative research. *International Statistical Review*，*84*（2），165-178.

Ottaviani，M.（2002）. 1982–2002：From the past to the future. In B. Phillips（Ed.），*Proceedings of the Sixth International Conference on Teaching Statistics*，*ICOTS 6*. Cape Town：International Association for Statistics Education.

Pearl，D.，Garfield，J.，delMas，R.，Groth，R.，Kaplan，J. McGowan，H.，& Lee，H. S.（2012）. *Connecting research to practice in a culture of assessment for introductory college-level statistics*. Retrieved from http://www.causeweb.org/research/guidelines/ResearchReport_Dec_2012.pdf.

Petocz，P.，& Reid，A.（2010）. On becoming a statistician：A qualitative view. *International Statistical Review*，*78*（2），271-286.

Popper，K.（1959）. *The logic of scientific discovery*. London：Routledge.

Scotland，J.（2012）. Exploring the philosophical underpinnings of research：Relating ontology and epistemology to the methodology and methods of scientific，interpretive，and critical research paradigms. *English Language Teaching*，*5*（9），9-16.

Shaughnessy，J. M.，Garfield，J.，& Greer，B.（1996）. Data handling. In A. Bishop，M. A. Clements，C. Keitel，J. Kilpatrick，& C. Laborde（Eds.），*International handbook of mathematics education*（pp.205-238）. New York：Springer.

Shelley，M.（2005）. Education research meets the gold standard：Statistics，education，and research methods after "No Child Left Behind". *Joint Statistical Meetings*，*MN*，*USA*. Retrieved from http://www.matstat.com/teach/Shelley.ppt.

Takemura，A.（2013）. Activities of Japanese inter-university network for statistical education. *Joint IASE/IAOS satellite：Statistics education for progress*. Retrieved from http://iase-web.org/documents/papers/

sat2013/IASE_IAOS_2013_Paper_K5_Takemura_ppt.pdf

Vita，A.，& Kataoka，V.（2014）. Blind students' learning of probability through the use of a tactile model. *Statistics Education Research Journal，13*（2），148-163.

Watson，J.（2002）. Doing research in statistics education：More than just data. In B. Phillips（Ed.），*Proceedings of the Sixth International Conference on Teaching Statistics，ICOTS 6*. Cape Town：International Association for Statistics Education.

Watson，J.，& Callingham，R.（2003）. Statistical literacy：A complex hierarchical construct. *Statistics Education Research Journal，2*（2），3-46.

Watson，J. M.，& Moritz，J. B.（2000a）. Developing concepts of sampling. *Journal for Research in Mathematics Education，31*（1），44-70.

Watson，J. M.，& Moritz，J. B.（2000b）. Development of understanding of sampling for statistical literacy. *Journal of Mathematical Behavior，19*（1），109-136.

Wenger，E.（1998）. *Communities of practice：Learning，meaning and identity*. Cambridge：Cambridge University Press.

Wenger，E.（2013）. *Communities of practice：A brief introduction*. Retrieved from http://wenger-trayner.com/wp-content/uploads/2013/10/06-Brief-introduction-to-communities-of-practice.pdf.

Wild，C. J.，& Pfannkuch，M.（1999）. Statistical thinking in empirical enquiry. *International Statistical Review，67*（3），223-265.

Zieffler，A.，Garfield，J.，delMas，R.，Le，L.，Isaak，R.，Bjornsdottir，A.，et al.（2011）. Publishing in SERJ：An analysis of papers from 2002–2009. *Statistics Education Research Journal，10*（2），5-26.

第二部分

统计教育研究的主要贡献

玛克辛·普凡库赫　罗贝尔·戴尔马

本手册第一部分概述了统计学和统计教育，然后基于这两种视角探讨了统计教育研究。第二部分旨在讨论统计教育研究在学习和理解统计学方面所做的主要贡献。这一部分不是每一章都集中在一个特定的统计话题上（如假设检验），而是选择了七个统计教育主题，这些主题不仅强调了统计教育的已有研究，而且突出研究中存在的空白。第二部分涉及的七个主题是统计实践、关于数据的推理、关于不确定性的研究、向儿童介绍关于变异性的建模、学习统计推断、统计学的学习轨迹以及统计学教师的认知与情感特征研究。每一章都总结了相应主题的研究基础和研究进展，以说明我们在理解学生如何学习统计学核心概念方面的不同观点、倾向和进展。每一章的作者还提出了一些有前景的研究方法，并揭示了需要进一步解决和探讨的问题，以便我们未来继续通过统计教育研究加深我们对统计学的理解。这为本手册第三部分奠定了基础，第三部分接着讨论了有关统计学教与学和未来统计教育研究方法的富有前景的新路径和视角。

第一个主题将统计工作看作一个整体，包括统计调查循环、统计学者的实践以及如何让学生融入统计思维和实践。在第 4 章，简·沃森、诺莱内·菲查伦、吉尔·菲尔丁-韦尔斯和桑德拉·马登首先描述了国家指南和研究人员为统计实践提出的几个不同框架，着重指出了各框架之间的异同。本章随后综述了统计调查循环各阶段的既有研究（如问题提出、数据生成、视觉表征、技术、数据分析、统计推断），以及关于参与整个调查循环的学生的研究。作者指出了尚未研究的领域（如学生在数据结构化、数据清理和数据处理方面的知识与能力），以及众多需要进一步研究以证实并扩展研究结果的领域，尤其是那些来自小规模研究的成果。这一章还讨论了有关统计思维和统计实践的几个“大观念”（如数据、中心、变异性、抽样、统计模型），它们渗透并整合统计调查的不同阶段。第 4 章以统计素养的讨论结束，提出了学生是否能够在没有经历统计实践的情况下发展足够的统计素养的问题。全面的研究将使读者了解有关促进学生理解统计实践的有效做法，以及我们认为能最好地教授统计学所需的环境。

第 5—8 章涵盖了我们认为是支撑统计调查的关键组成部分的主题。第二个主题关注数据在统计调查中发挥的作用及其应用，总结了学生根据数据进行推理和针对数据进行推理的研究。在第 5 章，罗尔夫·比勒尔、丹尼尔·弗里舍梅尔、克里斯·雷丁和 J. 迈克尔·肖内西首先讨论了从不同角度（如国家课程文件和协会指南，以及研究框架）对数据进行推理的意义。讨论了推理之后，后面的部分围绕与数据相关的四个统计概念展开，这四个概念是变异性和变异、分布、组间比较（comparing groups）、关联。每个部分都全面概述了用于调查不同年龄学生和不同群体（如职前教师）的推理能力的研究方法和框架，以及我们目前对每个领域数据推理如何发展的理解。其中几个部分强调，技术在发展和研究学生对数据的推理和思考方面有重要作用。本章最后总结了研究结果，讨论了用于研究数据推理的研究方法的优缺点，并提出了一些可以扩展我们的理解能力的研究方法。

第三个主题关注概率和不确定性。在第 6 章，戴夫·普拉特和西贝尔·卡扎克着眼于不确定性的教与学的研究，强调研究文献所反映的三个要点：通过批判该领域研究而得出的不确定性推理中关于启发法和偏差的新理论观点；概念和经验参与在不确定性推理的概念发展中的作用，包括技术的作用；采用建模视角教授和学习概率。其中，教师在以各种重要方式构建学习环境方面的作用是一项重要发现。本章最后指出了教授不确定性面临的挑战、需要的方面（如主观概率）和未来研究有前景的方向（如关于建模作用的探索性研究），以及对精心设计的实验的需求，这种实验用来验证前人的研究中未必正确的假设。

第四个主题着眼于在统计教学中使用模型和建模。第 7 章更加侧重理查德·莱勒和林恩·英格利希所指的“向学龄儿童介绍对变异性建模的统计实践”的潜在作用。本章与前面章节中诸如数据、分布和变异性，以及技术的作用等主题相交叉。这一章强调模型使用和建模方法，与第 6 章有直接联系，并且总结了模型、表征和数据建模的概念框架。接着是对研究文献的全面回顾，从中还发现了一个用于培养学龄儿童理解统计概念（包括统计推断）的建模体验的轨迹。本章最后讨论了未来关于建模和建模技术在拓展学生对统计实践的理解方面的作用的研究建议。

第五个主题考察了我们目前所知道的关于教学生理解统计推断的知识。在第 8 章，凯蒂·马卡尔和安蒂·鲁宾回顾了统计推断学习方面的研究，尤其是学校中非正式统计推断的学习。本章首先论述了理解统计推断的重要性，以及推断为整合统计学习提供的机会；然后总结了学生学习统计推断时遇到的挑战的研究，重点是使用技术的策略；接着介绍了过去十年出现的关于非正式统计推断的研究，综述了小学、中学和高等教育阶段非正式统计推断发展方法的课堂研究，以及这些方法对理解统计推断的影响；最后概述了统计推断研究中的空白，以及对未来研究的建议，重点是统计建模和大数据，以及非正式推断方法重塑统计学教与学的潜力。

正如本手册第一部分所描述的那样，统计教育研究领域已经成熟到能够让我们更好地理解某些统计概念是如何发展的了。当进一步考虑统计教育领域的主要贡献时，统计理解的学习轨迹的发展以及教师在学生学习中的作用是当前研究的重点主题。第二部分探索的第六个主题是皮普·阿诺德、杰雷·康弗里、瑞安·塞思·琼斯、霍利琳内·S.李和玛克辛·普凡库赫在第9章讨论的源于知识和概念发展模型的学习轨迹是如何为统计教育的教学和研究提供信息的。这些作者提出，学习轨迹是从由统计学教与学的理论、统计学背景下的学习知识，以及统计活动和表征的知识构成的信息网络中得出的。他们概述了学习轨迹的特征，并用三个案例研究说明了如何将学习轨迹用于研究：6年级学生对数据中变异性表示和度量方法的探索；让9年级学生能够在比较两组数据时做出判断；教师在推断情境中对重复抽样的概念发展。本章还讨论了三个案例研究中学习轨迹的共性和差异、基于学习轨迹的研究对课程和课堂实践的影响潜力、当前研究的局限性以及与此类研究相关的问题（如可推广性和缺乏跨年级路径），以及对未来研究的影响。

第七个也是最后一个主题特别关注统计学教师。在第10章，兰德尔·格罗思和玛丽亚·梅莱蒂乌–马夫罗瑟里斯回顾了统计学教师认知与情感特征的文献，以了解教师在培养学生对统计学的理解方面所发挥的作用。本章首先概述并定义了几个用于表征统计学教师认知结构［如学科知识（subject matter knowledge）、学科教学知识（pedagogical content knowledge）、整合技术的学科教学知识（technological pedagogical content knowledge）］和情感结构（信仰和态度）的框架，接着概述了用于评估统计学教师认知与情感特征的不同方法（书面评估、访谈、观察研究）。在对框架和评估方法进行全面回顾后，格罗思和梅莱蒂乌–马夫罗瑟里斯总结了有关教师对本手册前几章提及的关键概念领域的理解的研究（如数据、分布、变异性、关联、不确定性、推断），指出了学生和教师对每个领域的理解和态度之间的异同，并确定了对教师发展来说有前景的方向。本章最后探讨了教师教育和发展的有效途径，以更有效地促进统计教学方法的发展。

作为本手册第二部分的编者，我们有幸参与每一章的审查与修订。这七章所涵盖内容的研究范围之广，以及各作者团队的高质量写作和独到的见解，给我们留下了深刻的印象。我们对统计教育和统计教育研究的理解在这一过程中得以丰富，我们也希望读者阅读每一章时能够不断加深自己的理解。

第4章　统计实践

简·沃森　诺莱内·菲查伦　吉尔·菲尔丁-韦尔斯　桑德拉·马登

本章综述了侧重于学校层面的统计实践的研究。本章介绍了几种实践框架后，将统计实践划分为五个阶段：提出并完善统计调查问题、规划并收集适当数据、通过视觉表征分析数据、通过具体方法汇总数据进而分析数据，以及在承认不确定性的前提下做出决策。接着，本章在学生学习统计知识和教师实施统计实践所需两个方面，强调了通过完整调查而将这五个阶段结合起来的重要性。偶尔使用回溯法的必要性也得到了承认，此外，更多的与完整调查相关的研究获得了优先权。鉴于“统计实践”被视为学习者积极参与的活动，本章回顾了统计实践的“大观念”，并呼吁将课堂调查与对“大观念”的基本理解联系起来进行研究。本章最后讨论了统计素养在统计实践中的地位，以及学校课程在帮助学生理解并拥有高水平的统计素养和统计实践技能时应发挥的作用。

4.1　简介

“统计实践”是穆尔和麦凯布编写的著名的大学统计学入门教科书的标题（Moore & McCabe，1989），现在该书出至第八版（Moore，McCabe，& Craig，2014）。在第一版中，穆尔和麦凯布表示他们“有意向读者介绍统计学在实践中的应用。实践中的统计学涉及从数据中获得理解，专注于解决问题”（p.xi）。作为为中等和高等教育阶段过渡而写的文本，这个简单的描述适合于各级教育。因此，统计实践是本章的标题和重点。恰巧在同年，美国数学教师协会发布了《学校数学课程与评估标准》，该标准从解决问题角度介绍了从幼儿园起各级学校教育中的统计学（National Council of Teachers of Mathematics，1989）。其中，值得教育工作者和研究人员关注的是针对9—12年级的标准10的最后一段：

> 与任何其他形式的数学分析相比，统计数据、汇总和推断在人们的工作和日常生活中更频繁地出现。因此，所有高中毕业生必须获得本标准中确定的适当能力。这种期望将要求统计学在高中课程中占据更突出的位置。（p.170）

虽然《学校数学课程与评估标准》以及穆尔和麦凯布编写的教科书是关于课程和学

科内容的，但它们打开了统计教育研究时代的大门，在这里，统计教育覆盖了从儿童开始上学起的整个教育范围。

大多数专业统计人员开展的统计实践是基于一定的理论依据以及复杂的程序，以处理与学生无法访问的数据有关的问题。本章内容建立在已发表研究的基础上，认为可以从学校早期教育来发展支持学生统计实践的直觉，为学生提供更高水平的课程和/或生活，使其成为具有统计素养的公民。本手册第二部分的重点就是关于如何实现这一目标的研究。特别是，本章探讨了学习穆尔等（Moore，McCabe，& Craig，2014）的课程之前，学生对学校中统计实践的文化适应的研究。

本章首先介绍了研究人员正在使用的几个与统计实践相关的框架，然后通过五个阶段更加详细地考察了学校层面的研究：提出问题、规划并收集数据、通过视觉表征分析数据、通过简化数据来分析数据，以及得出结论。接着，本章展示了学生在一项活动中执行整个统计实践过程的研究。考虑到执行统计实践的复杂性，本章后续部分重点针对支撑统计实践的“大观念”（或基本概念）应该有哪些，提出了相关建议。本章最后一节论述了统计实践对更广泛的统计素养的影响。

4.2　统计实践的框架

多年来，研究人员提出了用于描述统计实践的各种框架。霍姆斯建议英格兰和威尔士学校层面的统计学课程应该包含五个部分，这个建议发挥了重要作用，这五个部分是数据收集、数据表征、数据归约、概率，以及解释和推断（Holmes，1980）。在美国，布赖特和弗里尔与教师一起进行专业学习，以支持美国数学教师协会发布的标准（National Council of Teachers of Mathematics，1989），布赖特和弗里尔围绕“统计调查过程”的四个主要步骤，制作了一个复杂的概念图，这些步骤包括提出问题、收集数据、分析数据和解释结果（Bright & Friel，1998）。怀尔德和普凡库赫从不同起点出发，通过分析他们大学统计学同事的工作，提出了进行统计调查时调查循环所包含的五个阶段：问题、计划、数据、分析和结论（PPDAC）（Wild & Pfannkuch，1999）（本手册第 1 章）。从以上三个视角来看，统计实践包含一个完整的调查过程。这三个框架中都隐含变异性，这在《统计教育评估和教学指南》中为学校提供的四步框架中有明确说明（Franklin et al.，2007）。每个步骤——形成问题、收集数据、分析数据和解释结果——都强调了变异性的作用：预测确定问题时的变异性、承认设计数据收集方法时的变异性、解释使用分布时的变异性，以及考虑解释结果时的变异性。其他框架都没有排除将这一过程作为一个循环来重复，怀尔德和普凡库赫所使用的名称（即调查循环）强调了专业统计学者会面临的一个事实，即由一项调查的结论引发另一个问题（Wild & Pfannkuch，1999）。这些问题往往取决于调查的背景。

研究人员通常认为，识别统计实践的背景是理所应当的工作。不幸的是，教科书编写者有时却会忘记这一点，有时他们只提供计算的程序，如求平均值。劳在提到这点时写道：

> 如果统计学与任何实际问题无关，统计学不再具有意义。统计学要解决的问题绝不会是纯粹的统计问题。真正做出决策的学科不是统计学，而是植物学、生态学、地质学等（Rao，1975，p.152）。

怀尔德和普凡库赫将背景纳入其框架的其他维度——思维类型（Wild & Pfannkuch，1999）。对背景的需求让统计教育研究人员陷入困境：学生对于所选背景需要具备哪些知识？学生在选择背景时有多少自由？学生要分配多少时间进行调查？

通过将这些框架作为统计实践的基础，在各步骤使用的工具决定了可以得出的结论类型。怀尔德和普凡库赫在高等教育层面提出的框架可能使用更复杂的工具和理论实现正式推断。这也使得马卡尔和鲁宾向年龄较小的学生引入非正式推断，接受不太复杂的数据分析工具，并承认使用样本数据中的证据得到的对总体的概述存在不确定性（Makar & Rubin，2009）。现在出现的问题是，这是为解释调查结果所作的最后阶段的描述，还是向新框架的转移（如 Makar，Bakker，& Ben-Zvi，2011）？第 8 章进一步完善了非正式推断，包括承认背景和总体的重要性，并提出了另一种备选框架。

为统计实践的各方面提供可视化表征是非常复杂的（Bright & Friel，1998；Watson，2006）。图 4.1 展示了一次描绘学校课堂统计实践的尝试，这次尝试强调了对不确定性的理解（而不是数学中常见的证明）。学生进入调查的切入点可能有所不同，但调查的目的均是得出有意义且令人满意的结论。每个阶段以及整体的研究潜力几乎是无穷无尽的。这一领域的进展将是下一节探讨的重点。

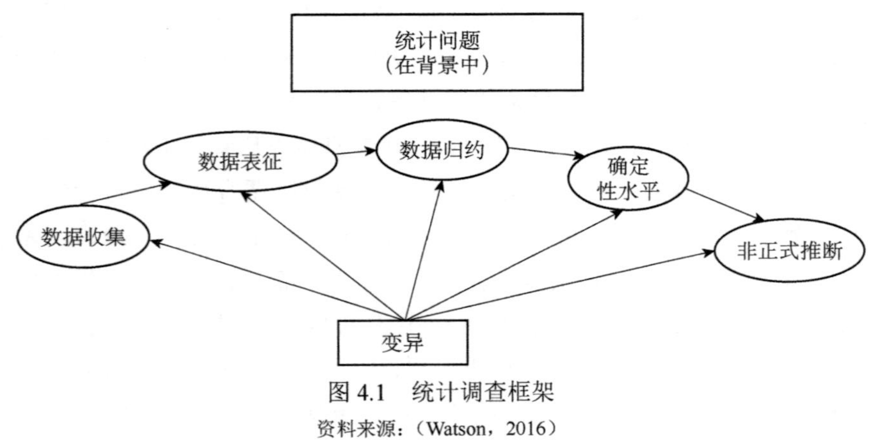

图 4.1 统计调查框架

资料来源：（Watson，2016）

4.3 实践行动

鉴于上一节提到的有关统计实践的各种描述略有不同，以下五个小节讨论与《统计教育评估和教学指南》框架相关的研究（Franklin et al.，2007），在此我们将数据分析分为两部分，一部分是视觉表征，另一部分是统计数据汇总，对于在校学生来说，有这两部分的明确体验是很重要的。这些小节也与图 4.1 相对应，即由统计问题提出问题、将不确定性水平和非正式推断相结合，以及变异支撑着整个过程。本节最后考虑了完成整个调查的重要性。

4.3.1　提出问题：询问、理解并完善统计问题

在与统计实践相关的教育研究中，提出统计问题，即提出并理解问题，很少受到关注。对此，有以下几方面原因。在学校里教授的统计程序往往是调查的后期阶段应用的程序，如对数据进行表征或找到对中心和离散度（spread）进行测量的方法。这些往往是教学和研究的重点，因此，问题及其背景是为学习者事先建立好的。从预设的问题开始教学也可以看作是为了节省时间，因为即使设置了背景，“思考一个问题”对初学者来说也是一个非常模糊和困难的任务。《统计教育评估和教学指南》指出了初学者难以明确问题的部分原因，明确一个问题的关键是需要“预期变异”（anticipating variation），并且“需要理解一个预期有确定性答案的问题与一个基于变化数据预测答案的问题之间的区别”（Franklin et al.，2007，p.11）。

在统计教育中，问题的提出为整个统计调查奠定了基础。但是，学习的起点在哪里？背景是起点吗？如果是，那么是与一系列恰当和不恰当的问题相结合的背景吗？如果是，那么这一系列恰当的问题应该重视所涉及的数据类型和变异性吗？换句话说，学生的学习应该从哪里开始？在开始之前学生需要多少教学帮助？阿诺德为此对问题提出的目的进行了初步区分：“调查性问题”（investigative question）的提出是为了询问（interrogate）数据，“调查问题”（survey question）的提出是为了获得实际数据（Arnold，2008）。这是接下来我们考虑的内容。

奥尔蒙德和马卡尔在一项创建八个课程单元的调查研究问题的研究中关注了统计调查的调查研究和提问部分（Allmond & Makar，2010）。研究中，被调查的 9 岁澳大利亚学生思考了调查性问题的特征，使用《统计教育评估和教学指南》描述的标准将问题分为两类，设想解决问题所需的数据，完善他们的问题，并考虑潜在解决方案的重要性。这项研究是回溯法的一个例子（如 Konold & Higgins，2003）。阿诺德的研究采用七点分层法比较了学生在任务前后的提问水平：无关的、非数学的、非调查性的、封闭的、潜在调查性的、调查性的、探究性的（承认不确定性）（Arnold，2008）。结果显示，相比那些没有上过问题提出类课程的对照组学生，上过问题提出类课程的学生取得了相当大的进步。在这里，最终任务的准备框架是非常明确的。学习环境可以被看作是半结构化的，因为学生根据教师设置的特定背景提出了自己的问题。

钦和卡耶维慈对新加坡 6 年级学生进行了一项基于科学调查的类似研究（Chin &

Kayalvizhi，2002）。该研究对学生在提出问题前到提出问题后进行了教学指导，指导内容包含与植物学有关的三个实验设计的例子。与奥尔蒙德和马卡尔（Allmond & Makar，2010）一样，钦和卡耶维慈发现学生在看过这些例子后，能够从提出非调查性问题转向提出调查性问题。在这项研究中，学生对研究背景的选择是自由的，大多数学生从科学背景中选择问题。钦和卡耶维慈在总结他们的研究和其他人的研究时，提出了一个含有九要素的调查性问题类型，包括比较、因果、预测、设计和制作、探索性、描述性、模式寻求、问题解决，以及心智模型的验证（Chin & Kayalvizhi，2002，p.278）。虽然还需要进一步细化，但这些调查类型涵盖了许多实验过程，可以作为提问的基础。《统计教育评估和教学指南》给出了一个包含三个阶段的调查研究发展序列，这一发展序列贯穿该指南标准的 A 级、B 级和 C 级，即从进行简单的试验开始，然后进行比较试验，最后进行随机分配的实验设计（Franklin et al.，2007，p.17）。其他已发表的研究报告中均没有类似于奥尔蒙德和马卡尔或钦和卡耶维慈在研究中为学生提供的开放式统计任务。尽管芬泽和帕尔瓦特（Finzer & Parvate，2008），以及哈默曼（Hammerman，2009）提出了一些得到广泛支持的建议，即高中阶段在有意义的背景下引入大型多元数据集，并要求学生（或教师）提出问题，可以是关于变量关系的问题，我们还未发现此类活动被作为研究报告的主题。

扎卡里亚和萨莱使用另一种自由选择研究背景的方法，探索教师根据一个由 20 个数字组成的原始数据集进行提问的能力（Zakaria & Salleh，2012）。共有 175 名马来西亚数学教师参与了这项调查，他们需要在 20 分钟内选择研究背景，并提出尽可能多的统计问题。这些教师共提出 365 个问题，其中 74%被认为适合统计调查研究。集中趋势是被普遍选择的单一主题，有些问题包括两个或三个主题，几乎没有什么问题要求得出结论。被选定的研究背景包括足球比分、一个班级阅读的书籍以及家庭中的儿童数量等。

另一项研究中，在对两个加拿大 7 年级学生小组进行课堂引入后，拉维涅和拉乔伊的出发点是向两组加拿大 7 年级的学生介绍实验和调查设计并提供一个“样本库”（library of exemplars）（Lavigne & Lajoie，2007）。然后在四项提示的辅助下，这两个小组设计了他们自己的调查性问题，这四项提示与澄清问题、使用的变量、涉及的类别（如果用到类别的话），以及总体有关。两个小组都决定进行调查设计，向同学提出问题以收集数据。对于这项研究，我们可以认为调查问题和调查性问题是相同的。

英格利希和沃森使用了一个不同的出发点，他们将问题提出的背景设定为，调查澳大利亚 4 年级四个班级的学生对学校操场的看法（English & Watson，2015）。学生们要确定调查问题，以了解他们的同龄人对学校活动区域的看法。最初，他们在班上讨论了最喜欢的社区游乐场以及喜欢的原因。然后，学生以四人为一组，每个学生提出一个有四个潜在选项的多项选择题，例如：“你最喜欢在操场上玩什么？①捉人游戏；②地面捉人；③捉迷藏；④幽灵猎人。”这些问题在小组内被讨论和完善，每组向全班提出一个问题，然后由提出问题的小组进行分析。英格利希和沃森提出的问题比拉维涅和拉乔伊提出的问题（Lavigne & Lajoie，2007）更为具体，并且没有进一步提示在研究期间应如何监控问题。对于刚刚开始体验统计实践的 4 年级学生来说，没有比学校更广泛的总体用来讨论了（如拉维涅和拉乔伊所做的那样）。

统计实践框架的其他阶段在调查研究中已有充分体现，而提出问题这个初始阶段应该受到更多关注，哪怕是在考虑学生可以访问多少信息和哪些信息方面。提问研究的以下三个方面对未来的统计实践研究有重要意义。首先是学生“进入游戏”的切入点，即提出问题之前，整个研究背景呈现了多少信息（如果有的话）。其次是设置任务之前以及完善问题期间提供了多少起支撑作用的一般建模和实践。最后，提出问题时很少记录凝练问题的过程，这可能是研究的第三个动力来源。

4.3.2　规划和收集数据：关注样本和抽样

统计实践通常涉及从一个或多个总体中收集样本数据，然后根据从样本中得到的结果推断总体。沃森认为“样本的目的是显示总体的变异，以便对其进行表征和总结”（Watson，2006，p.28）。能够对总体进行推断的关键是样本的选择、样本容量，以及对抽样变异性的认识（Pfannkuch，Arnold，& Wild，2015）。与这些关键因素相关的问题在调查的规划阶段应得到解决。

规划调查时，学生通常依赖自己对样本代表性的直觉，这些直觉是从以前的经验中获得的，可能是基于公平的概念（Jacobs，1999；Meletiou-Mavrotheris & Paparistodemou，2015；Rubin，Bruce，& Tenney，1990）。雅各布斯（Jacobs）通过向 4 年级和 5 年级学生展示各种抽样方法，如进行抽奖，研究了他们在教学前对抽样的理解。大约一半的学生根据样本的代表性以及通过避免偏差来做出决定，而其余大多数学生基于其他考虑做出决定，如实践性或公平的观念。鲁宾等进行的一项探索性研究，涉及对未参加过任何统计学课程的 12 名高中生的访谈。与雅各布斯的研究结果类似，许多学生关注的是公平的观念，而不是考虑样本是否具有代表性。

一旦学生有机会发展对抽样概念的理解，他们就可以在概念理解方面有显著进步。在一项基于课堂教学和使用类似于雅各布斯（Jacobs，1999）研究中的调查问题的纵向研究中，沃森和凯利发现学生对于样本概念的理解随着他们 3 — 5 年级的学习而得到增强（Watson & Kelly，2005）。奥萨娜等的研究发现，学生使用调查数据而不是依据他们自己的个人观点和经验的能力有所提升（Osana，Leath，& Thompson，2004）。在一项针对 3 年级、6 年级和 9 年级学生的研究中，沃森和莫里茨在各年级中观察到了一个六层次的“关于样本容量、样本选择和结果代表性逐渐复杂的等级”（Watson & Moritz，2000a，p.63），这也被他们植入统计素养等级。

最近，关于样本变异和抽样变异的研究主要集中在学生进行非正式推断时对样本的推断上。这使研究重点从样本容量转向抽样变异性（如 Pfannkuch，Arnold，& Wild，2015）。在某种程度上，技术工具的使用促进了这一转变，因为学生能够轻松使用模拟工具并获得数据的多种可视化表征。吉尔和本–兹维发现，当使用“TinkerPlots：动态数据探索”（TinkerPlots：Dynamic Data Exploration）（Konold & Miller，2015）从总体中生成多个随机样本时，6 年级学生关于随机抽样的想法受到了挑战（Gil & Ben-Zvi，2010）。学生担心不同的随机样本会显示出不同的、有时是矛盾的结果，这似乎削弱了学生非正式推断时对结果的信心。相反，萨尔达尼亚和麦卡利斯特故意使用样本间的变异性，让学生评估他们在干预过程中对总体进行非正式推断的信心，这种干预涉及对样本容量不断增大的样本变异性的探索，其总体是转基因鱼和正常鱼的体长（Saldanha & McAllister，2014）。学生遇到的困难是对多层重复抽样进行跟踪，这引发样本中位数（median）和实际体长中位数的差异混淆。马诺尔和本–兹维进一步发展了这一研究领域，引入了“综合建模方法”（integrated modeling approach），以探索两个 7 年级学生群体对抽样分布的理解（Manor & Ben-Zvi，2015）。

大多数关于学生对样本和抽样理解的研究没有在学生自己规划调查的背景下进行。而梅莱蒂乌–马夫罗瑟里斯和帕帕里斯托德穆所进行的研究是一个例外，他们为 6 年级学生提供了在个人的统计调查中进行非正式数据推断的机会（Meletiou-Mavrotheris & Paparistodemou，2015）。研究人员发现，这有助于学生“进一步理解抽样的基本原则，特别是能理解对足够大的样本容量，以及随机抽样程序的需求”（p.401）。该课程说明学生在推断样本的意义和作用、样本容量的作用、潜在的偏差来源、样本对总体属性的代表性，以及从多个调查中得出结论方面取得了进步。这也反映了学生存在的困难，即随着从初始课堂教学提供的实例转向现实调查中获取的样本，学生在样本和抽样的理解转变上存在困难，特别是当学生对初始课堂的调查背景非常熟悉时。学生在教学环境中学习并理解样本和抽样，转向在自主的统计调查中构建关键概念，这样的转变值得进一步研究。

为了进一步了解学生在统计实践的规划阶段如何确定样本和抽样，进一步研究需要超越为学生提供发表意见的场景，这在雅各布斯的研究（Jacobs，1999）中得到了证明。允许学生进行调查的研究（如 Meletiou-Mavrotheris & Paparistodemou，2015）应提供反映真实统计实践的学习经验。《数学教育研究》的专刊中有一篇梅莱蒂乌–马夫罗瑟里斯和帕帕里斯托德穆题为《统计推理：学会从样本中推理》（Statistical reasoning：Learning to reason from samples）的论文。正如本–兹维、巴克和马卡尔所指出的那样，初始抽样的结果会影响整个后续调查，这也是专刊中许多研究的焦点（Ben-Zvi，Bakker，& Makar，2015）。然而，可以提出的问题是：研究人员是否对与抽样本身和随后在调查中的应用相关的基本思想进行了充分的研究？此外，研究本身需要更大的样本容量来验证小规模研究得出的结果。除了沃森和她同事（Watson & Moritz，2000a；Watson & Kelly，2005）以及雅各布斯（Jacobs，1999）的研究之外，关于学生对样本和抽样的理解的研究往往是基于非常小的学生群体所做的研究。

4.3.3 数据分析：设计和呈现视觉表征

统计从业人员面临的问题之一是清理收集到的数据。在学校，学生通常会获得优质而无需筛选的数据。尽管新西兰课程的第 5 级中提到了数据清理问题，但我们没有发现专门针对这一问题进行的研究。澳大利亚统计局提供了来自新西兰学校调查网站的未经清理的原始数据（Ministry of Education，2009），这为研究学生的数据清理能力以及清理后的数据分析提供了依据。另一个问题是数据的结构化，统计学者认为这是他们有待解决的一个问题领域。学生如何记录和组织数据是一个刚刚兴起的研究领域（English，2012；Konold et al.，2014）。

过去十年中，统计实践及其教学最重大的变化也许是由生成、处理和表征数据的技术工具带来的。“每一条统计信息都需要一种表征，即一种呈现形式。某些形式会扰乱思维，而另一些能培养洞察力。”（Gigerenzer & Edwards，2003，p.258）分析数据时，有用的表征通常是图形化或可视化的，以不同的分布形式查看数据通常会对分析有所帮助。可视化表征用于讲述数据的“故事”，表达统计关系和实际关系的含义，并传达数据所反映的模式（Monk，2003）。怀尔德和普凡库赫创造了“数据分析”（transnumeration）这个术语并将这个过程描述为统计思维的类型之一（Wild & Pfannkuch，1999）。在统计实践的分析阶段，工作重点在于创造“尽可能准确且公正地讲述故事”的可视化表征，这也符合该阶段的宗旨（Konold & Higgins，2003，p.202）。正如吉仁泽和爱德华兹（Edwards）所论证的那样，使用混乱的陈述会导致各种糟糕的决策。相反，在肖内西和普凡库赫，以及奇克、普凡库赫和沃森所提供的例子中，数据分析是通向清晰和理解的途径（Shaughnessy & Pfannkuch，2002；Chick，Pfannkuch，& Watson，2005）。

随着数据集的日益扩大和技术的不断发展，学校的统计实践有可能通过使用技术工具来支持统计调查，并使之成为日常工作的一部分。许多研究人员令人信服地指出，在使用技术工具进行某些任务的情况下，较年轻且受统计学训练较少的学习者似乎非常善于以极复杂的方式进行推断（如 Ainley，2000；Fitzallen，2012；Lehrer，Kim，& Schauble，2007；Manor & Ben-Zvi，2015；Watson & Donne，2009）。这些研究也支持了佩亚的观点，即技术可以为学习者提供认知工具，使之能够与看似复杂的想法进行互动，而在没有这些认知工具的情况下，这些互动是不可能实现的（Pea，1985）。

研究人员用以与学生和教师进行合作的许多动态技术工具获得了极大的关注，如 TinkerPlots（Konold & Miller，2015）和 Fathom 动态数据软件（Finzer，2012）。这些工具允许用户生成、导入或输入数据，进行模拟、建模和假设检验，并通过表征建立数据间的重要联系。在许多模拟环境中，学生可能只是远距离参与研究，而像 TinkerPlots 这样的环境却允许用户快速探索表征。也许最重要的是，TinkerPlots 的设计旨在整合学生对数据和表征的直观概念，并最大限度地缩短学生的初始想法和表征偏好与从工具中获得的理解之间的差距（Konold，2007），这也是 TinkerPlots 具有巨大吸引力的原因之一。还有其他关于 TinkerPlots 和 Fathom 功能的详细讨论参见比勒等的研究（Biehler et al.，2013；Watson & Fitzallen，2016）。

本手册出版时，已经有许多其他可视化和模拟工具可用于支持表征工作（表 4.1），这些新工具在课堂中的使用程度尚不清楚。这些工具包括探索性建模工具（用户可以探索专业的模型）和表达性建模工具（学生可以在其中构建自己的模型）（Doerr & Pratt，2008）。因此，它们为学习者使用技术提供了不同的机会，学习者通过使用不同的表征实现他们的表征偏好和灵活性。

表 4.1　在线数据分析和可视化工具

工具	网址	简介
Building Concepts: Statistics and Probability	http://www.tibuildingconcepts.com/activities/statistics	结合 TI-NSpire 计算器的学习序列，支持统计概念的发展
CODAP	http://codap.portal.concord.org	基于 Web 的数据工具，旨在作为开发者的平台以及 6—14 年级学生的应用工具
Core-Math Tools	http://www.nctm.org/coremathtools/	可下载的交互式软件工具包，用于代数与函数、几何与三角学、统计与概率；需要 Java 环境
Desmos	https://www.desmos.com	数字数学工具，包括 HTML5 Desmos 图像计算器和基于该计算器的活动；包括一个活动生成器，可帮助教师创建数字数学活动
Fathom	http://fathom.concord.org	有趣且高效的用于数据分析和统计学教学的动态软件，也是高中学生用于数学建模的强大工具
GapMinder	http://www.gapminder.org/world/	独立的瑞典基金会，基于可靠的统计数据制作免费的教学资源，使世界变得更容易理解
GeoGebra	https://www.geogebra.org/home	具有绘图、几何、3D、电子表格、CAS 和更多其他功能的数学计算器
Interactivate	http://www.shodor.org/interactivate/activities/	免费的在线科学和数学探索课件，包括活动、课程和讨论
iNZight	https://www.stat.auckland.ac.nz/~wild/iNZight/index.php	学生快速、轻松地探索数据和理解统计概念的工具，且涉及多变量图形、时间序列和广义线性建模
National Library of Virtual Manipulatives	http://nlvm.usu.edu	包括 Java 小程序、K-12 统计和数学活动的数字图书馆
Plotly	https://plot.ly/feed/#sob	现代数据科学的协作平台
Quandl	https://www.quandl.com	为专业人士而设计，为全球超过 20 万人提供金融、经济和其他数据
Rice Virtual Lab in Statistics	http://onlinestatbook.com/stat_sim/index.html	包含 HyperStat Online、模拟、演示、案例研究和分析实验室的存储库
Rossman/Chance Applet Collection	http://www.rossmanchance.com/applets/	一组交互式模拟，用于探索从数据分析到自助法的统计概念
StatKey	www.lock5stat.com/StatKey	支持《统计学：解锁数据的力量》（Statistics：Unlocking the Power of Data）一书的强大 JavaScript 模拟
TinkerPlots	https://www.tinkerplots.com	为中学到大学的学生开发的动态数据探索、可视化和建模工具

续表

工具	网址	简介
Tuva Labs	https://tuvalabs.com	真实数据库和工具，向学生提供应用数学和统计学概念以解决现实世界问题的机会
RStudio	https://www.rstudio.com	开放源码，R 集成开发环境；包括一个控制台，即支持直接代码执行的语法高亮编辑器，以及用于绘图、历史记录、调试和工作区管理的工具

支持学习的工具的有用性可能取决于学习者表征和建模时积极参与对象和关系的构建的程度。对于学习者来说，使用表征而不关注系统更普遍化的特征是非常合理的（Fitzallen，2013）。这可以解释为什么一些研究人员发现学生在学习环境中使用模拟时表现出缺乏学习能力时会感到失望（Chance，delMas，& Garfield，2004；Lane & Peres，2006；Mills，2002）。

学生通常被教导使用物理操作和实例进行图表表征，如便利贴、物体或计数器（Chick & Watson，2001；Friel，Curcio，& Bright，2001）。在某些情况下，学生创建表征是为了记录数据，而在其他情况下，学生创建表征"以期使那些不明显的信息浮现出来"（Monk，2003，p.255）。早期研究发现了与初学者图表创建、解释和能力相关的挑战（Friel，Curcio，& Bright，2001）。"然而，当手工绘制图形的约束被解除时，小学年龄的儿童能在学校课程学习之前利用计算机处理线图和散点图"（Ainley，2000，p.368）。即使使用技术工具，我们仍然建议初学者把用物理材料生成有意义的表征作为学习的切入点。然而，关于何时以及如何利用技术来增加或减轻学习者的表征负担的争论尚存且缺乏研究。在学校环境中，统计教学的历史悠久，主要集中在特定表征的构建，现在包括线图、点图、饼图、茎叶图、箱线图、条形图、直方图（histogram）和散点图。我们需要的是在课程方面体现更多的灵活性，然后开展研究探索各种背景及其与创造性表征的关系（Monk，2003）。

在教学之前，学生经常创建所谓的个案值图（case value plot），个案值图中每个条形的长度与个案的大小相对应，这些条形的集合组成个案值图（Bakker，2004；Cobb & McClain，2004）。TinkerPlots 提供了一种个案值图，允许学生从这个熟悉的表征中建立理解，并将其轻松扩展到其他形式，从而促进与其他表征的连接（图 4.3d）。同样地，TinkerPlots 中的帽子图（hat plot）也是较新的表征，它类似于没有中线的箱线图，并且箱须与箱子底部齐平，如图 4.2 所示。研究人员发现，帽子图有助于突出分布中心丛，同时避免了箱线图中的一些陷阱（Bakker，Biehler，& Konold，2005；Watson et al.，2008）。

我们可以考虑与图 4.3 中图像的构建和解释相关的潜在的技术、教学和统计要求。试验对一个六面骰子进行 50 次抛掷，以估计骰子的平均点数，图 4.3 中每一个小图都是对该试验数据的一种表征。每种表征都支持以学生需要的方式查看数据，但每种表征都在显示某些内容的同时隐藏了其他内容。表征内部和表征之间可以建立深层联系以支持对均值这一有用量度的强大概念理解，并为研究提供一个富有成效的领域。

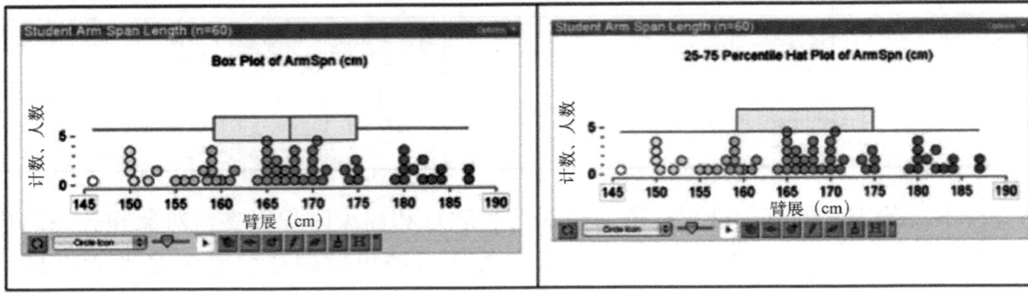

图 4.2　箱线图（左）和帽子图（右）的细微差别

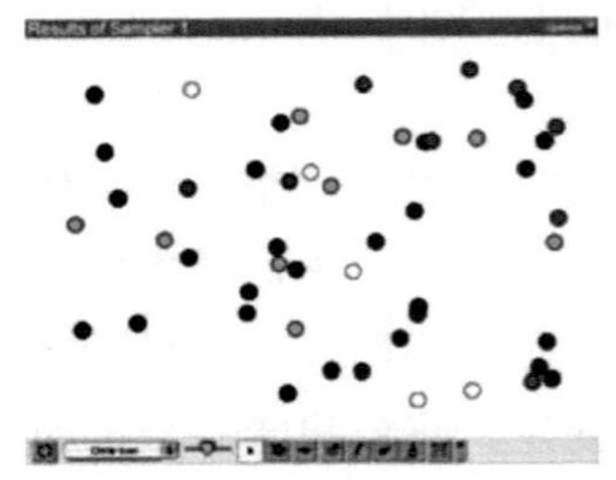

a. 非结构化（50 个数值），其中颜色越深，数值越大（深色=6，白色=1）。根据频率和位置提供直观分布。

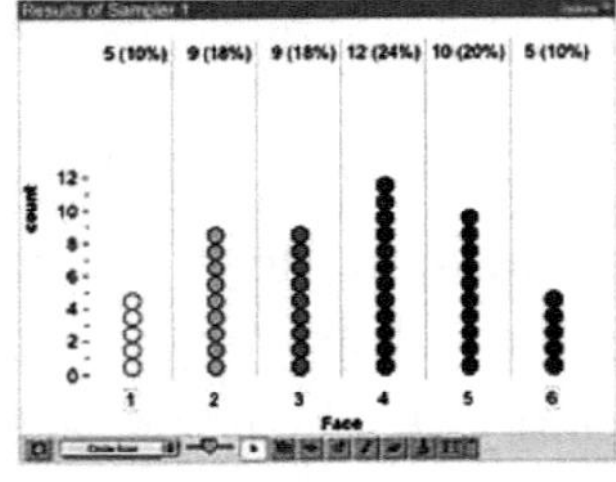

b. 叠加散点图，提供比例推理发展和分布结构。

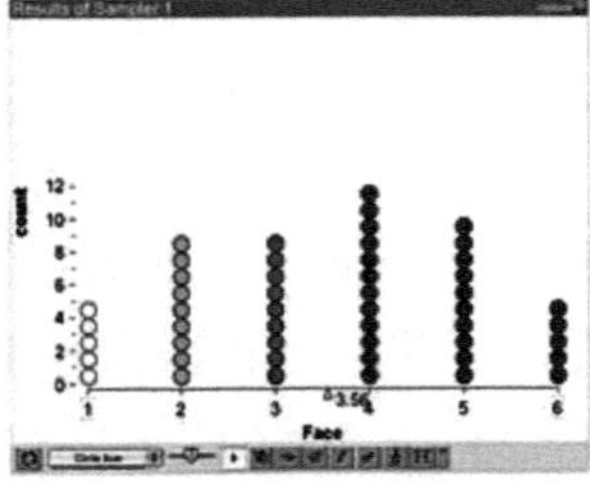

c. 线图，提供均值变化的平衡点。

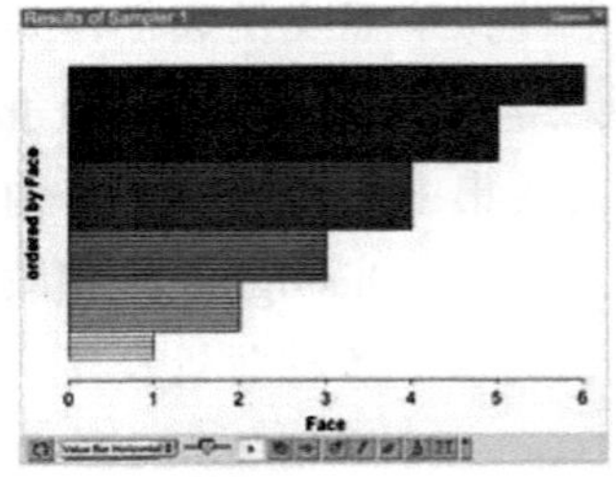

d. 个案值图（有序的），为学生直观的组织数据与不同的分布视图建立联系。

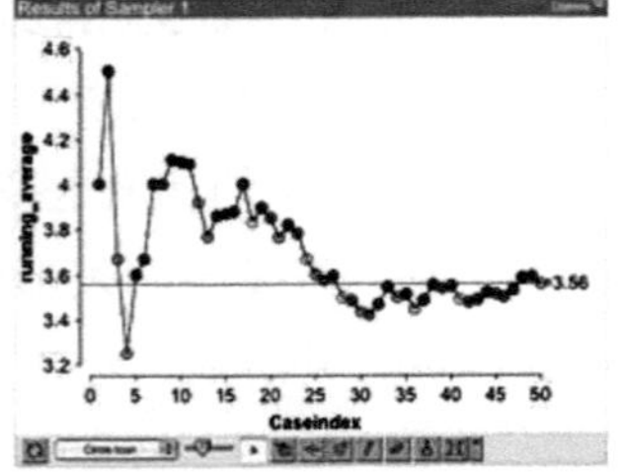

e. 移动均值，提供对大数定律（law of large numbers）、长期表现方式的感知。

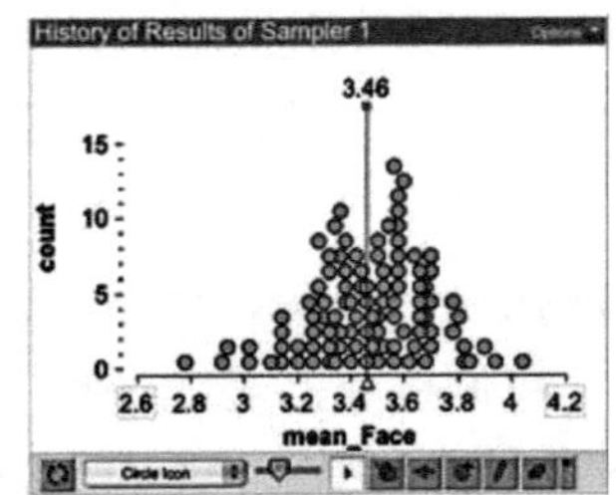

f. 抽样分布（收集了 100 个均值，每个源于 50 次抛掷），为抽样变异性、样本统计量表现和推断建立联系。

图 4.3　有关模拟六面骰子抛掷 50 次的模型的表征

注：最深的颜色代表 6，白色代表 1。图（a）—（e）是相同 50 个值的不同表示；图（f）是每组模拟 50 次抛掷，进行 100 组试验得到的 100 个均值。经验抽样分布（empirical sampling distribution）的均值是 3.46

关于技术的使用，考虑谁在使用技术以及如何使用技术也很重要（Fitzallen，2013；Madden，2013；Trouche，2005）。随着新工具的发展，进行统计调查的同时，继续研究学习者使用工具的基本特征非常重要。纵向研究表明，就连小学早期阶段的孩子都有足够的能力使用视觉表征推断变异和期望（如 English，2010，2012），客观地说，大多数学生尚未从这些类型的学习机会中受益（Lehrer，Kim，& Schauble，2007）。关于分布推断的进一步讨论将在第 5 章展开。

4.3.4 数据分析：汇总和简化数据

我们接着上文的视觉表征继续讲，有时，我们需要汇总或简化数据以便放大数据中的故事。这种放大可以通过将数据简化到对中心和离散度度量或通过使用图形汇总表征（如箱线图）来实现。此过程通过让学生查看数据的整体特征（如中心、离散度、形状）来帮助学生回答问题，而这些特征在任何个别数据中都是看不到的（Konold & Higgins，2003）。

大多数统计教育的早期研究关注集中趋势，以及学生如何对代表性、位置和期望进行概念化（如 Goodchild，1988；Strauss & Bichler，1988）。这是由波拉采克等的早期工作推动的，他们发现大学生使用有效的计算技能确定加权均值时存在困难（Pollatsek，Lima，& Well，1981）。古德柴尔德发现，学生可以计算平均值，但对期望和代表性概念的理解不够透彻（Goodchild，1988）。斯特劳斯和比希勒的研究不太强调学生的数学计算能力，而侧重于学生对均值性质的理解，以及均值性质随时间的发展（Strauss & Bichler，1988）。

1990 年，罗素和莫克罗斯对 4 年级、6 年级和 8 年级各 21 名学生进行了一项研究，这些学生需要回答 7 个构建性问题（即依据给定统计量来建构一组数据）和解释性问题（即对给定数据集进行描述、推理等）（Russell & Mokros，1990）。与斯特劳斯和比希勒发现的结果相似（Strauss & Bichler，1988），罗素和莫克罗斯指出，他们研究中的学生能够计算均值并使用各种策略来解决集中趋势问题。他们研究发现，学生将“平均数”概念化为：“①一种模态（modal）；②平均数本身；③中点；④一种算法关系。”（p.308）1995 年，他们扩充了这个列表，将平均数理解为一个数学平衡点（a point of mathematical balance）（Mokros & Russell，1995）。马卡尔对 3 年级学生的研究得出了类似的关于集中趋势的观点（Makar，2014）。这些没有学过均值算法的学生测量学生身高时，描述了如下集中趋势：①合理的高度；②最常见的值；③中间的高度；④正常高度；⑤总体的代表。

探索学生对均值算法的概念性理解是蔡教授对 250 名 6 年级学生进行的一项大型研究的重点（Cai，1998）。研究发现，大多数学生知道均值算法，但只有一半学生能够运用这一概念解决开放式问题。沃森和莫里茨报告了他们对 3—11 年级学生进行纵向研究得到的类似结果：年龄较大的学生可以应用均值算法，但没有使用其代表性属性来比较数据集（Watson & Moritz，1999）。沃森和莫里茨基于观察到的学习结果的结构（structure of observed learning outcomes，SOLO）模型（Biggs & Collis，1982），提出了一个集中趋势概念的发展模型，其水平基于反应结构的复杂性——前结构（prestructural）、单一结构（unistructural）、多元结构（multistructural）和关联（relational）。沃森和莫里茨对 94 名学生进行了访谈，向学生问了更为复杂的问题，二人在此基础上将模型扩展到更高水平（Watson & Moritz，2000b）。

研究人员经常建议使用图表表征帮助学生建立对集中趋势的理解（如 Konold & Harradine，2014；Leavy，Friel，& Mamer，2009；Lehrer，Kim，& Jones，2011）。然而，巴克、德里和科诺尔德指出了学生以此为目的理解图表表征时存在的困难，特别是箱线图（Bakker，Derry，& Konold，2006）。虽然箱线图将数据减少到只用五个点对数据集做简单总结（即最小值、最大值、中位数、上下四分位数），但巴克等认为，学生很难理解表征的含义，因为箱线图各部分的大小与数据的密度成反比。然而，从区间的角度看集中趋势是有价值的，对帽子图的进一步研究也可能表明区间是一个有用的工具（如 Watson et al.，2008）。

分析图表表征时，学生可以直观地查看分布的形状，并被吸引到数据的集中区域，从而做出决策（Bakker，Derry，& Konold，2006；Konold et al.，2015）。巴克等在一项研究中观察了转基因鱼和正常鱼在种群中的大小分布，6 年级学生使用“丛”（clump）的概念指代图中间的大多数值，然后将均值作为组描述符来确定分布的中间丛。接着，他们使用正式的均值比较这两种鱼的分布。科诺尔德和哈拉丹的研究还表明，12—14 岁学生调查制造过程时，在使用正式的测量指标（如均值）之前，会先将模态丛（modal clumps）看作中心指标（Konold & Harradine，2014）。

继巴克等（Bakker，Derry，& Konold，2006）的工作之后，近期的研究也从更广泛的角度探索学生对数据的理解。科诺尔德和哈拉丹对此进行了补充，他们认为让学生进行重复测量和经历数据产生过程会富有成效，因为这可以帮助学生了解变异和中心度量的统计思想（Konold & Harradine，2014）。马卡尔还阐述了在探究式学习经验中，发展非正式推断是如何帮助年轻学生形成关于集中趋势的丰富概念的（Makar，2014）。同样在 2014 年，沃森、奇克和科林汉姆在一项让 247 名中学生进行集中趋势研究的调查中，考虑了学生的背景情况（Watson，Chick，& Callingham，2014）。他们发现不同背景下的学生表现出一定的差异，其中 9 年级学生的表现是最佳的。这些研究表明，将集中趋势与统计实践的其他阶段更紧密地联系起来进行研究，是一种可选的研究方案。

4.3.5 得出结论：决策和非正式推断

从历史上看，高中阶段学生统计知识和决策的发展主要是通过提出正式统计量实现的，很少有学生或根本没有学生对非正式推断的概念有所认识。与此同时，小学和初中学生通常已经学习了描述统计，如对中心的测量，以及如何在相当简单的水平上制作并解释数据范围有限的图表。此外，内容通常以零碎的方式讲授，其中统计和概率被视为相互独立的主题（Bakker & Derry，2011）。这种对技能、程序和计算的关注并没有引导学生发展统计推理思维（Makar & Ben-Zvi，2011），因为他们通常不使用这些工具解决统计问题（Bakker & Derry）。在更高层次上，大学预备课程和大学课程中的统计学课程通常始于通过理论模型的推导、应用和/或解释进行统计推断。与做出有见识的决策不同，这类课程也可能导致学生对方法的机械应用（Ben-Zvi & Garfield，2004），从而对于参加该类高级课程的学生来说，其统计推理素养几乎得不到任何提升（Zieffler et al.，2008）。

高中和大学阶段的学生学习正式统计推断面临的困难在研究中有所记录（如 Garfield & Ben-Zvi，2008），困难可能源于学生在统计推断基础方面的经验欠缺（Pfannkuch，2005）。普拉特等认为非正式的推断方法可以而且应该能为学习正式统计推断前的教育奠定基础（Pratt et al.，2008）。要让学生采取这样的方法，就需要让学生在处理统计数据的方式上做出明显转变。幸运的是，过去十年，有大量研究致力于如何帮助学生进行非正式推断。

正如先前在统计调查框架中提到的那样，现在有学者建议对非正式推断进行研究，因为采用正式理论之前，非正式推断过程能为学校层面的整个统计实践奠定基础（本手册第 8 章）。在其他框架中使用“非正式推断”，强调了所收集证据的类型与所执行分析的类型之间的区别。其他框架隐含了对样本和总体关系的不确定性的关注，研究可能表明，如果对这种不确定性的关注变得更为明显，可以让学生更好地理解这种不确定性。此外，它还可能促使学生以后遇到统计问题时更大程度地迁移对不确定性的基本需求。

非正式推断方法有助于人们从早期阶段便开始为统计发展奠定基础，例如，有学者针对 5 岁儿童（Makar，2016）和 9 岁儿童（Watson & English，2015）分别开展了新类型的推断实践。促使非正式推断发展的最重要的动力之一是技术方面的进步，例如，使用 TinkerPlots（Watson & Fitzallen，2016）可以实现早期阶段的数据可视化和处理，使用 iNZight（Budgett et al.，2013）可以帮助年龄较大的学生运用随机化程序。

4.3.6 通过完整调查进行学习的重要性

前文讨论了统计实践的组成部分，相应地，我们也要考虑如何在一项完整的调查研究中将各个部分整合起来。大多数统计顾问执行统计实践时，都会被提供一个背景，并需要回答一个或多个问题。那么，要求学生找到有意义的背景和问题，从而应用他们所熟悉的统计工具，这是否现实呢？尽管钦和卡耶维慈（Chin & Kayalvizhi，2002）以及拉维涅和拉乔伊（Lavigne & Lajoie，2007）给予学生提出问题以相当大的自由，但是支架示例的纳入对结果产生了影响。既然我们接受劳的观点——没有背景就没有统计学（Rao，1975），那么，学校开始一项统计调查时，也应该提出一个有意义的总主题。这对于个人专业知识和时间受限的课堂教师而言也很实用。

既然我们认识到了统计实践始于商定的背景，那么接下来将讨论接触统计实践的年龄应该是多少。美国数学教师协会在其 1989 年颁布的《学校数学课程与评估标准》的幼儿标准中提供了明确的依据。

对于 K-4 年级，数学课程应包括数据分析经验……这样学生就可以：

1）收集、组织并描述数据；

2）构建、读取并解释数据表征；

3）确定并解决涉及数据收集和分析的问题（National Council of Teachers of Mathematics，1989，p.54）。

二十年后，美国《州共同核心数学标准》（Common Core State Standards Initiative，2010）直到6年级才考虑统计学话题，直到7年级才引入统计调查。然而，与此同时，新西兰的数学与统计学（Mathematics and Statistics）课程更名，并且将“统计调查”（statistical investigation）列为各级统计学课程的三个子标题之一。在第1级，学生将使用统计调查循环进行调查：

1）提出并回答问题；

2）收集、分类和计数，以及呈现分类数据；

3）讨论结果（Ministry of Education，2009）。

然而，菲尔丁-韦尔斯的研究表明，在调查的初始阶段，学生在设想和理解统计学解决问题的力量和潜力方面遇到了相当大的困难（Fielding-Wells，2010）。这一结果可能表明，学生在统计学的学习经历方面，应首先接触统计实践的后期阶段，这样他们能以对他人提出的问题做出决策为目的，并体验到做出决策后的成功。这可能是未来研究计划的基础。

在课堂环境中，即使设定了明确的情景，从提出问题到得出结论，完成整个调查的全部过程，也可能是非常耗时的。拉维涅和拉乔伊所进行的研究，是为数不多的声称对整个统计调查过程进行报告的研究之一，他们还追踪了学生对数据的收集、分析和表征，确定了调查的4个阶段中可能存在的10种推断类型（Lavigne & Lajoie，2007）。在一项针对5年级学生的研究中，沃森和英格利希提出了一个关于判断不同人群是否环保的一般性问题（Watson & English，2015）。学生根据5个关于行为的问题，如缩短淋浴时间和回收垃圾，为环保行为设定了标准，进而提出相关问题。他们首先以一个班级的学生为研究对象，收集并分析数据，然后从全国5年级学生数据库中随机抽取样本进行分析。根据样本中的证据，学生们对不同的5年级学生总体进行了非正式推断，也证明了他们每次对决策的把握是正确的。

菲查伦、沃森和英格利希提出了一种不同的等级分类法，用于分析学生在调查过程中的工作情况（Fitzallen，Watson，& English，2015）。这种等级分类法是从SOLO模型发展而来的，它为统计实践的每个阶段划分了等级，然后根据四个阶段的组合结果对调查整体进行判断。最近的另一种方法是菲尔丁-韦尔斯和马卡尔提出的，他们使用一个论证框架，强调需要证据来建立理解，并分析学生承认不确定性的非正式推断的发展（Fielding-Wells & Makar，2015）。这一领域需要进行持续的研究，虽然复杂且耗时，但应该是非常有益的。一种方法是要求学生撰写最终报告，描述调查的每个阶段（Forster & Wild，2010）。报告撰写也应关注较低层次的表达，因为学生经常会对其发现进行口头陈述（English，2015）。

在学校层面规划并促进完整的调查过程，其工作可能是繁重的，基于这一认识，帮助教师实施这些计划的研究得以开展。在这种情况下，教师在理解统计实践的内容和实施统计实践方面可能仅仅略微领先于学生（Burgess，2011）。根据对教师开展的案例研究，伯吉斯（Burgess）考察了教师所需的学科内容知识和学科教学知识的类型，以便在课堂上进行与 PPDAC 模型相关的统计调查。桑托斯和达蓬特详细介绍了一位小学职前教师在学习统计调查以及在 3 年级课堂上实施统计调查的经验（Santos & Ponte，2014）。借助 PPDAC 循环，研究人员阐述了深入探索教师的理解程度的价值，以及自身经验有限的新手教师可能出现的种种问题。马卡尔探讨了 23 名在职教师经专业发展后与学生进行第一次探究式课程时的收获与困难，结论是，受数据结果的不确定性、课堂活动的组织工作以及研究内容的影响，最初的经验可能是令人沮丧的（Makar，2010）。马卡尔和菲尔丁–韦尔斯根据其他研究和他们自己的研究提出具体建议，以便在 PPDAC 循环的每个阶段协助教师开展工作（Makar & Fielding-Wells，2011）。在中学阶段，马登建议向教师提出激励性任务，以推动其进行完整调查和非正式推断（Madden，2011）。巴塔内罗、伯里尔和雷丁提出的见解可以为进一步研究教师教育者在协助教师开展课堂统计实践的作用方面奠定基础（Batanero，Burrill，& Reading，2011）。

最后，鉴于调查过程中可能遇到的障碍和产生的启示，人们开展统计调查时，需要考虑的很重要的一点是进行偶然甚至频繁的回溯。通常情况下，统计调查的最终报告不会报告有关回溯的细节，而只会报告调查过程中的成功路径，这可能给学生一种虚假的安全感，让他们认为自己可以轻松地进行统计实践。因此，学生可能受益于亲身经历完整的统计调查过程：感受不确定性、偶尔产生挫折感、考虑从不同角度重新思考问题的必要性，考虑进行回溯以重新思考问题或以另一种方式表示数据的必要性，最后撰写关于整个调查过程及其结果的合理报告。虽然科诺尔德和希金斯进行调查时解决了向前看和向后看的问题（Konold & Higgins，2003），但没有专门针对经历这种现象的学生的研究。

针对学生进行的完整统计调查过程所做的课堂研究很少，这为研究人员考察学校的统计实践提供了很大空间。研究人员可以考虑的问题包括：统计实践的某些阶段是否比其他阶段更难？如果是，哪些阶段更难，为什么它们更难？难度是否取决于研究背景？如果取决于研究背景，是否意味着最困难的阶段对于不同研究背景而言是不同的？如果将统计实践的各个阶段融入有意义的背景中，是否比以孤立的方式教授更具有长久性？学生在中学阶段接触的完整调查和非正式推断，是否能为大学阶段进行的正式推断奠定适当的基础？考虑到一些大学生在解释 p 值方面遇到的困难（如 Reaburn，2014），可以预期，当采用更复杂的工具时，早期的经验将提供有意义的概念框架。

4.4 大观念

正如本章所述，统计实践的目的是通过调查解决问题，这一点达成了普遍的共识，只是略有差异。在这种潜在的复杂环境中，进行统计调查时支撑统计实践的基本概念也是研究人员关注的焦点。这些基本概念通常被描述为“大观念”，至于到底存在多少基本概念，学者的观点不尽相同。

本-兹维和加菲尔德在他们关于统计素养、统计推理和统计思维的书中，提出了一份改编自弗里尔的研究的8个“大观念”，分别是数据、分布、趋势、变异性、模型、关联、样本和抽样，以及推断（Ben-Zvi & Garfield，2004，p.400）。在后来的工作中，加菲尔德和本-兹维增加了第9个“大观念”：组间比较（Garfield & Ben-Zvi，2008）。伯里尔和比勒尔没有使用形容词“大”（big），而是引入了7个“基本的”（fundamental）统计观念，这7个观念是教师了解和教授的关键概念（Burrill & Biehler，2011），且与本-兹维和加菲尔德的大观念很好地吻合。大观念也是NCTM出版的关于9—12年级学生统计学基本认识的书籍的特征之一（Crites & St. Laurent，2015；Peck，Gould，& Miller，2013），这五大观念不是用单个术语或短语表示的，而是用句子总结了对统计学的24个基本认识：

大观念1：数据由结构和变异构成。

大观念2：分布描述了变异性。

大观念3：假设检验回答了这样一个问题：“我认为这可能是偶然发生的吗？”

大观念4：收集数据的方式很重要。

大观念5：评估估计值需要考虑偏差、精度和抽样方法（Crites & St. Laurent，2015，pp.127-128）。

2013年，澳大利亚数学教师协会（Australian Association of Mathematics Teachers）邀请沃森、菲查伦和卡特（Carter）针对6—10年级的统计学教与学提出（仅）五大观念。这种限制产生了图4.4所示的五大观念，这些观念试图在引入正式推断之前为统计调查的规划和实施奠定基础。这样一来，该图显示了所有这些大观念在整个统计实践中紧密相连。事实上，变异影响统计实践的每个阶段。

如今，澳大利亚的基础至2年级的学校课程（Australian Curriculum，Assessment and Reporting Authority，2015）、新西兰4年级的学校课程（Ministry of Education，2009）以及美国6年级的学校课程（Common Core State Standards Initiative，2010）都承认变异在大观念中是“最基本”的（Moore，1990）。在中学阶段，如图4.4所示，“期望”这一术语反映了数据分析的潜在结果（最初可能表示为假设），以及偶然事件的基本概率。从历史上看，在课程和课堂中，期望首先用于对中心的度量，然后才用于测量标准差而出现在对变异的度量中（Shaughnessy，1997）。然而，沃森的研究表明，儿童在理解期望之前会对变异有所了解（Watson，2005，2009）。肖内西（Shaughnessy，2006）根据怀尔德和普凡库赫（Wild & Pfannkuch，1999）的研究，在选择两个统计学的“大观念”时选择了变异和期望，由此可见，变异和期望在“大观念”中处于基础地位。怀尔德认为分布是很重要的，它是观察和分析数据变化情况的透镜（图4.4）（Wild，2006）。分布提供了可视化数据的方法，可以针对与期望相关的问题做出决策。随机性出现在个体结果无

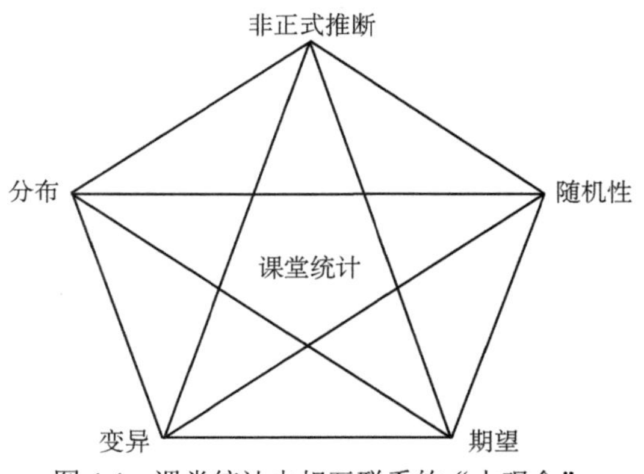

图 4.4　课堂统计中相互联系的“大观念”

资料来源：（Watson，Fitzallen，& Carter，2013）

法预测但长期显示规律的过程中（Moore，1990），样本量足够大且纳入实验设计的随机性是提高非正式推断置信度的基础。在学校层面，非正式推断包括统计中的决策类型（本手册第 8 章）。

根据上文对“大观念”的基本认识可知，统计实践不仅仅是为达成决策而执行一系列统计程序。未来的研究方向之一是，设计不仅要涉及统计实践的不同程序，还要帮助学生理解和体会程序背后的“大观念”。

4.5　统计素养：评估他人的观点

至此，第 4 章讲的都是统计实践的操作方法，即“做”统计。在课堂以外的情景中，参与统计工作并不总是或经常不是实施统计实践，而是判断进行统计实践的其他人的结论和观点。大多数情况下，人们必须判断数据是否可靠、所提供的图表是否适当且正确、所选择的“平均数”是否符合研究背景，以及/或做出的决策是否可信。人们有时也需要解释错误出现在哪里以及产生错误的原因。完成这个过程需要具备有效论证的能力，这是最近在非正式决策中受到关注的一个方面。正如图尔明等提出的那样，论证有两种形式：质询和辩护（Toulmin，Rieke，& Janik，1984）。菲尔丁-韦尔斯等（Fielding-Wells & Makar，2012，2015）和马卡尔等（Makar，Bakker，& Ben-Zvi，2015）将论证作为非正式推断中探究的一部分。然而，评估他人的观点可能需要与辩护相关的论证。这既涉及承认观点中的辩护，也涉及为替代观点提出辩护证据的能力。

正如贾勒对成年人所说的，统计素养是：

1）解释并批判性地评估在不同背景下可能遇到的或是相关的统计信息、有关数据的论证或随机现象的能力；

2）讨论或交流他们对此类统计信息的反馈能力，如他们对信息含义的理解、对信息含义的看法，或是对给定结论的可接受性的关注（Gal，2002，p.2）。

据此，我们可以假设，一个人根据本章所描述的内容和教学完成学习后，将具备贾勒所说的统计素养。然而，一个人经历了“正确”的统计实践方法的学习，在其他情境中也不一定具备侦察能力，即知道要问什么问题，并能够解释观察到的与合理的内容之间的区别。

然而，统计素养与统计实践本身之间的密切关系意味着在某些情况下，两者之间的区别变得模糊。这两者也许可以并行教授，但课程设计者和教师必须意识到各自的要求。这在新西兰的学校课程中得到承认，其中，每个年级“数学与统计学”课程（Ministry of Education，2007）的统计部分都有一个“统计素养”（statistical literacy）小标题，与“统计调查”（statistical investigation）小标题的地位相同。虽然统计素养不像统计调查那样应用广泛，但统计素养承认了学生能够在不同情境中运用他们对统计概念的理解的重要性。澳大利亚课程、评估和报告管理局指出，学生在数学课程中所具备的一般能力应该包括“解释统计信息”的能力（Australian Curriculum，Assessment and Reporting Authority，2013）。虽然未使用“素养”一词，但这一描述与统计素养是吻合的。在美国，《州共同核心数学标准》的“数学内容标准”部分没有特别提到统计素养。然而，在“数学实践标准”一节中，列出的第三个实践是“构建可行的论证并评判他人的推理”。在其描述中，学生：

> 能够对数据进行归纳推理，根据数据产生的背景提出合理的论点……也能够比较两个合理论点的有效性，区分正确的逻辑或推断与有缺陷的逻辑或推断，如果论点有缺陷，应解释其缺陷（Common Core State Standards Initiative，2010，pp.6-7）。

沃森提出了一个学习、应用和评估统计素养的框架（Watson，2006）。统计素养的三层构成了一种层级结构：

第 1 层：了解统计决策所用术语。

第 2 层：在研究背景下解释术语。

第 3 层：有能力和信心质疑在没有适当统计基础的情况下所作的陈述。

要求进行第 3 层评估的主张可能是正确的，也可能是不正确的，因此培养批判性思维能力很重要。沃森和莫里茨针对与抽样相关的调查项目说明了如何使用这种层级结构来评估统计素养（Watson & Moritz，2000a）。如前所述，该框架，特别是第 3 层，为与辩护相关的论证研究提供了条件。鉴于媒体中激励性语境的频繁出现，这可能是未来研究的一个富有成效的领域。

沃森和科林汉姆编制了含有 80 个项目的调查问卷，针对由 3000 多名学生组成的样本进行了研究，提出了关于理解情况的一个大致包含六个等级的层级结构，其中有两个等级近似对应上述统计素养的三个层次（Watson & Callingham，2003）。问卷中的一些项目还可以用于评估与统计调查数据收集阶段相关的理解情况，但它们并未涵盖统计实践的所有方面。沃森和科林汉姆在他们的分析中纳入了既能评估概率素养也能评估统计素养的项目，因为在大多数学校课程中，它们被认为是在同一标题下（如 Australian

Curriculum，Assessment and Reporting Authority，2015；Common Core State Standards Initiative，2010；Ministry of Education，2009）。然而，贾勒提出了一些概率素养不同于统计素养的方面，其中特别强调了独立性（Gal，2005）。“统计概念理解水平”（Levels of Conceptual Understanding in Statistics，LOCUS）计划近期的工作目标是从统计素养的角度设计全方位评估统计实践的项目（Whitaker，Foti，& Jacobbe，2015）。正如该计划名称所暗示的，评估项目衡量的是基于 GAISE 框架的概念性而非程序性理解情况。该计划使用开放式问题和多项选择问题进行评估，相对于沃森和科林汉姆的研究（Watson & Callingham，2003），更能够反映完整的统计实践过程。

在课堂之外，需要具备统计素养的情境千差万别，这使得该领域出现了许多不同的研究方法。2002 年，在第六届国际统计教学大会（Sixth International Conference on the Teaching of Statistics，ICOTS6）的一次关于统计素养的专题会议上，学者们发表了一个主旨演讲、进行了一次小组讨论、分享了六篇论文，其观点在诸多方面体现了差异性，如统计素养的多样性和种类包括哪些方面（Murray & Gal，2002；Schield，2002）、公民应该具备哪些统计素养（Moreno，2002；Utts，2002），以及如何达到所需的水平（Boland，2002；Botting & Stone，2002；Phillips，2002）。直到 12 年后，第九届国际统计教学大会（Ninth International Conference on the Teaching of Statistics，ICOTS 9）首次针对更广泛社会的统计素养提出了一个完整的主题，包括五个子主题，涉及要求（如 Hovermill，Beaudrie，& Boschmans，2014）、评估（如 Bidgood，2014），以及对学生发展的研究（如 Sproesser，Kuntze，& Engel，2014）。除了这个特定主题，其他主题中也有一些以统计素养为特色的论文，如专门针对工作场所开展的主题、协助在职教师进行国际合作的相关报告（如 North，Zewotir，& Gal，2014）、介绍不同国家的相关进展情况（如 MacFeely & MacCuirc，2014），以及专门针对风险素养（如 Till，2014）或应用统计知识阅读科学期刊等领域进行的研究（如 Esfandiari et al.，2014）。来自国际统计教学大会的各种研究报告不仅展示了目前正在思考的主题，而且为许多未来可研究的主题打开了思路。

在本节中，有人认为学生参与学校的统计实践足以培养其成为具有统计素养的公民。然而，还有一个问题，即是否有必要这样做。有没有可能在没有实际经验的情况下，通过阅读好书或观看有关该主题的教学视频获得统计素养？这是一个尚未解决的问题，需要经过多年精心设计的研究才能回答。

4.6 总结

本章从统计实践的角度为本手册第二部分的论述提供了一条路径。本章在介绍了几种有用的实践框架之后，详细介绍了统计实践的五个阶段。最有可能进一步研究的领域似乎是提出并完善问题、计划和收集数据，以及在承认不确定性的同时得出结论。研究可以有效地考虑学生应该从统计实践的哪个阶段着手才是重要的。为了实现调查目的，学生应该从提出问题开始，还是应该从统计实践后续的某个阶段开始呢？

在学校层面引入具有激励性情境和激励性问题的统计实践，是否有可能改善学生对传统上在更高层次教育中遭受"负面言论"（bad press）的学科（即统计学）的态度？从学校层面获得的数据中体验非正式推断，并在决策中认识到不确定性，这对于成为具有统计素养的公民和理解高等教育的正式统计推断都有重要的意义。从学校统计实践中获得的信心能为高等教育中的理论学习奠定坚实的基础。但是，需要长时间的研究来支持这一观点！

上一节末尾提到，研究人员和课程设计者面临的最有争议的问题可能是："学生在学校教育期间没有经历过统计实践，是否能够具备统计素养？"经历统计实践是否必要？新西兰课程的制定者通过在学校教育期间同时提出"统计调查"和"统计素养"这两个主题来解决该问题（Ministry of Education，2007）。如果所有学生都经历统计实践并通过接触统计而获得相应的素养，那么这个研究问题似乎就变成了一个充分性问题。考虑到前文提到的齐夫勒等对高等教育的担忧（Zieffler et al.，2008），对多年学习进行长期研究的呼吁似乎是合理的。

随着研究扩展到各个教育阶段，支撑统计实践的"大观念"也在不断发展。与统计实践有关的研究，无论采用何种形式，都包括对基本概念的理解以及研究程序的执行。在本手册其他章节中，还有关于"统计实践"的更多具体研究问题。尽管过去 20 年来涌现了大量研究，但是仍有许多关于统计思维的难题需要解决。

参考文献

Ainley，J.（2000）. Transparency in graphs and graphing tasks：An iterative design process. *The Journal of Mathematical Behavior，19*（3），365-384.

Allmond，S.，& Makar，K.（2010）. Developing primary students' ability to pose questions in statistical investigations. In C. Reading（Ed.），*Data and context in statistics education：Towards an evidence-based society. Proceedings of the 8th International Conference on the Teaching of Statistics，Ljubljana，Slovenia，July 11-16*. Voorburg：International Statistical Institute.

Arnold，P.（2008）. What about the P in the PPDAC cycle? An initial look at posing questions for statistical investigation. *Proceedings of the 11th International Congress of Mathematics Education，Monterrey，Mexico，6-13 July 2008*. Retrieved from https://www.researchgate.net/publication/255601396.

Australian Curriculum，Assessment and Reporting Authority.（2013）. *General capabilities in the Australian Curriculum，January，2013*. Sydney：Australian Curriculum，Assessment and Reporting Authority.

Australian Curriculum，Assessment and Reporting Authority.（2015）. *The Australian curriculum：Mathematics，*

Version 8.0, August 21, 2015. Sydney：Australian Curriculum，Assessment and Reporting Authority.

Bakker，A.（2004）. Reasoning about shape as a pattern in variability. *Statistics Education Research Journal，3*（2），64-83.

Bakker，A.，Biehler，R.，& Konold，C.（2005）. Should young students learn about box plots? In G. Burrill & M. Camden（Eds.），*Curricular development in statistics education：International Association for Education（IASE）Roundtable*（pp.163-173）. Voorburg：International Statistical Institute.

Bakker，A.，& Derry，J.（2011）. Lessons from inferentialism for statistics education. *Mathematical Thinking and Learning，13*（1-2），5-26.

Bakker，A.，Derry，J.，& Konold，C.（2006）. Using technology to support diagrammatic reasoning about center and variation. In A. Rossman & B. Chance（Eds.），*Working cooperatively in statistics education. Proceedings of the 7th International Conference on the Teaching of Statistics，Salvador，Bahia，Brazil，July 2-7*. Voorburg：International Association for Statistics Education and International Statistical Institute.

Batanero，C.，Burrill，G.，& Reading，C.（Eds.）.（2011）. *Teaching statistics in school mathematics-Challenges for teaching and teacher education：A joint ICMI/IASE study*. Dordrecht：Springer.

Ben-Zvi，D.，Bakker，A.，& Makar，K.（2015）. Learning to reason from samples. *Educational Studies in Mathematics，88*（3），291-303.

Ben-Zvi，D.，& Garfield，J.（Eds.）.（2004）. *The challenge of developing statistical literacy，reasoning and thinking*. Dordrecht：Kluwer.

Bidgood，P.（2014）. Towards statistical literacy-Relating assessment to the real world. In K. Makar，B. deSousa，& R. Gould（Eds.），*Sustainability in statistics education. Proceedings of the 9th International Conference on the Teaching of Statistics，Flagstaff，Arizona，July 13-18*. Voorburg：International Statistical Institute.

Biehler，R.，Ben-Zvi，D.，Bakker，A.，& Makar，K.（2013）. Technology for enhancing statistical reasoning at the school level. In M. A. Clements，A. J. Bishop，C. Keitel，J. Kilpatrick，& F. K. S. Leung（Eds.），*Third international handbook of mathematics education*（pp.643-690）. New York：Springer.

Biggs，J. B.，& Collis，K. F.（1982）. *Evaluating the quality of learning：The SOLO taxonomy*. New York：Academic Press.

Boland，P. J.（2002）. Promoting statistics thinking amongst secondary school students in the national context. In B. Phillips（Ed.），*Developing a statistically literate society. Proceedings of the 6th International Conference on the Teaching of Statistics，Cape Town，South Africa，July 7-12*. Voorburg：International Statistical Institute.

Botting，B.，& Stone，D.（2002）. Experience of dealing with the media on congenital anomaly research. In B. Phillips（Ed.），*Developing a statistically literate society. Proceedings of the 6th International Conference on the Teaching of Statistics，Cape Town，South Africa，July 7-12*. Voorburg：International Statistical Institute.

Bright，G. W.，& Friel，S. N.（1998）. Graphical representations：Helping students interpret data. In S. P. Lajoie（Ed.），*Reflections on statistics：Learning，teaching，and assessment in grades K-12*（pp.63-88）.

Mahwah：Lawrence Erlbaum.

Budgett，S.，Pfannkuch，M.，Regan，M.，& Wild，C. J.（2013）. Dynamic visualizations and the randomization test. *Technology Innovations in Statistics Education*，*7*（2）. Retrieved from http://escholarship.org/uc/item/9dg6h7wb.

Burgess，T. A.（2011）. Teacher knowledge of and for statistical investigations. In C. Batanero，G. Burrill，& C. Reading（Eds.），*Teaching statistics in school mathematics-Challenges for teaching and teacher education：A joint ICMI/IASE study*（pp.259-270）. Dordrecht：Springer.

Burrill，G.，& Biehler，R.（2011）. Fundamental statistical ideas in the school curriculum and in training teachers. In C. Batanero，G. Burrill，& C. Reading（Eds.），*Teaching statistics in school mathematics-Challenges for teaching and teacher education：A joint ICMI/IASE study*（pp.57-69）. Dordrecht：Springer.

Cai，J.（1998）. Exploring students' conceptual understanding of the averaging algorithm. *School Science and Mathematics*，*98*（2），93-98.

Chance，B.，delMas，R.，& Garfield，J.（2004）. Reasoning about sampling distributions. In D. Ben-Zvi & J. Garfield（Eds.），*The challenge of developing statistical literacy，reasoning and thinking*（pp.295-323）. Dordrecht：Kluwer.

Chick，H. L.，Pfannkuch，M.，& Watson，J. M.（2005）. Transnumerative thinking：Finding and telling stories with data. *Curriculum Matters*，*1*，87-108.

Chick，H. L.，& Watson，J. M.（2001）. Data representation and interpretation by primary school students working in groups. *Mathematics Education Research Journal*，*13*（2），91-111.

Chin，S.，& Kayalvizhi，G.（2002）. Posing questions for open investigations：What questions do pupils ask? *Research in Science & Technology Education*，*20*（2），269-287.

Cobb，P.，& McClain，K.（2004）. Principles of instructional design for supporting the development of students' statistical reasoning. In D. Ben-Zvi & J. Garfield（Eds.），*The challenge of developing statistical literacy，reasoning and thinking*（pp.375-395）. Dordrecht：Kluwer.

Common Core State Standards Initiative.（2010）. *Common core state standards for mathematics*. Washington：National Governors Association for Best Practices and the Council of Chief State School Officers.

Crites，T.，& St. Laurent，R.（2015）. *Putting essential understanding of statistics into practice in grades 9-12*. Reston：National Council of Teachers of Mathematics.

Doerr，H. M.，& Pratt，D.（2008）. The learning of mathematics and mathematical modeling. In M. K. Heid & G. W. Blume（Eds.），*Research on technology and the teaching and learning of mathematics：Volume 1 Research syntheses*（pp.259-286）. Charlotte：Information Age Publishing.

English，L. D.（2010）. Young children's early modelling with data. *Mathematics Education Research Journal*，*22*（2），24-47.

English，L. D.（2012）. Data modeling with first-grade students. *Educational Studies in Mathematics*，*81*（1），15-30.

English，L. D.（2015）. STEM：Challenges and opportunities for mathematics education. In K. Beswick，T.

Muir，& J. Wells（Eds.），*Climbing mountains，building bridges. Proceedings of 39th conference of the International Group for the Psychology of Mathematics Education，Hobart，Tasmania，13-18 July*（pp.3-18）. Hobart：PME Program Committee.

English，L. D.，& Watson，J. M.（2015）. Statistical literacy in the elementary school：Opportunities for problem posing. In F. Singer，N. Ellerton，& J. Cai（Eds.），*Problem posing：From research to effective practice*（pp.241-256）. Dordrecht：Springer.

Esfandiari，M.，Sorenson，K.，Zes，D.，& Nichols，K.（2014）. Enhancing statistical literacy and thinking through analysis of scientific journal articles. In K. Makar，B. deSousa，& R. Gould（Eds.），*Sustainability in statistics education. Proceedings of the 9th International Conference on the Teaching of Statistics，Flagstaff，Arizona，July 13-18.* Voorburg：International Statistical Institute.

Fielding-Wells，J.（2010）. Linking problems，conclusions and evidence：Primary students' early experiences of planning statistical investigations. In C. Reading（Ed.），*Data and context in statistics education：Towards an evidence-based society. Proceedings of the 8th International Conference on the Teaching of Statistics，Ljubljana，Slovenia，July 11-16.* Voorburg：International Statistical Institute.

Fielding-Wells，J.，& Makar，K.（2012）. Developing primary students' argumentation skills in inquiry-based mathematics classrooms. In K. T. Jan van Aalst，M. J. Jacobson，& P. Reimann（Eds.），*The Future of learning：Proceedings of the 10th International Conference of the Learning Sciences（ICLS 2012）- Volume 2 Short Papers，Symposia，and Abstracts*（pp.149-153）. Sydney：International Society of the Learning Sciences.

Fielding-Wells，J.，& Makar，K.（2015）. Inferring to a model：Using inquiry-based argumentation to challenge young children's expectations of equally likely outcomes. In A. Zieffler & E. Fry（Eds.），*Reasoning about uncertainty：Learning and teaching informal inferential reasoning*（pp.1-27）. Minneapolis：Catalyst Press.

Finzer，W.（2012）. *Fathom dynamic data software（computer software，Version 2.13）*. Emeryville：Key Curriculum Press and KCP Technologies.

Finzer，W.，& Parvate，V.（2008）. Who will teach them about data? *International Conference on Mathematics Education，Monterrey，Mexico.* Retrieved from https://citeseerx.ist.psu.edu/viewdoc/download?doi=10.1.1.214.9735&rep=rep1&type=pdf.

Fitzallen，N.（2012）. Interpreting graphs：Students developing an understanding of covariation. In J. Dindyal，L. P. Cheng，& S. F. Ng（Eds.），*Mathematics education：Expanding horizons. Proceedings of the 35th annual conference of the Mathematics Education Research Group of Australasia.*（Vol. 1，pp.290-297）. Singapore：MERGA.

Fitzallen，N.（2013）. Characterising students' strategies with *TinkerPlots. Technology Innovations in Statistics Education，7*（1）. Retrieved from https://escholarship.org/uc/item/1074n1dp.

Fitzallen，N.，Watson，J.，& English，E.（2015）. Assessing a statistical inquiry. In K. Beswick，T. Muir，& J. Wells，（Eds.），*Climbing mountains，building bridges. Proceedings of the 39th Conference of the International Group for the Psychology of Mathematics Education，July 13-18.*（Vol.2，pp.305-312）.

Hobart：PME Program Committee.

Forster，M.，& Wild，C. J.（2010）. Writing about findings：Integrating teaching and assessment. In P. Bidgood，N. Hunt，& F. Jolliffe（Eds.），*Assessment methods in statistical education：An international perspective*（pp.87-102）. Chichester：Wiley.

Franklin，C.，Kader，G.，Mewborn，D.，Moreno，J.，Peck，R.，Perry，M.，et al.（2007）. *Guidelines for assessment and instruction in statistics education（GAISE）report：A pre-K-12 curriculum framework*. Alexandria：American Statistical Association.

Friel，S.，Curcio，F. R.，& Bright，G. W.（2001）. Making sense of graphs：Critical factors influencing comprehension and instructional implications. *Journal for Research in Mathematics Education，32*（2），124-158.

Gal，I.（2002）. Adults' statistical literacy：Meanings，components，responsibilities. *International Statistical Review，70*（1），1-51.

Gal，I.（2005）. Towards "Probability Literacy" for all citizens：Building blocks and instructional dilemmas. In G. A. Jones（Ed.），*Exploring probability in school：Challenges for teaching and learning*（pp.39-63）. New York：Springer.

Garfield，J.，& Ben-Zvi，D.（2008）. *Developing students' statistical reasoning：Connecting research and teaching practice*. New York：Springer.

Gigerenzer，G.，& Edwards，A.（2003）. Simple tools for understanding risks：From innumeracy to insight. *BMJ：British Medical Journal，327*（7417），741-744.

Gil，E.，& Ben-Zvi，D.（2010）. Emergence of reasoning about sampling among young students in the context of informal inferential reasoning. In C. Reading（Ed.），*Data and context in statistics education：Towards an evidence-based society. Proceedings of the 8th International Conference on the Teaching of Statistics，Ljubljana，Slovenia，July 11-16*. Voorburg：International Statistical Institute.

Goodchild，S.（1988）. School pupils' understanding of average. *Teaching Statistics，10*（3），77-81.

Hammerman，J.（2009）. Exploring large scientific data sets as an entrée to statistical ideas in secondary schools. *IASE Satellite conference：Next steps in statistics education，Durban，South Africa*. Retrieved from http://iase-web.org/documents/papers/sat2009/8_2.pdf.

Holmes，P.（1980）. *Teaching statistics 11-16*. Slough：Schools Council Publications and W. Foulsham.

Hovermill，J.，Beaudrie，B.，& Boschmans，B.（2014）. Statistical literacy requirements for teachers. In K. Makar，B. deSousa，& R. Gould（Eds.），*Sustainability in statistics education. Proceedings of the 9th International Conference on the Teaching of Statistics，Flagstaff，Arizona，July 13-18*. Voorburg：International Statistical Institute.

Jacobs，V. R.（1999）. How do students think about statistical sampling before instruction? *Mathematics in the Middle School，5*（4），240-263.

Konold，C.（2007）. Designing a data analysis tool for learners. In M. C. Lovett & P. Shah（Eds.），*Thinking with data*（pp.267-291）. New York：Lawrence Erlbaum.

Konold，C.，Finzer，W.，Kreetong，K.，& Gaston，R.（2014）. Modeling as a core component of structuring data. *The annual meeting of the Research Conference of the National Council of Teachers of Mathematics*，*New Orleans*. Retrieved from http://iase-web.org/documents/SERJ/SERJ16（2）_Konold.pdf.

Konold，C.，& Harradine，A.（2014）. Contexts for highlighting signal and noise. In T. Wassong，D. Frischemeier，P. R. Fischer，R. Hochmuth，& P. Bender（Eds.），*Using tools for learning mathematics and statistics*（pp.237-250）. Heidelberg：Springer Spektrum.

Konold，C.，& Higgins，T. L.（2003）. Reasoning about data. In J. Kilpatrick，W. G. Martin，& D. Schifter（Eds.），*A research companion to Principles and Standards for School Mathematics*（pp.193-215）. Reston：National Council of Teachers of Mathematics.

Konold，C.，Higgins，T.，Russell，S. J.，& Khalil，K.（2015）. Data seen through different lenses. *Educational Studies in Mathematics*，*88*（3），305-325.

Konold，C.，& Miller，C. D.（2015）. *TinkerPlots：Dynamic data exploration（Computer software，Version 2.3）*. Adelaide：Learn Troop.

Lane，D. M.，& Peres，S. C.（2006）. Interactive simulations in the teaching of statistics：Promise and pitfalls. In A. Rossman & B. Chance（Eds.），*Working cooperatively in statistics education. Proceedings of the 7th International Conference on the Teaching of Statistics*，*Salvador*，*Bahai*，*Brazil*，*July 2-7*. Voorburg：International Association for Statistics Education and International Statistical Institute.

Lavigne，N. C.，& Lajoie，S. P.（2007）. Statistical reasoning of middle school children engaging in survey inquiry. *Contemporary Educational Psychology*，*32*（4），630-666.

Leavy，A. M.，Friel，S. N.，& Mamer，J. D.（2009）. It's a fird! Can you compute a median of categorical data? *Mathematics Teaching in the Middle School*，*14*（6），344-351.

Lehrer，R.，Kim，M.，& Jones，R. S.（2011）. Developing conceptions of statistics by designing measures of distribution. *ZDM*，*43*（5），723-736.

Lehrer，R.，Kim，M.-J.，& Schauble，L.（2007）. Supporting the development of conceptions of statistics by engaging students in measuring and modeling variability. *International Journal of Computers for Mathematical Learning*，*12*（3），195-222.

MacFeely，S.，& MacCuirc，E.（2014）. More ways to heaven than one：Improving statistical literacy in Ireland. In K. Makar，B. deSousa，& R. Gould（Eds.），*Sustainability in statistics education. Proceedings of the 9th International Conference on the Teaching of Statistics*，*Flagstaff*，*AZ*，*July 13-18*. Voorburg：International Statistical Institute.

Madden，S. R.（2011）. Statistically，technologically，and contextually provocative tasks：Supporting teachers' informal inferential reasoning. *Mathematical Thinking and Learning*，*13*（1-2），109-131.

Madden，S. R.（2013）. Supporting teachers' instrumental genesis with dynamic mathematical software. In D. Polly（Ed.），*Common core mathematics standards and implementing digital technologies*（pp.295-318）. Hershey：IGI Global.

Makar，K.（2010）. Teaching primary teachers to teach statistical inquiry：The uniqueness of initial experiences. In C. Reading（Ed.），*Data and context in statistics education：Towards an evidence-based society. Proceedings of the 8th International Conference on the Teaching of Statistics*，*Ljubljana*，*Slovenia*，

July 11-16. Voorburg：International Statistical Institute.

Makar，K.（2014）. Young children's explorations of average through informal inferential reasoning. *Educational Studies in Mathematics*，*86*（1），61-78.

Makar，K.（2016）. Developing young children's emergent inferential practices in statistics. *Mathematical Thinking and Learning*，*18*（1），1-24.

Makar，K.，Bakker，A.，& Ben-Zvi，D.（2011）. The reasoning behind informal statistical inference. *Mathematical Thinking and Learning*，*13*，152-173.

Makar，K.，Bakker，A.，& Ben-Zvi，D.（2015）. Scaffolding norms of argumentation-based inquiry in a primary mathematics classroom. *ZDM*，*47*（7），1107-1120.

Makar，K.，& Ben-Zvi，D.（2011）. The role of context in developing reasoning about informal statistical inference. *Mathematical Thinking and Learning*，*13*（1-2），1-4.

Makar，K.，& Fielding-Wells，J.（2011）. Teaching teachers to teach statistical investigations. In C. Batanero，G. Burrill，& C. Reading（Eds.），*Teaching statistics in school mathematics-Challenges for teaching and teacher education：A joint ICMI/IASE study*（pp.347-358）. Dordrecht：Springer.

Makar，K.，& Rubin，A.（2009）. A framework for thinking about informal statistical inference. *Statistics Education Research Journal*，*8*（1），82-105.

Manor，H.，& Ben-Zvi，D.（2015）. Students' articulations of uncertainty in informally exploring sampling distributions. In A. Zieffler & E. Fry（Eds.），*Reasoning about uncertainty：Learning and teaching informal inferential reasoning*（pp.57-94）. Minneapolis：Catalyst Press.

Meletiou-Mavrotheris，M.，& Paparistodemou，E.（2015）. Developing students' reasoning about samples and sampling in the context of informal inferences. *Educational Studies in Mathematics*，*88*（3），385-404.

Mills，J. D.（2002）. Using computer simulation methods to teach statistics：A review of the literature. *Journal of Statistics Education*，*10*（1）. Retrieved from https://doi.org/10.1080/10691898.2002.11910548.

Ministry of Education.（2007）. *The New Zealand curriculum*. Wellington：Ministry of Education.

Ministry of Education.（2009）. *The New Zealand curriculum：Mathematics standards for years 1-8*. Wellington：Ministry of Education.

Mokros，J.，& Russell，S. J.（1995）. Children's concepts of average and representativeness. *Journal for Research in Mathematics Education*，*26*（1），20-39.

Monk，S.（2003）. Representation in school mathematics：Learning to graph and graphing to learn. In J. Kilpatrick，W. G. Martin，& D. Schifter（Eds.），*A research companion to Principles and Standards for School Mathematics*（pp.250-262）. Reston：National Council of Teachers of Mathematics.

Moore，D. S.（1990）. Uncertainty. In L. S. Steen（Ed.），*On the shoulders of giants：New approaches to numeracy*（pp.95-137）. Washington：National Academy Press.

Moore，D. S.，& McCabe，G. P.（1989）. *Introduction to the practice of statistics*. New York：W. H. Freeman.

Moore，D. S.，McCabe，G. P.，& Craig，B. A.（2014）. *Introduction to the practice of statistics*（8th ed.）. New York：W. H. Freeman.

Moreno，J. L.（2002）. Toward a statistically literacy citizenry：What statistics everyone should know. In B. Phillips（Ed.），*Developing a statistically literate society. Proceedings of the 6th International Conference on the Teaching of Statistics，Cape Town，South Africa，July 7-12*. Voorburg：International Statistical Institute.

Murray，S.，& Gal，I.（2002）. Preparing for diversity in statistics literacy：Institutional and educational implications. In B. Phillips（Ed.），*Developing a statistically literate society. Proceedings of the 6th International Conference on the Teaching of Statistics，Cape Town，South Africa，July 7-12*. Voorburg：International Statistical Institute.

National Council of Teachers of Mathematics.（1989）. *Curriculum and evaluation standards for school mathematics*. Reston：National Council of Teachers of Mathematics.

North，D.，Zewotir，T.，& Gal，I.（2014）. Developing statistical literacy amongst in-service teachers through a collaborative project. In K. Makar，B. deSousa，& R. Gould（Eds.），*Sustainability in statistics education. Proceedings of the 9th International Conference on the Teaching of Statistics，Flagstaff，AZ，July 13-18*. Voorburg：International Statistical Institute.

Osana，H. P.，Leath，E. P.，& Thompson，S. E.（2004）. Improving evidential argumentation through statistical sampling：Evaluating the effects of a classroom intervention for at-risk 7th-graders. *The Journal of Mathematical Behavior，23*（3），351-370.

Pea，R.（1985）. Beyond amplification：Using the computer to reorganize mental functioning. *Educational Psychologist，20*（4），167-182.

Peck，R.，Gould，R.，& Miller，S.（2013）. *Developing essential understanding of statistics for teaching mathematics in grades 9-12*. Reston：National Council of Teachers of Mathematics.

Pfannkuch，M.（2005）. Thinking tools and variation. *Statistics Education Research Journal，4*（1），83-91.

Pfannkuch，M.，Arnold，P.，& Wild，C.（2015）. What I see is not quite the way it is：Students' emergent reasoning about sampling variability? *Educational Studies in Mathematics，88*（3），343-360.

Phillips，A. M.（2002）. DNA "fingerprints" and their statistical analysis in human populations. In B. Phillips（Ed.），*Developing a statistically literate society. Proceedings of the 6th International Conference on the Teaching of Statistics，Cape Town，South Africa，July 7-12*. Voorburg：International Statistical Institute.

Pollatsek，A.，Lima，S.，& Well，A. D.（1981）. Concept or computation：Students' understanding of the mean. *Educational Studies in Mathematics，12*（2），191-204.

Pratt，D.，Johnston-Wilder，P.，Ainley，J.，& Mason，J.（2008）. Local and global thinking in statistical influence. *Statistics Education Research Journal，7*（2），107-129.

Rao，C. R.（1975）. Teaching of statistics at the secondary level：An interdisciplinary approach. *International Journal of Mathematical Education in Science and Technology，6*，151-162.

Reaburn，R.（2014）. Introductory statistics course tertiary students' understanding of *p*-values. *Statistics Education Research Journal，13*（1），53-65.

Rubin，A.，Bruce，B.，& Tenney，Y.（1990）. Learning about sampling：Trouble at the core of statistics. In D. Vere-Jones（Ed.），*School and general issues. Proceedings of the 3rd International Conference on the Teaching of Statistics，Dunedin，New Zealand，August 19-24*. Voorburg：International Statistical Institute.

Russell，S. J.，& Mokros，J.（1990）. What's typical? Children's and teachers' ideas about average. In D. Vere-Jones（Ed.），*School and general issues. Proceedings of the 3rd International Conference on the Teaching of Statistics，Dunedin，New Zealand，August 19-24*. Voorburg：International Statistical Institute.

Saldanha，L.，& McAllister，M.（2014）. Using re-sampling and sampling variability in an applied context as a basis for making statistical inferences with confidence. In K. Makar，B. deSousa，& R. Gould（Eds.），*Sustainability in statistics education. Proceedings of the 9th International Conference on the Teaching of Statistics，Flagstaff，Arizona，July 13-18*. Voorburg：International Statistical Institute.

Santos，R.，& Ponte，J. P.（2014）. Learning and teaching statistical investigations：A case study of a prospective teacher. In K. Makar，B. deSousa，& R. Gould（Eds.），*Sustainability in statistics education. Proceedings of the 9th International Conference on the Teaching of Statistics，Flagstaff，Arizona，July 13-18*. Voorburg：International Statistical Institute.

Schield，M.（2002）. Three kinds of statistical literacy：What should we teach? In B. Phillips（Ed.），*Developing a statistically literate society. Proceedings of the 6th International Conference on the Teaching of Statistics，Cape Town，South Africa，July 7-12*. Voorburg：International Statistical Institute.

Shaughnessy，J. M.（1997）. Missed opportunities in research on the teaching and learning of data and chance. In F. Biddulph & K. Carr（Eds.），*People in mathematics education. Proceedings of the 20th annual conference of the Mathematics Education Research Group of Australasia*（Vol.1，pp.6-22）. Waikato：MERGA.

Shaughnessy，J. M.（2006）. Research on students' understanding of some big concepts in statistics. In G. Burrill & P. Elliott（Eds.），*Thinking and reasoning with data and chance*（pp.77-98）. Reston：National Council of Teachers of Mathematics.

Shaughnessy，J. M.，& Pfannkuch，M.（2002）. How faithful is old faithful? Statistical thinking：A story of variation and prediction. *Mathematics Teacher，95*（4），252-259.

Sproesser，U.，Kuntze，S.，& Engel，J.（2014）. A multilevel perspective on factors influencing students' statistical literacy. In K. Makar，B. deSousa，& R. Gould（Eds.），*Sustainability in statistics education. Proceedings of the 9th International Conference on the Teaching of Statistics，Flagstaff，Arizona，July 13-18*. Voorburg：International Statistical Institute.

Strauss，S.，& Bichler，E.（1988）. The development of children's concepts of the arithmetic average. *Journal for Research in Mathematics Education，19*（1），64-80.

Till，C.（2014）. Risk literacy：First steps in primary school. In K. Makar，B. deSousa，& R. Gould（Eds.），*Sustainability in statistics education. Proceedings of the 9th International Conference on the Teaching of Statistics，Flagstaff，Arizona，July 13-18*. Voorburg：International Statistical Institute.

Toulmin，S.，Rieke，R. D.，& Janik，A.（1984）. *An introduction to reasoning*. New York：McMillan.

Trouche，L.（2005）. Instrumental genesis，individual and social aspects. In D. Guin，K. Ruthven，& L. Trouche（Eds.），*The didactical challenge of symbolic calculators：Turning a computational device into a mathematical instrument*（pp.197-230）. New York：Springer Science and Business Media.

Utts，J.（2002）. What educated citizens should know about statistics and probability. In B. Phillips（Ed.），

Developing a statistically literate society. Proceedings of the 6th International Conference on the Teaching of Statistics，Cape Town，South Africa，July 7-12. Voorburg：International Statistical Institute.

Watson，J. M.（2005）. Variation and expectation as foundations for the chance and data curriculum. In P. Clarkson，A. Downton，D. Gronn，M. Horne，A. McDonough，R. Pierce，& A. Roche（Eds.），*Building connections：Theory，research and practice. Proceedings of the 28th annual conference of the Mathematics Education Research Group of Australasia，Melbourne*（pp.35-42）. Sydney：MERGA.

Watson，J. M.（2006）. *Statistical literacy at school：Growth and goals*. Mahwah：Lawrence Erlbaum.

Watson，J. M.（2009）. The influence of variation and expectation on the developing awareness of distribution. *Statistics Education Research Journal，8*（1），32-61.

Watson，J. M.（2016）. Linking science and statistics：Curriculum expectations in three countries. *International Journal of Science and Mathematics Education，15*（6），1057-1073.

Watson，J. M.，& Callingham，R. A.（2003）. Statistical literacy：A complex hierarchical construct. *Statistics Education Research Journal，2*（2），3-46.

Watson，J.，Chick，H.，& Callingham，R.（2014）. Average：The juxtaposition of procedure and context. *Mathematics Education Research Journal，26*（3），477-502.

Watson，J.，& Donne，J.（2009）. TinkerPlots as a research tool to explore student understanding. *Technology Innovations in Statistics Education，3*（1）. Retrieved from https://escholarship.org/uc/item/8dp5t34t.

Watson，J.，& English，L.（2015）. Introducing the practice of statistics：Are we environmentally friendly? *Mathematics Education Research Journal，27*（4），585-613.

Watson，J.，& Fitzallen，N.（2016）. Statistical software and mathematics education：Affordances for learning. In L. English & D. Kirshner（Eds.），*Handbook of international research in mathematics education*（3rd ed.，pp.563-594）. New York：Taylor and Francis.

Watson，J. M.，Fitzallen，N.，& Carter，P.（2013）. *Top drawer teachers：Statistics*. Adelaide，Australia：Australian Association of Mathematics Teachers and Education Services Australia. Retrieved from http://topdrawer.aamt.edu.au/Statistics

Watson，J. M.，Fitzallen，N. E.，Wilson，K. G.，& Creed，J. F.（2008）. The representational value of hats. *Mathematics Teaching in the Middle School，14*（1），4-10.

Watson，J.，& Kelly，B. A.（2005）. Cognition and instruction：Reasoning about bias in sampling. *Mathematics Education Research Journal，17*（1），25-57.

Watson，J. M.，& Moritz，J. B.（1999）. The development of the concept of average. *Focus on Learning Problems in Mathematics，21*（4），15-39.

Watson，J. M.，& Moritz，J. B.（2000a）. Development of understanding of sampling for statistical literacy. *The Journal of Mathematical Behavior，19*（1），109-136.

Watson，J. M.，& Moritz，J. B.（2000b）. The longitudinal development of understanding of average. *Mathematical Thinking and Learning，2*（1-2），11-50.

Whitaker，D.，Foti，S.，& Jacobbe，T.（2015）. The levels of conceptual understanding in statistics（LOCUS）project：Results of the pilot study. *Numeracy：Advancing Education in Quantitative Literacy，8*

（2）. Retrieved from http://dx.doi.org/10.5038/1936-4660.8.2.3.

Wild，C.（2006）. The concept of distribution. *Statistics Education Research Journal*，*5*（2），10-26.

Wild，C.，& Pfannkuch，M.（1999）. Statistical thinking in empirical enquiry. *International Statistical Review*，*67*（3），223-248.

Zakaria，E.，& Salleh，F.（2012）. Teachers' creativity in posing statistical problems from discrete data. *Creative Education*，*3*（8），1380-1383.

Zieffler，A.，Garfield，J.，Alt，S.，Dupuis，D.，Holleque，K.，& Chang，B.（2008）. What does research suggest about the teaching and learning of introductory statistics at the college level? A review of the literature. *Journal of Statistics Education*，*16*（2）. Retrieved from https://doi.org/10.1080/10691898.2008.1188956.

第 5 章　关于数据的推理

罗尔夫·比勒尔　丹尼尔·弗里舍梅尔　克里斯·雷丁　J. 迈克尔·肖内西

许多政治、经济、社会领域的决策都基于数据和统计。为了成为一个有责任心的公民并参与公共生活，我们应在数据推理方面拥有扎实的基础。数据推理是一项基本的人类活动，其内容存在于世界上几乎所有专业和大多数学校课程中。本章回顾了关于各年龄段学习者进行数据推理的研究。具体来说，本章定义了“关于数据的推理”（reasoning about data），研究了不同国家数据推理教学的实施情况，并考察了关于学习者进行变异、分布、组间比较和关联推理的研究。本章回顾了现有的框架和分类法，这些框架和分类法可以评估学习者有关这些概念的推理。最后，本章对数据推理的未来研究方向提出了一些看法。

5.1　简介

> “数据确实为我们所做的一切提供了力量！”
>
> ——领英的首席执行官杰弗里·韦纳（Jeffrey Weiner）

本章概述各年龄段学习者数据推理方面的研究。数据分析过程有四个大致的阶段：①提出统计问题并产生假设；②收集数据；③分析数据；④解释结果并提出结论（Graham，1987；Kader & Perry，1994；Wild & Pfannkuch，1999）。本章强调最后两个阶段，即分析数据和解释结果，侧重于学习者对变异、分布、组间比较和变量间关联进行推理方面的研究。

本章重点介绍了有助于理解学习者推理发展水平的框架和分类法，并提供了对特定领域研究发展的深入见解。由于有大量研究是基于 SOLO 分类法的（Biggs & Collis，1991），本章还讨论了与 SOLO 分类法相关的方面。此外，本章的各部分还概述了技术的使用对支持更好、更复杂的数据推理的可能性和潜力。

本章以历史的视角对学生的数据推理研究的演变进行了介绍。早期关于描述学生数据推理的概念框架的工作推动了研究人员对变异和分布等概念的更集中的研究。本章分为七个部分。第 5.2 节考察了数据推理的一般要素，并提出了几个关于数据推理的框架。第 5.3 节“关于变异的推理”介绍了情境中的推理和各年龄段的研究概况，特别关注推理的发展等级。第 5.4 节“关于分布的推理”介绍了分布的概念和学生进行分布推理的研究，包括发展模型。第 5.5 节“组间比较的推理”介绍了组间比较的几个方面的区别，综述了关于学生、职前教师和在职教师进行组间比较的研究。第 5.6 节“变量间关联的推理”侧重于学习者对列联表（contingency table）中的关联和数值变量之间关联的推理方面的研究。最后一节对未来研究方向进行了讨论。

5.2 关于数据的推理

本节讨论了四个有关统计教育的国家课程建议（澳大利亚、德国、美国和新西兰）对数据推理的论述，在此基础上讨论了从关于学生数据推理框架的研究中得出的广泛观点。本节为本章的其余部分奠定了基础，其余部分更详细地研究了学生对数据中一些主要概念的推理，包括变异、分布、组间比较和关联。

5.2.1 关于数据推理的一些国家课程建议

过去 25 年里，统计和概率在国家学校课程中的地位不断提高。许多国家现在的课程文件列出并论述了应该被纳入中小学不同年级的统计教育主题或概念。譬如，在澳大利亚，预备班（学前班）到 7 年级（4—12 岁）的课程指南要求学生的学习主要集中在一系列数据的构建和比较上，8—9 年级的指南让学生探索随机样本中均值和比例的变化、查看分布的形状、了解抽样分布，并以中心和变异作为度量来比较分布。在更高年级的教学中，澳大利亚课程更多地关注概率模型，引入随机变量，并开始教授统计推断（Australian Curriculum，Assessment and Reporting Authority，n.d.）。因此，澳大利亚中小学每一年都有统计教育的轨迹。

德国 1—4 年级的指南集中在让学生收集和表示数据以及使用数据表征（Hasemann & Mirwald，2012）；5—10 年级的指南侧重让学生进行数据分析、解释数据，并基于数据进行论证（KMK，2004）；11—13 年级学生的数学教育能力标准包括从样本到总体的推断、模拟、概率分布和假设检验（KMK，2012）。

德国和澳大利亚对学生的统计教育建议似乎非常相似。低年级学生的学习集中在探索和表达数据方面；中年级的教学要求学生对数据进行更详细的分析，并开始根据数据推理进行讨论（德国是 5—10 年级，澳大利亚是 8—9 年级，德国似乎比澳大利亚更早开始）；到了高年级阶段，这两个国家的学生都开始学习样本推断，探索抽样分布，并开始做一些假设检验。

20 多年来，美国数学教师协会的标准文件提出了针对 pre-K-12 阶段学生的统计教育建议细则（National Council of Teachers of Mathematics，2000；National Council of Teachers

of Mathematics，1989；Shaughnessy，Chance，& Kranendonk，2009）。其中，《学校数学的原则和标准》中关于数据分析和概率的建议主要围绕四个年级段的学生集中作了详细阐述，这四个年级段分别是 pre-K-2、3—5、6—8 和 9—12 年级（National Council of Teachers of Mathematics，2000），均要求数据分析的教学计划应使学生能够：①提出能用数据解决的问题；②选择并使用适当的统计方法分析数据；③提出并评估基于数据的推断和预测；④理解并应用基本的概率概念。近年来，《州共同核心数学标准》被美国的一些州采用，其中就包括 6—11 年级的统计和概率标准。初中要求从理解变异性、总结并描述数据分布开始（6 年级），然后是从样本推断总体并对两个总体进行非正式的比较推断（7 年级），最后是根据关联和双变量数据得出结论（8 年级）。高中标准的内容交织着概率模型和统计推断方法，包括通过模拟和辅助程序进行假设检验。与美国数学教师协会的建议不同的是，《州共同核心数学标准》在 3—5 年级的课程建议中不包括数据推理。但是，《州共同核心数学标准》小学阶段的建议纳入了对计量资料的表征的使用。

对于数据推理的重要性或者其涉及的内容，国家课程文件并不总是提供足够详细的信息。新西兰就是一个例外，其统计学课程建议包括让学生体验使用统计调查循环进行调查的过程（Ministry of Education，2007）。德国的标准同样涉及与数据分析相关的过程技能（KMK，2004）。美国数学教师协会标准中的统计和数据分析的内容在其他国家建立自己的统计教育课程建议时可被作为参考，并可能对澳大利亚、德国和新西兰的统计学课程标准的制定产生了影响。

一些专业的统计组织，如美国统计协会，发布了详细的建议，让学生参与数据推理的过程。美国统计协会的 pre-K-12 阶段的 GAISE①包含让小学、初中和高中学生进行数据分析的建议（Franklin et al.，2007），其中关于数据推理的内容远比许多仅仅列出相关主题的国家课程文件要详细。该报告建议学生应“发展生成、解释和分析数据的策略，以帮助回答他们感兴趣的问题。一般来说，学生应该能够提出可以用数据回答的问题；制定合理的计划，通过观察、抽样或实验收集适当的数据；得出结论并用数据支持这些结论；理解随机变异在推断过程中的作用”（Franklin et al.，2007，p.61）。在 pre-K-12 阶段的 GAISE 中，数据推理的整个过程首先是基于提出统计问题的重要性建构的。

这些国家文件和统计学组织提出的关于 pre-K-12 阶段统计教育的建议，无疑促成了过去 30 年来许多课程创新和统计教学材料的开发。但是，统计学课程材料不属于本章主题，因此我们没有论述。鉴于有许多建议是关于学生在统计教育中应该得到哪些体验的，值得被研究的一个有趣问题是：学生是如何对数据进行推理的？下一节将讨论对有兴趣探索学生统计推理的研究人员有用的框架。

① 还有一个针对大学生统计教育的 GAISE 。

5.2.2 数据推理的框架

21 世纪初的统计教育研究表明，研究人员努力建立概念框架来解释学生的统计推理，这样的统计推理框架是基于假设的统计过程。譬如，琼斯、朗格拉尔、穆尼（Mooney）和桑顿（Thornton）分析了中小学生对统计任务的实证回答，并基于四个关键的统计活动过程表述了数据推理的不同方面：描述数据、组织数据、表示数据、分析并解释数据（Jones et al.，2004）。他们提出了学生进行数据推理的四个逐渐复杂的层次：特质的、过渡的、定量的和分析的。他们的工作表明，还需要进一步研究高年级和高等教育阶段学习者对类似任务的回答，以判断这四个推理层次是否可以在中等和高等教育的学生中被验证并推广。有关该模型的更详细描述以及对早期的统计推理发展模型的分析，请参见琼斯等的文章（Jones et al.，2004）。

侧重关于特定统计概念（如中心、变异性、分布）或特定统计过程（如组织数据、简化数据）的推理的概念框架可能本身就根植于有关推理的更一般的理论模型中。特别是，SOLO 分类法被许多研究人员用于分析和描述学生对统计任务表现出的日益复杂的理解（Biggs & Collis，1991）。这种分类法由比格斯和科利斯开发，是一种新皮亚杰（neo-Piagetian）认知发展模型，用于分析学生对任务回答的复杂性，可以作为评估任何环境中学习的一般模型（Biggs & Collis，1991）。SOLO 分类法确定了五种思维作用方式：感觉运动（sensorimotor）、表象（ikonic）、具体符号（concrete-symbolic）、形式（formal）和超形式（post-formal）。每种方式都包含大量可识别的行为表现。与学龄期学生进行推理最相关的两种方式是表象方式（利用图像和想象力）和更具认知复杂性的具体符号方式（使用书面语言等二级符号系统）。在中学或高等教育阶段之前，学生通常不会发展出形式方式（产生包含且超越特定情境的一般化推断）。虽然这些方式与皮亚杰的认知发展阶段论相似，但这二者存在重要差异。SOLO 分类法中早期出现的方式被视为用于支持后续方式的发展，而不是被后来的方式所取代。

每一种方式都确定了一系列不断增长的认知发展水平。研究最常呈现的三个水平是：单一结构（unistructural，U）水平，侧重于任务的一个相关方面；多元结构（multi-structural，M）水平，侧重于若干相关方面；关联（relational，R）水平，侧重于确定具有相互关系的几个相关方面。这三个水平构成了一个认知发展的周期，即，每种方式都从 U 发展到 M，再发展到 R。譬如，雷丁和里德研究了学生在各种课堂任务中进行的关于分布的推理，基于“分布的关键要素”这一维度，二人描述了具体符号方式中对回答进行编码的层次结构（Reading & Reid，2006）。U 水平的回答都集中在分布的一个元素上（如中心、离散度、密度、偏度或异常值），M 水平的回答整合了多个分布元素但没有将其关联起来，R 水平的回答整合了所有可用的分布元素。

总体而言，SOLO 分类法被证明是一种对统计教育工作者有用的研究工具，因为它能评估揭示学生推理水平的开放式复杂任务的回答。随着研究人员更多地关注特定的统计领域或概念，他们能够更深入地研究推理，他们有时需要描述不止一个 U—M—R 学习周期（如 Reading & Reid，2006；Watson & Moritz，1999，2000）。一些研究人员认为，当出现两个这样的周期时，第一个学习周期与概念发展有关，而第二个周期涉及概念的巩固和应用（Jones et al.，2004）。

然而，研究人员发现，通用描述（如 SOLO 分类法中的描述）并不总能提供足够的细节来表征数据推理的所有重要方面。于是，许多与数据推理相关的特定领域和特定概念的推理框架得以开发。肖内西在回顾关于统计学习和统计推理的研究文献时指出，研究人员开始构建学生关于中心（Watson & Moritz，2000）、图表（Friel，Curcio，& Bright，2001）、变异性和分布（Bakker & Gravemeijer，2004；Saldanha & Thompson，2003；Shaughnessy，Ciancetta & Canada，2004）的推理的概念发展框架（Shaughnessy，2007）。一些发展框架本质上是分等级的，如本-兹维（Ben-Zvi，2004），以及诺尔和肖内西（Noll & Shaughnessy，2012）提出的解释性概念框架。这些发展框架表明，随着学生获得更多的统计经验，他们需要在推理的特定阶段取得进步。

5.2.3　总结和预告

本节从国家课程文件以及一些统计学和数学教育组织的角度出发，简要概述了关于数据的统计推理的含义，接着讨论了一些关于学生数据推理的基本框架的早期研究。这些研究从考虑关于数据的整体推理转向对数据特定方面或特征的推理。后面几个小节的讨论将侧重于从特定统计概念的视角进行的对数据推理的研究，这些特定概念包括：变异、分布、组间比较和关联。

5.3　关于变异的推理

本节考虑了关于变异的推理在统计学习中的基础作用，然后重点介绍了为帮助研究人员和教师指导学习者时深入研究变异推理而开发的框架。本节内容包括：①考虑了变异性和变异的本质；②解释了用于研究变异的背景的广泛性；③研究了为变异推理研究工作提供信息的发展等级的早期变化；④综述了基于 SOLO 模型提出的等级结构；⑤考察了关于在职教师和职前教师推理能力的研究；⑥阐述了推理中存在的变异概念。

5.3.1　探索关于变异的推理

变异的概念是统计思维的基础，因为统计分析寻求的就是“解释个体和度量的随机变异背后的系统效应”（Pfannkuch & Wild，2004，p.38）。虽然一些作者将术语“变异”（variation）与“变异性”（variability）互换使用（如 Peters，2011），但是雷丁和肖内西解释了二者的区别：变异性是一个实体的可观察特征，而变异与度量该特征有关

（Reading & Shaughnessy，2004）。本节涉及的研究中，相关研究人员使用了“变异”或“变异性”这两个术语，尽管他们对这两个术语的理解可能与雷丁和肖内西对二者所作的区分不一致。

本节的重点是研究关于变异的推理，即用于处理表现出变化的情况（即变异性）的推理。统计教育环境中有四个主要的变异性来源：测量、自然、人工（induced）和抽样（Franklin et al.，2007）。当对同一单个实体的重复测量出现变化时测量变异性就会产生，这可能是测量装置的可靠性问题或测量对象的实际变化导致的。自然变异性的出现是因为个体具有固有的差异，因此对相同数量的不同个体的测量可能有所不同。当其他因素的引入改变了条件，从而必然改变测量时，就会出现人工的变异性。当抽取多个样本并且根据样本计算的度量出现变化时，抽样变异性就会产生。知道变异性的不同来源后，我们对变异的推理可以为统计思维奠定坚实的基础。

关于变异推理的探索通常源于“对变异的考虑”（consideration of variation）的研究，后者是普凡库赫和怀尔德确定的统计思维的基本类型之一（Pfannkuch & Wild，2004）。对变异的考虑有四个组成部分：注意并识别变异；以预测、解释或控制为目的测量变异并对其建模；解释并处理变异；制定与变异有关的研究策略。这四部分内容后来被扩展，又纳入了另外两个部分，即描述变异和表征变异，这两部分对学生在早期思考变异来说是特别重要的（Reading & Shaughnessy，2004）。

对“理解变异”（understanding variation）的研究也为探索关于变异的推理提供了信息。加菲尔德和本-兹维回顾了迄今为止的研究之后，提出了有关“理解变异”的七个关键方面的理论框架（Garfield & Ben-Zvi，2005）。雷丁和里德综合这一框架和一些主要研究人员的贡献，提出了关于变异的九个方面/组成部分的框架：①发展变异性的直观思想；②描述并表征变异性；③使用变异性进行比较；④识别特殊分布类型中的变异性；⑤识别拟合模型中的变异性模式；⑥使用变异性来预测随机样本或结果；⑦将变异性视为统计思维的一部分；⑧识别变异来源；⑨用观察到的变异解决期望问题（Reading & Reid，2010）。这个框架扩展了我们对变异的理解，特别是涉及预测、解释和控制的情况下处理变异的时候。框架的这种深度潜在地为教师提供了更好的关注点，因为他们要规划学习体验以帮助学生对变异进行推理。

5.3.2 结合背景对变异进行推理

变异的本质要求我们结合背景对变异推理进行研究。在推理中，背景是提供意义的必要条件（Franklin et al.，2007）。在研究推理时，背景可以是自然发生的经历，也可以是人为（非自然发生）的经历。尽管自然发生的经历可能促进人们对变异的理解，但是，人们发现人为经历（如使用随机装置）也有助于研究推理，因为后者要考虑的变异来源较少（Watson & Kelly，2004a）。

关于变异推理的研究在各种背景/情境进行。一些研究要求学生对不同类型的表征进行推理（如图表、表格、模型；Pfannkuch，2005）或使用基于技术的模拟（Lehrer，Kim，& Schauble，2007）。还有研究涉及各种活动：描述分布（Reading & Reid，2006）、比较分布（Ben-Zvi，2004；Makar & Confrey，2005；Pfannkuch，2005；Reid & Reading，2008）、建模（Lehrer & Schauble，2004）、预测结果（Mooney et al.，2014；Watson et al.，2003）或得出结论（Peters，2011）。

对变异推理的研究有三个关键背景：①机会；②数据和图表；③抽样。使用机会背景的研究实例包括研究转盘试验（Canada，2006；Watson & Kelly，2004a）和六面骰子（Watson et al.，2003）的预期结果。使用数据和图表背景的研究实例包括描述天气数据（Reading，2004）、总结并分析鸟蛋数据（Reid & Reading，2008）、比较姓氏长度（Ben-Zvi，2004），以及比较学生成绩（Makar & Confrey，2005）。使用抽样背景的例子包括预测从装有糖果的碗中选择的结果（Mooney et al.，2014；Reading & Shaughnessy，2004）、对植物生长变化过程建模（Lehrer & Schauble，2004），以及表述对学生体重的期望（Watson & Kelly，2006）。雷丁和里德设计调查问卷时使用了这三个关键背景，调查了大学生在统计学入门课程学习前后在变异推理上的变化（图 5.1）（Reading & Reid，2006）。第一个问题旨在确定学生是否了解变异性，而问题 2、3 和 4 分别用于研究他们对数据和图表、机会和抽样背景中关于变异的推理。

关于变异推理的大量研究结合了多种背景以建立对推理的丰富认识。一些研究人员将来自不同背景的元素组合成一个工具（如 Reid & Reading，2006，2008），而其他研究人员通过统计分析（Rasch 模型）将来自所有三个关键背景的元素组合在一起，构建一个用于推理变异的模型（如 Watson et al.，2003；Watson，Callingham，& Kelly，2007）。彼得斯通过将三种不同视角的背景（设计、数据中心和建模）结合起来对各种任务的回答进行编码，从而更好地理解学生的推理（Peters，2011）。例如，彼得斯发现，结合了背景后，小样本情况下教师对控制变异进行推理的过程能更好地被洞察。

马卡尔和本-兹维总结了一系列研究，这些研究重点关注学生发展非正式统计推断中的推理时，背景所发挥的作用，从而强调了学习推理时背景的重要性，但是也提出了一个重要的警示（Makar & Ben-Zvi，2011）。背景知识可以影响学生与数据交互的方式，这可能导致学生越过数据本身的信息而使用他们的背景知识来解释数据中的模式或从数据中得出结论。进行组间比较任务时，中学生公开承认，基于数据的结论并不是从比较中得出的唯一结论（Langrall et al.，2011）。事实上，一些研究表明，如果学生直接应用背景知识，那么背景可能成为他们得出解释的唯一来源。研究中发现了这样一种趋势，即当学生参与探究式项目时，不得不处理他们所期望的结果与他们从数据中得到的结果之间的冲突（Makar，Bakker，& Ben-Zvi，2011）。尽管学习者有可能过分依赖背景知识，但这些研究人员仍将背景作为支持非正式统计推论性推理（informal inferential reasoning，IIR）的重要因素之一。

问题 1：对你来说，什么是变异性？口头给出解释和/或例子。

问题 2：远郊的人十分关心开往市中心的巴士服务的可靠性。他们观察了 33 号巴士车站的到站与离站情况，记录了巴士的迟到时长。迟到零分钟意味着巴士准点，如果迟到时长是负数值则意味着巴士提前到达。数据显示在两张图中。描述并比较两种巴士路线的情况。

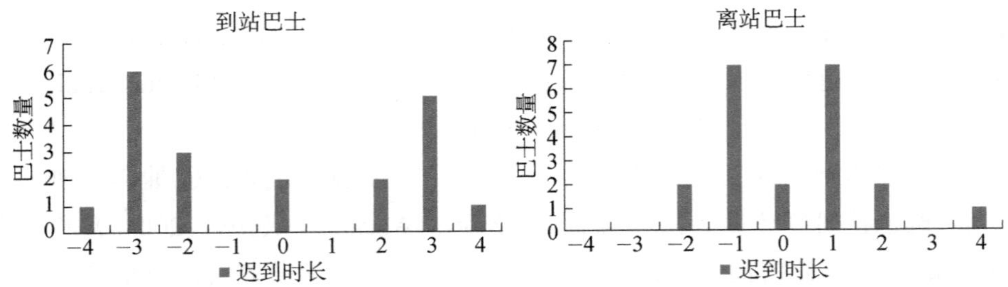

问题 3*：在新西兰，每年大约有七个儿童出生时有肢体缺失。去年在新西兰出生的这种畸形儿童的分布如图所示。众所周知，在新西兰，三分之一人口居住在最北部的地区，其他四个地区各住着六分之一的人口。你怎么看？

*（Meletiou-Mavrotheris & Lee，2002）

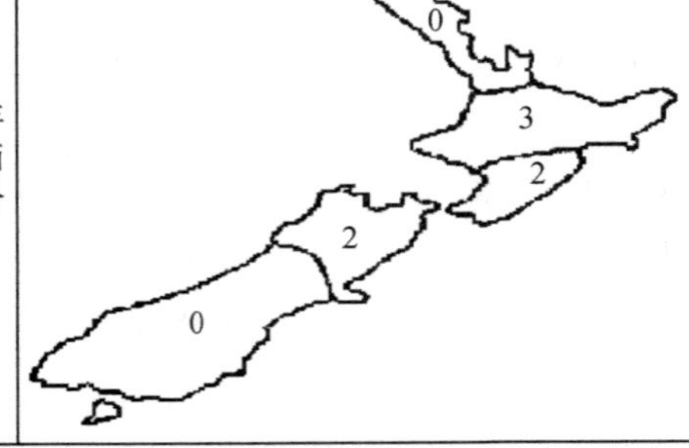

问题 4**：一个碗里有 100 颗包装好的硬糖，其中 20 颗为黄色，50 颗为红色，30 颗为蓝色。它们在碗中充分混合。珍妮蒙住眼睛一把掏出 10 颗糖果，数出红色的数量然后告诉老师。老师将红色糖果数写在一张单子上。然后，珍妮放回糖果，重新混合。珍妮的五个同学，杰克、朱莉、贾森、简和杰里都进行了同样的操作。它们每个人都取出 10 颗糖果，数出红色的数量，老师记录数量，然后放回糖果重新混合。

a.	你认为老师列出的红色糖果数量的清单是什么样的？解释你的理由。
b.	如果要求你从下面的清单中选出对这一问题的回答，请圈出你的选择，并解释理由。 A）5，9，7，6，8，7　　B）3，7，5，8，5，4　　C）5，5，5，5，5，4　　D）2，4，3，4，3，4　　E）3，0，9，2，8，5
c.	珍妮班上的所有同学都看到了演示，想加入这个活动。老师又开始了这个试验，让班上 40 名学生每个人都取出 10 颗糖果，按照相同的步骤记录了一个新的清单。描述老师记录的清单可能是什么样的，并说明理由。 **改编自：（Reading & Shaughnessy，2004）

图 5.1　调查关于变异的推理的问卷

资料来源：（Reid & Reading，2006，p.2）

学生进行变异推理时，涉及背景时应采用平衡的方法。虽然背景对于推理的定位是有用的，但我们应该引导学生基于提供的数据进行推理，然后再使用背景知识来帮助他们理解做出的推理。这与使学生参与包含更完整的统计过程的任务（如非正式推断）这一趋势一致（Makar & Ben-Zvi，2011），而不仅仅是孤立地对变异推理。有研究还鼓励通过建模理解变异现象，以使推理包含在完整的统计调查循环内（如 Lehrer，Kim，& Schauble，2007；Pfannkuch，2005）。特别是，GAISE 框架提出，预测变异性对于提出适当问题进而开始统计调查是至关重要的，而识别、解释和考虑变异性在调查的后期阶段变得尤为重要（Franklin et al.，2007）。

5.3.3 推理的发展等级

关于变异这一核心概念的推理的发展等级，对于帮助教师合理设计结构化的学习顺序和对学生统计调查学习进行相关评估来说是很有必要的。最初，发展等级的构建是为了描述进行变异推理时所表现出的逐渐复杂性。有两个重要的例子，第一个是沃森等描述的四个水平：①变异的预备知识；②变异的部分识别；③变异的应用；④变异的批判性推理（Watson et al.，2003）。第二个例子是，本-兹维将推理分为七个阶段：①关注不相关的方面；②描述变异性；③形成假设以解释变异性；④通过比较频率来解释变异性；⑤使用中心和离散度的度量；⑥处理异常值；⑦区分组内和组间的变异性（Ben-Zvi，2004）。

在一项研究中被构建的等级结构不总适合于另一个研究项目。斯劳森在尝试使用已有的等级后，创建了新的等级来充分详细地表示学习者的认知水平（Slauson，2008）。同样地，里德和雷丁将怀尔德和普凡库赫的框架（Wild & Pfannkuch，1999）以及雷丁和肖内西描述的等级结构（Reading & Shaughnessy，2004）结合起来，对可解释和不可解释的变异的推理进行分类，但他们增加了一个额外的类别（建模并量化可解释和不可解释的变异）来对学生的回答进行合理编码（Reid & Reading，2010）。

在关于变异推理的并列方面的表述中，等级结构中逐渐增加的复杂性就很明显了。雷丁和肖内西构建了两个多层次的并列等级结构：一个用于描述变异，另一个用于识别变异的来源（Reading & Shaughnessy，2004）。同样地，里德和雷丁确定了两条发展路径：一条用于建模并量化可解释或不可解释的变异，另一条用于识别并控制变异的来源（Reid & Reading，2010）。彼得斯更进一步，为了建立一个理解变异的"稳定的"（robust）模型，他构建了代表三个视角的三个并列等级结构：设计、数据中心和建模（Peters，2011）。通过对推理的并列方面或观点进行描述，研究人员可以更深入地解释学生推理时的回答，教师可以设计出更有效的学习顺序来促进这种推理。

发展等级中对水平描述的准确表达对于确定学生推理所处的特定水平至关重要，表达的准确性也取决于任务的质量和多样性。譬如，雷丁和里德最初分别对四个任务描述了"对变异的考虑"的等级，分别是无、弱、中、强（Reading & Reid，2006）。在分析了学习者对其他两个任务的回答后，里德和雷丁改进了关于组内变异和组间变异推理水平的描述，明确说明了各水平的差异（Reid & Reading，2008）。弱水平的回答只涉及这两种变异中的一种，中水平的回答同时涉及两种类型的变异，但不涉及两者的联系，只有强水平的回答包含两种类型的变异并解释了它们是如何联系的。这个修订后的等级结构被其他研究人员使用（如 Mooney et al.，2014），他们发现学生认识到应该预期到变异性的出现，但不会预期变异性的大小。

虽然上述讨论表明，研究人员根据学习者对在特定情境中设置的任务的回答，实现了对推理等级的更深入的描述，但是可能还有其他方法可以进一步完善对推理的描述。

一种有效的方法是让学习者接受认知冲突的挑战，研究报告说，学习者很难解决这种冲突，但是他们在尝试的过程中会表现出更详细的推理过程（如 Reading & Reid，2007；Watson & Kelly，2004a）。还有一种名为“解决困境”的相关方法，能够帮助教师作为学习者阐明他们对变异的推理（Peters，2014）。

随着关于变异的推理的等级结构的不断多样化，作为从业者的教师需要一个用于理解框架的普适基础，以帮助他们更容易地使用等级结构来设计学习体验和评估方式。

5.3.4 基于 SOLO 分类法的发展等级

SOLO 分类法成为一种广受欢迎的理论框架，一般用于为推理的发展等级提供信息，特别是有关变异的推理。一些研究人员承认他们在工作中参考了 SOLO 分类法，但没有明确解释发展等级与 SOLO 分类法的关系。譬如，沃森等解释说，SOLO 分类法为他们的分析提供了起点，但他们给出的解释或等级中没有出现具体的 SOLO 分类术语（Watson et al.，2003）。例如，他们的水平 4，即关于变异的批判性推理，要求概念的整合，尽管这类似于 SOLO 分类法中的关联水平，但他们没有明确解释二者的关系。这些研究人员的进一步分析（Watson & Kelly，2004a，2006）描述了用 SOLO 分类法编码的特定水平（从表象到关联），但这些水平侧重描述的是任务本身（即变异所处的背景）的推理，而不是对变异的推理。

雷丁是对有关变异推理的 SOLO 分类水平进行详细描述的第一批研究人员之一，他的深入分析清楚地表明，一些回答涉及变异的定性描述，即第一个 SOLO 分类水平周期（U1—M1—R1），而其他回答涉及变异的定量描述，即 SOLO 分类水平的第二个周期（U2—M2—R2）（Reading，2004）。当存在多个 SOLO 分类周期时，明确指出从一个周期进入另一个周期的节点（在上述情况中，这种节点是指对变异进行定量描述的能力）以及从一个水平进入下一个水平的节点是至关重要的。沃森等的一项研究是第一个使用心理测量方法（Rasch 模型）证明 SOLO 分类水平间发展的大规模研究（Watson，Callingham，& Kelly，2007）。用于区分变异和期望发展的产生路径中的详细水平清楚地呈现出，第一个周期中的期望和变异是被分开处理的，而第二个周期中的两个概念是有相互联系的。

基于 SOLO 分类法的研究还确定了在 SOLO 分类等级的关联水平中关于变异的推理的关键步骤。比如学生将可解释和不可解释变异关联（Reid & Reading，2010）、将期望和变异关联（Watson & Kelly，2006）、将比例推理和变异关联（Reid & Reading，2006）。这与其他没有阐明等级的研究结果是一致的，譬如，学生从将变异视为差异发展到将变异视为结构化差异（Lehrer & Schauble，2004），从非标准术语发展到标准术语（Makar & Confrey，2005），从尝试度量发展到使用正式的统计指标（Lehrer，Kim，& Schauble，2007）。

在批判性地回顾了早期的等级划分后，彼得斯开发了一个以推理为核心的等级结构，他将其称为“对变异的稳定理解”（robust understanding of variation），并确定了三个理解变异的视角（Peters，2011）。第一个视角是设计，该视角“整合了在定量研究设计中对变异的认识和预期”。第二个视角是数据中心，该视角“整合了探索性数据分析中表征、测量和描述变异的过程”。最后一个视角是建模，该视角“整合了推理以使模型拟合数据和统计量的变异模式，判断拟合优度，并转换数据以优化拟合”（Peters，2011，p.53）。这三个视角在第一个 SOLO 分类周期中是分开的，但在第二个 SOLO 分类周期中得以融合。这个等级结构将早期基于 SOLO 分类法中具体符号思维方式的等级扩展到形式思维方式。彼得斯的等级结构中，用于辨别三个视角回答的描述非常详细，重点关注每个周期中对推理的关联要求。

5.3.5 成人对变异的推理

关于变异推理的大部分研究对象是学龄儿童和大学一年级学生，更高水平的变异推理研究可能需要将成年人作为研究对象。对成年人进行的研究大多涉及教师，研究侧重于在数据和机会背景中将他们作为学习者来观察，而不是调查他们对变异的理解（Sanchez，Borim da Silva，& Coutinho，2011）。也有一些研究例外，比如彼得斯对数学/统计学主管教师的深入研究促进了 SOLO 分类法层级的细化（Peters，2011）。她后来根据成人学习理论对这些教师对变异的理解进行了研究，强调了“迷失窘境”（disorienting dilemma）对促进形成稳固的变异概念的重要性（Peters，2014）。在促使学习者更好地理解变异这一方面，这种经历的价值与使人产生认知冲突的推理经历的价值相当。

研究教师在比较分布的过程中如何讨论变异时，马卡尔和康弗里详述了教师用以描述变异的四种术语，分别是离散度、低—中—高、模态丛和分布块（distribution chunks）（Makar & Confrey，2005），他们的分析表明了教师用来描述变异的非标准术语与标准术语的联系。卡纳达在对职前教师就概率背景进行的研究中制定了一个不断发展的框架，其中包含推理的三个方面：①预期变异（描述预期及其原因）；②表征变异（生成、评估和比较图表）；③解释变异（说明原因和影响）（Canada，2006）。该框架对职前教师使用的各种变异概念进行了有用的阐述，与雷丁和里德的框架（Reading & Reid，2010）一致，但没有那么详细。这种对在职教师和职前教师进行的早期研究工作表明，这些成年人刚开始发展他们的推理时，所用的阐述自己想法的方式与年轻学习者类似。

5.3.6 推理中依据的变异概念

上述推理发展等级有助于我们了解学习者在项目和/或任务的回答中表现出的推理水平，但是这种推理的发展取决于稳固的变异的基本概念。那么这个概念是什么样的？它又是如何在推理中存在的？肖内西回顾了十年来有关变异性的研究后，报告了以下关于变异的概念：①特定值的变异性，包括极值和异常值；②随时间变化的变异性；③总体范围的变异性（所有可能值的离散度）；④样本可能范围的变异性；⑤与固定点的距离或差异的变异性；⑥残差总和的变异性；⑦共变（covariation）或关联的变异性；⑧分布的变异性（Shaughnessy，2007）。

研究发现了在推理中运用这些概念的具体例子。譬如，分析学习者对变异的解释时，雷丁和肖内西发现学习者同时使用中间值和极值（如上述①）（Reading & Shaughnessy，2004）；莱勒和肖布勒发现 5 年级学生使用中间 50%（四分位数间距）描述离散度（如上述③）（Lehrer & Schauble，2004）；莱勒等发现 5—6 年级的儿童可以将度量概念化为真实值和随机误差的组合（如上述⑥）（Lehrer，Kim，& Schauble，2007）；沃森和凯利发现了点期望视角（如上述⑤）和分布期望视角（如上述⑧）的变异性（Watson & Kelly，2004b）。

学习者的变异推理能力在一定程度上取决于其变异概念的成熟度。譬如，学习者对任务的回答在达到雷丁和里德的“识别特殊类型分布中的变异性”水平之前（Reading & Reid，2010），需要发展出解释概念⑧“分布的变异性”的能力。

5.3.7 反思和未来发展

统计教育越来越关注问题解决的过程，这要求研究人员更好地理解学生在变异推理中产生的概念。GAISE 解释说，随着问题解决过程的不断成熟，变异的作用变得越来越复杂（Franklin et al.，2007）。关于变异推理的发展等级为理解推理和框架提供了更为深入的观点，从而使教师可以安排最佳的教学和对学生推理的评估方式。学生们在解决问题的过程中总是会遇到一些关键障碍。譬如，在能够将自然变异与人工变异进行比较之前（Franklin et al.，2007），学生需要能够区分自然变异和人工变异，并且分别对每个变异进行推理。

有关理解变异的九个关键方面（Reading & Reid，2010）为发展更全面的理解广度提供了一个良好的起点，从而使我们了解对变异进行推理时可能需要什么。有越来越多的等级可以用来解释推理的细节方面，涉及变异的情况越复杂，解释推理所需的等级就越复杂。特定任务所处的情境对于确定哪个等级与之最相关是很重要的。但是，如果没有对应的等级来满足特定背景/情境的需要，那么调整现有等级或发展一个新等级是有必要的。SOLO 分类法为研究人员和教师提供了一个有用的工具，可以帮助他们理解在现有和新发展的等级中日益复杂的关于变异的推理。

统计教育教学的重要性在不断提高，并在不断为教师提供完善其统计知识所需的相关学习内容，尤其是有关变异推理方面的内容。事实证明，从事专注于协作和智力对话的专业发展活动可以提高教师对变异的理解，从而提高变异推理能力（Peters，2014）。这种专业学习应该成为教师统计教育的起点。作为教师实践的一部分，他们需要利用发展等级来辅助规划学生的学习顺序，使学习者的推理表达更加正式。教师也会自然地用等级来评估学习成果。评估学习时，以 SOLO 分类法为理论基础的等级被证明对教师特别有用。

虽然统计教育研究仍在提供更多的等级结构来解释推理，但是 21 世纪的第二个十年的研究更多关注的是分布推理而不是变异推理。研究人员应该根据对其他概念推理的研究发现的新知识，重新探讨关于变异推理的研究。譬如，关注根据样本进行推理以及样本均值推理（包括相关的变异性）的研究人员，仍然承认我们处理数据时，进行更高级的变异推理要依赖于基础的统计概念（包括变异）（Ben-Zvi，Bakker，& Makar，2015）。

此外，因为构建新的等级是一项耗时的活动，研究人员应考虑使用现有的与背景相关的等级，即使相关等级可能需要被调整以适应特定需求。重要的是，研究人员应该记住，学生不会使用正式的关于变异的概念和术语并不一定意味着他们没有发展对概念的理解。对于能进行数据推理进而获得对基础概念（包括变异）的个人理解的学生来说，发展出从多角度看待数据的能力的重要性不能被低估，因为他们需要将数据作为整体（Konold et al.，2015，p.318）。最后，关于变异推理的自然进步是通过对分布的推理实现的（Reid & Reading，2008；Shaughnessy，2007），而且我们应在这两个概念之间建立清晰的学习联系。

5.4　关于分布的推理

本节讨论关于学生对数据分布和经验抽样分布进行推理的研究。从历史上看，有关学生对数据的一般推理的研究始于对单个统计概念的关注，如平均数、变异性、样本和图表。关于分布的推理需要一个研究设计和一些任务，让研究人员能对学生思考多种统计概念（如形状、中心和离散度）及其相互关系的情况进行更全面的调查。“分布”一词被用于指代统计中的许多不同实体，因此有多种含义。譬如，有研究探索的是学生对样本数据分布的推理、学生对（经验或理论）抽样分布的推理，以及学生对概率分布（理论概率分布和模拟产生的概率分布）的推理。本节首先介绍了关于分布概念的一些观点，然后分析了关于学生分布概念的研究的演变。根据对学生关于实证任务的思考和回答的研究结果，一些研究人员试图模拟学生对分布思考的发展和进步。本节最后对某些模型进行了讨论和比较，同时对研究人员后续的工作进行了思考。

5.4.1　有关分布概念的观点

分布在文献中被看作是一个元概念，它由许多与数据有关的统计概念组成，其中最重要的是变异［离散度、极差（range）、平均绝对离差[①]、标准差］。分布中涉及的许多

① 平均绝对离差（mean absolute deviation，MAD）是（所有值与均值的差的绝对值的和）÷（值的个数）。在分析和测度理论中，它是 L_1 范数。

其他统计概念可以被视为中心［均值、中位数、众数（mode）］或形状（丛集、对称、偏斜、异常值等）的一般方面。关于分布的推理涉及对这些统计概念的综合推理。

没有数据的变异性，就没有分布。在这方面，变异性会让学习者遇到更广泛的分布概念。普凡库赫和雷丁认为，“关于分布的推理涉及对复杂结构的解释，这不仅包括对中心、离散度、密度、偏度、形状、异常值等特征的推断，还涉及对抽样、总体、因果关系和偶然性等其他概念的思考”（Pfannkuch & Reading，2006，p.4）。在研究中让中学生完成涉及比较几个数据集的任务后，巴克和格雷夫迈耶认为分布是思考变异性的核心概念（Bakker & Gravemeijer，2004）。怀尔德在《统计教育研究杂志》的一期专刊里有关分布概念的简介性文章中指出，分布的概念“几乎是所有关于变异推理的统计方法的基础”（Wild，2006，p.11），并将分布视为用以查看变异的透镜。怀尔德通过定义和讨论不同类型的分布来帮助澄清分布的概念。经验分布是频率分布，其变异性可以直接在数据中被观察到。理论分布是模型，生成类似在经验分布中被观察到的变异。学生通常首先学习推理涉及个体间变异性（unit-to-unit variability）的抽样分布，然后是总体分布，最后是涉及研究之间的变异性（study-to-study variability）的抽样分布（Wild，2006）。

分布的概念对于所有统计思考和推理都至关重要，因此它成为近期统计教育研究的重点是完全可以理解的。研究人员感兴趣的问题包括：学生如何以及何时开始整合中心、形状和离散度的概念，并意识到这些是分布涉及的方面的？学生对分布概念理解的发展是否存在一个发展顺序？如果有，那么关于教学我们可以提出什么样的建议？我们可以提供什么样的有关分布的任务，使他们能够逐渐建立自己的观念？最近，关于通过模拟和抽样分布进行推断教学的问题已经出现，并且正被统计教育界所讨论。在研究人员发展了关于推断方法的教学工具和建议之后（如 Rossman & Chance，2014），关于使用模拟方法和抽样分布进行推断教学的有效性的研究也随之出现（如 Lane，2015；Taylor & Doehler，2015）。

5.4.2 学生分布推理研究的发展

关于学生分布推理的研究来自关于学生对其他统计概念推理（如中心、变异性、样本和图表）的研究。关于学生对中心和平均数推理的研究在本手册第 4 章中已有讨论，关于学生对变异性概念理解的研究在本章的前一部分中已提出。先前关于中心和变异性的研究有助于后续研究学生对分布概念的理解，并影响了研究中围绕分布使用的任务和研究问题的类型。譬如，关于学生对平均数的推理的研究中出现的一个共同主题是，学生对平均数概念的理解是长期形成的，并且学生对平均数的推理是一个自然的进程，对其的理解从“大多数”（mosts）到“中间值”（middles），到“典型”（typical）或“公平份额”（fair share），再到整个数据集的“代表”（representative）（如 Konold & Pollatsek，2002；Mokros & Russell，1995；Watson & Moritz，2000）。类似地，前文对描述变异性概念学习进程的发展等级进行了讨论（Reading，2004；Watson，Callingham，& Kelly，2007；Watson & Kelly，2006），也总结了变异性概念的发展轨迹（Shaughnessy，2007）。

关于学生对中心和变异性的思考的研究表明，应对涉及比较数据集或抽样的任务时，学生在中心和变异性上表现出了矛盾。这种矛盾标志着，当学生尝试在推理分布中将多个统计概念整合在一起时，其面临的复杂性将增加。譬如，预测从已知颜色比例的有色物体的混合物中重复抽取的样本时，一些学生对样本颜色比例的预测倾向于与总体颜色比例相同或非常接近，而其他学生则认识到样本的颜色比例可以有一些，甚至相当大的变化。许多研究人员记录了学生推理分布时，代表性和变异性之间的这种矛盾（Noll，2011；Noll & Shaughnessy，2012；Rubin，Bruce，& Tenney，1991；Watson，Callingham，& Kelly，2007）。此外，对于学生对期望和变异概念的整合过程，研究人员也发现了稳定的发展等级（Saldanha & Thompson，2003；Shaughnessy，Ciancetta，& Canada，2004；Watson，Callingham，& Kelly，2007）。回答抽样任务时，一些学生只关注中心和期望，而另一些学生只关注变异性。还有一些学生发现了中心和离散度对样本的潜在影响，而少数学生不仅能够识别期望和变异性，还能在推理通过重复抽样收集的数据时整合这两个概念。众多研究为文献中被称为“分布式推理”（distributional reasoning）的能力，即进行数据推理时认识到并整合分布的多个方面的能力（Shaughnessy，2007），提供了依据（Saldanha & Thompson，2003；Reading & Reid，2006；Watson，Callingham，& Kelly，2007；Watson，2009；Noll & Shaughnessy，2012）。

最早采用分布方法对学生的数据推理进行研究的学者包括巴克和格雷夫迈耶，他们研究了 7 年级学生在比较数据分布时对中心、离散度和形状的关注（Bakker & Gravemeijer，2004）。学生倾向于从特定数据点进行推理，然后转向数据的模态丛（Konold et al.，2002），这里是指图中的低丛、平均丛和高丛。在这种类型的学生推理中，中心、形状和离散度体现得很明显，因为丛（中心）分散在整个分布中，为数据的分布创造了一个整体形状。弗里尔、奥康纳和马默也发现，小学生比较数据集时，可能最先关注特定值（如众数）并确定数据丛（Friel，O'Connor，& Mamer，2006）。沃森也有类似的证据表明学生对丛的提及（Watson，2009）。科诺尔德等讨论了关于数据的四种不同观点：将数据作为指示（pointer）、作为个案值（case value）、作为分类器（classifier）、作为整体（Konold et al.，2015）。

随后的研究人员使用了抽样任务，试图为学生提供机会，证明学生能够进行分布式推理，并记录学生如何应对可能涉及形状、中心和变异性等分布的多方面的任务。一些研究要求学生从已知或未知的总体中重复抽取样本。当学生知道总体的比例时，他们被要求使用该信息来预测重复样本中统计数据的经验抽样分布（Shaughnessy，Ciancetta，& Canada，2004；Watson & Kelly，2006）。在总体比例未知的情况下，学生则被要求使用样本中的信息来预测总体的构成。譬如，诺尔和肖内西（Noll & Shaughnessy，2012）向学生呈现了四个经验抽样分布，其均来自相同的二项总体（图 5.2）。在这个神秘混合物的任务中，中学生（N=236）被问及，总体中原始的二项比例是多少以及他们是如何做出判断的。

下面的图来自一个班级，学生试图估计罐中共计 1000 颗红色和黄色糖果的混合比例。他们抽取了 50 个容量为 10 的样本（记录红色糖果数量且每次都放回并摇匀）。下面是班里四个小组所画的红色糖果数的图。

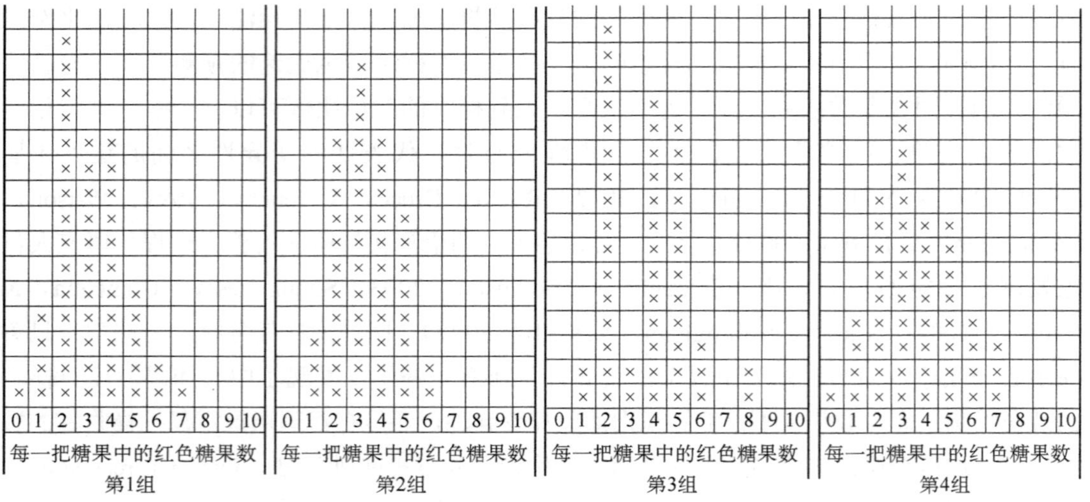

a）你认为罐中混合物的数量情况是怎样的？

b）解释你的原因。

图 5.2　神秘混合物任务

研究人员想知道：学生是否会注意抽样分布内部以及之间的变异。他们会依靠视觉上的模态丛作为中心还是计算中位数或均值？他们是否会在分析中纳入中心和离散度来估算混合物中的真实比例？结果表明，虽然学生们使用了许多可能的策略来估计神秘混合物，但是超过 40%的学生依赖于使用“大多数”或模态丛，这往往使他们低估了混合物中红色的真实比例（Noll & Shaughnessy，2012）。然而，也有许多学生明确表示了抽样分布中的变异，甚至有些学生计算出均值来获得图中不能提供的信息。

巴克和格雷夫迈耶指出，学生最好同时从数据到分布和从分布到数据（如从概率分布到样本数据）来对分布的各个方面进行推理（Bakker & Gravemeijer，2004）。他们建议推迟向学生介绍均值的时间，更好的方法要基于学生关于模态丛的推理。马卡尔和康弗里声称“关于分布的观点不只有文献中通常讨论的这两种：单点视角和整体视角。第三种观点……部分分布（partial distributions）或‘微型整体’（mini-aggregates）值得进一步被研究以探索其与分布的统计思维的关系”（Makar & Confrey，2005，p.48）。诺尔和肖内西的研究结果发现，尽管许多学生根据微型整体进行推理，但也有更复杂的回答可以归类为按比例推理或分布推理（Noll & Shaughnessy，2012）。因此，关于学生分布推理的研究表明，学生的分布推理可能存在一个概念发展轨迹，类似于学生的中心或变异性推理的轨迹。

5.4.3　学生关于分布推理的概念模型

本节将讨论描述学生分布推理轨迹的四个模型示例。在某种程度上，这些模型可以被认为是发展性的，因为随着学生的成熟，他们对数据的推理可以包括更抽象的概念，如对中心和变异性的度量，这些是年轻学生无法获得的。然而，分布推理也需要有一个教—学的组成部分，因为均值、中位数、四分位数间距和标准差等概念是不会自然发展的，它们需要被教授给学生。因此，将这些模型称为描述学生推理进展的概念模型可能更准确，这些模型源自对学生在分布及其各方面（中心、形状和变异性）思考的研究。

本-兹维研究了学生比较数据集时对变异性的推理（Ben-Zvi，2004）。本-兹维发现学生的推理进程始于对变异性的关注，但在后期阶段会逐渐考虑数据集的多个方面，包括整合中心和离散度的度量，最终关注形状和数据中的异常值。本-兹维指出，“组间比较时，学生变异推理的发展伴随着其对分布的总体感知的同步发展，后者指将分布作为具有典型特征（如形状、中心和离散度）的实体”（p.57）。

雷丁和里德发起了关于为大学生的分布推理建立 SOLO 分类法模型的工作（Reading & Reid，2006）。学生的任务包括比较数据集、对从已知比例的混合物中提取的样本进行推理、均值的抽样分布，以及比较分布。雷丁和里德在分析中确定了两个 U—M—R 学习周期。第一个周期侧重于分布方面（中心、变异性、形状），而第二个周期则包括对推断的关注。在第一个周期，将多个概念（如中心和离散度）联系起来的回答被编码为关联水平（R1），这表明分布推理的开始。在第二个学习周期中，研究人员寻找推断陈述与数据分布方面之间的联系。雷丁和里德声称学生的分布推理在很大程度上取决于他们对变异的理解。他们的结论是，对变异的理解可能是学生深入理解分布的必要条件。

沃森等对 3—9 年级学生关于期望和变异的推理以及学生对分布的这两个方面的整合进行了研究（Watson，Callingham，& Kelly，2007）。学生的任务包括预测从已知混合物中重复抽得的样本（棒棒糖或糖果）、双转盘游戏的结果、每日天气温度的数据，以及比较相同容量样本和不同容量样本的学生成绩的分布。该研究关注学生在期望与变异之间建立的联系，以及学生对这两个概念的整合是如何随着年级增长而发展的。沃森等确定了六个推理的水平（Watson，Callingham，& Kelly，2007）。前两个水平表示没有或非常简单地认识到期望或变异，后四个水平表明学生对期望（“更多”→背景中的中心→比例→与变异紧密联系的分布）和变异（任何事情都可能发生→随机变异→意外变异）的推理存在概念发展上的进展。沃森等确定了第三个概念发展上的进展，即学生逐渐认识到期望和变异之间的统计联系（Watson，Callingham，& Kelly，2007）。他们建议教学应该给学生提供类似研究中使用的任务，因为它们为学生提供了同时接触期望和变异并对二者进行推理的机会。

诺尔和肖内西研究了 6—12 年级学生在教学前后对经验抽样分布的理解，教学中学生有机会预测重复抽得的样本的结果（Noll & Shaughnessy，2012）。他们的任务包括从已知混合物（预测任务）和未知混合物（神秘混合物任务）中重复抽样以估计未知的总体（或样本）比例。任务还要求学生解释他们做出预测的原因。学生的回答表明，其推理基于他们在已知分布的样本中所期望的形状、中心和/或变异性。诺尔和肖内西提出了一个关于学生对抽样分布推理的概念发展进程，包括：

水平 1　累加推理（additive reasoning）：仅使用频率进行预测；

水平 2　过渡推理（transitional reasoning）：关注分布的单一方面，如形状、弱中心（众数或模态丛）或离散度；

水平 3　比例推理（proportional reasoning）：使用均值、中位数、相对频率或概率进行预测；

水平 4　分布推理（distributional reasoning）：对抽样分布进行预测时，确认并整合抽样分布、形状、中心和变异性的多个方面（图 5.3）。

围绕分布推理的所有这四种概念发展模型都确定了相似的概念轨迹，最初是从频率、特定数据点或模态丛开始推理，然后依赖于分布的多方面，如中心和离散度，最后是整合多方面。雷丁和里德在他们用以解释学生推理的 SOLO 分类模型中将这个最后阶段称为“关联思维”（Reading & Reid，2006）；诺尔和肖内西将其称为分布推断（Noll & Shaughnessy，2012）；本-兹维称其为具有中心、形状和离散度等特征的“对分布的整体感知”（Ben-Zvi，2004）。虽然他们使用的语言存在一些差异，但是关于学生对分布的推理，沃森等发现研究人员似乎普遍认为学龄儿童的分布推理过程有着类似于从“大多数”到中心，到比例，再到分布的过程（Watson，Callingham，& Kelly，2007），这在诺尔和肖内西的概念推理结构中被证实（图 5.3）。

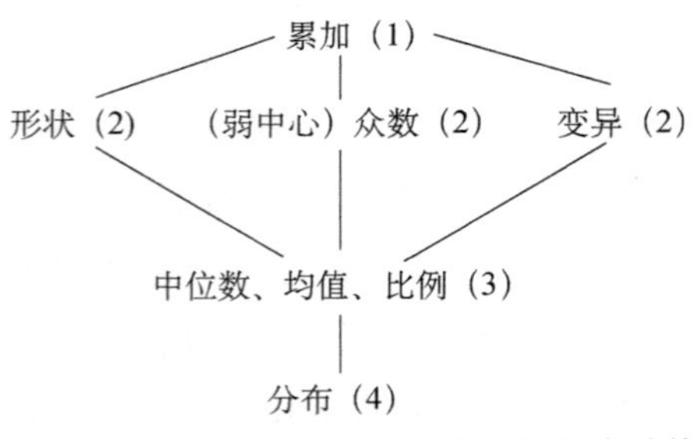

图 5.3　学生关于抽样分布推理的概念结构

除了对小学生、初中生和高中生关于分布及其各方面进行推理的研究外，还有关于大学生如何进行分布推理的研究。研究人员对其采用的任务与对学龄儿童使用的任务相似甚至相同。卡纳达研究了准小学教师对变异性和分布的推理（Canada，2006）；钱切塔研究了刚入门统计学的本科生对分布的推理（Ciancetta，2007）；诺尔研究的则是数学专业研究生（Noll，2011）。值得注意的是，高中生依赖比例、中心或概率预测重复抽得的样本结果这一倾向在大学生中仍然存在，他们往往在数据分析和预测中忽略变异性。卡纳达、钱切塔和诺尔的研究为学生分布推理的概念发展轨迹提供了进一步的依据

（Canada，2006；Ciancetta，2007；Noll，2011）。该轨迹从学生对频率的关注开始，然后是根据比例和相对频率进行预测，最终是整合分布的各个方面，如在推理中同时考虑期望和变异性。

5.4.4 反思和未来发展

关于学生数据推理的研究始于对学生中心推理的研究，然后转向关注对数据变异性的推理，并最终转向研究学生对分布的推理。因此，关于学生对数据集和抽样的推理的研究历史源自对学生如何对特定方面（如中心、离散度）以及总体实体（如分布）进行推理的观察。到目前为止，关于学生分布推理的大多数研究都是探索性研究，在本质上主要是描述性的。然而，这些描述性研究的结果，与关于学生对分布各方面的推理的研究结果是一致的（前一小节讨论过）。学生进行分布推理的发展模型表明，为了完全掌握作为实体的分布的概念，学生必须在推理中经历一个过渡。譬如，理解比例推理是学习分布推理之前的必要条件。学生需要根据相对频率，而不仅仅是频率，从分布中做出预测、解释和推断。此外，充分认识和理解分布中心的变异性是分布推理的关键。

有关分布推理的研究现状表明了未来需要研究的几个领域。根据这些描述性研究所提供的信息，对统计教育研究人员来说，现在是促使学生学习过渡到分布推理的一个理想时机，可以开始将以此为目标的统计任务纳入教学，为课堂建立教—学轨迹并测试它们。在这方面，该领域需要课程设计实验（Cobb et al.，2003）来促进学生对分布学习的发展，同时测试概念发展模型的有效性。譬如，如果由沃森、科林汉姆和凯利推荐（Watson，Callingham，& Kelly，2007）、诺尔和肖内西（Noll & Shaughnessy，2012）实施过一段时间的教学方法在整个统计学入门课程中被应用，那么学生因此可能产生的在数据推理方面的发展和变化会很值得研究。

未来研究的另一个领域是进行实验研究，以测试关于数据和分布推理的新教学方法。该领域现在可以从描述性研究中获得足够的信息来进行真正的实验研究。特别是，关于学生分布推理的研究引起了研究人员对探究学生非正式推断的兴趣，包括基于抽样分布模拟的推断。泰勒和德勒以及莱恩的最新研究表明了使用经验生成的抽样分布进行推断教学的潜在好处（Taylor & Doehler，2015；Lane，2015）。另一方面，人们越来越关注将抽样分布推断纳入统计学入门课程的可取性（Watkins，Bargagliotti，& Franklin，2014）。统计教育研究是时候进行一些实验研究来测试和比较统计学课程中推断教学的各种方法了，尤其需要研究来比较非正式推断教学方法和传统推断教学方法对学生学习统计推理的影响。该领域同时需要设计性实验和真正进行的实验研究，以超越描述性研究中有关学生分布推理的已有结果。无论如何，研究人员对从抽样分布中进行推断的教学的兴趣日益增加，这可能重新激发关于学生对分布的理解的进一步研究，未来研究也有望在本节讨论的先前研究的基础上进一步发展。

5.5 关于组间比较的推理

本章前面部分详细阐述了学生关于数据的推理（第 5.2 节）、关于变异性和变异的推理（第 5.3 节），以及关于分布的推理（第 5.4 节）。组间比较涵盖了所有这些方面。许多统计问题、统计假设和数据调查都与群体之间的差异和相似性有关，这可能是科诺尔德和希金斯将组间比较称作“统计学的核心”的原因之一（Konold & Higgins，2003，p.206）。分布的比较是统计学的基础，因为它包括许多关键思想（Burrill & Biehler，2011），如数据、变异和分布，因此它可以被视为统计教育中最重要的活动。分布比较的活动可以在不同年龄段实施，从早期阶段的学习者（如 Watson & Moritz，1999）到中学生（如 Pfannkuch，2007），再到职前教师和在职教师（如 Makar & Confrey，2002）。数字工具可以在组间比较中发挥重要作用，因为它们使学习者能够在不同的表征和概括统计量（summary statistics）之间轻松切换，从而更深入地了解数据。

本节概述了组间比较不同方面的区别，并提供了各年龄段组间比较以及数字工具使用的研究概况。最后，本节提供了一些关于未来发展的想法。

5.5.1 进行组间比较

组间比较至少需要考虑两个变量。三种类型的问题分别对应涉及两个变量的三种比较（Konold et al.，1997）。第一类问题[①]考虑两个分类变量之间的关联，如“男性或女性谁更有可能获得驾驶执照呢？”（Konold et al.，1997，p.7）。第二类“组间比较”考虑一个数值变量和一个分类变量，如“宵禁者是否比没有宵禁的人花更多时间学习？”（Konold et al.，1997，p.7）。第三类比较考虑两个数值变量，如“看电视的时间和学习成绩之间是否存在关系？”之类的问题（Konold et al.，1997，p.7）。本节讨论的是第二类组间比较问题。关于两个分类变量（Konold et al.，1997，第一个案例）和两个数值变量（Konold et al.，1997，第三个案例）的关联的推理在本章第 5.6 节将有所涉及。

研究中用于考查学生如何进行组间比较的研究任务在几个维度上有所不同。其中一个维度是任务设置。我们可以确定四种常规类型的任务设置：

1）这些组是否具有相同的样本容量；

2）样本容量是小还是大；

3）该任务是否需要使用软件来操作表征和计算概括统计量以进行比较；

4）进行组间比较的数据集是总体的样本还是总体本身。

设计组间比较任务或评估学习者组间比较的结果时，教师和研究人员必须了解这些具体设置，因为每种类型的任务设置都可能需要学习者使用不同策略供进行组间比较。研究任务的第二个维度区分了以下类型的问题：

---

① 研究中有关于统计问题更全面的分类（Biehler，2001，p.98；Arnold，2013）。

1）决策问题（如“哪个组‘更好’？”）；

2）描述性和探索性问题（如“可以发现哪些不同点和共同点？”）；

3）由假设驱动的问题（如“女孩的阅读时间往往比男孩长吗？”）。

研究任务的第三个维度包括学生组间比较时可能考虑的分布元素（组间比较元素）。分布的特征有中心、离散度、偏度、峰和簇，以及异常值（Rossman & Chance，2001；Zieffler，Harring，& Long，2011），它们也可以被视为描述分布的基本元素。但是，至少还有两种元素可以用来比较分布。根据对儿童进行组间比较的观察，比勒尔建议区分被称为比例（基于 p）和分位数（基于 q）的比较（Biehler，2001，2007a）。譬如，箱线图需要学习者按四分位比较分布，如比较中位数或下四分位数。在基于 p 的比较中，学习者可以选择特定切割点（如 10 个小时），并且比较两组中等于或大于 10 小时的数据的数量比例（Biehler，2001）。当从“局部视角”（如参看局部数据点）、“全局视角”（如查看分布的总体特征，如中心），以及位于它们中间的视角（如参看丛、高低、峰等）进行组间比较时，使用不同的组间比较元素可以得到关于数据的不同见解。对儿童的观察表明，他们经常选择一个区间来比较频率，如“2—3 小时”，这属于局部视角。基于 p 和 q 的比较构成了数据的全局视角，这从统计角度来看是有效的比较。中心、离散度、移位（shift）、偏度、基于 p 和 q 的比较可被视为组间比较的可持续元素。

考虑到分布的中心和离散度，箱线图是个有许多优势的强大表征，特别是比较两个以上的群体时，但学生很难理解和解释它们（Bakker，Biehler，& Konold，2005；Lem et al.，2014；Lem et al.，2013）。还有其他研究观察到学生通过识别分布中的模态丛来比较分布并进行组间比较（如 Bakker & Gravemeijer，2004；Konold et al.，2002）。对于年轻学习者来说，模态丛可以被视为合适的起点，他们能够通过识别两个模态丛之间的移位来确定分布的位置和离散度并比较分布。

有一个问题是：描述统计学尚未有用于此类比较的标准化语言，而在推断统计学中，特定的测试和模型可以被用于比较，如一个分布只是另一个分布的线性移位，这意味着除了中心的度量，两个分布是相同的。因此，组间比较对于学习者来说可能是一项具有挑战性的活动，特别是面对有多个变量、表征或概括统计量的复杂数据集时。想象一下，学习者制作了两个分布的箱线图、直方图和数值汇总表，并且他/她可以用数字工具进一步操作图表。这为复杂的多图表比较和组间比较提供了许多新选择，学习者可以应用怀尔德和普凡库赫所称的数据分析（一种改变表征以查找数据模式的能力）（Wild & Pfannkuch，1999）。在多变量数据集中，组间比较还可以指明最初未考虑的其他变量的相关性。关于学生在具有多变量数据的项目中进行组间比较的研究，请参见比勒尔的文章（Biehler，2005）。

5.5.2 对学生组间比较的研究

对学生进行组间比较的研究围绕以下三个主要目标之一：

1）对学生比较的质量和水平进行分类；

2）找出学生在组间比较中遇到的陷阱和困难；

3）确定直观策略以及对未来学习有益的策略。

不幸的是，这些研究只是部分地联系在一起，因此单个研究不足以表明知识和理论的累积发展。在我们的综述中，我们没有考虑在教学和学习正式推断的背景下进行组间比较的研究，不过关于该主题的研究可参见霍根、扎博斯基和佩里的文章（Hogan，Zaboski，& Perry，2015）。

沃森和莫里茨有一项对组间比较进行的早期研究，他们使用贾勒、罗思柴尔德和瓦格纳的访谈方案（Gal，Rothschild，& Wagner，1989）观察了澳大利亚4—8年级学生在不同背景中对两个分布的比较情况（Watson & Moritz，1999）。研究人员给学生们提供了以叠加点图呈现的两个班级考试成绩的分布，共有四个组间比较情况。学生的任务是判断“哪个班级的成绩更好”（Watson & Moritz，1999，p.151）。

四个组间比较情况（图5.4）中，两种分布的四组描述如下：

1）（a）部分：样本容量相等；一个分布的所有分数都大于另一个分布的分数。

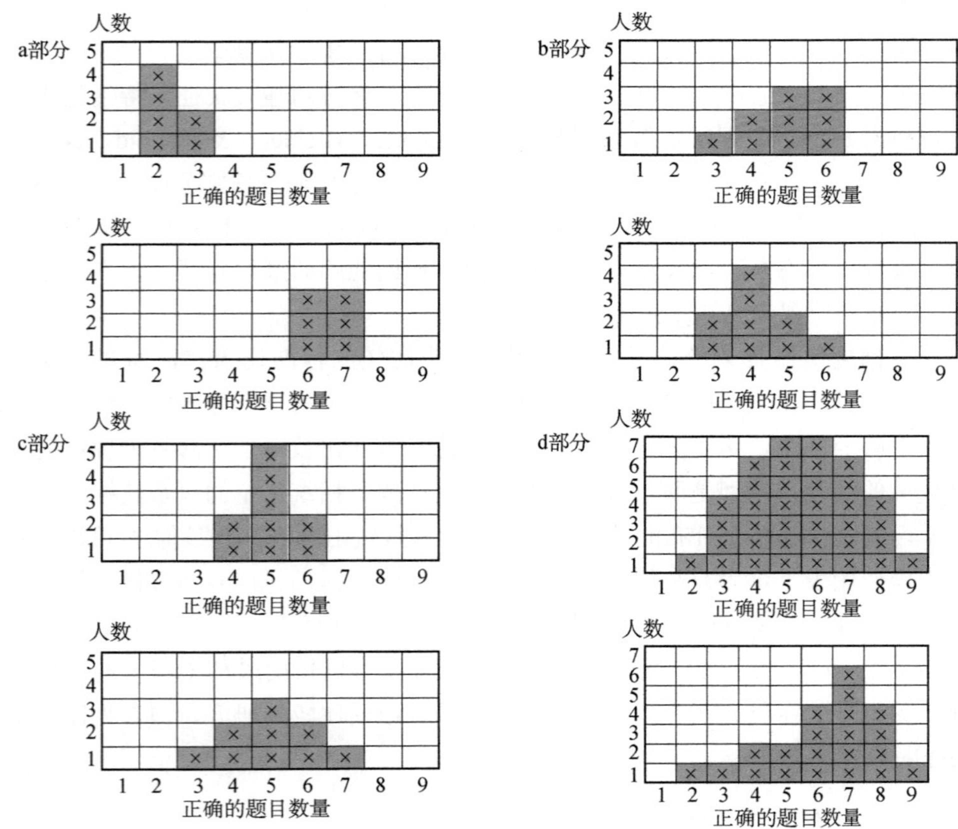

图5.4 组间比较任务

注：根据沃森和莫里茨的研究重新绘制

资料来源：（Watson & Moritz，1999，p.151；Watson & Shaughnessy，2004）

2）（b）部分：样本容量相等；一个分布的大多数分数大于另一个分布的分数。

3）（c）部分：样本容量相等；两个分布都对称且具有相同的中心；一个分布比另一个分布的离散度更大。

4）（d）部分：样本容量不等；两个分布具有相同的极差；较大的样本呈对称分布；较小的样本的分布具有负偏度、较高的均值和稍大的标准差。

虽然总分策略（将两个班级的所有分数分别相加并比较总和）可能有助于对（a）和（b）部分做出判断，但对（c）和（d）部分并不适用。研究人员根据比格斯和科利斯的 SOLO 分类法的单一结构水平、多元结构水平和关联水平（Biggs & Collis，1982），对学生的回答进行了记录和编码。学生处理（a）—（c）部分时使用的策略涉及从比较分布的单个值到计算测试分数的总和，而处理（d）部分时，他们计算了两个班级分数的均值。该研究的一个主要结果是，与低年级的学生相比，高年级的学生倾向于使用基于比例推理的策略，以及“学生使用数字和视觉策略（无论是单独的还是相互结合的），对图表呈现的数据集进行比较”（Watson & Moritz，1999，p.163）。

沃森和莫里茨的研究侧重于那些没有太多数字和视觉策略的预备知识来进行组间比较的年轻学生（Watson & Moritz，1999），普凡库赫、巴杰特、帕森纳热（Parsonage）和霍林（Horring）则观察了 15 岁学生对以箱线图呈现的惠灵顿和纳皮尔地区的气温分布进行的比较（Pfannkuch et al.，2004）。普凡库赫等写道：

> 学生被要求提出一个问题（如哪个城市的夏季最高温度较高？）、分析数据（以表格形式给出）、得出结论、用三个支持性陈述对结论进行论证、评估统计过程。所有学生通过计算五个概括统计量来分析数据，许多人使用背靠背茎叶图进行这些计算，然后手工绘制箱线图（Pfannkuch et al.，2004，p.3）。

研究人员将学生的回答分为以下五类：结论、比较对等的概括统计量[①]、比较非对等的概括统计量、比较变异性，以及比较分布。结论性的回答是对组间比较的一般性陈述，如“纳皮尔的温度最高”；比较变异性的回答考虑了两组变异性的比较；比较分布的回答包括关于移位的分布的比较（Biehler，2004）。研究人员还将回答与 SOLO 分类水平相对应。通过比较变异性或比较分布来比较箱线图时，没有学生的回答对应 SOLO 分类法中的关联水平，只有少数学生的回答对应多元结构水平。这意味着参与者倾向于通过概括统计量比较箱线图（30 个参与者中有 27 个使用概括统计量），但是在使用变异性或移位方面存在困难。

为了完善自己和合作者之前提出的框架（Pfannkuch et al.，2004），普凡库赫在后面的研究中要求 10 年级学生给出三个比较陈述，来解释两个电话公司客户“上个月发送的短信数量”这一变量的分布之间的差异和相似之处（图 5.5）（Pfannkuch，2007）。

普凡库赫改进了之前研究（Pfannkuch et al.，2004）的分类，从两个方面考虑了学生的回答（Pfannkuch，2007）。第一个方面确定了学生比较由箱线图表示的分布时使用的

① 在这种情况下，概括统计量是指集中趋势度量。

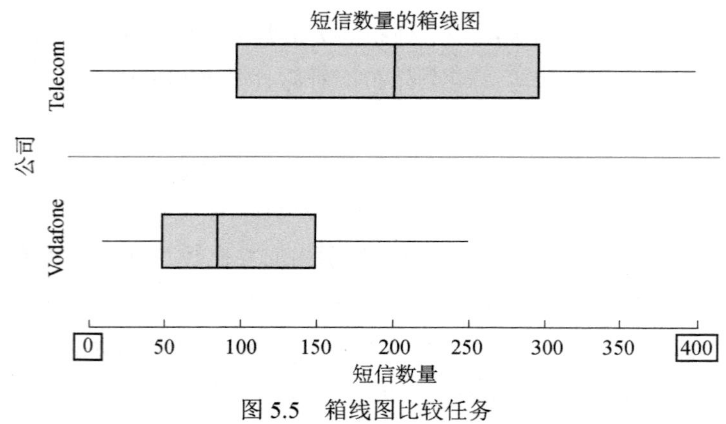

图 5.5 箱线图比较任务

注：根据普凡库赫的研究重新绘制

资料来源：（Pfannkuch，2007，p.157）

概念，譬如，概括（如中位数的比较）、离散度（如极差的比较）、移位（如两个分布之间的移位的比较）和信号（如中间 50%的位置和移位的比较），这些概念也适用于比较其他背景和表征中的分布。第二个方面是以四点量表评定比较的质量。普凡库赫对学生的不同水平和组间比较元素做出的总结见表 5.1（Pfannkuch，2007）。他的主要结论是，参与者倾向于考虑概括和离散度而非移位和信号，并且他们倾向于停留在“描述”（describing）和“解读”（decoding）水平而不解释他们的发现，很少达到评估者水平。

表 5.1 通过箱线图比较分布的学生的推断水平的说明

推理元素	点解读者*	形状比较描述者	形状比较解读者	形状比较评估者
	水平 0	水平 1	水平 2	水平 3
概括	确定概括数据的五个数	比较两个或多个对应的五数概括数据，包括中位数	仅比较中位数。比较非对应的五数概括数据但不解释	比较非对应的五数概括数据并解释
离散度		比较视觉形状（长度、空间、箱内）的离散度，但不解读	比较并讨论离散度，考虑极差，比较局部区域/密度	比较并考虑局部和整体的离散度/密度类型（如均匀的、聚集的）
移位		比较并定性地考虑整个形状的移位	比较并考虑移位类型（如不均匀）	比较并考虑多数的移位
信号		比较中间组的视觉形状（箱），但不进行解读	比较中间组并依据数据进行解读	比较中间组的数据重叠

注：*点解读者不涉及离散度、移位和信号

资料来源：（Pfannkuch，2007，p.159）

最近关于学生对组间比较的推理的研究请参见朗格拉尔等，以及雷亚伯恩、施内尔和比舍尔的文章（Langrall et al.，2011；Reaburn，2012；Schnell & Büscher，2015）。

例如，朗格拉尔等的研究重点关注学生比较分布时背景知识的作用（Langrall et al.，2011）。他们进行了定性研究，并要求中学生分析和比较与所选感兴趣的领域（如足球、音乐等）相关的真实数据（Langrall et al.，2011）。研究发现，“学生使用背景知识：①为任务带来新的见解或附加信息；②解释数据；③为其主张提供理由或条件；④确定手头任务的有用数据；⑤陈述可能细化数据图像但与分析数据的过程无关的事实”（Langrall et al.，2011，p.47）。雷亚伯恩研究了大学新生比较两个数据集时的策略（Reaburn，2012）。在这项定性研究中，雷亚伯恩使用了沃森和莫里茨的任务（Watson & Moritz，1999，p.151）并要求参与者说明哪个小组在四个不同的任务中表现得更好以及原因（Reaburn，2012）。研究的主要结果是，大学生进行组间比较时表现出了与年龄较小的学生类似的问题，即没有使用中心度量、没有在适当时进行比例推理。施内尔和比舍尔分析了学生比较分布时的个体概念，他们研究的主要目标是探索没有特定预备知识的德国中学生（13—15 岁）如何比较以叠加点图呈现的频率分布（Schnell & Büscher，2015）。学生们的任务是比较 2002 年、2004 年和 2007 年这三年的 7 月期间在德国最高峰楚格峰上采集的温度读数的分布，组间比较时的个体概念是通过对韦尼奥的概念领域理论的框架（Vergnaud，1996）的改编而进行重构的。施内尔和比舍尔观察到学生使用视觉特征（如模态丛）组织数据，学生主要关注绝对频率而不是分布之间相应特征的关系（Schnell & Büscher，2015）。

5.5.3　关于用数字工具进行组间比较的研究

第 5.5.2 节的重点涉及学习者对以叠加点图（如 Watson & Moritz，1999）或箱线图（如 Pfannkuch，2007）呈现的分布进行组间比较的策略。我们现在侧重于有关组间比较时数字工具的使用的研究，其研究对象为职前教师和在职教师。马卡尔和康弗里报告了对一项专业发展课程的观察，其中职前教师使用 Fathom（Finzer，2007）比较了两个小组（Makar & Confrey，2002，2004；Makar，2004）。研究人员给这些职前教师提供了两所不同学校的考试成绩的点图。与上一节提到的研究相比，该研究的任务包含样本/总体设置，职前教师在 Fathom 中获得数据集，并且需要操作数据表征以确定这些组是否不同（Makar & Confrey，2004）。更准确地说，他们“被要求使用 Fathom 比较学校中男生和女生的表现”（Makar & Confrey，2004，p.360）。研究人员开发了一个五级框架对教师比较两组时的推理进行分类：前描述水平（pre-descriptive）、描述水平（descriptive）、初分布水平（emerging distributional）、过渡水平（transitional）和初统计水平（emerging statistical）。前描述水平的推理基于单个数据点或不可靠的证据；初分布水平的推理包括使用定性描述和概括统计量来描述两个数据集的整体观点；在最高的推理水平，即初统计水平中，教师开始根据变异性考虑中心测量值之间的差异，并考虑样本容量。总之，马卡尔和康弗里的分类主要侧重学习者比较两组数据集之间的变异性时可能做出的推断，以及“证据”和“显著性”等统计术语的使用（Makar & Confrey，2002）。马登使用马卡尔和康弗里的框架（Makar & Confrey，2002）研究职前教师对组间比较的推理，以显示在完成专业发展课程后教师的组间比较技能的提高（Madden，2008）。在马卡尔和康弗里成果（Makar & Confrey，2002）的后续研究中，他们对学过统计专业发展课程的四对职前教师进行了视频采访（Makar & Confrey，2004）。他们要求职前教师使用Fathom处理一组测试分数，以确定男孩和女孩的分数分布是否不同。马卡尔和康弗里发现，尽管教师们努力解释分布中的变异差异和群体之间的变异差异，但是他们仍习惯使用传统的描述统计方法进行非正式的比较（Makar & Confrey，2004）。

接下来，我们将关注那些有关软件对组间比较影响的研究，以及职前教师在组间比较时如何使用软件。基于对学龄儿童的研究，比勒尔将学习者解决统计问题时对软件的使用概念化为四个阶段：将背景问题确定为统计问题、将统计问题转化为软件任务、使用软件，以及用统计术语解释软件输出的结果。研究报告指出，不少学生直接从实际问题跳到软件任务，而没有仔细考虑在此过程中问题是否发生变化（Biehler，1997）。此外，相当多的学生满足于让计算机输出既非统计术语也非学科术语的结果（Biehler，1997）。我们可以得出的结论是，在组间比较的过程中，使用数字工具的方法有很多，因此组间比较变得更具挑战性。在这方面，马卡尔和康弗里对使用数字工具（本例中为Fathom）进行数据分析任务的学习者进行了分类，区分了他们使用数字工具的三种不同的思路：思考（wondering）、徘徊（wandering）和坚定不移（unwavering）（Makar & Confrey，2014）。根据马卡尔和康弗里的说法，“思考者”用他们脑海中的某种理论研究数据，这个过程可以看作是目标导向的，他们寻求证据来支持、完善和扩展他们的理论（p.356）。相比之下，“徘徊者”在接触数据时脑海里没有特定的依据（p.357），他们探索数据，看看是否有任何“显眼”的东西。“坚定者”所使用的决策途径是：寻找一个特定证据来支持或反驳他们的最初猜想，一旦找到了这个证据，他们就满足地认为自己回答了被问到的问题（p.357）。

TinkerPlots（Konold & Miller，2011）也可以被视为一种合适的工具，不仅适用于小学生，也适用于中学生和教师教育，它可以提高组间比较的质量，并且可以在多个表征之间轻松切换。在这方面，弗里舍梅尔通过一个基于设计的研究方法（Cobb et al.，2003）为职前教师设计、实施并评估了一个为期一学期的用TinkerPlots分析数据的课程（Frischemeier，2017）。该课程的一个主要目的是教授职前教师如何使用TinkerPlots进行组间比较。基于比勒尔的研究结果（Biehler，1997），弗里舍梅尔在课程结束后，对参与者进行了视频研究（Frischemeier，2014，2017；Frischemeier & Biehler，2016）。研究人员为职前教师提供关于德国雇员月收入结构的真实数据，并要求他们使用TinkerPlots比较德国男女收入的分布情况，这被称为“VSE任务”（图5.6）。

在分析了使用TinkerPlots进行的交流和活动的基础上，弗里舍梅尔确定并验证了比勒尔（Biehler，1997）对使用TinkerPlots进行组间比较的学生进行研究的结果（Frischemeier，2014）。弗里舍梅尔使用结构化和定性内容分析法（Mayring，2015）分析了教师在组间比较过程中的交流（Frischemeier，2017；Frischemeier & Biehler，2016）。普凡库赫和比勒尔发现职前教师使用了许多先前在第5.5.1节中确定的元素（Pfannkuch，2007；Biehler，2001，2007a，2007b）。在研究中，每位教师的推理水平被评为高、中或低。

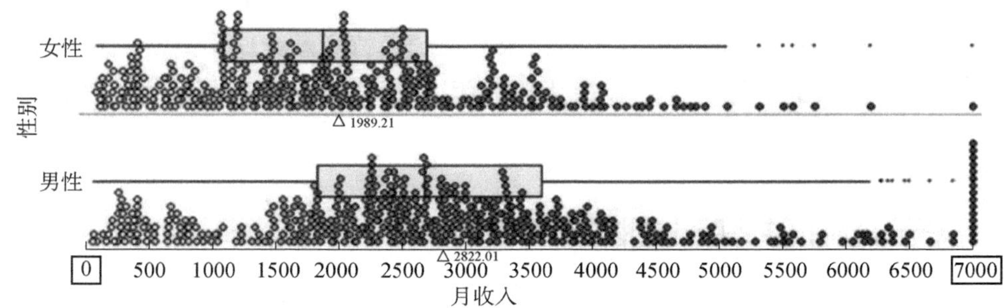

图 5.6　VSE 任务——根据“性别”划分的“月收入”变量分布的箱线图

资料来源：（Frischemeier，2017，p.515）

教师如果能够描述差异（如“男性员工的均值高于女性员工”），则被评定为中等推理水平。教师能更进一步解释差异时（如“男性员工的平均收入高于女性员工”），则被评为高推理水平。教师对差异的推理错误时，则被评定为低推理水平。该研究的主要结果是参与者使用了广泛的比较元素，但总体而言，他们在用于组间比较的元素上至少表现出中等推理水平。

关于使用 TinkerPlots 和职前教师的 TinkerPlots 技能的一个主要发现是，参与者进行 VSE 任务（图 5.6）时表现出很高水平的软件技能并且可以使用 TinkerPlots 进行统计研究，但是倾向于忽略对 TinkerPlots 产生的图表的解释。对于使用 TinkerPlots 的职前教师进行组间比较的学习轨迹的启示和建议是，他们应通过在课堂中与同伴讨论适当和不适当的例子来关注对结果的解释。此外，数据分析方案可以帮助学习者在复杂的数据分析探索中构建他们的发现（Frischemeier，2017；Frischemeier & Biehler，2016）。

在学生学习箱线图的使用和比较之前，帽子图可以为他们提供足够的预备概念，它将数据集分为三个区域，分别是较低的 25%、中间的 50%、较高的 25%。关于帽子图的应用细节可以参见沃森等的文章（Watson et al.，2008）。

5.5.4　反思和未来发展

本节讨论了组间比较的几种情境，确定了评估学习者组间比较过程的一些方法，并描述了不同框架的使用：SOLO 分类法（Pfannkuch，Budgett，& Parsonage，2004；Watson & Moritz，1999）、五级框架（Makar & Confrey，2002），以及结构化和等级化方法（Frischemeier & Biehler，2016；Pfannkuch，2007）。有几点启示可能对进一步的研究有意义。第一，我们有必要研究学习者如何在大型开放的多变量数据集的背景下进行组间比较，特别是学习者如何使用软件来确定两个分布之间的差异。第二，教学和学习材料需要被开发，以支持学生在数据分析或组间比较过程中对结果解释的技能发展。第三，像数据分析方案这样的支持材料（涉及可持续的组间比较元素，如中心、离散度、偏度、移位、基于 p 或基于 q 的比较）需要被开发，这些可能有助于学习者对组间比较过程的建构、支持工具的使用、探索过程。值得进一步被研究的另一个方面与第三个方面有关，即学生在探索数据的过程中对结果的记录，特别是在使用数字工具探索多变量数据的时候。在这里，学习者的外在认知负荷很高，因为他们必须同时关注多变量数据、软件使用，以及结果的解释和记录。

5.6 关于变量间共变和关联的推理

第 5.5 节中区分了三种类型的关联：分类变量与分类变量、数值变量与分类变量、数值变量与数值变量（Konold et al.，1997），而所谓的组间比较正是第 5.5 节所论述的数值变量与分类变量的关联。本节的重点是分类变量与分类变量、数值变量与数值变量这两种类型的关联。总之，本节将考虑关于学习者在不同情境（如列联表、散点图、叠加线或曲线的散点图）对共变和关联的推理的研究，以及帮助学习者对共变和关联进行推理的软件工具。

本节将首先介绍着眼于理解列联表和散点图的研究。其次，本节将讨论对学习者的共变推理进行评估的不同框架。最后，本节将概述考虑关联和共变时使用特定数字工具来完善统计推理的研究。

5.6.1 关于关联的推理和关于共变的推理

关于关联的推理包括“对列联表的分析、数值变量之间相关性的确定，以及两个或多个样本之间数值变量的比较”（Batanero et al.，1996，p.151）。

前两种类型的关联是本节的重点，因为我们先前在组间比较中讨论了第三种类型。值得重点说明的是，尽管人们可能想要找到能够理解背景的因果解释，但是关联并不一定表明因果关系（Batanero et al.，1996）。关联的进一步定义可以在卡尔森等、齐夫勒和加菲尔德、莫里茨的研究中找到（Carlson et al.，2002；Zieffler & Garfield，2009；Moritz，2004）。

与数据推理的其他领域一样，数据表征和表格对于增强学习者对关联的理解至关重要。分类变量之间关联的范式表征是列联表，数值变量之间关联的范式表征则是散点图，但这些表征对于学生来说都不简单。虽然表格中的不同百分比（如单元格、列和行）对学习者来说可能难以解释，但是散点图“提供了关于两个不一定相互依赖的变量的信息，并显示了每个变量类别的对应关系”（Moritz，2004，p.40，转引自 Fitzallen，2012）。科诺尔德也确定了学习者解读列联表或散点图时的困难（Konold，2002）。学习者要理解关联就需要协调确定性概念（功能关系）与统计变异，这是困难的一个来源。诺斯、霍伊尔斯和波齐指出，这可能成为学习者的障碍（Noss，Hoyles，& Pozzi，2002）。

加菲尔德和本–兹维综述了以下关于发展共变推理的一般性发现以及学习者常有的一些观念和误解（Garfield & Ben-Zvi，2008，p.299）：

1）学生对两个变量之间关系的先前信念对他们判断这些变量之间的共变有很大影响；

2）学生通常认为两个不相关的事件之间存在相关性（虚假的相关性）；

3）学生的共变判断似乎受变量共同存在的影响最大，而受变量共同缺失的影响最小；

4）当两个变量存在负关系时，学生难以对共变展开推理；

5）学生对两个变量之间关系的共变判断倾向于小于最优状态，即小于数据或图表中呈现的实际相关性；

6）学生倾向于根据共变分析建立因果关系。

5.6.2　关于双向列联表中关联的推理

从英海尔德和皮亚杰（Inhelder & Piaget，1955）开始，到巴塔内罗及其同事，直至近期的沃森及其同事的研究中，有大量关于列联表中关联推理的研究。巴塔内罗等的一系列研究建立在英海尔德和皮亚杰的研究基础上，观察了学生对列联表中的关联的推理（Batanero et al.，1996；Batanero，Estepa，& Godino，1997；Batanero，Godino，& Estepa，1998）。具体来说，他们对 213 名大学预科学生（没有相关领域具体的预备知识）进行了研究，学生得到一份包括五项任务的调查问卷，被要求确定给定的变量之间的关联。五个任务（Batanero et al.，1996）在某些方面有所不同：表的类型（2×2，2×3，3×3）、关联的特征（正向、反向、独立）以及背景与先前信念的关系（先前信念与数据一致或是不一致）。图 5.7 中的例子取自巴塔内罗等的研究（Batanero et al.，1996），可被视为“关联独立”且“先前看法与数据矛盾”的类型。

项目 1（吸烟）。研究人员在医疗中心对 250 人进行观察，以确定吸烟习惯是否与患有支气管疾病有某种关系，获得了以下结果。

	患有支气管疾病	无支气管疾病	总计
吸烟	90	60	150
不吸烟	60	40	100
总计	150	100	250

使用此表中包含的信息，你认为对于这个样本中的人来说，患有支气管疾病取决于吸烟吗？解释你的答案。

图 5.7　列联表的推理任务

注：根据巴塔内罗等的研究重新绘制（Batanero et al.，1996，p.168）

根据学生所理解的关联类型，研究人员对问卷项目的回答进行编码（正向关联、反向关联或独立）。他们使用佩雷斯·埃切瓦里亚（Pérez Echevarría，1990）的框架对学生使用的策略进行分类，该框架将学生对 2×2 列联表（图 5.8）进行推理的策略分为以下五个水平：

1）水平 1：只使用表中一个单元格，通常是单元格 [a]；

2）水平 2：将［a］与［b］或［a］与［c］进行比较；

3）水平 3：将［a］与［b］以及［a］与［c］进行比较；

4）水平 4：使用加法比较表中的所有四个单元格；

5）水平 5：使用乘法比较表中的所有四个单元格。

（佩雷斯・埃切瓦里亚的五个水平，Pérez Echevarría，1990，转引自 Batanero et al.，1996，p.154）

	B	非 B	总计
A	a	b	a+b
非 A	c	d	c+d
总计	a+c	b+d	a+b+c+d

图 5.8　2×2 列联表的典型格式

注：根据巴塔内罗等的研究重新绘制（Batanero et al.，1996，p.153）

巴塔内罗等的主要成果是，他们发现学生在 2×2 列联表的推理中表现出良好的判断关联的直觉能力（Batanero et al.，1996）。进一步的研究显示，大量学生无法对 3×3 列联表进行论述（213 人中有 33 人）或者无法对该表做出关联判断（另外 49 人）。可以说，当表的维度增加时，任务也更加困难。

巴塔内罗等也观察到学生完成任务时使用的一些不正确的策略（Batanero et al.，1996）。研究人员区分了以下三种类型：

1）具有确定性关联概念的学生没有注意到变量关系中的例外情况，并且期望因变量中的每个值对应于自变量的每个值；

2）具有单向关联概念的学生仅认识到正相关的关联，并认为负相关就代表独立；

3）具有“局部”（localist）关联概念的学生仅使用列联表中的部分数据来判断关联（Batanero et al.，1996）。

在随后的研究项目中，巴塔内罗等描述了一个教学实验，研究了职前教师对关联的理解（Batanero，Estepa，& Godino，1997）。职前教师完成涉及共变和关联主题的课程前后，研究人员对这些教师进行了测试。测试的一个结果是，大多数职前教师克服了确定性概念并接受了随机性。巴塔内罗等得出的另一个结论值得注意（Batanero et al.，1996；Batanero，Estepa，& Godino，1997）：虽然职前教师在比较方法上从加法转向乘法，但他们仍缺乏应用比例推理的能力（Batanero et al.，1996）。学生在整个课程中表现出因果误解（Batanero et al.，1996；Batanero，Estepa，& Godino，1997）。此外，在这些研究中，学生区分自变量和因变量的作用、推理负相关时表现出的问题非常明显（Zieffler & Garfield，2009）。

巴塔内罗等的设想和问题被用于近期的研究。沃森、科林汉姆和多恩向学生提供了来自巴塔内罗等研究（Batanero et al.，1996；Batanero，Estepa，& Godino，1997）的一个关联问题（肺病问题），并利用学生的回答评估教师的学科教学知识（Watson，

Callingham，& Donne，2008）。研究人员向教师提供学生对问题的答案，并询问他们：学生将可能对项目做出哪些典型的回答？教师如何在课堂上使用该项目进行教学？如何回应学生的答案？同样地，沃森和科林汉姆对 6—11 年级的 110 名学生提出了相同的关联问题（Watson & Callingham，2014）。研究人员向教师们展示这个关联问题，访谈时要求他们说出肺病问题中的重要统计思想、给出学生适当和不恰当回答的例子、说明该问题的教学切入点。随后，研究人员向教师们展示学生的回答，并要求他们解释“如何进一步提高学生的理解能力”（Watson & Callingham，2014，p.260）。沃森和科林汉姆详细描述了用于评估学生和教师的推理以及对其分析的所有等级和标准（Watson & Callingham，2014）。关于学校学生对肺病问题和消化不良问题推理的进一步研究可参见沃森和科林汉姆的文章（Watson & Callingham，2015）。还有一些对职前教师在基本事件概率方面的理解的研究（Estrada Roca & Batanero，2006；Contreras et al.，2011），以及对小学生解决列联表问题的策略的研究（特别关注直觉和抑制的作用）（Obersteiner，Bernhard，& Reiss，2015）。

从关于学生和成人为处理贝叶斯概率问题而进行推理的研究实例中（也与 $m \times n$ 列联表中的推理相关），我们可以得出一个主要观点：引入贝叶斯概率问题时应使用固有频率（natural frequencies）而不是相对频率（Gigerenzer，1996，2002；Wassner，2004；McKenzie & Mikkelsen，2007）。读者可以参考这些研究，以了解学生对贝叶斯概率推理的更多细节。

5.6.3 关于数值变量之间关联的推理

本小节涉及第三种类型（数值变量与数值变量）的关联，给出了两个典型研究：莫里茨对中小学生共变推理的研究（Moritz，2004），以及齐夫勒和加菲尔德对本科生共变推理的研究（Zieffler & Garfield，2009）。在莫里茨对中小学生的研究中，他提出了中小学生进行共变推理所需的三种技能：生成推测性数据、口头解释图表以及对图表进行数值解释（Moritz，2004）。回答来自于 3、5、7、9 年级的共 167 名学生。任务 1 要求学生为一个口头给定的共变画出图像，从而评估其生成推测性数据的能力。任务 2 通过让学生回答与给定散点图相关的问题，来评估学生对图表的口头和数值解释能力。该分析将学生对共变的口头概括和对共变的数值解释能力分为了四个水平：非统计的（nonstatistical）、单一的（single aspect）、不适当共变的（inadequate covariation）和适当共变的（appropriate covariation）。莫里茨的研究表明，图表数值解释能力与图表口头解释能力和推测性数据生成能力高度相关，而图表口头解释能力和推断性数据生成能力之间的关系较弱（Moritz，2004）。莫里茨还发现所有学生都能参与到任务中，因为大多数学生至少可以识别出与数据相关的一个方面。总的来说，莫里茨发现了学习者推理共变时出现的两种误解/错误思路以及一个困难。两种误解/错误思路分别是关注孤立的双变量点、关注双变量数据图中的单个变量，一个困难是对与先前信念相矛盾的负相关关系进行推理。

在齐夫勒和加菲尔德对本科生的研究中，他们考察了在一学期的统计学入门课程中，学生在双变量定量数据推理方面的发展（Zieffler & Garfield，2009）。研究人员的目标之一是确定学生在整个课程中对双变量定量数据进行推理的变化模式，他们使用三种方式在课程的四个阶段收集四个学生群体的数据。他们对数据的分析显示，学生在双变量数据推理上的显著进步主要发生在课程的第一个单元中（先于正式学习双变量数据），并且学生对双变量数据的推理没有以恒定的线性方式提高。研究人员认为，学生在双变量数据推理上的发展可能与他们在统计推理上的发展有关，并且与他们对分布的推理直接相关，而不是正式教学的结果。

恩格尔和泽德尔迈尔进一步探讨了关于相关性和回归的推理，确定了学生理解相关性和回归时出现的三个问题：心理偏见、数学困难以及对关联的功能进行理解的困难（Engel & Sedlmeier，2011）。当学生由于心理原因难以判断关联时会出现心理偏见，如先前信念的影响。数学困难基于对数学知识的误解，如误认为高相关性并不意味着线性模型的有效性。对关联的功能进行理解的困难是指对关联概念理解的单向性，即学习者仅考虑用正相关关系表示关联，认为负相关关系表示独立。表 5.2 列出了所有三个问题中的误解。

表 5.2　考虑相关性和回归时学生的一些误解

误解类型	具体表现
心理偏见	● 先前信念的影响 ● 虚假相关性 ● 共变强度的误判 ● 混淆变量 ● 将回归效应视为真实效应 ● 传递性（transitivity）误解
数学困难	● 认为关联性不意味着依赖性 ● 认为高度相关并不意味着线性模型的有效性 ● 解释相关系数
对关联的功能进行理解的困难	● 关联的确定性概念 ● 关联的单向性概念 ● 关联的局部概念 ● 关联的因果概念

注：根据恩格尔和泽德尔迈尔的研究重新绘制

资料来源：（Engel & Sedlmeier，2011，p.248）

许多已确定的心理偏见和数学困难与一种决定论的世界观有关（Engel & Sedlmeier，2011）。为了更好地理解统计关联和统计数据中的变异，研究人员引入了不同版本的数据的“信号和噪声”（signal and noise）表征（图 5.9），这些对“信号和噪声”的不同解释预计会抵消学生对决定论思维的过度依赖。

此外，恩格尔和泽德尔迈尔建议，课程需要以学生潜在的谬误和误解为基础，使用真实的数据和技术，并为学生提供建模经验，以帮助他们避免表 5.2 中列出的问题

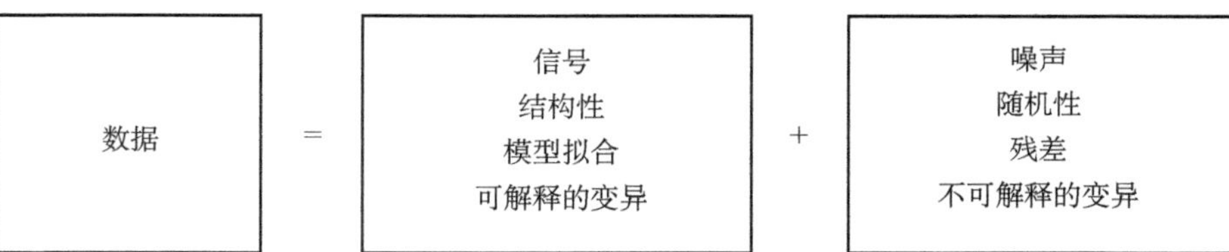

图 5.9　信号–噪声数据表征的不同版本

注：根据恩格尔和泽德尔迈尔的研究重新绘制

资料来源：（Engel & Sedlmeier，2011，p.253）

（Engel & Sedlmeier，2011）。与其他研究人员一样，他们考虑数据关联时看到了使用技术克服问题的巨大潜力。譬如，他们提到了残差图，它便于在 Fathom 中显示，并允许用户研究模型和数据之间的偏差。一些软件包和工具有可能增强学习者对共变的理解，第 5.6.4 节将对此进行讨论。

回归模型旨在对数值变量之间的关系建模，线性回归作为回归的一个特殊情况可以在中学教授。关于学生对斜率的概念化和学生对最佳拟合线理解之间的关系，凯西和内格尔研究了学生能够以何种方式准确地在给定的散点图中放置相对于最小二乘回归线的最佳拟合回归线（Casey & Nagle，2016）。他们区分了学习者对斜率概念的不同理解，如线性常数（linear constant）、行为指标（behavior indicator）、现实情况（real-world situation）、功能特性（functional property）、三角概念（trigonometric conception）和物理特性（physical property），每个概念理解的定义和例子可以在凯西和内格尔的文章中找到（Casey & Nagle，2016）。在一项后续的定性研究中，研究人员对七名 8 年级学生进行了基于任务的访谈，涉及在给定散点图的四个不同任务背景下对最佳拟合线的推理。该研究的一个结果是，推理最佳拟合线的位置时，学生对斜率概念的理解起着重要作用。

统计教育必须发展概念并开发辅助材料，以帮助学习者处理回归等具有挑战性的主题。明确这些有难度的概念或表征的学习初期阶段也会对学习者有所帮助，诺斯等给出了如何阅读和解释散点图的一个很好的例子（Noss，Hoyles，& Pozzi，2002）。

研究人员提供了帮助护士更深入了解散点图中共变的方法。他们的方法与科诺尔德的“切片散点图”（sliced scatterplots）方法有关：切片散点图弥合了统计变异与确定性依赖之间的差距（Konold，2002）。在切片散点图中，连续变量被重新分类（图 5.10 和图 5.11）。切片散点图表征的意图在于，学生可以将“图中的每部分垂直切片的数据视为一个离散组的分布，学生可以应用他们比较两个分布时学到的技能，从视觉上比较切片散点图中的分布中心”（Konold，2002，p.3）。技术能容易地将散点图和切片散点图相互转换，下一节我们将提到使用数字工具进一步提高学生对关联或共变的推理能力的可能性。

5.6.4　促进对关联和共变理解的技术

比勒尔等概述了学习者分析数据时能支持其推理的技术（Biehler et al.，2013）。TinkerPlots（Konold & Miller，2011）和 Fathom（Finzer，2007）可以让学生在列、行和

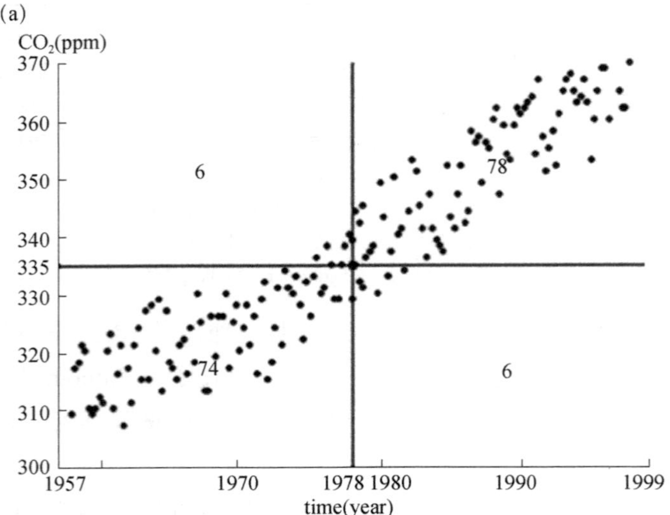

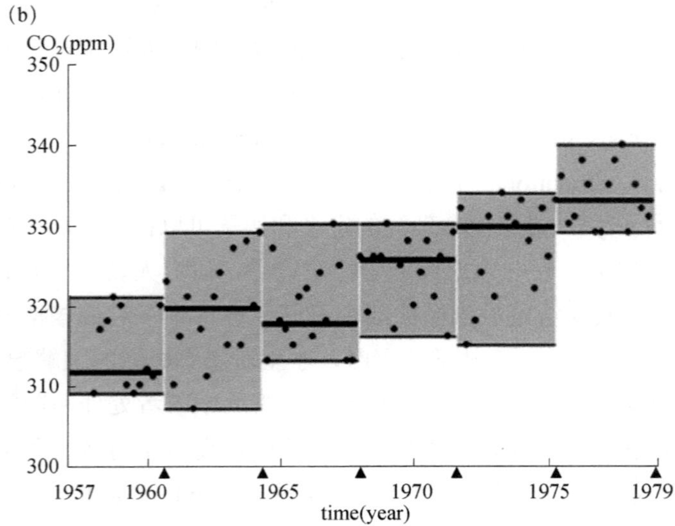

图 5.10　某个迷你工具中的十字选项（a）和两个相等组选项（b）

注：根据科布等的研究重新绘制（Cobb，McClain，& Gravemeijer，2003，pp.18-19）

单元格百分比之间轻松切换，进而帮助他们探索双向表中变量之间的关联。同样地，普凡库赫和巴杰特引入了 eikosograms，用以帮助学生将变量之间的关联可视化，该软件还可以让学生建立条件概率概念，从而让他们更好地将来自双向列联表的数据可视化（Pfannkuch & Budgett，2017）。

技术的使用也可以促进共变思维。因此，了解手头的数字工具以及这些数字工具如何增强共变思维是非常重要的。譬如，工具可以帮助学习者创建如第 5.6.3 节中所示的切片散点图。科布、麦克莱恩和格雷夫迈耶观察了学生使用迷你工具[①]来确定两个数值变量

① 这些迷你工具的开发和应用是开发 TinkerPlots 教育软件的起点，该软件包括迷你工具的功能。

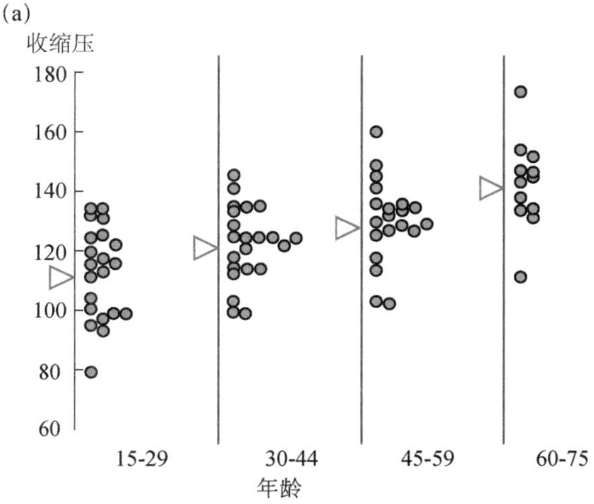

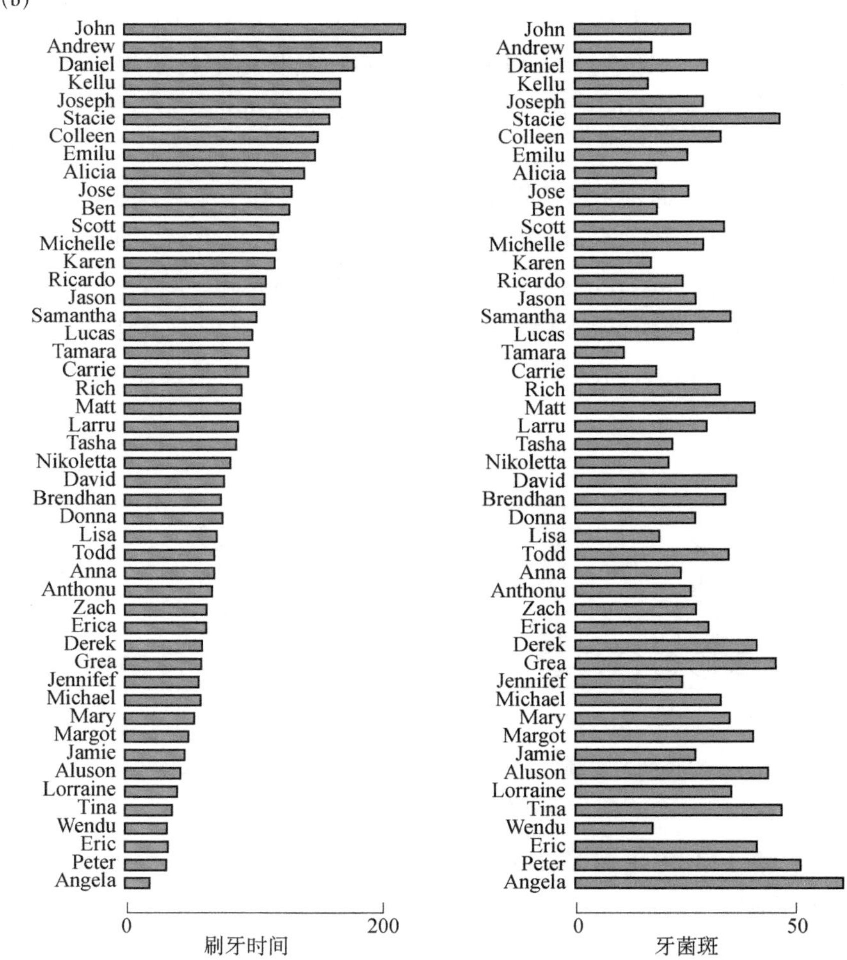

图 5.11　散点图切片（a）和有序个案值条（ordered case value bars）（b）

注：根据科诺尔德的研究重新绘制（Konold，2002，pp.2-3）

之间关系模式时的共变推理（Cobb，McClain，& Gravemeijer，2003）。研究中，教学引导学生研究因变量如何随自变量“平均”变化的问题。譬如，科布等使用了探究时间和二氧化碳浓度之间的关联的调查（Cobb，McClain，& Gravemeijer，2003）。迷你工具使数据可以显示为有四个相等大小部分的散点图（图 5.10a），另一个图像是根据自变量将几个散点图切片分成等间隔的子组（图 5.10b），比较每个连续子组的中位数有助于学生了解二氧化碳水平如何随时间推移而上升。根据访谈研究的结果，科布等建议教学从分布的形状开始，而不是从分布的变异性开始（Cobb，McClain，& Gravemeijer，2003）。

迷你工具有价值的特点也被有意地整合到了 TinkerPlots 软件中（Konold & Miller，2011），它为帮助学生深入了解两个数值变量之间的共变提供了更多可能性。与科布的迷你工具一样，TinkerPlots 提供了显示切片散点图的选项——该选项可以显示子组分布的均值（图 5.11a 中的三角形）。科诺尔德使用 TinkerPlots 切片散点图探讨了诺斯、波齐和霍伊尔斯的数据（Noss，Pozzi，& Hoyles，1999），以显示 TinkerPlots 如何用于支持诺斯等提出的概念发展（图 5.11a）（Konold，2002）。科诺尔德给出的另一个例子是在 TinkerPlots 中使用有序个案值条研究刷牙时间和牙菌斑之间的关联（图 5.11b）（Konold，2002）。

此外，TinkerPlots 提供了颜色渐变功能，这可能有利于年龄较小的学生表征并研究两个变量之间的关联。譬如，科诺尔德研究了猫的体长和年龄之间的关系（Konold，2002）。图 5.12a 中的 TinkerPlots 表征没有显示出猫的体长和年龄之间存在关系（灰色阴影的强度表示年龄），因为年龄较大的猫可以在分布的中间以及右端找到。然而，当考虑到性别变量时（图 5.12b），我们可以看出雄性猫（白点）的体长往往比雌性猫（灰点）更长。

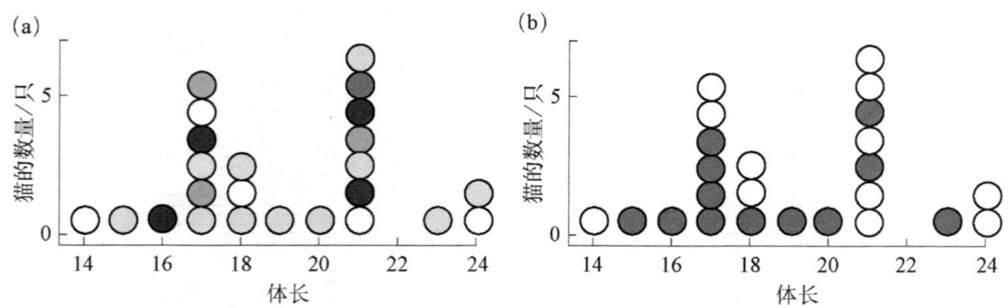

图 5.12　使用 TinkerPlots 的渐变颜色表示体长和年龄变量（a），以及体长和性别变量（b）的例子

注：根据科诺尔德的研究重新绘制（Konold，2002，pp.4-5）

菲查伦的博士论文研究了 TinkerPlots 对提高学生共变推理的潜力（Fitzallen，2012），发现了使用 TinkerPlots 进行共变学习的进程以及学生的相关学习过程。在学生访谈的任务背景中，4—6 年级学生使用 TinkerPlots 探索真实数据中的共变，研究人员观察到这些学生使用了三种不同策略（Fitzallen，2012）：抓取（snatch and grab）、蹒跚前进（proceed and falter）、探索和完善（explore and complete）。遵循“抓取”策略的学生经

常忽略对数据的解释，而遵循“探索和完善”策略的学生使用 TinkerPlots 进行的共变推理是三种中最复杂的，因为他们有效地使用 TinkerPlots 来解释他们的图表，并能成功地与他们的知识（如何使用 TinkerPlots 及其生成的图表）结合起来。

菲查伦进一步探究学生如何通过 TinkerPlots 发展对共变的理解（Fitzallen，2012）。研究人员根据 SOLO 分类法中的单一结构水平、多元结构水平和关联水平对学生的共变推理水平评级。在参与该研究的 12 名学生中，6 名学生的共变推理被评为单一结构水平，3 名学生的推理被评为多元结构水平，还有 3 名学生的推理被评为关联水平。菲查伦得出结论：“高年级小学生可以接受共变概念的引入。”（p.240）但该研究仍有缺点，因为有一半的学生表现出单一结构水平的共变推理。

5.6.5 反思和未来发展

本节提到了关联和共变的许多不同方面，回顾了对学习者在不同背景中关于共变和关联的推理（如列联表、散点图、叠加线或曲线的散点图）的研究，以及可能增强学习者对关联和共变的推理的软件工具的示例。

对共变的研究始终存在的一个问题是，很难让学生从数据本身进行推理并且放弃先前信念。对于许多学生来说，基于数据的决策和基于数据的推断的整个范式是非常陌生的。这一发现对研究人员和教师提出了挑战，他们需要让学生进入情境和任务，让学生正视自己的偏见和错误信念并开始成为“数据侦探”。

5.7 结论

本章主要集中于对学生和教师关于变异、分布、组间比较、变量间关联和共变的推理的研究。贯穿本章的一个主要内容是用于评估学生和教师统计推理的框架。许多定性研究应用 SOLO 分类法评估学习者对复杂开放式任务的统计推理，并且 SOLO 分类法被用于几乎所有统计概念的推理的分类。虽然 SOLO 分类法被证明是在不同领域对学习者推理进行评级的有效工具，但是未来的实证研究可能倾向于考虑更开放的分析方法，如扎根理论（Corbin & Strauss，1994）或归纳式定性内容分析法（Mayring，2015），从而确保学生推理的发展框架来自数据（如访谈、视频）本身。

关于技术，本章展示了软件对增强学生和教师对数据的推理的潜力。像 Fathom 和 TinkerPlots 这样的教育软件可以支持学生对各种数据表征中分布的推理，并将它们从局部视角转换到全局视角。进行组间比较时，软件可以帮助学生查看大型数据集中的组间差异，并使学习者能够使用个体比较方法（如基于 p 的比较）。处理变量的关联和共变时，Fathom 和 TinkerPlots 等工具可以在单元格、列和行百分比之间切换视图，提供更深入的见解，并有助于生成切片散点图，以便使学生的共变推理与其对单变量分布和组间比较的理解建立联系。在未来的研究中依然有一些重要问题，包括如何更好地理解数字工具的目的、局限性、可能性，以及如何研究应用了技术的学习环境。

有几个关于数据分析教与学的问题在本章反复出现。研究一致发现，当学生被要求分析数据、解释图表或比较群体时，他们倾向于提供表面水平的描述。为了更好地发展学习者对数据的推理，向学习者提供学习活动是很重要的，这些学习活动可以系统地指导他们将看待分布的视角从局部转换到全局，使学习者对数据的变异性更加敏感，并且激励他们超越表面水平的数据描述，深入到更实质的解释中。譬如，我们要鼓励学习者不仅仅阅读数据本身，还要超越数据进行预测、推断和解释，要理解数据的潜在内容（背景和数据生成问题），最终寻找数据与其他变量的关系和潜在因果。关于阅读数据的三个水平，读取原始数据、在阅读中对数据进行信息重组或解释关系以及理解数据潜在内容，请参见弗里尔等的研究（Friel，Curcio，& Bright，2001）。这可以通过为学生提供数据和图表的适当或不适当的解释的规范来完成。同样地，对于成长中的学习者来说，进行组间比较的推理时，为他们提供数据分析方案可以帮助他们更好地构建并记录他们在探索过程中的发现。在这里，为学习者提供一个过程也很重要，这个过程可以帮助他们组间比较时从仅仅对发现进行描述转变为对发现进行更深入的解释。开发并实施用于分析和解释数据的结构化规范可能是未来数据分析教学和研究的一个成果丰硕的领域。

数据推理在过去和当前都很重要，在即将到来的大数据时代更为重要。如今，我们通过互联网和其他媒体可以获得大量数据，政治、经济和社会中的许多决策是基于统计数据进行的。在这方面，结合数学、统计学、计算机科学和信息科学等学科的数据科学旨在处理大量数据并提取数据中的重要信息。未来，数据科学将成为一个新兴的重要教学和研究领域。

因此，为了让公众参与公共决策过程，有关公民必须具备统计素养。为了培养具有统计素养的公民，教师必须为统计教学做好准备。研究发现协作和智力对话是教师改进他们自己对数据推理的好方法。教师教育工作者应该在职前教师和在职教师的培训和专业发展中考虑数据分析，因为许多教师在数据分析和统计思维方面几乎没有个人经验。

对于研究人员来说，未来的挑战在于深化对学习者数据推理时的观念和误解的研究。对于教师而言，未来的挑战在于设计并加强活动和学习环境，以便发展各年龄段学生对数据的可持续推理。

参考文献

Arnold，P.（2013）. Statistical investigative questions：An enquiry into posing and answering investigative questions from existing data. Doctoral dissertation. Retrieved from https://researchspace.auckland.ac.

nz/handle/2292/21305.

Australian Curriculum，Assessment and Reporting Authority.（n.d.）. *Australian curriculum.* Retrieved from http://www.australiancurriculum.edu.au.

Bakker，A.，Biehler，R.，& Konold，C.（2005）. Should young students learn about box plots? In G. Burrill & M. Camden（Eds.），*Curricular development in statistics education：International Association for Statistical Education（IASE）roundtable*（pp.163-173）. Voorburg：International Statistical Institute.

Bakker，A.，& Gravemeijer，K. P. E.（2004）. Learning to reason about distribution. In D. Ben-Zvi & J. Garfield（Eds.），*The challenge of developing statistical literacy，reasoning and thinking*（pp.147-168）. Dordrecht：Kluwer.

Batanero，C.，Estepa，A.，& Godino，J.（1997）. Evolution of students' understanding of statistical association in a computer-based teaching environment. In J. Garfield & G. Burrill（Eds.），*Research on the role of technology in teaching and learning statistics*（pp.198-212）. Voorburg：International Statistical Institute.

Batanero，C.，Estepa，A.，Godino，J.，& Green，D.（1996）. Intuitive strategies and preconceptions about association in contingency tables. *Journal for Research in Mathematics Education，27*（2），151-169.

Batanero，C.，Godino，J.，& Estepa，A.（1998）. Building the meaning of statistical association through data analysis activities. *Proceedings of PME-22，Stellenbosch，South Africa.* Retrieved from https://www.researchgate.net/publication/255584495.

Ben-Zvi，D.（2004）. Reasoning about variability in comparing distributions. *Statistics Education Research Journal，3*（2），42-63.

Ben-Zvi，D.，Bakker，A.，& Makar，K.（2015）. Learning to reason from samples. *Educational Studies in Mathematics，88*，291-303.

Biehler，R.（1997）. Students' difficulties in practicing computer supported data analysis-Some hypothetical generalizations from results of two exploratory studies. In J. Garfield & G. Burrill（Eds.），*Research on the role of technology in teaching and learning statistics*（pp.169-190）. Voorburg：International Statistical Institute.

Biehler，R.（2001）. Statistische Kompetenz von Schülerinnen und Schülern-Konzepte und Ergebnisse empirischer Studien am Beispiel des Vergleichens empirischer Verteilungen（Statistical competence of students-Concepts and results of empirical studies on the example of comparing groups）. In M. Borovcnik，J. Engel，& D. Wickmann（Eds.），*Anregungen zum Stochastikunterricht*（pp.97-114）. Franzbecker：Hildesheim.

Biehler，R.（2004）. Variation，co-variation，and statistical group comparison：Some results from epistemological and empirical research on technology supported statistics education. *10th International Congress on Mathematics Education，Copenhagen.*

Biehler，R.（2005）. Strength and weaknesses in students' project work in exploratory data analysis. In M. Bosch（Eds.），*Proceedings of the 4th Congress of the European Society for Research in Mathematics Education，Sant Feliu de Guíxols，Spain*（pp.580-590）. Retrieved from http://www.mathematik.tu-dortmund.de/~erme/CERME4/CERME4_WG5.pdf.

Biehler, R.（2007a）. Denken in Verteilungen-Vergleichen von Verteilungen（Thinking in distributions-Comparing distributions）. *Der Mathematikunterricht*, *53*（3）, 3-11.

Biehler, R.（2007b）. Students' strategies of comparing distributions in an exploratory data analysis context. *CD-ROM Proceedings of 56th Session of the International Statistical Institute*. Retrieved from http://www.stat.auckland.ac.nz/~iase/publications/isi56/IPM37_Biehler.pdf.

Biehler, R., Ben-Zvi, D., Bakker, A., & Makar, K.（2013）. Technology for enhancing statistical reasoning at the school level. In M. A. Clements, A. J. Bishop, C. Keitel, J. Kilpatrick, & F. K. S. Leung（Eds.）, *Third international handbook of mathematics education*（Vol. 27, pp.643-689）. New York: Springer.

Biggs, J. B., & Collis, K. F.（1982）. *Evaluating the quality of learning: The SOLO taxonomy*. New York: Academic Press.

Biggs, J. B., & Collis, K.（1991）. Multimodal learning and the quality of intelligent behavior. In H. Rowe（Ed.）, *Intelligence, reconceptualization and measurement*（pp.57-76）. Mahwah: Laurence Erlbaum Associates.

Burrill, G., & Biehler, R.（2011）. Fundamental statistical ideas in the school curriculum and in training teachers. In C. Batanero, G. Burrill, & C. Reading（Eds.）, *Teaching statistics in school mathematics-Challenges for teaching and teacher education-A joint ICMI/IASE study: The 18th ICMI study*（pp.57-69）. Dordrecht: Springer.

Canada, D.（2006）. Elementary pre-service teachers' conceptions of variation in a probability context. *Statistics Education Research Journal*, *5*（1）, 36-64.

Carlson, M., Jacobs, S., Coe, E., Larsen, S., & Hsu, E.（2002）. Applying covariational reasoning while modeling dynamic events: A framework and a study. *Journal for Research in Mathematics Education*, *33*（5）, 352-378.

Casey, S. A., & Nagle, C.（2016）. Students' use of slope conceptualizations when reasoning about the line of best fit. *Educational Studies in Mathematics*, *92*（2）, 163-177.

Ciancetta, M.（2007）. *Statistics students reasoning when comparing distributions of data.* Unpublished doctoral dissertation, Portland State University.

Cobb, P., Confrey, J., diSessa, A., Lehrer, R., & Schauble, L.（2003）. Design experiments in educational research. *Educational Researcher*, *32*（1）, 9-13.

Cobb, P., McClain, K., & Gravemeijer, K.（2003）. Learning about statistical covariation. *Cognition and Instruction*, *21*（1）, 1-78.

Contreras, J. M., Batanero, C., Diaz, C., & Fernandes, J. A.（2011）. Prospective teachers' common and specialized knowledge in a probability task. In M. Pytlak, T. Rowland, & E. Swoboda（Eds.）, *Proceedings of the 7th Congress of the European Society for Research in Mathematics Education*（pp.766-775）. Rzeszów: University of Rzeszów.

Corbin, J., & Strauss, A.（1994）. Grounded theory methodology: An overview. In N. K. Denzin & Y. S.

Lincoln (Eds.), *Handbook of qualitative research* (pp.273-285). Thousand Oaks: Sage.

Engel, J., & Sedlmeier, P. (2011). Correlation and regression in the training of teachers. In C. Batanero, G. Burrill, & C. Reading (Eds.), *Teaching statistics in school mathematics-Challenges for teaching and teacher education-A joint ICMI/IASE study: The 18th ICMI study* (pp.247-258). Dordrecht: Springer.

Estrada Roca, A., & Batanero, C. D. (2006). Computing probabilities from two way tables: An exploratory study with future teachers. In A. Rossman & B. Chance (Eds.), *Proceedings of the Seventh International Conference on Teaching Statistics: Working cooperatively in statistics education, Salvador, Brazil (CD-ROM)*. Voorburg: International Association for Statistics Education and International Statistical Institute.

Finzer, W. (2007). *Fathom dynamic data software (computer software)*. Emeryville: Key Curriculum Press. (Software is available from www.concord.org)

Fitzallen, N. (2012). *Reasoning about covariation with TinkerPlots.* Unpublished doctoral dissertation, University of Tasmania.

Franklin, C., Kader, G., Mewborn, D., Moreno, J., Peck, R., Perry, M., et al. (2007). *Guidelines for assessment and instruction in statistics education (GAISE) report: A pre-K-12 curriculum framework.* Alexandria: American Statistical Association.

Friel, S., Curcio, F. R., & Bright, G. W. (2001). Making sense of graphs: Critical factors influencing comprehension and instructional implications. *Journal for Research in Mathematics Education, 32* (2), 124-158.

Friel, S. N., O'Connor, W., & Mamer, J. D. (2006). More than "meanmedianmode" and a bar graph: What's needed to have a statistical conversation. In G. Burrill & P. C. Elliott (Eds.), *Thinking and reasoning with data and chance: Sixty-eighth NCTM yearbook* (pp.117-137). Reston: National Council of Teachers of Mathematics.

Frischemeier, D. (2014). Comparing groups by using TinkerPlots as part of a data analysis task-Tertiary students' strategies and difficulties. In K. Makar, B. de Sousa, & R. Gould (Eds.), *Sustainability in statistics education. Proceedings of the 9th International Conference on Teaching Statistics, Flagstaff, AZ, USA*. Voorburg: International Statistical Institute.

Frischemeier, D. (2017). *Statistisch denken und forschen lernen mit der Software TinkerPlots.* Wiesbaden: Springer Spektrum.

Frischemeier, D., & Biehler, R. (2016). Preservice teachers' statistical reasoning when comparing groups facilitated by software. In K. Krainer & N. Vondrova (Eds.), *Proceedings of the 9th Congress of the European Society for Research in Mathematics Education* (pp.643-650). Prague: Charles University in Prague, Faculty of Education and ERME.

Gal, I., Rothschild, K., & Wagner, D. A. (1989). Which group is better? The development of statistical reasoning in elementary school children. *The meeting of the Society for Research in Child Development, Kansas City*. Retrieved from https://files.eric.ed.gov/fulltext/ED315270.pdf.

Garfield, J., & Ben-Zvi, D. (2005). A framework for teaching and assessing reasoning about variability.

Statistics Education Research Journal，*4*（1），92-99.

Garfield，J.，& Ben-Zvi，D.（2008）. *Developing students' statistical reasoning：Connecting research and practice*. Dordrecht：Springer.

Gigerenzer，G.（1996）. The psychology of good judgment frequency formats and simple algorithms. *Medical Decision Making*，*16*（3），273-280.

Gigerenzer，G.（2002）. *Reckoning with risk：Learning to live with uncertainty*. London：Penguin.

Graham，A.（1987）. *Statistical investigations in the secondary school*. Cambridge：Cambridge University Press.

Hasemann，K.，& Mirwald，E.（2012）. Daten，Häufgkeit und Wahrscheinlichkeit. In G. Walther，M. van den Heuvel-Panhuizen，D. Granzer，& O. Köller（Eds.），*Bildungsstandards für die Grundschule：Mathematik konkret*（pp.141-161）. Berlin：Cornelsen Scriptor.

Hogan，T. P.，Zaboski，B. A.，& Perry，T. R.（2015）. College students' interpretation of research reports on group differences：The tall-tale effect. *Statistics Education Research Journal*，*14*（1），90-111.

Inhelder，B.，& Piaget，J.（1955）. *De la logique de l'enfant á la logique de l'adolescent（The growth of logical thinking from childhood to adolescence）*. Paris：Presses Universitaires de France.

Jones，G. A.，Langrall，C. W.，Mooney，E. S.，& Thornton，C. A.（2004）. Models of development in statistical reasoning. In J. Garfield & D. Ben-Zvi（Eds.），*The challenge of developing statistical literacy，reasoning and thinking*（pp.201-226）. Dordrecht：Kluwer.

Kader，G. D.，& Perry，M.（1994）. Learning statistics. *Mathematics Teaching in the Middle School*，*1*（2），130-136.

KMK.（2004）. *Bildungsstandards im Fach Mathematik für den mittleren Schulabschluss*. München：Wolters Kluwer.

KMK.（2012）. *Bildungsstandards im Fach Mathematik für die allgemeine Hochschulreife*. Retrieved from http://www.kmk.org/fileadmin/veroeffentlichungen_beschluesse/2012/2012_10_18-Bildungsstandards-Mathe-Abi.pdf.

Konold，C.（2002）. Alternatives to scatterplots. *Proceedings of the 6th International Conference on Teaching Statistics，Cape Town，South Africa*. Retrieved from https://www.stat.auckland.ac.nz/~iase/publications/1/7f5_kono.pdf.

Konold，C.，& Higgins，T. L.（2003）. Reasoning about data. *A research companion to principles and standards for school mathematics*（pp.193-215）. Reston：National Council of Teachers of Mathematics.

Konold，C.，Higgins，T.，Russell，S. J.，& Khalil，K.（2015）. Data seen through different lenses. *Educational Studies in Mathematics*，*88*（3），305-325.

Konold，C.，& Miller，C.（2011）. *TinkerPlots TM Version 2（computer software）*. Emeryville：Key Curriculum Press.（Software available from www.tinkerplots.com）

Konold，C.，& Pollatsek，A.（2002）. Data analysis as a search for signals in noisy processes. *Journal for Research in Mathematics Education*，*33*（4），259-289.

Konold，C.，Pollatsek，A.，Well，A.，& Gagnon，A.（1997）. Students analyzing data：Research of critical barriers. In J. B. Garfield & G. Burrill（Eds.），*Research on the role of technology in teaching and learning statistics：1996 Proceedings of the 1996 IASE Round Table Conference*（pp.169-190）. Voorburg：International Statistical Institute.

Konold，C.，Robinson，A.，Khalil，K.，Pollatsek，A.，Well，A.，Wing，R.，et al.（2002）. Students' use of modal clumps to summarize data. *6th International Conference on Teaching Statistics. South Africa：Cape Town.* Retrieved from https://www.researchgate.net/publication/247663177.

Lane，A.（2015）. Simulations of the distribution of the mean do not necessarily mislead and can facilitate learning. *Journal of Statistics Education，23*（2）. Retrieved from https://doi.org/10.1080/10691898.2015.11889738.

Langrall，C.，Nisbet，S.，Mooney，E.，& Jansem，S.（2011）. The role of context expertise when comparing groups. *Mathematical Thinking and Learning，13*（1-2），47-67.

Lehrer，R.，Kim，M.，& Schauble，L.（2007）. Supporting the development of conceptions of statistics by engaging students in measuring and modeling variability. *International Journal of Computers for Mathematical Learning，12*（3），195-216.

Lehrer，R.，& Schauble，L.（2004）. Modeling natural variation through distribution. *American Educational Research Journal，41*（3），635-679.

Lem，S.，Kempen，G.，Ceulemans，E.，Onghena，P.，Verschaffel，L.，& van Dooren，W.（2014）. Teaching box plots：An intervention using refutational text and multiple external representations. In K. Makar，B. de Sousa，& R. Gould（Eds.），*Sustainability in statistics education. Proceedings of the 9th International Conference on Teaching Statistics，Flagstaff，AZ*，USA. Voorburg：International Statistical Institute.

Lem，S.，Onghena，P.，Verschaffel，L.，& van Dooren，W.（2013）. External representations for data distributions：In search of cognitive fit. *Statistics Education Research Journal，12*（1），4-19.

Madden，S. R.（2008）. *High school mathematics teachers' evolving understanding of comparing distributions.* Unpublished dissertation，Western Michigan University.

Makar，K.（2004）. *Developing statistical inquiry：Prospective secondary math and science teachers' investigations of equity and fairness through analysis of accountability data.* Doctoral dissertation，University of Texas at Austin.

Makar，K.，Bakker，A.，& Ben-Zvi，D.（2011）. The reasoning behind informal inferential inference. *Mathematical Thinking and Learning，13*（1-2），152-173.

Makar，K.，& Ben-Zvi，D.（2011）. The role of context in developing reasoning about informal statistical inference. *Mathematical Thinking and Learning，13*（1-2），1-4.

Makar，K.，& Confrey，J.（2002）. Comparing two distributions：Investigating secondary teachers' statistical thinking. *6th International Conference on Teaching Statistics，Cape Town，South Africa.* Retrieved from https://www.stat.auckland.ac.nz/~iase/publications/1/10_18_ma.pdf.

Makar，K.，& Confrey，J.（2004）. Secondary teachers' statistical reasoning in comparing two groups. In D. Ben-Zvi & J. Garfield（Eds.），*The challenge of developing statistical literacy，reasoning，and thinking* （pp.353-373）. Dordrecht：Kluwer.

Makar，K.，& Confrey，J.（2005）. "Variation-talk"：Articulating meaning in statistics. *Statistics Education Research Journal*，*4*（1），27-54.

Makar，K.，& Confrey，J.（2014）. Wondering，wandering or unwavering? Learners' statistical investigations with Fathom. In T. Wassong，D. Frischemeier，P. R. Fischer，R. Hochmuth，& P. Bender（Eds.），*Mit Werkzeugen Mathematik und Stochastik lernen-Using tools for learning mathematics and statistics*. Wiesbaden：Springer Spektrum.

Mayring，P.（2015）. Qualitative content analysis：Theoretical background and procedures. In A. Bikaner-Ahsbahs，C. Knipping，& N. C. Presmeg（Eds.），*Approaches to qualitative research in mathematics education*（pp.365-380）. Dordrecht：Springer.

McKenzie，C. R.，& Mikkelsen，L. A.（2007）. A Bayesian view of covariation assessment. *Cognitive Psychology*，*54*（1），33-61.

Meletiou-Mavrotheris，M.，& Lee，C.（2002）. Teaching students the stochastic nature of statistical concepts in an introductory statistics course. *Statistics Education Research Journal*，*1*（2），22-37.

Ministry of Education.（2007）. *The New Zealand curriculum.* Wellington：Ministry of Education.

Mokros，J.，& Russell，S. J.（1995）. Children's concepts of average and representativeness. *Journal for Research in Mathematics Education*，*26*（1），20-39.

Mooney，E.，Duni，D.，VanMeenen，E.，& Langrall，C.（2014）. Preservice teachers' awareness of variability. In K. Makar，B. de Sousa，& R. Gould（Eds.），*Sustainability in statistics education. Proceedings of the 9th International Conference on Teaching Statistics，Flagstaff，AZ，USA*. Voorburg：International Statistical Institute.

Moritz，J.（2004）. Reasoning about covariation. In D. Ben-Zvi & J. Garfield（Eds.），*The challenge of developing statistical literacy，reasoning and thinking*（pp.227-256）. Dordrecht：Kluwer.

National Council of Teachers of Mathematics.（1989）. *Curriculum and evaluation standards for school mathematics*. Reston：National Council of Teachers of Mathematics.

National Council of Teachers of Mathematics.（2000）. *Principles and standards for school mathematics*. Reston：National Council of Teachers of Mathematics.

Noll，J.（2011）. Graduate teaching assistants' statistical content knowledge of sampling. *Statistics Education Research Journal*，*10*（2），48-74.

Noll，J.，& Shaughnessy，M.（2012）. Aspects of students' reasoning about variation in empirical sampling distributions. *Journal for Research in Mathematics Education*，*43*（5），509-556.

Noss，R.，Hoyles，C.，& Pozzi，S.（2002）. Abstraction in expertise：A study of nurses' conceptions of concentration. *Journal for Research in Mathematics Education*，*33*（3），204-229.

Noss，R.，Pozzi，S.，& Hoyles，C.（1999）. Touching epistemologies：Meanings of average and variation in nursing practice. *Educational Studies in Mathematics*，*40*（1），25-51.

Obersteiner，A.，Bernhard，M.，& Reiss，K.（2015）. Primary school children's strategies in solving contingency table problems：The role of intuition and inhibition. *ZDM*，*47*（5），825-836.

Pérez Echevarría，M. P.（1990）. *Psicología del razonamiento probabilístico（The psychology of probabilistic reasoning）*. Madrid：Ediciones de la Universitad Autónoma Madrid.

Peters，S.（2011）. Robust understanding of statistical variation. *Statistics Education Research Journal，10*（1），52-88.

Peters，S.（2014）. Developing understanding of statistical variation：Secondary statistics teachers' perceptions and recollections of learning factors. *Journal of Mathematics Teacher Education，17*（6），539-582.

Pfannkuch，M.（2005）. Thinking tools and variation. *Statistics Education Research Journal，4*（1），83-91.

Pfannkuch，M.（2007）. Year 11 Students' informal inferential reasoning：A case study about the interpretation of box plots. *International Electronic Journal of Mathematics Education，2*（3），149-167.

Pfannkuch，M.，& Budgett，S.（2017）. Reasoning from an eikosogram：An exploratory study. *International Journal of Research in Undergraduate Mathematics Education，3*（2），283-310.

Pfannkuch，M.，Budgett，S.，Parsonage，R.，& Horring，J.（2004）. Comparison of data plots：Building a pedagogical framework. *10th Meeting of the International Congress on Mathematics Education，Copenhagen，Denmark.* Retrieved from http://iase-web.org/documents/papers/icme10/Pfannkuch.pdf.

Pfannkuch，M.，& Reading，C.（2006）. Reasoning about distribution：A complex process. *Statistics Education Research Journal，5*（2），4-9.

Pfannkuch，M.，& Wild，C.（2004）. Towards an understanding of statistical thinking. In D. Ben-Zvi & J. Garfield（Eds.），*The challenge of developing statistical literacy，thinking and reasoning*（pp.17-46）. Dordrecht：Kluwer.

Reaburn，R.（2012）. Strategies used by students to compare two data sets. In J. Dindyal，L. P. Cheng，& S. F. Ng（Eds.），*Mathematics education：Expanding horizons. Proceedings of the 35th annual conference of the Mathematics Education Research Group of Australasia.* Singapore：MERGA.

Reading，C.（2004）. Student description of variation while working with weather data. *Statistics Education Research Journal，3*（2），84-105.

Reading，C.，& Reid，J.（2006）. An emerging hierarchy of reasoning about distribution：From a variation perspective. *Statistics Education Research Journal，5*（2），46-68.

Reading，C.，& Reid，J.（2007）. Reasoning about variation：Student voice. *International Electronic Journal of Mathematics Education，2*（3），111-127.

Reading，C.，& Reid，J.（2010）. Reasoning about variation：Rethinking theoretical frameworks to inform practice. In C. Reading（Ed.），*Data and context in statistics education：Towards an evidence-based society. Proceedings of the 8th International Conference on Teaching Statistics（ICOTS-8），Ljubljana，Slovenia.* Voorburg：International Statistical Institute.

Reading，C.，& Shaughnessy，J. M.（2004）. Reasoning about variation. In D. Ben-Zvi & J. Garfield（Eds.），*The challenge of developing statistical literacy，reasoning and thinking*（pp.201-226）. Dordrecht：Kluwer.

Reid，J.，& Reading，C.（2006）. A hierarchy of tertiary students' consideration of variation. In A. Rossman &

B. Chance（Eds.），*Working cooperatively in statistics education：Proceedings of the 7th International Conference on Teaching Statistics（ICOTS-7），Salvador，Brazil.* Voorburg：International Statistical Institute.

Reid，J.，& Reading，C.（2008）. Measuring the development of students' consideration of variation. *Statistics Education Research Journal，7*（1），40-59.

Reid，J.，& Reading，C.（2010）. Developing a framework for reasoning about explained and unexplained variation. In C. Reading（Ed.），*Data and context in statistics education：Towards an evidence-based society. Proceedings of the Eighth International Conference on Teaching Statistics（ICOTS-8），Ljubljana，Slovenia.* Voorburg：International Statistical Institute.

Rossman，A.，& Chance，B.（2001）. *Workshop statistics：Discovery with data*（2nd ed.）. Emeryville：Key College Publishing.

Rossman，A. J.，& Chance，B. L.（2014）. Using simulation-based inference for learning introductory statistics. *Wiley Interdisciplinary Reviews：Computational Statistics，6*（4）：211-221.

Rubin，A.，Bruce，B.，& Tenney，Y.（1991）. Learning about sampling：Trouble at the core of statistics. In D. Vere-Jones（Ed.），*Proceedings of the Third International Conference on Teaching Statistics*（Vol.1，pp.314-319）. Voorburg：International Statistical Institute.

Saldanha，L.，& Thompson，P.（2003）. Conceptions of sample and their relationship to statistical inference. *Educational Studies in Mathematics，51*（3），257-270.

Sanchez，E.，Borim da Silva，C.，& Coutinho，C.（2011）. Teachers' understanding of variation. In C. Batanero，G. Burrill，& C. Reading（Eds.），*Teaching statistics in school mathematics-Challenges for teaching and teacher education*（pp.211-221）. Dordrecht：Springer.

Schnell，S.，& Büscher，C.（2015）. Individual concepts of students comparing distributions. In K. Krainer & N. Vondrova（Eds.），*Proceedings of the 9th Congress of the European Society for Research in Mathematics Education*（pp.754-760）. Prague：Charles University in Prague and the European Society for Research in Mathematics Education（ERME）.

Shaughnessy，J. M.（2007）. Research on statistics learning and reasoning. In F. Lester & National Council of Teachers of Mathematics（Eds.），*Second handbook of research on mathematics teaching and learning*（pp.957-1009）. Charlotte：Information Age Publications.

Shaughnessy，J. M.，Chance，B.，& Kranendonk，H.（2009）. *Focus in high school mathematics. Reasoning and sense making：Statistics and probability.* Reston：National Council of Teachers of Mathematics.

Shaughnessy，J. M.，Ciancetta，M.，& Canada，D.（2004）. Types of student reasoning on sampling tasks. In M. Johnsen Høines & A. Berit Fuglestad（Eds.），*Proceedings of the 28th meeting of the International Group for Psychology and Mathematics Education*（Vol. 4，pp.177-184）. Bergen：Bergen University College Press.

Slauson，L. V.（2008）. *Students' conceptual understanding of variability.* Unpublished doctoral dissertation，The Ohio State University.

Taylor，L.，& Doehler，K.（2015）. Reinforcing sampling distributions through a randomization-based activity for introduction ANOVA. *Journal of Statistics Education，23*（3）. Retrieved from https://doi.org/10.1080/10691898.2015.11889750.

Vergnaud，G.（1996）. The theory of conceptual fields. In L. P. Steffe，P. Nesher，P. Cobb，G. Goldin，& B. Greer（Eds.），*Theories of mathematical learning*（pp.219-239）. Hillsdale：Erlbaum.

Wassner，C.（2004）. *Förderung Bayesianischen Denkens：kognitionspsychologische Grundlagen und didaktische Analysen；mit Arbeitsmaterialien und didaktischen Kommentaren zum Thema "Authentisches Bewerten und Urteilen unter Unsicherheit" für den Stochastikunterricht der Sekundarstufe I.* Hildesheim：Franzbecker.

Watkins，A.，Bargagliotti，A.，& Franklin，C.（2014）. Simulation of the sampling distribution of the mean can mislead. *Journal of Statistics Education，22*（3）. Retrieved from https://doi.org/10.1080/10691898.2014.11889716.

Watson，J. M.（2009）. The influence of variation and expectation on the developing awareness of distribution. *Statistics Education Research Journal，8*（1），32-61.

Watson，J.，& Callingham，R.（2014）. Two-way tables：Issues at the heart of statistics and probability for students and teachers. *Mathematical Thinking and Learning，16*（4），254-284.

Watson，J.，& Callingham，R.（2015）. Lung disease，indigestion，and two-way tables. *Investigations in Mathematics Learning，8*（2），1-16.

Watson，J.，Callingham，R.，& Donne，J.（2008）. Proportional reasoning：Student knowledge and teachers' pedagogical content knowledge. In M. Goos，R. Brown，& K. Makar（Eds.），*Navigating currents and charting directions. Proceedings of the 31st Annual Conference of the Mathematics Education Research Group of Australasia*（Vol. 1，pp.563-571）. Brisbane：Mathematics Education Research Group of Australasia.

Watson，J. M.，Callingham，R. A.，& Kelly，B. A.（2007）. Students' appreciation of expectation and variation as a foundation for statistical understanding. *Mathematical Thinking and Learning，9*（3），83-130.

Watson，J.，Fitzallen，N.，Wilson，K.，& Creed，J.（2008）. The representational value of HATS. *Mathematics Teaching in Middle School，14*（1），4-10.

Watson，J. M.，& Kelly，B. A.（2004a）. Expectation versus variation：Students' decision making in a chance environment. *Canadian Journal of Science，Mathematics and Technology Education，4*（3），371-396.

Watson，J. M.，& Kelly，B. A.（2004b）. Statistical variation in a chance setting：A two-year study. *Educational Studies in Mathematics，57*（1），121-144.

Watson，J. M.，& Kelly，B. A.（2006）. Expectation versus variation：Students' decision making in a sampling environment. *Canadian Journal of Science，Mathematics and Technology Education，6*（2），145-166.

Watson，J. M.，Kelly，B. A.，Callingham，R. A.，& Shaughnessy，J. M.（2003）. The measurement of school students' understanding of statistical variation. *International Journal of Mathematical Education in*

Science and Technology，*34*（1），1-29.

Watson，J. M.，& Moritz，J. B.（1999）. The beginnings of statistical inference：Comparing two data sets. *Educational Studies in Mathematics*，*37*，145-168.

Watson，J. M.，& Moritz，J. B.（2000）. The longitudinal development of understanding of average. *Mathematical Thinking and Learning*，*2*（1），11-50.

Watson，J. M.，& Shaughnessy，J. M.（2004）. Proportional reasoning：Lessons from research in data and chance. *Mathematics Teaching in the Middle School*，*10*（1），104-109.

Wild，C. J.（2006）. The concept of distribution. *Statistics Education Research Journal*，*5*（2），10-26.

Wild，C. J.，& Pfannkuch，M.（1999）. Statistical thinking in empirical enquiry. *International Statistical Review*，*67*（1），223-265.

Zieffler，A. S.，& Garfield，J. B.（2009）. Modeling the growth of students' covariational reasoning during an introductory statistics course. *Statistics Education Research Journal*，*8*（1），7-31.

Zieffler，A.，Harring，J.，& Long，J. D.（2011）. Comparing groups：Randomization and bootstrap methods using R. Hoboken：Wiley.

第6章　关于不确定性的研究

戴夫·普拉特　西贝尔·卡扎克

我们讨论了关于不确定性的教与学的研究，特别强调了可以用概率表示的可量化的方面。我们通过将现有研究（特别是过去10年的研究）与先前的研究进行整合，来了解对该领域的早期综述。我们特别关注三个问题，这些问题变得越来越重要：①重新调整先前关于启发法和偏差的研究；②不确定性的概念和经验参与；③对概率的教与学采用建模的视角。教师在以各种重要方式塑造学习环境中的作用是一项关键发现。结论部分指出了未来有前景的研究方向，包括在诸如建模的作用等新的领域进行更多探索性研究，以及精心设计实验来检验已有研究中的假设。

6.1　简介

不确定性是一个广泛的概念，包括统计学领域之外的现象，关注由随机变异引起的不确定性，通常可以进行推论和预测。在不确定性的概念子集中，有时可以测量一种现象的不确定性程度，我们把这个术语称为“概率”。概率理论为不确定性的表达、量化和建模提供了工具。本章的重点是研究不确定性和概率中的关键思想和问题，这些思想和问题被视为与统计学的概念性联系。我们首先对以前与该主题相关的文献进行了综述，然后用我们的方法回顾了上述文献以外的相关文献。

自从概率和统计成为许多国家主流学校数学课程的一部分以来，市面上出现了几本著作（如Chernoff & Sriraman，2014；Jones，2005；Kapadia & Borovcnik，1991），以及许多关于概率研究的重要综述文章和报告。肖内西在《数学教与学研究手册》（Handbook of Research on Mathematics Teaching and Learning）中进行了述评。他首先着眼于解决学校数学课程中概率和统计缺失的问题［尤其是在《学校数学课程与评估标准》（National Council of Teachers of Mathematics，1989）颁布之前的美国］（Shaughnessy，1992），然后将概率发展过程中的哲学和历史影响视为概率与统计研究的背景。他认为文献探讨的内容主要集中在三个领域：①在不确定性的情况下进行推理或判断时使用的不同思维类型（即启发法、偏差和误解），这些思维类型主要在心理学研究传统中被确认和记录，如丹尼尔·卡内曼（Daniel Kahneman）和阿莫斯·特沃斯基在20世纪70—80年代发表的颇具影响力的作品；②不同年龄阶段的学生概率概念的发展情况；③干预措施（如任务类型、教学方法和计算机技术的使用）对学生概率概念发展的影响（Shaughnessy，1992）。

波罗维尼克和皮尔德对当时已有研究的另一项重要述评，主要集中于概率思维和学校数学课程中的概率教学（Borovcnik & Peard，1996）。他们通过区分概率和其他数学概念，以及概率思维和其他类型的思维（逻辑思维和因果思维），揭示了阻碍概率学习的因素。他们还描述了随着概率与统计成为不同国家学校数学课程的一部分，欧洲和美国的概率教学历史是如何演变的。随后，他们探讨了旨在提升概率教学效果的各种教学方法。

在《数学教与学研究手册2》（Second Handbook of Research on Mathematics Teaching and Learning）中，琼斯、朗格拉尔和穆尼所写的一章（Jones，Langrall，& Mooney，2007）揭示了自肖内西的述评（Shaughnessy，1992）以来，课程文件和研究传统对概率的处理所取得的进展。琼斯等关注的焦点之一是美国、英国和澳大利亚不同年级（小学、初中和高中）三份课程文件的内容和教学见解，这些文件几乎是同时出版的（Jones，Langrall，& Mooney，2007）。这些课程文件表明，学生自小学低年级就开始接触概率，他们在高中阶段则开始关注概率方面更进一步的思想。在教学方面，小学的任务更注重与学生的经验相结合，鼓励学生测试自己的直觉，并帮助他们克服错误观念。随着学生达到更高的水平，研究和应用则受到重视。肖内西在述评中提出的模拟和机会情境建模（Shaughnessy，1992）被视为初中和高中课程的一部分（Jones，Langrall，& Mooney，2007）。

琼斯等提及的研究文献集中在与概率有关的各种概念性问题，如概率和随机性、样本空间（sample space）、概率度量（包括条件概率、理论概率和经验概率）以及概率推理的认知模型，这也反映了数学课程中的变化（Jones，Langrall，& Mooney，2007）。在概率教学研究方面，琼斯等着重介绍了既有研究在教师的学科内容知识、学科教学知识和关于学生认知的知识方面的贡献。这篇述评提出的另一个独特的主题是基于贾勒的研究（Gal，2005）提出的概率素养概念，以及这一概念对概率教学内容和教学方法所产生的影响。

布赖恩特和努内斯提供了一份详细报告，记录了儿童在学习和推理概率方面的困难，并对未来研究提出了建议，特别是在方法论方面提出了建议（Bryant & Nunes，2012）。他们认为概率的四个思想是成功学习概率的关键：①理解随机性及其后果；②分析样本空间；③将概率量化为比率；④发展相关推理，其中涉及前三种思想的协调。从下文研究来看，学生缺乏与分布而不仅仅是样本空间相关的整体思维，这是令人惊讶的。

近期，沃森等回顾对学生不确定性推理的研究时，采取了批判性的方法，这些研究在之前的述评中也多次被提及（Watson，Jones，& Pratt，2013）。与主要面向研究人员的论文不同，沃森等的研究主要基于实证发现，旨在帮助职前教师和在职教师深入理解学生在概率学习中的关键问题。考虑到近年来出现的技术工具，沃森等的述评再次强调应使用模拟和建模来帮助学生（包括年轻学生）发展对不确定性的推理。

本章将集中讨论三个问题，这些问题在不确定性研究领域占据着重要的位置，代表着其关键的发展。之所以选择第一个问题，即重新调整启发法和偏差，是因为对启发法的研究几十年来一直是该领域研究的一个主要焦点，而最近的一份出版物也为我们提供了一个契机，使我们能够及时地重新考虑这一工作的方向。第二个问题，即不确定性的概念和经验参与，叙述了该领域主要研究工作的最新进展，其中一些可能实际上受到第一个问题的影响。第三个问题，即对概率的教与学采用建模的视角，直接源于技术在教学和学习领域的巨大发展，以及在研究学生对不确定性的看法方面所取得的显著进步。在接下来的章节中，我们将分别介绍这三个关键问题，对十年来概率教与学的研究进行综述，并展望未来的研究方向。

6.2　重新调整启发法和偏差

6.2.1　简介

我们将从一个问题的讨论开始本次研究述评，这个问题已经影响了——甚至一些人认为困扰了——概率思维研究领域几十年。这个问题是概率与统计研究述评方面的一个焦点，这一述评已有二十多年的历史（Shaughnessy，1992），并形成了一个独特的研究领域。这个领域专注于识别错误的概念，并探索它们之间的联系，以支持或反驳最初的研究工作。我们不得不提到丹尼尔·卡内曼和阿莫斯·特沃斯基（如 Kahneman，Slovic，& Tversky，1982）的开创性研究，他们成功地将我们所有人在判断机会时所使用的启发法中存在的固有偏差进行了分类。由于卡内曼的《思考，快与慢》（Thinking，Fast and Slow）（Kahneman，2011a）一书不仅重新认识了最初的研究，还回应了一些最初的批判，这项研究近期取得了新的成果。卡内曼对自己关于启发法的研究进行了重新调整，这对于解释 20 世纪 70—80 年代的原初研究中关于概率思维的大量研究，尤其是与误解有关的研究具有重要意义。

我们讨论这一关键问题的首要方法是总结原初的研究。这项工作相对简单，因为其他地方已有许多详尽的解释，尤其是肖内西的述评（Shaughnessy，1992）为我们提供了丰富的参考资料。然后我们将讨论随后几年中出现的一些批判性观点。所有这些准备都是为了详细介绍卡内曼在这项研究中的新观点，接着我们将讨论原有的批判性观点是否仍然存在，以及这些观点对该领域研究的影响。

卡内曼和特沃斯基开展了一系列精心设计的心理实验，让受试者通过口头或纸笔的形式完成各项任务。卡内曼和特沃斯基将受试者对概率或统计问题的回答与任务的标准解决方案相比较，记录了受试者在回答中所犯的错误。他们在这些错误中找出了一些模式，并根据受试者使用的经验法则（也许是潜意识的）解释这些模式，他们称之为启发法。卡内曼和特沃斯基解释了所使用的启发法中固有的偏差是如何导致错误产生的。

如上所述，由于每种启发法都存在多种变化和特定类型，因此在这里详细解释所有发现的启发法并不合适。尽管如此，有些读者可能希望对原初研究有一个大致的了解，而不需要知道所有的细节，因此，我们将在这里描述卡内曼和特沃斯基确定的两个主要的启发法。

6.2.2 两种启发法的原初研究和最新进展

当人们使用代表性启发法时，他们根据实证结果与产生结果的系统或总体的匹配程度来判断事件发生的可能性。代表性启发法可以用来解释著名的赌徒谬误（gambler's fallacy）：赌徒在观察到轮盘上连续出现六个红色数字后，可能把赌注押在黑色数字上（这种方法被称为负近因效应）。卡内曼和特沃斯基认为，赌徒可能认为结果应该与样本空间相匹配，样本空间由相等数量的红色数字和黑色数字组成，因此赌徒会做出这样的判断，即应该出现一个黑色数字，以便"纠正"红色数字的序列。代表性启发法通过尝试将结果与样本空间相匹配来帮助赌徒进行判断。

当人们认为一个更为具体的条件会比一个单一的一般条件更有可能发生时，这种错误的判断通常被称为合取谬误（conjunction fallacy），而这种谬误正是代表性启发法可能导致的另一个后果。譬如，琳达（Linda）被描述为"一位单身、直言不讳、聪明伶俐、对歧视和社会公正问题深感关切的女性"，该任务要求受试者陈述以下哪种情况更容易发生：①琳达是一名银行出纳员，②琳达不仅是一名银行出纳员而且积极参与女权运动。受试者通常会选择第二种情况。受试者往往认为由两个细节组成的合取事件发生的概率更大，从而产生合取谬误。

卡内曼和特沃斯基认为，尽管代表性启发法在多数情况下能提供正确的判断，但由于它忽略了偶然事件的变化且不考虑概率定律，因此在某些情况下，代表性启发法会导致错误的判断，即被称为"偏差"的系统性错误。

卡内曼和特沃斯基确定的第二个主要启发法是可得性启发法。人们有时会根据自己能够唤起相同或相似事件的特定实例的难易程度来判断事件发生的可能性。譬如，如果最近发生了一件广泛报道的导致许多人死亡的悲剧事件，那么你乘坐的飞机坠毁的风险可能看起来不成比例的高（与记录的事故频率相比）。与代表性启发法一样，可得性启发法通常会产生一个正确的判断，但是事件实例被唤起的难易程度与事件的显著性高度相关，而事件的显著性却通常与它发生的可能性无关，这导致了可得性启发法中固有的偏差。

过去 10 年，人们进一步研究了启发法、偏差和误差随时间变化的轨迹。本内特研究了 163 名大学一年级学生（他们被分成了多个实验组，因此任何一个实验组的样本容量都在 30 以下）（Bennett，2014），发现受三门问题（Monty Hall problem）启发而进行任务的学生表现出一种强烈的倾向，即他们的决策受到“禀赋效应”（endowment effect）的影响，即使按照概率论的理性决策应该这样做，他们也往往不愿意冒险根据进一步的信息改变自己的想法。

基耶西和普里米研究了随着年龄的增长，由负（和正）近因效应导致的错误是否继续发展或消退（Chiesi & Primi，2009）。他们测试了 23 名小学 3 年级学生、25 名小学 5 年级学生和 35 名大学生，发现正近因效应（如赌徒在轮盘出现一系列红色数字后会再在另一个红色数字上下注）会随着年龄的增长而减少，负近因效应则不受时间推移的影响。

库什托什和泽尔科夫斯基通过一项包含开放式结构化问题的调查，研究了概率任务中的误解现象，调查对象为 7、9、11 年级的 500—600 名学生，以及 40 名三年级职前数学教师（Kustos & Zelkowski，2013）。这些误解源自近因效应和代表性，换句话说，根据卡内曼和特沃斯基的说法，一些错误源自启发式思维中的偏差。他们发现，近因效应和代表性随着年龄增长而消失。

关于启发式思维所产生的误解是如何发展的，上述两项研究之间存在明显的差异。库什托什和泽尔科夫斯基的大规模研究表明，影响亚拉巴马州中高水平学校学生发展的因素对其概率推理有积极作用。尽管研究人员提供了对教学的启示，但这些必须被视为推测性的，因为研究中没有调查教学法。基耶西和普里米的小型研究是在意大利公立学校进行的，影响这些学校学生发展的因素有可能是非常不同的，也有可能是该研究的样本容量太小的缘故。在我们能够理解这些相互矛盾的结果并真正预测错误如何受到学校教育或年龄的影响之前，还需要进一步研究，并且可能还需要对启发式思维有更深入的理论理解。一种新的理论理解可能正在逐渐形成，这将在本节后面讨论。

6.2.3　对卡内曼和特沃斯基关于启发法的原初研究的批判

卡内曼和特沃斯基的启发法和偏差方法的主要批判者是格尔德·吉仁泽（Gerd Gigerenzer），他提倡使用固有频率而不是概率或比例来表达风险（如 Meder & Gigerenzer，2014）。博德梅、米德尔和吉仁泽证明了，相比百分比的形式，当基线风险以频率形式呈现时，具有广泛计算水平的人不太可能将心脏病的相对风险降低解释为绝对风险降低（Bodemer，Meder，& Gigerenzer，2014）。然而，迪亚斯和巴塔内罗对学生的表现进行了对比，206 名学生在一个条件概率的教学单元后参加了测试，另一个由 177 名学生组成的对照组在该教学单元前参加了测试（Diaz & Batanero，2009）。他们认为，在解决方案的不同阶段，即使在条件概率问题中使用概率而不是固有频率，对明显存在的错误类型进行详细分析也能够获得改善学生表现的教学方法。未发现改善学生表现的具体案例将在下文论述。

吉仁泽认为，当信息以频率形式呈现时，卡内曼和特沃斯基发现的一些错误就会消失（Gigerenzer，1991）。卡内曼回应，他们自己的研究认可这一观点，即信息的呈现形式会影响启发法的运用（Kahneman，1996）。然而，他认为这并不与观察结果相悖，即当陈述不是基于频率时，受试者也会出现系统性错误。卡内曼补充说，虽然这些错误可能减少，但是当呈现形式改为固有频率时，它们并没有消失，除非是在一些非常特殊的启发式类型中，比如合取谬误。有趣的是，迪亚斯和巴塔内罗在研究中使用的是概率而非固有频率，合取谬误是少数几个难以通过教学方法改善的错误之一（Diaz & Batanero，2009）。

吉仁泽还认为，卡内曼和特沃斯基在关注错误时面临困难，因为需要一个明确的规范立场来判断受试者的反应（Gigerenzer，1994）。他们认为，统计学者对概率的本质的认识存在根本性的分歧，尤其是在与特定事件相关的情况下，频率论者对概率的解释并不适用。当然，在许多情况下，对概率的频率论解释和主观解释趋于一致，卡内曼指出，他们的许多历史工作并不是基于对概率的主观解释（Kahneman，1996）。事实上，吉仁泽的哲学立场认为，人们使用启发法是理性行为，由于决策机制已经进化，人们可以在时间和资源有限的情况下做出决策（Gigerenzer，1993）。在他看来，这种机制理性地寻求启发式决策方法，以牺牲准确性为代价，这些理性方法可以比正式方法更准确。因此，卡内曼和特沃斯基刻画的是一个容易犯错的人，他会因为使用了存在固有偏差的启发法而犯错；吉仁泽则刻画了一个理性的人，他使用的启发法往往是准确的，可以基于对机会的复杂判断而快速做出决定。

也许，这种理论上的分歧是20世纪80—90年代许多出版物长期争论的核心。尽管肖内西在述评中提到，卡内曼和特沃斯基的研究为数学教育工作者提供了一个理论框架（Shaughnessy，1992，p.470），但是对这项工作的一个批判是，它实际上是非理论性的。对此，卡内曼认为：

> 我认为理论的显著特征是致力于（理性范围的）完备性，以及随之而来的在特定的反驳领域（通常相当狭窄）的批判性检验（Kahneman，1991，p.143）。

教育工作者的困难在于，在没有对知识、思维和学习进行理论性解释的情况下，如何解读卡内曼和特沃斯基的原初研究。在概率判断方面易犯错误可能被解释为人生不可避免的一部分，然而，对于那些希望改进学生对概率的理解的人来说，这种解释无疑显得颇为悲观。也许正因为人们意识到了使用启发法时存在的偏差，如代表性启发法和可得性启发法会产生的偏差，因此，他们对改善机会判断的效果变得敏感。显然，作为对决策感兴趣的心理学家，卡内曼和特沃斯基并没有试图向教育工作者提供教学建议。然而，最近由卡内曼出版的《思考，快与慢》确实将原初研究置于一个理论框架，这使得以新的方式解释原初研究的含义成为可能，或许也为解释卡内曼和吉仁泽之间的理论差异提供了新的线索（Kahneman，2011a）。

6.2.4　作为系统 1 思维和系统 2 思维的一部分的启发法

卡内曼采用了双过程理论（dual process theory）（Kahneman，2011a），特别是斯塔诺维奇和韦斯特（Stanovich & West，2000）的术语，将系统 1 思维描述为自动的、快速的，很少需要或根本不需要费力，且缺乏自主控制感的思维方式。相比之下，他认为系统 2 思维是费力的，经常涉及复杂的计算，与能动性、选择和专注有关的思维方式。举一个卡内曼给出的例子，看看下面的问题：17×24。系统 1 思维立即告诉你这是一个乘法问题（甚至可以让你估计一个粗略的答案）。然而，计算实际值需要系统 2 思维的缓慢思考。不太严格地说，如果系统 1 思维被视为直觉，那么系统 2 思维可以被视为形式推理。卡内曼认为，许多决策，当然也包括他在早期研究中提出的启发法，是在系统 1 思维的自动的、基本上是潜意识的层面进行的，而认真应用科学理论和程序做出决策则需要系统 2 思维的努力。虽然系统 1 思维在默认情况下会被自动触发以做出快速决策，但通常只依赖有限的证据，偶尔系统 2 思维会在系统 1 思维出现故障时被激活，比如系统 1 思维没有生成答案时，但系统 2 思维需要更多的时间和资源。另一个例子是卡扎克的研究（Kazak，2015）。考虑一个游戏：有两个装有筹码的袋子，一个袋子有 3 个蓝色筹码和 1 个红色筹码，另一个袋子有 1 个蓝色筹码和 3 个红色筹码。玩家从每个袋子中选择 1 个筹码，如果颜色相同就获胜。通常情况下，袋子的对称性会让学生迅速做出判断（系统 1 思维），认为比赛是公平的，因为似乎有均等的胜负机会。但是，一个对样本空间的仔细计算（系统 2 思维）表明，胜负的机会是不相等的。

值得注意的是，菲施拜因（Fischbein）（首先在他 1975 年的开创性著作中，然后通过许多后续出版物）对我们的初级（未受过教育的）和次级（经过系统训练的）直觉在概率思维中所起的作用进行了大量阐述。对系统 1 思维的描述似乎与对初级和次级直觉的描述相当吻合。

有趣的是，鲍鲍伊等研究概率推理时，发现的结果可以作为支持系统 1 思维和系统 2 思维在该推理中均有所运行的证据（Babai et al.，2006）。他们研究了 68 名 16—17 岁以色列学生对 20 个“一致”测试项目和 20 个“不一致”测试项目的反应和反应时间，在“一致”测试项目中，答案被认为是符合直觉的，在“不一致”测试项目中，答案被认为是反直觉的。他们发现，在一致的项目中正确的回答更普遍，此外，对一致的项目的正确回答比对不一致的项目的正确回答更快。这个发现与“系统 1 思维找到一致项目的即时解决方案，但是系统 2 思维需要更费力地找到不一致项目的解决方案”是相符的。

系统 1 思维由于其特性而无法被关闭（Stanovich & West，2000）。因此，在教育实践中，当系统 1 思维容易找到问题的解决方案时，如何训练系统 2 思维并减少过度依赖系统 1 思维的倾向，成为了教育学家关注的焦点。按照菲施拜因的说法，这可能是促进次级直觉发展的一个重点。这对于教师和研究人员来说尤其重要，卡内曼认为在概率思维这个概念领域，系统 1 思维在应对不确定性时提示的直觉却是非随机性的。

从某种层面来看，我们可能认识到吉仁泽对一个进化系统所做的描绘，该系统允许（系统 1 思维的）启发法在大部分时间内运行，可能放弃（系统 2 思维的）准确性，以利于（系统 1 思维的）速度。卡内曼发现了系统 1 思维为了快速回答问题而使用的大量机制。譬如，他声称，一种技术是用一个比实际提出的问题更容易的问题来代替。根据卡内曼的说法，替代实际上是概率和统计领域产生启发式错误的一个特别普遍的原因。例如，系统 1 思维不能将关于基线频率的信息与关于相似性的直觉联系起来，因此代表性启发法更易被用于做出决策。根据卡内曼的说法，面对一个关于可能性的问题，系统 1 思维用一个更简单的关于相似性的问题来代替。另一个例子是显而易见的，即当系统 1 思维用一个关于相似实例在脑海中浮现的容易程度的问题来代替关于事件频率的问题时，其结果是可得性启发法更易被用于确定答案。

切尔诺夫在 59 名职前中小学教师中证明了归因替代在概率推理中的应用（Chernoff，2012）。在一个通常用于测试代表性的任务的变式中，受试者被问及两个答案序列中（ACCBDCAADB 或 CCCBBBBBBB），哪一个最不可能是十个数学选择题的参考答案（每个问题有四个选项，参考答案是指正确答案的编码列表），同时需要做出解释。切尔诺夫的结论是，某些人面对一个问题时，可能在不知不觉中回答另一个问题，用各种启发法代替，比如用“最相似”代替“最可能”。

吉仁泽强调人们使用启发法的合理性，而卡内曼则强调人们对系统 1 思维的依赖是如何导致系统性错误的。

6.2.5 系统 1 思维和系统 2 思维对概率思维的影响

系统 1 思维的快速决策技巧之一是从即时可用的证据中迅速得出因果推论。当数据呈现给系统 1 思维时，系统 1 思维将开始观察模式并形成印象，做出可能的因果解释。系统 2 思维通常接受这些解释。这就说明了我们是如何错误地看待随机行为中的模式、任意事件中的安排以及意外事件中的意图的。根据卡内曼的说法，系统 1 思维的这项技术解释了为什么当人们面对随机生成的数据时，会用启发法预测序列的发展。系统 1 思维的这一属性也解释了为什么人们会将相关关系和因果关系混淆，为什么把因果关系归因于数据中那些在现实中可能没有因果关系的模式：

> 人们易于将因果思维不恰当地运用于需要统计推理的情况中。统计思维从类别和总体的性质中得出关于个别案例的结论。不幸的是，系统 1 思维不具备这种推理模式的能力；通过系统 2 思维可以学会统计思维，但是很少有人接受必要的训练。（Kahneman，2011a，p.77）

在迪亚斯和巴塔内罗的研究中，受试者经常混淆因果关系和条件关系，他们通常认为事件发生的可能性不会受到已经发生的事件的影响（Diaz & Batanero，2009）。这些错误很难通过教学方法加以改善。也许是因为系统 1 思维寻找因果关系，所以有一种倾向，即把条件关系解释为好像它们是具有时间依赖性的因果关系。

关于人们在识别某种情况是否符合统计解释时面临的困难，已有相关记录被详细记载。科诺尔德将人们关注发生了什么而不是战略性概率方法的倾向称为“结果”方法（Konold，1989）。因此，如果关注结果，系统 1 思维可能很容易推断出因果关系，即使注意到的模式仅仅是由偶然性的变幻莫测来解释的。

勒库特等调查了法国鲁昂的 20 名三年级学生、20 名心理学研究人员和 20 名数学研究人员是如何确定给定情况是否存在随机性的（Lecoutre et al.，2006）。卡片上有 16 个项目，在以下方面有所不同：①这些项目是来自日常生活经验的事件，还是涉及随机变异因素的可重复过程？②项目中是否将受试者称为“你”？③可能的结果是等可能的还是不对称的？首先，受试者被要求对 16 个项目进行分类，然后他们被问到哪些项目涉及随机性。研究人员得出结论，当受试者能够运用概率推理时（如能计算概率，将概率而不是随机性作为基本概念），他们就会确认随机性的存在。当受试者认为决定论起了更大的作用或因果因素可以被识别时，他们就不会认为存在随机性。根据卡内曼的理论，由于系统 1 思维总是倾向于寻找因果模式，因此人们往往忽视随机方法而偏好结果导向的方法，这并不令人感到意外。

史密斯和亚尔默松通过传统的“石头、剪刀、布”游戏，对 32 名职前数学教师关于随机过程的概念进行了深入研究（Smith & Hjalmarson，2013）。教师们发现，选择如何给出手势时，存在很明显的人为干涉痕迹，因此在游戏中很难调和每个玩家获胜结果的平等性。系统 1 思维很容易将人为因素视为因果关系，但是这与公平概念相冲突，而公平通常与随机性相关联（Paparistodemou，2014；Paparistodemou，Noss，& Pratt，2008；Pratt，2000）。职前教师最终认为，结果不是随机产生的。史密斯和亚尔默松的结论是，通过在教学序列中明确结果的生成过程，并告知教师随机生成的构定义，教师对随机性本质的理解得到了显著发展。

卡内曼和特沃斯基在早期研究中，引入了所谓的小数定律来描述人们的行为，就好像大数定律也适用于小样本一样。为了得出可靠的推论，人们往往低估了对大样本的需要。卡内曼用系统 1 思维来解释这一点。当样本很小时，可以简单地识别出明显的模式，因为与样本很大时相比，极端结果更有可能发生，系统 1 思维倾向于将因果解释归因于这些模式。

更广泛地说，卡内曼认为我们倾向于进行联想、隐喻和因果思考，这些思维方式相较于统计思维更符合系统 1 思维方式。教育者能否发现一种培训或教育学生的方法，使系统 2 思维在特定情境中更不容易受系统 1 思维答案的影响，这仍然是一个待解决的问题。然而，下文提供的证据表明，这是有可能实现的。系统 2 思维被要求确认系统 1 思维的答案时，我们可以教导学生在面对典型概率和统计情况的某些场景中，如何使系统 2 思维更加谨慎，不易被系统 1 思维的直觉所轻易说服。

6.2.6 启发法和偏差的干预研究

下面，我们将重点关注干预研究，这些研究可能提出一些教学方法，旨在解决由系统 1 思维产生的困难。

法斯特对 54 名津巴布韦女学生进行了一项研究（Fast，2007）。他们进行了一项测试，包括先前研究人员用来识别误解的问题。研究发现，学生回答问题时产生的偏差能够与代表性启发法、可得性启发法和其他启发法导致的偏差吻合。研究人员构建问题的源模拟，并通过访谈提供给学生。这些源模拟的设计在结构上与初始测试项目相似，旨在产生规范性回答，因此是知识重构的基础，其被评估为在总体上是成功的。源模拟可能提出与初始测试项目类似的问题，但是情况有所修正，所以数值更为极端。因此，在初始测试中，受试者被问到，在季后赛中，一支被认为表现更好的运动队，在五场比赛还是九场比赛的基础上，更有可能战胜一支被认为较差的球队。相比之下，模拟题将一场季后赛与五场季后赛进行比较。其目的是让受试者运用常识找到对模拟问题的正确回答，然后识别其与初始测试项目的结构相似性。一个延迟的后测表明，源模拟在一个月后能继续为规范性思维提供支撑。知识重构的过程被视为至关重要。尽管这项研究是基于一个相当小的特定群体，但上述干预提出了一个问题，用卡内曼的术语来说，即源模拟的使用是否可以通过使系统 2 思维对一系列场景敏感化提供通向规范性思维的桥梁，否则系统 1 思维的自动和快速反应可能出现问题。

几年来，有研究证明了另一种干预方法（Pratt，2000；Pratt & Noss，2002，2010），干预的基础是让儿童修补基于计算机的“小玩意”，即日常随机数发生器的虚拟模拟，其配置可被编辑以使其正常工作。这些 10—11 岁儿童往往没有认识到短期内随机性的属性（如不可预测性、对结果缺乏控制、结果的不规则性）与长期的随机性属性不同，至少从总体的角度看是这样（相对频率变得可预测，且总体结果是有规律的）。从卡内曼的角度看，这些儿童的系统 1 启发式思维似乎表明，当偶然性运作时，它只是运气的问题。通过操作这些小玩意，这些儿童逐渐意识到了长期以来总体视角中的模式。普拉特和诺斯得出结论，干预设计的关键要素是：①使儿童能够检验他们的个人猜想；②增强儿童对知识的解释力，从而为儿童提供一条通向规范化知识的途径；③构建一个被儿童视为有目的性的任务设计，让他们理解分布这一数学概念的力量；④设计一个分布的表征，使其最初可以被儿童用作控制点，然后成为具有预测能力的表征（Pratt & Noss，2010）。这些设计结构可能提供了一些更深入的见解，以了解为了使系统 2 思维敏锐地区分大小样本场景，可能需要什么。

帕帕里斯托德穆等还利用一个基于计算机的虚拟环境研究了 23 名 5—8 岁儿童对公平的看法（Paparistodemou，Noss，& Pratt，2008）。该研究要求儿童通过安排红色球和蓝色球的空间结构制作一个彩票机，其中有一个白色小球可以弹跳。当白球击中红球时，一个叫做“太空小子”（space kid）的标志会朝一个方向移动，而当白球击中蓝球时，太空小子会朝相反方向移动，这样做的目的是让太空小子靠近其起始位置。一些儿童的装置利用了对称性，所以实际上是白球从红色球到蓝色球，再弹回红球。其他人则利用随机反弹，因此无法预测下一次会击中哪个颜色。这两种方法分别与确定性策略和随机策略相关。通过强调表达环境的公平性，儿童不仅从轮流的角度想象公平，而且能从变幻莫测的机会角度想象公平。上面列出的关键要素（Pratt & Noss，2010）似乎也适用于本研究，尤其是①②③。卡内曼可能认为，帕帕里斯托德穆等使用的方法（Paparistodemou，Noss，& Pratt，2008）为系统 2 思维提供了新的可能性，即当系统 1 思维检测到公平时，如何解释公平。

卡纳达的干预（Canada，2006）可能与帕帕里斯托德穆等的干预类似，但涉及概率情境的变化。卡纳达利用的是与职前教师进行的实践活动，辅以对变异的小组讨论和全班讨论，可能提高他们对变异如何在统计思维中发挥作用的认识。

另一种可能增强学生对系统 1 思维所提出的解决方案中可能存在的弱点的系统 2 思维认知的方法是，提高教师对学生可能使用的推理类型的教学知识。这样的发展可能提醒教师，有必要人为地让学生的系统 2 思维参与其中，期望在经过充分的培训后，学生可能自己开始识别这种情况。至少教师在对学生概率推理的认识上仍存在不足。在一项有趣的研究中，沃森和科林汉姆对 247 名学生的概率推理情况进行了研究，这些学生大多是 7—11 年级的学生，并将其与 26 名教师对学生推理能力的认识方式进行比较（Watson & Callingham，2013）。有些学生的推理对教师来说是陌生的，这表明寻找提高教师在这方面的教学知识的方法可能是有价值的。

6.2.7　讨论

本节我们考虑了一个关键问题，这个问题是在关于机会判断的启发法研究中出现的，因为卡内曼近期出版了关于两个推理系统的著作（Kahneman，2011a）。我们认为，这一问题对于对随机性和概率思维感兴趣的统计教育领域的研究人员来说非常重要，因为双过程理论能让我们以新的方式解释该领域的研究。

卡内曼和吉仁泽之间的争论还在继续。在《思考，快与慢》一书中，卡内曼提到了吉仁泽的批评。事实上，卡内曼借此机会批评了吉仁泽关于快速且朴素的启发法的概念，因为在卡内曼看来，没有必要让具有强大处理能力的大脑变得朴素。同时，吉仁泽描述了当影响决策的关键因素未知时，做出理性选择的方法是如何低效的（Gigerenzer，2012）。关于这场争论的最新进展，参见卡内曼和吉仁泽的文章（Kahneman，2011b；Gigerenzer，2014），其中有一章是关于基于风险的课程进行学校改革的。对基于风险的课程的强调与菲施拜因及其他研究人员的观点是一致的，他们多年来一直认为课程主要是以确定性推理（演绎、证明、算法）为基础的，且在历史上忽视了不确定性下的随机性推理（统计思维）。

总的来说，我们总结了卡内曼在其研究中对双过程理论的应用，并以这些术语重新解释了近期的研究，以提供对其含义的深入见解。尽管如此，我们承认，除了上述关于启发法的含义的讨论之外，现在对卡内曼提出的启发法研究的重新调整进行批判性评价可能还为时过早。在接下来的章节中，我们将讨论其他问题，这些问题被我们视为概率思维研究的最新关键进展。尽管重点将从卡内曼的《思考，快与慢》中转移，但是我们邀请读者尝试从这个角度解释这项研究，这确实可能产生更进一步的见解。

6.3 不确定性的概念和经验参与

6.3.1 简介

概率是随机过程中量化不确定性的一种方法。了解概率概念的历史发展过程，为解释当前学生的概率概念的研究成果提供了一个视角。17 世纪中期出现的概率的一个重要方面是它的二元性（Hacking，1975；Weisburg，2014）。概率作为一个二元概念意味着一方面概率被认为是可信的程度（主观概念），另一方面是指长期稳定的频率（客观概念）。另一种估计概率的方法（特别是在机会游戏中），涉及需要等概率假设的先验方法。

概率论有三个主要学派，它们对概率有不同的概念解释。从古典的角度来看，事件的概率是指符合条件的结果与等可能结果总数之比。在频率论的观点中，事件的概率是指，当在相同条件下重复随机试验时，随着试验次数的无限增加，观察结果的相对频率的极限。概率的主观解释论则强调与背景知识和信念相对的个人概率。

关于概率不同解释的历史争论也反映在学校课程和概率教学中，如理论概率、经验概率和主观概率（Jones，Langrall，& Mooney，2007）。虽然对启发法的现有研究揭示了学生的非正式概率概念与正式概率理论之间的不一致性（参见前面关于启发式思维的内容），但是近期的许多研究讨论了学生的概率概念是如何发展的以及如何支持它们的发展。本节中，我们将重点讨论这些内容。第一部分侧重于学生理解方面的研究，尽管我们也说明了对教学的启示。随后的部分将考虑教师如何通过他们选择的任务、教学方法和提供给学生的工具来影响学生的理解。

6.3.2 概念发展的研究现状

鉴于概率的各种含义的历史发展，概率的概念有其微妙的一面。皮亚杰和英海尔德，以及菲施拜因的开创性研究为许多相关研究提供了一个起点（Piaget & Inhelder，1951；Fischbein，1975），其他方面的详细回顾可以参见相关文献（Borovcnik & Peard，1996；Shaughnessy，1992），这些研究表明了概率的学习是多么复杂。近期，一些研究人员对于从不同理论角度来看待这些概念发展特别感兴趣。下面我们首先概述这项工作，然后在最后一个小节中，我们总结了其对教学的启示。

卡福斯在幼儿园开展了课堂教学实验，关注儿童关于随机事件可能性的定量推理的早期发展（Kafoussi，2004），并在教学实验前后对儿童进行了个案访谈。5 岁儿童在实验前的访谈回答倾向于依赖主观信念来判断特定事件发生的可能性。虽然他们能够识别一步随机试验的所有可能结果，但是他们无法给出两步试验的完整答案。当任务涉及比较盒子中物体的数量，而不是转盘上区域的大小时，他们似乎也很难比较事件发生的可能性。实验后的访谈结果表明，儿童的概率思维有了相当大的进步，表现出从主观概念转变为琼斯等提出的框架中所说的“简单定量推理”（naive quantitative reasoning）（Jones et al.，1997，p.121）。卡福斯认为，5 岁儿童的概念发展是在教学实验中培养的，因为他们开始：①讨论在两步试验中什么是“不同”的结果；②把试验的实证结果看作概率问题的解决方案；③在不进行实际试验的情况下，用等可能结果来预测概率情境的结果。

普雷迪格尔进行了一项深度访谈研究，访谈对象为 10 对 10—11 岁儿童，该研究关注他们在学校接受任何概率教学之前，在游戏环境中所表现出来的解释机会情境的个人概念（Prediger，2008）。普雷迪格尔发现，儿童解释或证明结果或他们的预测时，会有三类概念：日常概念、经验概念和理论概念。她很谨慎，不愿简单地将这些个人概念与概率的三种解释（主观的、频率论的和古典的）对应起来，并认为部分个人概念可以发展成概率的主观概念或频率论概念。然而，有一组学生讨论寻找两个骰子之和的不同方法时，似乎发展出了一种对概率的古典解释的概念。除了这个例子，即学生的学习轨迹是从概率的日常概念发展到古典概念，其他组学生似乎在不同概念之间来回移动。

然而，普雷迪格尔并未将理论上不合理的个人概念视为传统意义上的错误概念［即要被数学上合适的概念所替代的（错误）概念］。她采用概念变化研究传统中的横向发展方法，认为学生的日常概念“是与新形成的数学概念共存的并行概念，甚至从长远来看也是这样”（Prediger，2008，p.142）。类似于以前的发现（Konold et al.，1993；Pratt & Noss，2002），任务中，学生在不同概念之间的波动表明，一个人可能同时持有多种观点（从非正式观点到正式观点），并根据他们对随机情况的看法或关注的内容（一步结果或多步结果，短期情况或长期情况）使用不同方法。横向视角提出了对概念变化纵向视角（其重点是将错误概念转化为数学概念）的补充观点，在概率的概念发展上采用这种方法似乎为“典型”的顽固误解以及如何对它们重新概念化以帮助学习者提供了一个有价值的视角。

此外，施内尔和普雷迪格尔将纵向和横向概念转变方法应用于学生经验大数定律①概念的发展（Schnell & Prediger，2012）。但是，他们发表的论文的重点是提出关于分析概念形成的微观过程的详细方法的理论观点，这些方法以“结构成分”的概念为分析单位，这些结构成分联系起来就形成了概念结构。微观过程是指从最初的结构转变为高级

① 译者注：这里的经验大数定律（the empirical law of large numbers）是指人们对于大样本能够更佳地估计总体参数的一种直觉认识，而非概率论中作为定理的大数定律。

结构，或是随着结构之间新关系的形成而改变结构的功能。施内尔和普雷迪格尔认为，这些微观过程将有助于纵向和横向的概念变化，表明了从随机结果变化的“偶然”观点到长期情境下模式的稳定观点的成功轨迹的可能性。

正如先前关于启发法研究所显示的，学生们经常将不同的概率概念带到课堂。教师需要意识到学习者对概率的不同解释，以帮助他们发展正式观点。从这个角度看，刘和汤普森的研究非常重要，他们关注教师在各种任务中对概率的理解（Liu & Thompson，2007）。该研究以建构主义理论为基础，以八位高中教师为研究对象，以概率统计为教学主题，进行了为期八周的教学研讨。刘和汤普森关注教师的“概率的随机概念”，这与频率论观点一致；但与之相反的是，他们认为“概率的相对比例概念”有时无需考虑可重复的随机过程就可得出。教师的回答和讨论中关于概率的其他一些非随机解释似乎与学生经常采用的解释相似，譬如：①结果法（Konold，1989）；②概率事件样本空间的缩减（即给定事件将发生或不发生，概率为 1 或 0）；③概率的无差异原则（即概率为 50%，因为事件可能发生，也可能不发生）。刘和汤普森认为，这些非随机性的解释实际上取决于人们如何看待给定情况。

6.3.3 任务设计对概率概念理解的影响

概率思想的概念发展是由经验塑造的。譬如，根据安利、普拉特和汉森的观点，学生对概率思想的效用的概念性理解与他们对所参与任务的目的性理解有关（Ainley，Pratt，& Hansen，2006）。在教学情境中，教师设定的任务有时看起来是人为的，从学生的角度来看缺乏目的或相关性，这也许是因为教师清楚地意识到自己有责任按教学大纲教学。挑战（被认为是非平凡的）则在于，创建被学生认为有目的性的任务，且同时能使学生逐渐认识到统计思想是如何有效地帮助他们完成任务的。

普拉特研究中的一个例子是，孩子们通过计算机模拟配置随机数发生器，如硬币、转盘、骰子等小玩意（Pratt，2000）。孩子们发现让这些小玩意正常工作的任务是有目的的，这也不可避免地让他们意识到概率分布（在本研究中是小玩意的工作框）如何能够预测长期的总体结果，而非短期的。在更普遍的意义上，安利等为了设计将目的和效用联系起来的任务，提出了一系列启发法。这些任务具备的特征包括：①有明确的最终成果；②制作一些东西给另一个受众使用；③让学生有机会做出有意义的决定。

6.3.4 支架思维和对话思维

如前几节所述，阻碍学生概率思维的错误观念或偏差是有据可查的。有一些研究考察了教师的教学方法是如何促进概率学习的。

科尔特和萨内尔最初在统计学入门课程中对 26 名研究生进行了研究，以考察外部视觉表征在解决概率问题中的应用（Corter & Zahner，2007）。每个参与者被要求根据结构化访谈方案解决 8 个概率问题。这项探索性研究表明，学生使用了多种视觉表征，而适当的视觉表征往往有助于学生解决问题。萨内尔和科尔特以另外 34 名研究生为研究对象，进一步研究了外部视觉表征在解决概率问题方面的作用（如针对不同问题使用何种表征，如何使用这些表征，以及何时使用这些表征）（Zahner & Corter，2010）。基于访谈的研究表明，与没有使用任何表征相比，学生自发使用的某些表征可以帮助他们更好地解决特定问题。在本研究中，选择并使用合适的外部表征似乎是问题解决过程中的一个重要组成部分。

鲁思文和霍夫曼描述了一个概率模块的开发，它是通过基于课堂的设计研究完成的，适用于初中教学（Ruthven & Hofmann，2013）。其教学方法基于先前对数学和科学的有效教学方法的研究，特别是在英国的背景下，这成为该模块的一个显著特征。这种教学干预包括一种被称为“对话式”（dialogic）的教学方法，即鼓励学生表达自己的想法，给出明确的思考理由，并采纳不同的观点（Mercer & Sams，2006）。活动期间，小组活动和全班讨论中所使用的对话式交谈成为一种工具，帮助学生从概率的非正式观点，包括前文提到的启发法和偏差（主要用于系统 1 思维模式）转变为正式的概率推理（即系统 2 思维模式）。卡扎克、韦格里夫和藤田通过对 10—12 岁儿童群体的研究，进一步证明了这样一种观点，即对话和内容的支架，以及技术工具的使用，有助于概率思维的突破（Kazak，Wegerif，& Fujita，2015a）。

卡扎克、韦格里夫和藤田探讨了基于对话理论对两名 12 岁学生的活动进行的分析，与皮亚杰或维果茨基的分析相比，是否能提供新的见解（Kazak，Wegerif，& Fujita，2015b）。学生们探索各种机会游戏的公平性，他们既可以手动玩游戏，又可以通过 TinkerPlots 2.0 软件（http://www.tinkerplots.com）进行构建（Konold & Miller，2011）。研究人员发现，皮亚杰和维果茨基的分析忽略了对大多数受众来说非常明显的现象。活动的录音显示了学生是如何大笑的，有时很吵闹，皮亚杰和维果茨基忽略了这一现象，但是巴赫京对此非常感兴趣，他的工作启发了对话式方法（Bakhtin，1986）。笑声为参与者创造了空间和开放性，让他们转换观点，从而采取对方的观点。更一般地说，他们认为，包括教师在内的参与者之间的良好关系有助于视角的转换，良好的幽默感是这种关系的一个指标。

6.3.5 技术的作用

关于教师如何影响学生对概率的理解，前文描述了有关任务设计、通过外部可视化和对话方法搭建支架的最新研究，本节将介绍可以为学生提供的工具，特别是技术工具。研究表明，在精心设计的情况下使用的某些技术，可以提供超越日常经验中可获得的概率学习机会。比勒尔、本-兹维、巴克和马卡尔对于在学校层面实施这些技术的可能性进行了最新回顾，在结论部分强调了设计采用技术的学习环境时需要留意的一些要点

（Biehler et al.，2013）：

1）用户或教师需要掌握一些技能，以便知道什么时候适合采用动手操作的方法，什么时候使用软件可能有所帮助；

2）现代统计教学软件的重要特征在于其动态性、可视化和个性化；

3）一个重点应放在关于数据总体的推理上；

4）需要处理好采用技术提供的力量与学习和适应技术所需时间之间的紧张关系。

由于我们特别关注概率，下文将详细介绍一些基于调查的研究，我们认为这些研究的结论能作为上述有关概率学习环境设计的具体建议的补充，但是这些研究在现有的综述类文章中没有得以详细介绍。

前文提到了普拉特的研究，发现 10—11 岁儿童开始承认随机过程的总体结果存在规律性，即使短期内不能得出相同的结论（Pratt，2000），还根据普拉特和诺斯的研究提出了启发法干预设计的关键要素（Pratt & Noss，2010）。除了这些要素，技术环境显然提供了长期收集人工经验的机会，因为技术能够快速、反复地提供系统性的反馈，这在日常经验中通常无法实现。

李和李也报告了类似的结果，孩子们在反复用计算机模拟从袋子里抽取弹珠的过程中，为一种选定颜色出现最频繁而欢呼，孩子们发现模拟的结果是可以预测的，除非模拟的次数太少（Lee & Lee，2009）。他们得出的结论是，在与普拉特和诺斯所提出的要素相似的情况下，学生们开始注意到小样本的变异性和大样本的规律性。解释对计算机模拟结果中的小样本（更多变化/不稳定）或大样本（更少变化、更稳定）添加一些新数据所产生的影响时，其他符号学工具（如隐喻与技术的结合使用）（Abrahamson，Gutiérrez，& Baddorf，2012）能帮助学生理解视觉现象。

本-兹维、阿里多尔、马卡尔和巴克研究了 10—11 岁儿童对数据进行非正式调查时是如何表达不确定性的（Ben-Zvi et al.，2012）。儿童使用 TinkerPlots 2.0 软件对样本容量逐渐增加的数据样本进行非正式推断。起初，他们在确定性陈述和相对性陈述之间摇摆不定，最终，一种基本的概率语言开始出现。作者得出的结论是，对数据趋势进行判断时，关注学生对不确定性的表达可以鼓励他们进行更复杂的推断。

阿伯拉罕森、伯兰（Berland）、夏皮罗（Shapiro）、温特曼（Unterman）和威伦斯基（Wilensky）指出了计算机所发挥的另一个作用（Abrahamson et al.，2006）。他们用计算机模拟三个盒子被随机着色为绿色或蓝色时可能出现的情况，但发现对其进行解释时却存在冲突。一次运行会产生八种可能配置的任何一种，这被称为密钥（如绿色、绿色、蓝色是一个密钥）。进行模拟时，他们毫无分歧。但是，当他们为这种情况建立概率模型时，发现他们表面的一致并非建立在相同的认识论假设之上。他们可以对一系列重复猜测直到特定密钥出现的时间长度进行建模，也可以对不同大小的猜测样本中特定密钥出现的频率进行建模，但很难就为何第一个模型无法生成预期的钟形曲线达成一致的解释，只有当他们有机会对这种情况进行编程，确信程序没有故障，并通过讨论纠正了思考过程中的错误时，分歧才得以解决。对他们来说，通过计算机进行编程是暴露和批判潜在假设、模型、差异的必要步骤，而这些差异如果仅靠运行预先准备的模拟并不明显。沙皮、吉拉德和亨利对建模也提出了类似的观点，建模与编程有一些共同点，两者都要求学习者表达他们对正在编程或建模的内容的想法（Chaput，Girard，& Henry，2008）。他们认为，由于概率不确定的认识论基础，在统计教育中使用建模是一个微妙的过程。他们主张，使用计算机的优势并不在于其能力和效率，而在于分析随机情况，这是设计模型并将其转换为计算机指令所需要的。

从某种意义上说，阿伯拉罕森等在上述反思性文章中的编程和讨论起到了融合作者所持有的不同概率假设的桥梁作用。阿伯拉罕森和威伦斯基指出了教学情境的设计，包括技术的使用，是如何帮助学生在直觉上、认知上或历史上相互冲突的概率概念之间架起桥梁的（Abrahamson & Wilensky，2007），并把这些矛盾的观点称作学习轴的相反两极。他们着手设计一些桥接工具，意图对这些极端情况进行模糊处理。这些工具是作为更广泛的学习环境的一部分所提供的，旨在激励人们对认识论分歧的参与和争论。阿伯拉罕森和威伦斯基关注如何利用分歧建立认知冲突，然后通过讨论解决认知冲突，普拉特和诺斯关注如何通过配置和运用计算机模拟进行模糊控制和表征（Pratt & Noss，2010），这两者之间存在联系。

总之，我们可能会问，关于技术在概率的教与学中所发挥的作用，还有哪些方面可以补充比勒尔等的研究结果（Biehler et al.，2013）？对此，有些学者给出了答案，即某些技术环境所提供的虚拟、可重复和人工体验的拓展经验对比勒尔等所强调的总体思维是有帮助的，结果是学生可以开始区分短期的变异性和长期的规律性（Lee & Lee，2009；Pratt，2000）。此外，越来越多的证据表明，编程模型可能在一定程度上厘清概率在认识论上的差异（Abrahamson et al.，2006）。比勒尔等强调了这样一种担忧，即在某些情况下，教师可能认为技术方法带来的好处并不能弥补其花费的时间，某些教师对编程可能持有这样的观点。开发一些对认识论冲突能进行模糊处理的桥接工具（Abrahamson & Wilensky，2007），它与编程具有相似的作用，并且对学生来说耗时更少。

6.3.6 讨论

本章第一节总结了关于启发法和偏差的研究，回顾了将早期工作与系统 1 思维和系统 2 思维联系起来的最新理论进展。根据卡内曼的解释，系统 1 思维是相对自动的，能通过对系统 2 思维的精心训练得到很好的控制。接下来我们将回顾近年来的研究，这建立在关于更好地促进学习者概率发展的研究的早期综述的基础之上。

通过回顾，我们可以清楚地看到教师所扮演的关键角色，相关示例可见于本节交叉引用的文献：

1）提供更多随机变异的实践经验（Biehler et al.，2013）；

2）巧妙地选择数字工具和其他类型的外部表征（Pratt，2000；Zahner & Corter，2010；Lee & Lee，2009；Biehler et al.，2013）；

3）注重预测工作的实践经验，以弄清什么是不同的结果（Kafoussi，2004）；

4）认识到概率在不同认识论方面所体现的复杂性，并通过编程或专门设计的工具帮助学生弥合认识论之间明显的差异（Abrahamson et al.，2006；Abrahamson & Wilensky，2007；Liu & Thompson，2007；Prediger，2008）；

5）随机变异的情境会影响人们对概率的思考，因此要认识到任务设计的重要性，精心设计的、有目的的任务可以让人感觉到概率概念的力量（Ainley，Pratt，& Hansen，2006）；

6）为学生提供交流的机会，让他们通过技术表达自己的想法，以便就想法进行协商并达成共识（Ruthven & Hofmann，2013；Ben-Zvi et al.，2012；Kazak，Wegerif，& Fujita，2015a，2015b）。

有一种方法特别符合上述教师支持概率学习的途径，在这种方法中，概率被视为创建或探索适合统计解释的情境模型的关键部分。因此，建模是本章下一节的重点。

6.4 对概率采用建模的视角

6.4.1 简介

关于概率（以及它与统计学更广泛的联系）的研究的显著发展之一是对建模的日益重视。统计学作为一门以概率描述数据（如以概率分布的形式或诸如方差分析之类的分析方法）的学科，模型一直以来都是其关键要素。根据怀尔德和普凡库赫的研究，建模也是统计推理的重要组成部分（Wild & Pfannkuch，1999）。毫无疑问，教学和学习中建模的出现是由技术的日益普及和改良的软件（尤其是针对学习者的软件）推动的。如上一节所述，建模对教师改进支持学习者学习的方法有所帮助。与过去相比，骰子和纸牌游戏不再是年轻一代的游戏重点，而建模有望在数据和概率之间建立联系（Konold & Kazak，2008），这对学习者来说是有意义的，并可能为学习者提供一种体会概率力量的方法。

建模方法往往同时强调数据和不确定性。模型可以用来拟合真实数据，但是拟合的结果并不精确，模型需要加入概率元素以解释数据的变异。计算模型可以用来生成虚拟数据，如果模型拟合良好，虚拟数据可以近似地反映真实数据。

理论分布和样本空间可以被看作模型，因此本节先介绍这两个领域的研究。随后，我们将回顾明确探讨概率的建模观点是如何影响学习者对概率的理解的研究（本手册第7章）。

6.4.2 理解经验分布和理论分布

琼斯等在他们早期对学生概率学习的综述中评论说，鉴于概率在课程中的重要性，令人惊讶的是，当时关于学生试验概率观念方面的研究却很少（Jones，Langrall，& Mooney，2007）。他们确实引用了有限的证据证明学生在将随机数发生器的样本空间与实际生成的结果联系起来时遇到的困难。他们还指出，在能够花更长时间进行允许使用任何大小样本的模拟之前，学生不容易意识到这与使用大样本的联系。

从那以后，有关学生对理论分布和经验分布的理解有了进一步研究。

爱尔兰和沃森对 10—12 岁儿童进行了研究，得出的结论是，教育工作者仅关注理论概率的计算和试验结果的观察是不够的（Ireland & Watson，2009）。根据他们的研究，试验概率和理论概率之间的联系需要明确地被教授和体验，正如菲施拜因所倡导的，可以通过鼓励创造新的正确的概率直觉、预测结果、进行试验和评估结果等方式进行教学（Fischbein，1975）。

英格利希和沃森对 91 名 9—10 岁儿童进行了教学实验，他们分别投掷了一枚和两枚硬币，让儿童观察硬币正反面出现的情况，并通过 TinkerPlots 2.0 软件绘制图表探索相对频率，他们还用 TinkerPlots 2.0 软件模拟了大规模投掷硬币的情况（English & Watson，2016）。他们得出结论，使用 TinkerPlots 2.0 软件中的采样器似乎有助于学生认识到两个正面和两个反面出现的频率分别接近 25%，而一个正面和一个反面出现的频率接近 50%。但是，该实验仅在一所学校上课的一天之内进行。

一般认为，学生会观察试验数据是如何收敛于理论分布的。事实上，李、安戈蒂和塔尔研究 11—12 岁儿童如何使用计算机模拟判断六家公司中哪家生产的骰子是公平的时候，得出的结论是，关键不在于模型和数据之间的循环，而是在模型和数据之间建立良好的概念联系（Lee，Angotti，& Tarr，2010）。科诺尔德等提出，对于一些似乎缺乏“真实”概率概念的学生来说，构建这样的联系是非常重要的（Konold et al.，2011）。他们的研究对象似乎不相信理论概率实际上就是真实概率，因为理论概率几乎总是无法准确预测重复试验的结果。事实上，对他们来说，是试验概率报告了真正发生的结果。

诺尔和肖内西介绍的一个教学片段关注了概率任务中的样本和抽样分布（Noll & Shaughnessy，2012）。在这一教学片段中，学生们根据重复抽样获得的经验数据，对已知和未知的有色混合物进行推断（即估计总体比例）。研究人员在六所初中和高中的课堂里研究了普通教师和研究人员这两个团队教学的影响。他们得出的结论是，明确关注分布（尤其是样本之间的变异性）的教学，增强了学生对经验抽样分布的推理能力。

6.4.3 理解样本空间

布赖恩特和努内斯为纳菲尔德基金会（Nuffield Foundation）进行了一项关于儿童对概率理解的文献综述（Bryant & Nunes，2012），认为计算样本空间是学习概率的四个关键要求之一。此外，基于样本空间结果生成的表征，如树图、表格和点图，有助于得出结论并为预测提供依据（Fielding-Wells & Makar，2015；Kazak & Pratt，2015）。琼斯等在对学生学习概率的早期回顾中也指出了样本空间的重要性，但是他们也指出学习这个概念并非想象中那么简单（Jones，Langrall，& Mooney，2007）。他们引用了一些研究以列举学习样本空间这一概念时存在的困难：①即使在简单的随机试验中也无法确定可能的结果；②难以系统地生成所有结果；③确定概率时未能考虑样本空间。

努内斯、布赖恩特、埃文斯、戈塔尔迪斯（Gottardis）和特莱克齐（Terlektsi）报告了如何在小学低年级帮助儿童生成并使用样本空间量化事件概率（Nunes et al.，2014）。他们认为，儿童在其他领域（如减法）较早开始发展的概念图式，如分类、逻辑乘法和比率，可以用来理解样本空间。努内斯等设计了一项干预研究，以检验他们的猜想，即可以在小学通过建立儿童对这三个概念（分类、逻辑乘法和比率）的先验知识来教授样本空间。在他们的研究中，作为被试的10—11岁儿童被分为三组。实验组参加了一个教学计划，重点是使用分类、逻辑乘法和比率来量化事件概率；其中一个控制组接受了与样本空间和概率无关的促进数学问题解决的指导；候补的控制组由班主任授课，直到研究结束后才参加特定的教学计划。研究表明，参与干预计划的儿童的表现明显好于两个控制组的儿童。然而，在任何一项后测中，问题解决组和候补控制组之间都没有显著差异。根据努内斯等的说法，一个倡导使用树图的教学方案有助于学生对组合的理解，这反过来又需要理解如何通过构建分类和逻辑乘法的概念生成样本空间。在系统地确定所有可能结果并在样本空间中将这些结果分为符合或不符合特定要求的情况之后，学生们使用比率量化事件发生的概率。然而，我们注意到，本干预研究中建议的方法仅适用于使用古典概率定义这一有限情况，即样本空间是离散的而不是连续的，并且每个可能结果是等可能的。

努内斯等（Nunes et al.，2014）提到的结果集（符合和不符合的）是使用比率确定事件概率的关键步骤。然而，弗朗西斯科和马厄（Francisco & Maher，2005）以及尼尔森（Nilsson，2007）的研究表明，在复杂的概率情境中，这种想法对学生是一种挑战。譬如，弗朗西斯科和马厄的研究表明，虽然学生能够列出组合数学问题中所有可能的结果，但是他们在识别概率问题中的样本空间，特别是在确定概率比的分母方面存在困难（Francisco & Maher，2005）。

尼尔森集中讨论了样本空间的概念，将其作为机会游戏中概率预测的一个模型（Nilsson，2007）。这项研究探讨了学生（12—13岁）在专门设计的骰子游戏中用于确定样本空间的策略，两组学生（每组两人）要根据两个特定的骰子，将多个标记物放置到写有1—12的游戏板上的对应数字上，进行游戏[①]。学生们在游戏中使用了以下几对设计

① 译者注：比如，当要求一组学生分配24个标记物时，若他们认为投掷两个特定骰子出现点数之和为2的概率是1/4，那么他们就会把6个标记物堆叠放置在游戏板上数字2的上方，以此类推（也可能使用其他策略确定如何分配标记物），形成一个关于骰子点数之和的次数分布。两组学生确定好标记物的分配后，进行试验，当试验中出现的点数之和与某一组事先预测到的情况相符时，就在游戏板上去除一个对应点数之和上方的标记物，最先将游戏板上的标记物全部去除的队伍获胜。

好的骰子：（111222）和（111222），（222444）和（333555），（111122）和（111122），以及（222244）和（333355）。譬如，（111222）代表一个骰子上有六个面，其中三个面上有 1 个点，另外三个面上有 2 个点。在这四种不同的游戏设置中，学生需要在抛掷两个骰子后，对两个朝上的面的点数之和的样本空间进行分析，以决定游戏板上标记物的分布。研究表明，学生们凭直觉开始使用他们认为的样本空间决定给定骰子中最有可能/最不可能的点数之和。然而，为了得到最终的和，他们的重点只是查看单个骰子上数字的比例，而不是考察得到每个总和的不同组合的数量。因此，他们不完整的样本空间为他们在不同骰子设置中的决策提供了有限的模型。

阿伯拉罕森报告了 11 岁学生李某的一个案例，他用一个特别设计的勺子，从一个大罐子里舀出四个弹珠，大罐子中绿色和蓝色弹珠的数量相等（Abrahamson，2009a，2009b）。因此，任何一勺都含 16 个等可能结果中的 1 个。首先，李某被问到如果研究人员舀出弹珠会发生什么。然后，研究人员给他卡片和蜡笔，要求他涂出每勺中所有可能的颜色。接着，他被要求创建一个组合塔，这实际上是一个勺子中绿色弹珠数量的直方图。这些任务为二项式概率分布奠定了基础，二项式概率分布通常是统计学者最早使用的正式模型之一，在高中阶段的高级统计学课程和大学的统计学入门课程中都有教授。譬如，它们与一维随机游走问题（特别是对于年轻学生来说）（如 Kazak，2010），以及 12 个孩子家庭中的性别分布的建模有关（如 Biehler，Frischemeier，& Podworny，2015）。

在对围绕李某的三项任务进行的临床访谈的详细分析中，阿伯拉罕森发现，由于需要在第二项和第三项任务中构建各种排列，李某最初对诸如两个绿色和两个蓝色弹珠等事件的可能性的看法被削弱。李某认为没有理由不将某些排列视为多余的重复。当重复的组合被忽略时，似乎只剩下五个不同的事件（0 个、1 个、2 个、3 个、4 个蓝色弹珠在一个勺子里），也没有明显的理由不认为这五个事件是等可能的。根据阿伯拉罕森的说法，只有在李某能进行“符号学的飞跃”（semiotic leap）时，他才能够使用这些工具保证自己最初正确的直觉感知。

这种桥接工具的使用起初可能毫无意义，但由于这些工具从教学和认识论的角度来看，设计得很好，因此它们促成了符号学的飞跃，如认识到为什么五点样本空间中的事件实际上不具有等可能性。在普拉特的研究中，学生们对公平性的衡量需要从两个骰子之和的结果调整为考虑每一种组合（Pratt，2000），这被阿伯拉罕森称为符号学的飞跃。

鉴于学生在概率情境中生成和使用样本空间时经常遇到困难，切尔诺夫和扎兹基斯提出了一个新术语“样本集”（sample set），作为学生生成的结果列表和由等可能结果组成的常规样本空间之间的桥接工具（Chernoff & Zazkis，2011）。一个样本集指一个事件的所有可能结果。譬如，在阿伯拉罕森的“四个弹珠”任务中，{4 个绿色和 0 个蓝色，3 个绿色和 1 个蓝色，2 个绿色和 2 个蓝色，1 个绿色和 3 个蓝色，0 个绿色和 4 个蓝色}是一个样本集，这个样本集列出了勺子试验的所有可能结果（Abrahamson，2009a）。与一些学生的想法不同的是，这不是将概率量化为比率时所使用的样本空间，因为列出的结果不是等可能的。因此，它会导致一个错误答案，正如在李某的案例中所看到的那样（Abrahamson，2009a）。切尔诺夫和扎兹基斯主张一种教学方法，即“在不损害数学严谨性的前提下，认可学习者，并用以作为个人知识（有时是幼稚的）和传统知识之间的桥梁”（Chernoff & Zazkis，2011，p.19）。

6.4.4 建模的作用

对于一般的统计学者来说，一个模型可以被视为一个数据生成器，由解释大部分变异的主效应（信号），以及有时被称为随机误差的残差或无法解释的变异组成（Wild，2006）。借助现代软件，计算模型实际上可以生成数据，这类似于统计学者对模型的思考方式。在第 6.3.1 节，我们介绍了概率论的三个学派。根据给定的情况，概率可以被解释为基于等概率样本空间的理论解答、长期的相对频率或主观的相信程度。肖内西主张采用建模的观点（Shaughnessy，1992）。正如琼斯等在综述部分提到的几项研究（Jones，Langrall，& Mooney，2007），概率可以被看作是对不确定情况进行建模并进行基于模拟的推理的工具（Watson，Jones，& Pratt，2013）。

尽管下文的几项研究表明在分布和样本空间方面，建模方法可能支持总体思维，但学习建模并非易事。事实上，谈到科学，莱勒和肖布勒强调了新手面临的困难（Lehrer & Schauble，2010）。普凡库赫和齐丁斯提出，应更加重视帮助学生体会建模的目的（Pfannkuch & Ziedins，2014）。更具体地说，他们建议将模型分为“好”或“坏”，或者当前不存在模型。基于此，他们认为学生可以参与建模活动，要么使用一个好的模型，要么改进一个坏的模型，要么在不存在模型的地方创建一个模型。

6.4.4.1 建模在理解分布方面的作用

建模有望在处理前文提出的关于连接样本空间、理论分布和经验分布的挑战方面提供一些帮助。科诺尔德、哈拉丹和卡扎克探索中学生对分布的理解时使用了一种数据建模方法（Konold，Harradine，& Kazak，2007）。在一系列以“数据工厂”（data factory）这一比喻为重点的任务中，建模活动涉及使用 TinkerPlots 2.0 软件的建模功能创建与现实世界中预期数据相匹配的分布，如女性和男性的头发长度。莱勒、金和肖布勒采用类似的方法，研究了 5—6 年级学生使用 TinkerPlots 2.0 软件对老师头围进行重复测量的分布模型（Lehrer，Kim，& Schauble，2007）。学生生成的模型是使用实际测量值的中位数与一些随机误差（如读数误差和标尺误差）的组合来估计头围的真实长度。将 TinkerPlots 2.0 软件的模拟结果与实际数据进行比较，有助于学生修改他们的模型。这两项研究表明，年轻学生进行的这类数据建模任务是统计推断中重要思想的基础。

普罗德罗穆和普拉特的研究对象是年龄为 14—16 岁的成对学生，他们在一个专门设计的计算机模拟情境中控制篮球的投掷（Prodromou & Pratt，2006，2013）。控制是通过滑块实现的，滑块控制着释放角度等变量。这些变量确定或随机地改变参数值并改变该值的离散度，从而在篮球投掷中引入变异。在这一背景下，普罗德罗穆和普拉特关注学生对计算机模拟生成的数据的两种视角的发展，分别是建模的视角和以数据为中心的视角（Prodromou & Pratt，2006）。他们提出了感知变异的两种不同方式，从而区分了有关分布的两种视角。研究人员提出：①当学生操纵控制分布位置和离散度的工具时，就会出现建模视角；②当学生将注意力集中在新数据的变异和形状时，就会出现以数据为中心的视角。他们还认为，能够协调这两种视角对于将数据视为信号和噪声的结合至关重要，这是统计思维的基本思想（Konold & Pollatsek，2002）。

普罗德罗穆利用关于分布的两种视角之间的协调性，以职前小学教师为对象进行研究，重点是在两个骰子点数之和的经验概率与理论概率之间建立联系（Prodromou，2012）。研究结果显示，职前教师关注经验数据分布的变异性（以数据为中心的视角）以及与理论分布（建模视角）相似的相对频率的长期稳定性。其中一些人还能够将理论概率（建模）与经验概率（以数据为中心）联系起来，作为一种预测的方式。

6.4.4.2 建模在理解样本空间方面的作用

科诺尔德和卡扎克强调了模型拟合的思想，以连接经验分布和预期（理论）分布（Konold & Kazak，2008）。学生用这种方法进行预测时，试图理解与模型相关的观测数据，他们有时根据数据修改模型。学生倾向于根据他们对随机事件发生可能性的经验或信念做出初步预测，这往往与公认的理论相冲突。科诺尔德和卡扎克认为，让学生参与开发复合事件的样本空间提供了一个理论模型，并有助于他们解释 TinkerPlots 2.0 软件生成的实际和/或模拟数据的分布。他们还认为，通过评估基于样本空间的预期分布与模拟得出的分布之间的差异或拟合度，学生开始将观测数据视为与数据样本大小有关的理论期望（信号）的噪声形式。因此，这种模型拟合方法提供了一个情境，让学生将注意力集中在样本空间上，这通常是一个具有挑战性的概念，特别是当学生遇到诸如第 6.4.3 节中提到的复合事件时。

第九届统计推理、统计思维和统计素养国际研究论坛（Ninth International Research Forum on Statistical Reasoning，Thinking and Literacy，SRTL9）的研究调查了建模在发展学生在机会游戏中进行非正式推断方面的作用，表明了样本空间分析的重要性（Fielding-Wells，2015；Kazak & Pratt，2015）。在一个热门电视游戏节目的机会游戏中，菲尔丁-韦尔斯提出利用树图构建样本空间可以提供一个理论模型，从而帮助 10—11 岁儿童根据模型与游戏试验数据之间的拟合进行非正式推断（Fielding-Wells & Makar，2015）。在另一个涉及两个骰子数之和的机会游戏中，卡扎克和普拉特基于对职前初中数学教师进行的研究介绍了一个案例，其中基于样本空间的概率模型是通过对来自实际游戏和 TinkerPlots 2.0 软件模拟生成的可能结果与经验数据进行复合分析而产生的（Kazak & Pratt，2015）。

6.4.5 讨论

本节对相关研究的回顾表明，建模是一个可以让学生参与概率情境的新兴视角。这一领域的研究相对较新，仍处于探索性阶段，即关于如何使用建模方法帮助学生理解概率及其思想的猜想仍在形成中。

通过上述研究可以看出，建模视角的一个优点是它将统计和概率思想结合在一起。相关例子通常涉及关注经验数据和基于样本空间的预期分布之间的匹配。在其中的一些研究中，技术的作用也值得注意，它可以促进学生对概率的理解，即使学生的年龄很小。此外，当学生们要基于数据得出结论时，建模视角似乎与促进非正式和正式统计推断有关，本手册的第 8 章将对此进行论述，第 7 章将具体介绍建模方面的研究。

6.5 结论

本节将概括性地总结本章的三个中心主题，分析中更详细的结论请参考本章三个主要部分的讨论。除了这个概括性的总结，我们还将探讨当前研究与未来方向之间的差距。

本章重点研究学生怎样学会处理不确定性，以及教师在这一过程中怎样给予支持。重点一直放在或多或少可以量化的不确定性上，也就是说，我们还没有讨论不确定性的一些不太明显的方面的研究，比如“黑天鹅”（Taleb，2010），这些完全不可预测的事件可能产生不堪设想的后果。虽然这些其他类型的不确定性在社会上是非常重要且有趣的，但是统计教育工作者特别关注那些包含随机性、可以通过概率来量化的情况。为此，我们这里主要集中于先前有关研究综述的最新研究。

本章第 2 节讨论了启发法和偏差的研究是如何通过以双过程理论为基础实现的，这有可能为教师和研究人员多年来在理解概率方面发现的许多困难提供新的见解。特别是，关于启发法研究的新理论基础可能指向创新的教学方法，以支持在不确定性下做出判断时触发系统 2 思维。我们讨论了这个领域中一些更有前景的研究。需要进一步研究来确定，如何更好地训练卡内曼提到的系统 2 思维，从而识别系统 1 思维提出的解决方案可能存在偏差的情境。吉仁泽认为，需要进行研究以确定能够指向更准确的、快速且朴素的启发法的教学方法。这里重要的理论区别是，卡内曼的想法对系统 1 思维的改进希望不大，而在于确定如何更好地使用系统 2 思维，而吉仁泽则将重点放在研究更好的启发法上。

本章第 3 节进一步阐述了如何设计任务、如何使用技术以及教学是如何影响学生概率概念发展的。这一研究得出了一个明确的结论：如果学生要发展缓慢的系统 2 思维，从而实现以更复杂的方式管理系统 1 思维的快速直觉，那么教师是最重要的一个因素。

第 3 节还总结道，继琼斯等的研究（Jones，Langrall，& Mooney，2007），越来越多的研究关注学生借助可用的新技术理解试验概率和理论概率之间的关系。然而，在样本空间连续的情况下，以及在学校层面的主观概率方面，研究仍然缺少。我们没有发现在这个层面上使用贝叶斯方法进行的研究（关于贝叶斯方法的更多信息，请参见本手册第 13 章）。桥接概率的三种主要解释的教学方法，包括任务设计，需要在课堂环境中被开发并进行测试。第 3 节最后总结了教师要想发挥积极作用需要扮演好哪些关键角色。教师需要进一步研究任务、工具和活动场景设计，以确定如何最好地提供有目的的实践经验，从而促进讨论和预测，并连接不同的认识论观点。

第 4 节指出，也许是由于技术和出于教育目的的软件开发的进步，概率可以表示为（可量化的）不确定性的数学模型。事实上，这样的软件可以让学生通过可执行的计算概率模型表达他们对机会的理解。关于概率的建模视角似乎提供了一座桥梁，可以帮助学习者协调可能令人困惑的概率古典论、频率论和主观论。

至少，当学生创建此类模型时，他们参与的活动跨越了可能在概率和统计之间人为建立起的任何界限。多年来，课程倾向于将概率从统计学中分离出来。这样的分离可能使概率显得毫无意义，因为学生很难认识概率的实用性，建模方法就可以应对这种危险。除了第 4 节描述的示例外，本手册中还有许多其他内容（如有关非正式统计推断的第 8 章）。但是，正如第 4 节所述，建模方法会带来一些新的困难。

该领域大多数关于建模的教育研究是近期才开始的，这是因为现代技术工具为我们提供了新的可能性。也许正因为如此，建模在帮助学习者将概率和统计联系起来方面的前景仍有待进一步探索。需要进行更多探索性研究，以阐明教学方法如何开发建模在概率学习方面的潜力，同时为学习者克服那些愈加明显的障碍提供途径。其中一个挑战是如何设计任务，使建模在学习者看来是有目的的，这样他们就可以感受建模的效用或力量。另一个挑战是如何就什么是有效的模型提供指导。与此同时，还需要研究其他可视化工具（物理材料、图表等）和教师在促进建模方法方面的作用，特别是在非计算机任务中。

虽然上述研究是探索性的，但是还可以进行其他研究，以检验可验证的猜想。布赖恩特和努内斯认为，很多关于儿童对概率理解的研究是基于好的想法，但是其设计却是有局限性的（Bryant & Nunes，2012）。他们呼吁进行更多横向和纵向研究以及干预项目，以检验关于儿童概率学习因素的因果假设。在教育研究中，因果假设的检验是困难的，因为伦理维度阻碍了随机对照试验的构建。尽管如此，现在有一些例子表明这是可能的，布赖恩特和努内斯呼吁进行更多这样的研究。这一领域现在相对成熟，布赖恩特和努内斯的这篇综述与先前的综述一起可能有助于指明这样系统研究的机会，这种系统研究可以检验精心设定的假设。当然，仍有必要对发展不太成熟的领域进行探索性研究，比如在建模领域，目前还没有明确和可检验的假设。

参考文献

Abrahamson，D.（2009a）. Orchestrating semiotic leaps from tacit to cultural quantitative reasoning-The case of anticipating experimental outcomes of a quasi-binomial random generator. *Cognition and Instruction*，*27*（3），175-224.

Abrahamson，D.（2009b）. A student's synthesis of tacit and mathematical knowledge as a researcher's lens on bridging learning theory. In M. Borovcnik and R. Kapadia（Eds.），Research and developments in probability education（Special issue）. *International Electronic Journal of Mathematics Education*，*4*（3），195-226.

Abrahamson，D.，Berland，M.，Shapiro，B.，Unterman，J.，& Wilensky，U.（2006）. Leveraging epistemological diversity through computer-based argumentation in the domain of probability. *Learning of Mathematics*，*26*（3），39-45.

Abrahamson，D.，Gutiérrez，J. F.，& Baddorf，A. K.（2012）. Try to see it my way：The discursive function of idiosyncratic mathematical metaphor. *Mathematical Thinking and Learning*，*14*（1），55-80.

Abrahamson，D.，& Wilensky，U.（2007）. Learning axes and bridging tools in a technology-based design for statistics. *International Journal of Computers and Mathematical Learning*，*12*（1），23-55.

Ainley，J.，Pratt，D.，& Hansen，A.（2006）. Connecting engagement and focus in pedagogic task design. *British Educational Research Journal*，*32*（1），23-38.

Babai，R.，Brecher，T.，Stavy，S.，& Tirosh，D.（2006）. Intuitive interference in probabilistic reasoning. *International Journal of Science and Mathematics Education*，*4*（4），627-639.

Bakhtin，M. M.（1986）. *Speech genres and other late essays（trans：McGee，V. W.）*. Austin：University of Texas Press.

Bennett，D.（2014）. Sticking to your guns：A flawed heuristic for probabilistic decision-making. In E. J. Chernoff & B. Sriraman（Eds.），*Probabilistic thinking：Presenting plural perspectives*（pp.261-281）. Dordrecht：Springer Science+Business Media.

Ben-Zvi，D.，Aridor，K.，Makar，K.，& Bakker，A.（2012）. Students' emergent articulations of uncertainty while making informal statistical inferences. *ZDM*，*44*（7），913-925.

Biehler，R.，Ben-Zvi，D.，Bakker，A.，& Makar，K.（2013）. Technologies for enhancing statistical reasoning at the school level. In M. A. Clements，A. Bishop，C. Keitel-Kreidt，& J. Kilpatrick（Eds.），*Third international handbook of mathematics education*（pp.643-688）. New York：Springer Science+Business Media.

Biehler，R.，Frischemeier，D.，& Podworny，S.（2015）. Elementary preservice teachers' reasoning about modelling a "family factory" with TinkerPlots-A pilot study. *Proceedings of the International Collaboration for Research on Statistical Reasoning，Thinking and Learning，SRTL-9*（pp.146-175）. Retrieved from https://www.researchgate.net/publication/289248582.

Bodemer，N.，Meder，B.，& Gigerenzer，G.（2014）. Communicating relative risk changes with baseline risk：Presentation format and numeracy matter. *Medical Decision Making*，*34*（5），615-627.

Borovcnik，M.，& Peard，R.（1996）. Probability. In A. Bishop，K. Clements，C. Keitel，J. Kilpatrick，& C. Laborde（Eds.），*International handbook of mathematics education*（pp.239-288）. Dordrecht：Kluwer.

Bryant，P.，& Nunes，T.（2012）. *Children's understanding of probability：A literature review*. London：Nuffield Foundation.

Canada, D.（2006）. Elementary pre-service teachers' conceptions of variation in a probability context. *Statistics Education Research Journal*, *5*（1）, 36-64.

Chaput, B., Girard, J. C., & Henry, M.（2008）. Modeling and simulations in statistics education. In C. Batanero, G. Burrill, C. Reading and A. Rossman（Eds.）. *Joint ICMI/IASE Study: Teaching statistics in school mathematics. Challenges for teaching and teacher education. Proceedings of the ICMI Study 18 and 2008 IASE Round Table Conference*. Monterrey: International Commission on Mathematical Instruction and International Association for Statistics Education.

Chernoff, E. J.（2012）. Recognizing revisitation of the representativeness heuristic: An analysis of answer key attributes. *ZDM*, *44*（7）, 941-952.

Chernoff, E. J., & Sriraman, B.（2014）. *Probabilistic thinking: Presenting plural perspectives*. New York: Springer.

Chernoff, E. J., & Zazkis, R.（2011）. From personal to conventional probabilities: From sample set to sample space. *Educational Studies in Mathematics*, *77*（1）, 15-33.

Chiesi, F., & Primi, C.（2009）. Recency effects in primary-age children and college students. *International Electronic Journal of Mathematics Education*, *4*（3）, 259-274.

Corter, J. E., & Zahner, D.（2007）. Use of external visual representations in probability problem solving. *Statistics Education Research Journal*, *6*（1）, 22-50.

Diaz, C., & Batanero, C.（2009）. University students' knowledge and biases in conditional probability reasoning. *International Electronic Journal of Mathematics Education*, *4*（3）, 131-162.

English, L. D., & Watson, J. M.（2016）. Development of probabilistic understanding in fourth grade. *Journal for Research in Mathematics Education*, *47*（1）, 28-62.

Fast, G. R.（2007）. Analogical reconstruction of the probability knowledge of Zimbabwean female secondary school students. *Canadian Journal of Science, Mathematics and Technology Education*, *7*（2-3）, 149-181.

Fielding-Wells, J.（2015）. Young children's development and use of models as evidence in support of informal statistical inference. *Proceedings of the International Collaboration for Research on Statistical Reasoning, Thinking and Learning, SRTL-9*（pp.98-106）.

Fischbein, E.（1975）. *The intuitive sources of probabilistic thinking in children*. Dordrecht: Reidel.

Francisco, J. M., & Maher, C. A.（2005）. Conditions for promoting reasoning in problem solving: Insights from a longitudinal study. *Journal of Mathematical Behavior*, *24*（2-3）, 361-372.

Gal, I.（2005）. Towards "probability literacy" for all citizens. In G. Jones（Ed.）, *Exploring probability in school: Challenges for teaching and learning*（pp.39-63）. New York: Springer.

Gigerenzer, G.（1991）. How to make cognitive illusions disappear: Beyond heuristics and biases. In W. Stroebe & M. Hewstone（Eds.）, *European review of social psychology*（Vol. 2, pp.83-115）. Chichester: Wiley.

Gigerenzer, G.（1993）. The bounded rationality of probabilistic mental models. In K. I. Manktelow & D. E. Over（Eds.）, *Rationality: Psychological and philosophical perspectives*（pp.284-313）. London: Routledge.

Gigerenzer，G.（1994）. Why the distinction between single-event probabilities and frequencies is important for psychology（and vice versa）. In G. Wright & P. Ayton（Eds.），*Subjective probability*（pp.129-161）. Chichester：Wiley.

Gigerenzer，G.（2012）. Contribution to panel “What Can Economists Know：Rethinking the Foundations of Economic Understanding”. *The Institute for New Economic Thinking's（INET）Paradigm Lost Conference，Berlin.* Retrieved from https://www.youtube.com/watch?v=DdEEwoKkfMA.

Gigerenzer，G.（2014）. *Risk savvy：How to make good decisions.* London：Allen Lane.

Hacking，I.（1975）. *The emergence of probability：A philosophical study of early ideas about probability，induction and statistical inference.* Cambridge：Cambridge University Press.

Ireland，S.，& Watson，J.（2009）. Building a connection between experimental and theoretical aspects of probability. *International Electronic Journal of Mathematics Education，4*（3），339-370.

Jones，G.（2005）. *Exploring probability in school：Challenges for teaching and learning.* New York：Springer.

Jones，G. A.，Langrall，C.，& Mooney，E. S.（2007）. Research in probability：Responding to classroom realities. In F. Lester（Ed.），*Second handbook of research on mathematics teaching and learning*（pp.909-955）. Greenwich：Information Age Publishing，Inc. and National Council of Teachers of Mathematics.

Jones，G. A.，Langrall，C. W.，Thornton，C. A.，& Mogill，A. T.（1997）. A framework for assessing and nurturing young children's thinking in probability. *Educational Studies in Mathematics，32*（2），101-125.

Kafoussi，S.（2004）. Can kindergarten children be successfully involved in probabilistic tasks? *Statistics Education Research Journal，3*（1），29-39.

Kahneman，D.（1991）. Judgment and decision making：A personal view. *Psychological Science，2*（3），142-145.

Kahneman，D.（1996）. On the reality of cognitive illusions. *Psychological Review，103*（3），582-591.

Kahneman，D.（2011a）. *Thinking fast and slow.* Farrar：Straus and Giroux.

Kahneman，D.（2011b）. *Thinking fast and slow，Google Talks.* Retrieved from https://www.youtube.com/watch?v=CjVQJdIrDJ0.

Kahneman，D.，Slovic，P.，& Tversky，A.（1982）. *Judgment under uncertainty：Heuristics and biases.* Cambridge：Cambridge University Press.

Kapadia，R.，& Borovcnik，M.（1991）. *Chance encounters：Probability in education.* Dordrecht：Kluwer.

Kazak，S.（2010）. Modeling random binomial rabbit hops. In R. Lesh，P. L. Galbraith，C. R. Haines，& A. Hurford（Eds.），*Modeling students' mathematical modeling competencies：ICTMA 13*（pp.561-570）. New York：Springer.

Kazak，S.（2015）. “How confident are you?”：Supporting young students' reasoning about uncertainty in chance games through students' talk and computer simulations. In A. Zieffler & E. Fry（Eds.），*Reasoning about uncertainty：Learning and teaching informal inferential reasoning*（pp.29-55）. Minneapolis：Catalyst Press.

Kazak，S.，& Pratt，D.（2015）. Pre-service mathematics teachers' informal statistical inference when building probability models for a chance game. *Proceedings of the International Collaboration for Research on Statistical Reasoning，Thinking and Learning，SRTL-9*（pp.138-145）.

Kazak，S.，Wegerif，R.，& Fujita，T.（2015a）. Combining scaffolding for content and scaffolding for dialogue to support conceptual breakthroughs in understanding probability. *ZDM，47*（7），1269-1283.

Kazak，S.，Wegerif，R.，& Fujita，T.（2015b）. The importance of dialogic processes to conceptual development in mathematics. *Educational Studies in Mathematics，90*（2），105-120.

Konold，C.（1989）. Informal conceptions of probability. *Cognition and Instruction，6*（1），59-98.

Konold，C.，Harradine，A.，& Kazak，S.（2007）. Understanding distributions by modeling them. *International Journal of Computers for Mathematical Learning，12*（3），217-230.

Konold，C.，& Kazak，S.（2008）. Reconnecting data and chance. *Technology Innovations in Statistics Education，2*（1）. Retrieved from http://repositories.cdlib.org/uclastat/cts/tise/vol2/iss1/art1.

Konold，C.，Madden，S.，Pollatsek，A.，Pfannkuch，M.，Wild，C.，Ziedins，I.，et al.（2011）. Conceptual challenges in coordinating theoretical and data-centered estimates of probability. *Mathematical Thinking and Learning，13*（1-2），68-86.

Konold，C.，& Miller，C. D.（2011）. *TinkerPlots 2.0：Dynamic data exploration*. Emeryville：Key Curriculum.

Konold，C.，& Pollatsek，A.（2002）. Data analysis as the search for signals in noisy processes. *Journal for Research in Mathematics Education，33*（4），259-289.

Konold，C.，Pollatsek，A.，Well，A.，Lohmeier，J.，& Lipson，A.（1993）. Inconsistencies in students' reasoning about probability. *Journal for Research in Mathematics Education，24*（5），393-414.

Kustos，P.，& Zelkowski，J.（2013）. Grade-continuum trajectories of four known probabilistic misconceptions：What are students' perceptions of self-efficacy in completing probability tasks? *Journal of Mathematical Behaviour，32*（3），508-526.

Lecoutre，M. P.，Rovira，K.，Lecoutre，B.，& Poitevineau，J.（2006）. People's intuitions about randomness and probability：An empirical approach. *Statistics Education Research Journal，5*（1），20-35.

Lee，H. S.，Angotti，R. L.，& Tarr，J. E.（2010）. Making comparisons between observed data and expected outcomes：Students' informal hypothesis testing with probability simulation tools. *Statistics Education Research Journal，9*（1），68-96.

Lee，H. S.，& Lee，J. T.（2009）. Reasoning about probabilistic phenomena：Lessons learned and applied in software design. *Technology Innovations in Statistics Education，3*（2）. Retrieved from http://escholarship.org/uc/item/1b54h9s9.

Lehrer，R.，Kim，M. J.，& Schauble，L.（2007）. Supporting the development of conceptions of statistics by engaging students in measuring and modeling variability. *International Journal of Computers for Mathematical Learning，12*（3），195-216.

Lehrer，R.，& Schauble，L.（2010）. What kind of explanation is a model? In M. K. Stein & L. Kucan（Eds.），*Instructional explanation in the disciplines*（pp.9-22）. New York：Springer.

Liu，Y.，& Thompson，P. W.（2007）. Teachers' understandings of probability. *Cognition and Instruction，*

25（2），113-160.

Meder，B.，& Gigerenzer，G.（2014）. Statistical thinking：No one left behind. In E. J. Chernoff & B. Sriraman（Eds.），*Probabilistic thinking：Presenting plural perspectives*（pp.127-148）. Dordrecht：Springer Science+Business Media.

Mercer，N.，& Sams，C.（2006）. Teaching children how to use language to solve maths problems. *Language and Education*，*20*（6），507-528.

National Council of Teachers of Mathematics.（1989）. *Curriculum and evaluation standards for school mathematics*. Reston：National Council of Teachers of Mathematics.

Nilsson，P.（2007）. Different ways in which students handle chance encounters in the explorative setting of a dice game. *Educational Studies in Mathematics*，*66*（3），293-315.

Noll，J.，& Shaughnessy，M.（2012）. Aspects of students' reasoning about variation in empirical sampling distributions. *Journal for Research in Mathematics Education*，*43*（5），509-556.

Nunes，T.，Bryant，P.，Evans，D.，Gottardis，L.，& Terlektsi，M.-E.（2014）. The cognitive demands of understanding the sample space. *ZDM*，*46*（3），437-448.

Paparistodemou，E.（2014）. Children's constructions of a sample space with respect to the Law of Large Numbers. In E. J. Chernoff & B. Sriraman（Eds.），*Probabilistic thinking：Presenting plural perspectives*（pp.600-611）. Dordrecht：Springer Science+Business Media.

Paparistodemou，E.，Noss，R.，& Pratt，D.（2008）. The interplay between fairness and randomness in a spatial computer game. *International Journal of Computers and Mathematical Learning*，*13*（2），89-110.

Pfannkuch，M.，& Ziedins，I.（2014）. A modelling perspective on probability. In E. J. Chernoff & B. Sriraman（Eds.），*Probabilistic thinking：Presenting plural perspectives*（pp.101-116）. Dordrecht：Springer Science+Business Media.

Piaget，J.，& Inhelder，B.（1951）. *The origin of the idea of chance in children*. New York：Norton.

Pratt，D.（2000）. Making sense of the total of two dice. *Journal for Research in Mathematics Education*，*31*（5），602-625.

Pratt，D.，& Noss，R.（2002）. The micro-evolution of mathematical knowledge：The case of randomness. *Journal of the Learning Sciences*，*11*（4），453-488.

Pratt，D.，& Noss，R.（2010）. Designing for mathematical abstraction. *International Journal of Computers for Mathematical Learning*，*15*（2），81-97.

Prediger，S.（2008）. Do you want me to do it with probability or with my normal thinking? - Horizontal and vertical views on the formation of stochastic conceptions. *International Electronic Journal of Mathematics Education*，*3*（3），126-154.

Prodromou，T.（2012）. Connecting experimental probability and theoretical probability. *ZDM*，*44*（7），855-868.

Prodromou，T.，& Pratt，D.（2006）. The role of causality in the co-ordination of two perspectives on distribution within a virtual simulation. *Statistics Education Research Journal*，*5*（2），69-88.

Prodromou，T.，& Pratt，D.（2013）. Making sense of stochastic variation and causality in a virtual environment. *Technology，Knowledge and Learning，18*（3），121-147.

Ruthven，K.，& Hofmann，R.（2013）. Chance by design：Devising an introductory probability module for implementation at scale in English early-secondary education. *ZDM，45*（3），409-423.

Schnell，S.，& Prediger，S.（2012）. From "everything changes" to "for high numbers，it changes just a bit". *ZDM，44*（7），825-840.

Shaughnessy，M.（1992）. Research in probability and statistics：Reflections and directions. In D. A. Grouws（Ed.），*Handbook of research on mathematics teaching and learning*（pp.465-494）. Reston：National Council of Teachers of Mathematics.

Smith，T. M.，& Hjalmarson，M. A.（2013）. Eliciting and developing teachers' conceptions of random processes in a probability and statistics course. *Mathematical Thinking and Learning，15*（1），58-82.

Stanovich，K. E.，& West，R. F.（2000）. Individual differences in reasoning：Implications for the rationality debate? *Behavioural and Brain Sciences，23*（5），645-665.

Taleb，N. N.（2010）. *The black swan：The impact of the highly improbable*. London：Penguin.

Watson，J.，& Callingham，R.（2013）. Likelihood and sample size：The understandings of students and their teachers. *Journal of Mathematical Behavior，32*（3），660-672.

Watson，A.，Jones，K.，& Pratt，D.（2013）. *Key ideas in teaching mathematics：Research-based guidance for ages 9-19*. Oxford：Oxford University Press.

Weisburg，H. I.（2014）. *Willful ignorance：The mismeasure of uncertainty*. Hoboken：Wiley.

Wild，C. J.（2006）. The concept of distribution. *Statistics Education Research Journal，5*（2），10-26.

Wild，C. J.，& Pfannkuch，M.（1999）. Statistical thinking in empirical enquiry（with discussion）. *International Statistical Review，67*（3），223-265.

Zahner，D.，& Corter，J. E.（2010）. The process of probability problem solving：Use of external visual representations. *Mathematical Thinking and Learning，12*（2），177-204.

第7章 向儿童介绍关于变异性的建模

理查德·莱勒　林恩·英格利希

本章综述了各种研究成果，这些研究探讨了向小学生介绍在具有不确定性的情况下对变异性建模的统计实践的可能性。在这一过程中，我们从遗传的视角来看待知识的发展，试图找到可以在教学过程中培养对变异性理解的种子，以提升学生对变异性不同方面和来源的把握能力。为了平衡其中的复杂性和易处理性，我们专注于一个我们称之为数据建模的框架。该框架表明，不应采用狭隘的分步方法（如统计计算），而是更系统、连贯地让儿童参与到非正式推断中对变异性的探究、可视化表征和度量。关于变异性的建模为小学生在高年级根据概率结构进行非正式推断铺平了道路。所有这些实践都可以通过新一代数字技术得到详细设计甚至转变。

7.1 简介

本章综述了各种研究成果，这些研究探讨了向小学生介绍关于变异性的建模的统计实践的可能性。“实践中的统计类似于模型和数据之间的对话”（Cobb & Moore，1997，p.810），这是一个被专业统计学者的社会研究普遍支持的观点（如 Hall，Wright，& Wieckert，2007；Pfannkuch et al.，2016；Wild，2006；Wild & Pfannkuch，1999）。因此，我们的教育目标是追踪潜在根源和途径来将孩子带入这个对话。这需要从遗传的角度对知识的发展进行考察，思考一种“承诺，即知识的结构、形式，可能还有内容，是由其发展历史中的重要方面决定的”（diSessa，1995，p.23）。此外，我们认为发展统计概念（如分布或统计量）和学习参与建模实践本身是共生的。哈钦斯建议在建模实践中构建统计概念，以强调实践中参与形式的变化会伴随着概念的变化，反之亦然（Hutchins，2012）。在统计学等专业中，建模实践嵌入在关于认知、社会和物质形式的特定结构中（Knorr Cetina，1999）。模型是在更大的公共目标、表征、物质、规范和设置系统中被发明和相互竞争的。但是，这些建模的学科方面只能在学校教育中通过模拟来呈现，其中一些可能与儿童的经历相距甚远，以至于它们不适合进行教学。因此，我们对研究的考察强调了对建模实践必不可少的建模种子，这些种子是年轻学生可以获得的，并且如果系统地加以培养，它们有可能在整个学校教育中成长。

统计模型是作为对变异性的解释而开发的。然而，对变异性的考虑是多方面的，包括设想或参与创建样本、可视化并度量分布、区分因果和随机来源，并将变异性用于做出预测和推断的过程（McClain & Cobb，2001；Reading & Reid，2010；Reading & Shaughnessy，2004；Ridgway，2015）。专业实践研究强调，变异性是在调查循环内被提出和解释的（Wild & Pfannkuch，1999）。譬如，在一项关于统计顾问和科学家客户之间对话的研究中，霍尔等报告称，该顾问非常重视科学家建立的调查程序，反复将科学家的注意力转移到用一种特定的统计方法来反思问题，"……再一次回到你问的问题……我的意思是，问题是什么？"（Hall，Wright，& Wieckert，2007，p.110，p.113）。怀尔德也指出，问题的本质通常会引发对值得关注的系统特征的反思，并体现出衡量这些特征的必要性（Wild，1994）。霍尔、史蒂文斯和托拉尔瓦描述了统计学者和昆虫学家团队之间的谈判如何导致对昆虫化学特征之间差异的重新测量（Hall，Stevens，& Torralba，2002）。反过来，这一测量将昆虫学家对昆虫特征的定性判断转变为定量判断，这更易于区分一个物种不同种群的数量，最终改变了昆虫学家调查的性质。在相关工作中，通过对统计学者就其实践进行采访，普凡库赫及其同事指出，当实践由专业人员进行时，对变异性建模需要掌握多种变异观念（Pfannkuch et al.，2016；Wild & Pfannkuch，1999）。

从这些专业实践研究中可以清楚地看出，如果我们需要在任何重要时期追踪统计人员的实践，我们将追踪一系列密集配置，包括机构设置、概念和材料工具、财务安排、合作者和竞争对手。我们考虑统计世界时，我们不应忽视这些实践的复杂性，但是由于我们关注的是向儿童引入这些系统和思维方式，所以我们的目标是以教学上富有成效的方式支持儿童的发展。为了平衡复杂性和易处理性，我们发现将重点放在我们称之为数据建模的框架上是有帮助的。该框架提出了如何协调出近似于专业的建模实践，以支持儿童对变异性和不确定性的认识的发展（English，2010；Hancock，Kaput，& Goldsmith，1992；Lehrer & Romberg，1996）。我们将在下一节概述这一观点。

7.2　数据建模

图 7.1 概述了数据建模实践中的概念网络，它为在学校教育过程中考虑变异性提供了前提和未来发展道路。我们的目的是创造条件，让儿童通过有效的近似方法参与网络的每个节点，并学习如何协调它们来描述和解释变异性。通过近似方法是指向儿童介绍的实践形式保留了其专业功能，但是不保留其专业复杂性。譬如，概率密度的正式处理通常不是 K-6 教学的目标，而是根据数据进行推断，因此教育工作者通常将其努力描述为促进"非正式推断"（Makar & Rubin，2009）。非正式推断超越了特定情况，可以通过使用诸如"可能"之类的语言限制或通过引用临界值，做出承认推断中不确定性的归纳。

依据这种想法，图 7.1 的上半部分涉及进行调查的实践，从提出可研究的问题到决定系统值得度量的内容，以及设计将产生观察样本的调查。图 7.1 所示的双箭头表示相互构成活动和理解的网络。譬如，尝试表征系统属性可以指导度量的发展，而度量的设计往往会使被测属性的性质产生问题。问题、属性和度量协同一致，以便为调查设计提供信息，包括观察的性质、观察单位的选择以及便于观察的条件的物质安排。部署这些元素生成一个能够代表总体的样本，该样本由调查者感兴趣的过程的特征和度量所定义。正是在这里表现出变异性。

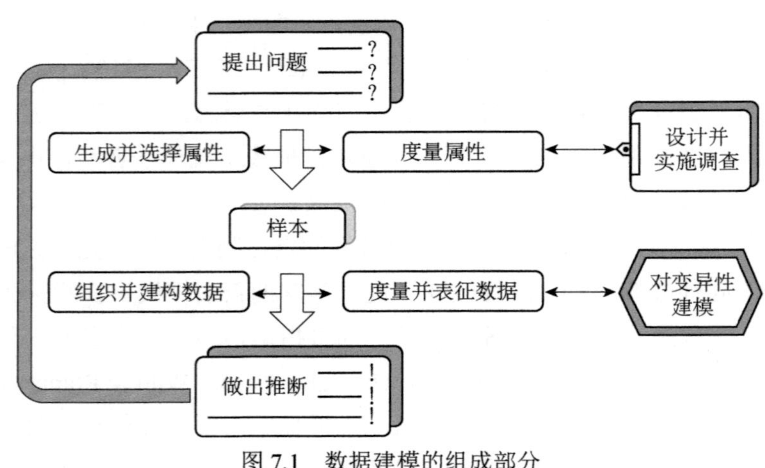

图 7.1　数据建模的组成部分

资料来源：（Lehrer & Schauble，2004）

图 7.1 的下半部分是对样本所显示的变异性进行建构、表征、度量和建模，这些形式的活动也是相互依赖的。譬如，数据的可视化表征通常会表明某些统计数据可能比其他统计数据更适合建模；机会模型是表达关于不确定性的推断的主要方式；旁注可能对此有所帮助。我们经常被问到：什么是模型？它与表征或度量有什么不同？我们的观点是，变异性的表征包括多种形式，包括视觉表征、数据结构、度量和模型，并且每种形式都是一种掌握前面提到的多种变异观念的方法。数据建模涉及这一系列表征，拉图尔将其描述为循环参考（circulating reference），以指导推断（Latour，1999）。在这个概念网络中，模型是由随机和因果成分组成的系统，代表了获得在样本中观察到的变异性的过程（Gould，2004）。与其他形式的建模不同，统计模型具有概率结构，理想情况是在模型中有明确的概率结构（Pfannkuch et al.，2016）。

同样需要注意的是，建模的终点是推断，而在统计实践中，有两种常见的虽然经常耦合但截然不同的方法。第一种方法是视觉引导推断，主要通过构建样本中变异性趋势的图像来完成。这些趋势通常以叙事方式呈现，创造一个由图像可见的模式支持的因果修辞（Cobb & Moore，1997；Kosara & Mackinlay，2013；Rodgers & Beasley，2014；Rosling，2010；Segel & Heer，2010；Tufte，1983，1997）。譬如，如图 7.2 所示，用令人回味的香槟杯（一种富人喝葡萄酒的器皿）的形式来考虑现在全球财富分布的情况。

这张图片一目了然地向读者介绍了全球财富分布，一定程度上是由香槟杯引出的具有讽刺意味的关联（Champkin，2014）。财富分配的不平等是显而易见的，对于不确定性的担忧（或许在区域的边界最为明显）似乎毫无意义。

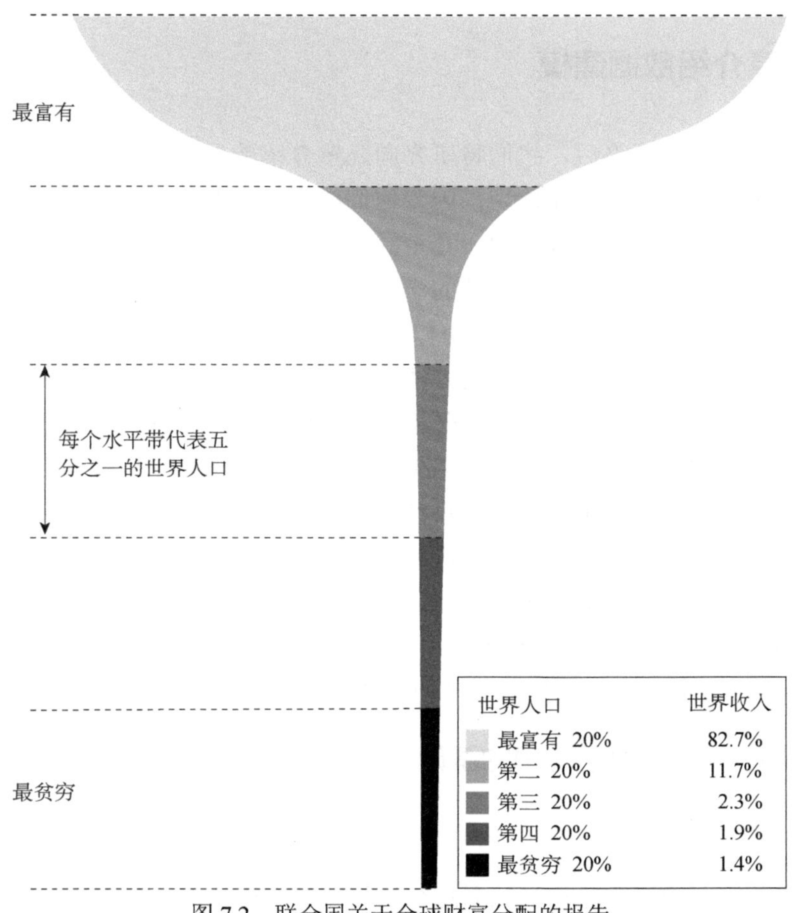

图 7.2　联合国关于全球财富分配的报告

资料来源：（Champkin，2014）

借助数字技术，通过动态图像可以为叙事提供新的契机。譬如，借助 Gapminder，分析师可以为案例和数据区域制作动画（Rosling，2010；Rosling，Ronnlund，& Rosling，2005），这些动画图像往往是叙事的线索。例如，汉斯·罗斯林[①]使用了一些叙事技巧，诸如拟人化（如将他的家庭历史与总体联系起来）、时间跳跃（如并置两个不同的时间段），以及类似体育广播的比赛隐喻来保持观众的兴趣并澄清总体数据中的复杂模式（Kahn & Hall，2016）。正如我们后面所描述的那样，对数据可视化的叙事为引导儿童进行推断实践提供了途径。第二种推断方法依赖于样本间变异性引起的不确定性的显式概率模型，这反过来又需要对产生观测样本的随机过程的性质进行推测（如 Pfannkuch et al.，2016；Wild & Pfannkuch，1999）。推断的这一方面与假设检验、置信区间和根据

① https://www.ted.com/talks/hans_rosling_shows_the_best_stats_you_ve_ever_seen?language=en.

不确定性做出决策有关。视觉引导和基于模型的推断形式通常是协调的，因为根据随机模型做出的决策本身就固定在世界的理论和模型中，因此，原因与机会通常是同步的（如 Wild，2006）。

7.3 向儿童介绍数据建模

在介绍了变异性的网络后，我们将研究向儿童介绍数据建模的可行性和可理解性。儿童对数据建模的能力需求日益迫切，因为他们经常在日益多样化的媒体空间中遇到各种各样的数据。然而，在这些媒体中，儿童经常接触不到数据构建过程，他们提出的观点通常不考虑变异性和不确定性。早期的学校教育应该支持儿童参与数据建模实践，以便让他们更好地理解甚至参与到这个日益以数据为中心的世界事务当中。

开发这些核心能力的一种强有力的方法是让儿童参与跨越不同背景和相关过程的数据建模的多个方面。与图 7.1 所示的数据建模的观点一致，这些方面包括：①在有意义的背景中提出统计问题，突出变异性；②生成、选择并衡量由提出的问题而异的属性；③收集第一手资料，以便儿童确定调查设计；④表征、构建并解释样本和抽样变异性；⑤根据所有这些程序做出非正式推断。进行非正式推断包括识别不确定性、检测变异和进行预测（English & Watson，2015；Lehrer & Romberg，1996；Lehrer & Schauble，2002a，2002b；Makar，2016；Watson & English，2015）。接下来的部分，我们将考察为儿童提供参与数据建模这些方面的机会的研究。

7.3.1 在调查中打好数据建模的基础

7.3.1.1 提出问题

统计问题是所有调查的起点，数据是在调查背景下产生的（Moore，1990）。然而，在许多小学课程中，儿童提出的问题代表性不足（Allmond & Makar，2010；Lavigne & Lajoie，2007），也许是因为儿童最初的问题通常是非正式的和宽泛的（English，2014a；Whitin & Whitin，2011）。儿童经常认为提出可以调查的问题，或者设想可以解决他们问题的数据很难（Allmond & Makar，2010）。莱勒和肖布勒认为，当儿童有足够的机会（包括观察、对话和获得解决目标现象的文本）熟悉被调查的现象时，他们提出问题时面临的许多挑战将得以改善。随着孩子们的兴趣得到培养，教师通过鼓励孩子“收集、分类并评估小组提出的问题”来支持调查（Lehrer & Schauble，2002b，p.x）。教师的支持对于培养学生的提问习惯至关重要。譬如，奥尔蒙德和马卡尔让 9 岁的孩子提出并区分哪些是可以调查的问题，哪些是无法调查的问题（Allmond & Makar，2010）。儿童还试图设想可以解决每个问题的数据，他们也被鼓励通过合作来改进对问题的描述（如“罐中有多少桃子？”），从而提出更大的总体性问题（如“每个罐子里面是否有相同数量的桃子？”）。完成此过程的几次迭代后，学生就会更有可能提出可以调查的问题。

为应对不断变化的调查条件而对问题进行迭代也很重要。调查水生生态的 11 岁儿童从非常广泛甚至无关紧要的问题开始思考，诸如：“什么在这里生长？”或“一条水蛭能吸多少血？”当他们在调查过程中更加熟悉生态系统的特征时，他们的问题开始反映出更高的学科价值，例如：“池塘 2 中的动物是否比池塘 1 中的动物更加多样化？”而且，考虑到他们自己所掌握的材料、社会和认知资源，他们的问题会变得更易于处理。课堂上，教师反复征询学生对“好”的研究问题的判断标准和论证，以此支持学生在问题方面的见解。当学生提出并捍卫他们对好问题的标准时，教师公开提出达成广泛共识的标准（Lucas et al.，2005）。学生提出的标准随学年而变化，从早期关注问题是否易于处理（“事实上，我们还不知道答案”“可行”），到对集体责任的日益关注（“人们可以根据之前的问题解决这个问题”），再到问题是否支持在整个课堂学习社区内的知识共享（“问题的答案有助于每个人的理解”），学生提问的轨迹越来越多地反映了集体调查的有效学科价值。

儿童提问的另一个较少研究的方面是他们愿意将样本数据作为二次调查的对象。譬如，10 岁的学生惊讶地发现他们从自己设计的调查中产生的样本数据也可用于解决调查中最初未提出的问题（Lehrer & Romberg，1996）。由于问题通常出现在对话过程中，因此，孩子们可能难以将对问题的回答视为受到答复者以外的其他来源的询问。

7.3.1.2　发展属性及其度量

为了最佳地解决感兴趣的问题，确定要度量的适当属性，需要“以特定的方式看待事物，将其作为特性的集合，而不是完整的对象”（Lehrer & Schauble，2007，p.154）。譬如，让幼儿园小孩按照“大小”对南瓜排序，必须解决“什么是大小”的问题，有人认为是高度，还有人认为是“肥度”（周长）。在提出这些特征之后，孩子们发现，比较依赖于发展对每个特征意义的集体理解。同样地，正在研究有机体生长的 1 年级、2 年级和 3 年级儿童首先要决定生长的最佳指标是什么，如昆虫幼虫的“肥度”和长度或植物的高度和冠层体积。为了支持有机体之间的比较，儿童必须就测量的方法和形式达成一致，这些方法和形式的失败往往会导致对属性以及度量的重新定义（Lehrer & Schauble，2005；Lehrer，Schauble，& Carpenter et al.，2000）。同样，曼茨追踪了在 3 年级课堂中如何让“瘤”（叶节点）被接受作为植物生长的有意义指标以及如何让种子产量成为种植成功的商定指标（Manz，2012，2015）。

在 1—3 年级（6—8 岁）儿童的纵向研究中，英格利希采用讲故事的方式为儿童创造机会，以决定主人公值得关注的属性的性质（如 English，2013，2014b）。譬如，当他们想到要帮助主人公清理房间的方法时，孩子们开始对要收集和整理的物品进行分类。在此过程中，他们必须对处理项目应关注的属性达成一致，这促使他们对属性的定义进行商定。一个核心目标是为儿童提供机会，使他们能够专注于项目的属性及其变化方式，以便儿童能够以多种方式识别、分类和表示属性。同样地，迪佩纳为 3 年级儿童提供了由 K-5 儿童绘制的自画像。当孩子们考虑到肖像的变异性时，他们产生了关于他们在不同年级间及年级内绘画者的肖像中观察到的差异的问题。在提出的许多问题中，孩子们和教师都决定研究“从 pre-K 到 5 年级，哪些身体部位能够显示绘画能力的进步”（diPerna，2002，p.82）。为了研究这一问题，儿童面临着生成和定义可比属性的问题，就像英格利希（English，2013）研究中的那样。这被证明是具有挑战性的，他们最初倾向于将身体形状描述为“棒状人物”（stick figures）或“冒出状”（bubbled out）。这些初步描述过于笼统和模糊不清，所以孩子们对它们进行了改进，考虑了作者是如何画出手、眼睛和头发的。一旦学生同意了可以区分不同年龄作者所画肖像的属性，那么实际和关键的度量问题就变得明显了。儿童提出的眼睛、头发或鼻子的类别与肖像数量一样丰富。譬如，儿童提出了 14 种不同的眼睛形状——这种方法使得不同年级之间的比较变得非常困难。最终，孩子们选择了一组更易处理的类别，包括“类似足球”和“圆形”的眼睛。这些和其他研究结果表明汉纳、詹姆斯和罗尔芬的建议仍然适用，他们在 1—6 年级再次进行了这项研究：

> 很多时候，教师会为孩子们解决所有有趣的问题并将答案给孩子，而不给孩子们提供机会来解决诸如“我们应该纳入哪些属性？”“我们应该考虑多少种属性？”“它们应该如何表征？”这样的问题。当教师去承担这些决定时，剩下的就是一个固定的绘图或排序活动，而教师提前做了所有有趣和激励性的思考。（Hanner，James，& Rohlfing，2002，p.106）

设计并开展调查。如果学生要克服将问题与数据联系起来的困难（Hancock，Kaput，& Goldsmith，1992），那么问题必须包含调查的种子，这些种子应在儿童力所能及的范围内，但是不在他们的直接掌握范围内（如 Allmond，Wells，& Makar，2010；English，2010；Lehrer & Schauble，2002a，2002b；Makar & Rubin，2009）。问题必须激发定义属性和考虑其度量的渐进周期。而且，正如我们之前提到的，如果问题提出的周期持续更长时间，那么也可能有机会根据属性及其度量的变化来改进问题（如 Lucas et al.，2005）。花费更长的时间也为儿童参与设计和调查提供了机会。譬如，5 年级学生设计了一项调查，以便将他们的生活与早期殖民者的生活进行比较。当他们生成并开发这些数据时，学生逐渐了解了代表性样本的优点，并在多次课堂反馈中了解到样本之间存在变异性的必然性——在这种情况下，全校各班受访者的男女比例不同（Lehrer & Romberg，1996）。科特曼、莱勒和肖布勒观察到，当 6 年级学生对当地的小溪生态进行调查时，在激发问题、属性和度量方面有着类似变化（Cotterman，Lehrer，& Schauble，2014）。学生在测量中对变异的体验激发了他们对“什么是具有代表性的样本”产生实际和概念上的变化。调查开始时，学生们没有想到从单个样本推断是有问题的，但是调查结束时，他们根据抽样变异性提倡有必要用多个样本。同样地，研究开始时，他们认为样本的位置并不重要，但是学生们很快就接受了通过划分小溪空间来推断生态系统功能从而创建代表性样本的需求，他们收集数据时还争论是否应该将缺失的观察值视为样本中的有效值。

进行长期调查的其他潜在益处包括，学生有机会了解实验的依据、制定观察协议，以及考虑工具和技术的选择如何影响对样本的考虑（Lehrer，Schauble，& Lucas，2008；Lehrer & Schauble，2012；Manz，2012，Manz，2015；Watson & English，2015）。关于样本和抽样变异的这些发现在倾向于使用普查的小学儿童甚至大学生的思维中并不典型（如 Jacobs，1999），他们进行有偏抽样（biased sampling）以确保收集感兴趣的属性（Schwartz et al.，1998），并且通常不能识别抽样变异性（Rubin，Bruce，& Tenney，1991）。此外，许多学生没有把偶然性与抽样联系起来，也没有理解偶然性在创造代表性样本和最小化抽样变异性方面的作用（Ben-Zvi，Bakker，& Makar，2015；Schwartz et al.，1998；Watson & Moritz，2000）。

总之，无论是长期还是短期，涉及让学生提出问题、开发属性及其度量，以及生成第一手数据的调查都将有助于阐明所构建的数据，而不仅仅是给定的或由某些远程过程所产生的数据。数据构建也是注意变异性的途径，首先是被度量属性值的简单差异，即使在相对单调的背景中，如“我们如何在早晨醒来”（Putz，2002）、当地街道上的交通模式（Gavin，2002）、计划野餐（English，2011）、吃什么（English，2013），以及对桃子品种的个人偏好（Allmond，Wells，& Makar，2010）。根据具体情况，儿童也会注意到没有意义或不合适的值（English，2012）。下一节，我们将研究儿童具有更多机会构建变异性时，对变异性概念的理解。

7.3.2　构建变异性

儿童对变异性的初步认识可能仅限于产生变异性事件的单一指标，如“我们说过我们最喜欢的颜色”（Konold et al.，2015，p.309）。然而，正如我们在前一节中所提到的，注意到被度量属性的不同值，一个“案例—值”（case-value）的视角（Konold et al.，2015）更为常见。我们将这一部分的注意力转向那些寻求支持儿童超越案例，将数据作为整体进行推理的研究，这种整体视角是将数据看作分布的重要基石（Konold et al.，2015；McClain & Cobb，2001）。

7.3.2.1　可视化变异性

本节中，我们关注儿童通过开发、修改和比较变异性的表征学到了什么（如 English，2013；Lehrer & Schauble，2002b）。一个研究重点是开发表征，将其作为提升表征和元表征能力的工具（diSessa，2004；Greeno & Hall，1997）。为了说明这一点，图 7.3 呈现了在特定生长日测量的家蚕幼虫长度的一个副本，该表征是由 3 年级（8 岁）儿童发明的。下面的图片呈现了孩子们生成的 TinkerPlots 个案值图中所有的 261 个测量值。学习关于丝绸的社会起源和商业影响这一单元时，孩子们采用了这些度量

（Lehrer，2011；Pellegrino et al.，2014）。研究人员注意到，儿童的表征开发强调每个个案的值，使用椭圆形图标来暗示每条幼虫每厘米的形态。然而，它在空间处理上也不一致，因此，相同的长度看起来可能具有不同的值（Cengiz & Grant，2009）。TinkerPlots表征没有这种模糊性，与图 7.3 左边部分 261 个测量值占据了教室墙壁的大部分相比，它占据相对紧凑的区域。无论数字显示的优势是什么，纸张技术为学生提供了一个重要的教学机会，使他们能够发展使用空间的表征能力。当他们回顾图中所示的内容，即关于不同的表征使什么可见（它们“显示”什么）和减少（“隐藏”）什么时，班上的几个孩子建议图标要具有统一的大小。

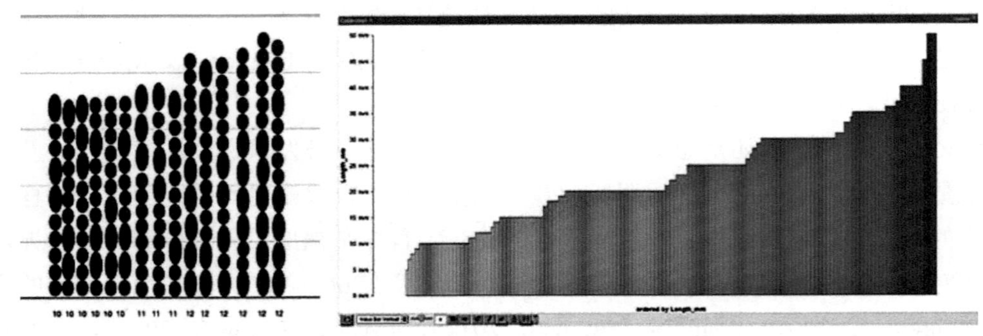

图 7.3　由一对 3 年级（8 岁）儿童发明的对 261 只蚕幼虫长度的个案值可视化以表示变异性的一部分（左边部分）及其 TinkerPlots 的对应图像（右边部分）

注：图 7.3 左侧是儿童开发的对个案（即每条幼虫）长度的表征。比如，有 6 条长度为 10mm 的幼虫，因此，标记为 10 的 6 个横坐标的上方，均堆叠了 10 个椭圆形图标，每个椭圆形图标表明这条幼虫

图 7.4 是班里发明的另一种表征的副本，它的空间使用也不均匀，但是它也使用分类（间隔）和计数为相同的数据创建不同的形状。频率代表了在个案值视角中无法获得的强加的结构（Confrey，2011）。这种表征使得数据的中心丛更加可视化，尽管中心丛也可以看作个案值图中的高地。当全班比较这些表征时，教师要求孩子们从发明者的角度出发，并猜测设计师做出的选择是如何导致相同数据呈现出不同形状的。在讨论完表征显示和隐藏了什么之后，个案值图表征的一位发明者在他的日记中写道：“我们选择制作它是因为它易于理解。很难让所有的蚕均匀分布……下次我会做数字（指频率）。”

孩子们的日记内容通常基于课堂情境，譬如，孩子们将一些较长的幼虫与老师的小指相比较，这些比较以及使用测量标度显示数据中“漏洞”的其他表征发明反映了儿童注意全部数据的整体视角（Konold et al.，2015）。讨论促使几个孩子想象竞争场景，即早期孵化的幼虫能够比后期孵化的幼虫消耗更多的资源。想象资源竞争是一种有价值的概念工具，可以用于理解物种内部和物种之间的变异性，并说明对于儿童和专业人士来说，表征的叙事式解释的重要性。

第二个相关研究表明，表征的发明和比较也促进了孩子在数据视角上从个案转变到整体观点的转变（Bakker & Gravemeijer，2004；English，2014a，2014b；Lehrer & Schauble，2004）。譬如，让 8 岁的孩子开展调查，了解他们的同学对学校新操场的看法

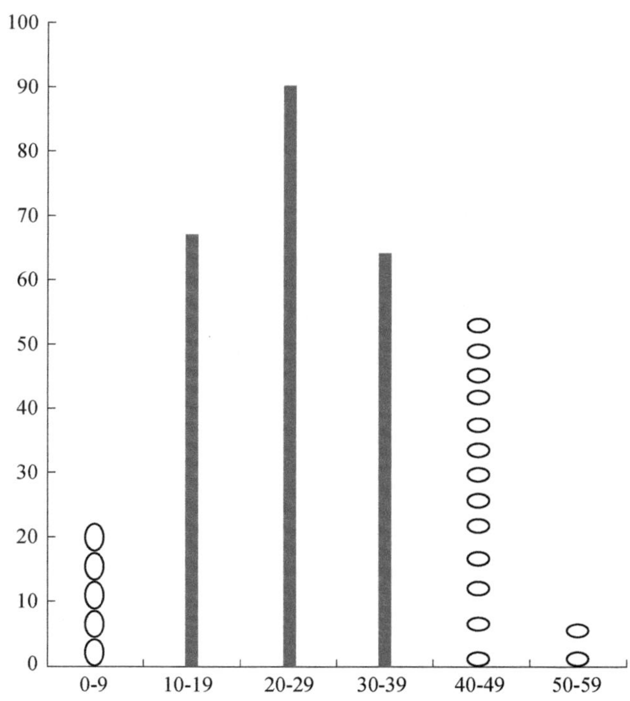

图 7.4　儿童发明的在特定生长日对 261 只蚕幼虫长度的表征

（English，2014a，2014b）。在对九个不同的学生小组的研究中，孩子们提出了四个调查问题，班级集体回答了其中一部分问题。老师鼓励他们以各种方式表征全班的反馈，七个小组创建了两个或更多的表征，一个小组创建了四个表征。表征的多样性反映了前面提到的看待数据的不同视角，这种变异性有助于儿童理解他们没有产生的观点的价值和动机。类似地，莱勒和肖布勒让 5 年级学生在特定生长日对植物高度创建表征，随后的课堂讨论揭示了表征发明者用以对相同数据生成不同图形的数学程序（如计数、顺序、标度）（Lehrer & Schauble，2004）。这种变异性促使一些学生对数据的看法从个案转向分类和/或整体观点。巴克和格雷夫迈耶指出，当鼓励 7 年级学生发明自己对学生体重度量的表征时，他们对数据形状的讨论激增（Bakker & Gravemeijer，2004）。坚吉兹和格兰特也发现，当小学儿童比较和对比不同的数据表征时，他们开始理解标度在确定数据形状方面的作用（Cengiz & Grant，2009）。

数字技术，如 TinkerPlots（Konold & Miller，2011），为数据可视化和支持从基于个案的概念到总体概念的转变提供了新途径（Bakker & Gravemeijer，2004；McClain & Cobb，2001）。数字技术对分布式（总体）思维的支持包括使学生能够将数据组织为一个个案例，这与他们将变异性视为简单差异的普遍起点一致。在 TinkerPlots 中，用于构建数据的相关工具可以将个案值重新表示为类似值的集合，这与分类观点一致，或者表示为按可能值维度确定的位置，这与整体观点一致（Bakker & Gravemeijer，2004；Cobb，McClain，& Gravemeijer，2003；Konold，2007）。哈默曼和鲁宾声称这些特性允许学习者通过将数据变为可管理的块来处理变异性，如 TinkerPlots 中的分箱函数（Hammerman & Rubin，2004）。分箱函数可以将相似值集中起来，但是仍维持总体（如比较图 7.3 和图 7.4 对数据的显示）。

总之，对于为某些有意义的目的而收集的数据，让儿童参与到为其进行具有代表性的重新描述的循环活动中，可以促进儿童从多视角描述数据的能力。当孩子们考虑如何使用数学计数、间隔和标度来突出他们注意到的内容时，这些多视角通常会出现。随着孩子发明表征，他们有机会考虑如何使用这些数学手段来影响数据的形状及其视觉外观。譬如，“中心丛”和解释变异性的相关指示在个案值图中比在点图中更不明显。重要的是，可视化数据会告知儿童他们尚未了解的信息，发现新事物是在专业实践中将数据可视化的主要动机之一。然而，正如科诺尔德、希金斯等提醒的，“……人们对数据的看法应该服务于他们的问题，而不是反过来”（Konold et al.，2015，p.323）。因此，虽然总体和分类的观点主导了我们对儿童表征努力的描述，但是有必要回顾一下，个案值的观点并不总仅仅是更复杂的表征方式的起点。儿童经常将个案值图视为表示变异性的有说服力的方式，譬如，将在个案值图中寻找“高地”作为数据区域中低变异性的指标（如 Lehrer & Schauble，2004）。在其他情况下，对某些问题而言，个案值可能是更好的表示。毕竟，元表征能力意味着对表征拥有广泛的观点，并在其中做出适当的选择（diSessa，2004）。

7.3.2.2 通过度量构建变异性

儿童通常将统计量视为计算工具，而不是作为分布特征的度量（如 Bakker，2004；Watson，2006）。沃森提到，均值通常具有“特权”，因此其他集中趋势度量（如中位数和众数）“常常被认为比均值略逊一筹”（Watson，2006，p.121）。然而，在数据建模的背景下，儿童可以将统计量理解为指导问题推断的分布度量（Makar，2014）。支持这一概念的一种方法是让儿童开发中心和离散的统计度量，并将这些度量作为分布特征的指标进行评估（Bakker & Gravemeijer，2004；Konold & Pollatsek，2002；Petrosino，Lehrer，& Schauble，2003）。科诺尔德和莱勒建议，以信号和噪声为特征的重复测量和生产过程有助于将统计量作为度量手段进行理解（Konold & Lehrer，2008）。在这样的背景下，中心的度量与信号相对应，变异性的度量与噪声相对应（English & Watson，2015；Konold & Pollatsek，2002；Petrosino，Lehrer，& Schauble，2003）。在这些情境中的信号和噪声，甚至是它们的变异，都可以被认为是偶然产生的，超出了个人能动性的控制。这种二元性是学习统计思维的重要资源（Biehler，1999）。

譬如，普罗德罗穆和普拉特报告了两个学生为了促进原因与偶然性之间的联系，是如何与微观世界互动的（Prodromou & Pratt，2006）。微观世界中有随机发生器，如转盘和骰子，它们被认为是有缺陷的，因此学生可以将它们固定在涉及信号和噪声的环境中（如试图投篮的篮球运动员）。研究人员通过提供数字工具，让学生可以影响事件发生的可能性。正如一对学生（14 岁）所说的那样："当箭头（微观世界中的滑块）靠近在一起时，它就更有可能进篮。"（p.83，补充说明）这句话反映了原因和偶然性之间的协调。

在彼得罗西诺等的研究中，4 年级儿童发明了一种对变异性的度量——"离散数"（spread number），用来描述由多个测量者确定的火箭远地点的高度（Petrosino，Lehrer，& Schauble，2003）。他们通过找出每个测量的远地点和样本中位数之间的差的绝对值的中位数来实现这一点。学生注意到，如果数值为零，则意味着所有测量者得到完全相同的数值，这表明他们将统计量视为一种度量方法。他们还注意到随着测量方法的改进，"离散数"变小了。这些观察结果为协调原因（方法变化）与偶然性（剩余误差变异性）提供了一条途径。同样地，5 年级和 6 年级的学生用两种不同的工具，一个 15 厘米的尺子和一根米尺测量他们老师的手臂宽度，他们注意到工具的变化导致了测量结果的变异性的变化。尽管如此，无论学生们如何"仔细"地测量以及他们如何努力地避免"错误"，他们发现只能影响变异性的程度，但无法消除它（Lehrer，Kim，& Schauble，2007）。科诺尔德和哈拉丹认为，在重复测量和生产的背景下，"……因为我们控制着这些过程，我们可以将变异性最小化"（Konold & Harradine，2014，p.242）。此外，在这些内容中，学生可以"详细描述产生变异性的过程"（p.240）。

针对学生发明的度量进行全班点评很重要，这能促进学生思考提出度量的理由，并考虑对可以设想的分布进行概括，即使在调查过程中没有明确产生这些分布（Lehrer & Kim，2009；Lehrer，Kim，& Jones，2011）。构建与过程一致但尚未在实际数据中出现的样本分布可能是了解抽样变异性的重要资源（Thompson，Liu，& Saldanha，2007）。这些研究揭示的信号—噪声背景的另一个优点是学生可以经历产生它们的过程，因此他们可以预测，例如，为什么测量方法的变化对变异性度量值的影响比对中心度量值的影响更大（Lehrer，Kim，& Schauble，2007）。

总之，传统教学通常将分布度量视为计算问题，如描述中心和变异特征。但是有明确的证据表明，儿童可以认识到统计量是衡量分布特征的方法。巴克和格雷夫迈耶声称，当学生这样做时，他们从分布的视角观察数据，而不仅仅是一组数据值（Bakker & Gravemeijer，2004）。信号和噪声的背景可能具有使儿童将统计量视为度量的独特条件，尽管其他涉及对儿童有意义的社会过程甚至自然变异的背景也可能具有优势（Ben-Zvi，Bakker，& Makar，2015）。

7.3.2.3　将变异性组织为数据结构

大多数研究都集中在向学生介绍数据建模，或是默认或是明确地采用"个案—属性"的表格结构。汉考克等指出，儿童往往认为这种数据组织形式具有挑战性，并倾向于将个案与可分离的值集联系起来（Hancock，Kaput，& Goldsmith，1992）。譬如，当他们记录有关一群人的性别和姓名的数据时，孩子们倾向于将姓名分类为两种性别，而不是使用"姓名"和"性别"属性对其进行编码。在一项关于学生生成的数据模型的研究中，需要预测绘制远近房屋图片的艺术家的年龄等级，研究中年龄小的儿童（1 年级，2 年级）对不同年龄等级都生成了独特的属性和值。相比之下，年龄较大的儿童（4 年级，5 年级）能够使用具有跨越艺术家年龄等级范围的多个值的通用属性。这种维度结构使得年龄较大（而不是年幼）的孩子根据跨越艺术家年龄的属性与值的组合创建预测模型（Lehrer & Schauble，2000）。他们创建出的能够跨越观察单位进行比较的案例是"数据建模的基础"（Konold，Finzer，& Kreetong，2015，p.4）。在科诺尔德等的研究中，中学和高中阶段的参与者以及成年人浏览了包含时间、日期以及车辆类型等变量的交通流量示意图（Konold，Finzer，& Kreetong，2015），然后创建了一个对城市规划者有益的数据组织。最年轻的参与者们在短时间内自发地叙述出融合了多个变量信息的个案情况，如"4 号车，以 50 英里/小时的速度行驶，距离 3 号车 30 英尺"。有 37%的学生创建了表格，其中大多数表格都体现出嵌套结构，而不是在应用程序和教育中最常见的单一的、逐个属性的结构。因此，年龄小的儿童所采用的大多数数据结构形式似乎与年龄较大的儿童甚至年长学生倾向于考虑数据组织的方式有不一致之处。

7.3.2.4 构建机会变异性

统计学的主要贡献之一是提供了构建随机变异的方法和手段。然而，儿童甚至年龄较大的学生通常会以确定性思维考虑变异性（如 Ben-Zvi et al.，2012；Metz，1998）。对于大多数孩子来说，机会是偶然的同义词，他们通常认为个人能动性（如幸运数字）可以解释变异事件中的任何结构（如 Horvath & Lehrer，1998），许多人还将概率解释为对单一结果的描述（Konold，1989）。萨尔达尼亚和汤普森指出，重复随机过程的概念是发展概率概念的基础（Saldanha & Thompson，2002），一些研究探讨了儿童探索和解释简单随机过程时表现出的概率概念。

菲尔丁-韦尔斯和马卡尔侧重于改变儿童（7—8 岁）关于等概率的概念（Fielding-Wells & Makar，2015；参见第 8 章中的描述），即相信机会过程的所有结果一定等可能（Hawkins & Kapadia，1984）。孩子们在研究中玩加法宾果游戏（Addition Bingo），该游戏是要生成两个数字之和（1—10）之和的所有可能组合，游戏中的每个数字被写在一张纸上并被放在一个盒子里。研究人员给孩子们一张 5×5 自选数字阵列的卡片，让他们预测将调用哪些数字（可以使用重复的数字）。当代表每个总和的数字纸片从盒中被抽出（如 2+9）时，如果它们出现在孩子的 5×5 卡片上，则孩子们划掉卡片上的数字（在这种情况下如 2 和 9 的和为 11），第一个在他（她）的 5×5 卡片上划完所有数字的玩家是赢家。试图提供可以赢得宾果游戏的"最佳"卡片的依据时，孩子们在他们的期望和游戏结果之间遇到了冲突。当学生注意到他们记录的每个总和的频率与其他人的频率不同时，就会考虑样本空间，这有助于解释观察到的不同情况。继续玩较小、较快版本的宾果游戏，并用一个点图来跟踪调用的连续数字，可以帮助孩子们设想并预测随机变异的结构。

在霍瓦特和莱勒进行的研究中，这种结构预期也很明显，研究中的 2 年级（7 岁）和 4 年级儿童（9 岁）先观察并记录了单个六面骰子重复抛掷的结果（Horvath & Lehrer，1998）。最初，儿童将抛掷结果的频率差异解释为他们个人能动性的体现，这与他们早期对机会变异性的理解一致。譬如，一个孩子声称频率越高意味着“嗯，你知道的，这一直是我的幸运数字”（p.139）。基于能动性的推理可能是源于对骰子的物理控制感（Pratt，2000）。随着儿童整合重复试验的结果，即一种增加样本的方法（Bakker，2004），幸运数字和相关的能动性解释开始变得站不住脚。

于是，大多数儿童转向期望得到等可能的结果，并将结果之间的差异视为噪声而不是信号。当孩子们开始投掷两个八面骰子并寻找总和时，他们注意到了一种新的分布形状。他们将其称为“山”，并预测投掷六面骰子将获得的类似形状。少数最年幼的孩子将山与“制造它们的方式”（排列或组合）联系起来，比较了重复投掷两个八面骰子产生 16 个和 9 个总和的方法。枚举方法在对年龄较大的四年级（9 岁）学生进行的类似调查中更为常见，样本空间的使用让年龄较大的儿童更有可能解释经验结果。然而，两个年级的学生都没有解决作为样本空间计数方法的排列和组合之间的竞争，也许是因为两者都能产生山形。此外，投掷骰子产生的聚集结果引起了年幼的 2 年级儿童之间的争论。一些孩子认为应该让他们以一种允许将结果偏向幸运数字的方式抛出骰子，只要骰子不会一直产生幸运数字。这种想法是他们对骰子的原始控制感与他们日益增长的概率认识的混合体，因为增大样本的重复试验让他们开始缺乏对特定结果的控制。其他 2 年级的孩子认为这个提议是不公平的，反而提出了一个规范，用来管理那些可以以不对结果产生偏见的方式进行组合的投掷。显然，值得探索的是，在何种情况下，一个事件可以被解释为足够像另一个事件，从而保证状态是重复的。探索概率时，儿童的试验概念很重要。

普拉特声称，数字微观世界提供了扩展儿童概率经验的机会，从而为学习提供了新的资源（Pratt，2000）。因此，他设计了一个微观世界，学生可以在其中修改一个呈现样本空间的“工作箱”，从而构建一个模拟观察到的实物骰子投掷总和的数字设备。这种形式的数字支持与研究人员和学生的互动相互补，促进了系统化的枚举，并将枚举结果与饼图中显示的总和的相对比例联系起来。普拉特认为，儿童最初认为公平意味着重构每个总和出现的相同可能性，因此公平意味着平等表示每个可能结果。这种对公平的强调使得变异与总和中的预期值相协调。

类似地，阿伯拉罕森尝试融合感知预期和规范预期对所谓的关于机会操作进行干预的尝试（Abrahamson，2012a，2012b）。4—6 年级学生预测了从包含相同数量的绿色和蓝色弹珠的缸中取出四个珠子的结果，这四个珠子的可能结果是学生基于直观感知，在一个带有四个槽的勺状器具中构造的，每个槽都有一个绿色弹珠或一个蓝色弹珠。学生没有进行试验，但是倾向于预测最可能的结果是出现 2 个绿色弹珠和 2 个蓝色弹珠，然后找到了弹珠可能的颜色组合［（0 个蓝色，4 个绿色）（1 个蓝色，3 个绿色）（2 个蓝色，2 个绿色）（3 个蓝色，1 个绿色）（4 个蓝色，0 个绿色）］并在卡片上写上了每个组合。阿伯拉罕森描述了与一个 6 年级孩子的互动，这个学生产生组合之后，根据这种表征将他的预测改为所有结果出现的概率相等。然后，调查员教师引导学生创建所有可能的颜色排列，并以图形方式将其表示为“塔”（象形图），该表征明显表明涉及 2 个蓝色和 2 个绿色的排列要比任何其他组合的排列都多。调查员帮助学生强化了对预测结果的每种表示现形式（组合、排列）的含义的理解，学生最终得出的结论是，排列的表示与他的第一直觉一致。阿伯拉罕森认为，设计使学生能够将他们对机会的直觉与样本空间的规范概念相协调的任务，为依赖于预期和经验结果之间冲突的方法提供了另一种选择（Abrahamson，2012b）。

英格利希和沃森也侧重于使用变异和期望的基本概念，以帮助 4 年级（9 岁）学生理解概率（English & Watson，2016）。他们调查了学生最初对抛出一枚和两枚硬币的结果的期望，他们的期望在重复试验时如何变化，以及随着投掷次数的增加，计算机模拟的使用（通过 TinkerPlots，Konold，& Miller，2011）如何使他们对概率的试验估计与理论概率之间的关系的理解发生变化。4 年级学生对概率理解经历了三个阶段。最初，学生表现出对随机事件的不确定性的基本认识，并对结果和硬币（抛掷）类型的独立性产生直观的概率认识。譬如，投掷一次硬币后，孩子们预测了另外十次投掷的结果。大多数人并不期望每次投掷都有相同的结果；大约 35%的人不确定正反面的结果，但是出于“平等机会”，预期每种结果各出现五次（English & Watson，2016，约 p.41）。当他们预测抛出两个硬币的结果时，大多数学生的回答与三个同等结果的常见等概率回答一致，即每个结果的概率为 1/3（Hawkins & Kapadia，1984）。一些学生（23%）预测了四种可能的结果，但其中的大多数学生没有将这些结果与概率联系起来。

在第二阶段的教学过程中，学生们通过投掷一枚硬币十次来建构并表征所观察到的结果。虽然大多数学生很容易观察到数据的形状（如“山”），但是一半以下（45%）的学生将结果的集中趋势与约五个正面的临界值的预期联系起来，他们很少将机会作为产生中心丛的一个原因。而当学生使用 TinkerPlots 增加一枚硬币投掷的试验次数时，他们更有可能将中心丛与机会联系起来。当学生们投掷两个硬币 12 次时，他们小组试验所显示的数据会破坏他们对等概率的预期。从他们的试验中可以清楚地看出，“每个一个”［（h，t）或（t，h）］的出现频率是（h，h）或（t，t）的两倍。

最后一个阶段的教学是正式的模型构建，让学生象征性地并图表化地展示他们从试验中获得的理解。然而，正如英格利希和沃森强调的那样，实际的模型构建只是整个过程的一部分。除了构建模型之外，学生还必须能够解释他们的模型，解释它传达的内容，并将其与最初的调查问题联系起来。大多数儿童（55%）没有将联合结果的概率与其模型中的样本空间联系起来，但是大量儿童（44%）将这四个重复结果表示为 HH、HT、TH 和 TT，并适当地将这些结果与两个硬币的机会组合或相应结果的概率联系起来。在最高级的模型中，有学生表现出对概率的复杂理解。譬如，达格玛（Dagmar）的模型列出了八种可能的结果，并将这些结果与 1/4、1/4 和 1/2 的概率联系起来。她解释说：

> 有两个正面。其中一个是硬币 1 的正面，另一个是硬币 2 的正面。然后有两个反面，其中一个是硬币 1 的反面，另一个是硬币 2 的反面。然后有一个正面和一个反面，是硬币 1 的正面和硬币 2 的反面。然后还有相同的情况（除去可对调），是硬币 2 的正面和硬币 1 的反面。（研究员询问：分数是多少？）然后分数是，第一个，两个正面是 1/4，第二个，两个反面也是 1/4，然后是一个正面一个反面的两种情况，是 1/2。（研究员询问达格玛是怎么想的）我认为，一个正面一个反面，两种情况，分别是 1/4，加起来就是 1/2。（English & Watson，2016，p.52）

总之，研究表明，当教师精心设计活动并提供支持时，研究简单随机设备的结果可以帮助儿童形成长期随机过程的图像，并用样本空间解释这些过程的结果，这些结果是相对容易构建和枚举的。学生明显倾向于将样本空间视为组合，而不是排列。因为关于儿童在这些背景下对机会的理解的研究跨越了数十年甚至不同地区，但是仍然集中在类似的研究结果上，所以在小学阶段更频繁和更系统地让儿童探索机会显然是富有成效的。现在，这种教学设计可以使用新数字手段来表示和体验简单随机过程中的随机变异。

7.3.3 非正式推断

图 7.1 描述的统计调查循环是以非正式推断终止并重新启动的。几十年来，研究一直侧重于非正式推断，其特点是识别不确定性、检测变异和做出预测（English & Watson，2015；Lehrer & Romberg，1996；Lehrer & Schauble，2002a，2002b；Makar，2016；Watson & English，2015）。针对非正式推断的主要研究中，儿童构建变异性的努力是基于需要对与其调查相关的问题和主张进行推断。儿童在这些情境中做出的许多推断都依赖于对表征特征的关注，并利用这些推断证明叙事描述的合理性，譬如，植物生长或社区中的废物回收，或者故事中角色的行为。儿童倾向于使用临界点甚至统计数据之间的差异进行推断，这符合马卡尔和鲁宾提出的非正式推断标准（Makar & Rubin，2009）：这些推断基于将数据作为证据，超越细节，对趋势和相关的概括性数据进行推理，并且通常要识别不确定性。

马卡尔、巴克和本-兹维的研究进一步表明，个人信念和数据之间的差异往往加强了儿童对不确定性的认识（Makar，Bakker，& Ben-Zvi，2011）。在他们对 6 年级学生的研究中，对 6 年级或 7 年级的学生是否可以进一步学习展开讨论，他们发现 6 年级学生得到的结果与先前的信念产生矛盾，并促使其加大努力更仔细地检查样本性质。譬如，学生会收集多个样本，因为他们中有人注意到随机样本不能保证性别的代表性（Makar，Bakker，& Ben-Zvi，2011）。同样地，彼得罗西诺等让 4 年级学生（9 岁）比较了圆形和尖形锥体火箭的远地点（Petrosino，Lehrer，& Schauble，2003），他们坚定地预测尖形锥体会切断空气并向更高的方向行进。他们将圆形锥体远地点的高度值的点图划分为由中位数以及“离散数”（变异统计量）的上界和下界定义的三个“超级箱”（superbins），发现 51%的圆形锥体远地点测量值位于中间箱，并且位于下部和上部箱中的测量值的百分比大致相等。以圆形锥体的远地点数值分布作为参考，教师请学生预测尖形锥体的值会落在哪里。学生发现他们无法确定，但预测大多数数值将落在参考分布的上三分之一。然而，他们惊讶地发现 86%的值占据了下部的箱子，并且他们不情愿地得出“圆形锥体火箭的远地点往往会更高”的结论。正如前面提到的原因和不确定性之间的相互作用所预期的那样，学生们很难将这种推论与他们的空气阻力因果模型相协调：“我不反对，但我认为，这有点奇怪，嗯，尖形火箭没有达到圆形火箭一样的高度。这真的讲不通。”（p.145）

在其他调查环境中，美国 5 年级学生对记忆国家资本的方法进行了比较研究。进行了预测试后，他们比较了复述方法（“Sean 方法”）与轨迹方法（一种由教育心理学家开发的记忆术）的作用。学生的初步分析侧重于每种情况下超过临界点的案例数，但是其他学生注意到复述方法产生的变异性少于轨迹方法。这种对相对变异性的关注，加上与每种情况相关的样本容量的差异，导致学生考虑表示回忆起更多或更少资本的双重临界点的相对比例。这是一种与分布的分类视角相一致的推理形式。即使考虑到结果变异性产生的不确定性，它也使非正式推断的结果指向了复述方法（Lehrer & Schauble，2002a）。这些研究表明，统计推断的种子在儿童的掌握范围内，能为儿童提供探究、建构、可视化和度量变异性的机会，所有这些都将为确证主张或回答问题而服务。

然而，大多数研究倾向于明确地处理机会变异性和数据变异性。正如我们所指出的，许多关于儿童概率概念的研究都集中在帮助儿童将样本空间作为对简单随机设备结果结构的解释，但是这些设备很少被定位为自身之外的随机过程。相比之下，综合建模环境的特点是，儿童（通常是在高年级）使用机会模型对被认为存在机会变异性的其他现象进行调查（Manor Braham & Ben-Zvi，2015）。我们保留了这个活动的建模术语——一个孩子对机会的理解以及机会设备的行为被用来解释观察到的随机设备之外的其他东西的变异性。也就是说，随机设备的概率结构被作为目标域的类比源。

譬如，调查超感官知觉（extrasensory perception，ESP）的 5 年级学生设计了一个实验，学生在实验中扮演两种角色。一个学生将六面骰子抛出同伴的视线之外，同时注意绘制结果的图像，另一个伙伴猜测结果。该过程从极安静到极嘈杂的不同环境条件下重复 20 次，从极安静到极嘈杂。正如学生所期望的那样，在安静的条件下，正确匹配的平均数量最高，这一发现证实了他们对 ESP 操作的预期。教师向他们提问，如果结果是随机产生的（即不存在 ESP 的影响），会出现什么情况？这一问题也成为学生对他们研究结果的另一种解释。学生们首先为 21 位参与者中的每一位生成一个复合变量，以表示每位参与者 80 次试验中“ESP 的总效应”。然后，他们扔骰子，记录结果，并对每个模拟参与者再重复 79 次。他们惊讶地发现机会模型和数据的分布无法区分并且不情愿地得出“我们的高分可能完全出于偶然”这样的结论（Lehrer & Romberg，1996，p.101）。像优秀的科学家一样，他们不愿意放弃并被提议改进他们的假设，以便将来的工作重点放在数据的异常值上。下一节，我们将回顾近年来帮助高年级（5—7 年级）学生将机会模型与数据相结合以进行非正式推断的努力。

7.3.4　基于模型的非正式推断

马诺尔·布雷厄姆和本-兹维提倡建模应该围绕青年人的兴趣开展（Manor Braham & Ben-Zvi，2015）。在他们的研究中，7 年级（13 岁）学生使用问卷调查获得有关同伴音乐偏好的数据，并探讨这些偏好和其他变量（如性别）之间的关系。为了将数据构建和探索与建模相结合，学生使用 TinkerPlots 对大量问卷数据样本进行重新抽样，以探索样本容量与特定样本统计量中可能存在的置信度之间的关系，如偏爱摇滚的学生的平均百分比。学生建立的模型用于生成与偏好相关的统计量的抽样分布（如不同样本中偏好摇滚音乐的学生平均百分比），着眼于探索由不同样本容量的相同模型产生的变异性。在一项针对两名学生的案例研究中，一名学生基于其抽样分布概率性地推断统计值的可接受变异范围，而另一名则倾向于承认抽样变异性，但是侧重于样本和抽样统计量之间的差异（没有量化机会）。

科诺尔德和卡扎克向学生介绍了 TinkerPlots 模型，拓宽了他们用以调查游戏（最初是实物操作）是否公平的调查的方式（Konold & Kazak，2008）。学生执行游戏时，将各组学生的结果公布出来，能够让样本之间的变异性变得明显。建模能帮助学生了解这种变异性，因为样本空间相当于信号，而随机性是远离信号的噪声。对信号和噪声建模进行进一步探索时，学生（13 岁和 14 岁）在为期一周的教学实验中参与了用两种方法制作由培乐多黏土（Play-Doh）组成的“水果香肠”的模拟制造过程（Konold & Harradine，2014）。为了比较制作方法，研究人员引入了一个来自目标的关于信号和随机变异的 TinkerPlots 模型，作为对他们以往操作经验的总结。学生们对该模型进行了评判，并将他们对可能由于实践等因素（这些因素可能有助于改进模型）而产生的趋势的预期与模拟制作水果香肠时出现的随机误差进行比较。学生的质疑包括担心模型未能包含错误来源，如在生产过程中对挤压机施加过大的压力。尽管如此，模型为学生提供了解释样本变异性的方法，并体现了由他们根据经验预期的数据趋势和模型生成的数据之间的差别。

在涉及信号和噪声的相关背景下，5 年级和 6 年级学生开发并修订了重复测量得到的样本中变异性的模型（Lehrer，Kim，& Schauble，2007；Lehrer et al.，2014）。学生们明白样本的观察测值（他们收集的度量）是由真实的度量和随机误差组成的。根据这种理解，学生构建了机会装置来表示他们识别的不同误差源的大小和可能性，如测量者在移动尺子来测量距离时有留下小间隙的倾向。如图 7.5 所示，学生将这些机会装置的输出值与真实测量值的恒定估计（通常是样本中位数）相结合，并运行模型生成模拟样本以及对中心（如中位数）和变异性（如四分位距，interquartile range，IQR）度量的抽样分布。抽样分布为模型拟合提供信息，学生在判断模型合适之后，将使用统计模型的抽样分布推断测量过程中变异的影响。

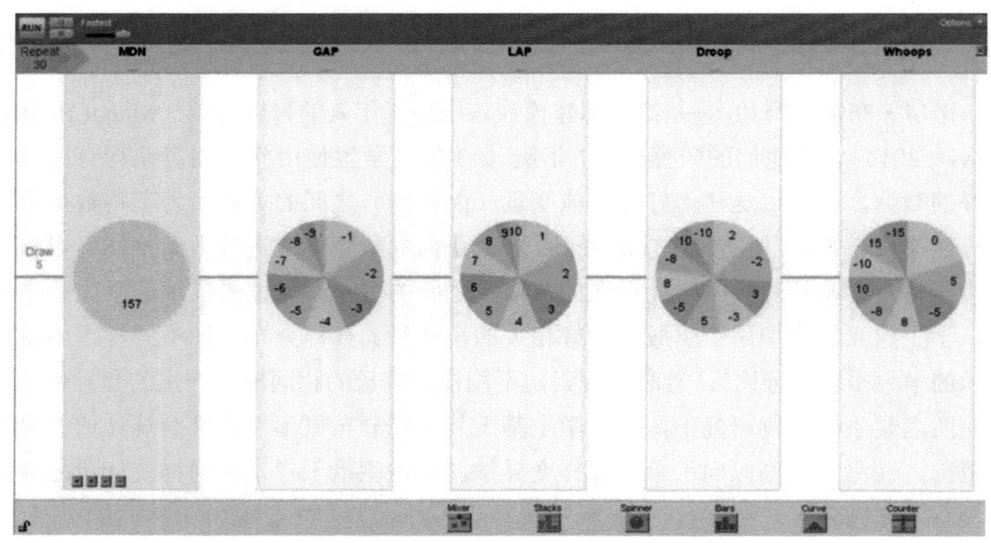

图 7.5　学生在课堂上生成的关于度量的信号–噪声模型

教学结束后，研究人员对 12 名学生进行了访谈（Lehrer，2015），尤其关注源自不同测量目标或改进测量过程的建议而产生的样本统计量。大多数学生根据该统计量基于模型的抽样分布对样本统计量的概率进行推理，从而得出推论。此外，大多数学生明确承认他们的决定仍然不确定——无论一个样本统计量看起来多么不可能，它有可能是偶然的，因此关于过程变化的主张总是有些不确定。在这项调查以及其他具有类似重点的研究中（如 Manor Braham & Ben-Zvi，2015），对变异性建模为学生提供了推断样本之间变异性的方法，学生可以通过构建抽样分布，在不确定性的背景下提出观点。

7.4　未来的一些方向

已有研究表明，儿童能够以数据建模的形式富有成效地参与建模实践。数据建模可以培养学生对变异性的多种认识和把握变异性的多种方法，比如将变异可视化、度量变异甚至对其建模。即使是年幼的孩子也可以从构建合理问题的数据中获益，这一活动鼓励儿童思考并研究问题、属性、度量和调查设计之间的关系。一些教学设置仅仅关注这些数据构建过程的一部分，但是，儿童即使只参与这些部分过程，似乎也能够得到样本变异的第一手经验，这是统计调查的必要基础。

然而，预测变异性只是考虑其结构的前提，让儿童参与制作并评判变异性可视化表征的学习帮助他们做出了基于变异性的非正式推断。鉴于儿童甚至年龄较大的学生在考虑样本和变异性方面存在明显的挑战，这些研究结果很有前景。譬如，儿童通常更喜欢普查而非抽样（如 Jacobs，1999），他们进行有偏抽样以确保收集感兴趣的属性（Schwartz et al.，1998），并且通常无法识别抽样变异性（Rubin，Bruce，& Tenney，1991）。为了解决这些误解并使教学与专业实践保持一致，儿童最好发展和/或使用可视化技术来生成表征，这些表征能揭示儿童不易立即观察到的调查过程的某个方面。同样重要的是，孩子们要明白可视化的特性是由设计者选择决定的产物。类似地，让儿童参与开发并批判变异性的度量会使他们适应分布特征与这些性质度量之间的关系。统计学可以为儿童提供机会，让他们认识到度量的表征并不受限制于空间大小，而大多数初等教育的情况就是如此。

在我们的文献回顾中提出了一个未解决的问题，即基于重复过程培养对机会的理解。这是统计建模的独特作用，我们回顾的研究中提到了三种不同方法。第一种方法是让儿童沉浸在简单重复过程的调查中，这些简单重复过程是在概率教科书中所熟知的，如一个或多个骰子的重复投掷、机会游戏等。这些调查能让儿童随时参与，令儿童惊讶的结果表明机会可能具有结构，以及相对简单的样本空间。数字技术正为在这些背景下利用学生的直觉提供新的机会，也许其方法更有效。第二种方法旨在将机会与数据构建无缝地结合在一起，因此引入机会，用来解释儿童构建数据时亲身经历的变异。第三种方法是一种混合方式，它需要让儿童参与简单随机过程的探索，然后将这些过程定义为儿童最初可能不认为涉及机会的现象模型。每种方法都为儿童提供了发展表征和度量结果的机会，但是需要更多研究探索每种方法所需的权衡。从专业实践的角度来看，混合方式是首选，但是出于我们过去努力的遗传精神，混合方式可能是也可能不是支持儿童发展的最佳方式。

新兴的重点是基于大众利益或者参与有形过程（如制作产品时试图获得一致的产品）对结果变异性的概率建模，这似乎为高年级小学生架起了从样本变异性到抽样变异性的桥梁。后者是统计推断的关键，因此令人鼓舞的是，初步探索提供了一些证据，证明了马诺尔・布雷厄姆和本-兹维所谓的概率思维——也就是说，学生能够使用他们发明和修改模型时产生的抽样分布来构建即使是简单决策所涉及的不确定性（Manor Braham & Ben-Zvi，2015）。鉴于一致的证据表明许多学生没有把机会与抽样联系起来，这一点尤其令人惊讶（Ben-Zvi，Bakker，& Makar，2015；Schwartz et al.，1998；Watson & Moritz，2000）。但是，需要更多的研究来更好地理解儿童，以及年长学生对概率模型的解释和使用是如何受到特定教学实践和建模现象中变异的影响的。

在这个大数据和全球化的时代，儿童对数据的使用反映了他们探究的领域，而这些领域往往是局部性的，考虑局部性问题为培养数据建模和突显其价值提供了机会。对这些问题进行更多的具有发展性的长期调查是值得的，特别是那些能够系统地扩大调查范围，从而关注与社会和科学相关的问题的有效途径。不幸的是，关于数据建模的大多数教学都发生在数学课堂中。然而，在自然和社会世界的调查中，数据建模的大部分作用是显而易见的。实际上，大多数数据建模最初是为了应对这些背景下可变结果带来的挑战而出现的（Porter，1986）。很多有效方法能扩展小学阶段典型的单变量和局部性调查的数据建模，比如，可以使用有关“大数据”和更复杂的系统（如涉及共变的系统）的工具和方法（如 Cobb，McClain，& Gravemeijer，2003；本手册第 4 章），和/或使用公众参与的各种不同数据建模项目，如选举民意调查或国家赞助的彩票（如 Rubel et al.，2016）。由于数据建模在不断扩大的社会和物质世界中对参与者具有长期价值，因此，早期接触并持续培养数据建模能力是重要的。

参考文献

Abrahamson，D.（2012a）. Rethinking intensive quantities via guided mediated abduction. *Journal of the Learning Sciences，21*（4），626-649.

Abrahamson，D.（2012b）. Seeing chance：Perceptual reasoning as an epistemic resource for grounding compound event spaces. In R. Biehler & D. Pratt（Eds.），Probability in reasoning about data and risk（Special issue）. *ZDM，44*（7），869-881.

Allmond，S.，& Makar，K.（2010）. Developing primary students' ability to pose questions in statistical investigations. In C. Reading（Ed.），*Data and context in statistics education：Towards an evidence-based society. Proceedings of the 8th International Conference on Teaching Statistics. Ljubljana Slovenia，11-16 July 2010*. Voorburg：International Statistical Institute.

Allmond，S.，Wells，J.，& Makar，K.（2010）. Peach ponderings. *Thinking through mathematics：Engaging students with inquiry-based learning*（Book 2：ages 8-10，pp.74-82）. Melbourne：Curriculum Press.

Bakker，A.（2004）. Reasoning about shape as a pattern in variability. *Statistics Education Research Journal，3*（2），64-83.

Bakker，A.，& Gravemeijer，K.（2004）. Learning to reason about distribution. In D. Ben-Zvi & J. Garfield（Eds.），*The challenge of developing statistical literacy，reasoning and thinking*（pp.147-168）. Netherlands：Springer.

Ben-Zvi，D.，Aridor，K.，Makar，K.，& Bakker，A.（2012）. Students' emergent articulations of uncertainty while making informal statistical inferences. *ZDM，44*（7），913-925.

Ben-Zvi，D.，Bakker，A.，& Makar，K.（2015）. Learning to reason from samples. *Educational Studies in Mathematics，88*（3），291-303.

Biehler，R.（1999）. Learning to think statistically and to cope with variation. *International Statistical Review，67*（3），259-262.

Cengiz，N.，& Grant，T. J.（2009）. Children generate their own representations. *Teaching Children Mathematics，15*（7），438-444.

Champkin，J.（2014）. The champagne glass effect. *Significance，11*（1），39-41.

Cobb，P.，McClain，K.，& Gravemeijer，K.（2003）. Learning about statistical covariation. *Cognition and Instruction，21*（1），1-78.

Cobb，G. W.，& Moore，D. S.（1997）. Mathematics，statistics，and teaching. *The American Mathematical Monthly，103*（9），801-823.

Confrey，J.（2011）. Making sense of practice in mathematics：Models，theories and disciplines. In T. Koschmann（Ed.），*Theories of learning and studies of instructional practice*（pp.323-336）. New York：Springer.

Cotterman，S.，Lehrer，R.，& Schauble，L.（2014）. Sampling in the wild. *9th International Conference on Teaching Statistics，Flagstaff，AZ.* Retrieved from https://iase-web.org/icots/9/proceedings/pdfs/ICOTS9_6C1_COTTERMAN.pdf?1405041662.

diPerna，E.（2002）. Data models of ourselves：Body self-portrait project. In R. Lehrer & L. Schauble（Eds.），*Investigating real data in the classroom*（pp.81-97）. New York：Teachers College Columbia University.

diSessa，A.（1995）. Epistemology and systems design. In A. diSessa，C. Hoyles，R. Noss，& L. D. Edwards（Eds.），*Computers and exploratory learning*（pp.15-29）. Berlin：Springer.

diSessa，A.（2004）. Metarepresentation：Native competence and targets for instruction. *Cognition and Instruction，22*（3），293-331.

English，L. D.（2010）. Young children's early modelling with data. *Mathematics Education Research Journal，22*（2），24-47.

English，L. D.（2011）. Data modelling in elementary and middle school classes：A shared experience. In T. de Silva Lamberg and L.R. Weist（Eds.），*Transformative mathematics：Teaching and learning. Proceedings of the 33rd annual conference of the North American Chapter of the International Group for the Psychology of Mathematics Education*（pp.250-258）. Reno：University of Nevada.

English，L. D.（2012）. Data modelling with first-grade students. *Educational Studies in Mathematics Education，81*（1），15-30.

English，L. D.（2013）. Reconceptualising statistical learning in the early years. In L. D. English & J. Mulligan（Eds.），*Reconceptualising early mathematics learning*（pp.67-82）. Dordrecht：Springer.

English，L. D.（2014a）. Statistics at play. *Teaching Children Mathematics，21*（1），36-45.

English，L. D.（2014b）. Promoting statistical literacy through data modelling in the early school years. In E. Chernoff & B. Sriraman（Eds.），*Probabilistic thinking：Presenting plural perspectives*（pp.441-458）. Netherlands：Springer.

English，L. D.，& Watson，J. M.（2015）. Exploring variation in measurement as a foundation for statistical thinking in the elementary school. *Journal of STEM Education，2*（1），1-20.

English，L. D.，& Watson，J. M.（2016）. Development of probabilistic thinking in fourth grade. *Journal for Research in Mathematics Education，47*（1），28-62.

Fielding-Wells，J.，& Makar，K.（2015）. Inferring to a model：Using inquiry-based argumentation to challenge young children's expectations of equally likely outcomes. In A. Zieffler & E. Fry（Eds.），

Reasoning about uncertainty：Learning and teaching informal inferential reasoning（pp.89-115）. Minneapolis：Catalyst Press.

Gavin，J.（2002）. How much traffic? Beep! Beep! Get that car off the numberline! In R. Lehrer & L. Schauble（Eds.），*Investigating real data in the classroom：Expanding children's understanding of math and science*（pp.39-47）. New York：Teachers College Press.

Gould，R.（2004）. Variability：One statistician's view. *Statistics Education Research Journal，3*（2），7-16.

Greeno，J.，& Hall，R.（1997）. Practicing representation：Learning with and about representational forms. *Phi Delta Kappan，78*（5），361-367.

Hall，R.，Stevens，R.，& Torralba，A.（2002）. Disrupting representational infrastructure in conversations across disciplines. *Mind，Culture，and Activity，9*（3），179-210.

Hall，R.，Wright，K.，& Wieckert，K.（2007）. Interactive and historical processes of distributing statistical concepts through work organization. *Mind，Culture，and Activity，14*（1-2），103-127.

Hammerman，J. K.，& Rubin，A.（2004）. Strategies for managing statistical complexity with new software tools. *Statistics Education Research Journal，3*（2），17-41.

Hancock，C.，Kaput，J.，& Goldsmith，L. T.（1992）. Authentic inquiry with data：Critical barriers to classroom implementation. *Educational Psychologist，27*（3），337-364.

Hanner，S.，James，E.，& Rohlfing，M.（2002）. Classification models across grades. In R. Lehrer & L. Schauble（Eds.），*Investigating real data in the classroom*（pp.99-117）. New York：Teachers College Press.

Hawkins，A. S.，& Kapadia，R.（1984）. Children's conceptions of probability：A psychological and pedagogical review. *Educational Studies in Mathematics，15*（4），349-347.

Horvath，J. K.，& Lehrer，R.（1998）. A model-based perspective on the development of children's understanding of chance and uncertainty. In S. P. LaJoie（Ed.），*Reflections on statistics：Agendas for learning，teaching and assessment in K-12*（pp.121-148）. Mahwah：Lawrence Erlbaum Associates.

Hutchins，E.（2012）. Concepts in practice as sources of order. *Mind，Culture，and Activity，19*（3），314-323.

Jacobs，V. R.（1999）. How do students think about statistical sampling before instruction? *Mathematics Teaching in the Middle School，5*（4），240-246.

Kahn，J. B.，& Hall，R. P.（2016）. Getting personal with big data：Stories with multivariable models about global health and wealth. *American Education Research Association Annual Meeting，Washington D.C.* Retrieved from https://www.aera.net/Publications/Online-Paper-Repository/AERA-Online-Paper-Repository.

Knorr Cetina，K.（1999）. *Epistemic cultures：How the sciences make knowledge*. Cambridge：Harvard University Press.

Konold，C.（1989）. Informal conceptions of probability. *Cognition and Instruction，6，*59-98.

Konold，C.（2007）. Designing a data analysis tool for learners. In M. C. Lovett & P. Shah（Eds.），*Thinking with data*（pp.267-291）. New York：Taylor and Francis.

Konold，C.，Finzer，W.，& Kreetong，K.（2015）. Modeling as a core component of structuring data. *Ninth International Research Forum on Statistical Reasoning，Thinking，and Literacy（SRTL9）*. Retrieved from http://iase-web.org/documents/SERJ/SERJ16（2）_Konold.pdf.

Konold，C.，& Harradine，A.（2014）. Contexts for highlighting signal and noise. In T. Wassong，D. Frischemeier，P. R. Fischer，R. Hochmuth，& P. Bender（Eds.），*Mit Werkzeugen Mathematik und Stochastik lernen：Using tools for learning mathematics and statistics*（pp.237-250）. Wiesbaden：Springer.

Konold，C.，Higgins，T.，Russell，S.-J.，& Khalil，K.（2015）. Data seen through different lenses. *Educational Studies in Mathematics，88*（3），305-325.

Konold，C.，& Kazak，S.（2008）. Reconnecting data and chance. *Technology Innovations in Statistics Education，*2（1）. Retrieved from http://repositories.cdlib.org/uclastat/cts/tise/vol2/iss1/art1/.

Konold，C.，& Lehrer，R.（2008）. Technology and mathematics education：An essay in honor of Jim Kaput. In L. D. English（Ed.），*Handbook of international research in mathematics education*（2nd ed.，pp.49-72）. Philadelphia：Taylor & Francis.

Konold，C.，& Miller，C. D.（2011）. *TinkerPlots：Dynamic data exploration（computer software，Version 2.2）*. Emeryville：Key Curriculum Press.

Konold，C.，& Pollatsek，A.（2002）. Data analysis as the search for signals in noisy processes. *Journal for Research in Mathematics Education，33*（4），259-289.

Kosara，R.，& Mackinlay，J.（2013）. Storytelling：The next step for visualization. *IEEE Computer，46*（5），44-50.

Latour，B.（1999）. *Pandora's hope：Essays on the reality of science*. Cambridge：Harvard University Press.

Lavigne，N. C.，& Lajoie，S. P.（2007）. Statistical reasoning of middle school children engaged in survey inquiry. *Contemporary Educational Psychology，32*（4），630-666.

Lehrer，R.（2011）. Learning to reason about variability and chance by inventing measures and models. *The annual meeting of the National Association for Research in Science Teaching，Orlando，FL.*

Lehrer，R.（2015）. Developing practices of model-based informal inference. *9th International Research Forum on Statistical Reasoning，Thinking，and Literacy（SRTL9）. Paderborn：University of Paderborn.*

Lehrer，R.，& Kim，M. J.（2009）. Structuring variability by negotiating its measure. *Mathematics Education Research Journal，21*（2），116-133.

Lehrer，R.，Kim，M. J.，Ayers，E.，& Wilson，M.（2014）. Toward establishing a learning progression to support the development of statistical reasoning. In J. Confrey & A. Maloney（Eds.），*Learning over time：Learning trajectories in mathematics education*（pp.31-59）. Charlotte：Information Age Publishers.

Lehrer，R.，Kim，M. J.，& Jones，S.（2011）. Developing conceptions of statistics by designing measures of distribution. *ZDM，43*（5），723-736.

Lehrer，R.，Kim，M.，& Schauble，L.（2007）. Supporting the development of conceptions of statistics by engaging students in modeling and measuring variability. *International Journal of Computers for Mathematics Learning，12*（3），195-216.

Lehrer，R.，& Romberg，T.（1996）. Exploring children's data modeling. *Cognition and Instruction，14*

（1），69-108.

Lehrer，R.，& Schauble，L.（2000）. Inventing data structures for representational purposes：Elementary grade students' classification models. *Mathematical Thinking and Learning，2*（1-2），49-72.

Lehrer，R.，& Schauble，L.（2002a）. Symbolic communication in mathematics and science：Co-constituting inscription and thought. In E. D. Amsel & J. Byrnes（Eds.），*Language，literacy，and cognitive development：The development and consequences of symbolic communication*（pp.167-192）. Mahwah：Lawrence Erlbaum Associates.

Lehrer，R.，& Schauble，L.（Eds.）.（2002b）. *Investigating real data in the classroom：Expanding children's understanding of math and science*. New York：Teachers College Press.（Spanish Translation，Publicaciones M.C.E.P.，Sevilla，Spain）.

Lehrer，R.，& Schauble，L.（2004）. Modeling natural variation through distribution. *American Educational Research Journal，41*（3），635-679.

Lehrer，R.，& Schauble，L.（2005）. Developing modelling and argument in the elementary grades. In T. Romberg，T. Carpenter，& F. Dremock（Eds.），*Understanding mathematics and science matters*（pp.29-53）. Mahwah：Lawrence Erlbaum.

Lehrer，R.，& Schauble，L.（2007）. Contrasting emerging conceptions of distribution in contexts of error and natural variation. In M. C. Lovett & P. Shah（Eds.），*Thinking with data*（pp.149-176）. New York：Taylor & Francis.

Lehrer，R.，& Schauble，L.（2012）. Seeding evolutionary thinking by engaging children in modeling its foundations. *Science Education，96*（4），701-724.

Lehrer，R.，Schauble，L.，Carpenter，S.，& Penner，D. E.（2000）. The inter-related development of inscriptions and conceptual understanding. In P. Cobb，E. Yackel，& K. McClain（Eds.），*Symbolizing and communicating in mathematics classrooms：Perspectives on discourse，tools，and instructional design*（pp.325-360）. Mahwah：Lawrence Erlbaum.

Lehrer，R.，Schauble，L.，& Lucas，D.（2008）. Supporting development of the epistemology of inquiry. *Cognitive Development，23*（4），512-529.

Lucas，D.，Broderick，N.，Lehrer，R.，& Bohanan，R.（2005）. Making the grounds of scientific inquiry visible in the classroom. *Science Scope，29*（3），39-42.

Makar，K.（2014）. Young children's explorations of average through informal inferential reasoning. *Educational Studies in Mathematics，86*（1），61-78.

Makar，K.（2016）. Developing young children's emergent inferential practices in statistics. *Mathematical Thinking and Learning，16*（1），1-24.

Makar，K.，Bakker，A.，& Ben-Zvi，D.（2011）. The reasoning behind informal statistical inference. *Mathematical Thinking and Learning，13*（1-2），152-173.

Makar，K.，& Rubin，A.（2009）. A framework for thinking about informal statistical inference. *Statistics Education Research Journal，8*（1），82-105.

Manor Braham，H.，& Ben-Zvi，D.（2015）. Students' articulations of uncertainty in informally exploring sampling distributions. In A. Zieffler & E. Fry（Eds.），*Reasoning about uncertainty：Learning and teaching informal inferential reasoning*（pp.57-94）. Minneapolis：Catalyst Press.

Manz，E.（2012）. Understanding the co-development of modeling practice and ecological knowledge. *Science Education，96*（6），1071-1105.

Manz，E.（2015）. Examining evidence construction as the transformation of the material world into community knowledge. *Journal of Research in Science Teaching，53*（7），1113-1140.

McClain，K.，& Cobb，P.（2001）. Supporting students' ability to reason about data. *Educational Studies in Mathematics，45*（1-3），103-129.

Metz，K. E.（1998）. Emergent ideas of chance and probability in primary-grade children. In S. P. Lajoie（Ed.），*Reflections on statistics. Learning，teaching and assessment in grades K-12*. Mahwah：Lawrence Erlbaum Associates.

Moore，D. S.（1990）. Uncertainty. In L. Steen（Ed.），*On the shoulders of giants：New approaches to numeracy*（pp.95-137）. Washington：National Academy Press.

Pellegrino，J. W.，Wilson，M. R.，Koenig，J. A.，& Beatty，A. S.（Eds.）.（2014）. *Developing assessments for the next generation science standards*. Washington：National Academy of Sciences.

Petrosino，A.，Lehrer，R.，& Schauble，L.（2003）. Structuring error and experimental variation as distribution in the fourth grade. *Mathematical Thinking and Learning，5*（2-3），131-156.

Pfannkuch，M.，Budgett，S.，Fewster，R.，Fitch，M.，Pattenwise，S.，Wild，C.，et al.（2016）. Probability modeling and thinking：What can we learn from practice? *Statistics Education Research Journal，15*（2），11-37.

Porter，T. M.（1986）. *The rise of statistical thinking，1820–1900*. Princeton：Princeton University Press.

Pratt，D.（2000）. Making sense of the total of two dice. *Journal for Research in Mathematics Education，31*（5），602-625.

Prodromou，T.，& Pratt，D.（2006）. The role of causality in the co-ordination of two perspectives on distribution within a virtual simulation. *Statistics Education Research Journal，5*（2），69-88.

Putz，A.（2002）. How children organize and understand data. In R. Lehrer & L. Schauble（Eds.），*Investigating real data in the classroom*（pp.27-38）. New York：Teachers College Press.

Reading，C.，& Reid，J.（2010）. Reasoning about variation：Rethinking theoretical frameworks to inform practice. *8th International Conference on Teaching Statistics，Ljubljana，Slovenia*. Retrieved from https://www.researchgate.net/publication/267388253.

Reading，C.，& Shaughnessy，J. M.（2004）. Reasoning about variation. In D. Ben-Zvi & J. Garfield（Eds.），*The challenge of developing statistical literacy，reasoning and thinking*（pp.201-226）. Dordrecht：Kluwer.

Ridgway，J.（2015）. Implications of the data revolution for statistics education. *International Statistical Review，84*（3），528-549.

Rodgers，J. L.，& Beasley，W. H.（2014）. Using graphs to tell research stories，from many different perspectives. *The annual meeting of the Society of Multivariate Experimental Psychology，Nashville，TN.*

Rosling，H.（2010）. What showbiz has to do with it. *International Conference on the Teaching of Statistics（ICOTS8），Ljubljana，Slovenia*. Retrieved from http://videolectures.net/icots2010_rosling_wshdw/.

Rosling，H.，Ronnlund，A. R.，& Rosling，O.（2005）. New software brings statistics beyond the eye. In E. Giovannini（Ed.），*Statistics，knowledge and policy：Key indicators to inform decision making*（pp.522-530）. Paris：OECD.

Rubel，L. H.，Lim，V. Y.，Hall-Wieckert，M.，& Sullivan，M.（2016）. Teaching mathematics for spatial justice：An investigation of the lottery. *Cognition and Instruction，34*（1），1-26.

Rubin，A.，Bruce，B.，& Tenney，Y.（1991）. Learning about sampling：Trouble at the core of statistics. In D. Vere-Jones（Ed.），*Proceedings of the Third International Conference on Teaching Statistics*（Vol.1，pp.314-319）. Voorburg：International Statistical Institute.

Saldanha，L.，& Thompson，P.（2002）. Conceptions of sample and their relationship to statistical inference. *Educational Studies in Mathematics，51*（3），257-270.

Schwartz，D. L.，Goldman，S. R.，Vye，N. J.，& Barron，B. J.（1998）. Aligning everyday and mathematical reasoning：The case of sampling assumptions. In S. P. Lajoie（Ed.），*Reflections on statistics：Learning，teaching，and assessment in grades K-12*（pp.233-273）. Mahwah：Lawrence Erlbaum.

Segel，E.，& Heer，J.（2010）. Narrative visualization：Telling stories with data. *IEEE Transactions on Visualization and Computer Graphics，16*（6），1139-1148.

Thompson，P. W.，Liu，Y.，& Saldanha，L. A.（2007）. Intricacies of statistical inference and teachers' understandings of them. In M. Lovett & P. Shaw（Eds.），*Thinking with data*（pp.207-231）. Mahwah：Erlbaum.

Tufte，E. R.（1983）. *The visual display of quantitative information*. Cheshire：Graphics Press.

Tufte，E. R.（1997）. *Visual explanations*. Cheshire：Graphics Press.

Watson，J. M.（2006）. *Statistical literacy at school：Growth and goals*. New York：Routledge.

Watson，J. M.，& English，L. D.（2015）. Introducing the practice of statistics：Are we environmentally friendly? *Mathematics Education Research Journal，27*（4），585-613.

Watson，J. M.，& Moritz，J. B.（2000）. Developing concepts of sampling. *Journal for Research in Mathematics Education，31*（1），44-70.

Whitin，D. J.，& Whitin，P. E.（2011）. *Learning to read numbers：Integrating critical literacy and critical numeracy in K-8 classrooms*. New York：Routledge.

Wild，C.（1994）. Embracing the "wider view" of statistics. *The American Statistician，48*（2），163-171.

Wild，C.（2006）. The concept of distribution. *Statistics Education Research Journal，5*（2），10-26.

Wild，C. J.，& Pfannkuch，M.（1999）. Statistical thinking in empirical enquiry. *International Statistical Review，67*（3），223-248.

第 8 章　学习统计推断

凯蒂·马卡尔　安蒂·鲁宾

本章回顾了关于学习统计推断的研究，重点关注了非正式统计推断的最新研究。本章首先论述了广泛培养统计推断能力的重要性——直到最近，只有具备广泛数学知识的人才能获得统计推断的能力——然后追溯了推断的哲学根源。接着本章概述了学生学习统计推断时遇到的挑战，以及使用先进技术促进其学习的策略。本章还描述了非正式统计推断的源起以及研究人员在过去十年中是如何构建这一概念的。我们不是一分为二地考虑正式统计推断与非正式统计推断，而是强调区分统计推断方法的多个维度，从而为考察正式统计推断和非正式统计推断的关系提供更丰富的视角。本章使用小学、中学和大学的课堂研究案例说明非正式统计推断是怎样形成新的方法进行统计推断的教与学的。本章最后概述了统计推断研究的空白，并根据关于统计建模和大数据的新近研究，展开对其未来的猜测。

8.1　简介

本章的重点在于统计推断教育方法的发展，特别讨论了为帮助学生理解正式统计推断所做出的努力、使用正式统计推断一方法所面临的挑战，以及作为对这些挑战的一种回应的非正式统计推断的发展。第 8.2 节介绍了统计推断的概念并讨论了让学生具备统计推断能力的重要性，还概述了推断的哲学根源，以及如何从哲学视角理解统计推断的教与学；第 8.3 节简要介绍了有关学习正式统计推断的研究；第 8.4 节重点讨论了过去 10—20 年文献中关于非正式统计推断的关键思想；第 8.5 节使用文献中关于非正式统计推断的案例来强调这些关键思想；8.6 节讨论了该领域的研究方向、新兴工作和进一步研究的建议。

8.2　统计推断：统计学的核心和力量

推断是统计学的核心，它提供了一种方法，即当只能获取部分数据时，如何在不确定性下做出基于证据的实质性主张。本节首先概述统计推断及其在统计学教与学中的作用（关于统计学领域内统计推断的介绍，见本手册第一部分）；接下来讨论了相对于传统方法，要通过更广泛途径培养统计推断能力的必要性，这一论点将为本节后面的内容提供背景；这些小节概述了统计推断为大学生和更年轻的学生带来的挑战和机遇；本节最后讨论了统计推断和哲学推断之间的相似之处，这些相似之处被用于提出考虑统计推断的新方法，包括学习者尚未拥有更正式的统计方法之时，为其提供获取该能力的方法。

8.2.1 什么是统计推断？

如果说描述统计为我们提供特定的信息（如这个班级中儿童的典型身高是 124 厘米），那么推断则为我们提供一般信息（如根据这个学生样本，我们估计英国 7 岁孩子的平均身高大约是 124 厘米）。哈拉丹、巴塔内罗和罗斯曼将统计推断描述为“为判断一组观察值与可能产生这些观察值的特定假设机制是否一致，从而对其证据强度进行评估的过程”（Harradine，Batanero，& Rossman，2011，p.235）。更广泛地说，科布和穆尔将统计推断描述为“从有关总体的数据或获取数据的过程中得出结论的方法”（Cobb & Moore，1997，p.813）。这两个描述都认识到，可以从样本到总体以及从样本到产生样本的过程（或机制）进行统计推断。在后一种情况下，总体可能实际上不存在。譬如，评估装配线上输出的随机样本，假设样本代表了已经和/或将由装配线生产的所有输出（在给定的时间范围内并且假设没有故障）（参见 Frick，1998，对机制的推断进行更全面的讨论）。研究人员试图通过研究“推断”（infer）一词的更多通俗含义来拓宽统计推断的含义，然后在统计背景下对这些通俗含义进行调整。譬如，罗斯曼指出，“推断”一词的通俗定义不仅包括所得出的结论，还包括做出推论所依据的证据和理由（Rossman，2008）。他认为“推断需要超越手头的数据，或者将观察到的结果推广到更大的群体（即总体），或者根据变量之间的关系得出更深刻的结论”（p.5）。罗斯曼认识到机会变异性是统计推断的“基础”（p.6）。马卡尔和鲁宾将这些要素纳入他们对统计推断的广泛解释，即以数据为证据的概率（非确定性）概述（Makar & Rubin，2009）。他们的解释阐明了统计推断中的不确定性，并认识到所做的分析（概括）超出了可用的数据，并且明确了用于证明推断的证据（数据）。在统计推断的广泛解释中，研究人员还强调了导向统计推断的推理（通常称为推论性推理）（如 Garfield & Ben-Zvi，2008；Zieffler et al.，2008）。这些表征统计推断的方法提供了一系列方法和观点，包括正式统计推断和非正式统计推断，第 8.4 节将阐述它们之间的区别。

巴克等用统计过程控制等技术对传统的假设检验方法与工作场所的推断进行了对比（Bakker et al.，2008），认为统计推断的概念所具有的意义超越了对总体的最终陈述，广义上是指推断：

> 在一般意义上得出结论，包括可能的隐性推理过程，这些过程先于并支持从前

提到结论、预测或猜想的明确推断。“推断”一词不仅包括演绎和归纳，还包括溯因。溯因是对解释的推断，是一种推理方法，能够形成解释数据的假设。（p.132）

因此，巴克等将统计推断描述为嵌入在对应用推断的背景进行的推理和解释之中的（Bakker et al.，2008）。通过将关注的重点转向统计推断的目的和推理，有机会再次将推断视为理解现象的工具。

8.2.2　获得统计推断能力的重要性

统计推断是统计的力量所在。正式的统计推断方法能让人们在仔细选择几棵树的基础上，对整个果园的苹果产量进行相当精确的估计。推断为医学研究提供了一种方法，即通过收集对患者进行研究的数据，确定两种治疗中哪一种在总体中更有效。不幸的是，对于那些在统计学中的数学方面没有坚实基础的人来说，统计推断的正式方法可能就成了获取统计能力的拦路石。哈拉丹等（Harradine，Batanero，& Rossman，2011）和其他研究人员指出了许多对于理解统计推断很重要的概念和经验，包括使用模拟理解样本之间的变异性、理解随机性在抽样中的作用，以及有关概率概念的理解及其与抽样分布的关系。然而，巴克和他的同事认为，统计推断应该并且正是由那些工作场所中不具备哈拉丹及其同事提出的基本思想背景的人所做出的（Bakker et al.，2008）。因此，获取推断能力不仅针对具有统计背景的人，而且在某种程度上还要扩展到那些不知道——并且不打算学习——如哈拉丹等（Harradine，Batanero，& Rossman，2011）所概述的基本概念的人。

获得统计推断能力的重要性不仅限于工作场所。在日常生活中，人们需要在没有完整数据的情况下对总体或过程进行预测。他们根据不确定信息进行估计，并根据他们所知的情况做出有关未来的决策。认识到日常环境中所需的各种统计推断，可以帮助开发更好的方法，来认识和改进依据数据以及超越数据所进行的推理。

巴克和德里描述了学校统计教育往往无法实现其目标的两种教育方式（Bakker & Derry，2011）：①向学生传授惰性知识（inert knowledge），“学生学会复制但不能有效使用的知识”（p.6）；②向学生传授分裂知识（atomistic knowledge），学生无法建立联系的、有关统计工具的、单独的、分离的知识。巴克和德里提出的挑战是如何对概念进行排序和构建，以提高教学的连贯性并尽早提供获取统计能力的途径。巴克和德里认为，统计推断是解决这些问题的一种可能方案，它为学习统计提供了一种全面的方法，从而可以应对这些挑战。许多国家担心选择学习数学和统计学的人数下降，因为这个问题会对知识经济产生严重影响（如 Australian Academy of Science，2006；Council for the Mathematical Sciences，2004）。因此，通过推断获得统计能力可以提高学生对统计学的重视、对其相关内容的认识以及进一步学习的动力。我们如何才能使统计推断能力更易获得？我们似乎可以从推断的哲学观点中寻求一些灵感。

8.2.3 推断的哲学根源

为了将统计学和数学区别开来，经常有人引用穆尔的话，“数据不仅仅是数字，而是带有背景的数字”（Moore，1990，p.96）。实际上，统计学，特别是统计推断的目的，是基于可用（但有限）的证据来了解一些新的情况。哲学在应用推断时具有类似的目的，即基于有限的知识提出主张。哲学推断对于统计推断研究是有用的，因为它突出支持推断思维的思维习惯和基本思想，这可能为统计推断的本质提供新的见解（Hacking，2006；本手册第 11 章）。根据约翰·杜威的著作（他在反省思维和探究方面写了大量关于推断的著作）（Dewey，1910），我们关注在不确定性背景下的哲学推断，这与数学逻辑中使用的确定性推断相对。然后，我们转向统计教育研究，这些研究借助哲学扩展对推断的理解。

8.2.3.1 约翰·杜威的推断

杜威将推断描述为依赖证据得出结论的反思性思维（Dewey，1910）。他描述道，“手头的数据无法提供解决方案，只能提出建议”（p.12），如通过检查草地可以推断在夜间下过雨。虽然推断不一定准确，但是推断也不是突发奇想的。杜威提出了探究的几个特征，有助于避免冲动或未成熟的推测，包括“用证据验证推断之前不做出判断的习惯”（p.66），告诉人们“在何处以及如何寻找此类证据”（p.67），认识到推断的质量取决于样本和/或个案及其选择方式（pp.88-91）。由此，杜威认为证据是推断的一部分。但是，他也承认推断的来源可能不那么正式：

> 建议是推断的核心，它涉及从现有的东西转向未出现的东西。因此，它或多或少具有投机性、冒险性。由于推断超出实际存在的范围，因此无论采取何种预防措施，它都涉及一种飞跃，无法提前绝对地保证适当性……所建议的结论，只要它没有被接受，而只是暂时被考虑，就构成了一个想法。其同义词是假设、猜想、猜测和（在复杂情况下的）理论。（p.75）

杜威认为，推断包含了可能具有推测性的创造性洞察力，以及与此推测相关的证据的形成方法。杜威的推断概念涉及“富有成效的互动”（p.80），它融合了“朝着建议或假设的方向发展，以及朝着回归事实的方向发展”（p.81）。因此，杜威认为，“推断的目的是对情境充分判断时自行终止，推断过程是通过一系列局部的和试探性的判断展开的”（p.101）。

8.2.3.2 统计教育中的哲学推断

我们可以从杜威对推断的哲学讨论中得出哪些对统计推断的启示呢？杜威认为，推断既有创造性功能，也需要仔细评估证据，统计推断相关的探索性和验证性方法也有相似之处。将探索性的工作作为推断的重要部分，能使我们产生新的意义。但是我们在探究过程中寻找支持性证据和关于“在何处与如何寻找”的方法时，必须暂停判断。怀尔德和普凡库赫描述了统计学者在统计调查中寻求理解和证据时应持有的怀疑论（Wild & Pfannkuch，1999）。在统计教育研究中，人们重新关注用探索性方法进行统计推断以建立意义，并认识到需要进行调查以获得关键证据（如 Makar，Bakker，& Ben-Zvi，2011）。

探讨背景在统计推断中的作用时，巴克等借助哲学著作深化了对推断中默认假设的理解与认识。他们借鉴了布兰顿（Brandom）、杜威、皮尔斯和波拉尼（Polanyi）的哲学思想，认为如果不在推断的背景下认识推理、解释和个人知识，就不能考虑推断（Bakker et al.，2008；Bakker & Derry，2011；Ben-Zvi et al.，2012；Makar，Bakker，& Ben-Zvi，2011）。在哲学视角中讨论统计推断，提醒我们要避免将统计知识与有意义的应用推断所需的丰富背景知识人为分离（Bakker & Derry，2011）。

8.3　正式统计推断

本节将介绍关于学生掌握正式统计推断的思想和技术时所遇困难的研究。研究强调了为使该内容更容易学习而不断做出的努力，特别是过去 20 年利用计算方面取得的重大进展而产生的方法。

8.3.1　正式统计推断的类型

虽然所有统计推断都试图针对事件、数量或情况得出超出手头数据的结论，但是统计学者通常会区分两种不同的推断：从样本到总体、从实验到因果关系（Cobb，2007）。图 8.1 说明了基于个体的随机选择以及个体到组的随机分配之间的区别，从而说明了这两种推断之间的关系。

学生遇到的大多数是第一种类型的例子，即从总体中随机抽样，并使用统计技术确定总体的情况。只要所有样本都是随机抽取的，就可以通过这样的设计推断出组间差异，但是无法推断造成差异的原因。第二类推断在医学和科学背景中最常见，因为需要评估特定治疗或干预的效果。在这些背景下，研究的个体不是随机抽取的，因为他们通常是志愿者，但是会被随机分配到采用不同治疗方法的组别。这种设计可以推断出差异的可能原因，但是推广到样本之外时必须谨慎。尽管针对学生理解从样本到总体的推断中遇到的困难的研究，比针对从实验到因果关系的推断中遇到的困难的研究多，但是这两种推断都给学生带来了概念上的问题（Pfannkuch，Budgett，& Arnold，2015）。

8.3.2　统计推断中的概念困难

众所周知，正式统计推断对学生来说难以掌握，许多统计教育研究人员都试图了解

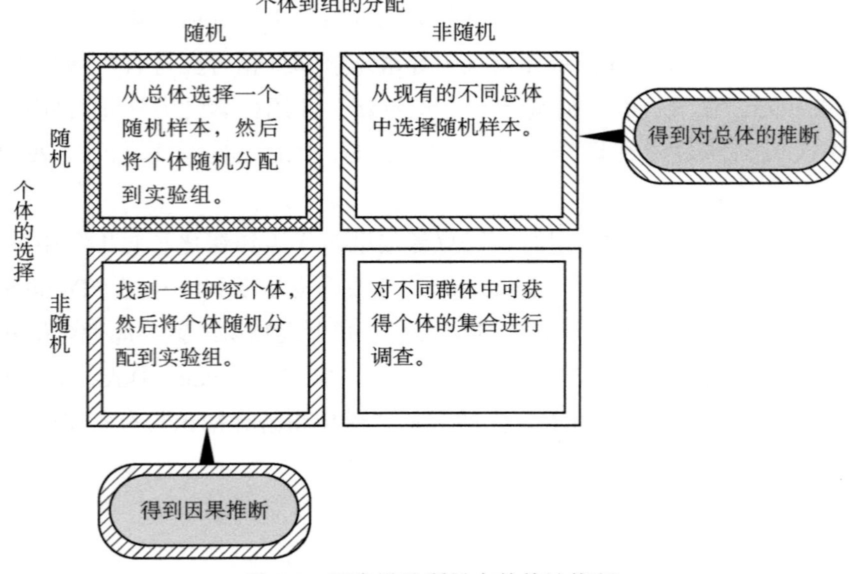

图 8.1　研究设计所导向的统计推断

资料来源：（Ramsey & Schafer，2013；Cobb，2007，p.3）

这种困难的根源。卡斯特罗–索托斯等研究人员指出，学生普遍缺乏对统计推断的理解的一般原因是“学生需要理解和联系诸如抽样分布和显著性水平等许多抽象概念”（Castro-Sotos et al.，2007，p.99）。其他研究人员指出了更具体的原因，这些原因也提示了可能的替代方法。许多学者指出了人们面对概率推理时普遍存在的困难（如 Kahneman，Slovic，& Tversky，1982；Nickerson，2004）。罗斯曼引用斯塔诺维奇（Stanovich，2007）的话，称概率推理为“人类认知的致命弱点”（Rossman，2008，p.12）。罗斯曼举例说明了人们理解统计趋势存在的困难，这与他们相对容易掌握确定性关系形成对比。正如罗斯曼所说，人们“倾向于认为偶然现象具有确定性解释，往往不考虑变异性，特别是机会变异”（p.12）。

8.3.2.1　假设检验

罗斯曼还指出费希尔归纳推理的逻辑结构与一种特别复杂的论证有关：否定后件推理，即否定的方法或反证法。否定后件式推理以一个形式为“如果 P 为真，则 Q 为真”的条件命题开始，以观察到数据表明“Q 不是真的”而继续，最后一步是从这两个前提得出结论“因此，P 不是真的”。否定后件推理的一个简单例子：如果一条狗是达尔马提亚狗，它就有斑点；这条狗没有斑点；因此，这条狗不是达尔马提亚狗。

虽然达尔马提亚狗的例子似乎很简单，但罗斯曼认为，不熟悉的否定后件式推理的例子可能非常具有挑战性。经典统计推断具有这种形式。我们提出一个零假设（P），然后称如果它是真的，其他一些主张（Q）也将成立。当我们有证据证明 Q 不是真的时，我们也可以称零假设（P）不成立。然而，统计推断通过提出“概率方面……良好的度量”(p.13)，进一步使这种推理复杂化。毫不奇怪，这种形式的统计推断被证明是许多统计学学生的绊脚石。有大量研究记录了学生理解否定后件式结构时所遇到的困难，从而导致了对 p 值解释的困难（如 delMas，2004；Falk & Greenbaum，1995）。

研究确定了假设检验过程中其他几个会给学生带来麻烦的方面。一些学生将零假设和备择假设混为一谈，或者难以提出适当的零假设（Castro-Sotos et al.，2007）。理解 p 值意义的困难也很多，一个常见的误解是将 p 值看作零假设成立的概率（Reaburn，2014a）。卡斯特罗-索托斯等（Castro-Sotos et al.，2007）对这些误解进行了广泛的分类，进一步说明了假设检验中的逻辑和基本概念的复杂性。

8.3.2.2 置信区间

置信区间在过去二十年的研究中越来越受欢迎（Cumming，2012；Wagenmakers，2007），这部分源于对假设检验的概念理解困难的回应（也源于一些统计学者对该方法的批评，如 Harlow，Mulaik & Steiger，1997）。置信区间是指在一定的可信度下，由样本统计量所构造的总体参数的估计区间（Reaburn，2014b）。支持使用置信区间的人指出，这一揭示统计推断结果的方式优于假设检验，具体体现在：置信区间与点估计的单位相同；置信区间的宽度表明了估计的精度；置信区间避免了假设检验中的逻辑困难。

虽然置信区间相对假设检验具有一定优势，但是置信区间并不易懂，研究也指出，置信区间经常被学生和科学家误解（Belia et al.，2005）。戴尔马等研究的大多数大学生在学习统计学入门课程后，认为置信水平（如 95%）表示位于置信区间内的所有样本均值的百分比，而不是置信区间包含真实均值的概率（delMas et al.，2007）。雷亚伯恩也发现了这一点，并描述了大学生关于置信区间的其他常见误解（Reaburn，2014b）。

8.3.2.3 理解统计推断的其他障碍

其他研究人员发现学生还对一些更为基本的统计概念不够了解（本手册第 4 章）——因此妨碍了他们对统计推断的理解。其中包括分布（Bakker & Gravemeijer，2004）、变异和共变（Cobb，McClain，& Gravemeijer，2003）、抽样分布（Saldanha & Thompson，2002）、抽样变异性（delMas，Garfield，& Chance，1999）的概念，以及可以使用诸如均值或中位数之类的总体值比较分布的思想（Konold et al.，2015；Konold & Pollatsek，2002）。

8.3.3 促使推断易于理解的尝试

鉴于已发现的有关统计推断的正式方法的困难——以及越来越多的可获得的计算机资源——统计教育者想出另一种推断方法，该方法能够多次重复随机化过程并跟踪结果，从而确定特定结果的可能性。科布将这种方法简洁地描述为“三 R：随机化（randomize）、重复（repeat）、拒绝（reject）”（Cobb，2007，p.12）。具体来说，他的方法可被阐释为：①生成随机化数据；②通过重复模拟了解典型情况；③拒绝任何将数据置于尾部的模型。科布建议的随机化方法可以通过两种不同的方式进行。一种是自助法，数据是通过从一个样本中重复随机抽样并进行替换而生成的。另一种方法被称为随机化检验或置换检验，数据被随机地重新分配到各组，以便进行组间比较。科布的论文详细列举了一系列原因（如模型的简易性及其与生产过程的匹配）解释为什么这种方法比传统方法更可取，他声称，计算机“直接解决问题”之前，这是唯一的选择（p.12）。随机化方法同样适用于本节开头所描述的两种推断——从样本到总体（通过自助法）和从实验到因果关系（通过置换检验）——它在统计实践中被广泛使用（Hesterberg et al.，2009）。

将随机化方法应用于推断教学是一种相对较新的方法，但是一些统计教育工作者欣然接受了它，并开发了一些体现其原理的课程（Garfield，delMas，& Zieffler，2012；Lock，Lock，& Morgan，2012；Tintle et al.，2014）。有一个团队开发了一套被称为视觉推断工具（VIT）的计算机工具，以帮助学生通过视觉推理构建对重复随机化过程的理解，并从中得出推论（Budgett et al.，2013；Budgett & Wild，2014；Wild et al.，2017）。随着更多人将科布建议的随机化方法作为推断教学的基础，令人鼓舞的结果开始出现了（Cobb，2007）。譬如，巴杰特和怀尔德报告说，一个包含 VIT 重复随机化模块的课程帮助大学生和工作场所中的学习者相对较快地对三 R 过程有了基本的了解（Budgett & Wild，2014）。他们推测，如果在开展演示计算机自动化操作（例如，将组标签随机地分配给数据点）的动手操作活动之前使用视觉工具，视觉工具的作用将会特别明显。作者还警示性地提醒，即使是能够熟练地进行随机化检验的学生也难以解释尾部比例。在使用 VIT 的相关研究中，普凡库赫和巴杰特分析了两名大学生学习了涉及这些工具的入门课程后，使用这些工具通过自助法构建置信区间并进行随机化检验（Pfannkuch & Budgett，2014）。他们指出，课程中的这些工具似乎有助于学生发展统计推断概念。

丁特尔等（Tintle et al.，2014；Tintle et al.，2012；Tintle et al.，2011）专门针对随机化课程进行了一些定量评估。他们的评估数据显示，使用随机化方法教授的学生比使用传统方法教授的学生能更好地理解基本统计概念。这种改善一直持续到了 4 个月后的第二次测试，这说明了学生的理解具有长期性。在不同的高等院校，不同教师教授该课程，也发现了类似的积极结果。因此，虽然研究仍处于早期阶段，但是有理由对使用随机化方法进行统计推断这一想法的可及性持乐观态度。

8.4 非正式统计推断

让统计推断更具可行性的另一种途径是使用非正式方法。随着非正式统计推断已被接受，其作用也已经扩展，不仅主要是通向正式统计推断的路径，还纳入了探索性分析方法。本节中，我们将讨论探索性数据分析中非正式统计推断的根基，它是如何在十年前作为研究重点出现的，以及研究中发生的变化。本节末尾，我们将讨论非正式统计推断和正式统计推断的区别。

8.4.1 历史背景：探索性数据分析的出现

对非正式统计推断的关注是受推动力驱使的，这种推动力与促使创建探索性数据分析的想法类似。探索性数据分析（EDA）由约翰·图基开发，与之前在统计分析领域占主导地位的更加程序化的实证技术形成对比（Tukey，1977）。正如安利和普拉特所描述的那样，“EDA 关注组织、描述、表征和分析数据，并广泛使用视觉表征”（Ainley & Pratt，2001，p.5）。肖内西、加菲尔德和格里尔概述了数据处理的历史，从关注统计公式到更多可视化、多形式表征和数据调查，EDA 是变化的中心（Shaughnessy，Garfield，& Greer，1996）。EDA 提供了一种不需要依赖概率论的复杂理论原理的数据探索方法（Ben-Zvi & Arcavi，2001；Prodromou & Pratt，2006），它提供的实用的经验工具使数据研究人员能够可视化并探索数据，而无需为结果分配概率。图基开发 EDA 的目标之一是挑战主流实证范式的简单线性的神话，即一个问题会完美地导向调查设计、数据收集、数据分析和明确的答案（Tukey，1980，p.23）。他声称这种统计调查的线性表达隐藏了这样一个事实，即无论是启动分析的问题还是结束分析的答案都不能从背景中抽离出来成为一个“整齐的”包袱（p.24）。图基指出，在提出和确认一个假设之前，需要进行大量挖掘才能在数据中洞察到值得后续研究的内容。他对将 EDA 减少到只剩下一些新的数据可视化工具表示哀叹：“探索性数据分析是一种态度，体现了更多的灵活性和对表征的依赖，而不是一堆技术，并应该这样被教授。”（p.23）

尽管 20 世纪 70 年代以来 EDA 被广泛接受，但是过去十年的技术进步催生了更多基于可视化和模拟的创新型分析工具（Biehler et al.，2013）。这些工具提供了管理更复杂数据集的方法，能让学生的统计调查采取更接近统计从业人员工作的实践（Wild & Pfannkuch，1999）。然而，即使 EDA 越来越受欢迎并且更容易实施，一些统计学者和统计教育者仍然表达了对 EDA 的担忧，因为 EDA 弱化了机会与数据之间的联系（Biehler et al.，2013；Pratt，2011）。一方面，EDA 将统计分析从单调的概率数学中解放出来，但是与此同时，它将数据分析与不确定性的基本概念割裂开来。因此，基于 EDA 的数据探索通常具有描述性——它们讲述了所收集的数据的丰富故事，但失去了一些统计力量，从而无法超越数据，无法提出蕴含着不确定的关于总体或数据生成过程的观点。非正式统计推断作为一种基于 EDA 精神的方法而出现，同时它恢复了数据和机会之间的联系。

8.4.2 非正式统计推断研究的出现

20 世纪 70 年代，关于统计推断的研究还主要集中在大学层面。那时，研究将标准的大学统计学课程作为依据，关注学生在课程背景下如何进行推断（通常是关于他们推断中的不足)。科诺尔德指出了过去30年来统计教育研究重点的五次重大变化(Konold, 2007),这些变化的产生得益于:

1)对学生学习和儿童能力的新理解;

2)对满足现在和未来公民统计素养的需求;

3)学校课程的变化,在早期课程中就结合了更多的数据分析经验;

4)技术工具从数字处理转向数据可视化;

5)质疑统计和概率中的"核心"思想。

科诺尔德认为,重构核心思想导致统计推理的教学设计发生了从"自上而下"到"自下而上"的革命性变化:

> 自下而上的教学设计……不仅考虑了我们希望学生最终到达的地方,还考虑了他们来自哪里。相比之下,早期的方法强调了一种自上而下的方法,其中,大学课程——作为最终目标——逐步被拆解到低年级中去……因此,某一特定层次的目标和内容就是大学课程经过这个减法过程后得到的。因此,3—5年级学生学习折线图和中位数,6—8年级学生学习散点图和均值,9—12年级学生学习回归直线和抽样分布。(p.270)

非正式统计推断工作的扩展可以被认为是这种观点变化的结果。非正式统计推断曾主要被视为促进高中生和大学生从描述统计向正式统计推断过渡的方法(如Garfield et al., 2015; Zieffler et al., 2008),现在通常作为一个本身就很合理的主题被介绍给儿童和非专业的成人学习者(如Bakker et al., 2008; Ben-Zvi, 2006; Makar, 2014; Meletiou-Mavrotheris & Paparistodemou, 2015)。这些群体对掌握技术的要求较低,教学目标是在他们的统计思想中建立连贯性,使他们能够更早地获得统计推断的力量,并在统计学和熟悉的背景之间建立联系(Makar, 2016)。

受上述研究以及数学教育界的影响,2000—2008年的统计教育研究会议[特别是统计推理、统计思维和统计素养国际研究论坛(SRTL)以及国际统计教学大会(ICOTS)和美国统计教学大会(USCOTS)]开始讨论教授统计推断的可能替代方法。这些努力想实现的共同教学目标是,利用学生在非正式统计推断方面的优势,帮助他们建立对正式统计推断的理解。齐夫勒等提出了一个重要问题:"如何最佳地将学生的非正式知识用于统计推断的正式教学?"(Zieffler et al., 2008, p.42)几组研究人员试图通过让学生参与关注统计推断的一些关键方面但剥离其他方面的活动来回答这个问题。虽然非正式统计推断的一些早期框架之间存在差异(如Ben-Zvi, 2006; Makar & Rubin, 2009; Pfannkuch, 2006; Rubin, Hammerman, & Konold, 2006; Rossman, 2008; Zieffler et al., 2008),但是描述非正式统计推断时出现了几个关键的共同主题——超越数据的主张、对不确定性的表达、使用作为证据的数据、考虑总体,以及整合背景知识。

第一,超越数据的主张。人们普遍认为,非正式统计推断的一个关键方面是"超越手头的数据"(Rossman, 2008, p.5)。一些人专注于"根据观察到的样本"提出"关于未知总体”的主张（Zieffler et al.，2008，p.44），其他人的做法则更为宽泛地被表达为“通过对数据分布进行比较和推理……从数据中得出结论”（Pfannkuch，2006，p.1）。普拉特、约翰斯顿-怀尔德、安利和梅森指出，教师和学习者谈论手头的样本（他们称之为“游戏 1”）以及更大的未知总体时（他们称之为“游戏 2”）通常表意不清（Pratt et al.，2008）。许多课程实际上属于游戏 1，因为它们要求学生只根据他们可获得的数据进行推理（如找到我们课堂上学生的平均身高）。这些活动可以很容易地拓展为要求学生考虑现有数据对其他尚未收集的数据的意义，但是很少有课程借这一步骤引入游戏 2。

第二，对不确定性的表达。对非正式统计推断的描述中的第二个共同主题是不确定性的存在。统计推断总是涉及某种概率推理，因为它包括基于已知样本的关于未知量的主张。在非正式统计推断中，这些对不确定性的表达不一定是正式的概率陈述，可能是不那么精确甚至是定性的陈述。特别是对于年龄较小的学生来说，在没有量化概率的情况下，说明样本更可能来自某个总体而不是另一个总体，这就足够了。年轻学生可能只能区分不确定性的水平并且难以为它们分配任何数值，但是随着他们经验的增长，他们识别不确定性中更微妙区别的能力会提高（Ben-Zvi et al.，2012）。

第三，使用作为证据的数据。马卡尔和鲁宾将非正式统计推断的第三个组成部分确定为作为证据的数据。能够使用作为证据的数据是一种随着时间推移而发展的技能，年轻的学习者可能难以确定他们收集的数据对调查中的问题意味着什么（Makar & Rubin，2009）。怀尔德和普凡库赫将对数据需求的认识作为统计思维的核心要素之一（Wild & Pfannkuch，1999），但是往往没有向学生明确说明数据和主张之间的联系（Fielding-Wells，2010；Hancock，Kaput，& Goldsmith，1992）。

第四，考虑总体。其他研究者强调了总体度量的重要作用，如均值和中位数在推断中的作用（Rubin，Hammerman，& Konold，2006）。推断要使用中心、变异性、形状或共变等总体度量进行（Aridor & Ben-Zvi，2019），而不是单个数据点。关于总体的推理会引发对信号（在总体性质中反映的恒定原因）和噪声（引起信号周围的变异性的可变因素）的考虑。科诺尔德的研究指出，学生往往难以关注分布的总体性质而非单个数据点，所以在提高学生对推断的理解方面，要强调帮助他们将总体度量概念化（如 Konold et al.，2015）。

第五，整合背景知识。在非正式统计推论性推理的文献中受到关注的另一个关键问题是背景的作用。譬如，朗格拉尔、尼斯比特（Nisbet）、穆尼和詹赛姆（Jansem）比较了一些学生的统计推论性推理水平，这些学生对所要分析数据的背景有着不同程度的了解（Langrall et al.，2011）。他们的研究表明，与不了解背景的人相比，具有背景知识的学生倾向于提供更深入的非正式统计推论性推理。在一些关于学生非正式统计推论性推理的研究中，都强调了背景知识的重要性（如 Dierdorp et al.，2011；Gil & Ben-Zvi，2011；Madden，2011）。马卡尔等认为，对问题背景的理解、对统计工具和概念的掌握以及基于探究的环境，都可以促进非正式推断（Makar，Bakker，& Ben-Zvi，2011）。

8.4.3 它是正式推断还是非正式推断?

自从21世纪初引入“非正式统计推断”这一术语以来，人们对于什么是“非正式”统计推断或“正式”统计推断进行了大量讨论。对于某些程序的判断几乎是没有问题的，譬如，使用公式或计算来执行 t 检验并确定 p 值，这显然是正式统计推断的一个例子。同样地，孩子根据从罐子中抽出的彩色棋子的比例，非常肯定地认为罐子中红色的棋子数量更多，大多数人都会认同这是非正式统计推断的一个例子。但是有许多例子表现得不那么明确。譬如，随机化检验是正式还是非正式的？我们在本章所采取的观点是，实际上存在一系列推断方法，它们从明确的非正式到明确的正式，渐变形成一个连续体。同时我们认为，对特定方法究竟是正式的还是非正式的进行争论是没有意义的。相反，我们应该研究哪种方法最有利于帮助学生理解和掌握统计推断。加菲尔德和本-兹维持有类似观点，建议用一系列正式或非正式的连续活动帮助学生对推断进行理解（Garfield & Ben-Zvi，2008）。

齐夫勒等提出了一种更具体的“非正式性”的尝试。他将非正式统计推断背景下的非正式知识描述为两种信息的组合：①从校外生活经验中获得的信息；②从先前教学中获得的“不太正式”的内容（Zieffler et al.，2008，p.42）。这个想法是有用的，它指出非正式知识可能来自生活或学校——但它也有点循环定义了，因为它描述的主要是与正式知识相反的非正式知识。它留下了一个悬而未决的问题，即判断推理是何时从正式跨越到非正式的。

我们不是试图通过定义从正式变为非正式的某个特定点来回答这个问题，而是采取这样的立场，即将方法标记为正式或非正式可能实际上没有帮助。相反，我们提出了许多维度，从这些维度上看，统计推断的复杂性——以及学生对其的了解方式——往往会有所不同。虽然下面列出的五个维度本身被一分为二进行描述，但是我们认为它们是连续体，即在两个极端之间有许多点。此外，任何关于统计推断的教学方法实际上都是一组选择，其中的每一个选择都位于连续体的不同点上。譬如，一种方法可能倾向于定量描述而非定性描述，同时依赖于可视化而非公式：

定量/定性：许多统计推断方法对结果的可能性进行量化表达，得出观察到的结果随机发生的明确概率。其他更定性的方法可能涉及判断观察结果是“令人惊讶的”或“不太可能的”，或者一个结果比另一个结果更可能或更不可能发生，但是没有为这些概率分配数值。

解析解/模拟：传统的统计推断是基于解析解的，是对关于潜在的理论分布的假设进行简化而得到的。较新的方法利用了计算机的优势，通过重复模拟来估计结果的概率，这种方法不需要如同传统方法一般对假设简化。这些基于计算的方法并不使用传统的代数方法，但是它们越来越被接受为标准统计实践。

分布图像的多样性：许多教科书中关于传统统计推断的解释依赖于理论标准正态分

布的单个图像，图像上会显示均值和标准差（分别为 0 和 1）以及 0.05 和 0.01 的尾部阴影面积。其他可视化方法往往有更多说明经验数据分布的图像，这些图像通常是非正态的且具有叠加的可视化效果（如箱线图），可以突出数据的形状、集中趋势和变异性。

集中趋势和变异性的度量：为了使用适于正态分布的数学方法，传统的统计推断使用均值和标准差分别作为集中趋势和变异性的度量指标，使用中位数和四分位距等统计量进行统计推断（不假设总体为正态分布）的方法正在被广泛接受。

群体接纳：尽管学者认识到理想化的正态分布模型通常不能与经验数据很好地匹配，但是传统的正式统计推断在统计学界和科学界仍被认为是有效的和官方的方法。统计推断的非正式方法有时更具异质性和个性，可能难以在更广泛的群体中被接受。因此，一些不是主流部分的方法目前被视为非正式的，但是随着统计学界、科学界和教育界采用的推断技术的转变，它们可能变得“更正式”。

下一节，我们将描述几个非正式统计推断教与学的例子，它们在这几个维度中的体现都有所不同。

8.5 非正式统计推断的例证

本节中，我们将描述教与学的案例，以说明通过非正式统计推断发展推断思维的重要发现。由于不同水平的学生需要应用不同类型的推理，我们会呈现小学、中学和大学中反映推断思维的不同案例。我们选取的中学的例子强调了教师的推理，用来说明初高中学生可以获得的各种见解。

8.5.1 小学非正式统计推断的例子：体验强大的统计思想

小学的目标不是让孩子接受正式统计推断，而是利用他们在生活中进行预测的经验，让他们感受强大的统计思想，并为他们创造连贯的机会发展统计推理能力（Makar，2016）。虽然他们还没有学过描述统计，但是“精心设计年幼学生进行统计推论性推理时需要出现的概念冲突”是有益的（Pratt et al.，2008，p.108）。我们通过对澳大利亚 3 年级（7—8 岁）小学数学课堂的案例研究（Fielding-Wells & Makar，2015）说明这一点，以突出非正式统计推断的重要思想是如何出现在学生的推理中的——超越数据的主张、用不确定性表达主张、使用数据作为主张的证据、将数据视为整体（分布）、协调机会和数据，以及将统计推断与背景知识相结合。

孩子们在研究中需要回答一个问题：“赢得加法宾果游戏的最佳卡片是什么样的？”加法宾果游戏是将两个数字（1—10）之和的所有组合写在纸片上并放在一个盒子中，然后逐一抽取。如果抽出的数字之和出现在孩子们预先设计的 5×5 宾果卡上，孩子们就会将其标记出来。譬如，如果教师抽出“4+7”，那么如果 11 出现在孩子们的卡片上，孩子们就会划掉 11（并且只划去一个）。为了研究孩子们的推理能力，孩子们需要填写一张有 25 个空格的空白宾果卡，并尽可能让卡片有最大的获胜机会（即划掉他们卡片上所有 25 个数）。

孩子们玩游戏时会记录被抽到的数字，并使用这些数据来研究如何选择卡片数字能增加获胜机会。因此，游戏使他们在实际情境中进行非正式统计推断（Makar & Rubin，2009）。这是因为：①他们的预测（以加法宾果卡的形式呈现）超出了每个游戏实际产生的数据——预测得到的卡片适用于当前和未来游戏结果；②第一场游戏之后，他们的大多数预测都是依据之前的游戏结果做出的，这些游戏结果为他们提供了可作为证据的数据；③预测是通过不确定性表达的，因为他们无法确定他们的卡片会赢。尽管学生在游戏之初往往单独考虑每一个数字，但是他们开始意识到使用分布（总体）来选择放在宾果卡上的数字是有用的。

与使用硬币、骰子和转盘相比，加法宾果是学习概率的另一种情景，因为儿童不知道背后的数据分布。也就是说，他们无法“检查”他们的方案是否正确，他们回答的质量取决于他们用证据证明自己结论的推理过程。虽然没有明确使用正式术语，但是加法宾果游戏为学生创造了建立样本空间、创建并比较理论和经验分布、计算结果概率以及阐明非正式统计推论性推理的机会。

第一次尝试创造一个最可能获胜的宾果卡时，大多数孩子都预期游戏的结果是等可能的。虽然这不是数据的最佳模型，但是这些期望基于非正式统计推论性推理，因为它们代表了学生超出自己卡片而对每次游戏数据生成过程的预测。孩子们会在卡片上列出 2—20 的数字，再加上一些“幸运”数字来填补其他空格。这种等概率偏差会在游戏中受到挑战，因为有些结果多次出现（如总和为 6 的纸片组合有五种情况），而有些结果却从未出现过。为了研究为什么有些数字多次出现，学生采用了各种方法，包括将纸片从盒子中倒到地板上进行清点（图 8.2，左上角）；写出 1—20 每个总和的可能生成方法（图 8.2，右上角）；填写加法表（未呈现），然后计算每个结果的出现频率；或者将他们的发现排列在一条数字线上（图 8.2，下方）。教师帮助学生创建了一个加法表（形成一个样本空间）来讨论预期的相对频率。将这个样本空间绘制成点图［他们称之为“保罗山”（Paul’s mountain），图 8.2，下方］，学生以此作为描述游戏可能结果的表征。

学生经常在后续的游戏中高估预期的频率。一名学生杰斯（Jess）指责同伴将四个 16 放在她的卡片上，因为她认为 16 不太可能如此频繁地出现：

> 好吧，我不是想针对洛雷娜（Lorena）或其他任何人，但是像 16 并不是一个会普遍出现的数字，它可能不会出现四次之多。它可以出现，但它像是，出现 16 只是一个可能的机会。

在杰斯的阐述中，她使用非正式统计推论性推理来说明 16 不太可能出现，她的主张强调不确定性：“它可以出现，但它……只是一个可能的机会。”

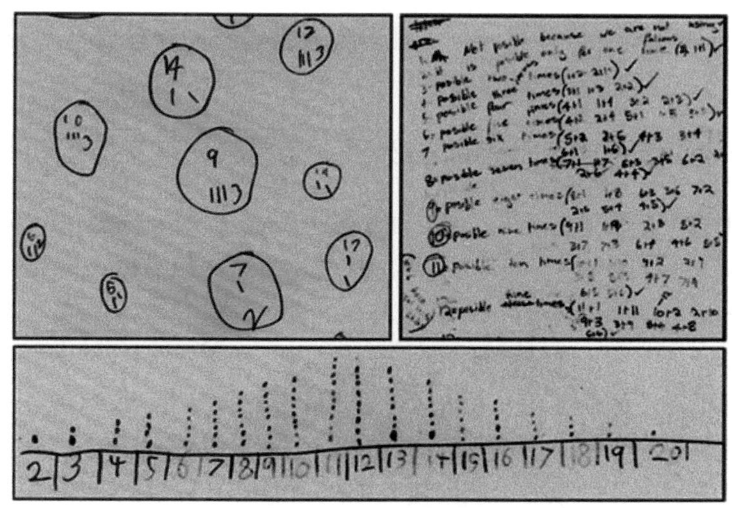

图 8.2　学生寻找有关结果频率的证据的策略

把游戏中多次从盒子里抽出的数字整理在一起时（图 8.3），学生们注意到他们收集的数据与他们的预期不同（像“保罗山”这样的三角形）。虽然孩子们不理解问题背后的概率和统计的正式概念（如样本空间、期望值），但是他们在与其年龄相符的水平使用类似的想法阐明他们的非正式统计推论性推理。菲尔丁–韦尔斯和马卡尔告诫说，并非所有的孩子都从分布（总体）中得到推理，而且有些孩子坚持依靠“幸运”数字来创建他们的加法宾果卡（Fielding-Wells & Makar，2015）。这些孩子在游戏中不太成功，希望他们在学校教育的某个阶段能学会相信分布，以改变他们对运气和随机性的信念。

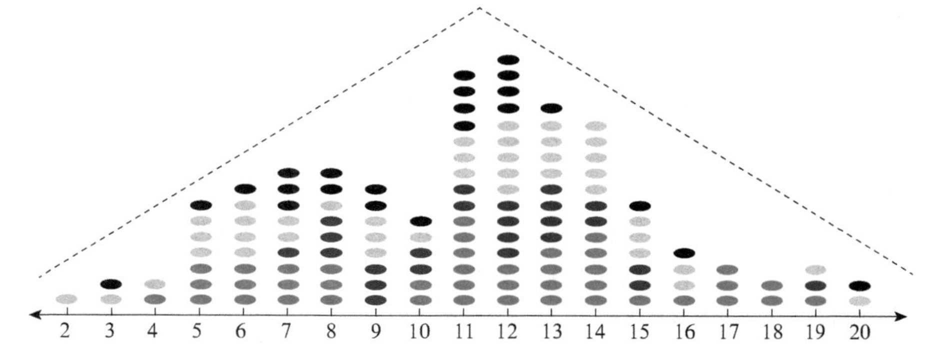

图 8.3　在数字线上整理的多次游戏结果（点图），以及上方叠加的数据的期望形状（虚线）

统计学领域之外的研究人员认为，年幼儿童需要接触强大的数学思维，即使孩子们还不了解其中所有的细节或含义（如 Mulligan & Mitchelmore，2013）。菲尔丁–韦尔斯和马卡尔的研究让儿童面对需要非正式统计推断的问题，这为他们提供了非正式地利用强大的统计概念和结构的机会（Fielding-Wells & Makar，2015）。这一经历挑战了儿童的等概率偏差（Lecoutre，Durand，& Cordier，1990），并让他们开始对分布和总体推理进行有意义的、适合其年龄的探索。此外，由于研究背景涉及非正式统计推断，因而能借助非正式的概率和统计概念（样本空间、抽样变异性、经验和理论概率分布以及概率计算），以连贯的方式围绕有意义的问题整合数据和可能性（Bakker & Derry，2011）。

8.5.2 初中/高中非正式统计推断的例子：使用总体来支持推断

以下案例来自可视化统计关系（Visualizing Statistical Relationships，ViSOR）研究项目，初高中教师在项目中调查统计可视化工具是如何支持他们自己及其学生对统计推理的理解的（Rubin，Hammerman，& Konold，2006）。这一调查说明适当使用可视化工具的初高中生可以获得对非正式统计推断的一种新理解，扩展了上一节小学案例所涉及的非正式统计推论性推理，如以下几个方面：对总体值的明确使用、识别信号和噪声的共现，以及相对复杂的变异性推理。它还例证了从样本到过程（而非到有限总体）的推断。

计算机工具是此案例的核心，教师使用 TinkerPlots（Konold & Miller，2005）探索过程中有关变异性的数据。以下叙事和相关数据集由科诺尔德开发（Konold，2005）：

1）Mus-Brush 公司生产蘑菇刷，生产机器每 2 分钟平均正常输出 215 个刷子。输出以单位“bptm”记录，表示“每 2 分钟生产的刷子数”。

2）机器的电流中断会导致生产减速（即使是短暂中断），机器的输出量平均会降低 10%。

3）Mus-Brush 公司昨晚遭到抢劫，小偷强行打开门时切断了电，从那时起机器的生产效率降低了。

4）有一名嫌疑人在午夜至凌晨 3 点有不在犯罪现场的证明，所以警方想知道抢劫是否发生在午夜之前或是凌晨 3 点之后，因为嫌疑人在那些时候没有不在犯罪现场的证明。

5）我们有关于 Mus-Brush 公司从晚上 8 点到第二天早上 6 点每 2 分钟的生产数据。我们的工作是要确定，是否有足够的证据证明抢劫发生在 12 点到凌晨 3 点之间，从而可以释放嫌犯。

图 8.4 是许多教师在分析初期创建的 TinkerPlots 图表，他们首先在水平轴上绘制个案编号（对应于度量收集的顺序），在垂直轴上绘制输出值（每 2 分钟生产的刷子数）。然后，他们将这些点划分到长为一小时的“箱子”中，每个“箱子”包含那个小时之内的所有 30 个数据点，每个箱子用它对应的小时时刻标记，从“八”（晚上 8—9 点）开始一直到“五”（早上 5—6 点）。但是，每个箱子中的点不再按时间排序。

为了了解数据的趋势，许多教师根据输出值大小对图上的点进行区分：星形表示低输出（小于 183 bptm），圆形表示中等输出（183—229 bptm），三角表示高输出（大于 229 bptm）。分析图 8.4 时，一组教师注意到“三”（凌晨 3—4 点）和“四”（凌晨 4—5 点）没有高输出，这两小时产量也是最低的。这让他们假设在凌晨 2—3 点，即在他们看到产量较低的时间之前发生了一些事情。

以上两个分析操作很有趣，因为教师创建的表征忽略了数据的某些细节。他们将数据分到“箱子”中创建了 10 个分布而不是单个时间序列，并且通过高/中/低对数据着色创建了三个类别而不是一系列单个值。对此的一种合理解释是，教师通过数据块的可视化识别过程的内在变异性，希望看到随时间变化的一般趋势，而不是从一个数据点到下一个数据点的变化。这些举动可能表明他们对信号和噪声的重要性有所了解，因为他们以一种可能使信号更易辨别的方式呈现数据。

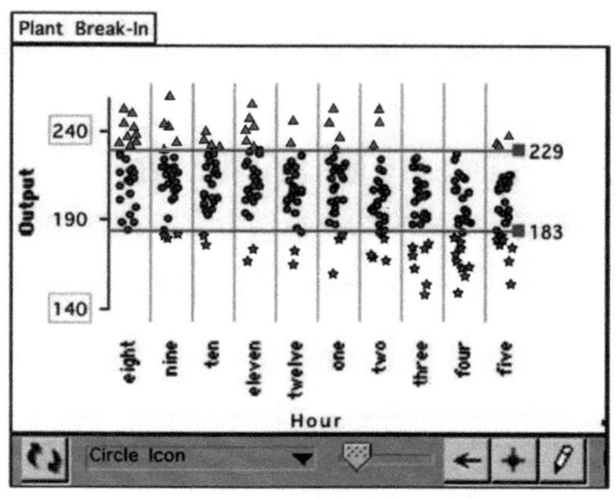

图 8.4 分成小时“箱子”的机器输出量

为了进一步研究他们的假设，即在凌晨 2—3 点发生了一些事情，这些教师将每小时产量的均值添加到图中，接着寻找他们认为的在这两个小时中产量出现的“显著”下降。在图 8.5 中，每小时的平均产量显示为相应“箱子”左侧的三角形。譬如，8 点的那个小时的平均产量位于图的最左侧，大约是 220 bptm。教师关注到图 8.5 中“一”（凌晨 1—2 点）和“二”（凌晨 2—3 点）的均值之间有很大的下降，他们推断机器在“一”内满负荷运行，但是在“二”开始时以减少的容量运行，因此，在“二”——在凌晨 3 点之前发生了抢劫。

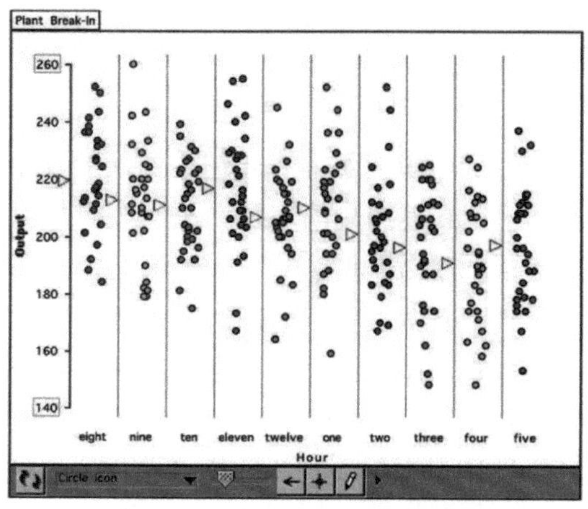

图 8.5 每小时产量的数据（有均值标记）

其他教师根据图 8.5 提出了不同的论点。他们注意到“二”的均值是 201 bptm，“三”的均值是 196 bptm，“四”的均值是 191 bptm，每小时都下降了 5 bptm。这样看上去机器似乎能正常运行到凌晨 3 点，然后在“四”开始以减少的容量运行。为了确定抢劫到底更有可能在“二”还是“四”期间发生，教师决定以每隔半小时的方式查看数据，看看在图 8.6 这种粒度下的平均产量是否有更明显的变化。教师认为，如果抢劫发生在某个小时的中间，那么发生抢劫的这个小时的输出均值将是正常运作和低速运作的平均值，因此不会显示出显著下降的迹象来表明发生了抢劫。

一位教师在图 8.6 中找到了她希望看到的东西。凌晨 2 点到 2 点 30 分的平均产量为 207 bptm，接近 215 bptm 的“正常”值。但是在凌晨 2 点 30 分到 3 点，它降至 195 bptm。图 8.6 中的箭头表示这些半小时的平均值。这一变化比任何两个连续的半小时之间的下降值都要大，并且在此之后平均产量的变化维持在 193 bptm 左右，比正常产量减少约 10%。因此，该教师认为抢劫很可能发生在凌晨 2 点 30 分左右，在两个半小时的边界处。

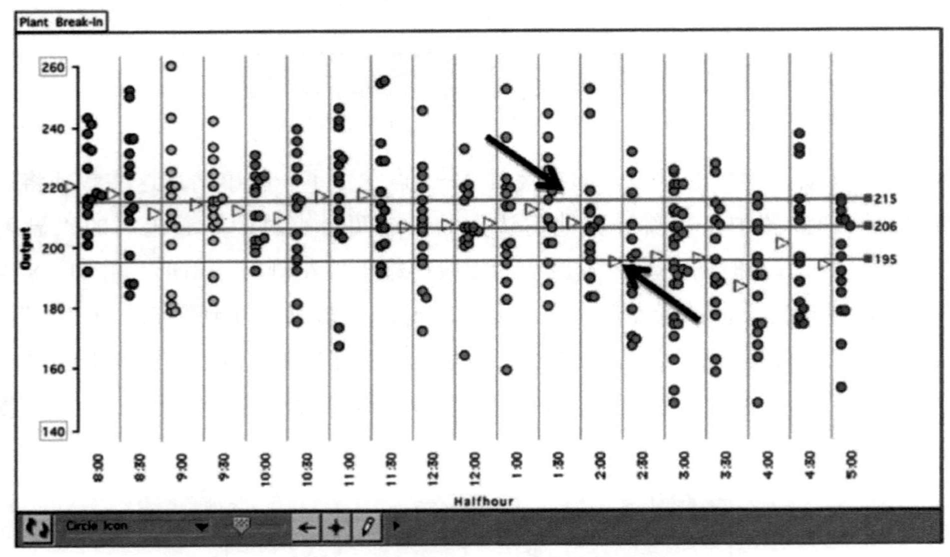

图 8.6 标记每半小时平均产量的图

这一系列图表及其附带的推理说明了非正式统计推断的几个重要方面。首先，有证据表明教师们对变异性的普遍性有着深刻的理解。一位教师在图 8.6 中观察到，“均值似乎在晚上 11 点 30 分到凌晨 2 点之间稳定”，实际上，在此期间，均值为 206 — 217 bptm。我们认为这种合理的证据表明了他们对变异性并不排斥，至少在变异看似自然的过程中是这样的。因为 Mus-Brush 公司的问题背景涉及对过程而不是总体的推断，所以它可能让学生和教师易于将信号和噪声视为一个现象中共存的两个方面。

教师的推理也证明了他们认识到集中趋势度量（在本例中是均值）存在噪声时作为信号表示的效用。TinkerPlots 为教师提供了两种方式，促进其使用均值来表示信号。首先，由于均值可以直观地出现在图表上，因此随着时间推移，均值中的变化模式相对容易被注意到。其次，使用 TinkerPlots 可以很容易地改变图形中的“箱子”宽度（图 8.5—图 8.6），且“箱子”的均值自动更新。

总之，我们注意到，虽然这些教师没有以任何量化方式度量变异性或进行任何显著性检验，但是他们对变异性、总体度量和统计推断趋势的作用的理解具有重要意义，并且可以为更正式技术的获得奠定基础。

8.5.3　大学非正式统计推断的例子：使用模拟和随机化

最近，高等教育阶段也开始越来越多地使用非正式方法，以便在学生接触更正式的程序之前或在学习中与更正式的程序结合时，改善他们的统计思想基础（如 Garfield et al.，2015；Pfannkuch，Budgett，& Arnold，2015；Ramsey & Schafer，2013）。因此，我们将本节中关于非正式统计推断的研究视为完整的发展周期。也就是说，目前大学阶段非正式统计推断的许多研究都不是基于正式的描述统计、中心极限定理和抽样分布（自上而下）（Konold，2007），而是将大学生已有的数据和随机性概念作为起点（自下而上），并在此基础上发展他们的非正式统计推论性推理。我们在本节简要描述了通过模拟让学生沉浸在统计推断的非正式方面的两个案例。第一个案例来自美国统计学教与学变革推动者（change agents for teaching and learning statistics，CATALST）小组，他们使用非正式统计推断和模拟引入假设检验。第二个案例来自新西兰的一个研究小组，他们使用可视化工具改善学生通过随机化检验进行的推断。

8.5.3.1　大学案例 1：使用模拟过渡到假设检验

CATALST 小组研究人员设计的发展统计推断的方法是基于建模视角的，该视角包括了模拟、重复抽样和推理的核心逻辑（Cobb，2007）。他们的目的是将非正式统计推断作为起点，培养学生对推断逻辑的初步理解。介绍假设检验的正式方法之前，CATALST 开发的大学入门课程让学生们解决需要从简单的理论模型和/或模拟中推断的问题。该课程中进行的活动以学生关于抽样和抽样变异性的先验知识为基础，需要建立起待解决的潜在模型并说明它们如何用于解决每个问题（delMas，Garfield，& Zieffler，2014；Garfield，delMas，& Zieffler，2012；Garfield et al.，2015）。

在整个课程中，学生需要参与这样的活动序列——对逐渐复杂和正式的问题建模、进行随机化和重复抽样操作，以及评估。在每个级别的问题中，学生使用软件创建理论模型（通常是在体验完硬币或骰子的动手试验之后），从模型中重复收集随机样本，然后评估特定结果的“异常性”（delMas，Garfield，& Zieffler，2014）。譬如，学生们讨论了投掷均匀硬币 10 次获得 10 个“人头”是否合理。他们通过模拟 100 次试验，并根据得到的经验抽样分布计算抛掷 10 次获得 10 个“人头”的相对频率来检验他们的预测。图 8.7 是在 TinkerPlots 中进行模拟的一个例子，左上角是硬币模型，中间和右上角的两个图表表示 10 个硬币的单次试验结果，下方是抛掷 10 次硬币的 100 组试验中“人头”数分布的图表。模拟中投掷硬币 10 次没有出现 10 个“人头”的情况，100 组试验中只出现了一次 9 个“人头”的情况（右下角）。

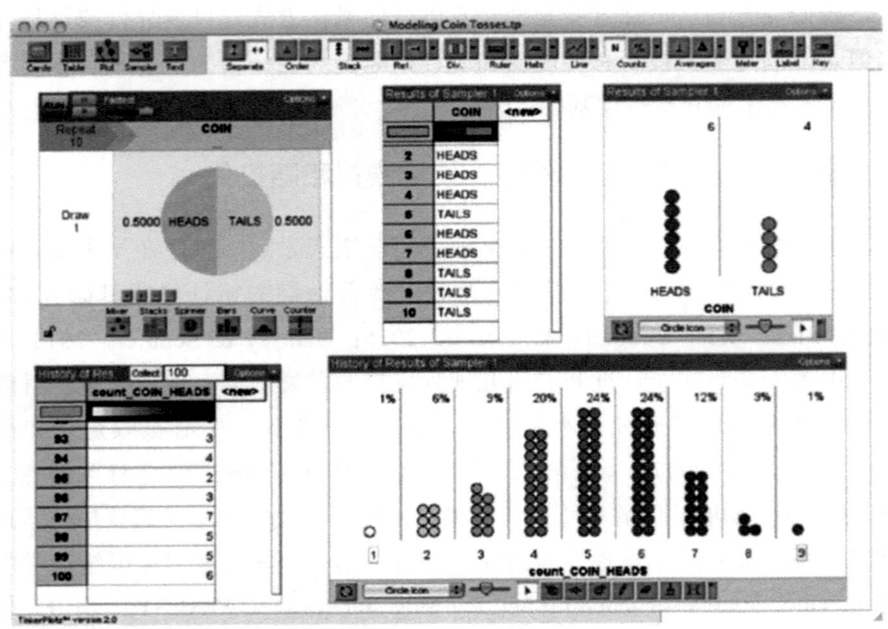

图 8.7　TinkerPlots 中模拟抛掷硬币 10 次，并重复 100 组所获得的“人头”数

资料来源：(delMas，Garfield，& Zieffler，2014)

学生在评估他们对数据分布的猜测中获得了有意义的见解，知道了模型以及作为证据的数据对做出超越数据的主张的作用。重新运行模拟时，他们获得了抽样变异性的非正式观念，这使他们能够就总体（理论模型）、样本（10 个硬币投掷）和抽样分布（100 组 10 次抛掷）之间的差异进行重要讨论。这些最初的非正式经验为区分这些在研究中被认为是困难的概念和思想提供了关键的背景联系（Castro-Sotos et al.，2007；Chance，delMas，& Garfield，2004）。CATALST 课程的下一个单元让学生模拟实验组和对照组之间的差异，目的是再次利用随机化得出结论并引入 p 值的概念——使用非正式方法介绍显著性检验的正式程序。课程的最后一个单元帮助学生根据数据样本假设一个模型，并根据从总体或过程中生成的有限（样本）数据提出关于总体或过程的主张，从而体现统计推断的力量。

8.5.3.2　大学案例 2：随机化方法和自助法

新西兰的大学研究人员也采用了科布（Cobb，2007）的建议，建立一个大型项目研究如何运用随机化方法和自助法向大学生介绍推断思想（Budgett et al.，2013；Pfannkuch，Budgett，& Arnold，2015；Pfannkuch，Wild，& Regan，2014；Wild et al.，2017）。他们

开发的可视化推断工具软件（VIT，www.stat.auckland.ac.nz/～wild/VIT）是这项工作的一部分，该软件提供动态链接的图形，能够跟踪模拟的多次运行，以便用户看到结果的分布。该小组认为他们的方法是“部分非正式的推断”，因为他们使用了正式的推断方法（随机化检验），这属于专业统计学者的技能，但是没有向学生介绍零假设、p 值和显著性的正式内容。

这个研究小组对从实验到因果关系的推断特别感兴趣，因为它是统计推理中经常被忽视的一个方面，但是在统计学研究中至关重要，因为它们在实际中被使用。图 8.8 的案例是分析实验中服用鱼油与常规油对降低血压的功效。图 8.8 上方所示的是实际数据分布，以及两个实验组血压均值的差异（7.71 mmHg）。然后将数据随机再分配到两组，记录两组均值的差异（图 8.8，中间的图），并重复该过程。图 8.8 下方的图给出了重复 1000 次随机再分配产生的分布，这能让学生判断 7.71 mmHg 的实际差异是否是不可能出现的，即，如果实验处理无效，出现 7.71 mmHg 或更大的差异的频率是多少。在这种情况下，7.71 mmHg 以上的差异在 1000 次中仅发生 8 次，因此相对不太可能。

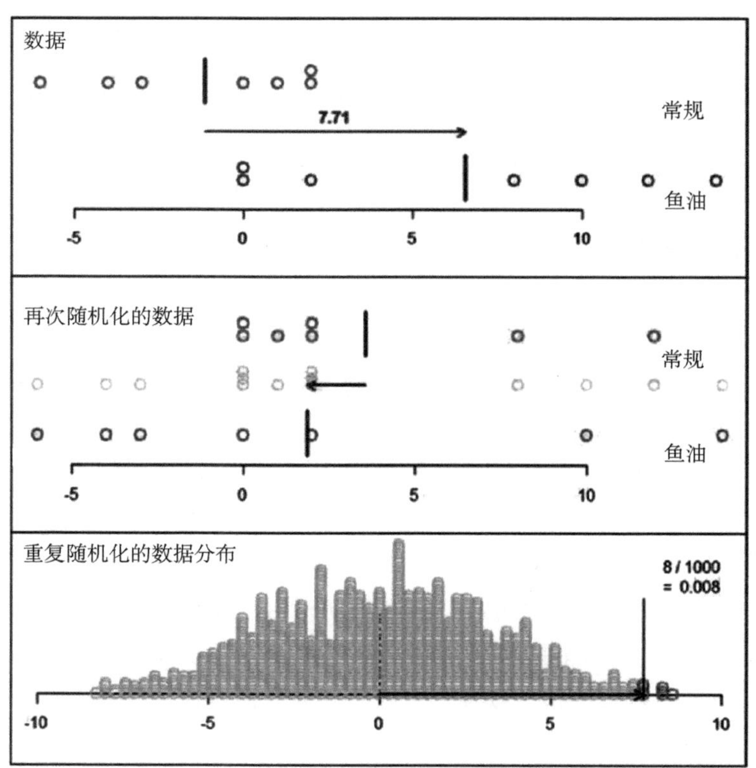

图 8.8　VIT 随机化检验中动态链接图的截图

资料来源：（Pfannkuch，Budgett，& Arnold，2015）

这些随机化方法具有高度的可视性，并且通常比涉及零假设和 p 值的传统方法更容易让学生掌握，因此“提高了数据探索和推断思想对更广泛受众的可接受性”（Wild et al.，2017，p.21）。然而，使用这些工具进行的研究也证明了，厘清不确定性的多个方面是一个复杂的过程，并且这是在概率情境下进行因果关系判断的核心。譬如，在从实验到因果关系的情境下，相比从样本到总体的推断，学生更有可能调用不相关的因果知识来解释差异。学生也很难弄清楚如何将他们在从样本到总体推断背景下学到的思想应用于从实验到因果关系的推断，包括样本容量、尾部比例、混淆变量和推广等概念（Pfannkuch，Budgett，& Arnold，2015）。应对这些概念时的复杂性表明，“在概率环境中培养学生对因果关系的理解将需要多年经验”（p.21）。

8.5.4 对案例中非正式统计推断的见解

上述案例突出了让学生参与非正式统计推断的两个关键问题。首先，它们强调非正式统计推断的潜力，即能够帮助多个层次的学生（年幼孩子到大学生）在学习正式的假设检验之前或代替学习正式的假设检验的情况下，使用强大的统计思想进行有效的工作。其次，案例清楚地表明，将非正式统计推断和正式统计推断截然分开并不能体现将非正式统计推论性推理付诸实践的效用。虽然我们认为它们都是非正式推断的例子，但是在其中有正式的方面，特别是当参与的学生年龄越来越大时。从这个意义上讲，这些案例模糊了正式统计推断和非正式统计推断之间的界限，而是指向关注学生通过可视化、模拟和强大的问题背景来发展其统计推论性推理的价值。

8.6 总结和未来方向

总之，我们认为统计推断——正式的、非正式的或介于两者之间的——是统计学的大部分力量所在。与杜威的推断概念类似，统计推断依赖于证据，但又超越证据，是从“存在的东西到不存在的东西”（Dewey，1910，p.75）。在包含不确定性的情况下，超越手头数据做出陈述或预测的能力帮助学生挖掘洞察的潜力，让他们可以赢得比赛、抓住窃贼和测试药物。我们已经看到正式统计推断的传统方法的结构是如何成为初学者的障碍的，以及新的推断方法（统称为“非正式统计推断”）是如何为所有年龄段的学生提供更强大的统计经验的。本章包含的四个案例研究说明了非正式统计推断随着学生和教师对统计推理越来越熟练后可能的样子，它们都依赖于视觉表征、使用专门用于阐明统计概念的技术（针对初中及以后），以及参与基于研究的课程任务。

非正式统计推断的研究在许多方面还不成熟，而且很难预测研究将朝着什么方向发展。然而，从我们的角度看，许多研究方向在不久的将来很可能特别重要，因为它们代表了统计环境的重大变化，或是当前研究的自然产物。我们在这里简要讨论五个这样的研究领域：①统计建模和统计推断之间的关系；②数据科学和大数据；③概率推理的再考虑；④使用时间序列和相关性的推断；⑤开发从学前班到高等教育阶段发展学生非正式统计推论性推理的统计学课程的潜力。针对每一个领域，我们提出了研究思路，这些思想将扩展我们对统计推论性推理能力发展的理解。

统计建模被研究了许多年，包括那些从事儿童工作的人也参与其中（如 English，2012；Konold，1994；Konold，Harradine，& Kazak，2007；Lehrer & Schauble，2000，2004）。在大多数情况下，统计模型是对问题背景进行推断的一种手段。在过去的几年中，统计建模领域大为复苏，这可能是由于非正式统计推断的新研究，并且它同样旨在丰富感受统计推断力量的途径（本手册第 7 章）。2017 年《统计教育研究杂志》中的论文特辑可以说明这种联系，论文关注在非正式统计推断背景下关于模型和建模的推理。

对建模的关注也为数学教育和统计教育团体之间的合作提供了机会，因为数学模型可以成为支持团体之间对话的“边界对象”（boundary objects），而不需要再对“模型”进行单独定义（Groth，2015）。因为无论在数学还是统计学中，建模是一种让我们能更好地理解经验情境的工具，所以在数学和统计教育工作者关于建模的研究之间存在明显的重叠。

“大数据”的出现使得统计推理成为人们关注的焦点，因为各个领域的人都在新获得的数据中寻求洞察。数据科学被吹捧为未来经济的驱动力，数据技能被纳入成功就业所需的能力之一。然而，这一领域的大部分学术研究是由计算机科学家完成的，他们对统计教育界过去几十年来所进行的研究知之甚少，在这两个群体之间建立桥梁，对理解大数据背景下“推断”的含义很重要。譬如，非常大的数据集相对更容易出现统计显著性结果，因此必须谨慎对待它们。对总体进行统计分析时（如普查数据或国家一级的人口统计数据），推断通常是从现在到未来，而不是从样本到总体——因此与考虑建模有很多共同之处。这些差异对非正式统计推断的影响将会是一个富有成效的研究课题。

第 8.4 节列出的推断方法的几个不同之处涉及如何明确和定量地描述概率。本章的案例研究说明了学生随着年龄的增长，对概率概念的学习越来越明确，从小学的定性理解，到初中/高中案例中更加偏向定量的理解（虽然没有明显与概率理论联系在一起），再到大学案例中相当明确的和定量的使用。围绕这一主题，可以在研究中有效解决一些问题：如何以及何时将概率主题正式介绍给学生？概率学习与非正式统计推断的概念学习有什么关系？它们应该如何以及在何时合并？

大多数关于统计推论性推理的研究，无论是正式的还是非正式的，都侧重于从样本到总体的推断以及组间比较，属于 t 检验。根据时间序列的推断（本章提及的案例研究是不常见的）或关于相关性的推断（如可能出现在散点图中）的研究很少。这些是未来工作的重要方向，因为我们需要了解统计推论性推理过程在这些不同的统计背景下有什么相似之处或不同之处，学生又如何在一个可以轻松转移到其他统计情境的统计环境中学习推断原理。

在一些国家的课程文件中，非正式统计推断明确地出现在了中学（如 New Zealand Ministry of Education，2016）或使用诸如“预测”之类的词语隐含地出现在小学（如

Australian Curriculum，Assessment and Reporting Authority，2012）。巴克和德里的研究提醒我们，非正式统计推论性推理有可能让统计学课程更具连贯性，成为跟随学生学习进步而逐渐复杂的主线（Bakker & Derry，2011）。目前还没有一个课程文件要求在整个学校教育阶段开展非正式统计推论性推理，尽管本章所述的论文涵盖了从学校教育第一年（学前班）到大学阶段，因此显然有可能形成连贯的序列。围绕推断创建这样的教与学轨迹对于统计教育界来说是一个有价值的共同事业（关于在统计教育课程中发展连贯性的进一步想法，参见本手册第 12 章和第 16 章）。

参考文献

Ainley，J.，& Pratt，D.（2001）. Introducing a special issue on constructing meanings from data. *Educational Studies in Mathematics，45*（1），1-8.

Aridor，K.，& Ben-Zvi，D.（2019）. Students' aggregate reasoning with covariation. In G. Burrill & D. Ben-Zvi（Eds.），*Topics and trends in current statistics education research：International perspectives*. New York：Springer.

Australian Academy of Science.（2006）. *Mathematics and statistics：Critical skills for Australia's future. The national strategic review of mathematical sciences research in Australia*. Melbourne：University of Melbourne.

Australian Curriculum，Assessment and Reporting Authority.（2012）. *Australian curriculum：Mathematics*. Melbourne：Australian Curriculum，Assessment and Reporting Authority.

Bakker，A.，& Derry，J.（2011）. Lessons from inferentialism for statistics education. *Mathematical Thinking and Learning，13*（1-2），5-26.

Bakker，A.，& Gravemeijer，K.（2004）. Learning to reason about distribution. In D. Ben-Zvi & J. Garfield（Eds.），*The challenge of developing statistical literacy，reasoning，and thinking*（pp.147-168）. Dordrecht：Kluwer.

Bakker，A.，Kent，P.，Derry，J.，Noss，R.，& Hoyles，C.（2008）. Statistical inference at work：Statistical process control as an example. *Statistics Education Research Journal，7*（2），130-145.

Belia，S.，Fidler，F.，Williams，J.，& Cumming，G.（2005）. Researchers misunderstand confidence intervals and standard error bars. *Psychological Methods，10*（4），389-396.

Ben-Zvi，D.（2006）. Scaffolding students' informal inference and argumentation. In A. Rossman & B. Chance（Eds.），*Proceedings of the Seventh International Conference on Teaching Statistics*. Voorburg：International Association for Statistics Education.

Ben-Zvi，D.，& Arcavi，A.（2001）. Junior high school students' construction of global views of data and data representations. *Educational Studies in Mathematics，45*（1），35-65.

Ben-Zvi，D.，Aridor，K.，Makar，K.，& Bakker，A.（2012）. Students' emergent articulations of uncertainty while making informal statistical inferences. *ZDM，44*（7），913-925.

Biehler, R., Ben-Zvi, D., Bakker, A., & Makar, K. (2013). Technology for enhancing statistical reasoning at the school level. In M. A. Clements, A. J. Bishop, C. Keitel, J. Kilpatrick, & F. K. S. Leung (Eds.), *Third international handbook of mathematics education* (pp.643-689). New York: Springer.

Budgett, S., Pfannkuch, M., Regan, M., & Wild, C. J. (2013). Dynamic visualizations and the randomization test. *Technology Innovations in Statistics Education*, *7* (2). Retrieved from http://escholarship.org/uc/item/9dg6h7wb.

Budgett, S., & Wild, C. J. (2014). Students' visual reasoning and the randomization test. In K. Makar, B. da Sousa, & R. Gould (Eds.), *Sustainability in statistics education. Proceedings of the 9th International Conference on Teaching Statistics, Flagstaff, AZ, USA.* Voorburg: International Association for Statistics Education.

Castro-Sotos, A. E. C., Vanhoof, S., van den Noortgate, W., & Onghena, P. (2007). Students' misconceptions of statistical inference: A review of the empirical evidence from research on statistics education. *Educational Research Review*, *2* (2), 98-113.

Chance, B., delMas, R., & Garfield, J. (2004). Reasoning about sampling distributions. In D. Ben-Zvi & J. Garfield (Eds.), *The challenge of developing statistical literacy, reasoning, and thinking* (pp.295-323). Dordrecht: Kluwer.

Cobb, G. W. (2007). The introductory statistics course: A Ptolemaic curriculum? *Technology Innovations in Statistics Education*, *1* (1). Retrieved from http://escholarship.org/uc/item/6hb3k0nz.

Cobb, G. W., & Moore, D. S. (1997). Mathematics, statistics, and teaching. *The American Mathematical Monthly*, *104* (9), 801-823.

Cobb, P., McClain, K., & Gravemeijer, K. (2003). Learning about statistical covariation. *Cognition and Instruction*, *21* (1), 1-78.

Council for the Mathematical Sciences. (2004). *An international review of UK research in mathematics.* London: Council for the Mathematical Sciences.

Cumming, G. (2012). *Understanding the new statistics: Effect sizes, confidence intervals, and meta-analysis.* New York: Routledge.

delMas, R. (2004). A comparison of mathematical and statistical reasoning. In D. Ben-Zvi & J. Garfield (Eds.), *The challenge of developing statistical literacy, reasoning, and thinking* (pp.79-95). Dordrecht: Kluwer.

delMas, R., Garfield, J., & Chance, B. (1999). A model of classroom research in action: Developing simulation activities to improve students' statistical reasoning. *Journal of Statistics Education*, *7* (3). Retrieved from https://files.eric.ed.gov/fulltext/ED474052.pdf.

delMas, R., Garfield, J., Ooms, A., & Chance, B. (2007). Assessing students' conceptual understanding after a first course in statistics. *Statistics Education Research Journal*, *6* (2), 25-58.

delMas, R., Garfield, J., & Zieffler, A. (2014). Using TinkerPlots™ to develop tertiary students' statistical thinking in a modeling-based introductory statistics class. In T. Wassong, D. Frischemeier, P. R. Fischer, R. Hochmuth, & P. Bender (Eds.), *Mit Werkzeugen, Mathematik und Stochastik lernen-Using tools for learning mathematics and statistics*（pp.405-420）. Wiesbaden：Springer Spektrum.

Dewey，J.（1910/1997）. *How we think.* Mineola：Dover.

Dierdorp，A.，Bakker，A.，Eijkelhof，H.，& van Maanen，J.（2011）. Authentic practices as contexts for learning to draw inferences beyond correlated data. *Mathematical Thinking and Learning，13*（1），132-151.

English，L. D.（2012）. Data modelling with first-grade students. *Educational Studies in Mathematics，81*（1），15-30.

Falk，R.，& Greenbaum，C. W.（1995）. Significance tests die hard. *Theory and Psychology，5*（1），75-98.

Fielding-Wells，J.（2010）. Linking problems，conclusions and evidence：Primary students' early experiences of planning statistical investigations. In C. Reading（Ed.），*Proceedings of the Eighth International Conference on Teaching Statistics*. Voorburg：International Statistical Institute.

Fielding-Wells，J.，& Makar，K.（2015）. Inferring to a model：Using inquiry-based argumentation to challenge young children's expectations of equally likely outcomes. In A. Zieffler & E. Fry（Eds.），*Reasoning about uncertainty：Learning and teaching informal inferential reasoning*（pp.89-115）. Minneapolis：Catalyst Press.

Frick，R. W.（1998）. Interpreting statistical testing：Process and propensity，not population and random sampling. *Behavior Research Methods，Instruments，& Computers，30*（3），527-535.

Garfield，J.，& Ben-Zvi，D.（2008）. *Developing students' statistical reasoning：Connecting research and teaching*. New York：Springer.

Garfield，J.，delMas，R.，& Zieffler，A.（2012）. Developing statistical modelers and thinkers in an introductory，tertiary-level statistics course. *ZDM，44*（7），883-898.

Garfield，J.，Le，L.，Zieffler，A.，& Ben-Zvi，D.（2015）. Developing students' reasoning about samples and sampling variability as a path to expert statistical thinking. *Educational Studies in Mathematics，88*（3），327-342.

Gil，E.，& Ben-Zvi，D.（2011）. Explanations and context in the emergence of students' informal inferential reasoning. *Mathematical Thinking and Learning，13*（1），87-108.

Groth，R.（2015）. Working at the boundaries of mathematics education and statistics education communities of practice. *Journal for Research in Mathematics Education，46*（1），4-16.

Hacking，I.（2006）. *The emergence of probability：A philosophical study of early ideas about probability，induction and statistical inference*. Cambridge：Cambridge University Press.

Hancock，C.，Kaput，J. J.，& Goldsmith，L. T.（1992）. Authentic inquiry with data：Critical barriers to classroom implementation. *Educational Psychologist，27*（3），337-364.

Harlow，L. L. E.，Mulaik，S. A.，& Steiger，J. H.（Eds.）.（1997）. *What if there were no significance tests?* Mahwah：Lawrence Erlbaum Associates.

Harradine，A.，Batanero，C.，& Rossman，A.（2011）. Students and teachers' knowledge of sampling and inference. In C. Batanero，G. Burrill，& C. Reading（Eds.），*Teaching statistics in school mathematics：Challenges for teaching and teacher education（A Joint ICMI/IASE Study）*（pp.235-246）. New York：Springer.

Hesterberg，T.，Moore，D.，Monaghan，S.，Clipson，A.，& Epstein，R.（2009）. Bootstrap methods and permutation tests. In D. Moore，G. McCabe，& B. Craig（Eds.），*Introduction to the practice of statistics*（6th ed.，pp.16-1-16-60）. New York：Freeman.

Kahneman，D.，Slovic，S.，& Tversky，A.（1982）. *Judgment under uncertainty：Heuristics and biases*. Cambridge：Cambridge University Press.

Konold，C.（1994）. Teaching probability through modeling real problems. *Mathematics Teacher，87*（4），232-235.

Konold，C.（2005）. *Exploring data with TinkerPlots*. Emeryville：Key Curriculum Press.

Konold，C.（2007）. Designing a data analysis tool for learners. In M. C. Lovett & P. Shah（Eds.），*Thinking with data*（pp.267-291）. New York：Lawrence Erlbaum Associates.

Konold，C.，Harradine，A.，& Kazak，S.（2007）. Understanding distributions by modeling them. *International Journal of Computers for Mathematical Learning，12*（3），217-230.

Konold，C.，Higgins，T.，Russell，S. J.，& Khalil，K.（2015）. Data seen through different lenses. *Educational Studies in Mathematics，88*（3），305-325.

Konold，C.，& Miller，C. D.（2005）. *TinkerPlots：Dynamic data exploration*. Emeryville：Key Curriculum Press.

Konold，C.，& Pollatsek，A.（2002）. Data analysis as the search for signals in noisy processes. *Journal for Research in Mathematics Education，33*（4），259-289.

Langrall，C.，Nisbet，S.，Mooney，E.，& Jansem，S.（2011）. The role of context expertise when comparing data. *Mathematical Thinking and Learning，13*（1），47-67.

Lecoutre，M.-P.，Durand，J.-L.，& Cordier，J.（1990）. A study of two biases in probabilistic judgments：Representativeness and equiprobability. In J.-P. Caverni，J.-M. Fabre，& M. Gonzalez（Eds.），*Cognitive biases*（pp.563-575）. Amsterdam：Elsevier.

Lehrer，R.，& Schauble，L.（2000）. Modeling in mathematics and science. In R. Glaser（Ed.），*Advances in instructional psychology：Educational design and cognitive science*（Vol. 5，pp.101-105）. Mahwah：Lawrence Erlbaum Associates.

Lehrer，R.，& Schauble，L.（2004）. Modeling natural variation through distribution. *American Educational Research Journal，41*（3），635-679.

Lock，R. H.，Lock，P. F.，& Morgan，K. L.（2012）. *Statistics：Unlocking the power of data*. Hoboken：Wiley.

Madden，S. R.（2011）. Statistically，technologically，and contextually provocative tasks：Supporting teachers' informal inferential reasoning. *Mathematical Thinking and Learning，13*（1），109-131.

Makar，K.（2014）. Young children's explorations of average through informal inferential reasoning. *Educational Studies in Mathematics，86*（1），61-78.

Makar，K.（2016）. Developing young children's emergent inferential practices in statistics. *Mathematical Thinking and Learning，18*（1），1-24.

Makar，K.，Bakker，A.，& Ben-Zvi，D.（2011）. The reasoning behind informal statistical inference.

Mathematical Thinking and Learning，*13*（1-2），152-173.

Makar，K.，& Rubin，A.（2009）. A framework for thinking about informal statistical inference. *Statistics Education Research Journal*，*8*（1），82-105.

Meletiou-Mavrotheris，M.，& Paparistodemou，E.（2015）. Developing students' reasoning about samples and sampling in the context of informal inferences. *Educational Studies in Mathematics*，*88*（3），385-404.

Moore，D.（1990）. Uncertainty. In L. A. Steen（Ed.），*On the shoulders of giants：New approaches to numeracy*（pp.95-137）. Washington：National Academy Press.

Mulligan，J.，& Mitchelmore，M.（2013）. Early awareness of mathematical pattern and structure. In L. English & J. Mulligan（Eds.），*Reconceptualizing early mathematics learning*（pp.29-45）. New York：Springer.

New Zealand Ministry of Education.（2016）. Elaborations on level 5：Statistics. *NZMaths.* Retrieved from http://nzmaths.co.nz/elaborations-level-five-statistics.

Nickerson，R.（2004）. *Cognition and chance：The psychology of probabilistic reasoning.* Mahwah：Lawrence Erlbaum Associates.

Pfannkuch，M.（2006）. Informal inferential reasoning. In A. Rossman & B. Chance（Eds.），*Proceedings of the Seventh International Conference on Teaching Statistics*. Voorburg：International Association for Statistics Education.

Pfannkuch，M.，& Budgett，S.（2014）. Constructing inferential concepts through bootstrap and randomization-test simulations：A case study. In K. Makar，B. da Sousa，& R. Gould（Eds.），*Sustainability in statistics education. Proceedings of the 9th International Conference on Teaching Statistics，Flagstaff，AZ，USA*. Voorburg：International Association for Statistics Education.

Pfannkuch，M.，Budgett，S.，& Arnold，P.（2015）. Experiment-to-Causation inference：Understanding causality in a probabilistic setting. In A. Zieffler & E. Fry（Eds.），*Reasoning about uncertainty：Learning and teaching informal inferential reasoning*（pp.95-128）. Minneapolis：Catalyst Press.

Pfannkuch，M.，Wild，C. J.，& Regan，M.（2014）. Students' diffculties in practicing computersupported statistical inference：Some hypothetical generalizations from a study. In T. Wassong，D. Frischemeier，P. Fischer，R. Hochmuth，& P. Bender（Eds.），*Mit Werkzeugen Mathematik und Stochastik lernen-Using tools for learning mathematics and statistics*（pp.393-403）. Wiesbaden：Springer Spektrum.

Pratt，D.（2011）. Re-connecting probability and reasoning about data in secondary school teaching. *58th World Statistics Conference，Dublin.* Retrieved from https://2011.isiproceedings.org/papers/450478.pdf.

Pratt，D.，Johnson-Wilder，P.，Ainley，J.，& Mason，J.（2008）. Local and global thinking in statistical inference. *Statistics Education Research Journal*，*7*（2），107-129.

Prodromou，T.，& Pratt，D.（2006）. The role of causality in the co-ordination of two perspectives on distribution within a virtual simulation. *Statistics Education Research Journal*，*5*（2），69-88.

Ramsey，F.，& Schafer，D.（2013）. *The statistical sleuth：A course in methods of data analysis*（3rd ed.）. Boston：Cengage Learning.

Reaburn，R.（2014a）. Introductory statistics course tertiary students' understanding of *p*-values. *Statistics*

Education Research Journal，*13*（1），53-65.

Reaburn，R.（2014b）. Students' understanding of confidence intervals. In K. Makar，B. de Sousa，& R. Gould（Eds.），*Sustainability in statistics education. Proceedings of the 9th International Conference on Teaching Statistics*，*Flagstaff*，*AZ*，*USA*. Voorburg：International Statistical Institute.

Rossman，A.（2008）. Reasoning about informal statistical inference：One statistician's view. *Statistics Education Research Journal*，*7*（2），5-19.

Rubin，A.，Hammerman，J.，& Konold，C.（2006）. Exploring informal inference with interactive visualization software. In A. Rossman & B. Chance（Eds.），*Proceedings of the 7th International Conference on Teaching Statistics*. Voorburg：International Association for Statistics Education.

Saldanha，L. A.，& Thompson，P. W.（2002）. Conceptions of sample and their relationship to statistical inference. *Educational Studies in Mathematics*，*51*（3），257-270.

Shaughnessy，J. M.，Garfield，J.，& Greer，B.（1996）. Data handling. In A. J. Bishop，K. Clements，C. Keitel，J. Kilpatrick，& C. Laborde.（Eds.），*International handbook of mathematics education*（pp.205-237）. Dordrecht：Kluwer.

Stanovich，K.（2007）. *How to think straight about psychology*（8th ed.）. Upper Salle River：Allyn & Bacon.

Tintle，N.，Rogers，A.，Chance，B.，Cobb，G.，Rossman，A.，Roy，S.，et al.（2014）. Quantitative evidence for the use of simulation and randomization in the introductory statistics course. In K. Makar，B. de Sousa，& R. Gould（Eds.），*Sustainability in statistics education. Proceedings of the 9th International Conference on Teaching Statistics*，*Flagstaff*，*AZ*，*USA*. Voorburg：International Association for Statistics Education.

Tintle，N.，Topliff，K.，VanderStoep，J.，Holmes，V. L.，& Swanson，T.（2012）. Retention of statistical concepts in a preliminary randomization-based introductory statistics curriculum. *Statistics Education Research Journal*，*11*（1），21-40.

Tintle，N.，VanderStoep，J.，Holmes，V.-L.，Quisenberry，B.，& Swanson，T.（2011）. Development and assessment of a preliminary randomization-based introductory statistics curriculum. *Journal of Statistics Education*，*19*（1）. Retrieved from https://doi.org/10.1080/10691898.2011.11889599.

Tukey，J. W.（1977）. *Exploratory data analysis*. Reading：Addison-Wesley.

Tukey，J. W.（1980）. We need both exploratory and confirmatory. *The American Statistician*，*34*（1），23-25.

Wagenmakers，E.（2007）. A practical solution to the pervasive problems of *p*-values. *Psychonomic Bulletin and Review*，*14*（5），779-804.

Wild，C. J.，& Pfannkuch，M.（1999）. Statistical thinking in empirical enquiry. *International Statistical Review*，*67*（3），223-248.

Wild，C.，Pfannkuch，M.，Regan，M.，& Parsonage，R.（2017）. Accessible conceptions of statistical inference：Pulling ourselves up by the bootstraps. *International Statistical Review*，*85*（1），84-107.

Zieffler，A.，Garfield，J.，delMas，R.，& Reading，C.（2008）. A framework to support research on informal inferential reasoning. *Statistics Education Research Journal*，*7*（2），40-58.

第9章 统计学的学习轨迹

皮普·阿诺德　杰雷·康弗里　瑞安·塞思·琼斯　霍利琳内·S. 李
玛克辛·普凡库赫

随着越来越多的研究成果涉及学生的推理过程、技术能力、对基础概念结构的关注，以及统计实践的新方法，统计学课程及其教学方法正在迅速变化。由于研究中的许多统计思想目前尚未纳入学校课程，许多统计教育研究人员只能通过使用学习轨迹并结合基于设计的研究方法研究学生的推理过程。本章概述了学习轨迹的特征，并用统计教育中的三个案例研究说明了学习轨迹是如何使用的。最后讨论了这些案例研究中学习轨迹之间的共性和差异，以及对未来研究的建议。

9.1 简介

学习轨迹（LTs）在过去20年的统计教育研究中占据了突出地位，具有这种地位的部分原因可能在于教育中存在参与式研究和设计范式的普遍趋势（Sfard，2005）。这种范式强调理解在实际课堂中展开的教与学过程，研究人员要将自己定位为与教师合作而不是研究教师——“研究人员和从业人员之间的界限非常模糊”（Sfard，2005，p.401）。教育研究向具有生态效度和参与主义范式的研究发展的趋势可能为统计教育研究人员使用LTs奠定了基础，尤其他们中的许多人正在寻找统计学习的新方法。

传统上，统计学被作为一系列处理和表征数据的技术来教授，很少考虑学生的推理过程以及跨年级概念基础的建构。随着现在对学生的数据推理和统计学的概念理解的关注，研究人员发现概念基础不仅难以掌握，而且难以阐明（本手册第8章）。因此，为了阐明各统计主题自身以及交叉的概念基础，出于研究和教学目的，有必要在年级内和年级间建立新的LTs。此外，统计教育研究正在挑战传统课程和教学的内容以及对概念路径和研究结果的关注不足的问题。研究人员提出了这一挑战，他们关注学生推理过程中的问题以及这些问题与教学过程之间的联系。为了让未参与当前课程的学生建立新的概念理解，这些研究人员开发了新的LTs，他们使用LTs探索和记录学生在采用新的统计分析方法时的思维（如Bakker，2004；Makar，Bakker，& Ben-Zvi，2011）。因此，研究和课程开发、任务设计以及学生思维都与 LTs 有很大关联（Clements & Sarama，2004）。通过跟踪学生在一系列教学任务中思维的发展，会产生有关学生思维的新发现和空白，这可以催生新的研究和课程学习路径（Bakker & Gravemeijer，2004）。

我们将在第 9.2 节详细阐述 LTs 的关键特征，然后在第 9.3 节用三个案例说明研究中对 LTs 的使用。最后，我们反思案例研究并讨论对未来研究的影响和建议。

9.2　表征学习轨迹

认识到 LTs 在研究中以各种方式被解释和应用，克莱门茨和萨拉马指出（Clements & Sarama，2004，p.83）：

> 我们将学习轨迹定义为对儿童在特定数学领域的思维和学习的描述，以及通过一组设计的教学任务产生假设的心理过程或行为的相关推测路径，从而推动儿童思维水平的发展，进而支持儿童在该领域实现特定目标。

统计学领域的统计教育研究人员对 LTs 进行了类似的定义。但是，为了了解 LTs 的特征，我们需要回顾它们的起源。

LTs 最初在西蒙的开创性工作中被认为是假设的学习轨迹，他从建构主义角度描述了教师如何在课堂中定义并实施学习过程（Simon，1995）。他认为 LT 是假设的，因为它基于教师在实施教学之前对学习过程的预测。在教学过程中，LT 将根据教师对学生互动和推理过程的观察不断更新。由于术语“LT”现在常用于文献中，我们用它来描述预测的轨迹和更新的轨迹。其他研究人员（如 Lehrer et al.，2014）更喜欢使用术语“学习进阶”反映更开放的过程。虽然我们提到的是使用 LTs 的研究人员，但是事实上，教师和研究人员经常合作设计并研究 LTs，而教师也会对自己的课堂制定 LT 教学周期。

LT（图 9.1）涉及定义学习目标、考虑可能的学习活动以及它们可能唤起的学生思维和理解的类型，以及假设的学习过程（Simon，1995）。为了产生一个 LT，要先定义学习目标，然后形成关于特定学生群体对该主题领域理解的假设（图 9.1 中 1）。该假设基于来自各种来源和经验的信息，譬如，当前学生在相关领域的经历、类似学生群体的经历、从前测中发现的有关先验知识的信息，以及来自研究文献的数据信息（图 9.1 中 3 和 4）。创建 LTs 的另一个方面是对概念网络进行分析，包括实现学习目标时可能需要提出的“大观念”（图 9.1 中 2①）（Ben-Zvi & Garfield，2004）。譬如，如果学习目标是让学生学习如何从分布中推理，那么需要对支持分布的概念和“大观念”（如数据、中心、变异性）进行分析，从而认识到未来的 LTs 可能要应对尚未纳入当前轨迹的概念和思想（如推断）。

基于研究人员对学生的知识、技能和可能的思维过程的假设以及对主要目标的基本概念和“大观念”的分析，可以进一步考虑潜在的学习活动以及这些活动可能引发的思

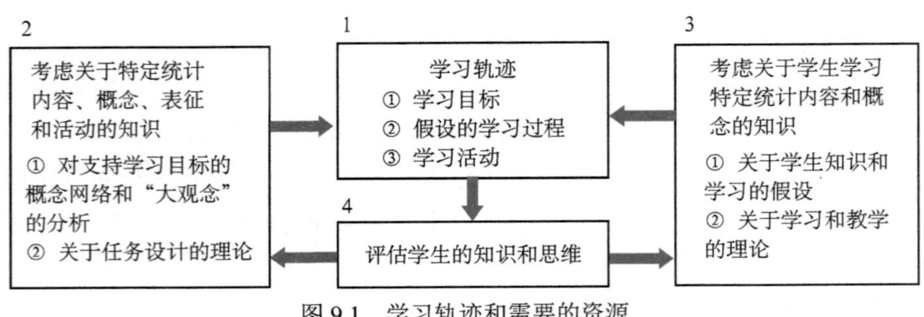

图 9.1 学习轨迹和需要的资源

资料来源：(Simon，1995，p.137)

维和学习的类型。研究人员具备的关于统计学教与学的理论（图 9.1 中 3②）、对于在统计学背景下学习的了解，以及他们对统计活动和表征的认识（图 9.1 中 2），考虑可能的学习活动时都会发挥作用（Simon，1995）。需要对学习过程中作为中介的统计工具进行评估，以便将其纳入学习活动，而关注课堂讨论以及如何借此引出并支持学生的理解是另一个重要的考虑因素。除了与年龄有关的发展问题，其他因素也影响研究人员对学习活动的计划，如文化因素（Clements & Sarama，2004），以及研究人员的信念和兴趣［包括他们可能与之合作的教师的信念和兴趣（本手册第 10 章）］。

学习活动还可以借鉴关于任务设计的研究，这最近才成为最前沿的研究领域（Watson & Ohtani，2015）。任务设计是重要的，因为任务的内容会影响学生的学习及其本质（本手册第 16 章）。对于学习研究来说，给予学生的任务极大地影响着最后得到的关于学生概念理解和能力发展的研究结果。莱什和多尔阐述了用于以模型导入的活动的任务设计原则，如对学生的个人意义，以及对构建的模型进行概括的能力（Lesh & Doerr，2003）。安利、普拉特和汉森也强调了设计任务时注意目的和实用性的重要性（Ainley，Pratt，& Hansen，2006）。LTs 通常将暗含的任务设计原则纳入所开发的学习活动，这表明在该领域需要对任务设计有更多的考虑（图 9.1 中 2②）。

假设的学习过程是“对学生的思维和理解将如何在学习活动的背景下发展进行的预测”（Simon，1995，p.136）。这是对将要发生的事情的最佳猜测。没有证据表明某个教学序列是教学和学习的唯一或最佳途径，它只是一种可能的途径（Clements & Sarama，2004）。LT 也可以被认为是对可能出现的一系列中间行为（包括成就和障碍）的描述，因为学生会从不成熟的先前概念发展到对目标概念的更复杂的理解（Confrey，2006）。假设的学习过程会不断被修改，因为研究人员通过与学生互动和观察学生，在反思中更广泛地了解学生在该领域的观念。研究人员的想法随着他们对课堂上发生的事情的理解而改变，基于对学生思维评估的反思促使他们对 LT、目标、活动和假设的学习过程不断调整（Simon，1995）。

可以通过各种方式评估学生的思维，从而为 LT 的修改提供信息（图 9.1 中 4），如个人书面诊断测试、基于任务的个人或小组访谈（需要进行主题性的定性分析），以及对课堂讨论和互动的分析。迪多普、巴克、艾克尔霍夫（Eijkelhof）和范马南（van

Maanen）的研究中就有一个有趣的例子，可以用来说明如何分析课堂互动数据（Dierdorp et al.，2011）。为了确定对学生学习的猜想与观察到的学习的匹配程度，他们使用数据分析矩阵和汇总编码系统进行课堂互动的转录，以便深入了解他们的 LT 是如何支持学生的统计推论性推理的。该领域需要做更多的工作，以便在研究论文中提供更好的证据证明 LT 如何支持或不支持学生在学习目标方面的学习。

LT 是对优秀教师所做工作的系统化和进一步扩展，它的不同之处在于，它在研究环境中是一种刻意的行为：研究人员积极并有意识地规划、反思并记录学生的行为与想法。随着 LT 在学生群体中得以重复试验，研究人员的目标是仔细考虑观察到的学生发展与教学顺序并形成小范围的教学理论（Gravemeijer，2004）。称它是小范围的，因为该理论可能仅适用于最初实施教学任务的学生群体，但是其他研究人员或许能将该理论作为为其特定学生群体开发 LTs 的框架。巴克和范伊尔德解释说，学生思维的相似模式可能在不同的课堂和教学实验中出现，从而形成关于如何教授一个主题的更一般的教学理论（Bakker & van Eerde，2015）。

在教育研究中，作为研究工具的 LTs 通常与基于设计的研究（design-based research，DBR）方法论有关（Cobb et al.，2003；Confrey & Lachance，2000；Gravemeijer & Cobb，2006；Prediger，Gravemeijer，& Confrey，2015）。DBR 这种研究的特点是，为了测试或开发理论而使用特别设计的学习活动分析学生的发展和进步（Bakker & van Eerde，2015）。开展 DBR 来设计一种新型学习方法时，其目标是多样的：解释性和咨询性地“在理论上提供关于如何促进教与学的特定方式的见解”，或预测性地指出“在条件 X 下使用教学方法 Y，学生可能习得 Z”（Bakker & van Eerde，2015，p.431）。DBR 的另一个特征是其迭代性质，它执行的循环包括准备和设计、教学实验和回顾性分析。在教学过程中，研究人员可以确定学习在实际操作中是如何发生的，通过批判性反思调整或修改下一节课的计划。这些调整通常是从一节课到另一节课的小变化，而在实施整个教学序列之后，可以对 LT 进行更大规模的修改。DBR 最近得到了进一步的开发（http://learndbir.org/）。因此，DBR 方法与 LT 研究形成了自然的伙伴关系。混合方法的研究方法也可以与 LTs 一起使用。

9.3　学习轨迹的三个案例研究

统计教育界开展了许多研究增进对 LTs 的了解（Franklin et al.，2007；Lehrer et al.，2014；Rubin，Bruce，& Tenney，1990）。研究表明，统计概念应该融入探究活动，学生对统计概念的思考会随着他们遇到不同形式的变异性时所产生的对概念的需求（Confrey，1991）而发展（Garfield & Ben-Zvi，2007；Konold & Pollatsek，2002；Pfannkuch & Wild，2004）。

我们在本节将根据图 9.1 说明 LTs 是如何用于统计教育研究的。在第一个案例研究中，杰雷·康弗里和瑞安·塞思·琼斯阐述了表征假设结构地图的策略，以帮助教师和学生追踪学生对变异性思考的进步。在第二个案例研究中，皮普·阿诺德制定的学习目标是比较两个箱线图时做出判断或推断，并且她举例说明了学生如何借助假设的学习过程实现这一目标。在第三个案例研究中，霍利琳内·S. 李和海伦·多尔（Helen Doerr）合作设计了一个 LT，以促进教师对重复抽样推断的理解。所有这些研究都使用 DBR。这些案例研究的核心是变异这一大观念（从构造一个统计量描述观察到的变异的需要到推断时考虑变异的需要）。

9.3.1 案例研究 1：6 年级学生为变异性构造统计量的两个预备学习轨迹

9.3.1.1 简介

第一个案例研究涉及向学生引入变异性的概念，这是许多学者研究的一个主题（如 Ben-Zvi，2004；Garfield & Ben-Zvi，2005；Konold & Pollatsek，2002；Lehrer et al.，2014；Makar & Confrey，2005；Wild & Pfannkuch，1999）。康弗里和琼斯选择使用围绕“大观念”组织的学习地图来探讨这一主题，这些“大观念”被进一步分解为基于 LTs 的结构（Confrey，2015），这些 LTs 准确地表征了学生水平在不断提高的过程中的典型表现。该地图有两个主要目的：为教师提供专业发展机会；开发诊断性评估以衡量学生的进步。

9.3.1.2 学习目标和设计的学习过程

康弗里和琼斯在研究中的学习目标源于美国《州共同核心数学标准》(Common Core State Standards Initiative，2010）针对 6 年级（11 岁）的统计部分。通过分析构成学习目标的概念网络和“大观念”（图 9.1 中 2①），他们设计了一个学习地图，该地图是围绕康弗里确定的九个“大观念”进行分层组织的。这些“大观念”被细分为一到五个相关学习群，这些群由相互支持的结构组成，每个结构都描述为相应的学习轨迹，学习轨迹由一组复杂程度不断提高的有序指标组成。这些指标反映了学生在教学过程中可能出现的行为和思维（前两个结构见表 9.1）。在统计学中，一个“大观念”是“表征数据并使用统计量来衡量分布的中心和变异”。这个“大观念”被分为三个相关学习群：①表征单变量数据；②用统计量度量数据；③表征双变量数据。每个学习群进一步划分为一组相关的结构。“表征单变量数据”的结构是：①收集数据和描述变异性；②以新颖方式和传统方式表征数据；③比较相同数据的不同呈现形式；④单变量数据的形状。

研究中的 LTs 是综合了统计教育研究的文献和先前学习轨迹迭代的情况而形成的。譬如，在本研究之前，建模的相关学习群阐述了许多关于变异性的行为和思维。然而，当研究人员在他们的研究中观察到这种思维的基础作用从而理解数据表征和统计量之后，他们重新构建了地图来将这些想法纳入数据表征的学习群中。在 LT 的每次迭代中，学生思维中的模式得到了强化，但是出现了细微差别甚至是新的思维方式，这些变化被添加到 LTs 中。

“表征单变量数据”的轨迹的主要学习目标是支持学生发展变异性概念，变异性通过表征数据创建的各种数据形状表示，并为后期轨迹中对测量变异性的需求奠定基础（Konold & Pollatsek，2002；Lehrer & Kim，2009；Petrosino，Lehrer，& Schauble，2003）。目标的确定受到康弗里和琼斯依据的学习理论的影响（图 9.1 中②），其中的关键要素包括创造和转变（皮亚杰称之为顺应）的作用。他们轨迹中的另一个关键因素是培养学生之间的对话，让他们可以从彼此的想法和输出中相互学习，教师在提出这种思想以及建立重视表达和分享想法的课堂规范方面发挥着重要作用。研究人员的信念是，LTs 还应该表明教师需要注意的学生统计思维类型，以及它们如何融合成日益复杂的思维轨迹。思考变异性、表征数据，以及比较这些表征，为讨论数据形状和统计量奠定了基础（Lehrer，Kim，& Jones，2011；Petrosino，Lehrer，& Schauble，2003；Schwartz & Martin，2004）。只有在学生努力有效地实现这些想法之后，他们才能构造统计量并学习其常规定义。

9.3.1.3　学习活动和观察到的学习过程

康弗里和琼斯根据莱勒（Lehrer，2016）和康弗里（Confrey，2002）的先前工作开发了教学材料，他们让学生使用 TinkerPlots（Konold & Miller，2005）和 Data Games（Finzer，Konold，& Erickson，2012）进行数据探索和制作数据表征。因此，学习活动的设计基于他们对统计学的教学策略和资源的了解、他们对学生如何学习单变量数据表征的了解，以及他们对将要参与研究的学生的当前知识的了解（图 9.1 中 2 和 3）。对学生学习的诊断性评估也与 LTs 相协调（图 9.1 中 4）。

下面的案例研究针对 15 名 6 年级学生（11 岁），他们在研究现场的教室里每天见面 3 小时，为期 1 周。该研究有两个目的：①确认或修改 LT；②出于教师专业发展需要而收集学生活动的样本。因此，正在调查的研究问题是：当引入各种来源的变异性和单变量数据表征的思想时，学生有哪些典型的行为模式、表现形式和谈话方式，要如何描述它们从而让教师易于理解并有所收获。

案例研究描绘了学生的学习，以及这种学习是如何通过表 9.1 中的两个结构体现的。在对学生活动的整个描述中，提及了结构中的相关水平。要注意的是，在该描述中，康弗里和琼斯评估的是学生的知识和思维（图 9.1 中 4），以了解他们观察到的行为模式是否与表 9.1 中列出的指标一致。

1. 收集数据并描述变异性

为了让学生参与创建可变数据的问题（这个结构的前两个水平），教师要求学生考虑三个不同的问题：我们院子里喷泉的周长是多少？在一个单独包装中有多少颗巧克力豆？中学生头部的周长是多少？为了突出变异性的挑战，数据收集策略是开放的，并为学生提供粗略的测量工具，如绳子和尺。在这种情况下，学生会产生明显的度量误差。

但是，学生的度量错误是他们理解数据中各种变异性来源的学习资源。为了引发关于数据变异性来源的对话（表 9.1 中结构 1 的水平 4），教师展示了学生测得的数据的无序列表，并在整个课堂讨论中问他们，“当你看到所有这些变异性时你会注意到什么？”他们还通过提出诸如“什么是导致不同类型数据的变异性的原因？”之类的问题来讨论他们确定的不同来源的相对重要性（表 9.1 中结构 1 的水平 5）。表 9.2 提供了学生讨论中常见类型的简短例子。

表 9.1　两种结构的 LT 指标

结构	水平
1. 收集数据并描述变异性	1. 识别目标现象并提出有关问题
	2. 创建并使用数据作为回答问题的信息
	3. 描述由于数据的变异性，一些问题具有不确定的答案
	4. 确定数据变异性的来源
	5. 估计不同变异性来源的重要性
	6. 对变异性来源进行分类（度量误差、自然变异性、生产误差）
	7. 预测不同样本之间数据的变异性
	8. 描述或预测过程中的变化如何影响变异性
2. 以新颖和传统方式表征数据	1. 表征数据但不考虑调查背景
	2. 表现出对条形图、饼图和点图的基本熟悉程度
	3. 识别或创建标题、标签或图例
	4. 在不区分数据标度的情况下，将数据从小到大排序
	5. 堆叠单个值或组内、间隔内或箱内的值
	6. 使用相等间隔的标度
	7. 创建点图和条形图，了解分类数据和连续数据之间的区别，并解释有关标度、顺序和分组的选择
	8. 创建直方图和圆形图，解释有关间隔的选择，并提供每个间隔内的计数或百分比
	9. 选择以传统和新颖的方式表征数据并说明选择的合理性

表 9.2　关于变异性的关键概念和学生讨论

数据背景	学生讨论
对同一物体进行单独测量 （我们的例子是，庭院中的喷泉）	“……这个喷泉就像，哇！这里发生了什么？我看到是 461，我认为是 2010！” “人们在测量时可能犯错误。” “当人们翻转尺子时，可能留下空隙。”
不同的袋子里巧克力豆的数量	“工厂可能没有测量到巧克力豆的确切数量。” “我们也可能数错了。” “有可能误数 10 个，但这不太可能。”
个人头围	“……每个人都有不同的头围，这是很常见的，因为不是每个人的头都是相同的大小。” “变异可能是头部大小不同的结果，但是也可能是人们测量时犯错误的结果。”

学生观察到，喷泉数据的变异性与其他两种类型有本质上的不同，并且他们利用自

己的数据创建经验生成关于可能产生变异性的错误种类的理论。然后，学生们从将数据描述为度量，转变为将其称为“观点”，这表明他们认为有许多变异性不足以“科学”到被称为数据。这个对话结束时，教师问道：“如果与我们相似的一班学生测量了同一个喷泉，数据会是什么样子？”这个问题用来唤起学生早期关于样本间变异性的想法（表 9.1 中结构 1 的水平 7）。学生们迅速回答说，这些数据看起来会“与我们的相似”，他们的数据会“与我们的数据有相同的混乱”，并且会“具有相似的中位数和均值，但是数字会有所不同”。

这些主题贯穿其余的活动。譬如，它们会促使学生重新更精确地测量喷泉，以了解过程中的变化如何影响变异性（表 9.1 中结构 1 的水平 8），以及依据测量值制作纸帽来估计度量误差在多大程度上导致了头围数据的变异性（表 9.1 中结构 1 的水平 5）。

2. 以新颖和传统方式表征数据

康弗里和琼斯让学生探讨表征喷泉数据的策略，以帮助学生思考真实长度和测量中的变异性。学生们展示了各种表征数据的策略，其中的大部分被其他研究人员记录（如 Lehrer & Schauble，2002）。这里展示了学生发明的四个表征策略中的两个，用以说明学生思维是如何与学习地图相对应的，并说明学生发明和修改其表征策略时的思维发展。

第 1 组学生建立了一个点图，没有区分数据和标度（图 9.2）。学生们想让该图清楚显示观察到的每个测量值及其频率。他们决定将数据从小到大排序（表 9.1 中结构 2 的水平 4），不表征间隙，而是堆叠相同的值（水平 5）。

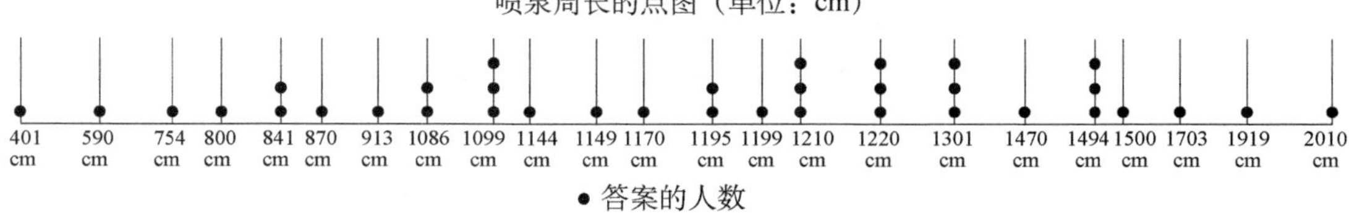

图 9.2　第 1 组学生的数据表征策略

第 2 组学生建立了一个横坐标为 100 厘米间隔的直方图（他们称之为箱线图）（图 9.3）。与第 1 组类似，他们将数据从小到大排序（表 9.1 中结构 2 的水平 4），不同的是，他们将所有值以 100 厘米为间隔分组并在间隔内堆叠值（表 9.1 中结构 2 的水平 5）并创建间隔标度（表 9.1 中结构 2 的水平 6）。这些选择使之创建了一种与第 1 组非常不同的数据表征，从而可以讨论如何在表征数据时权衡点图和直方图这两种形式。

当学生创造这些表征策略时，他们有时会表现出在结构中较低的三个水平上的思考，因为他们的选择有时不会考虑有关喷泉周长这一问题的相关背景，而是参考传统表征的类似概念，并创建标题和标签。然而，当他们不得不考虑关于顺序、分组和标度的决定时，学生最重要的智力工作就来了（表 9.1 中结构 2 的水平 4—6）。譬如，学生必须决定显示标度是否需要包括未观察到的值。他们关于数据表征的早期决策并非严格按照惯例进行，而更多的是为了理解变异性并向同伴传达意义。只有解决了这些问题之后才会引入数据表征惯例（表 9.1 中结构 2 的水平 7 和 8），因此这些惯例可以植根于学生的想法和表征中。当有机会从可获得的变异性形式中建立他们关于统计思维的想法时，学生经常表现出这些 LTs 中描述的行为、策略和思维。

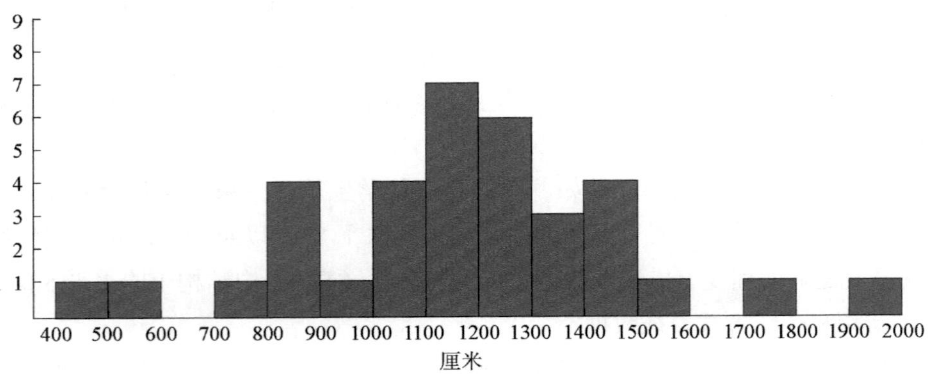

图 9.3　第 2 组学生的数据表征策略

9.3.1.4　讨论和未来建议

本案例阐述了学习地图对帮助教师理解学生思维的潜在价值，学习地图是基于对纳入 LT 中的大观念和概念网络的分析而设计的。它还说明了需要对 LTs 进行多次迭代，并对学生在该地图开发过程中的反应进行反思和分析。通过详细阐述学生在 LTs 中不断前进时可能的思维指标，这项涉及多个背景的研究正处于开发学生思维动态表征的阶段，这种表征可以作为课程和评估设计的导向框架。教学研究的产物是学习地图及其 LTs，包括教学资源材料和帮助教师专业发展的学生活动案例，这可以让教师明晰学生的思维模式。

本案例中概述的方法的优点是，数据、变异性和统计量的 LTs 与康弗里及其团队在中年级数学的所有“大观念”中开发和完善的 LTs 相关。这为教师提供了全面的资源，可以综合学习轨迹。此外，随着学生积累了使用地图的经验，该地图还可以用于研究 LTs 所提供的总体方法的效果。当学生更换教室和班级，LT 研究通常难以跨年级继续进行。这样，研究可以为统计概念的长期发展提供基础支持，这是当前课程中缺乏的一个方面。

9.3.2　案例研究 2：让 9 年级学生做好决策的准备——学习如何在比较两个箱线图时做出判断

9.3.2.1　简介

第二个案例研究中的 LT 始于明确的学习目标，但是要考虑学生需要获得的基础概念。由于学习目标对课程来说是全新的，而且没有相关资源，阿诺德与两位统计学者和九位教师组成了研究团队，合作开发了用以描述统计思想的语言并设计学习策略、开发学习资源。本案例研究的挑战在于开发一套结构化的学习体验，使 9 年级（14 岁）学生能够一起发现决策的标准——在比较两个箱线图时做出判断。

9.3.2.2　学习目标和设计的学习过程

学习目标源于对 9 年级学生推理过程的研究。学生比较两个箱线图时学习推断并根据各种标准做出决策（Pfannkuch，2007）。学生的回答情况表明，教师和她的学生之间就推断的构成显然没有达成一致的理解。此外，学生们正在探索的调查问题是关于总体的，但是学生的推理基于对样本统计数据的描述。在新西兰，课程（Ministry of Education，2007）和随后的国家评估要求学生从对比情境的样本中做出对总体的非正式推断（本手册第 8 章），这就需要建立问题情境。因此，怀尔德等针对 9—12 年级的对比情境提出了一个发展路径，用来说明学习者如何确定在总体中 A 情况的值是否比 B 情况的值更大（Wild et al.，2011）。本研究的问题是：如何创建一个 LT，使学生能够理解使用图 9.4 所示的规则进行决策的基本原理和概念？

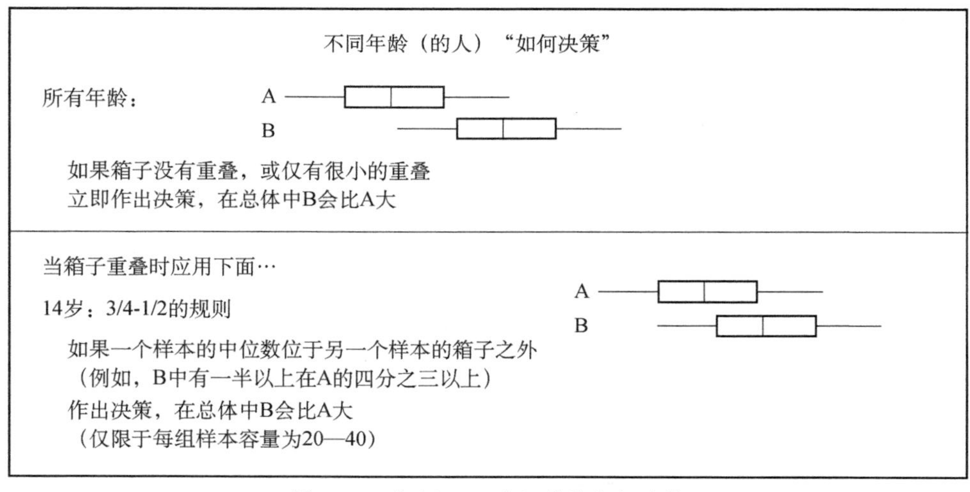

图 9.4　9 年级（14 岁）学生如何决策

资料来源：（Wild et al.，2011，p.260）

通过了解研究文献并分析决策所需的概念网络（图 9.1 中 2①），研究团队认为，学生能否决策取决于他们对相互关联的基本概念网络的理解，能确定的关键概念有样本、总体和抽样变异性。他们认为抽样变异性的推理是统计实践的核心，但是发现它直到最近才受到学校的关注。通常情况下，诸如根据置信区间进行基本统计推断等学习内容到高中的最后几年才会明确地被介绍，但那时的学生却没有抽样的基础知识或经验。尽管考虑统计变异很重要，但是研究人员仅仅在过去二十年才开始记录学生对变异性的概念理解。因此，如果学生理解并采用支持统计推断的抽样变异性的推理，则需要一套精心构建的学习经验来支持 LT。正如加菲尔德和本-兹维所述，关于分布、中心和变异性，需要帮助学生理解这些概念的实际含义以及如何以综合的方式对它们进行推理（Garfield &

Ben-Zvi，2007，p.386）。

9.3.2.3 学习活动和观察到的学习过程

本案例研究报告了一个班级的情况（Arnold et al.，2011）。研究团队在规划和准备阶段一起试验可能的学习活动，并不断修改发展三个关键概念的方法，在课堂实施过程中进一步修改了 LT。研究问题是：如何促进 9 年级学生一致连贯地进行统计推断？

如前所述，总体、样本和抽样变异性这三个关键概念对于决策的 LT 非常重要。研究人员创建了特定的学习材料和活动来支持这些概念的发展以及 LT（表 9.3），这个 LT 由 15 节课组成。有些活动是从一开始就特意计划和开发的，而有些活动是通过在整个课堂实施过程中对 LT 不断反思开发的。下面将描述一些学习经历的片段，包括如何以及为什么修改 LT 以回应研究团队在准备阶段的观察以及阿诺德和教师在实施阶段的课堂合作。

表 9.3 比较两个箱线图时发展关键概念的 LT

用于学习如何在比较两个箱线图时做出判断的 LT（$n\approx30$）
1：从总体中抽取数据
● 确定总体
● 提出并评判关于总体的调查问题
● 认识到需要使用样本来回答有关总体的问题
● 对于来自同一总体中的不同样本，认识到用同一个变量描述这些样本会获得相似的信息
● 认识到对总体的推断可以从样本中得出
2：抽样变异性
● 认识到同一总体中相同大小的多个样本的中心的抽样变异性
● 在比较来自两个不同总体的相同大小的不同样本的两个箱线图时，认识到中心的抽样变异性和重叠程度
3：制定决策标准
● 认识到在比较两组时要关注的显著特征（如中心、移位、重叠）
● 确认在比较两组时有两种决策情境

1. 总体和“总体”袋

由于整个教学实施过程中总是要使用卡里卡里大学（Karekare College，一所虚构的大学）的学生这一“总体”，因此班上的学生必须熟悉这些可用数据。卡里卡里大学的学生总体是用一个塑料袋中的数据卡片表示的（图 9.5），每张数据卡片代表 1 名学生，上面还写有 13 个与学生相关的不同变量。为了熟悉数据，学生必须弄清楚数据卡片上的不同变量。

在随后的课程中，每当教师提到卡里卡里大学时，她几乎总是展示总体袋（图 9.5），表明她指的是整个总体，而不仅仅是学生选择的一部分数据卡片。教师通过举起袋子来提醒学生他们正在对总体进行推断，这是教师对 LT 的补充，这也被她以及其他教师认为是帮助学生进行统计推理的一个重要方面。为学生提供关于总体的描绘是研究团队广泛争论的一个问题，因为卡里卡里大学的数据是从新西兰学校调查网站（www.censusatschool.org.nz）大型数据库中随机选择的，因此可以被视为样本，但是数据库本身实际上也是一个样本。通过考虑学生对这些问题的理解并且顾及他们是新手这样一个事实（图 9.1 中 3），研究团队决定将卡里卡里大学的学生视为总体。虽然总体袋提供了对总体的良好可视化表征，但这是不够的，因为后测显示学生没有关于总体分布的认识或背景知识。因此，评估结果（图 9.1 中 4）促使研究人员创建了额外的 LT。

图 9.5　卡里卡里大学的数据卡片和总体袋

2. 发展使用样本的思想

确定了总体和可用数据的变量后，学生们提出了各种调查问题。教师和阿诺德一起确定了在第一次提出样本概念的活动中需要使用哪些变量。根据学生提出的不同调查问题，教师和阿诺德最终选择了一个可以进一步探索的问题。学生将回答这样一个问题："卡里卡里大学学生的腘长①通常是多少？" 作为计划的 LT 的一部分，教师问学生如何回答这个问题，学生说他们会"将数据放在一个图表中"。一些讨论过后，学生们在小组中使用各自的总体袋，开始用数据卡片和预先准备好的表格绘制所有学生（616 名学生）数据的图表。大约 10 分钟后，开始出现一些一般性的讨论，即不是所有"学生"都能被绘入表格。一名学生说"我不会把整个大学都整理进去"。针对这一点，教师问："有没有比查看总体更好的方法？" 随后的讨论和行动促使学生继续探索，直到他们填满小组的表格，或者觉得即使添加更多数据卡片，图表形状也没有变化（即他们没有使用整个总体，只是其中的一部分）。教师让学生使用样本而不是整个总体来回答问题的想法是来源于学生的——她一开始没有对她的班级说，"拿一个样本并用它来回答调查问

① 腘长是指学生坐着时在膝盖后面测量的腘窝的长度。

题”。根据观察到的学生的反应，有人认为学生们正在发展一个想法，即样本可以告诉他们有关总体的信息。比较学生的前测和后测结果时，这种观察结果更加明显，因为后测中，学生在他们的调查问题及其结论中特别提到了感兴趣的总体。

3. 抽样变异性

对抽样变异性的探索是以多种方式进行的。在之前描述的首次引入抽样的课程中，学生使用实际的数据卡片创建了他们的图表，这是强大的视觉表征。教师给学生时间在课堂上走动，让他们比较自己的图表和课堂上的其他图表的异同，学生们看到了类似的和不同的特征。所有小组都标记出了他们所认为的胭长数据的中间值，并且整个班级中不同组的胭长中间值为3—4 厘米。学生发现，尽管样本不同，胭长中间值是相近的。

当学生查看不同样本中两个变量的模式时，抽样变异性再次成为关于决策的课程重点：按性别分类的学生身高以及按交通方式分类的上学时间。这两个例子是特地为 LT 选择的，因为它们非常清楚地体现了图 9.4 描述的两种情况。要注意的是，学生们观察的箱线图只绘制了箱子的部分，这是与研究团队进行试验时对 LT 的修改，以便将学生的注意力集中在用于决策的显著特征上（图 9.6）（Arnold et al.，2011）。

4. 决策

当学生在各种图表中寻找模式时，阿诺德和教师意识到需要给学生额外的提示，因为关于中位数的移位和位置的信息还没有出现。博德梅、普洛茨纳（Ploetzner）、福伊尔莱因（Feuerlein）和斯帕达（Spada）认为，让学生自己产生关于变量间关系的假设是非常困难的，他们可能不会注意到显著特征（Bodemer et al.，2004）。博德梅等认为学习者对学习材料的处理应该结构化，以便一次只在可视化的一个相关方面建立假设，因此将 LT 修改为引导学生首先关注分布移位，然后再关注哪个中位数更大（Bodemer et al.，2004）。

在学生对每个问题的样本进行分类后，教师和全班学生对该过程进行反思。他们描述并抽象出对两个总体情况进行决策的模式和标准，这使学生有机会提炼相关原则（Bakker & Gravemeijer，2004）。学生们注意到，身高样本中的箱子靠得很近，而上学时间样本中的箱子是分开的（图 9.6）。他们将这两种箱子相对位置的情况分别命名为情况 1 和情况 2。

在下面的摘录中，师生探讨了两种情况之间的差异（图 9.6）：

教师：第一种情况下的箱子是重叠的，有些是这样的，有些是那样的。中位数非常接近，也在箱子的重叠范围内。在第二种情况下，有何不同？这里的重叠有什么不同？这些箱子的重叠与那些箱子的重叠是一样的吗？

学生：它们没有那么重叠。

教师：它们没有那么重叠。对，它们不是。好的，那它们都有重叠吗？

学生：不。

教师：不，所以当它们确实有重叠时，它们不会重叠太多，其他情况下它们根本不重叠。你能告诉我们这个中位数吗？

学生：它们没有重叠。

教师：它们不在重叠之中。

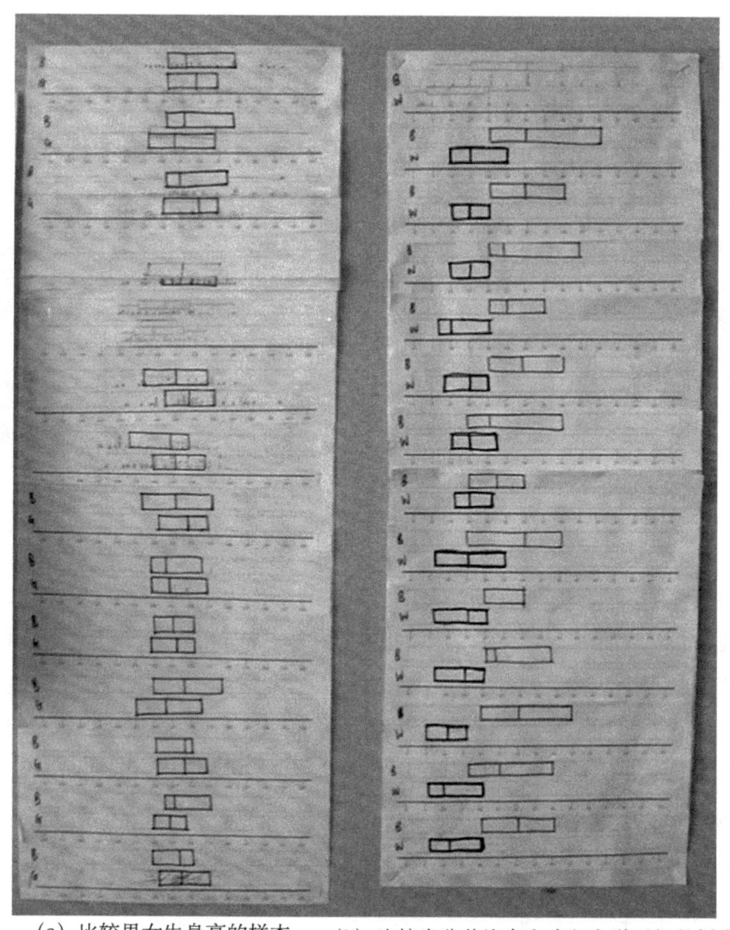

(a) 比较男女生身高的样本　(b) 比较坐公共汽车和步行上学时间的样本

图 9.6　两种情形的箱线图

学生和教师根据视觉口头描述了两种情况在中位数的移位、重叠和位置方面的差异。学生和教师开始制定是否决策的标准和语言，他们总是自发地使用手势来描述两种情况，即闭合（图 9.6 a 和图 9.7 a）和分开（图 9.6 b 和图 9.7 b），用振动来表示抽样变异性的影响。雷德福认为手势是口头概念化的前提（Radford，2009）。在随后的课堂实施中，教师和学生对这些手势的使用和命名的两种情况（情况 1 和情况 2）都被构建到 LT 中。

学生们还注意到，情况 2 中样本提供的两个中位数相对位置的信息与总体情况是一致的，这使得他们能够确定两个总体的中位数哪个更大，即坐公共汽车上学时间的中位数总是比走路上学时间的中位数大。情况 1 并非如此。学生们注意到，有时候男孩身高的中位数大于女孩身高的中位数，有时则相反。通过分辨和推理这两种情况下的模式，他们共同“发现”了在比较两个箱子重叠（14 岁，图 9.4）或不重叠（所有年龄，图 9.4）的箱线图时进行决策的标准。

在进一步强化了如何在比较情境中决策后，可以给学生们一些练习材料，让每个学生在同一个调查问题中使用来自同一总体的不同样本。然而，这却强化了他们使用多个样本进行决策的想法——这是一种未曾预料到的不良副作用。因此，在修改 LT 时，要求课堂上所有学生的所有练习材料是相同的样本，这些样本反映了每个调查问题在现实中的情况。使用来自同一总体的多个样本适合于培养学生对决策和抽样变异性的理解，然而，它不适合随后的练习，因为它给学生带来了意想不到的混乱。

(a）双手闭合模拟两个重叠的箱线图　(b）双手分开模拟两个重叠较少的箱线图

图 9.7　学生描述中位数差异的两种手势

LT 结束时，基于对后测数据和个别学生访谈内容的分析，研究人员发现这些学生开始了解如何进行统计推断。他们：①通过借鉴关于抽样变异性的想法阐明推断中的不确定性；②根据样本提出关于总体的主张；③明确地提供他们使用的从数据中得到的证据，如分布移位、重叠、中位数的位置，以及促使他们做出决策的指南（Makar & Rubin，2009；本手册第 8 章）。他们似乎也明白了，如何使用重叠和中位数相对于重叠的位置进行推断，以及为什么这么做会促使他们的推断依据规则一致连贯地进行（Arnold，2013；Arnold et al.，2011）。

9.3.2.4　讨论和未来建议

通过共同规划 LT 并精心设计学习经验来支持 LT，教师、阿诺德和更广泛的研究团队可以更好地了解学生可能的反应和学习结果。通过反思课程或深入分析课后的学生数据，对 LT 的修改是在研究团队内部的各种辩论中产生的，从而回应学生在课堂上的困难，包括课堂上的自发反应和尚在考虑中的问题。用于培养 9 年级学生决策概念的 LT 成为教师专业发展和他们随后在自己课堂上实施教学的基础。

确定学习目标和分析概念网络是构建 LTs 的基本要素，这些相互关联的支撑统计思想的丰富概念需要进一步研究，包括寻找发展新的概念理解的方法，这些概念理解在当前课程中可能还不存在。正如本案例所示，使用 DBR 的 LTs 可以帮助提出新的统计学习方法并理解学生的推理过程。统计学中的其他主题需要得到类似的关注，从而更好地理解教学和学习过程，生成局部的教学理论并探索有趣的现象。

9.3.3　案例研究 3：帮助教师发展重复抽样推断的概念

9.3.3.1　简介

第三个案例提出的 LT 用于帮助成人学习者（主要是中学和高等教育阶段的数学和统计学教师）概念化重复抽样的统计推断方法，特别关注概率模型在概念化中的作用。教师们接触过正式的假设检验方法，本案例的目的是说明在有着设计好的 LT 的研究生课堂中工作的指导者团队如何以及为什么根据他们对教师推理过程的观察增加进一步的学习经验。

9.3.3.2　学习目标和设计的学习过程

LT 在本案例研究中的重点是帮助教师将推断的重复抽样方法概念化，并考虑他们如何运用这种方法进行学习。在推断的重复抽样方法中，学生和教师应该将观察到的结果（来自观察研究或实验设计）看作是由重复过程产生的，并且重复该过程可能导致不同的结果。因此，问题变成：在我们知道的特定实例中所发生的结果有多么不寻常？换句话说，如果一个过程重复多次，特定结果发生的可能性是多少？

李和多尔认为学习者使用概率模型对于概念化推断的重复抽样方法至关重要。为了生成 LT，他们考虑了近年来重点关注理解推断并使用模拟来制定重复抽样方法的研究文献和课程开发（图 9.1 中 2 和 3）。譬如，萨尔达尼亚和汤普森认为，当学生通过一个三步方案可视化模拟过程时，他们会对推断的过程和逻辑有更深入的理解（Saldanha & Thompson，2002）。该方案的核心是“从总体中反复抽样，记录统计数据，并跟踪统计数据在各种可能分布中的累积”（p.261）。莱恩–格塔兹提供了模拟过程模型（simulation process model，SPM）来描述使用模拟开发推断逻辑的过程，这一过程始于脑海中的问题（Lane-Getaz，2006），即“如果……会怎么样”，调查包括三个层次的问题：总体参数、随机样本和样本统计量的分布。根据莱恩–格塔兹的建议，加菲尔德和本–兹维（Garfield & Ben-Zvi，2008）以及加菲尔德、戴尔马和齐夫勒（Garfield，delMas，& Zieffler，2012）在其课程材料中针对推断的模拟方法使用了一种广义的逻辑结构。这种结构包括指定模型、使用模型生成单个试验，然后是多个试验的模拟数据，每次都收集感兴趣的统计数据，最后使用收集到的概括统计量的分布比较观察到的数据和模型的结果。

萨尔达尼亚和刘描述了在重复抽样任务中与学习者的合作，并称学生应该发展关于一个事件的随机概念，即“需要将其视为潜在可重复过程的实例，但是非随机概念需要将事件视为不可重复或永不重复的”（Saldanha & Liu，2014，p.382）。这种随机概念包括将事件视为某种过程的表达，这种过程可以在产生一系列结果的类似条件下重复，并且“相应地，将收集到的结果看作由随机过程产生”（p.382）。所有这些研究文献都为 LT 的开发提供了参考（图 9.1 中 2），包括莱什和多尔研究的建模视角的影响以及严谨的模型开发序列对学习者的重要性（Lesh & Doerr，2003），这种模型开发序列强调了学习者如何在 LT 中开发自己的情境模型。

李和多尔的学习目标是让教师发展事件的随机概念和一个可推广的模型，从而可以借此使用重复抽样方法处理推断情况，并使他们能够帮助其他人使用这种方法（图 9.1 中 1①）。该模型包括理解问题情境之间的关系、抽样的物理设定、这些设定的表征、计算机表征和背后的随机化（即上面讨论的概率模型）、感兴趣的统计分布以及如何解释并使用这样的抽样分布来决策。为了让学习者开发该模型以及教授该模型所需的内容，研究人员假设学习者能够想到并使用不可预测结果的可重复行为的潜在概率模型。

李和多尔最初设计的 LT 如图 9.8 所示，这代表了他们认为将促使生成使用模拟方法进行推断的一般化模型的关键经验。图 9.8 中间的粗体部分是轨迹中的关键经验，右侧注明了轨迹的每个阶段应强调的统计概念，左边标注了对参与者自己的教学实践可能有用的教学考虑。需要突出的统计思想和提到的教学问题都有助于教师理解的发展。

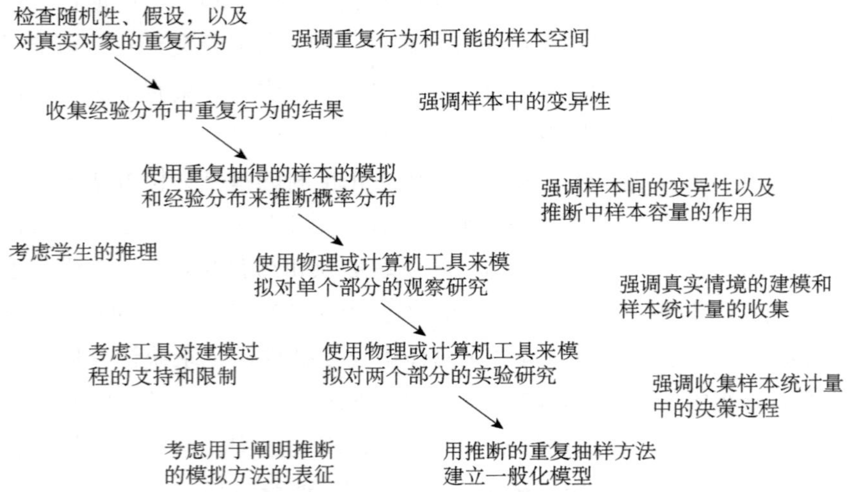

图 9.8 使用重复抽样方法进行推断的初始 LT

9.3.3.3 学习活动和观察到的学习过程

李和多尔的研究目标是：①在能够实现他们针对成年学习者这一群体的学习目标的 LT 中开发并测试一系列任务；②确定能够有效发展推断的重复抽样方法的更一般化模型的关键概念。DBR 中使用的方法（Bakker & van Eerde，2015）、研究人员对有关概率模型和推断的重复抽样方法的文献的了解，以及其他研究中使用的表征和活动（如 Lee，Angotti，& Tarr，2010），都有助于他们的 LT 设计（图 9.1 中 2）。初始 LT 的计划是在课程开始前 4 个月设计的，并在课程开始前 7 周内随着他们对学习者的了解而修订。该课程由 4 名教师（由李和多尔领导）在 15 周内以每周 1 次、每次 3 小时的形式向两所学校的 27 名教师参与者进行讲授或指导。

下面将描述教师比较两个部分，即进行第五个任务时的 LT，以及研究人员随后根据对学习者的成功和困难的持续分析而对 LT 进行的调整。

对于第五项任务，研究人员希望教师应用他们正在开发的重复抽样模型理解实验设计研究中两个部分比较中的单个部分的可能性（图 9.8，初始 LT 中的第四个和第五个加粗目标）。研究人员改编了海豚疗法（Dolphin Therapy）任务（Catalysts for Change，2012），要求教师使用索引卡片创建一个实物模拟来回答这个问题：与海豚一起游泳对抑郁症患者是否具有治疗作用？实验显示，海豚共游组（实验组）10/15 的患者的抑郁症得到改善，而对照组则改善了 3/15 的患者的情况。问题在于这个结果是否表明与海豚一起游泳对抑郁症有治疗作用？教师们拿到了 30 张标有研究结果的索引卡片（13 张卡片标记为“是”，表示患者与海豚一起游泳后病症得到改善，17 张卡片标记为“否”）。

李和多尔预计，将组中的随机分配设想为可重复的动作可能是个理解难点，设计 LT 时需要重点考虑。教师们提出了各种理解随机分配的方法。通过讨论，教师们认识到假定随机分配是重要的并且患者的结果不因分组而改变，他们最终同意将代表 30 名患者结果的卡片洗牌，并将卡片分成两组，每组 15 个。通过重复这一操作并计算卡片标记为“是”的比例差异，他们可以在汇总所有结果的点图上分析比例差异的分布，并考虑原始研究中报告的治疗效果多大可能仅是偶然发生。

动手操作完成海豚疗法任务后，第六项任务是另一项模型探索活动，即在 Statkey（Lock et al.，2013）和 TinkerPlots（Konold & Miller，2005）中再次探索抽样分布。在比例比较任务中需要进行重复抽样模拟，许多教师似乎都在这个复杂过程中苦苦挣扎，因为他们有时很难记住计算机出现的所有流程，并在解释抽样分布方面（如何使用它来进行推断）感到困难。第七项任务是让教师阅读两篇使用图表说明模拟方法的文章（Lane-Getaz，2006；Lee，Starling，& Gonzalez，2014），这使他们能够进一步探索其发展的模型的结构。

在每周一次的团队会议中，四位指导者（包括李和多尔）讨论了教师在两个模拟任务中使用重复抽样方法时存在的困难。研究人员不相信他们的学习者开发了一个关于如何使用模拟方法进行推断的一般模型，且该模型可以应用于其他情况并用于教导学生使用这种方法。因此，他们设计了新的第八项任务，让教师通过考虑如何帮助学生理解模拟过程来表达他们自己不断发展的概念。他们认为这项任务对教师来说是一个机会，可以探索他们对重复抽样模型结构的表征，从而得出有利于教学目的推论。也就是说，这种表征的目标受众将是教师未来的学生，因此这种表征有一个预期目标作用，即向其他学习者解释重复抽样模型结构。教师在小组中进行以下操作：

> 假设你将与学生一起使用重复抽样方法，以帮助他们使用模拟（借助实物或计算机模型）调查观察到的统计数据有多大可能性会出现。绘制一个图表帮助学生理解应用随机化技术解决这类任务的一般过程。

无论是课堂上还是课后分析中，指导者都很关注教师图表显示的各种表征。许多教师从现实问题中表达了建模过程的某些方面（虽然并不总是明确的），并且使用统计数据检查可能性，然而，他们的图表还不能够明确地描述模拟方法中的“随机化和重复”阶段（可参见图 9.9 中的示例图）。

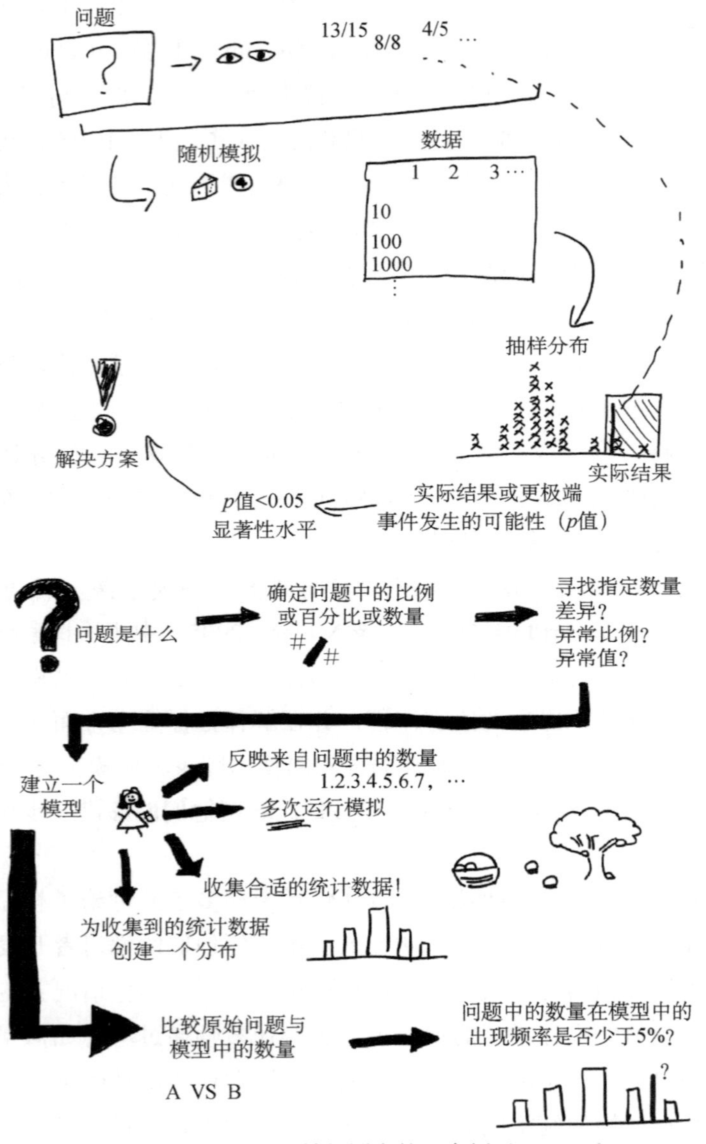

图 9.9 教师图表的两个例子

李和多尔对教师绘制的图表和课堂对话的分析导致了另外第九项任务的设计，该任务在结构上类似于海豚疗法任务，但是需要对之前的模型进行调整，因为它涉及比较两个不同大小的组的均值。此外，他们还特地改变了操作的形式（使用无标记的扁平手工木棒而不是预先标记的索引卡片），以进一步促使学习者理解随机化在重复抽样模型中的作用。教师们用各种方法识别场景中可重复的行为，许多教师用手工木棒（彼此的方式略有不同）表示得分并反复将这些得分重新分配到两个不同大小的组中。一些教师存在很大困难，并没有创造出可行的方式来表示得分或将其重新分配到小组。他们尝试将他们的模型应用于重复抽样的推断方法中，从而在这样一个不同的环境中创建这种模拟，这实际上说明了他们的模型和概念理解的脆弱性。

9.3.3.4　讨论和未来建议

这个案例说明了持续的分析和教学经验如何影响假设所需的教学任务的发展，以帮助学习者进一步达到预期的学习目标。对学习者活动的回顾性分析也可用于修改 LT，本案例中是使用模拟方法进行推断的 LT。这种分析使人们意识到需要更多地关注建模过程、概率在推断中的明确作用以及概率语言的使用。需要明确一个包括两部分的建模过程，第一步是以统计的方式创建现实世界背景中的局部特定模型，第二步是创建一个可以模拟原始问题中可重复行为并可用于生成随机样本的模拟过程。大多数先前的工作将这两个方面结合成一个单一的“模型”或“总体”。似乎还需要更加明确地建立样本统计数据的分布，将分布视为经验概率分布，使用分布推理观察到的统计数据，并说明观察到的统计数据出现的可能性。李、多尔、德兰（Tran）和洛维特（Lovett）详细阐述了这些建议（Lee et al.，2016）。需要重申的是，本案例中的学习者有过学习传统推断方法的经历和经验，有些人在这些方面有教学经验，只有两个人先前在他们自己的课程材料中与学生一起使用过重复抽样方法。因此，初始 LT 和任务序列是在考虑这些学习者的情况下设计的（图 9.1 中 3）。研究人员和教师面对首次接触重复抽样推断的学习者时，需要根据需求调整 LT。

本案例研究中讨论的 LT 展示了 LTs 如何用于识别和探索学习者的推理过程，构建了学习统计的新概念方法，为研究知识库做出贡献，并指引了未来研究的重点。

9.4　结论

LTs 对发展统计教育研究和加强学生在课堂上的学习至关重要。LTs 不仅仅是一系列的课程，而是在仔细分析研究文献、支持学习目标的概念网络和学生反应的基础上，有意进行规划和修改的。本章重点介绍了使用 LTs 的研究人员，但是我们建议，教师作为自己课堂的行动研究人员，要使用 LTs 理解和改善学生的学习。此外，我们建议教师与其他教师共同设计 LTs，以反思其课程的意图和课堂的现实（本手册第 16 章）。与研究人员共同设计 LT 也是一种可能。接下来我们反思从案例研究中得到的收获，然后对未来研究提出四点建议。

9.4.1　对案例研究的反思

三个案例研究中的 LTs 有许多共性。从元层次上说，分享的所有 LTs 在交互过程中都结合了课程开发与研究以及任务序列，并支持学生的思考和表现。此外，在教室环境中与教师合作反映了参与式研究范式（Sfard，2005）。存在的差异在于研究目的、现有研究文献以及实施了多少次教学实验。然而，所有案例研究都反映了图 9.1 中概述的 LT 迭代过程以及为其设计提供信息所必需的部分。

所有研究都始于一个问题。案例研究 1 试图模拟学生对变异性的理解随时间发生的变化。案例研究 2 有一个明确的目标，即在比较两个箱线图时进行决策，然后确定能支持在不确定性下做出判断的种种概念。案例研究 3 始于研究人员对统计学、概率和建模文献的了解，以及他们认为教师需要将它们之间的联系概念化为一般模型的信念。与其他两项研究一致，案例研究 3 开发了一种假设的学习过程，旨在支持教师思考实现重复抽样从而进行推断的一般模型。案例研究 1 和案例研究 3 在 LTs 中借鉴了一些现有的学习活动，而案例研究 2 则开发了自己的 LT。无论是否为 LTs 开发新任务，所有研究都描绘了支持学习目标的统计学大观念和概念，并努力使用创新的学习方法让学生参与到 LT 定义的抽象概念中。在教学过程中，当学生参与学习任务时，他们的行为、表征和思考都会被观察和分析。因此，对 LTs 的前馈和反馈可以帮助修改计划的 LT。案例研究 3 说明了回顾性分析的重要性，研究人员针对教师对重复抽样推断模型的薄弱理解，提出了一些新的关键概念。

与基于调查问题衡量学生思维水平和类型或阐明学生参与多项任务时的思维过程的研究相比，使用 LTs 和 DBR 方法的研究有可能对课堂学习产生更大的影响，正如案例研究 1 和案例研究 2 所示（同见本手册第 16 章）。虽然可以承认前一类研究的结果对 LTs 的设计至关重要，但是后一类研究也擅长识别学生思维方面的差距及其新的探索途径（如案例研究 3）。LT 可以只是一节课或涵盖许多节课，但正如这些研究所表明的那样，学生需要时间来体验统计学的大观念和概念，从而使之扎根于学生的认知。

批评研究中使用的 LTs 时，巴鲁迪、齐布尔斯基斯（Cibulskis）、黎（Lai）和李（Li）认为其中一些 LTs 过于规范和详细，有失基于探究的调查方法的本意（Baroody et al.，2004）。他们推测，“如果他们专注于大观念的演变”，那么 LTs“对于从业者来说可能更易理解且更有用”（p.253）。这些案例研究确实关注了大观念以及这些思想如何在特定层面上发展，但是，尽管学生思维的微观分析对研究很重要，却可能产生过多的推理类型和层次，从而使研究人员和教师需要在 LTs 中使用分步程序实现学习目标。设计 LTs 时，需要考虑的一个重要标准是学习过程中允许的开放程度，以免失去统计学界固有的调查精神以及对统计思维和学习至关重要的探究过程（本手册第 10 章）。

统计调查循环是一些新课程的核心（如 Ministry of Education，2007），学生可以学习如何成为“数据侦探”。作为培养学生进行统计思考和研究的一部分（Garfield & Ben-Zvi，2008）（本手册第 4 章和第 7 章），概念的发展很重要，在课程层面上发展连贯的概念基础也是必不可少的，这些 LTs 说明了如何让学生和教师建立概念性理解。然而，研究人员可能需要提醒自己设计 LTs 时，不要忽视大观念和基于探究的调查方法。也就是说，在以概念为中心的 LTs 和基于探究的 LTs 之间应存在平衡。

9.4.2　建议和启示

关于 LTs 的未来研究，我们有四条建议：

1）继续对统计学中特定主题的 LTs 进行探索性研究；

2）将 LTs 扩展到更多不同课堂中；

3）在课程和年级水平上建立连贯的概念路径；

4）注意概念网络分析、任务设计和数据分析方法。

许多使用 LTs 的研究是在一个课程领域内的一个课程级别中对几组学生进行的。正如案例研究 2 和案例研究 3 所示，对一组学生进行的探索性研究要么涉及新的领域，要么是从一个新的角度研究一个概念，这可以为理解教学和学习过程提供宝贵的见解。这些小规模的研究可以促进产生关于统计学的教与学中某些主题的更加完善的局部理论。因此，我们的第一个建议是让研究人员继续在他们的研究中使用 LTs，因为这具有探索和识别有趣现象以及发展学习理论的巨大潜力。

第二个建议也是案例研究 1 试图解决的，是针对更多课堂的可扩展性。案例研究 1 面临的挑战是准确捕捉学生典型的回答，根据不断提高的复杂程度来描述它们，并有效地将这些想法传达给教师。另一个悬而未决的问题是如何让教师了解 LT 研究结果，以便他们能够预测学生可能的想法和挑战，为学生提供产生想法的机会，然后使用学生学习的数据支持学习的持续进步。将成功的 LTs 扩展到广泛的课堂中时，需要解决这些挑战和问题。当 LT 被认为有可能推广时，我们建议研究人员考虑在新的研究项目中进行合作，从而实现 LT 的大规模实施。由于更多人参与到 LTs 的实施中来，如课程开发人员、专业发展指导者和教师（如 Lehrer et al.，2014），研究人员在必要时可能需要根据新发现修改他们的 LTs。

第三个建议是在各年级间为教师和学生建立课程一致性。我们需要全世界研究人员通过合作来确定研究过的大观念和概念网络，以及需要进一步研究的内容（如共变）。然后，他们可以尝试在课程中绘制主要概念路径，并确定现有的可以在有课程时间限制的情况下使用的 LTs。作为一个研究起点，我们建议使用 LTs 的研究人员可以设计并研究一个在 1—12 年级的一个主题领域中培养学生知识和思维的途径，类似于案例研究 1 中 6 年级的学习地图、相关学习群，以及大观念。在整个课程中，不断发展的概念路径与导向大观念的 LTs 可能对课程开发人员和研究团体有用。

我们在第 9.2 节确定了有关 LTs 的设计和使用的三个方面，这似乎需要在研究中给予更多关注。因此，我们的第四个建议是，研究人员要对支持其学习目标的概念网络进行更深入的分析，仔细考虑关于任务设计的文献以及任务对学生学习的影响，并设计更透明的方式分析收集的数据并提供证据，尤其是课堂互动。还需要 LT 元研究来研究作为方法论工具的 LTs。上述内容似乎在目前使用 LTs 进行的统计教育研究中是缺失的，解决这些问题将推动该领域的发展。

统计教育研究中，在DBR中将LTs作为研究工具为研究学生思维提供了一条丰富的途径，并为未来研究提出了新挑战，也开辟了新道路。鉴于技术改变了学习方法，现在更需要关注这些变化下经久不衰的大观念和概念。我们相信LTs和DBR将继续为未来的研究人员提供富有成效和有益的途径。

参考文献

Ainley，J.，Pratt，D.，& Hansen，A.（2006）. Connecting engagement and focus in pedagogic task design. *British Educational Research Journal，32*（1），23-38.

Arnold，P.（2013）. Statistical investigative questions-An enquiry into posing and answering investigative questions from existing data. Doctoral dissertation. Retrieved from https://researchspace.auckland.ac.nz/handle/2292/21305.

Arnold，P.，Pfannkuch，M.，Wild，C. J.，Regan，M.，& Budgett，S.（2011）. Enhancing students' inferential reasoning：From hands-on to "movies". *Journal of Statistics Education，19*（2），1-32.

Bakker，A.（2004）. *Design research in statistics education：On symbolizing and computer tools*. Utrecht：Freudenthal Institute.

Bakker，A.，& Gravemeijer，K.（2004）. Learning to reason about distribution. In D. Ben-Zvi & J. Garfield（Eds.），*The challenge of developing statistical literacy，reasoning and thinking*（pp.147-168）. Dordrecht：Kluwer.

Bakker，A.，& van Eerde，D.（2015）. An introduction to design-based research with an example from statistics education. In A. Bikner-Ahsbahs，C. Knipping，& N. Presmeg（Eds.），*Approaches to qualitative research in mathematics education*（pp.429-466）. Dordrecht：Springer.

Baroody，A.，Cibulskis，M.，Lai，M.，& Li，X.（2004）. Comments on the use of learning trajectories in curriculum development and research. *Mathematical Thinking and Learning，6*（2），227-260.

Ben-Zvi，D.（2004）. Reasoning about variability in comparing distributions. *Statistics Education Research Journal，3*（2），42-63.

Ben-Zvi，D.，& Garfield，J.（2004）. Research on statistical literacy，reasoning，and thinking：Issues，challenges，and implications. In D. Ben-Zvi & J. Garfield（Eds.），*The challenge of developing statistical literacy，reasoning，and thinking*（pp.397-409）. Dordrecht：Kluwer.

Bodemer，D.，Ploetzner，R.，Feuerlein，I.，& Spada，H.（2004）. The active integration of information during learning with dynamic and interactive visualisations. *Learning and Instruction，14*（3），325-341.

Catalysts for Change.（2012）. *Statistical thinking：A simulation approach to modeling uncertainty*. Minnesota：Catalyst Press.

Clements，D.，& Sarama，J.（2004）. Learning trajectories in mathematics education. *Mathematical Thinking and Learning，6*（2），81-89.

Cobb，P.，Confrey，J.，diSessa，A.，Lehrer，R.，& Schauble，L.（2003）. Design experiments in educational research. *Educational Researcher，32*（1），9-13.

Common Core State Standards Initiative.（2010）. *Common Core State Standards for Mathematics（College- and Career-Readiness Standards and K12 standards in English Language Arts and Math）*. Washington：National Governors Association Center for Best Practices and the Council of Chief State School Officers.

Confrey，J.（1991）. Learning to listen：A student's understanding of powers of ten. In E. von Glasersfield（Ed.），*Radical constructivism in mathematics education*（pp.111-138）. Dordrecht：Kluwer.

Confrey，J.（2002）. *Sixth grade pre-algebra curriculum at St. Francis School，Austin，TX.* Unpublished document.

Confrey，J.（2006）. The evolution of design studies as methodology. In K. Sawyer（Ed.），*Cambridge handbook of the learning sciences*（pp.135-151）. Cambridge：Cambridge University Press.

Confrey，J.（2015）. Some possible implications of data-intensive research in education-The value of learning maps and evidence-centered design of assessment to educational data mining. In C. Dede（Ed.），*Data-intensive research in education：Current work and next steps. Report on two National Science Foundation-sponsored Computing Research Association workshops*（pp.79-87）. Washington：Computing Research Association.

Confrey，J.，& Lachance，A.（2000）. Transformative teaching experiments through conjecture-driven research design. In A. Kelly & R. Lesh（Eds.），*Handbook of research design in mathematics and science education*（pp.231-265）. Mahwah：Lawrence Erlbaum Associates.

Dierdorp，A.，Bakker，A.，Eijkelhof，H.，& van Maanen，J.（2011）. Authentic practices as contexts for learning to draw inferences beyond correlated data. *Mathematical Thinking and Learning，13*（1-2），132-151.

Finzer，B.，Konold，C.，& Erickson，T.（2012）. *Data games.* Retrieved from http://play.ccssgames.com.

Franklin，C.，Kader，G.，Mewborn，D.，Moreno，J.，Peck，R.，Perry，M.，et al.（2007）. *Guidelines for assessment and instruction in statistics education（GAISE）report.* Alexandria：American Statistical Association.

Garfield，J.，& Ben-Zvi，D.（2005）. A framework for teaching and assessing reasoning about variability. *Statistics Education Research Journal，4*（1），92-99.

Garfield，J.，& Ben-Zvi，D.（2007）. How students learn statistics revisited：A current review of research on teaching and learning statistics. *International Statistical Review，75*（3），372-396.

Garfield，J.，& Ben-Zvi，D.（2008）. *Developing students' statistical reasoning：Connecting research and teaching practice*. Dordrecht：Springer.

Garfield，J.，delMas，R.，& Zieffler，A.（2012）. Developing statistical modelers and thinkers in an introductory，tertiary-level statistics course. *ZDM，44*（7），883-898.

Gravemeijer，K.（2004）. Local instruction theories as means of support for teachers in reform mathematics education. *Mathematical Thinking and Learning，6*（2），105-128.

Gravemeijer，K.，& Cobb，P.（2006）. Design research from a learning design perspective. In J. van den Akker（Ed.），*Educational design research*（pp.17-51）. London：Routledge.

Konold，C.，& Miller，C.（2005）. *TinkerPlots dynamic data exploration：Statistics software for middle school curricula*. Emeryville：Key Curriculum Press.

Konold，C.，& Pollatsek，A.（2002）. Data analysis as the search for signals in noisy processes. *Journal for Research in Mathematics Education，33*（4），259-289.

Lane-Getaz，S. J.（2006）. What is statistical thinking and how is it developed? In G. Burrill（Ed.），*Thinking and reasoning with data and chance：Sixty-eighth NCTM yearbook*（pp.272-289）. Reston：National Council of Teachers of Mathematics.

Lee，H. S.，Angotti，R. L.，& Tarr，J. E.（2010）. Making comparisons between observed data and expected outcomes：Students' informal hypothesis testing with probability simulation tools. *Statistics Education Research Journal，9*（1），68-96.

Lee，H. S.，Doerr，H. M.，Tran，D.，& Lovett，J. N.（2016）. The role of probability in developing learners' models of simulation approaches to inference. *Statistics Education Research Journal，15*（2），216-238.

Lee，H. S.，Starling，T. T.，& Gonzalez，M. D.（2014）. Connecting research to practice：Using data to motivate empirical sampling distributions. *Mathematics Teacher，107*（6），465-469.

Lehrer，R.（2016）. *Data modeling*. Retrieved from http://modelingdata.org/.

Lehrer，R.，& Kim，M. J.（2009）. Structuring variability by negotiating its measure. *Mathematics Education Research Journal，21*（2），116-133.

Lehrer，R.，Kim，M. J.，Ayers，E.，& Wilson，M.（2014）. Toward establishing a learning progression to support the development of statistical reasoning. In A. Maloney，J. Confrey，& K. Nguyen（Eds.），*Learning over time：Learning trajectories in mathematics education*（pp.32-59）. Charlotte：Information Age Publishers.

Lehrer，R.，Kim，M. J.，& Jones，R. S.（2011）. Developing conceptions of statistics by designing measures of distribution. *ZDM，43*（5），723-736.

Lehrer，R.，& Schauble，L.（Eds.）（2002）. *Investigating real data in the classroom：Expanding children's understanding of math and science*. New York：Teachers College Press.

Lesh，R. A.，& Doerr，H. M.（Eds.）.（2003）. *Beyond constructivism：Models and modeling perspectives on mathematics problem solving，learning，and teaching*. Mahwah：Lawrence Erlbaum Associates.

Lock，R.，Lock，P.，Morgan，K.，Lock，E.，& Lock，D.（2013）. *StatKey*. Retrieved from http://lock5stat.com/statkey.

Makar，K.，Bakker，A.，& Ben-Zvi，D.（2011）. The reasoning behind informal statistical inference. *Mathematical Thinking and Learning，13*（1-2），152-173.

Makar，K.，& Confrey，J.（2005）. Variation talk：Articulating meaning in statistics. *Statistics Education Research Journal，4*（1），27-54.

Makar，K.，& Rubin，A.（2009）. A framework to support research on informal inferential reasoning. *Statistics Education Research Journal，8*（1），82-105.

Ministry of Education.（2007）. *The New Zealand curriculum*. Wellington：Learning Media.

Petrosino，A. J.，Lehrer，R.，& Schauble，L.（2003）. Structuring error and experimental variation as distribution in the fourth grade. *Mathematical Thinking and Learning*，*5*（2-3），131-156.

Pfannkuch，M.（2007）. Year 11 students' informal inferential reasoning：A case study about the interpretation of box plots. *International Electronic Journal of Mathematics Education*，*2*（3），149-167.

Pfannkuch，M.，& Wild，C.（2004）. Towards an understanding of statistical thinking. In D. Ben-Zvi & J. Garfield（Eds.），*The challenge of developing statistical literacy*，*reasoning and thinking*（pp.17-46）. Dordrecht：Kluwer.

Prediger，S.，Gravemeijer，K.，& Confrey，J.（2015）. Design research with a focus on learning processes-An overview on achievements and challenges. *ZDM*，*47*（6），877-891.

Radford，L.（2009）. Why do gestures matter? Sensuous cognition and the palpability for mathematical meanings. *Educational Studies in Mathematics*，*70*（2），111-126.

Rubin，A.，Bruce，B.，& Tenney，Y.（1990）. Learning about sampling：Trouble at the core of statistics. In D. Vere-Jones（Ed.），*Proceedings of the 3rd International Conference on Teaching Statistics*，*Dunedin*，*New Zealand*（Vol. 2，pp.314-319）. Voorburg：International Statistical Institute.

Saldanha，L.，& Liu，Y.（2014）. Challenges of developing coherent probabilistic reasoning：Rethinking randomness and probability from a stochastic perspective. In E. J. Chernoff & B. Sriraman（Eds.），*Probabilistic thinking*：*Presenting plural perspectives*（pp.367-396）. Dordrecht：Springer.

Saldanha，L.，& Thompson，P.（2002）. Conceptions of sample and their relationship to statistical inference. *Educational Studies in Mathematics*，*51*（3），257-270.

Schwartz，D. L.，& Martin，T.（2004）. Inventing to prepare for future learning：The hidden efficiency of encouraging original student production in statistics instruction. *Cognition and Instruction*，*22*（2），129-184.

Sfard，A.（2005）. What could be more practical than good research? On mutual relations between research and practice of mathematics education. *Educational Studies in Mathematics Education*，*58*（3），393-413.

Simon，M.（1995）. Reconstructing mathematics pedagogy from a constructivist perspective. *Journal for Research in Mathematics Education*，*26*（2），114-145.

Watson，A.，& Ohtani，M.（Eds.）.（2015）. *Task design in mathematics education*. New York：Springer.

Wild，C. J.，& Pfannkuch，M.（1999）. Statistical thinking in empirical enquiry. *International Statistical Review*，*67*（3），223-248.

Wild，C. J.，Pfannkuch，M.，Regan，M.，& Horton，N.（2011）. Towards more accessible conceptions of statistical inference（with discussion）. *Journal of the Royal Statistical Society*：*Series A*（*Statistics in Society*），174（2），247-295.

第 10 章　统计学教师的认知与情感特征研究

兰德尔·格罗思　玛丽亚·梅莱蒂乌-马夫罗瑟里斯

关于统计学教师的研究面临着独特的挑战，因为仅仅考虑教师对统计学学科的认知与情感是不够的，我们还需要了解教师所具有的会影响学生的统计认知与情感特质发展的个人特征。为此，研究人员通过研究教师所具有的与统计教学相关的学科教学知识、整合技术的统计教学知识（technological pedagogical statistical knowledge，TPSK）、信念，以及态度，丰富了对教师的学科知识的研究。我们描述了有关这些特征的现有模型和实证研究，还描述了用于评估教师特征发展的书面评估、访谈和观察方法，讨论了现有模型和评估方法的优点和局限性。最后，我们总结了在数据、不确定性和统计推断等具体领域中的统计学教师教育研究。我们提出了如何通过从教学实践中学习、统计内容沉浸和技术环境的使用，来发展统计学教师认知与情感特征的建议。关于未来研究的机会和方向的内容贯穿于本章。具体而言，研究需求包括逐步开发更完善的统计学教师认知与情感的模型，以及更强大的定性和定量评估工具。

10.1　简介

本手册的前几章涉及统计学的性质以及学生的学科知识，我们现在将注意力转向学生和该学科之间的重要中介：统计学教师（小学、中学和大学）。学生和教学内容可以被视为教学三角形中的两个顶点，而教师是第三个顶点（Goodchild & Sriraman，2012）。教师的中介作用促使研究人员去研究教师的认知与情感特征。当然，并不是所有的师生间相互作用都能仅凭这些特征得以充分解释，因为诸如教师期望、制度政策和教学资源等背景约束都会对师生产生影响（Forgasz & Leder，2008；Sullivan & Mousley，2001），学生间的差异和公平问题也会发挥作用（Cobb，1999）。尽管如此，研究表明，了解教师的个人特征是研究教师对学生学习影响的重要部分。譬如，研究发现，学生在统计学方面的成就与教师的知识呈正相关（Callingham，Carmichael，& Watson，2016）。

本章我们将重点关注有关统计学教师认知与情感特征的研究成果。文献中对“认知”和“情感”的确切定义总是模糊化，但是我们认为认知特征与统计教学所需的知识和推理过程有关，而情感特征与教师的性格、情绪、态度及其统计教学的信念有关（McLeod，1992）。在许多情况下，认知与情感是很难分开的。譬如，虽然人们谈论信念时经常与情感相联系，但是人们普遍认为信念也具有认知成分（Philipp，2007）。因此，本章的主要目标不是将特征明确分为“认知”和“情感”两个类别，而是要确定有助于阐明教师作为学生和统计学之间的中介角色性质的特征。

本章将首先介绍用于描述统计学教师认知（第 10.2 节）与情感（第 10.3 节）的主要理论结构。然后，我们转向评估教师的这些特征情况的方法（第 10.4 节）。最后，我们总结了有关应用这些结构的具体研究成果（第 10.5 节）。在此过程中，我们试图描绘当前的技术发展水平，并确定能进一步研究的富有成效的方向（第 10.6 节和第 10.7 节）。

10.2　描述教师认知特征的结构

研究人员采用各种理论模型研究教师对统计教学的认知。这些模型通常承认，了解统计学是教授统计学的必要条件，但不是充分条件。这与舒尔曼的著名主张类似，即教师需要学科教学知识，这是一种“教师特有的对学科和教学进行特殊融合的知识”（Shulman，1987，p.8）。在舒尔曼的工作基础上，面向教学的数学学习（Learning Mathematics for Teaching，LMT）项目将面向教学的学科内容知识概念化为学科知识和学科教学知识（Ball，Thames，& Phelps，2008；Hill，Ball，& Schilling，2008）。一些关于面向教学的统计知识（statistical knowledge for teaching，SKT）的研究有效地使用了 LMT 模型的改编形式（如 Burgess，2011；González，2014；Groth，2013；Leavy，2015；Noll，2011；Wassong & Biehler，2010）。因此，我们接下来将描述与 LMT 模型相关的学科知识（第 10.2.1 节）与学科教学知识（第 10.2.2 节）的可能要素。

虽然 LMT 模型经常出现在统计学教师教育研究中，但是将其描述为研究唯一采用的模型是不准确的。我们还将描述对该领域具有挑战性的工作，从而继续批判性地思考 SKT 要素的确切性质、这些要素之间的关系以及发展过程（第 10.2.3 节）。最后，我们将讨论整合技术的学科教学知识及其与教师认知特征的其他研究的关系（第 10.2.4 节）。

10.2.1　学科知识

学科知识可以概念化为三个子领域：一般的学科内容知识、专门的学科内容知识以及横向知识（Ball，Thames，& Phelps，2008；Hill，Ball，& Schilling，2008）。

希尔等将一般的学科内容知识描述为“在教学工作中使用的知识，且与在许多其他使用数学的专业或职业中使用这些知识的方式相同”（Hill，Ball，& Schilling，2008，p.377），大学里的职前教师以及那些在为其职业做准备的人都经常学习一般的统计知识。譬如，了解如何计算并解释描述统计量（如均值、中位数和四分位数间距）对教师和其他专业人员都很有价值（Groth，2007）。

数学领域中专门的学科内容知识可以被描述为“允许教师参与特定教学任务的数学知识，包括如何准确地表达数学思想、为一般规则和程序提供数学解释，以及检验和理解不寻常的解决问题的方案”（Hill，Ball，& Schilling，2008，p.378）。统计学的专门知识可能涉及了解如何将均值描述为典型值、公平份额，以及噪声中的信号（Wassong & Biehler，2010），它还可能包括一种用于分析学生对数据不成熟的统计解释的能力（Burgess，2011）。同样，对学生发明的新颖图表表征的评价可以借助专门知识来完成（Groth，2013）。

鲍尔和巴斯认为，横向知识是能使教师看到特定年级学习内容与主要学科结构、思想、实践和情感之间的联系的知识（Ball & Bass，2009）。以标准差为例，以《州共同核心数学标准》为依据进行教学的 7 年级美国教师不会直接向他们的学生教授这个思想，但是他们会教授相关思想，即绝对离差均值（mean absolute deviation，MAD）。关于 MAD 在教学中的地位，教师可能存在两种不同的观点：①将其作为学生计算并掌握标准差的一种算法；②将其作为学习标准差的先导（Groth，2014）。持有后一种观点的教师似乎更有可能在选择任务和提出问题时导向统计领域内的标准差概念。持有前一种观点的教师未必能从这个角度来指导他们的教学，他们可能减少对 MAD 的研究，从而使学生对计算程序死记硬背。关于横向知识的许多问题仍有待研究人员进行探索，具体包括：①横向知识包括哪些具体方面？②如何最佳地开发横向知识？③相比其他教师，具有良好的横向知识的教师可以为学生多做些什么？

涉及教师的研究经常关注他们的学科知识，关于教师学科知识不同要素的性质的具体发现参见第 10.5 节。

10.2.2 学科教学知识

希尔等假定学科教学知识包括三个子领域：学科内容与学生的知识、学科内容与教学的知识，以及课程知识（Hill，Ball，& Schilling，2008）。

在第一个子领域，学科内容与学生的知识涉及教师对学生思维模式和解决问题策略的了解（Hill，Ball，& Schilling，2008），这类知识的重要性在文献中得到很好的证实。参与过有关学生如何思考学科内容的专业发展课程的教师往往能更有效地促进学生的学习（Franke，Kazemi，& Battey，2007）。统计教育研究人员猜测，统计学中学科内容与学生的知识的可能组成要素包括了解学生在概念上学习均值的困难（Wassong & Biehler，2010）、了解学生整理数据时的困难（Burgess，2011），以及了解学生阅读点图和箱线图的方式差异（Groth，2013）。全面考察统计学中的学科内容与学生的知识的性质及其对学生学习的影响是未来研究的重要任务。

学科内容与教学的知识是学科知识和教学知识的结合，可以帮助教师完成诸如选择模型和示例的任务，用以引出学科内容的重要方面（Ball，Thames，& Phelps，2008）。学科内容与学生的知识似乎有助于学科内容与教学的知识的发展。譬如，一位教师知道从点图表征过渡到箱线图和直方图表征对学生来说是一项艰巨的任务，于是这位教师会选择相关任务来帮助学生逐渐从一个表征转换到另一个表征（Groth，2013）。

鲍尔和巴斯认为课程知识包括了解教育目标、标准和特定概念应该被教授的年级水平（Ball & Bass，2009），这种类型的知识可以帮助教师适当安排课程中统计思想的引入顺序（Godino et al.，2011）。然而，教师解读课程材料时存在相当大的差异。对于给定课程，有些教师会高度忠于课程编者的意图而实施，但是有些教师却不会这样做（Tarr et al.，2008）。这些不同做法有时会降低教学质量，有时却可能有助于提升教学质量（Brown et al.，2009）。因此，仔细研究统计学教师的课程知识或许有助于我们找到教师课堂教学动力的根本原因。

尽管学科教学知识在 LMT 框架中是与学科内容知识相分离的一个单独类别，但是在实践中，两者往往无法分开。因此，在第 10.5 节的研究总结中，我们报告的大部分有关教师学科教学知识的研究也包含有关学科知识的发现。

10.2.3　关于继续精确定义 SKT 要素、各要素间相互关系及其发展的工作

基于前面对 SKT 要素的描述，有些人可能认为它是一种静态表征，而不是一种在课堂环境中不断演变和变化的表征。人们有时就会这样看待基于 LMT 的模型（Venkat & Adler，2014），而一些理论工作会发现 SKT 更多是一种动态表征。

根据 LMT 框架和实证数据，格罗思对个人将统计学学科知识转化为对教学有用的形式的过程进行了理论分析（Groth，2013），得到的核心观点是，教师对学科知识的关键性发展理解（Simon，2006）是孤立的，不足以用于教学。具有关键性发展理解的教师还必须学会从学生角度来看待学科知识，以创造强大的教学思想（Silverman & Thompson，2008）。就 LMT 框架而言，这表明学科内容与学生的知识是发展学科内容与教学的知识的先导。也就是说，教师应该先了解学生的学习需求，以便设计和选择适合其需求的教学方法。学科内容与学生的知识以及学科内容与教学的知识之间的潜在联系值得更多的研究关注，因为很难想象一个具有丰富的学科内容与教学的知识的教师，他的学科内容与学生的知识却不完备。调查一种知识是否是另一种知识的先决条件，对于教师有效地安排学习经验的顺序至关重要。

关于研究设计传统（Bakker & van Eerde，2015）和教学工程（Artigue，2015）的研究可能有助于学者进一步揭示 SKT 发展中涉及的动态过程。这些研究通过在课堂环境中研究和开发教学序列的迭代循环，为我们提供了关于教师知识及其实践法则的丰富背景信息。从制度背景下的教师知识的角度来看，戈迪诺等提出统计教学专业知识不同于 LMT 模型，并表现在许多具体方面，其中一个方面是教师需要了解“学生对学科内容的

态度、情感和动机”（Godino et al.，2011，p.279）。这种类型的知识关注学生特征，在这一点上类似于学科内容与学生的知识，但是不同之处在于它涉及了解儿童在统计学方面的情感（而不仅仅是儿童的统计认知）的重要性。研究人员会把 SKT 的不同概念作为比较不同理论的基础，这有助于我们更全面地理解 SKT 及其发展方式，并推动复杂的 SKT 模型的开发。

对于构建的任何一个 SKT 模型，研究人员必须承认数学和统计学是不同学科。数学和统计学的“起源、主要内容、基本问题和标准”都不同（Moore，1988，p.3），有理由假设数学教学所需的知识并不完全等同于统计教学所需的知识（Groth，2007）。因此，随着关于 SKT 概念化的理论工作的继续，研究人员必须谨慎区分数学教学和统计教学所需的专业知识。

10.2.4 整合技术的学科教学知识

舒尔曼提出的学科教学知识是与教师知识相关但又有些不同的一个概念（Shulman，1987）。随着数字技术在课堂上越来越普及，教师显然需要整合技术的学科教学知识（technological pedagogical content knowledge，TPCK）来有效地将技术用于教学（Koehler & Mishra，2008）。TPCK 是学科内容知识、教学知识和技术知识之间复杂交互的结果。本节将介绍对统计学中的 TPCK 概念化的一些理论工作，有关帮助教师发展 TPCK 的研究可参见第 10.6.3 节。

为了对统计学中的 TPCK 进行操作化定义，李和霍利布兰兹提供了一个框架（Lee & Hollebrands，2011），将统计知识看作整合技术的统计知识（technological statistics knowledge，TSK）的基础。TSK 融合了技术知识和统计知识，包括作为“放大器”的技术知识和作为“重组器”的技术知识（Ben-Zvi，2000；Lee & Hollebrands，2008）。作为“放大器”的技术知识有助于自动进行原本需要手动完成的过程，如计算最小二乘回归线（Lee & Hollebrands，2008）。作为“重组器”的技术知识“扩展了教师在没有技术的情况下可以做的事情，从而帮助学生重组和改变他们的统计概念”（Lee & Hollebrands，2008，p.329）。譬如，TinkerPlots（Konold & Miller，2011）可用于成并连接多个图表表征。使用 TinkerPlots 为数据生成合适的表征是 TSK 中的另一项活动（Lee et al.，2014）。

如果教师要发展整合技术的统计教学知识，TSK 最终必须与教学知识融合。威尔逊、李和霍利布兰兹讨论了一个需要 TPSK 的任务（Wilson，Lee，& Hollebrands，2011），在这个任务中，教师要运用教学知识、统计知识和技术知识分析使用 TinkerPlots 的学生的视频案例。为了分析案例，教师关注学生如何思考统计任务、如何使用 TinkerPlots 解决这些问题、技术如何帮助或阻碍学生的学习，以及任务带给学生的利弊。统计知识，甚至 TSK，都不足以用于分析案例。

目前，尽管对 TSK 和 TPSK 这两种知识的研究都处于起步阶段，但是现有研究对教师 TSK 的描述相对更全面，未来还需要研究和关注统计知识、TSK 和 TPSK 之间的潜在联系。李和霍利布兰兹的框架为此类研究提供了一个基点（Lee & Hollebrands，2011）。但是，李等承认，未来仍需要进行实证研究以检验关于教师的 TSK 影响其 TPSK 和教学实践的猜想（Lee et al.，2014）。

10.3　描述教师情感特征的结构

在情感领域，统计学教师的信念和态度受到了研究者的关注。然而，“信念”和“态度”这两个术语在研究中并不是完全等同的。菲利普撰写与数学相关的信念和态度时遇到了同样的问题（Philipp，2007），为了解决这个问题，他尝试提供一种一般性描述来澄清这两个术语的通常含义。

1）态度：“表现一个人的性格或观点的行为、感觉或思维方式。态度变化比情绪变化更慢，但是比信念变化更快。”（p.259）

2）信念：“心理上持有的、认为是正确的关于世界的理解、前提或命题。信念更具认知性，感觉不那么强烈，并且比态度更难改变。”（p.259）

以上是我们讨论统计学教师的信念（第 10.3.1 节）和态度（第 10.3.2 节）的出发点。

10.3.1　信念

研究描述了有关统计教学的几种信念类型，这些信念包括对数学与统计学关系的信念、对统计教学目标和策略的信念，以及关于统计教学的自我效能感。

10.3.1.1　关于数学与统计学关系的信念

统计学通常作为数学课程的一部分在数学系进行教学。这种安排可以支持这样一种信念，即统计学是数学的一个分支，而不是一门学科（Burrill & Biehler，2011）。罗斯曼、钱斯和梅迪纳认为这对教师来说并不是一个有益的信念，因为它可能导致教师在教学中不够重视统计学独特的性质和作用（Rossman，Chance，& Medina，2006）。其他人也表达了类似的担忧（Gattuso，2008；Scheaffer，2006）。实证数据为这些问题的有效性提供了支持。贝格和爱德华兹发现，教师倾向于承认统计学的跨学科性质，但是仍然普遍将其作为数学的一个单元来教授（Begg & Edwards，1999）。杨认为，教师对统计学与数学之间差异的信念可能受国家课程和评估的影响，因此值得探讨这些因素的影响（Yang，2014）。

10.3.1.2　关于统计教学目标和策略的信念

艾克勒为界定教师关于统计教学目标的信念提供了一个基于经验的框架（Eichler,

2007）。该框架包括四类信念：传统主义（traditionalist）、应用主义（application preparer）、生活主义（everyday life preparer）和结构主义（structuralist）。传统主义专注于抽象的概率和算法的研究，而不是应用。应用主义重视向学生教授理论与应用之间的相互作用，侧重于使用算法来解决现实问题。生活主义更进一步关注应用，认为统计学的研究应该由应用驱动，而不是理论。结构主义主要关注概率论、数学结构和算法。结构主义与传统主义的不同之处在于，结构主义主张将应用作为教学的基础。结构主义与其他群体的不同之处在于，他们的主要目标是帮助学生从应用中抽象出数学结构，而不是运用数学原理理解学生在校外遇到的情境。

艾克勒提出的框架的各个方面与其他研究人员关于教师对统计教学策略和目标的信念的发现有相似之处。泽德尔迈尔和瓦斯纳发现，教师认为将统计内容与日常问题联系起来很有价值（类似于生活主义），但是不主张将重点放在学生的数据收集或学生兴趣上（Sedlmeier & Wassner，2008）。皮尔斯和奇克发现，一些教师认为应先教授程序，然后仅通过应用使程序变得更加有趣（Pierce & Chick，2011），这种策略可能反映了应用主义和/或结构主义的倾向。全面描绘观察到的教学策略与教师在统计教学目标上的特定信念之间的关系，是一项有趣的经验任务，目前存在一些基础架构，并且有待于更多的研究关注。

10.3.1.3 关于统计教学的自我效能感

哈勒尔-威廉斯等认为，衡量统计教学的自我效能感非常重要（Harrell-Williams et al.，2014）。教师的自我效能感可以定义为教师对他提升学生学习的能力的信念（Ashton，1985）。哈勒尔-威廉斯等综合现有研究得出结论，自我效能感影响了教师对教学技术的选择和学生的学习。他们认为，在统计调查教学方面，考虑自我效能感尤为重要。对于教师教育者而言，这种特定领域下对教师自我效能感的评估可能比更通用的评估更有益。

10.3.2 态度

关于大众对统计学的态度有大量研究（Nolan，Beran，& Hecker，2012），但是关于教师对统计学的态度的文献却很稀少（Estrada，Batanero，& Lancaster，2011）。现有研究表明，教师倾向于将统计学作为一门学科，并可能感到难以去享受、教学和学习它（Estrada et al.，2005；Martins，Nascimento，& Estrada，2012）。教师对统计学的态度很重要，因为这与他们坚持获取统计知识的毅力（Estrada et al.，2005）和教授该学科的意愿（Leavy，Hannigan，& Fitzmaurice，2013）有关。教师对统计学的态度会影响他们的统计学知识、教学实践和对学生的态度（Martins，Nascimento，& Estrada，2012），然而，一些与态度相关的假设有待于强有力的实证支持。譬如，研究态度对教师的学科内容知识的影响时，研究人员发现两者之间存在低到中度的相关关系（Hannigan，Gill，& Leavy，2013；Nasser，2004）。对统计学持有负面态度明显对学科内容知识不利

（Onwuegbuzie，2000），但是积极态度与学科内容知识增长之间的关系会受到其他一些因素的影响（Hannigan，Gill，& Leavy，2013）。

由此看来，该领域尚未对“教师对统计学的态度”和“对统计教学的态度”进行有力区分。虽然一些研究包括了对统计教学态度的评估项目（Martins，Nascimento，& Estrada，2012；Pierce & Chick，2011），但是许多关于教师态度的研究都使用了旨在测量普通人群态度的工具（Estrada，Batanero，& Lancaster，2011；Hannigan，Gill，& Leavy，2013），这或许可以解释为什么关于态度影响的经验证据是难以捉摸的。譬如，如果该领域系统地概念化并调查教师对统计学课程、儿童统计学习和统计教学技术等教学要素的态度，我们是否可以更好地理解教师态度对统计教学和学习的影响？

10.4　评估统计学教师认知与情感的方法

有关统计学教师认知与情感的评估有多种形式，包括书面评估、访谈和观察。许多研究使用不止一种类型的评估，而且可能涉及教师认知与情感的多个方面。下面讨论一个具有代表性的评估研究样本集。鉴于本章的主题，我们专注于专门为教师设计的评估，而不是仅在某些时候用作教师研究一部分的认知与情感的一般标准化量表。

10.4.1　书面评估

书面评估往往是从大批教师那里收集信息的最实用方法。数学与科学教师诊断评估（Diagnostic Teacher Assessment of Mathematics and Science）就是其中的一个例子，它包括针对统计学的一个含有多项选择题的独立量表和一些开放性问题（Saderholm et al.，2010）。LMT 项目还设计了一个针对统计教学的多项选择题的量表（G. Phelps，个人通信，2010.06.11）。数学教师教育与发展研究（Teacher Education and Development Study in Mathematics）是一项关于教师教育的国际比较研究，尽管该研究在整体上更侧重于代数、几何和数量的评估，但有关数学的部分包含了关于统计学学科教学知识的评估项目（Blömeke & Delaney，2012）。

一些关于教师在统计和统计教学方面的情感的研究使用了针对广大人群的大型量表中的评估项目。譬如，埃斯特拉达和巴塔内罗使用了统计态度调查（Survey of Attitudes Toward Statistics）（Schau et al.，1995）的一部分评估项目，这些评估项目在之前的教师评估中得分较低（Estrada & Batanero，2008）。最近，哈勒尔-威廉斯等设计了一个评估教师统计教学自我效能感的量表（Harrell-Williams et al.，2014），用来衡量教师对于《统计教育评估和教学指南》中关于 pre-K-12 阶段教学内容的教学准备的态度（Franklin et al.，2007）。这种专门设计的且已通过心理学测验的用来测量统计教学情感的评估，是相对罕见的。

一些书面评估同时涉及有关统计教学的认知与情感。沃森设计了一项调查来评估教师的学科教学知识、统计教学的自我效能感以及对统计学价值的信念（Watson，2001）。沃森、科林汉姆和多恩以该调查为基础，设计了一个有 12 个项目的学科教学知识量表（Watson，Callingham，& Donne，2008）。统计教学清单（Statistics Teaching Inventory）（Zieffler et al.，2012）包含有关统计学教师的教学实践、课程特征、评估实践、教学信念和评估信念的问题。冈萨雷斯设计了一个对教师学科知识、学科教学知识，及其对变异性的概念和信念的书面评估（González，2014）。评估认知与情感的工具有可能帮助研究人员理解教师特征（如知识、信念、态度、目标和教学实践）之间的复杂关系。

10.4.2 访谈

临床访谈可以让研究人员和研究参与者之间进行高度互动，这比书面评估更深入。访谈有多种形式，可能有正式的提纲，如 StatSmart 教师访谈提纲（StatSmart teacher interview protocol）（Watson & Nathan，2010），该提纲探讨了教师的学科知识和学科教学知识的性质。然而，更常见的是，访谈任务和问题旨在满足研究的具体目标。譬如，诺尔对研究生助理进行了访谈，以评估他们关于抽样的统计学科内容知识（Noll，2011）。参与者会被问及他们完成的书面项目的情况，并进一步完成一些新的任务。同样，布朗宁、戈斯和史密斯对职前教师进行了访谈，以便更好地理解他们完成书面统计任务时的思维方式（Browning，Goss，& Smith，2014）。其他纳入访谈的研究主题有教师课堂实践（Casey，2010）、关于统计学性质的信念（Leavy，Hannigan，& Fitzmaurice，2013），以及对教师专业发展的看法（Peters，Watkins，& Bennett，2014）等。

10.4.3 观察

书面评估和访谈提供了衡量教师课堂实践和教学质量的指标，但是观察使研究人员能够直接看到这些指标的变化。通过结构化观察，研究人员可以推断出教师的 SKT 和统计调查知识的本质。譬如，伯吉斯阐述了 SKT 框架是如何指导相关人员对教师实践的观察的（Burgess，2011）；凯西描述了一种基于观察的过程，用于评估教师教授统计相关的知识（Casey，2010）；普凡库赫使用观察描述教师用箱线图比较分布的知识（Pfannkuch，2006）；雅各布和霍顿通过对教师课程的观察发现他们对数据表征的错误观念（Jacobbe & Horton，2010）。

除了结构化观察，还有一种方法是观察教师在专业发展期间的互动。虽然这种观察方法并不总是能获得关于教学的第一手资料，但是它们仍然提供了可能无法通过访谈或书面任务轻易获得的数据。威尔逊等研究了教师教育课程的视频，以便更好地理解关于教师动态使用统计软件的学科教学知识（Wilson，Lee，& Hollebrands，2011）；彼得斯等观察了教师对中心度量的学习是如何在彼此互动中发展的（Peters，Watkins，&

Bennett，2014）；利维观察了参与课程学习的职前教师（Leavy，2010，2015），这项课程学习让教师参与课程设计、课程实施，观察学生的反应，然后汇报课程的效果。对这些活动的观察有助于研究人员了解教师如何计划并分析他们的课堂教学。一般而言，教师在专业发展过程中的对话可以帮助解释指导他们教学的知识和信念的性质与起源。

对教师课程和专业发展课程的观察通常会生成各种各样的内容，可能包括书面课程计划（Garfield & Ben-Zvi，2008）、教师分配给班级的统计任务（Burgess，2011）、田野笔记（Casey，2010），以及教师完成的专业发展任务（Wilson，Lee，& Hollebrands，2011）。这些内容可以与其他数据综合起来，从而帮助研究人员发展对教师有关统计教学认知与情感特征的描述。

10.5　关于教师统计知识的研究

本章前面描述的研究模型、结构和技术被用于跨越各种统计内容领域的研究。本节我们总结了两类广泛的、相互关联的文献研究结果，这些文献涉及教师关于数据（第 10.5.1 节）以及不确定性和统计推断（第 10.5.2 节）的知识。

10.5.1　关于数据的研究

我们简要概述了关于教师的学科知识和学科教学知识的研究，具体知识涉及数据表征、分布和变异性、变量之间的关联，以及统计素养、统计推理和统计思维。

10.5.1.1　数据表征

对职前教师或在职教师的图表阅读和解释能力的研究表明，他们倾向于低估图表表征学习和教学的复杂性（Leavy，2010）。与其他统计思想相比，教师更倾向于表达他们对理解图表表征的信心，并且认为自己具备可以很好地教授这一主题的能力（González & Pinto，2008；Watson，2001）。然而，尽管他们对教授图表持积极态度和信心，但是许多教育工作者具备的图表表征的学科知识实际上却有限（González & Pinto，2008；Jacobbe & Horton，2010；Pierce & Chick，2013；Sorto，2004）。他们有时会混淆直方图与条形图（Bruno & Espinel，2009），未能将图表知识整合到问题背景中（Burgess，2002），并且在图表选择和数据类型的理解上存在问题（Leavy，2010）。蒙蒂罗和安利将“批判意识”（critical sense）作为分析和解释图表的关键技能（Monteiro & Ainley，2007），调查了来自巴西和英国的未来小学教师对图表的批判意识，发现许多职前教师没有足够的数学知识帮助他们阅读日常报刊中的图表。然而，大多数人通过将统计知识与个人经验和背景知识相结合，表现出批判性思考和辩护其主张的能力。

少数研究调查了教师关于图表的学科教学知识。冈萨雷斯和平托认为，教师需要更多地了解学习统计图表的过程以及学生可能遇到的困难（González & Pinto，2008）；埃斯皮内尔、布鲁诺和普拉森西亚观察到未来小学教师在图表构建以及对虚构学生任务的评估之间缺乏一致性（Espinel，Bruno，& Plasencia，2008）；希顿和米克尔森观察到，图表构建经常成为职前小学教师统计调查教学的最终目标，他们关注的是创建图表的技术，而不是让儿童参与数据推理（Heaton & Mickelson，2002）。然而，一些研究表明，使用动态数据探索工具（如 Finzer，2002；Konold & Miller，2011）可以帮助教师将图表看作理解数据的手段而不是目的本身（Meletiou-Mavrotheris，Mavrotheris，& Paparistodemou，2011）。

10.5.1.2 分布和变异性

关于教师对分布的推理的大部分研究都集中在他们对集中趋势度量、变异性度量、分布思维和统计学程序方面的理解上。此外，研究人员还探讨了学科教学知识。

对教师关于中心度量概念的研究集中于算术平均值（如 Batanero，Godino，& Navas，1997；Gfeller，Niess，& Lederman，1999），均值、中位数和众数（如 Groth & Bergner，2006；Jacobbe，2012），以及平均数的一般概念（如 Begg & Edwards，1999；Estrada，Batanero，& Fortuny，2004；Leavy & O'Loughlin，2006）。来自此类研究的证据表明，深入理解这些统计概念并非易事。与学生一样，许多教师都设法将集中趋势度量视为代表（或“典型”）值。虽然教师可以很容易地计算平均值，但是他们往往不使用它来比较群体（Canada，2004；Hammerman & Rubin，2004；Leavy & O'Loughlin，2006；Makar，2004；Makar & Confrey，2002，2004；Peters，2009）。与学生一样，教师可能依赖于程序算法并需要概念性理解（Gfeller，Niess，& Lederman，1999；Leavy & O' Loughlin，2006；Peters，Watkins，& Bennett，2014；Sorto，2004）。

与中心度量一样，教师对标准差以及其他变异性度量的理解往往也是程序化的（Leavy，2006；Makar & Confrey，2005；Sorto，2004）。研究表明不同年级教师对变异性概念理解存在困难（Mooney et al.，2014；Vermette，2013），学生也存在类似的误解（如将分布的正态形状视为低变异性的象征）。当问题情境发生变化时，教师通常会对随机变异持有截然不同的信念（Canada，2004；Makar，2004）。孔策发现，一些中学教师并不认为学习统计变异是一个重要的教学目标，但是有些教师确实认识到教授这一概念的重要性（Kuntze，2014）。

对中心和离散度的度量是不可分割的。譬如，对标准差的概念性理解需要“一个动态的分布概念，它将均值周围数据的相对密度变化与其偏离均值的情况进行协调”（Peters，2009，p.21）。教师通常难以协调对集中趋势和离差的理解（Dabos，2014；Lee & Lee，2011）。许多教师倾向于只关注分布的中心，或其全距，或小簇或单个点，而不是整合数据分布的不同方面（Canada，2008；Makar & Confrey，2005；Mooney et al.，2014）。开始对分布进行推理时，可以鼓励教师使用非正式术语来描述离散度和分布，如

“丛”“块”“数据块”“分散的”“聚集的”（Canada，2004；Makar，2004；Makar & Confrey，2005）。由于儿童也会使用类似的语言（如 Bakker & Gravemeijer，2004），马卡尔和康弗里建议，应认识并重视将这种非正式的“变异语言”作为促进统计的直觉意义建构的一种方式（Makar & Confrey，2005）。

使用动态数据软件进行探索还可以帮助改善教师对分布的推理及其学科教学知识（Canada，2004；Hammerman & Rubin，2004；Leavy，2006；Lee & Lee，2011；Makar，2004；Meletiou-Mavrotheris，Paparistodemou，& Stylianou，2009；Peters，Watkins，& Bennett，2014）。譬如，梅莱蒂乌-马夫罗瑟里斯和塞拉多报告了 EarlyStatistics，这是一个让教师参与真实教育活动的跨文化专业发展课程（Meletiou-Mavrotheris & Serradó，2012）。课程中的活动使他们有机会反思统计学的“大观念”及其应用，并通过采用基于统计问题解决过程的、连贯的、富有技术的课程，探索改进统计教学的方法。该研究的结果表明，EarlyStatistics 实现了其目标，增进了教师对关键统计思想（包括分布）的理解。从一些参与者课堂的教学干预跟踪中获得的数据表明，EarlyStatistics 在学生学习及其对统计学的态度方面取得了积极成果（Meletiou-Mavrotheris，Mavrotheris，& Paparistodemou，2011）。

10.5.1.3　变量之间的关联

一些研究人员通过教学设计帮助教师解除他们及其学生对关联的误解。巴塔内罗、埃斯特帕和戈迪诺研究了基于计算机的教学实验是否会改善职前教师对关联的理解（Batanero，Estepa，& Godino，1997），他们确实发现职前教师改善了对共变的认识，并减弱了对关联概念的确定性理解。然而，他们也发现，大多数教师仍然认为两个变量之间的强关联足以得出因果关系的结论。凯西观察了三位经验丰富的中学教师对统计关联的教学，并在每次观察后及时对他们进行访谈（Casey，2010）。研究表明，为了满足教学需求，教师需要对基本的统计关联概念有充分的了解。譬如，他们不仅需要知道如何计算相关系数的值，还需要知道为什么这样计算以及数值的含义。教师还需要了解非正式的最佳拟合线的性质以及将它们放置在图表上的标准。凯西和沃瑟曼发现，教师具备各种关于非正式的最佳拟合线以及如何放置它们的想法（Casey & Wasserman，2015）。尽管想法不同，但是教师在与散点图中的最小二乘回归线大致相同的位置放置了非正式的最佳拟合线。

除了有关关联的学科知识，教师还需要具备学科教学知识。凯西综合了三个关于线性回归的教与学的研究成果，描述了教师需要了解的关于学习者线性回归概念的内容（Casey，2014）。研究表明，教授线性回归所需的知识与教授线性函数所需的知识有很大不同。金塔斯、费雷拉和奥利韦拉对比了两位经验丰富的中学数学教师在教授双变量数据时的学科教学知识（Quintas，Ferreira，& Oliveira，2014）。教师在帮助学生推理双变量关系时存在困难，他们很难教授双变量关系的结构和强度、模型拟合等方面以及线性回归模型在预测事件中的作用，对文献中确定的双变量关系都出现了一些常见的误解和错误（如 Engel & Sedlmeier，2011）。这些发现表明，需要设计专业发展同时加强教师关于关联教学的学科内容知识和学科教学知识。

10.5.1.4 统计素养、统计推理和统计思维

学生统计素养的发展成为国际统计教育的首要目标，这样就涉及统计素养、统计推理和统计思维等课程，这对教师提出了相当高的要求（Hannigan，Gill，& Leavy，2013）。特别是，他们必须设计具有吸引力的课程（Chick & Pierce，2008）、关注概念理解（Watson，2001）并提出关键问题（Reston，Jala，& Edullantes，2006）。

研究揭示了影响教学设计和实施的因素，这些因素促进了学生的统计素养、统计推理和统计思维。伯吉斯发现，在统计调查方面，具有良好 SKT 的教师的学生能够比其他教师的学生取得更进一步的成果（Burgess，2011）。科林汉姆和伯吉斯推测，教师实施的国家课程可能影响他们的统计教学方法，因为在他们的研究中，相比新西兰的教师，澳大利亚教师倾向于更多地关注教学的统计程序方面（Callingham & Burgess，2014）。马卡尔和菲尔丁-韦尔斯发现统计调查教学中的挑战可能源于难以应对调查中的不确定性、安排课堂组织以及开发必要的学科内容知识（Makar & Fielding-Wells，2011）。米克尔森和希顿发现将学科内容知识转化为有效教学实践是一个复杂的过程，他们要求研究人员与课堂教师合作，为学生设计有意义的体验（Mickelson & Heaton，2004）。实际上，近年来，一些研究人员一直在探索新的职前教师和在职教师培训模式，这些模式侧重于基于探究的教学和统计问题解决（如 Garfield & Ben-Zvi，2008；Groth et al.，2016；Makar & Fielding-Wells，2011；Meletiou-Mavrotheris & Serradó，2012；Serradó，Meletiou-Mavrotheris，& Paparistodemou，2014）。

10.5.2 关于不确定性和统计推断的研究

和普通人群一样，不确定性和统计推断对教师来说也是具有挑战性的思想。研究人员探讨了教师对理论概率（Batanero & Díaz，2012；Watson，2001）、经验概率（Dollard，2011；Groth，2010；Theis & Savard，2010）、非正式推断（Canada，2008；Pfannkuch，2006）、样本和抽样分布（Green，2010；Green & Blankenship，2014；Groth & Bergner，2005；Maxara & Biehler，2010；Noll，2011），以及正式推断（Liu & Thompson，2009；Thompson & Liu，2005）的理解。

关于不确定性的合理推理和推断需要偏离确定性的思维模式，这种思维模式影响着教学实践。譬如，塞拉多、阿斯卡拉特和卡德尼奥索发现，对统计学性质的确定性信念阻碍了一些教师接受与概率和不确定性相关的课程目标（Serradó，Azcárate，& Cardeñoso，2006）。刘和汤普森发现，他们研究中的大多数高中教师倾向于以确定性的思维模式进行思考（Liu & Thompson，2009），这使教师很难理解假设检验并将其视为推断的

工具。

研究表明，仅仅建立教师对教学结构和工具的了解是不够的，必须高度重视提高教师关于不确定性和统计推断的学科知识。譬如，李和莫伊察发现，虽然一群教师让学生参与需要使用模拟工具的真实统计调查，但是由于学科知识有限，他们错失了培养学生理解概率的频率论方法的机会（Lee & Mojica，2008）。为了识别学生的错误和实施有效的教学实践，教师还需要深入了解概率（Maher & Muir，2014；Paparistodemou，Potari，& Pitta，2006），这可以通过精心设计的教师专业发展来实现。譬如，泰斯和萨瓦尔帮助高中教师设计并实施了一个基于技术的教学干预（Theis & Savard，2010）。他们发现，在干预中使用模拟软件可以使教师采用更多以探究为导向的策略，并开始纳入频率论概率。

尽管学科知识对于不确定性的有效教学是必要的，但这还不够。利维研究了一些职前教师，他们在非正式推断上表现出相对较强的学科知识，然而，他们很难利用这些知识发展教学环境，以促进儿童的学习。特别是，他们难以选择足够复杂的数据、创设有趣的情境、处理意外的学生反应，以及支持儿童的思维过程（Leavy，2010）。在其他研究中，学科教学知识的差距被认为是教师撰写课程计划（Chick & Pierce，2008）和为学生设计有效学习环境（Groth，2010）时未能强调重要概率概念的因素。因此，研究人员开发能够同时评估学科知识和学科教学知识的技术（Meletiou-Mavrotheris，Kleanthous，& Paparistodemou，2014），并检查和调整他们的专业发展工作，从而确保促进教师在 SKT 的这些方面的同步发展（Lee & Hollebrands，2008；Serradó，Meletiou-Mavrotheris，& Paparistodemou，2014）。

10.6　教师教育前沿

正如本章和其他关于统计教师教育的报告所呈现的那样（Franklin et al.，2015），发展与统计教学相关的认知与情感特征是值得集中研究的。鉴于对传统统计教学方法的摒弃，这一研究关注点尤为重要（Batanero & Díaz，2012）。为了在改革导向的背景下更好地满足教师的需求，教师教育的替代方法变得较为普遍。一些替代方法在以下背景中出现：教师课堂实践情境、对统计内容的深入探索，以及技术环境。本章末尾，我们将总结使用这些方法完成的一些工作，从而鼓励其他人继续发展并推广这些方法。与此同时，我们也预告将在第 12 章更详细地描述专业发展的途径。

10.6.1　在教学实践中学习

在基于实践的方法中，教师将真实课堂作为研究场所，比如课例研究。利维通过课例研究发展职前教师的知识及其教授非正式统计推论性推理和数据处理的能力（Leavy，2010，2015）；罗巴克、钱斯、莱格勒（Legler）和穆尔通过课例研究改进他们自己的推断教学方法（Roback et al.，2006）。其他基于实践的方法需要研究人员与教师合作进行教学设计、实施和分析。譬如，诺尔和肖内西报告了一个项目，其中的教师与五位大学研究人员合作设计并共同教授了课程，用以调查中学生关于变异性概念的掌握情况（Noll & Shaughnessy，2012）。他们发现该项目是互利的，即教师和研究人员在合作中相互学习。格罗思等与未来的教师合作（Groth et al.，2016），设计能满足学生对中心度量的学习需求的教学，并让职前教师参与推广研究结果（Groth，Kent，& Hitch，2015）。在这种方法下，教师和研究人员之间的界限被有意模糊化，以便让教师参与正式研究特有的一些同类型的系统课堂调查。

10.6.2 统计内容沉浸

在小学、中学和大学阶段可以找到让教师深入探索统计内容的方法示例。赖斯顿探讨了在职小学教师的概率概念，发现基于问题的学习、探究和统计调查促进了教师对概率概念的理解并且提高了教学技能（Reston，2012）。马卡尔和康弗里让中学教师沉浸在关于学生数据的调查中，并研究他们在比较两组数据时的统计推理，他们得出的结论是，这种沉浸式模型有助于教师提升对推断的概念理解、促进教学实践以及改善对探究的态度（Makar & Confrey，2002）。巴加廖蒂等开发了能够促进中学教师深入进行变异性和回归研究的材料（Bargagliotti et al.，2014）。在高等教育层面，格林和布兰肯希普设计了一门课程，将教学助理（teaching assistants，TAs）培养为统计教育工作者（Green & Blankenship，2014），该课程重点关注 TAs 是如何发展批判性思维并提高课堂学习效果的。TAs 结束课程后，将对抽样分布有较好的概念理解并掌握教学和评估学生的策略。

10.6.3 技术环境

大量研究调查了动态统计软件包的使用（Finzer，2002；Konold & Miller，2011），以发展教师关于概念教学（如抽样分布、中心极限定理、置信区间和假设检验）的知识（如 Garfield & Everson，2009；Maxara & Biehler，2010；Meletiou-Mavrotheris，Kleanthous，& Paparistodemou，2014）。这些研究表明，通过对真实和计算机模拟数据的研究，教师对统计思想的理解可以帮助他们发展非正式统计推论性推理、构建对推断统计逻辑的更复杂理解，并改善他们有关统计推断的各种教学策略。如果有兴趣探索动态统计软件对支持教师学习的潜力，可以使用以下资源：李和霍利布兰兹的整合了软件的教师教育课程（Lee & Hollebrands，2008），以及马登的描述了统计上、背景上和/或技术上的激励性任务特点的框架（Madden，2011）。

除了动态统计软件环境外，教师教育还有许多其他技术前沿需要继续探索，包括在线社区、移动设备以及与评估和教学相关的大数据的使用。这种性质的环境和工具有助于打破教师学习时间、地点和范围的传统界限（Koehler & Mishra，2008）。作为相对较新的新兴技术，其对统计学教师学习的影响有待进一步探索。

10.7 结论

研究有关统计教学的认知与情感是一项相对较新的尝试，本章确定了未来研究的几个契机。为了更清楚地界定 SKT 的要素、各要素之间的关系及其发展机制，还有许多工作要做。随着这项工作的开展，在不同探究范式的研究人员之间开展系统学术讨论来协调并完善不同的 SKT 模型将是非常重要的。我们还需要更好地理解情感、认知和教学实践之间的相互作用。既然我们知道教师的目标、信念和态度会在一定程度上影响教学实践，那么需要进一步研究其中最相关的目标、信念和态度类型的确切性质及其影响程度。此外，我们需要更好地了解教师有关社会和环境因素对学生统计学成就和兴趣影响的知识，以及他们在帮助不同学生群体学习统计时的准备程度。

随着对有关统计教学的认知与情感研究的不断发展，定性和定量方法各自发挥作用。存在一些通过心理学和理论测验的针对统计教学的量化评估工具，但是许多研究仍依赖于为一般人群开发的工具。定性研究可以帮助确定要评估的显著认知与情感特征，并可以提供生动的描绘说明这些特征在不同情况下可能如何发展。随着这项工作的开展，我们可以逐步更好地理解教师在统计内容和学生之间的中介作用。

参考文献

Artigue，M.（2015）. Perspectives on design research：The case of didactical engineering. In A. Bikner-Ahsbahs，C. Knipping，& N. Presmeg（Eds.），*Approaches to qualitative research in mathematics education*（pp.467-496）. Dordrecht：Springer.

Ashton，P. T.（1985）. Motivation and the teachers' sense of effcacy. In C. Ames & R. Ames（Eds.），*Research on motivation in education*（Vol. 2，pp.141-171）. Orlando：Academic Press.

Bakker，A.，& Gravemeijer，K. P. E.（2004）. Learning to reason about distribution. In I. D. Ben-Zvi & J. Garfield（Eds.），*The challenge of developing statistical literacy，reasoning，and thinking*（pp.147-168）. Dordrecht：Kluwer.

Bakker，A.，& van Eerde，D.（2015）. An introduction to design-based research with an example from statistics education. In A. Bikner-Ahsbahs，C. Knipping，& N. Presmeg（Eds.），*Approaches to qualitative research in mathematics education*（pp.429-466）. Dordrecht：Springer.

Ball，D. L.，& Bass，H.（2009）. With an eye on the mathematical horizon：Knowing mathematics for teaching to learners' mathematical futures. *43rd Jahrestagung der Gesellschaft für Didaktik der Mathematik，Oldenburg，Germany*. Retrieved from https://eldorado.tu-dortmund.de/bitstream/2003/31305/1/003.pdf.

Ball，D. L.，Thames，M. H.，& Phelps，G.（2008）. Content knowledge for teaching：What makes it special? *Journal of Teacher Education*，*59*（5），389-407.

Bargagliotti，A.，Anderson，C.，Casey，S.，Everson，M.，Franklin，C.，Gould，R.，et al.（2014）. Project-SET materials for the teaching and learning of sampling variability and regression. In K. Makar，B. de Sousa，& R. Gould（Eds.），*Sustainability in statistics education. Proceedings of the 9th International Conference on Teaching Statistics*，*Flagstaff*，*AZ*，*USA*. Voorburg：International Statistical Institute.

Batanero，C.，& Díaz，D.（2012）. Training school teachers to teach probability：Reflections and challenges. *Chilean Journal of Statistics*，*3*（1），3-13.

Batanero，C.，Estepa，A.，& Godino，J. D.（1997）. Evolution of students' understanding of statistical association in a computer-based teaching environment. In J. B. Garfield & G. Burrill（Eds.），*Research on the role of technology in teaching and learning statistics*：*Proceedings of the 1996 IASE Round Table Conference*（pp.191-205）. Voorburg：International Statistical Institute.

Batanero，C.，Godino，J.，& Navas，F.（1997）. Concepciones de maestros de primaria en formción sobre promedios（Primary school teachers' conceptions on averages）. In H. Salmerón（Ed.），*Actas de las VII Jornadas LOGSE*：*Evaluación Educativa*（pp.310-340）. Granada：University of Granada.

Begg，A.，& Edwards，R.（1999）. Teachers' ideas about teaching statistics. In *Proceedings of the 1999 combined Conference of the Australian Association for Research in Education and the New Zealand Association for Research in Education*. Melbourne：Australian Association for Research in Education & New Zealand Association for Research in Education.

Ben-Zvi，D.（2000）. Toward understanding the role of technological tools in statistical learning. *Mathematical Thinking and Learning*，*2*（1-2），127-155.

Blömeke，S.，& Delaney，S.（2012）. Assessment of teacher knowledge across countries：A review of the state of research. *ZDM*，*44*（3），223-247.

Brown，S. A.，Pitvorec，K.，Ditto，C.，& Kelso，C. R.（2009）. Reconceiving fidelity of implementation：An investigation of elementary whole-number lessons. *Journal for Research in Mathematics Education*，*40*（4），363-395.

Browning，C.，Goss，J.，& Smith，D.（2014）. Statistical knowledge for teaching：Elementary preservice teachers. In K. Makar，B. de Sousa，& R. Gould（Eds.），*Sustainability in statistics education. Proceedings of the 9th International Conference on Teaching Statistics*，*Flagstaff*，*AZ*，*USA*. Voorburg：International Statistical Institute.

Bruno，A.，& Espinel，M. C.（2009）. Construction and evaluation of histograms in teacher training. *International Journal of Mathematical Education in Science and Technology*，*40*（4），473-493.

Burgess，T.（2002）. Investigating the "data sense" of preservice teachers. In B. Phillips（Ed.），*Proceedings of the 6th International Conference on Teaching Statistics*. Cape Town：International Association for Statistics Education.

Burgess，T. A.（2011）. Teacher knowledge of and for statistical investigations. In C. Batanero，G. Burrill，& C. Reading（Eds.），*Teaching statistics in school mathematics-Challenges for teaching and teacher education*（pp.259-270）. Dordrecht：Springer.

Burrill，G.，& Biehler，R.（2011）. Fundamental statistical ideas in the school curriculum and in training teachers. In C. Batanero，G. Burrill，& C. Reading（Eds.），*Teaching statistics in school mathematics-Challenges for teaching and teacher education*（pp.57-69）. Dordrecht：Springer.

Callingham，R.，& Burgess，T.（2014）. How the curriculum shapes teachers' thinking：A comparison of New Zealand and Australian teachers' thinking about statistics. In K. Makar，B. de Sousa，& R. Gould（Eds.），*Sustainability in statistics education. Proceedings of the 9th International Conference on Teaching Statistics，Flagstaff，AZ，USA*. Voorburg：International Statistical Institute.

Callingham，R.，Carmichael，C.，& Watson，J. M.（2016）. Explaining student achievement：The influence of teachers' pedagogical content knowledge in statistics. *International Journal of Science and Mathematics Education，14*（7），1339-1357.

Canada，D.（2004）. *Elementary pre-service teachers' conceptions of variation*. Unpublished doctoral dissertation，Portland State University.

Canada，D. L.（2008）. Conceptions of distribution held by middle school students and preservice teachers. In C. Batanero，G. Burrill，C. Reading，& A. Rossman（Eds.），*Joint ICMI/IASE study：Teaching statistics in school mathematics. Challenges for teaching and teacher education. Proceedings of the ICMI Study 18 and 2008 IASE Round Table Conference*. Monterrey：International Commission on Mathematical Instruction and International Association for Statistics Education.

Casey，S. A.（2010）. Subject matter knowledge for teaching statistical association. *Statistics Education Research Journal，9*（2），50-68.

Casey，S. A.（2014）. Teachers' knowledge of students' conceptions and their development when learning linear regression. In K. Makar，B. de Sousa，& R. Gould（Eds.），*Sustainability in statistics education. Proceedings of the 9th International Conference on Teaching Statistics，Flagstaff，AZ，USA*. Voorburg：International Statistical Institute.

Casey，S. A.，& Wasserman，N. H.（2015）. Teachers' knowledge about informal line of best fit. *Statistics Education Research Journal，14*（1），8-35.

Chick，H. L.，& Pierce，R. U.（2008）. Teaching statistics at the primary school level：Beliefs，affordances，and pedagogical content knowledge. In C. Batanero，G. Burrill，C. Reading，& A. Rossman（Eds.），*Joint ICMI/IASE study：Teaching statistics in school mathematics. Challenges for teaching and teacher education. Proceedings of the ICMI Study 18 and 2008 IASE Round Table Conference*. Monterrey：International Commission on Mathematical Instruction and International Association for Statistics Education.

Cobb，P.（1999）. Individual and collective mathematical development：The case of statistical data analysis. *Mathematical Thinking and Learning，1*，5-43.

Dabos，M.（2014）. A glimpse of two year college instructors' understanding of variation in histograms. In K. Makar，B. de Sousa，& R. Gould（Eds.），*Sustainability in statistics education. Proceedings of the 9th International Conference on Teaching Statistics，Flagstaff，AZ，USA*. Voorburg：International Statistical Institute.

Dollard，C.（2011）. Preservice elementary teachers and the fundamentals of probability. *Statistics Education*

Research Journal，*10*（2），27-47.

Eichler，A.（2007）. Individual curricula：Teachers' beliefs concerning stochastics instruction. *International Electronic Journal of Mathematics Education*，*2*（3），208-226.

Engel，J.，& Sedlmeier，P.（2011）. Correlation and regression in the training of teachers. In C. Batanero，G. Burrill，& C. Reading（Eds.），*Teaching statistics in school mathematics*：*Challenges for teaching and teacher education*（pp.247-258）. New York：Springer.

Espinel，M. C.，Bruno，A.，& Plasencia，I.（2008）. Statistical graphs in the training of teachers. In C. Batanero，G. Burrill，C. Reading，& A. Rossman（Eds.），*Joint ICMI/IASE study*：*Teaching statistics in school mathematics. Challenges for teaching and teacher education. Proceedings of the ICMI Study 18 and 2008 IASE Round Table Conference*. Monterrey：International Commission on Mathematical Instruction and International Association for Statistics Education.

Estrada，A.，& Batanero，C.（2008）. Explaining teachers' attitudes toward statistics. In C. Batanero，G. Burrill，C. Reading，& A. Rossman（Eds.），*Joint ICMI/IASE study*：*Teaching statistics in school mathematics. Challenges for teaching and teacher education. Proceedings of the ICMI Study 18 and 2008 IASE Round Table Conference*. Monterrey：International Commission on Mathematical Instruction and International Association for Statistics Education.

Estrada，A.，Batanero，C.，& Fortuny，J. M.（2004）. Un estudio sobre conocimientos de estadística elemental de profesores en formación（Prospective teachers' knowledge on elementary statistics）. *Educación matemática*，*16*（1），89-111.

Estrada，A.，Batanero，C.，Fortuny，J. M.，& Díaz，C.（2005）. A structural study of future teachers' attitudes toward statistics. In M. Bosch（Ed.），*Proceedings of the 4th Congress of the European Society for research in Mathematics Education*（pp.508-517）. Barcelona：IQS Fundemi.

Estrada，A.，Batanero，C.，& Lancaster，S.（2011）. Teachers' attitudes toward statistics. In C. Batanero，G. Burrill，& C. Reading（Eds.），*Teaching statistics in school mathematics*：*Challenges for teaching and teacher education*（pp.163-174）. Dordrecht：Springer.

Finzer，W.（2002）. *Fathom dynamic data software*（*Version 2.1*）（*Computer software*）. Emeryville：Key Curriculum Press.

Forgasz，H. J.，& Leder，G. C.（2008）. Beliefs about mathematics and mathematics teaching. In P. Sullivan & T. Wood（Eds.），*International handbook of mathematics teacher education*，*Knowledge and beliefs in mathematics teaching and teaching development*（Vol. 1，pp.173-192）. Rotterdam：Sense Publishers.

Franke，M. L.，Kazemi，E.，& Battey，D.（2007）. Mathematics teaching and classroom practice. In F. Lester（Ed.），*Second handbook of research on mathematics teaching and learning*（pp.225-256）. Reston：National Council of Teachers of Mathematics.

Franklin，C.，Kader，G.，Mewborn，D.，Moreno，J.，Peck，R.，Perry，M.，et al.（2007）. *Guidelines for assessment and instruction in statistics education*（*GAISE*）*report*：*A pre-K-12 curriculum framework*. Alexandria：American Statistical Association.

Franklin，C. A.，Bargagliotti，A. E.，Case，C. A.，Kader，G. D.，Scheaffer，R. L.，& Spangler，D. A.

（2015）. *The statistical education of teachers*. Alexandria：American Statistical Association.

Garfield，J.，& Ben-Zvi，D.（2008）. Preparing school teachers to develop students' statistical reasoning. In C. Batanero，G. Burrill，C. Reading，& A. Rossman（Eds.），*Joint ICMI/IASE study：Teaching statistics in school mathematics. Challenges for teaching and teacher education. Proceedings of the ICMI Study 18 and 2008 IASE Round Table Conference*. Monterrey：International Commission on Mathematical Instruction and International Association for Statistics Education.

Garfield，J. B.，& Everson，M.（2009）. Preparing teachers of statistics：A graduate course for future teachers. *Journal of Statistics Education，17*（2），223-237.

Gattuso，L.（2008）. Statistics in a mathematical context? In C. Batanero，G. Burrill，C. Reading，& A. Rossman（Eds.），*Joint ICMI/IASE study：Teaching statistics in school mathematics. Challenges for teaching and teacher education. Proceedings of the ICMI Study 18 and 2008 IASE Round Table Conference*. Monterrey：International Commission on Mathematical Instruction and International Association for Statistics Education.

Gfeller，M. K.，Niess，M. L.，& Lederman，N. G.（1999）. Preservice teachers' use of multiple representations in solving arithmetic mean problems. *School Science and Mathematics，99*（5），250-257.

Godino，J. D.，Ortiz，J. J.，Roa，R.，& Wilhelmi，M. R.（2011）. Models for statistical pedagogical knowledge. In C. Batanero，G. Burrill，& C. Reading（Eds.），*Teaching statistics in school mathematics：Challenges for teaching and teacher education*（pp.271-282）. Dordrecht：Springer.

González，M. T.，& Pinto，J.（2008）. Conceptions of four pre-service teachers on graphical representation. In C. Batanero，G. Burrill，C. Reading，& A. Rossman（Eds.），*Joint ICMI/IASE study：Teaching statistics in school mathematics. Challenges for teaching and teacher education. Proceedings of the ICMI Study 18 and 2008 IASE Round Table Conference*. Monterrey：International Commission on Mathematical Instruction and International Association for Statistics Education.

González，O.（2014）. Secondary mathematics teachers' professional competencies for effective teaching of variability-related ideas：A Japanese case study. *Statistique et Enseignment，5*（1），31-51.

Goodchild，S.，& Sriraman，B.（2012）. Revisiting the didactic triangle：From the particular to the general. *ZDM，44*（5），581-585.

Green，J. L.（2010）. Teaching highs and lows：Exploring university teaching assistants' experiences. *Statistics Education Research Journal，9*（2），108-122.

Green，J. L.，& Blankenship，E. E.（2014）. Beyond calculations：Fostering conceptual understanding in statistics graduate teaching assistants. In K. Makar，B. de Sousa，& R. Gould（Eds.），*Sustainability in statistics education. Proceedings of the 9th International Conference on Teaching Statistics，Flagstaff，AZ，USA*. Voorburg：International Statistical Institute.

Groth，R. E.（2007）. Toward a conceptualization of statistical knowledge for teaching. *Journal for Research in Mathematics Education，38*（5），427-437.

Groth，R. E.（2010）. Teachers' construction of learning environments for conditional probability and independence. *International Electronic Journal of Mathematics Education，5*，32-55.

Groth，R. E.（2013）. Characterizing key developmental understandings and pedagogically powerful ideas within a statistical knowledge for teaching framework. *Mathematical Thinking and Learning，15*（2），121-145.

Groth，R. E.（2014）. Prospective teachers' procedural and conceptual knowledge of mean absolute deviation. *Investigations in Mathematics Learning，6*（3），51-69.

Groth，R. E.，& Bergner，J. A.（2005）. Pre-service elementary school teachers' metaphors for the concept of statistical sample. *Statistics Education Research Journal，4*（2），27-42.

Groth，R. E.，& Bergner，J. A.（2006）. Preservice elementary teachers' conceptual and procedural knowledge of mean，median，and mode. *Mathematical Thinking and Learning，8*，37-63.

Groth，R. E.，Bergner，J. A.，Burgess，C. R.，Austin，J. W.，& Holdai，V.（2016）. Re-imagining education of mathematics teachers through undergraduate research. *Council on Undergraduate Research（CUR）Quarterly，36*（3），41-46.

Groth，R. E.，Kent，K.，& Hitch，E.（2015）. Journey to centers in the core. *Mathematics Teaching in the Middle School，21*，295-302.

Hammerman，J. K.，& Rubin，A.（2004）. Strategies for managing statistical complexity with new software tools. *Statistics Education Research Journal，3*（2），17-41.

Hannigan，A.，Gill，O.，& Leavy，A. M.（2013）. An investigation of prospective secondary mathematics teachers' conceptual knowledge of and attitudes towards statistics. *Journal of Mathematics Teacher Education，16*（6），427-449.

Harrell-Williams，L.，Sorto，M. A.，Pierce，R. L.，Lesser，L. M.，& Murphy，T. J.（2014）. Validation of scores from a new measure of pre-service teachers' self-efficacy to teach statistics in the middle grades. *Journal of Psychoeducational Assessment，32*（1），40-50.

Heaton，R. M.，& Mickelson，W. T.（2002）. The learning and teaching of statistical investigation in teaching and teacher education. *Journal of Mathematics Teacher Education，5*（1），35-59.

Hill，H. C.，Ball，D. L.，& Schilling，S. G.（2008）. Unpacking pedagogical content knowledge：Conceptualizing and measuring teachers' topic-specific knowledge of students. *Journal for Research in Mathematics Education，39*（4），372-400.

Jacobbe，T.（2012）. Elementary school teachers' understanding of mean and median. *International Journal of Science and Mathematics Education，10*，1143-1161.

Jacobbe，T.，& Horton，R. M.（2010）. Elementary school teachers' comprehension of data displays. *Statistics Education Research Journal，9*（1），27-45.

Koehler，M. J.，& Mishra，P.（2008）. Introducing TPCK. In AACTE Committee on Innovation and Technology（Ed.），*Handbook of technological pedagogical content knowledge（TPCK）for educators*（pp.3-29）. New York：Routledge.

Konold，C.，& Miller，C.（2011）. *Tinkerplots（Version v2.0）(Computer software）*. Emeryville：Key Curriculum Press.

Kuntze，S.（2014）. Teachers' views related to goals of the statistics classroom - From global to contentspecific. In K. Makar，B. de Sousa，& R. Gould（Eds.），*Sustainability in statistics education. Proceedings of the 9th International Conference on Teaching Statistics，Flagstaff，AZ，USA*. Voorburg：International Statistical Institute.

Leavy，A.，& O'Loughlin，N.（2006）. Preservice teachers' understanding of the mean：Moving beyond the arithmetic average. *Journal of Mathematics Teacher Education，9*，53-90.

Leavy，A. M.（2006）. Using data comparison to support a focus on distribution：Examining preservice teachers' understandings of distribution when engaged in statistical inquiry. *Statistics Education Research Journal，5*（2），89-114.

Leavy，A. M.（2010）. The challenge of preparing preservice teachers to teach informal inferential reasoning. *Statistics Education Research Journal，9*（1），46-67.

Leavy，A. M.（2015）. Looking at practice：Revealing the knowledge demands of teaching data handling in the primary classroom. *Mathematics Education Research Journal，27*（3），283-309.

Leavy，A. M.，Hannigan，A.，& Fitzmaurice，O.（2013）. If you're doubting yourself，what's the fun in that? An exploration of why prospective secondary mathematics teachers perceive statistics as difficult. *Journal of Statistics Education，21*（3）. Retrieved from https://doi.org/10.1080/10691898.2013.11889684.

Lee，H.，& Hollebrands，K.（2008）. Preparing to teach mathematics with technology：An integrated approach to developing technological pedagogical content knowledge. *Contemporary Issues in Technology and Teacher Education，8*（4），326-341.

Lee，H. S.，& Hollebrands，K. F.（2011）. Characterising and developing teachers' knowledge for teaching statistics with technology. In C. Batanero，G. Burrill，& C. Reading（Eds.），*Teaching statistics in school mathematics：Challenges for teaching and teacher education*（pp.359-369）. Dordrecht：Springer.

Lee，H. S.，Kersaint，G.，Harper，S. R.，Driskell，S. O.，Jones，D. L.，Leatham，K. R.，et al.（2014）. Teachers' use of transnumeration in solving statistical tasks with dynamic statistical software. *Statistics Education Research Journal，13*（1），25-52.

Lee，H. S.，& Lee，J. T.（2011）. Enhancing prospective teachers' coordination of center and spread：A window into teacher education material development. *The Mathematics Educator，21*（1），33-47.

Lee，H. S.，& Mojica，G. S.（2008）. Examining how teachers' practices support statistical investigations. In C. Batanero，G. Burrill，C. Reading，& A. Rossman（Eds.），*Joint ICMI/IASE study：Teaching statistics in school mathematics. Challenges for teaching and teacher education. Proceedings of the ICMI Study 18 and 2008 IASE Round Table Conference*. Monterrey：International Commission on Mathematical Instruction and International Association for Statistics Education.

Liu，Y.，& Thompson，P. W.（2009）. Mathematics teachers' understandings of proto-hypothesis testing. *Pedagogies，4*（2），126-138.

Madden，S. R.（2011）. Statistically，technologically，and contextually provocative tasks：Supporting teachers' informal inferential reasoning. *Mathematical Thinking and Learning，13*（1-2），109-131.

Maher，N.，& Muir，T.（2014）. "I don't really understand probability at all"：Final year pre-service teachers' understanding of probability. In J. Anderson，M. Cavanagh，& A. Prescott（Eds.），*Curriculum in focus: Research guided practice. Proceedings of the 37th Annual Conference of the Mathematics Education Research Group of Australasia* (pp.437-444). Sydney: MERGA.

Makar, K. (2004). *Developing statistical inquiry: Prospective secondary mathematics and science teachers' investigations of equity and fairness through analysis of accountability data.* Unpublished doctoral dissertation, University of Texas at Austin.

Makar, K., & Confrey, J. (2002). Comparing two distributions: Investigating secondary teachers' statistical thinking. In B. Phillips (Ed.), *Proceedings of the 6th International Conference on Teaching Statistics (CD-ROM)*. Voorburg: International Statistical Institute and International Commission on Mathematical Instruction.

Makar, K., & Confrey, J. (2004). Secondary teachers' statistical reasoning in comparing two groups. In D. Ben-Zvi & J. Garfield (Eds.), *The challenge of developing statistical literacy, reasoning and thinking* (pp.353-374). Boston: Kluwer.

Makar, K., & Confrey, J. (2005). "Variation-talk": Articulating meaning in statistics. *Statistics Education Research Journal, 4* (1), 27-54.

Makar, K., & Fielding-Wells, J. (2011). Teaching teachers to teach statistical investigations. In C. Batanero, G. Burrill, & C. Reading (Eds.), *Teaching statistics in school mathematics: Challenges for teaching and teacher education* (pp.347-358). Dordrecht: Springer.

Martins, J. A., Nascimento, M. M., & Estrada, A. (2012). Looking back over their shoulders: A qualitative analysis of Portuguese teachers' attitudes towards statistics. *Statistics Education Research Journal, 11* (2), 26-44.

Maxara, C., & Biehler, R. (2010). Students' understanding and reasoning with sample size and the law of large numbers after a computer-intensive introductory course on stochastics. In C. Reading (Ed.), *Data and context in statistics education: Towards an evidence based society. Proceedings of the 8th International Conference on Teaching Statistics, Ljubljana, Slovenia.* Voorburg: International Statistical Institute.

McLeod, D. B. (1992). Research on affect in mathematics: A reconceptualization. In D. A. Grouws (Ed.), *Handbook of research on mathematics teaching and learning* (pp.575-596). New York: MacMillan.

Meletiou-Mavrotheris, M., Kleanthous, I., & Paparistodemou, E. (2014). Developing pre-service teachers' technological pedagogical content knowledge (TPACK) of sampling. In K. Makar, B. de Sousa, & R. Gould (Eds.), *Sustainability in statistics education. Proceedings of the 9th International Conference on Teaching Statistics, Flagstaff, AZ, USA.* Voorburg: International Statistical Institute.

Meletiou-Mavrotheris, M., Mavrotheris, E., & Paparistodemou, E. (2011). Distance learning for teacher professional development in statistics education. *Teaching Statistics, 33* (1), 2-8.

Meletiou-Mavrotheris, M., Paparistodemou, E., & Stylianou, D. (2009). Enhancing statistics instruction in elementary schools: Integrating technology in professional development. *The Montana Mathematics Enthusiast, 16* (1-2), 57-78.

Meletiou-Mavrotheris, M., & Serradó, A. (2012). Distance training of mathematics teachers: The EarlyStatistics experience. *Universities and Knowledge Society Journal (RUSC), 9* (1), 340-353.

Mickelson，W.，& Heaton，R.（2004）. Primary teachers' statistical reasoning with data. In D. Ben-Zvi & J. Garfield（Eds.），*The challenge of developing statistical literacy，reasoning and thinking*（pp.327-352）. Dordrecht：Kluwer.

Monteiro，C.，& Ainley，J.（2007）. Investigating the interpretation of media graphs among student teachers. *International Electronic Journal of Mathematics Education，2*（3），188-207.

Mooney，E.，Duni，D.，van Meenen，E.，& Langrall，C.（2014）. Preservice teachers' awareness of variability. In K. Makar，B. de Sousa，& R. Gould（Eds.），*Sustainability in statistics education. Proceedings of the 9th International Conference on Teaching Statistics，Flagstaff，AZ，USA*. Voorburg：International Statistical Institute.Moore，D. S.（1988）. Should mathematicians teach statistics? *The College Mathematics Journal，19*（1），3-7.

Nasser，F. M.（2004）. Structural model of the effects of cognitive and affective factors on the achievement of Arabic-speaking prospective teachers in introductory statistics. *Journal of Statistics Education，12*（1），1-28.

Nolan，M. M.，Beran，T.，& Hecker，K. G.（2012）. Surveys assessing students' attitudes toward statistics：A systematic review of validity and reliability. *Statistics Education Research Journal，11*（2），103-123.

Noll，J.，& Shaughnessy，J. M.（2012）. Aspects of students' reasoning with variation in empirical sampling distributions. *Journal for Research in Mathematics Education，43*（5），509-556.

Noll，J. A.（2011）. Graduate teaching assistants' statistical content knowledge of sampling. *Statistics Education Research Journal，10*（2），48-74.

Onwuegbuzie，A. J.（2000）. Statistics anxiety and the role of self-perceptions. *Journal of Educational Research，93*（5），323-335.

Paparistodemou，E.，Potari，D.，& Pitta，D.（2006）. Prospective teachers' awareness of young children's stochastic activities. In A. Rossman & B. Chance（Eds.），*Proceedings of the 7th International Conference on Teaching Statistics*. Salvador：International Statistical Institute and International Association for Statistics Education.

Peters，S. A.（2009）. *Developing an understanding of variation：AP statistics teachers' perceptions and recollections of critical moments*. Unpublished doctoral dissertation，The Pennsylvania State University.

Peters，S. A.，Watkins，J. D.，& Bennett，V. M.（2014）. Middle and high school teachers' transformative learning of center. In K. Makar，B. de Sousa，& R. Gould（Eds.），*Sustainability in statistics education. Proceedings of the 9th International Conference on Teaching Statistics，Flagstaff，AZ，USA*. Voorburg：International Statistical Institute.

Pfannkuch，M.（2006）. Comparing box plot distributions：A teacher's reasoning. *Statistics Education Research Journal，5*（2），27-45.

Philipp，R. A.（2007）. Mathematics teachers' beliefs and affect. In F. Lester（Ed.），*Second handbook of research on mathematics teaching and learning*（pp.257-315）. Reston：National Council of Teachers of Mathematics.

Pierce, R., & Chick, H. L. (2013). Workplace statistical literacy for teachers: Interpreting box plots. *Mathematics Education Research Journal, 25* (2), 189-205.

Pierce, R., & Chick, H. L. (2011). Teachers' beliefs about statistics education. In C. Batanero, G. Burrill, & C. Reading (Eds.), *Teaching statistics in school mathematics: Challenges for teaching and teacher education* (pp.151-162). Dordrecht: Springer.

Quintas, S., Ferreira, R. T., & Oliveira, H. (2014). Attending to students' thinking on bivariate statistical data at secondary level: Two teachers' pedagogical content knowledge. In K. Makar, B. de Sousa, & R. Gould (Eds.), *Sustainability in statistics education. Proceedings of the 9th International Conference on Teaching Statistics, Flagstaff, AZ, USA*. Voorburg: International Statistical Institute.

Reston, E. (2012). Exploring inservice elementary mathematics teachers' conceptions of probability through inductive teaching and learning methods. *12th International Congress on Mathematical Education, 8-15 July, 2012, COEX, Seoul, Korea*. Retrieved from https://www.academia.edu/13833740/EXPLORING_INSERVICE_ELEMENTARY_MATHEMATICS_TEACHERS_CONCEPTIONS_OF_PROBABILITY_THROUGH_INDUCTIVE_TEACHING_AND_LEARNING_METHODS.

Reston, E., Jala, L., & Edullantes, T. (2006). Probing college statistics teachers' instructional goals and classroom practices within a statistical literacy framework. In A. Rossman & B. Chance (Eds.), *Working cooperatively in statistics education: Proceedings of the 7th International Conference on Teaching Statistics, Salvador, Brazil*. Voorburg: International Association for Statistics Education and International Statistical Institute.

Roback, P., Chance, B., Legler, J., & Moore, T. (2006). Applying Japanese lesson study principles to an upper-level undergraduate statistics course. *Journal of Statistics Education, 14* (2). Retrieved from https://doi.org/10.1080/10691898.2006.11910580.

Rossman, A., Chance, B., & Medina, E. (2006). Some important comparisons between statistics and mathematics and why teachers should care. In G. F. Burrill & P. C. Elliot (Eds.), *Thinking and reasoning with data and chance: 68th yearbook* (pp.323-333). Reston: National Council of Teachers of Mathematics.

Saderholm, J., Ronau, R., Brown, E. T., & Collins, G. (2010). Validation of the diagnostic teacher assessment of mathematics and science (DTAMS) instrument. *School Science and Mathematics, 110* (4), 180-192.

Schau, C., Stevens, J., Dauphine, T., & del Vecchio, A. (1995). The development and validation of the survey of attitudes toward statistics. *Educational and Psychological Measurement, 55* (5), 868-875.

Scheaffer, R. L. (2006). Statistics and mathematics: On making a happy marriage. In G. F. Burrill & P. C. Elliot (Eds.), *Thinking and reasoning with data and chance: 68th yearbook* (pp.309-321). Reston: National Council of Teachers of Mathematics.

Sedlmeier, P., & Wassner, C. (2008). German mathematics teachers' views on statistics education. In C. Batanero, G. Burrill, C. Reading, & A. Rossman (Eds.), *Joint ICMI/IASE study: Teaching statistics in school mathematics. Challenges for teaching and teacher education. Proceedings of the ICMI Study 18 and 2008 IASE Round Table Conference*. Monterrey: International Commission on Mathematical Instruction and

International Association for Statistics Education.

Serradó，A.，Azcárate，P.，& Cardeñoso，J. M.（2006）. Analyzing teacher resistance to teaching probability in compulsory education. In A. Rossman & B. Chance（Eds.），*Proceedings of the 7th International Conference on Teaching Statistics*. Salvador：International Statistical Institute and International Association for Statistics Education.

Serradó，A.，Meletiou-Mavrotheris，M.，& Paparistodemou，E.（2014）. Early statistics：A course for developing teachers' statistics technological and pedagogical content. *Statistique et Enseignement，5*（1），5-29.

Shulman，L. S.（1987）. Knowledge and teaching：Foundations of the new reform. *Harvard Educational Review，57*（1），1-23.

Silverman，J.，& Thompson，P. W.（2008）. Toward a framework for the development of mathematical knowledge for teaching. *Journal of Mathematics Teacher Education，11*（6），499-511.

Simon，M.（2006）. Key developmental understandings in mathematics：A direction for investigating and establishing learning goals. *Mathematical Thinking and Learning，8*（4），359-371.

Sorto，M. A.（2004）. *Prospective middle school teachers' knowledge about data analysis and its application to teaching*. Unpublished doctoral dissertation，Michigan State University.

Sullivan，P.，& Mousley，J.（2001）. Thinking teaching：Seeing mathematics teachers as active decision makers. In F. L. Lin & T. J. Cooney（Eds.），*Making sense of mathematics teacher education*（pp.147-163）. Dordrecht：Kluwer.

Tarr，J. E.，Reys，R. E.，Reys，B. J.，Chávez，Ó.，Shih，J.，& Osterlind，S. J.（2008）. The impact of middle-grades mathematics curricula and the classroom learning environment on student achievement. *Journal for Research in Mathematics Education，39*（3），247-280.

Theis，L.，& Savard，A.（2010）. Linking probability to real-world situations：How do teachers make use of the mathematical potential of simulation programs? In C. Reading（Ed.），*Data and context in statistics education：Towards an evidence-based society. Proceedings of the 8th International Conference on Teaching Statistics，Ljubljana，Slovenia*. Voorburg：International Statistical Institute.

Thompson，P. W.，& Liu，Y.（2005）. Understandings of margin of error. In S. Wilson（Ed.），*Proceedings of the 27th Annual Meeting of the International Group for the Psychology of Mathematics Education*. Vicksburg：Virginia Polytechnic and State Institute.

Venkat，H.，& Adler，J.（2014）. Pedagogical content knowledge in mathematics education. In S. Lerman（Ed.），*Encyclopedia of mathematics education*（pp.477-480）. Dordrecht：Springer.

Vermette，S.（2013）. *Le concept de variabilité chez des enseignants de mathématiques au secondaire*. Unpublished doctoral dissertation，Université de Sherbrooke.

Wassong，T.，& Biehler，R.（2010）. A model for teacher knowledge as a basis for online courses for professional development of statistics teachers. In C. Reading（Ed.），*Data and context in statistics education：Towards an evidence-based society. Proceedings of the 8th International Conference on Teaching Statistics. Ljubljana，Slovenia*. Voorburg：International Statistical Institute.

Watson，J. M.（2001）. Profiling teachers' competence and confidence to teach particular mathematics topics：The case of chance and data. *Journal of Mathematics Teacher Education，4*（4），305-337.

Watson，J. M.，Callingham，R.，& Donne，J.（2008）. Establishing pedagogical content knowledge for teaching statistics. In C. Batanero，G. Burrill，C. Reading，& A. Rossman（Eds.），*Joint ICMI/IASE study：Teaching statistics in school mathematics. Challenges for teaching and teacher education. Proceedings of the ICMI Study 18 and 2008 IASE Round Table Conference*. Monterrey：International Commission on Mathematical Instruction and International Association for Statistics Education.

Watson，J. M.，& Nathan，E. L.（2010）. Approaching the borderlands of statistics and mathematics in the classroom：Qualitative analysis engendering an unexpected journey. *Statistics Education Research Journal，9*（2），69-87.

Wilson，P. H.，Lee，H. S.，& Hollebrands，K. F.（2011）. Understanding prospective mathematics teachers' processes for making sense of students' work with technology. *Journal for Research in Mathematics Education，42*（1），42-67.

Yang，K.-L.（2014）. An exploratory study of Taiwan mathematics teachers' conceptions of school mathematics，school statistics，and their differences. *International Journal of Science and Mathematics Education，12*（6），1497-1518.

Zieffler，A.，Park，J.，Garfield，J.，del Mas，R.，& Bjornsdottir，A.（2012）. The statistics teaching inventory：A survey on statistics teachers' classroom practices and beliefs. *Journal of Statistics Education，20*（1），1-29.

第三部分

统计学教与学研究的当代议题和新兴方向

珍妮特·安利　戴夫·普拉特

本手册这一部分的重点是期望预测统计教育研究的未来方向。该部分包含四个研究性章节，探讨了理论框架（第 11 章）、课程（第 12 章）、教师教育能力的培养（第 14 章）和学习环境的设计（第 16 章）。这些章节中，每章作者都考虑了当前统计教育研究所关注的问题，并在此基础上提出了他们认为应该在未来研究中解决的问题。穿插其中的还有两个由罗伯特·古尔德“反思”的章节，它们是短文的合辑。第 13 章和第 15 章中，来自不同背景的经验丰富的研究人员和课程开发人员反思了统计教育的各个方面，并为未来研究方向提供了建议。

尽管这六章的重点各不相同，但是出现了一些共同的主题，这些主题对于统计学教与学的发展以及可以为这些发展提供信息的研究来说具有重要意义。在本简介中，我们会讨论三个主题，而不是描述各个章节的内容，我们认为这三个主题对未来的统计教育研究具有特别重要的意义：采用整体方法推动变革的需求、统计素养对参与公民活动的重要性，以及技术的重要作用。

第三部分的大部分内容都反映出对通过整体方法推动变革的需求，这种方法融合了实际课堂中教与学的复杂性。旨在识别并改进教学各个方面的方法（如引入新的数字工具、改变课程结构或评估程序、专业发展的新方法）在特定领域中取得了成功，但是在持续改善（教学）上的影响往往却非常有限。这些举措很容易受到其他限制因素的影响：如果新的课堂资源与高风险评价无关，那么它可能被忽视；只有教师有适当的专业发展，才能有效地实施课程变革；教授一种概念或技术的新方法可能与课堂的整体教学风格不一致。

这里的研究面临着非常严峻的挑战。零碎的变化通常得到一些研究方法的支持，这些方法旨在通过专注于试图隔离课堂环境的特定方面并衡量对这些方面做出改变的有效性来避免教与学的复杂性。承认整体变革的必要性需要融合了复杂性的研究方法，而不是试图控制它。尼尔森等在第 11 章中把设计研究论述为能使研究人员或团队对复杂生态敏感的一种手段。他们解释说，这些方法寻求开发新理论，包括本体论创新，这些理论可能在未来提供如本-兹维等在第 16 章所设想的整体学习环境。

统计学教与学发展的一个重要制约因素是，统计学在学校课程中的地位。这因国家而异，但是统计学通常是数学课程的一部分，因此在时间和关注度上要与数学的其他领域相抗衡。达蓬特和诺尔在第 14 章中提到，许多数学教师对统计教学相对缺乏信心（以及教师教育课程如何开始解决这一问题）。因此，统计学总是处于被挤在课程表角落里的困境之中，所以大多数学生认为它并不重要。那些需要统计技能来支持他们的自然科学或社会科学研究的学生，将在学院或大学接受定制的课程。在学校层面，统计学可能仅被给予很少的关注，教学往往用于让学生应对外部考试。

或许，目前对学校统计教育的较低关注有助于提出第三部分章节中的第二个主题：对所有公民具备一定程度的统计素养的需求日益增长。越来越多的数据在广告和新闻媒体中呈现，并出现在政治辩论中，使那些没有批判性观点的人容易产生误解。获得统计素养的新方法正在出现。譬如，在第 15 章的反思中，学校学生凭借公共领域的数据探索具有个人意义的问题，并且新闻工作者使用社会和政治导向的数据增进他们对统计的理解。

第 12 章中，普凡库赫设想了一个比学生目前普遍使用的课程更丰富的课程，通过最终可能导向更广泛的统计素养的方法，让学生沉浸在数据中。第 13 章讨论了将会支持形成数据丰富的社会的课程新发展。普凡库赫认识到，这样的课程需要由经历过达蓬特和诺尔在第 14 章中所提出的培训方法的教师来讲授。

技术的作用既是对整体方法需求的基础，也是对关键统计素养需求的基础，它可以获取数据并在基于计算机的环境中提供分析工具，支持所有年龄段学习者对数据的呈现、表征和建模。第 15 章的反思讨论了技术如何支持数据访问以及学生学习，以使其获得强大工具的技术的必要性。

总之，我们认为这三个新兴主题是统计教育在未来十年或二十年内可能发展的方向。

第 11 章 统计教育理论的性质和运用

佩尔·尼尔森 麦可·申德勒 阿瑟·巴克

没有什么比一个好的理论更实用了。

（Lewin，1951，p.169）

“理论”的概念在任何学术或科学学科中都至关重要，包括数学教与学的研究。

（Niss，2007，p.1308）

本章介绍并综述了用于构建并支持统计教育研究（Statistics Education Research，SER）的理论的研究文献，目的是描述、表征并整理 SER 中理论的性质和用途，并提示未来对 SER 领域建立理论的一些可能趋势和必要方向。该综述包括 2004—2015 年发表的实证研究论文，其重点是学生在中小学阶段的统计或概率学习。符合我们标准的论文有 35 篇。

我们区分了 SER 中所使用的五种理论：统计产品理论（Statistical Product Theories，SPdT）、统计过程理论（Statistical Process Theories，SPcT）、以教学为重点的理论（Theories with a Didactical Focus，TDF）、数学/科学教育理论（Theories in Mathematics/Science Education，TMSE）以及认识论方面更广泛的理论（Theories with a Broader Range on Epistemological Aspects，TEA）。在进一步的理论阐释中，我们认为 SER 关注统计学的个人观点和正式观点之间的关系，关注学生思维类别或水平之间的动态性以及技术和背景在统计和概率学习中的作用。我们通过思考一种语义理论的潜在优点来结束本章，即推论主义（inferentialism），这被认为是统计推断的基础研究。

11.1 简介

本章重点介绍 SER 中的理论。理论对科学工作至关重要，一门学科的科学文化发展与其如何考虑并促进理论发展密切相关（Feuer，Towne，& Shavelson，2002）。借助理论和理论化的过程，科学工作旨在为复杂现象建构秩序，以便理解它们、解释它们并能够预测它们的行为（Bikner-Ahsbahs & Prediger，2010；Sriraman & English，2010）。理论支

电子补充材料：本文的在线版本（https://doi.org/10.1007/978-3-319-66195-7_11）包括授权用户可以使用的补充材料。

持着研究人员以他人的工作为基础，实现科学的可信度、超越常识、概括各种情况、做出有效和可靠的解释等（Bakker & Smit，2017；Lester，2010；Silver & Herbst，2007）。

理论在科学研究的发展和质量方面发挥着至关重要的作用，因此莱斯特提出了对当前数学教育研究文化中缺乏理论和哲学的担忧（Lester，2010）。我们认为，SER 领域同样需要认真对待这些问题，以便为实践提供信息，并促进 SER 作为一门科学学科的进一步发展。

从理论的角度对 SER 进行元视角的研究是适时的，原因有两个。首先，正如本手册不同章节所揭示的，SER 的主要任务是研究并改进统计学的教与学，这意味着 SER 包含许多需要理论处理的认识论概念和过程。如果没有对认识论和方法论决策的理论阐述，就很难评估研究的科学质量，从而在研究之间进行比较并建立联系。其次，在过去几十年中，研究人员对 SER 的兴趣大大增加，这不仅表现在科学期刊上 SER 出版物比例的升高，而且许多国家的课程中对统计学关注更多。然而，研究数量的增加并不一定意味着研究质量也以同样的比例提高，有许多因素会导致这类研究数量的增加。譬如，许多大学根据研究人员可以发表的出版物和引文数量分配研究经费。

因此，我们仔细研究了需要什么样的理论促成这种增长并支持 SER。据我们所知，之前没有对 SER 进行此类研究。理论当然不是一个同质的类别，因此，需要确定 SER 中所使用的理论类型、使用理论的目的，并确定进一步促进 SER 领域发展的潜在趋势和必要方向。为此，本章提供了对 2004—2015 年 SER 理论工作的文献综述。

既然关注理论，那么我们的综述并不是关于 SER 的主题和研究成果的综述。当然，由于研究统计学教与学的某些主题时引入了 SER 的理论和理论化，所以主题和研究成果会间接地发挥作用。此外，我们的综述将被视为一项结构性文献研究（Gough，Oliver，& Thomas，2013）。这意味着我们的目标是描述、表征并整理（配置）SER 中理论的性质和用途，并在此基础上提示未来对 SER 领域建立理论的一些可能趋势和必要方向。出于可行性的原因，我们的研究对象仅限于在中小学教学中进行的实证研究。

统计教育研究是否使用理论当然取决于理论的含义，本章我们将从广义上探索理论。我们尽可能地具有包容性，以便说明在教学实证研究中出现的各类理论的性质和用途。我们首先考虑与其最邻近的教育学科的理论结构特征，即数学教育的理论结构特征，以及理论在数学教育研究领域中应该承担的不同角色。这些讨论将为我们选择方法论奠定基础，帮助我们开发和阐明搜索策略以及对 SER 中所使用的理论进行结构性分析和综合。

11.2 理论对数学教育和其他学科的贡献

正如格罗思所观察到的那样，统计教育逐渐成熟，成为一种与数学教育不同的学科

（Groth，2015，p.4）。[①]在许多方面，譬如，在专业领域的会议和期刊的发展上，数学教育研究先于 SER。SER 进一步运用了许多方法论和理论方法，这些方法已经在数学教育研究中展示了它们的潜力，而且很多——但肯定不是全部——SER 正在由具有数学教育背景的研究人员进行研究。因此，我们借鉴更广泛的文献之前，从数学教育理论的文献开始是有意义和必要的。

虽然数学教育研究中没有关于理论和理论框架的统一定义（Assude et al.，2008；Bikner-Ahsbahs & Prediger，2014），但是似乎有这样一些共识，即理论是术语、概念和原则有组织的、一致的和连贯的系统（Sriraman & English，2010）以及关于某些现象的主张和预测（Niss，2007）。理论同样被描述为一个概念和原则系统，用以解释观察到的现象、预测尚未观察到的现象、指导研究人员提出问题、制定假设以及确定研究的关键变量及其关系（Silver & Herbst，2007）。

梅森和韦伍德将数学教育中的背景理论（background theories）和前景理论（foreground theories）区分开来（Mason & Waywood，1996），背景理论关注的是研究所依赖的理论基础。这种区分"在辨别和定义要研究的对象类型方面起着重要作用"（p.1058）。譬如，要对学生关于分数的概念形成进行研究，学者必须从理论上澄清"概念"和"概念形成"的含义。因此，背景理论是指本体论和认识论思想，以及它们对于研究特定主题的方法论意义（Bikner-Ahsbahs & Prediger，2014）。譬如，维果茨基的学习理论（Vygotsky，1978）或比格斯和科利斯的 SOLO 模型（Biggs & Collis，1982）用于 SER 时的情况不同。这两种理论都不是源于数学或统计教育，但是两者都构成了研究的框架。相比之下，一些理论涉及研究对象本身，这些是前景理论。"前景理论是数学教育中的局部理论。"（Bikner-Ahsbahs & Prediger，2014，p.6）因此，前景理论与研究目标和研究问题有关。譬如，沃森和科林汉姆关于变异概念发展的等级水平（Watson & Callingham，2003）是雷丁的研究（Reading，2004）中关于学生对变异的描述的一个前景理论。在 SER 中，前景理论通常与理论结构相关，其中，统计结构、思想和概念最为重要。

迪塞萨和科布详述了与数学教育研究相关的不同理论的本质（diSessa & Cobb，2004），区分了宏观理论、定向框架、行动框架和特定领域的教学理论。斯金纳（Skinner）的行为主义理论和皮亚杰的智力发展系统理论是宏观理论的两个例子。尽管宏观理论在教育研究中占有突出地位，但是它们本身似乎过于笼统，无法为解释和支持特定数学主题的学习提供指导。定向框架为特定问题的学习、教学和教学设计提供了一般性支持，如建构主义（von Glasersfeld，1995）或实践社区（Lave & Wenger，1991），而行动框架则涉及或多或少具有一般规定性的分析结构（diSessa & Cobb，2004）。特定领域的教学理论也具有规定性，因为它们通常专属于某个领域甚至某些内容的学习轨迹以及支持该轨迹的教学方式。本体论创新是一种解释性结构，它跨越上述层次结构并有助于进行设

① 关于统计教育的性质和历史的讨论，读者可以参考本手册的第 2 章。

计工作。迪塞萨和科布通过参考自己对社会数学规范（Yackel & Cobb，1996）和元表征能力（diSessa & Sherin，2000）的研究说明本体论创新的思想（diSessa & Cobb，2004）。概率素养的建构模块（Gal，2005），以及普拉特开发的与学生的随机性概念化相关的资源（Pratt，2000）可以被认为是 SER 领域本体论创新的两个代表。

迪塞萨和科布的理论分类不仅区分了理论框架的分析水平和特征（diSessa & Cobb，2004），还指出了教育研究在使用和开发描述性、解释性和规定性理论结构方面的不同努力（McKenney & Reeves，2012；Silver & Herbst，2007）。描述性理论结构的主要目标是区分、叙述和表征教与学的过程，能够比较有限地解释事情发生的原因，或者预测如何才能使事情发生。解释性理论有助于理解实践，如让研究警惕产生某种现象的原因，并揭示事情发生的原因（Silver & Herbst，2007）。与描述性理论相反，规定性理论告诉我们如何让某件事情发生（McKenney & Reeves，2012）。如果框架有助于为教学计划和行动提供建议，则该框架是规定性的。行动框架和特定领域的教学理论包含具有规定性的要素（Bakker & van Eerde，2015）。

在教育研究中，描述性概念或理论常常容易被用于规定性目的（如 Säljö，2003，2011）。我们可以想到实践社区（Lave &Wenger，1991），它们是理解自然环境中发生的事情的原始分析工具。然而，它们很快就被用作规定性工具：教室甚至学生群体都必须成为学习者社区（Brown & Campione，1994）。如果不仔细考虑这种转变，那么从描述性研究中得到的内容可以很容易地转化为规定性内容，进而变成考虑如何塑造教育。对于 SER，让我们考虑一个虚构的例子。科诺尔德、希金斯、罗素和哈利勒（Khalil）区分了学生查看数据集的方式，分别是把数据视为指示、个案值、分类、整体，这是一种描述性分类（Konold et al.，2015）。想象一下，如果教育工作者没有意识到上述那一点会发生什么，如果他们从描述性层次结构的想法转向统计教育应该按照这种等级顺序安排活动的想法，他们可能认为学生学会将数据点视为整体之前必须将数据点视为个案值。根据这一假设安排教学顺序实际上可能妨碍学生的发展。规定性的想法（如后面讨论的增加样本的想法）具有独特的性质：它们提出实现特定学习目标可以做的事情以及可以预期的学生答案。

本章的目标是对 SER 中使用的理论进行分类，并为 SER 的理论使用提出未来的建议，主要涉及以下两个研究问题：

1）统计教育研究中所使用的理论的本质是什么？

2）统计教育研究中所使用的理论有哪些类型？这些理论组合的程度如何？

在分类或描绘之后，我们将继续讨论 SER 中的理论问题，并为 SER 的未来理论发展提出可能的方向。我们没有意识到在数学教育研究中也有类似的问题。莱尔曼、徐和察萨罗尼在《数学教育研究》中回顾了过去 20 年的理论发展（Lerman，Xu，& Tsatsaroni，2002），但是他们的研究重点是数学教育研究的主题、受众，与其他学科的关系以及与其他官方机构的关系。

11.3 方法

我们通过对 SER 中现有文章进行结构性研究（Gough，Oliver，& Thomas，2013）来探索这些研究问题，由此我们能够以系统且易组织的方式描述理论的本质和用途。

我们对 SER 理论的回顾强调了研究人员在其出版物的引言和理论背景部分奠定其研究基础的方式，我们不会研究理论是如何实际应用在研究的方法论或分析工作中的。当然，有可能某篇文章在背景中以实质性的方式阐述理论，但未能在后面的分析中应用该理论。此外，理论可能只出现在方法和分析部分，而没有在引言和理论部分提及。我们知道情况可能如此，并且在反思我们的描述结果时会考虑到这一点。

为了整理和表征 SER 中理论方法的性质和用途，我们关注实证研究文章，通过对 SER 实证研究中作为探索基础的理论进行观察和分类来描述 SER 中的理论图景。在后续回顾中，我们将详细说明可以从这种理论图景中推断出什么。

11.3.1 搜索程序

我们将在下文描述构建 SER 理论图景的搜索程序。为了便于整理结果，我们将搜索限制在一组有限的期刊中。在 SER 领域，我们选择一个期刊：《统计教育研究杂志》（SERJ）。在数学教育研究领域，我们选择 Web of Science 收录的三个期刊（截至 2015 年）：《数学教育研究》（ESM）、《数学教育研究期刊》（JRME）、《数学思维与学习》（MTL）。为了发现理论使用的趋势，我们决定纳入 2004 年至 2015 年 2 月的出版物。在上述期刊中，我们搜索了实证文章。

11.3.2 纳入文章的标准

首先，我们重点关注中小学统计教育研究，决定排除关于高等教育的研究（如“高校学生在统计学入门课程中对 p 值的理解”）（Reaburn，2014），特别是关于大学层面的研究（如“技术在大学生物统计学的学生学习中的角色”）（Xu et al.，2014）。我们将注意力缩小到学龄期主要是为了避免难以对理论进行整理。根据我们的经验，与高等教育相关的研究往往强调有利于教与学认识论的数学内容。但是，我们意识到某些问题需要大专或高等教育中的特定理论，这些理论不同于中小学的教与学问题。关于职业教育的研究就是这样的一个例子，因为它通常涉及学校和工作环境边界的现象，这些现象在普通教育中并不突出（Bakker & Akkerman，2014），尽管普通教育可以从职业和专业实践中学到很多东西（Bakker，2014；Dierdorp et al.，2014）。

其次，我们关注致力于统计教育认识论的研究，明确关注学生对统计或概率的学习。因此，尽管我们承认 SER 的情感方面非常重要并且需要得到更多关注，但我们还是排除了诸如关注学生对统计学态度的文章（如“学生对跨学科统计学的态度：一种混合方法”)(Griffith et al.，2012)。通过将注意力限制在学生的学习上，我们还排除了专门针对教师的文章（如“使用 APOS 框架理解教师对正态分布问题的回答”)(Bansilal，2014)。

最后，我们将搜索限制在以英语发表的文章中（排除如 Mary& Gattuso，2005)。

11.3.3 筛选过程：关注标题和摘要

基于上述标准，我们筛选文章，从而进行后续的数据分析。文章的筛选过程分两步进行。

第一步，我们用上述标准衡量文章的标题。在这里，我们会注意以下标志词。

1）表示认识论取向的标志词，如“学习”“理解”“思考”“意识”“概念”“概念上的”“推理”“推断”“任务”“活动”“互动”“策略”“表征”“教学”“指导”等，有这些关键词的文章就需要被纳入。

2）表示学校水平的标志词，如“大学”“工作场所”“高等”“职业”等，除非标题中有其他方面表明可以纳入（如当同时考虑大学生和中学生的学习时），否则这些文章需要被排除。

3）表示教师的标志词，如“教师”。除非标题中有其他表示可以被纳入的标志词（如不仅考虑教师的学习，而且还有中学生的学习），否则有这些关键词的文章就需要被排除。如果标题中给出的信息不足以得出文章的相关性，那么在第二步，我们根据摘要进行筛选，以获得有关文章方向和研究对象的进一步信息。如有必要，还可以再考虑研究方法部分。

11.3.4 数据分析：对文章浏览和编码

根据筛选过程，我们选择了 35 篇实证文章，其中 18 篇文章来自 SERJ、9 篇文章来自 ESM、6 篇文章来自 MTL，2 篇文章自 JRME。[①]

为了回答第一个研究问题，我们浏览这 35 篇文章，以了解其使用的理论方法。首先，我们重点关注文章的引言和理论部分，有些文章没有标注理论部分，于是我们浏览了文章研究问题之前的段落。

其次，上述理论背景（diSessa & Cobb，2004；Mason & Waywood，1996；McKenney & Reeves，2012）被作为一个整体的、开放的框架，用于对所综述文章中提到的理论进行浏览和分类。每当文章中提及理论时（附有对理论的说明和引用理论的参考文献），我们都会对它们进行标记。譬如，一篇文章将维果茨基的理解理论视为对话共享的意义建构。如果它符合我们对理论的描述，那么文章中不仅应该添加对理论的引用（Vygotsky，2001)，还要提供对它的解释。最后，我们讨论了 SER 中所使用的四种主要

① 可以在 Springer Link 网址上介绍本手册的网页中找到对这 35 篇文章综述的概况。

理论类型，这些理论侧重于中小学统计和概率的教学和学习。在主要类型之一的统计理论中，可以辨别出两个子类型。我们得到的类型是：①统计理论（Theories of Statistics，ToS），包括统计产品理论（SPdT）和统计过程理论（SPcT）；②以教学为重点的理论（TDF）；③数学/科学教育理论（TMSE）；④认识论方面更广泛的理论（TEA）。我们将用此分类回答第二个研究问题，即用于统计教育研究的理论的不同类型和组合程度。

11.4 结果

11.4.1 SER 中所使用的理论的性质

为了回答第一个研究问题，我们首先描述 SER 实证文章中所使用的不同理论类型。对类型进行描述之后，我们将详细阐述从中发现的某些现象。

11.4.1.1 统计理论

统计理论包括与统计学和概率性质相关的两大类。因为它们涉及研究对象本身，并且特定于统计教育领域，所以与梅森和韦伍德所称的前景理论有关（Mason & Waywood，1996）。这些类型涉及统计知识的概念，以及它们对于学习者在统计学上增加见识的意义，包含了关于期望学生在统计学上学习并掌握的内容的理论。受到文章纳入标准的影响，我们调查的所有文章都提出了一些关于学科理论的讨论。从对学科理论的回顾中，我们区分了两种统计学前景理论：统计产品理论和统计过程理论。在对这些理论的后续分析中，我们注意到它们的基础是统计或概率结构本身，或者是学生对学科的理解或推理的实证结果。我们首先阐述统计产品理论和统计过程理论的含义，然后再阐述这两个子类型的基础。

11.4.1.2 统计产品理论

统计产品理论包含解释和概念化特定统计概念或表征的理论方法（有时被称为模型或框架），这些方法侧重于统计和/或概率的单一或有限的一组“大观念”，如变异性、平均数、样本和图表（Shaughnessy，2007）、随机性和独立性（Gal，2005），或是样本空间和概率比较的作用（Nilsson，2009）。统计产品理论涉及许多课程所谓的核心统计内容（如 National Council of Teachers of Mathematics，2000；Swedish National Agency for Education，2012），我们使用“产品”这个术语指代这种随历史发展起来的内容，因此称为“产品理论”。

11.4.1.3 统计过程理论

统计过程理论涵盖了侧重于对统计调查中所涉及的步骤和过程进行概念化和建模的

理论方法（有时被称为模型或框架），这些方法涉及统计过程的标准（National Council of Teachers of Mathematics，2000；Swedish National Agency for Education，2012）并用于处理统计知识，强调让学生参与制定统计和概率问题、收集数据、分析数据并得出基于数据的结论和推论（Paparistodemou & Meletiou-Mavrotheris，2008）。这个类型可以与肖内西提到的统计思维模型相比较（Shaughnessy，2007）。我们根据统计工作所涉及的过程标记此类型，从而明确地将这些方法与专注于某些统计产品的特定教与学的方法区分开。

统计产品理论和统计过程理论的理论基础分别是理论的学科视角和/或实证的学生视角（图 11.1）。

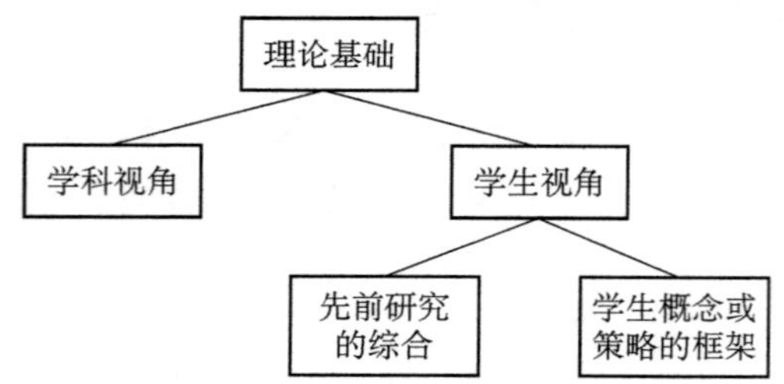

图 11.1 关于统计理论的理论基础的框架

学科视角基于对统计学学科本身的分析，而不是基于学生如何思考和推理的经验数据。这种观点与学科教学法（Steinbring，2008；Straesser，2014）以及数学与历史现象学（Freudenthal，1983）的传统相关，旨在从规范的、以学科为导向的视角出发，描述数学/统计学的结构，并阐明在统计学领域有所建树的含义。简而言之，学科视角就是将学习对象（Marton，Runesson，& Tsui，2004）理论化为学生应该理解或能够执行的内容，从而在统计学方面有所见识。弗赖登塔尔（Freudenthal）关于教学现象学的想法后来变成了思考数学和/或历史现象学的见解以及实证教育研究对学科教与学的意义（Bakker，2004；Bakker & Gravemeijer，2006）。

从学生的角度来看，我们指的是研究参考了有关学生如何看待统计内容并表达统计推理的研究文件。在某些情况下，这种理论基础的依据是对先前研究的实证发现进行或多或少的概述的综合。在其他情况下，这种基础的形式是采取并使用结构化的认知框架指导研究。科诺尔德等对学生处理数据时所使用的四种一般观点的描述就说明了这种框架（Konold et al.，2015）。

如果把对统计产品进行概念化与对统计过程进行概念化的两类研究进行比较，我们注意到大多数关注统计产品的研究是基于学生的角度进行的，它们的重点是学生的观念，尤其是侦测学生学习中的不足和误解，以及统计推理思维的出现和发展。研究中隐含了问题涉及的统计概念的定义以及理解这些概念的意义。在结构化的认知层级框架中，我们观察到隐含的数学分析和判断，并且较高水平被认为在统计上比较低水平更复杂。但是我们并不明确的是，研究是否基于统计内容明确解释了学习者的发展进程，从而为框架水平的确定提供指导和验证。

对统计过程进行概念化的理论基础主要是通过描述统计工作的过程完成的，该过程基于该学科内部的实践（如 Wild & Pfannkuch，1999）。我们认为这种方法的目的是描述统计教育旨在培养的能力和统计理解。吉尔和本–兹维就非正式统计推论性推理（IIR）说明了这一观点（Gil & Ben-Zvi，2011）：

> 非正式统计推论性推理是指涉及从数据（样本）中非正式地得出关于更广泛的全体（总体）的结论（概括）的认知活动，同时关注抽样的优势和局限性以及得出的推论（Ben-Zvi，Gil，& Apel，2007），并“阐明了在推断中的不确定性”（Makar & Rubin，2009，p.85）。鲁宾、哈默曼和科诺尔德将 IIR 视为涉及多方面考虑的统计推理：数据聚合的属性、信号和噪声的思想、各种形式的变异性、关于样本容量和抽样程序的思想、代表性、偏差和趋势的控制（Rubin，Hammerman，& Konold，2006，p.88）。

学科基础通常以分类法或框架的形式呈现，譬如，贾勒的概率素养模型（Gal，2005）和沃森的三层次结构（Watson，1997）、统计调查循环模型（Pfannkuch & Wild，2004）以及非正式统计推断的分析类型（Makar & Rubin，2009）。

11.4.1.4 以教学为重点的理论

以教学为重点的理论包括将教学方面视为支持学习的手段（教学活动、计算机工具、教学）的理论方法。这种意义上的理论可能涉及统计教育领域的具体设计原则，譬如，增加样本的想法（Bakker，2004；Ben-Zvi et al.，2012；Konold & Pollatsek，2002），或是与基于计算机的学习、基于探究的学习、基于问题的教学或现实数学教育（Realistic Mathematics Education，RME）相关的方法。[①]根据迪塞萨和科布的说法，其中一些方法可以被标记为行动框架，而其他方法可以被标记为特定领域的教学理论（diSessa & Cobb，2004）。它们通常具有规范性，可以解决学习过程和学习环境的设计问题（本手册第 16 章）。它们是否可被视为前景或背景理论（Mason & Waywood，1996）在很大程度上取决于探究或研究的目的。

在这一类型中，我们还注意到一些理论有助于理解语言及其对统计学习的影响、背景及其对学生理解和学习过程的影响、数学学习过程中的技术使用以及更广泛意义上的表征及其在统计学习中的作用。此外，诸如关于性别（Yolcu，2014）或盲人儿童（Vita & Kataoka，2014）的教学问题的研究也以这种理论为基础。

11.4.1.5 数学/科学教育理论

数学/科学教育理论包含 SER 中所使用的数学或科学教育理论。这些理论主要用作背景理论（Mason & Waywood，1996），因为它们构成了实证研究中研究对象或概念的背

---

① 关于 RME 的讨论，读者可以参考本手册的第 16 章。

景。一般来说，它们具有描述性或分析性，但是通常也意味着是对教学的一般建议。

数学教育理论是关于认识论的问题，如学习和理解数学。譬如，科布和鲍尔斯费尔德（Cobb & Bauersfeld，1995）以及科布、亚克尔和伍德（Cobb，Yackel，& Wood，1992）认为互动主义（Blumer，1986）在数学教育中的“翻译”是由一个属于该类型的理论化的例子构成的，因为他们从数学教育的角度概念化了互动。

这些理论所涉及的基本主题是关于数学教育中的背景和背景使用的思想，诸如（引导式）再创造的思想（Freudenthal，1973，1991）、现实数学教育（Gravemeijer & Doorman，1999）或科布、亚克尔和伍德的社会数学规范（Cobb，Yackel，& Wood，1989），还涉及关于科学语言的理论（Lemke，1990）或维果茨基关于数学和科学教育背景下日常和科学概念的理论（Vygotsky，2001）。

11.4.1.6 认识论方面更广泛的理论

认识论方面更广泛的理论涉及学习或认知发展，其视角不仅限于数学或统计教育，而且源于其他学科，如心理学、社会学或哲学。譬如，维果茨基的学习理论（Vygotsky，1978）、布尔迪厄对文化的理解（Bourdieu，1984）、冯·格拉斯菲尔德的建构主义（von Glasersfeld，1995）或比格斯和科利斯作为认知发展模型的 SOLO 模型（Biggs & Collis，1982）。

这些理论构成了研究更广泛的理论背景。因此，它们被用作背景理论（Mason & Waywood，1996），并涉及对于探究方向至关重要的认识论基本思想。根据迪塞萨和科布的区分（diSessa & Cobb，2004），它们可以被认为（如为学习或定向框架）提供了基本假设的宏观理论，有助于明确学习问题和教学意义。

11.4.2 作为 SER 基础所使用的理论类型和组合

下文，我们将概述综述中的文章所涉及理论的类型或组合的程度。回答第二个研究问题时，我们区分了前一节描述的五类理论。

表 11.1 显示了每种期刊中有多少文章被整合到我们的综述中（如 9 篇文章来自 ESM），并且每行显示了这些文章中有多少涉及上述类型的理论。

表 11.1 涉及每种理论方法的文章数量和占比 单位：篇

文章来源	文章数量	理论类型				
		SPdT	SPcT	TDF	TMSE	TEA
ESM	9	9	4	4	4	2
JRME	2	2	0	0	0	0
MTL	6	3	5	5	5	2
SERJ	18	12	9	11	7	6
合计	35（100%）	26（74%）	18（51%）	20（57%）	16（46%）	10（29%）

在我们综述的文章中最常使用的是统计产品理论（SPdT）（74%）。具体而言，有科诺尔德和波拉采克对信号和噪声的概念性理解（Konold & Pollatsek，2002）（被用于如 Bakker，2004）；沃森和科林汉姆关于理解变异的等级发展模型（Watson & Callingham，2003）（被用于如 Watson，Callingham，& Kelly，2007）；琼斯等关于小学生概率思维的四阶段认知发展模型（基于思维水平）（Jones et al.，1997）或波拉基的小学生概率学习认知发展模型（Polaki，2002）。

29%的文章中都有明显的认识论方面更广泛的理论（TEA）。因此，在 71%的文章中，这些研究并不涉及一般学习理论或以其为基础。

我们综述的另一个视角是文章在多大程度上使用不同类型的理论，这是一个有关理论网络的话题（Bikner-Ahsbahs & Prediger，2014），分析结果如表 11.2 所示。

表 11.2　使用不同理论方法的文章数量和占比　　单位：篇

文章来源	文章数量	组 1 一种理论	组 2 两种理论	组 3 三种理论	组 4 四种理论	组 5 五种理论
ESM	9	1	4	1	3	0
JRME	2	2	0	0	0	0
MTL	6	0	1	2	3	0
SERJ	18	1	10	4	3	0
合计	35（100%）	4（11%）	15（43%）	7（20%）	9（26%）	0（0%）

表 11.2 显示 35 篇文章中只有 4 篇使用单一理论。这些文章以统计学为主题，涉及统计产品理论（SPdT）或统计过程理论（SPcT）。譬如，在鲁贝尔关于“初中生和高中生对硬币任务的概率推理”的文章中（Rubel，2007），所有理论方法都被标记为统计产品理论，因为它们涉及学生对关键的概率概念的理解，如样本空间、独立事件和概率比较。

使用了两种不同类型的理论的文章数量占比最高，为 43%。在这一组文章中，最常见的组合（15 篇中有 4 篇）是兼有以教学为重点的理论（TDF）和统计过程理论（SPcT），诸如与性别（Yolcu，2014）、盲人学生（Vita & Kataoka，2014）和技术工具（Watson，2008；Paparistodemou & Meletiou-Mavrotheris，2008）相关的教学问题。然而，在这些情况下，教学维度没有明确地建立在更广泛的一般框架中，统计过程理论/框架构成了理论框架的核心。同时出现的还有统计产品理论（SPdT）和统计过程理论（SPcT）的组合，以及统计产品理论（SPdT）和认识论方面更广泛的理论（TEA）的组合（分别是 15 篇中有 3 篇）。在后一种情况下，统计产品理论由更一般的理论框架构成。譬如，在雷丁的研究中（Reading，2004），使用比格斯和科利斯的 SOLO 模型（Biggs & Collis，1982）构建穆尼的统计思维框架（Mooney，2002），该框架基于 SOLO 模型。其他组合的出现不超过两次。

另外 20%的文章提到了三种不同的理论，26%的文章中使用了四种不同类型的理论，其中包括数学/科学教育理论（TMSE）以及认识论方面更广泛的理论（TEA）。最后，没有任何文章将所有五种类型的理论结合在一起。

11.5 SER 中理论发展的未来建议

回顾表明，SER 作为一门使用特定领域理论为研究奠基和指导的科学学科，已经开始成熟。关注特定领域的统计理论当然是重要且必要的，因为它代表了 SER 的独特性，但是，我们认为 SER 可以扩展和加强其对背景理论和定向框架的使用，进而从中受益。由科施曼编写的一本书展示了来自不同学科的学者如何从理论上反思一个位于科学和统计学教育边界的例子（Koschmann，2011），SER 中许多重要的认识论问题和现象经常被隐藏或被忽视。因此，我们鼓励统计教育工作者和研究人员明确他们的背景理论和定向框架。

我们继续列出我们认为需要进一步理论阐述的认识论问题清单，该清单包含我们认为需要更强有力的理论基础或干预措施的研究主题。我们将建议总结如下，并在本节的其余部分详细说明。

1）需要更加明确地关注学生如何学习学科正规知识。更明确地关注统计学正式观点和个人观点之间关系的理论化，这将有助于推动 SER 的发展（不仅是统计教育）（Makar，2014）。

2）除了学生思维的静态分类之外，我们还需要深入了解类别或水平之间的动态性。在有效的推理类型之下如何促进组合甚至整合？如何促进学生从现有水平向更高水平发展？

3）关于数字技术对统计学习的影响以及如何使用数字技术进行教学，需要更多基础理论。关于统计知识本身的性质如何因这种技术而发生变化的思考也是必要的（Biehler et al.，2013；Gould，2010）。

4）有必要对统计教育中的背景和背景化进行更深入的理论概念化（Bakker & Derry，2011；Gil & Ben-Zvi，2011；Makar & Ben-Zvi，2011）。

5）考虑一种语义理论的潜在好处，该理论被认为是统计推断研究的基础——推论主义。我们不认为这是唯一或最好的前进方式，但是我们认为这是一个有趣的候选方式，利于理解长期存在的问题（如 Bakker，Ben-Zvi，& Makar，2017）。

11.5.1 统计学正式观点和个人观点之间的关系

我们从理论的学科视角和/或实证的学生视角研究了统计知识的处理方式。发展统计教育时，这两种方法都很重要且相互依赖。一方面，学科视角定义了统计学的性质，并为标准和教学目标的制定提供了指导。另一方面，随着数学强调根据学生当前水平来建立达到标准目标的学习轨迹或进阶，关于学生对统计学的理解和处理的实证研究变得至关重要（见本手册第 9 章）。根据学生当前水平构建教学过程，并试图使学生观念与教学目标保持一致，这一想法隐含在我们所描绘的许多侧重于描述学生观念或先验知识的研究中（Dierdorp et al.，2011；Lee，Angotti，& Tarr，2010；Watson，2009）。

设计基于学生理解的教学（Jones，Langrall，& Mooney，2007；Konold，Harradine，& Kazak，2007）并使学生观念与教学目标相一致，带来了“教学挑战”（Pratt，2005，p.175）（另见本手册第 16 章）。大量证据证明，学生的先前理解经常会影响他们对概率和统计中关键概念的正式理解（Sharma，2014），甚至产生冲突（Fischbein & Schnarch，1997；Kahneman，Slovic，& Tversky，1982）。当个人想法与学习目标相悖时，建立个人想法的意义或可能性是什么？怎样才能协调对立的理解？正是由于这些问题，我们认为应该考虑普拉特所指出的教学挑战（Pratt，2005）。正是在这样一个问题上，统计学的正式意义和个人意义之间的关系还没有得到相应的理论处理。

同样，如果我们要基于概念的正式理解和个人理解的关系制定行动框架（diSessa & Cobb，2004）和假设的学习轨迹（Simon，1995），那就需要理论处理来理解、解释和预测这种关系中涉及的过程。一些作者强调这种发展的连续性（Abrahamson，2012），其他人则考虑其不连续性（Yerushalmy & Chazan，2008）。我们推测建构主义更倾向于强调连续性（因为学生必须在旧知识的基础上构建新知识），社会文化理论主义更易接受不连续性（因为学生有许多不同的实践学习经验）。这些观点似乎在一个方向上的解释是相同的：从学生到学科（学生构建学科知识）或从学科到学生（内化社会文化实践），罗森、帕拉特尼克和阿伯拉罕森表达的另一种方法是开展工作时平衡这两个方向（Rosen，Palatnik，& Abrahamson，2016）。在这方面，似乎需要重新调整“习得”和“参与”这两个对学习的隐喻（Sfard，1998；Taylor，Noorloos，& Bakker，2017）。

11.5.2　关于过程框架的静态与动态方面

用于研究学生对统计产品的理解的认知框架通常说明了学生理解的水平，它们有时具有描述性，因为它们提供了理解统计和概率中关键概念的不同方式的概述。认知框架通常用于规定性目的：它们已被证明对教师在统计和概率学习环境的设计、实施和评估方面是有用的（Jones，Langrall，& Mooney，2007）。当然，我们发现这一结果也是很有前景的。但是，根据前一段的讨论，我们的描述中涉及的文章对于从框架中的一个水平转移到另一个水平所涉及的过程几乎没有什么解释力，也没有解释为什么学生可以在某个情境中表现出某一个水平，而在另一个情境中表现出另一个水平。从设计研究的角度来看（Cobb et al.，2003），认知框架可以为制定假设的学习轨迹提供支持（Bakker，2004）。但是这样的框架对于支持这种学习轨迹的方法，以及学习环境（如与教师、其他学生和中介工具的互动）的作用如何影响着学生的反应水平，仅提供了有限的指导（Ryve，Larsson，& Nilsson，2013；Sfard，2008）。因此，增强认知框架作用的一种方法可能是通过一种明确的背景理论来支撑它，该理论应该能够促使研究人员将水平之间的转换和支持这种转化的方法概念化。

除了沃森和科林汉姆的框架（Watson & Callingham，2003），我们还不了解其他关于统计过程的框架，这些框架真正突出了框架中不同类目内部或之间的学习进展问题。框架通常是根据统计学科中发展起来的统计实践而笼统描述的，框架不关注如何组合类别或达到更高水平。定义明确的类别边界一直被认为是科学研究中的一项重要工作（Bowker & Star，2000），但是在教育研究中，我们还需要深入了解如何跨越边界。

譬如，我们综述中的几篇文章（如 Ben-Zvi，2004；Lee，Angotti，& Tarr，2010；Watson，Callingham，& Kelly，2007；Watson & Kelly，2004）提到了怀尔德和普凡库赫的统计思维框架（属于统计过程理论）（Wild & Pfannkuch，1999）。该框架强调了统计调查的几个关键组成部分：①制定可以从统计上研究的问题的能力；②建模；③背景意识。但是，在综述的文章中，这三个组成部分仅以一般（或隐含）术语处理。对于如何理解学生表达这些组成部分时的质的差异，这些文章仅向读者提供了很少信息。

假设一群学生对男女生在足球点球得分中的期望值是否存在“真实”差异感兴趣，于是在课堂上提出了许多不同的统计问题。我们的疑问是，研究如何为教师提供工具，以便对学生提出的问题在统计上的复杂程度进行概念化和区分？我们还要知道教师应采取何种行动，以帮助学生提出有一定质量的统计研究问题。假设一名学生将研究问题限于考查用右脚踢球的球员，而另一名学生同时考虑用右脚和左脚踢球的球员。在数据收集上，一名学生可能会说他们需要考虑处罚是在练习期间还是比赛期间进行的。我们可以看到，情况很快变得非常复杂。我们想知道是否有可能制定一些准则，使教师可以将其作为对统计调查的不同组成部分内部和之间的质量和进展进行概念化的指导，并随后作为概念化学生对统计过程理解的进展并为其提供支持的原则。

为了解决这些学习问题，我们认为统计过程的框架需要进一步建立在学习理论的基础之上。本着同样的精神，根据描述统计过程的框架，如马卡尔和鲁宾的非正式统计推论性推理框架（Makar & Rubin，2009），要如何通过调整框架适应不同的学习背景理论，如建构主义、社会文化视角、符号互动论和分布式认知，从而以不同的方式概念化学习（Cobb，2007），将是一个有趣的研究内容。

11.5.3 关于技术使用的理论

以教学为重点的理论（TDF）强调技术（如 Prodromou & Pratt，2006；dos Santos Ferreira，Yumi Kataoka，& Karreer，2014；Lee，Angotti，& Tarr，2010），但是，我们综述的文章没有对统计学中的计算机辅助教学有更深入的理论研究。我们没有发现被迪塞萨和科布（diSessa & Cobb，2004）描述为行动框架或特定领域学习理论的内容，研究对新技术的推动和概念化主要在于个案研究中出现的实证结果。除了总体上论证通过新技术提供可视化的、模拟的和其他不同形式的表征的可能性之外，几乎没什么积累的结果或共识。在 35 篇文章中，我们发现在更具体的层面上没有理论尝试，从而提供用于支持使用技术进行统计学习的规范性信息，如在数字学习环境中设计任务和排列任务顺序的指导原则或用于解释和理解数字和模拟学习环境之间的关系的框架。沃森对 TinkerPlots 中的箱线图进行了讨论（Watson，2008），可以看作是与此比较接近的一项研究。当然，在综述样本之外，有关该主题的研究还有很多（如 Ben-Zvi，2000；Biehler et al.，2013；Konold & Kazak，2008）。

数学教育的理论，如工具性起源（Drijvers & Trouche，2008），也有助于从根本上思考技术如何影响学习。但更多的是：技术改变了统计学学科本身，需要重新思考统计教育的学习目标（Gould，2010）。

11.5.4 背景和背景化

与大多数学科一样，统计学在传统上被视为理论性的，一般被应用于实际情境。根据这一想法，怀尔德和普凡库赫谈到了“在背景范围和统计领域之间穿梭”的重要性（Wild & Pfannkuch，1999，p.28）。2011 年 MTL 的一个特刊（Makar & Ben-Zvi，2011）指出，SER 领域已经认为统计与背景之间关系的这一主题具有重要意义。

综述中涉及背景问题的文章并不仅限于一个理论类型，包括认识论方面更广泛的理论（TEA），如背景化理论（Halldén，1999）；数学/科学教育理论（TMSE），如与引导式再创造思想相关的背景（Dierdorp et al.，2011）；以教学为重点的理论（TDF），如作为支持手段的背景（Pfannkuch，2011）。

SER 中对背景和背景化的关注反映了对一般学习和教学的情境化和社会性的更多认识（Kirshner & Whitson，1997），特别是在数学领域中（Lerman，2000）。然而，仔细研究我们的综述文献会发现，统计学习和教学的情境化、互动和背景问题通常以隐性和非正式的方式被处理。在 35 篇文章中，只有 8 篇明确地将统计学习的背景和背景化的意义和作用理论化，在这 8 篇文章中，有 4 篇是在 2011 年的《数学思维与学习》（MTL）“背景在发展关于非正式统计推断的推理中的作用”的特刊中（Makar & Ben-Zvi，2011）。因此，如果我们假设理解统计学的学习和教学时必须考虑背景问题，那么我们的综述就应该指出，需要更强的理论基础。更多的理论基础和更强的清晰性不仅可以使研究人员以可靠的方式将彼此的工作作为基础，而且还可以提高研究成果在课堂实践中的实施精确度（Lester，2010；Silver & Herbst，2007）。

11.5.5 统计教育中的推论主义

最后一点涉及一种越来越引起统计教育（和许多其他学科）注意的理论——推论主义。推论主义是一种由哲学家提出的语义理论（Brandom，2000），它将推断置于人类认识的核心，因此与作为统计知识核心的统计推断思想相吻合。更为一般地，布兰顿认为推断高于表征。这意味着在他看来，表达任何东西的能力取决于人类推理的实践。相反的解释路径在哲学史和教育史上更为常见：一旦我们能够表征，我们就可以推理。这是一种表征主义观点，受到许多哲学家（Rorty，1979）和教育研究人员（Cobb，Yackel，& Wood，1992）的批评。巴克和德里认为，统计教育中也存在一种风险，即无意识地采用一种表征主义观点，即假设一旦学生知道统计学的关键表征，他们就可以进行统计推理（Bakker & Derry，2011）。我们在统计学课程中经常看到的是一种分裂的教学方法：对均值、中位数、众数、极差和标准差逐一教学，而只有学完了均值、标准差和笛卡尔图（Catesian graphs）等概念和表征时，才会引入分布的概念。

为了避免这些缺陷和倾向，巴克和德里从统计教育的推论主义中吸取了三个教训（Bakker & Derry，2011）。他们认为统计概念应主要从推理的角度进行理解，即考虑它们在推理中的作用。他们试图从描述性思想转向规定性思想，明确采取从哲学到教育的思考路径：如果从哲学的角度来看，概念的推理作用应该优于其表征功能，那么教育者也可能需要强调所使用概念的重要性。这是从推论主义中所汲取的第一个教训。第二个教训是整体方法应该优先于分裂方法。鉴于一个概念只有在与其他概念相关联时才具有意义，因此统计概念应在互相联系中学习。譬如，均值和标准差在涉及分布时比将其孤立地考虑时具有更多意义。这意味着在可以给出任何正式定义之前，可能需要非正式地关注分布（Bakker，2004）。巴克和德里阐述的第三个教训是与表征主义方法相比，统计教学中的具有优势的推论主义方法是如何展开的（Bakker & Derry，2011）。通过这种方式，他们试图将关于认识论的背景理论与关于非正式统计推论性推理的教学思想联系起来。正如他们研究所表明的那样，这种理论工作绝不是微不足道的，在我们看来是必要的。

我们认为，推论主义有可能从新的角度满足以前的需求。首先，它提供了个人与社会之间关系的明确观点（Schacht & Hußmann，2015），强调了在第一个教训中出现的教学挑战。其次，通过从推断和推理的角度理解概念、类别和表征，推论主义的语言和思维方式可以提供动态和整体的观点，这将有助于避免对类型或水平框架的静态使用。最后，技术问题迫使学者思考人与机器之间的分布式认知（Hutchins，1995）。尽管布兰顿的主要兴趣是人类的推理，但是对推断的关注仍然可以为学生需要学习的内容提供新的视角。使用技术时，特定的推断以计算形式外包给技术，但是人类仍必须决定使用哪种技术以及如何解释结果（Hoyles et al.，2010）。由于许多数字技术具有黑箱性，这可能具有挑战性。在比勒尔等使用的旅行隐喻中，手工统计就像走路——一步一步，关注许多细节（Biehler et al.，2013）。使用技术进行统计可以让我们快速远行，其明显优势在于能够推断出仅用笔和文字无法得到的东西，但是缺点是看不到所走过的路径。

推论主义也被用来放大和概念化数学和其他学科知识学习的背景问题。赫斯登斯、巴克、巴尔特曼（Baartman）和德布鲁因（de Bruijn）提出使用“背景化”（contextualizing）这一术语将理念和行动纳入理论背景（通过概念化建立概念一致性）并将其带入实践背景（具体化为与具体情况或行动有关的一般想法）（Heusdens et al.，

2015）。对于统计学而言，这意味着人们不应将统计学视为脱离背景的知识，而应将统计学思想和技术纳入概念背景，并将其与具体情境联系起来。正如赫斯登斯等人用烹饪的例子说明的那样，这些概念化和具体化的过程可以同时发生，这表明了摆脱上述二分法的出路（Heusdens et al.，2015）。他们使用推论主义，特别是推理网络的概念，强调概念化和具体化之间的相似性：在任何具体情况下，都涉及多种推理。有些可能是理论上的，有些可能是实际的。有些可能是统计上的，有些可能是实用的。尽管要更好地理解各种推理之间相互作用的复杂性仍然有很长的路要走，但我们认为推论主义提供了一个有用的理论视角，可以说明学生如何学习背景化并整合统计和背景因素。

11.6 结论

本章对统计教育研究（SER）所使用的理论类型进行了分类，涉及以下研究问题：

1）统计教育研究中所使用的理论的本质是什么？

2）统计教育研究中所使用的理论有哪些不同类型？这些理论组合的程度如何？

针对第一个研究问题，我们区分了五种不同的主要理论类型：统计教育研究中的统计理论，其中一些可以被描述为关注产品（SPdT），另一些则被描述为过程导向（SPcT）。有些理论侧重于统计学本身，有些则侧重于学生对特定统计内容的学习。以教学为重点的理论（TDF）主要是关于教学活动、技术或语言的前景理论。数学/科学教育理论（TMSE）包含背景理论，譬如，现实数学教育、社会数学规范或日常和科学概念。最后，还有认识论方面更广泛的理论（TEA）（如 Vygotsky，1978；Bourdieu，1984；von Glasersfeld，1995；Biggs & Collis，1982）。

针对第二个研究问题，我们得出结论是，我们研究的许多文章的作者使用了多种类型的理论。我们并不是要贬低谨慎使用和发展单一理论的做法，或者暗示纳入更多理论总是更好的方法。然而，我们发现可以借鉴多种理论，因为根据我们的经验，通常需要不同的理论资源深入研究复杂问题（diSessa & Cobb，2004）。

最后，我们从描述性的综述角度转向了更为批判的立场。我们提出了五个主题，是我们认为需要统计教育研究人员进一步思考并进行理论处理的。

如上所述，这项综述研究有其局限性。我们适当综述了近年来的 SER 实证文章是如何使用理论以更广泛地处理该主题的，我们希望其他人能够从中受到鼓舞。譬如，考察更多的出版物，包括理论出版物，可能有助于确定特定趋势。此外，阅读完整的文章将有助于判断理论的运用情况。在数学教育中，理论一直是许多出版物的主题，包括书籍（Bikner-Ahsbahs & Prediger，2014；Sriraman & English，2010）。然而，在 SER 中，这些出版物实际上不存在。有希望的解决方法可能是进行一项统计教育研究，使之成为从不同理论视角进行反思的来源（Bikner-Ahsbahs & Prediger，2014；Koschmann，2011）。

参考文献

Abrahamson，D.（2012）. Seeing chance：Perceptual reasoning as an epistemic resource for grounding compound event spaces. *ZDM，44*（7），869-881.

Assude，T.，Boero，P.，Herbst，P.，Lerman，S.，& Radford，L.（2008）. The notion and roles of theory in mathematics education research. *10th International Congress on Mathematics Education，Monterrey，Mexico，July 6-13*. Retrieved from https://www.mathunion.org/fileadmin/ICMI/files/About_ICMI/Publications_about_ICMI/ICME_11/Assude.pdf.

Bakker，A.（2004）. *Design research in statistics education：On symbolizing and computer tools*. Utrecht：CD Beta Press.

Bakker，A.（2014）. Implications of technology on what students need to know about statistics. In T. Wassong，D. Frischemeier，P. R. Fischer，R. Hochmuth，& P. Bender（Eds.），*Mit Werkzeugen Mathematik und Stochastik lernen - Using tools for learning mathematics and statistics*（pp.143-152）. Wiesbaden：Springer.

Bakker，A.，& Akkerman，S. F.（2014）. A boundary-crossing approach to support students' integration of statistical and work-related knowledge. *Educational Studies in Mathematics，86*（2），223-237.

Bakker，A.，Ben-Zvi，D.，& Makar，K.（2017）. An inferentialist perspective on the coordination of actions and reasons involved in making a statistical inference. *Mathematics Education Research Journal，29*，455-470.

Bakker，A.，& Gravemeijer，K. P.（2006）. An historical phenomenology of mean and median. *Educational Studies in Mathematics，62*（2），149-168.

Bakker，A.，& Derry，J.（2011）. Lessons from inferentialism for statistics education. *Mathematical Thinking and Learning，13*（1-2），5-26.

Bakker，A.，& Smit，J.（2017）. Theory development in design-based research：An example about scaffolding mathematical language. In S. Doff & R. Komoss（Eds.），*How does change happen? Wandel im Fachunterricht analysieren und gestalten*（pp.109-124）. Wiesbaden：Springer.

Bakker，A.，& van Eerde，H. A. A.（2015）. An introduction to design-based research with an example from statistics education. In A. Bikner-Ahsbahs，C. Knipping，& N. Presmeg（Eds.），*Doing qualitative research：Methodology and methods in mathematics education*（pp.429-466）. Berlin：Springer.

Bansilal，S.（2014）. Using an APOS framework to understand teachers' responses to questions on the normal distribution. *Statistics Education Research Journal，13*（2），42-57.

Ben-Zvi，D.（2000）. Toward understanding the role of technological tools in statistical learning. *Mathematical Thinking and Learning，2*（1-2），127-155.

Ben-Zvi，D.（2004）. Reasoning about variability in comparing distributions. *Statistics Education Research Journal，3*（2），42-63.

Ben-Zvi，D.，Aridor，K.，Makar，K.，& Bakker，A.（2012）. Students' emergent articulations of uncertainty while making informal statistical inferences. *ZDM，44*（7），913-925.

Ben-Zvi，D.，Gil，E.，& Apel，N.（2007）. What is hidden beyond the data? Helping young students to reason and argue about some wider universe. In D. Pratt & J. Ainley（Eds.），*Reasoning about Informal Inferential Statistical Reasoning：A collection of current research studies. Proceedings of the 5th International Research Forum on Statistical Reasoning，Thinking，and Literacy（SRTL5）*（pp.29-35）. Warwick：University of Warwick.

Biehler，R.，Ben-Zvi，D.，Bakker，A.，& Makar，K.（2013）. Technology for enhancing statistical reasoning at the school level. In A. Bishop，K. Clement，C. Keitel，J. Kilpatrick，& A. Y. L. Leung（Eds.），*Third international handbook of mathematics education*（pp.643-689）. New York：Springer.

Biggs，J. B.，& Collis，K. F.（1982）. *Evaluating the quality of learning：The solo taxonomy.* New York：Academic Press.

Bikner-Ahsbahs，A.，& Prediger，S.（2010）. Networking of theories - An approach for exploiting the diversity. In B. Sririman & L. English（Eds.），*Theories of mathematics education：Seeking new frontiers*（pp.483-512）. Berlin：Springer.

Bikner-Ahsbahs，A.，& Prediger，S.（Eds.）.（2014）. *Networking of theories as a research practice in mathematics education.* Cham：Springer.

Blumer，H.（1986）. *Symbolic interactionism：Perspective and method.* Berkeley：University of California Press.

Bourdieu，P.（1984）. *Distinction：A social critique of the judgement of taste.* Cambridge：Harvard University Press.

Bowker，G. C.，& Star，S. L.（2000）. *Sorting things out：Classification and its consequences.* Cambridge：MIT Press.

Brandom，R.（2000）. *Articulating reasons：An introduction to inferentialism.* Cambridge：Harvard University Press.

Brown，A. L.，& Campione，J. C.（1994）. *Guided discovery in a community of learners.* Cambridge：MIT Press.

Cobb，P.（2007）. Putting philosophy to work. Coping with multiple theoretical perspectives. In F. K. Lester（Ed.），*Second handbook of research on mathematics teaching and learning*（pp.3-38）. Greenwich：Information Age Publishing.

Cobb，P.，& Bauersfeld，H.（1995）. *The emergence of mathematical meaning：Interaction in classroom cultures.* Hillsdale：Erlbaum.

Cobb，P.，Confrey，J.，diSessa，A.，Lehrer，R.，& Schauble，L.（2003）. Design experiments in educational research. *Educational Researcher，32*（1），9-13.

Cobb，P.，Yackel，E.，& Wood，T.（1989）. Young children's emotional acts while doing mathematical problem solving. In D. McLeod & V. M. Adams（Eds.），*Affect and mathematical problem solving：A new perspective*（pp.117-148）. New York：Springer.

Cobb，P.，Yackel，E.，& Wood，T.（1992）. A constructivist alternative to the representational view of mind in mathematics education. *Journal for Research in Mathematics Education*，*23*（1），2-33.

Dierdorp，A.，Bakker，A.，Eijkelhof，H.，& van Maanen，J.（2011）. Authentic practices as contexts for learning to draw inferences beyond correlated data. *Mathematical Thinking and Learning*，*13*（1-2），132-151.

Dierdorp，A.，Bakker，A.，van Maanen，J. A.，& Eijkelhof，H. M. C.（2014）. Meaningful statistics in professional practices as a bridge between mathematics and science：An evaluation of a design research project. *International Journal of STEM Education*，*1*（1），1-15.

diSessa，A. A.，& Cobb，P.（2004）. Ontological innovation and the role of theory in design experiments. *The Journal of the Learning Sciences*，*13*（1），77-103.

diSessa，A. A.，& Sherin，B. L.（2000）. Meta-representation：An introduction. *The Journal of Mathematical Behavior*，*19*（4），385-398.

dos Santos Ferreira，R.，Yumi Kataoka，V.，& Karreer，M.（2014）. Teaching probability with the support of the R statistical software. *Statistics Education Research Journal*，*13*（2），132-147.

Drijvers，P.，& Trouche，L.（2008）. From artifacts to instruments：A theoretical framework behind the orchestra metaphor. In G. W. Blume & M. K. Heid（Eds.），*Research on technology and the teaching and learning of mathematics*，*Cases and perspectives*（Vol. 2，pp.363-392）. Charlotte：Information Age.

Feuer，M. J.，Towne，L.，& Shavelson，R. J.（2002）. Scientific culture and educational research. *Educational Researcher*，*31*（8），4-14.

Fischbein，E.，& Schnarch，D.（1997）. The evolution with age of probabilistic，intuitively based misconceptions. *Journal for Research in Mathematics Education*，*28*（1），96-105.

Freudenthal，H.（1973）. *Mathematics as an educational task*. Dordrecht：Reidel.

Freudenthal，H.（1983）. *Didactical phenomenology of mathematical structures*. Dordrecht：Reidel.

Freudenthal，H.（1991）. *Revisiting mathematics education*：*China lectures*. Dordrecht：Kluwer.

Gal，I.（2005）. Towards "probability literacy" for all citizens：Building blocks and instructional dilemmas. In G. A. Jones（Ed.），*Exploring probability in school*：*Challenges for teaching and learning*（pp.39-64）. New York：Springer.

Gil，E.，& Ben-Zvi，D.（2011）. Explanations and context in the emergence of students' informal inferential reasoning. *Mathematical Thinking and Learning*，*13*（1-2），87-108.

Gough，D.，Oliver，S.，& Thomas，J.（2013）. *Learning from research*：*Systematic reviews for informing policy decisions*. London：University of London EPPI-Centre.

Gould，R.（2010）. Statistics and the modern student. *International Statistical Review*，*78*（2），297-315.

Gravemeijer，K.，& Doorman，M.（1999）. Context problems in realistic mathematics education：A calculus course as an example. *Educational Studies in Mathematics*，*39*（1-3），111-129.

Griffith，J. D.，Adams，L. T.，Gu，L. L.，Hart，C. L.，& Nichols-Whitehead，P.（2012）. Students' attitudes toward statistics across the disciplines：A mixed-methods approach. *Statistics Education Research Journal*，*11*（2），45-56.

Groth，R. E.（2015）. Working at the boundaries of mathematics education and statistics education communities of practice. *Journal for Research in Mathematics Education，46*（1），4-16.

Halldén，O.（1999）. Conceptual change and contextualization. In W. Schnotz，S. Vosniadou，& M. Carretero（Eds.），*New perspectives on conceptual change*（pp.53-65）. Oxford：Pergamon，Elsevier Science.

Heusdens，W. T.，Bakker，A.，Baartman，L. K. J.，& De Bruijn，E.（2015）. Contextualising vocational knowledge：A theoretical framework and illustrations from culinary education. *Vocations and Learning，9*（2），151-165.

Hoyles，C.，Noss，R.，Kent，P.，& Bakker，A.（2010）. *Improving mathematics at work：The need for techno-mathematical literacies*. Abingdon：Routledge.

Hutchins，E.（1995）. *Cognition in the wild*. Cambridge：MIT Press.

Jones，G.，Langrall，C.，Thornton，C.，& Mogill，T.（1997）. A framework for assessing and nurturing young children's thinking in probability. *Educational Studies in Mathematics，32*（2），101-125.

Jones，G. A.，Langrall，C. W.，& Mooney，E. S.（2007）. Research in probability：Responding to classroom realities. In F. K. Lester（Ed.），*Second handbook of research on mathematics teaching and learning*（pp.909-956）. Greenwich：National Council of Teachers of Mathematics.

Kahneman，D.，Slovic，P.，& Tversky，A.（1982）. *Judgment under uncertainty：Heuristics and biases*. New York：Cambridge University Press.

Kirshner，D.，& Whitson，J. A.（Eds.）.（1997）. *Situated cognition theory：Social，semiotic，and neurological perspectives*. Hillsdale：Erlbaum.

Konold，C.，& Pollatsek，A.（2002）. Data analysis as the search for signals in noisy processes. *Journal for Research in Mathematics Education，33*（4），259-289.

Konold，C.，Harradine，A.，& Kazak，S.（2007）. Understanding distributions by modeling them. *International Journal of Computers for Mathematical Learning，12*（3），217-230.

Konold，C.，Higgins，T.，Russell，S.，& Khalil，K.（2015）. Data seen through different lenses. *Educational Studies in Mathematics，88*（3），305-325.

Konold，C.，& Kazak，S.（2008）. Reconnecting data and chance. *Technology Innovations in Statistics Education，2*（1）. Retrieved from http://escholarship.org/uc/item/38p7c94v.

Koschmann，T. D.（2011）. *Theories of learning and studies of instructional practice*. New York：Springer.

Lave，J.，& Wenger，E.（1991）. *Situated learning：Legitimate peripheral participation*. Cambridge：Cambridge University Press.

Lee，H. S.，Angotti，R. L.，& Tarr，J. E.（2010）. Making comparisons between observed data and expected outcomes：Students' informal hypothesis testing with probability simulation tools. *Statistics Education Research Journal，9*（1），68-96.

Lemke，J.（1990）. *Talking science：Language，learning，and values*. Norwood：Ablex.

Lerman，S.（2000）. The social turn in mathematics education research. In J. Boaler（Ed.），*Multiple perspectives on mathematics teaching and learning*（pp.19-44）. Westport：Ablex.

Lerman, S., Xu, G., & Tsatsaroni, A. (2002). Developing theories of mathematics education research: The ESM story. *Educational Studies in Mathematics*, *51* (1-2), 23-40.

Lester, F. K. (2010). On the theoretical, conceptual, and philosophical foundations for research in mathematics education. In B. Sriraman & L. English (Eds.), *Theories of mathematics education: Seeking new frontiers* (pp.67-85). Heidelberg: Springer.

Lewin, K. (1951). In D. Cartwright (Ed.), *Field theory in social sciences; Selected theoretical papers.* New York: Harper and Row.

Makar, K. (2014). Young children' s explorations of average through informal inferential reasoning. *Educational Studies in Mathematics*, *86* (1), 61-78.

Makar, K., & Ben-Zvi, D. (2011). The role of context in developing reasoning about informal statistical inference. *Mathematical Thinking and Learning*, *13* (1-2), 1-4.

Makar, K., & Rubin, A. (2009). A framework for thinking about informal statistical inference. *Statistics Education Research Journal*, *8* (1), 82-105.

Marton, F., Runesson, U., & Tsui, A. (2004). The space of learning. In F. Marton & A. Tsui (Eds.), *Classroom discourse and the space of learning* (pp.3-40). Mahwah: Erlbaum.

Mary, C., & Gattuso, L. (2005). Trois problèmes semblables de moyenne pas si semblables que ça! L'infuence de la structure d'un problème sur les réponses des élèves. *Statistics Education Research Journal*, *4* (2), 82-102.

Mason, J., & Waywood, A. (1996). The role of theory in mathematics education and research. In A. J. Bishop, M. A. K. Clements, C. Keitel-Kreidt, J. Kilpatrick, & C. Laborde (Eds.), *International handbook of mathematics education* (pp.1055-1089). Dordrecht: Kluwer.

McKenney, S., & Reeves, T. C. (2012). *Conducting educational design research.* London: Routledge.

Mooney, E. S. (2002). A framework for characterizing middle school students' statistical thinking. *Mathematical Thinking and Learning*, *4* (1), 23-63.

National Council of Teachers of Mathematics. (2000). *Principles and standards for school mathematics.* Reston: National Council of Teachers of Mathematics.

Nilsson, P. (2009). Conceptual variation and coordination in probability reasoning. *The Journal of Mathematical Behavior*, *28* (4), 247-261.

Niss, M. (2007). Reflections on the state of and trends in research in mathematics teaching and learning. From here to utopia. In F. K. Lester (Ed.), *Second handbook of research on mathematics teaching and learning* (pp.1293-1312). Greenwich: National Council of Teachers of Mathematics.

Paparistodemou, E., & Meletiou-Mavrotheris, M. (2008). Developing young students' informal inference skills in data analysis. *Statistics Education Research Journal*, *7* (2), 83-106.

Pfannkuch, M. (2011). The role of context in developing informal statistical inferential reasoning: A classroom study. *Mathematical Thinking and Learning*, *13* (1-2), 27-46.

Pfannkuch, M., & Wild, C. J. (2004). Towards an understanding of statistical thinking. In D. Ben-Zvi & J. Garfield (Eds.), *The challenge of developing statistical literacy, reasoning, and thinking* (pp.17-46).

Dordrecht：Kluwer.

Polaki，M.（2002）. Using instruction to identify key features of Basotho elementary students' growth in probabilistic thinking. *Mathematical Thinking and Learning，4*（4），285-313.

Pratt，D.（2000）. Making sense of the total of two dice. *Journal for Research in Mathematics Education，31*（5），602-625.

Pratt，D.（2005）. How do teachers foster students' understanding of probability? In G. Jones（Ed.），*Exploring probability in school*（pp.171-189）. New York：Springer.

Prodromou，T.，& Pratt，D.（2006）. The role of causality in the co-ordination of two perspectives on distribution within a virtual simulation. *Statistics Education Research Journal，5*（2），69-88.

Reaburn，R.（2014）. Introductory statistics course tertiary students' understanding of p-values. *Statistics Education Research Journal，13*（1），53-65.

Reading，C.（2004）. Student description of variation while working with weather data. *Statistics Education Research Journal，3*（2），84-105.

Rorty，R.（1979）. *Philosophy and the mirror of nature*. Princeton：Princeton University Press.

Rosen，D. M.，Palatnik，A.，& Abrahamson，D.（2016）. Tradeoffs of situatedness：Iconicity constrains the development of content-oriented sensorimotor schemes. In M. Wood，E. Turner，& M. Civil（Eds.），*Sin fronteras：Questioning borders with（in）mathematics education. Proceedings of the 38th Annual Meeting of the North-American Chapter of the International Group for the Psychology of Mathematics Education（PME-NA），Technology*（Vol. 12，pp.1509-1516）. Tucson：University of Arizona.

Rubel，L. H.（2007）. Middle school and high school students' probabilistic reasoning on coin tasks. *Journal for Research in Mathematics Education，38*（5），531-556.

Rubin，A.，Hammerman，J.，& Konold，C.（2006）. Exploring informal inference with interactive visualization software. In A. Rossman & B. Chance（Eds.），*Proceedings of the Seventh International Conference on Teaching Statistics（CD-ROM）*. Voorburg：International Statistical Institute.

Ryve，A.，Larsson，M.，& Nilsson，P.（2013）. Analyzing content and participation in classroom discourse：Dimensions of variation，mediating tools，and conceptual accountability. *Scandinavian Journal of Educational Research，57*（1），101-114.

Säljö，R.（2003）. Epilogue：From transfer to boundary-crossing. In T. Tuomi-Gröhn & Y. Engeström（Eds.），*Between school and work. New perspectives on transfer and boundary-crossing*（pp.311-321）. Amsterdam：Pergamon.

Säljö，R.（2011）. On plants and textual representations of plants. Learning to reason in institutional categories. In T. Koschmann（Ed.），*Theories of learning and studies of instructional practice*（pp.279-290）. New York：Springer.

Schacht，F.，& Hußmann，S.（2015）. Between the social and the individual：Reconfiguring a familiar relation. *Philosophy of Mathematics Education Journal，29*，1-26.

Sfard，A.（1998）. On two metaphors for learning and the dangers of choosing just one. *Educational Researcher，27*（2），4-13.

Sfard，A.（2008）. *Thinking as communicating：Human development，the growth of discourses，and mathematizing*. Cambridge：Cambridge University Press.

Sharma，S.（2014）. Influence of culture on secondary school students' understanding of statistics：A Fijian perspective. *Statistics Education Research Journal，13*（2），104-117.

Shaughnessy，J. M.（2007）. Research on statistics learning and reasoning. In F. K. Lester（Ed.），*Second handbook of research on mathematics teaching and learning*（pp.957-1009）. Charlotte：Information Age Publishing.

Silver，E.，& Herbst，P.（2007）. Theory in mathematics education scholarship. In F. K. Lester（Ed.），*Second handbook of research on mathematics teaching and learning*（pp.39-67）. Greenwich：National Council of Teachers of Mathematics.

Simon，M. A.（1995）. Reconstructing mathematics pedagogy from a constructivist perspective. *Journal for Research in Mathematics Education，26*（2），114-145.

Sriraman，B.，& English，L.（2010）. Surveying theories and philosophies of mathematics education. In B. Sriraman & L. English（Eds.），*Theories of mathematics education：Seeking new frontiers*（pp.7-32）. Berlin：Springer.

Steinbring，H.（2008）. Changed views on mathematical knowledge in the course of didactical theory development. *ZDM，40*（2），303-316.

Straesser，R.（2014）. Stoffdidaktik in mathematics education. In S. Lerman（Ed.），*Encyclopaedia of mathematics education*（pp.566-570）. Dordrecht：Springer.

Swedish National Agency for Education.（2012）. *Curriculum for the compulsory school system，the pre-school class and the leisure-time centre 2011*. Stockholm：Swedish National Agency for Education.

Taylor，S. D.，Noorloos，R.，& Bakker，A.（2017）. Mastering as an inferentialist alternative to the acquisition and participation metaphors of learning. *Journal of Philosophy of Education，51*（4），769-784.

Vita，A. C.，& Kataoka，V. Y.（2014）. Blind students' learning of probability through the use of a tactile model. *Statistics Education Research Journal，13*（2），148-163.

von Glasersfeld，E.（1995）. *Radical constructivism：A way of knowing and learning*. London：Falmer.

Vygotsky，L.（1978）. *Mind in society：The development of higher psychological processes*. Cambridge：Harvard University Press.

Vygotsky，L. S.（2001）. *A Construção do Pensamento e da Linguagem（The Construction of Thought and Language）. Translated by P. Bezerra*. São Paulo：Martins Fontes.

Watson，J. M.（1997）. Assessing statistical thinking using the media. In I. Gal & J. Garfield（Eds.），*The assessment challenge in statistics education*（pp.107-121）. Amsterdam：IOS Press.

Watson，J.，& Callingham，R.（2003）. Statistical literacy：A complex hierarchical construct. *Statistics Education Research Journal，2*（2），3-46.

Watson，J.，& Callingham，R.（2014）. Two-way tables：Issues at the heart of statistics and probability for students and teachers. *Mathematical Thinking and Learning，16*（4），254-284.

Watson，J. M.（2008）. Exploring beginning inference with novice grade 7 students. *Statistics Education*

Research Journal，*7*（2），59-82.

Watson，J. M.（2009）. The influence of variation and expectation on the developing awareness of distribution. *Statistics Education Research Journal*，*8*（1），32-61.

Watson，J. M.，Callingham，R. A.，& Kelly，B. A.（2007）. Students' appreciation of expectation and variation as a foundation for statistical understanding. *Mathematical Thinking and Learning*，*9*（2），83-130.

Watson，J. M.，& Kelly，B. A.（2004）. Statistical variation in a chance setting：A two-year study. *Educational Studies in Mathematics*，*57*（1），121-144.

Wild，C. J.，& Pfannkuch，M.（1999）. Statistical thinking in empirical enquiry. *International Statistics Review*，*67*（3），223-265.

Xu，W.，Zhang，Y.，Su，C.，Cui，Z.，& Qi，X.（2014）. Roles of technology in student learning of university level biostatistics. *Statistics Education Research Journal*，*13*（1），66-76.

Yackel，E.，& Cobb，P.（1996）. Sociomathematical norms，argumentation，and autonomy in mathematics. *Journal for Research in Mathematics Education*，*27*（4），458-477.

Yerushalmy，M.，& Chazan，D.（2008）. Technology and curriculum design：The ordering of discontinuities in school algebra. In L. D. English，M. B. Bussi，G. A. Jones，R. A. Lesh，& B. Sriraman.（Eds.），*Handbook of international research in mathematics education*（2nd ed.，pp.806-837）. London：Routledge.

Yolcu，A.（2014）. Middle school students' statistical literacy：Role of grade level and gender. *Statistics Education Research Journal*，*13*（2），118-131.

第12章 重构课程模式

玛克辛·普凡库赫

随着新的社会学习目标的出现，以及人的成长和技术的发展挑战着统计实践和统计思维的内涵不断完善，教育工作者通过研究、构想并实施新的课程模式来做出回应。重新构想课程模式时，我们选择讨论所有学生都可以参与的学习经验，这些学习经验是学生适应从统计的角度思考问题的途径。这些学习经验包括沉浸于数据丰富的环境中、注重概率建模、强调使用可视化发展概念、注重评估基于数据的论证以及促进统计推理。我们还认为，如果不注意教师专业发展和评估实践，这些课程模式就无法实施。同时，我们探讨了从这些可能的变化中衍生出的新的研究方向。

12.1 构想21世纪的统计学课程

社会持续、快速的变革和创新使我们不断评估并重新构想统计学的课程模式。伴随大数据的出现，交互式的非传统统计图正在激增，在日常生活中处理风险信息也变得越来越普遍，但是这些统计活动在当前课程中都不常见，我们也不知道如何将它们纳入教学计划。我们所知道的是，统计学课程在不断变化。由于统计学是一个充满活力的、不断发展的领域，因此课程的变化可能反映了当代统计方法的更新，或者是在回应改变了我们关于学生如何学习统计学的看法的研究结果，或是在回应来自特定群体的游说。技术变化允许统计教育寻求不同的学习目标、教授不同的统计方法以及使用不同的教学方法。创新和变革的驱动力可以是全球层面的，即技术正在革新人们与世界互动的方式，也可以是个人层面的，即个人想法与那些将所阐述愿景付诸实践的更广泛群体产生共鸣。变革的其他驱动因素还包括新的社会观点，如需要基于证据的论证。所有这些变化促使我们重新思考统计学课程应包含的基本学习经验。无论是将变化视为进步的还是退步的，课程都会受到人们及其可用的学习工具的塑造、挑战和冲击。

20世纪90年代以前，统计学通常是学校数学课程的一小部分，内容主要局限于描述统计，如计算均值和构建图表（详见本手册第2章）。20世纪90年代，由于权威机构（如美国数学教师协会、美国统计协会、国际统计教育协会）相关文件的发布、政府意识到其公民需要具备数据能力（如 Ministério da Educaão，2006），以及著名统计学家关于改革统计学课程的建议（如 Cobb，2007；Moore，1990），统计教育研究和课程开始蓬勃发展。21 世纪，统计学已成为许多国家/地区课程的重要组成部分，包括巴西（Ministério da Educação，2006）、美国［AP 统计学课程（College Board，2010）；Common Core State Standards Initiative，2010；GAISE K-12 Report，2007］、德国（Kultusministerkonferenz，2004a，2004b，2012），以及新西兰（Ministry of Education，2007）。这些方案已开始改革统计学课程，使其从描述统计转变为对数据和概率建模的积极探索，并引入了一个新的范式，即使用统计方法而非数学方法处理统计和概率。

这些改革以及揭示学生如何从数据中推理的研究，打开了一扇大门，让人们认识到统计学有其独特的思维方式（Wild & Pfannkuch，1999），所以需要一种不同于数学的教学方法。因此，统计学被定性为一门理智学科，用其自己的思维方式和论证方式（Moore，1990）导向对新范式的构建，并挑战着课程开发人员沿着未知道路前进（Cobb，2007）。

本章的重点是重新构想统计学和其他学科的课程模式，并指出研究知识库中的空白。第 12.2 节，我们将讨论如何定义“课程”一词，以及重新构想课程模式的基本前提；我们将在第 12.3 节讨论将来课程中可能采用的学习经验的类型；而第 12.4 节将关注培养统计推理能力；第 12.5 节重点强调课程发生变化时可能引起的一系列后续变革；我们将在本章最后对未来可能对统计学课程和统计教育研究产生的影响进行反思。

12.2　定义我们的课程模式

随着对教学和课程的研究的激增，“课程”这一术语的多重含义得到了发展。课程可以指国家课程文件、为教师设计的课程材料或课堂上实施的课程。在将课程任务或需要学习的东西转化为如何学习的过程中，教师起着关键作用。教师对统计学本质、学生学习的目标、他们建立的学习环境以及他们自己的统计知识的信念会影响学生学习的内容和方式（Stein，Remillard，& Smith，2007）。这一章，我们关注学生在构想的未来课程中可以学习什么以及如何学习，而第 10 章和第 16 章讨论了影响统计学学习的因素。

重新构想统计学课程时，我们考虑了许多问题，从而确定对学生为他们最有可能的未来做好准备来说，什么是重要的。譬如：什么样的学习经验能帮助学生应对未来的复杂性和模糊性、成为有统计素养的公民，并应对基于统计的论证？什么样的思维、概念和推理模式是建立统计认知基础所必需的，而这些基础即使在技术工具迅速变化的情况下持续存在？

我们对未来课程的愿景是，在认识到统计教育必须反映统计知识、实践和社会目标的不断发展的情况下，逐渐明确并优化对课程的理解。本章将以下三个前提作为未来课程的基础。

12.2.1 促进基本的统计经验

在一个提倡主动学习和体验式学习的环境中，我们假设未来的统计教育课程具有以下三个特征：涵盖从问题到结论的整个统计调查循环（Wild & Pfannkuch，1999），建立并探索概率模型（Konold & Kazak，2008），以及严格评估来自各种媒体的基于数据的论证（Gal，2002；Gigerenzer，2014）。在这三种学习经历中，我们建议课程开发者识别他们认为将伴随技术变化（包括统计术语发展）而始终存在的基本知识和统计概念（如变异、分布、随机性、数感和图表理解）。此外，我们设想课程开发者将在概念开发和主题排序方面关注课程的连贯性，即“从学生的角度出发，力求连贯性”（Bakker & Derry，2011，p.6）。未来的课程发展中，强调基于对课程连贯性的研究构建学生从新手到专家的学习可能占主导地位。

12.2.2 培养统计推理能力

培养统计推理能力包括理解和研究数据的背景（Cobb & Moore，1997）、查询数据（Wild & Pfannkuch，1999），以及将数据作为提出并支持主张的证据（Gal，2002）。然而，根据数据进行思考、推理和辩论，影响着对一般素养的关注、表达和撰写有说服力的论据以及学习如何在统计领域进行论证（如 Fielding-Wells & Makar，2015）。此外，基于数据的证据在每门学科中的泛滥表明，所有学科的教师都需要教授学生如何运用学科中的数据进行辩论（Usiskin，2014）。

12.2.3 假设技术是统计学课程不可或缺的一部分（Bates & Usiskin，2016）

技术能使学生获得先前无法理解的概念和思想、探索统计和概率思想，并促进对统计学的更深层理解（如 Shaughnessy，2007）。通过使用技术，学生开始以新的方式（如视觉上的）思考，重组其思维过程并在认知上刺激新的概念基础的产生（如 Garfield，delMas，& Zieffler，2012；Konold & Higgins，2003）。由于技术在不断发展，统计思想不能依赖于特定技术。统计知识、思维、推理和论证中始终存在的思想需要随着技术的变化而转化，并被学生概念化、识别和发展。

如果统计学习要取得进展并与当前的统计实践和思想保持一致，同时还要适应将越来越依赖基于数据的证据并从中学习的社会需求，我们认为重构课程模式的前提必不可少。

12.3 基本学习经验

过去的几十年里，人们对统计学课程的期望逐渐改变，课程不仅强调要学习的学科内容知识，而且强调学生通过调查参与统计的经验以及发展其统计思维的重要性（如 GAISE K-12 Report，2007）。我们设想所有这三个方面将继续作为课程设置的基础，可能需要改变的是我们当前对统计学的构想（参见本手册第 1 章和第 4 章）。在本节，我们将讨论如何通过提供数据丰富的调查环境、概率建模、强调使用可视化来维持概念发展，以及关注调查设计，从而促进基本学习经验的发展。对于统计素养，我们将讨论如何提高学生评估基于数据的论证的能力。

12.3.1 数据丰富的环境

随着专门为学习而设计的统计软件的出现［如 Fathom（Finzer，2005），TinkerPlots（Konold & Miller，2011）和 iNZight（Wild，2012）］以及美国统计协会提倡“更多的数据和概念，更少的理论和方法”（Franklin & Garfield，2006），数据丰富的学习环境在所有课程层次上蓬勃发展。这些技术激发了关于学生参与调查时的统计思维和推理过程的丰富研究，如 CATALST 课程（https://github.com/zief0002/Statistical-Thinking）、关联项目（参见本手册第 5 章和第 8 章）。数据丰富的环境包括学生参与理解情境背景以及需要且可以用数据回答的问题、确定并讨论使用的或将要使用的度量和设计、分析并询问多元数据集、解释数据中的故事，以及交流并评估调查结果。数据是真实的，能让学生体验寻找数据模式和关系时的不确定性，强大的可视化也在揭示数据中的故事和支持基于数据的论证方面发挥重要作用（Rosling，2010）。此外，统计调查和探索性数据分析是一些学校和高等教育课程的核心。因此，重新构想课程模式时，我们可以设想，利用真实数据将成为课程的基石，并有可能在中小学校但至少肯定能在高等教育阶段纳入大数据（参见本手册第 13 章和第 15 章）。

12.3.2 概率建模

概率教学落后于统计教学，令全世界教育工作者普遍感到震惊的是，学校课程不重视概率和概率思维的发展（如 Mooney，Langrall，& Hertel，2014）。尽管概率很难教授，且学生和成年人对此存在许多误解（如 Saldanha & Liu，2014；Shaughnessy，2003），但是我们生活在一个充满随机现象和风险的世界中，这越来越要求学生理解随机观点。正如普拉特所说（Pratt，2011，pp.891-892）：

> 统计学课程是对 EDA（探索性数据分析）提供的方法、新技术和 IIR（非正式统计推论性推理）理解的回应，然而概率课程并没有改变。因此，虽然统计学的教与学采取了以探究为基础的解决问题的立场，学生充当着数据侦探的角色，但是概率论教学在其以硬币、转盘和骰子作为工具粗略简单地证明理论概率存在的奇怪世界中越来越孤立。

我们认为许多国家的概率教学反映了这种观点。许多教育研究人员（如 Fielding-

Wells & Makar，2015；Prodromou，2014）都同意普拉特（Pratt，2011，p.897）的看法，认为概率概念应“围绕作为一种建模工具的概率概念发展，这一建模工具可用于在类似于当今儿童和青少年参与的视频游戏的计算机模拟中建立模型”。这并不意味着要舍弃硬币、骰子和转盘这些基本概率场景，而是学生可以使用诸如创新软件 TinkerPlots 等技术构建这些场景的模型（English & Watson，2016）。通过这项技术，学生还可以体验并模拟真实世界中的场景（Konold & Kazak，2008）。

为了改善并研究学生的概率概念，研究人员开发了许多软件工具［如概率探索器（Probability Explorer）（Lee & Lee，2009），篮球模拟（Basketball Simulation）（Prodromou，2014）］，可以让学生探索预先构建的概率模型的行为。学生通常会探索动作结果及其条件，如改变输入参数和观察结果输出。它们让学生有机会测试假设，提出“如果……那么……”的问题，并对变化和结果之间的关系进行推理。这些类型的工具似乎能成功地强化学生的概率概念和概念发展。在该领域的所有课程层面，更多开发和研究将是非常宝贵的，包括如何在更大范围内复制成功的小规模研究项目（Biehler et al.，2013）。如何更好地发展学生的概率思维并开发一门以探究为基础的概率课程，是当前迫切需要解决的问题。

然而，我们相信，TinkerPlots 允许学生构建模型，然后探索他们所构建的模型的行为，这为未来的软件开发提供了一个很好的例子。关于学生使用 TinkerPlots 构建模型的能力以及随之而来的概率推理发展的研究正在进行（参见本手册第 7 章）。与规定好变量的模拟不同，自己构建模型需要学生寻找用于描述和回答关于某个系统的问题的度量和属性。在模拟系统随机行为的模型中捕捉相关元素是一种基本的概率建模经验，因此，在我们重新构想的课程模式中，TinkerPlots 类软件提供的启示将成为概率课程的一个组成部分，使概率课程不再将概率和统计分开，而是将两者紧密联系在一起。未来的概率学习将通过建模实现（Chaput，Girard，& Henry，2011；Eichler & Vogel，2014；Jones，2005），这是一种更符合当今应用概率论者实践的方法（Pfannkuch & Ziedins，2014）。因此，我们建议将概率建模视为新课程的一个重要组成部分和研究领域。

12.3.3 概念发展的可视化

随着对学生推理研究的不断发展，现在可以根据学生推理的发展方式设计课程，而不是基于关于新手如何逐渐理解专家实践的信念（Garfield et al.，2015；Konold，2002）。技术的新发展让我们能够使用模拟和动态可视化定位并揭示以前学生无法理解的概念。在我们重新构想的课程模式中，重点在于关键概念的开发，包括描述跨年级的概念发展进度。对于统计和概率的某些方面，已经开始进行关于概念发展的研究工作，但是在识别和构建概念路径方面还需要做更多的研究（本手册第 16 章）。现在，我们将描述一些最近的发展，以说明研究如何为课程设计和可视化的潜在功能（动手或基于计算机）提供信息，从而更好地促进概念发展。

巴克、比勒尔和科诺尔德质疑向中学生引入箱线图的课程（Bakker，Biehler，& Konold，2005）。他们在分析解释箱线图的要求时强调，学生的思维需要从以前的个案经验转变为整体经验（Konold et al.，2015），并从频率显示转变为密度显示。此外，学生将箱线图的中位数视为分界点而不是分布属性，并且他们对四分位数划分的理解并没有导向离散度量的概念。比较箱线图时，学生倾向于比较五个概括数字，而当所有概括数字都很大时，他们“将得出结论：一组比另一组有更大的值，但是当这些差异并非同一方向时，他们不知道得出什么结论”（p.170），这一发现促成了非正式推断的设想（本手册第 8 章）。巴克等的结论是，至少在中学之前不应在课程中纳入箱线图，并且引入时应分配足够的教学时间（Bakker，Biehler，& Konold，2005）。他们还认为，寻找五个概括数字以及构造箱线图的过程与理解这些概念的过程是相反的。

TinkerPlots 中的可视化工具似乎提供了从点图过渡到箱线图的可能概念途径。奥尔蒙德和马卡尔描述了 12 岁儿童在问题背景下如何使用 TinkerPlots 直观的可视化工具，将数据的点图分为三部分，转化为可视化的帽子图（箱线图的前身），然后用它们的中心和离散度量将帽子图标准化（Allmond & Makar，2014）。学生面临的最后一个挑战是构建一个可视化工具来组合信息，奥尔蒙德和马卡尔声称“这导致了向箱线图的无缝过渡”（p.6）。在这种非计算性的方法中，他们相信学生能够将分布可视化，并理解中位数和四分位距的作用，但是他们没有提到学生是否掌握了密度的基本概念。因此，通过强调可视化，学生似乎可以发展从具体到抽象的直觉并获得一些关于组间比较的基本概念。

马尔蒂尼翁和克劳斯（Martignon & Krauss，2009）的研究灵感来自对医生和投资经理的决策研究（如 Gigerenzer，2002）以及菲施拜因关于学生概率直觉的研究（Fischbein，1975），他们质疑“应在中学教授条件概率逻辑”的观念。基于“随机素养是开明决策的必要条件”这一信念（p.117），他们指出，目前的课程没有使年轻学生了解，在信息社会中，概率如何影响判断和决策。因此，他们开发了一系列实践活动，用具体材料使 11 岁学生对条件概率的情况可视化，并描述了如何让学生从确定性决策实践转向概率性决策实践。正如学生最初能够更好地思考单个案例，他们使用了诸如 tinker 立方体和 tinker 塔的表征，“实际单位不仅对其单个值编码，而且对其特征编码”（p.138）。他们的研究表明，提高学生在比例和概率推理领域的感知能力是“朝着进行决策和风险计算的概率比较”的必要步骤（p.144），并明确指出，如果学生要在概率领域达到高水平，那么概率推理和关于风险的思想就必须得到激发，并将这些内容纳入 10 岁前的课程中。

科诺尔德、哈拉丹和卡扎克采用一种类似的更为非正式的方式，利用 TinkerPlots 技术，描述了学生如何在学习创建数据工厂时运用条件概率思想（Konold，Harradine，& Kazak，2007），这些数据工厂可以产生诸如猫、糖果和滑板等图像对象。此外，普拉特和诺斯描述了特意开发的 ChanceMaker 技术是如何促进学生形成抽象概念（Pratt &

Noss，2010）。他们的任务是让学生检验猜想和修补小玩意，以促进公平性和随机性的概念化。我们描述的所有这些研究都涉及基于游戏的活动，可以通过可视化向年轻学生介绍概率方面的关键概念。课程模式是要在早期植入概念的种子，以便概念逐步发展得更抽象并与其他概念联系得紧密。

统计推断是另一个蓬勃发展的、将可视化用于概念发展的领域。由于认识到入门级学生发展统计推断很困难，并且推断背后的无数基础概念并未在较早的阶段被非正式地确立，非正式推断的思想在研究中受到关注（参见本手册第 8 章），并在某些课程设计中也得到了关注（如 Garfield，delMas，& Zieffler，2012；Wild et al.，2011）。关注推论性推理的基础不仅会促使各年级课程使用可视化方法进行概念发展，而且还会促使对当前推断实践的重新评估，这些推断实践使得课程采用随机化和自助法（如 Garfield，delMas，& Zieffler，2012；Madden，2008；Parsonage et al.，2016；Pfannkuch，Budget，& Arnold，2015；Tintle et al.，2012）。值得注意的是，采用随机化和自助法的课程涉及的技术，可以让学生通过可视化现象、直接分析现象行为以及以前没有的方式（如查看随着时间推移而发展的过程，而不是根据最终结果进行分析）可视化统计过程，从而发展概念。

根据加菲尔德等的观点，课程的组织应“识别有意义的知识模式（如概念网络、关键概念的可视化以及它们之间的关系）”（Garfield et al.，2015，p.339），这是我们在重新构想的课程模式中所认同的前提。现在需要更多关于何种类型的可视化可以以及如何提高统计概念的理解，以及确定关键概念并规划它们在课程水平上的发展的研究。

12.3.4 设计调查

一些学校（如，Ministry of Education，2007）和高等教育（如 MacGillivray & Pereira-Mendoza，2011）课程强调了学生经历从问题到结论的整个统计调查循环的重要性，鼓励学生参加有机会提出问题、设计实验或调查以及收集和分析数据的项目。在实践中，许多学习都集中在让学生使用现有的数据，并强调对数据进行分析和解释。由于课堂或课程的限制，项目学习会耗费时间和资源，并且不能让学生参与其感兴趣的问题，如向参与者分配药物或观察缺乏睡眠的影响（Bulmer & Haladyn，2011）。此外，参与一个项目虽然能获得宝贵的经验，但是并不能给学生提供多种经验，从而无法让他们面对新情况时从所提供的一系列可借鉴的问题情景中受益。他们也没有机会发展许多统计概念，而统计概念有助于他们将研究设计和分析联系在一起并意识到设计是如何影响结果的。

因此，研究人员和教师认为，学生对研究设计的理解不足影响了他们获得统计学者所具有的思考和实践的能力。一些研究人员（如 Konold & Higgins，2002；Watson & English，2015）试图通过让年轻学生参与思考如何提出调查研究问题，并从他们班的学生那里收集数据来解决这个问题。然而，关于学生进行完整调查或参与研究设计的研究却是很有限的（本手册第 4 章）。

在高等教育阶段，一些教育工作者（如 Baglin，Bedford，& Bulmer，2013；Bulmer & Haladyn，2011；Darius，Portier，& Schrevens，2007；Steiner & MacKay，2009）认识到让学生参与统计调查的前期阶段是必要的。所有学生都在项目中遇到过问题，特别是在较大的班级中，玩具实验没有将学习转移到现实世界，而且学生无法将调查设计和数据收集与分析联系起来。为了提高学生的设计技能，这些教育工作者通过创建虚拟环境为学生提供设计问题的情境，创建虚拟环境的目的是让学生体验研究设计和数据收集，即获取数据的过程。正如斯坦纳和麦凯所说，他们的虚拟环境迫使学生“反复回答重要问题……调查的目的是什么？我们应该采用观察计划还是实验计划？我们应该使用什么样的抽样方案？我们应该度量或设置哪些输入/输出？”（Steiner & MacKay，2009，p.364）对于这些问题，达赖厄斯等补充说，设计的基础是背景，其中包括有关环境的背景知识（Darius，Portier，& Schrevens，2007）。这些教育工作者重新构想了课程模式，通过关注虚拟环境学习策略下调查设计中的统计推理的基本统计概念的发展，以回应“我们的教育结构中的漏洞……满足背景的方法论”（Wild，2007，p.225）。

布尔默和哈拉登设计的虚拟居民岛是使用虚拟环境的一个例子，学生可以在虚拟岛上进行各种实验、观察研究和调查（Bulmer & Haladyn，2011）。该岛自 1779 年起有人居住，相关数据是实时收集的，学生们可以获得关于祖先的健康和人口的记录。学生观察到的数据是基于实际的研究数据模拟生成的，如酒精对血压、体温和一般健康的影响。学生需要提出问题，设计他们的研究，决定进行什么度量，与可以拒绝参加的居民样本联系，应用干预和实施任务，并收集数据。收集数据后，他们可以将数据传输到统计程序以分析数据。达赖厄斯等的研究是另一个例子，他们设计了一个温室小程序，其目标是为 144 个番茄植株找到能够获得最大平均产量的最佳氮肥剂量（Darius，Portier，& Schrevens，2007）。温室中的加热元件和照明灯都会影响植物的生长，学生需要将每种番茄植株放在温室地板上，定义并分配处理方法、阻滞因素和水平，并决定应将植物种植多长时间。设计到位后，学生按下“生长”按钮，然后模拟每种植物的生长。接着，学生分析所产生的数据。

有些教育者认为，虚拟环境可以提高学生的参与度（Baglin，Bedford，& Bulmer，2013），为犯错和重做实验提供了余地（Steiner & MacKay，2009），并为增强学生的沟通和辩论能力提供了机会。学生也认为他们的学习有所改善（Baglin，Bedford，& Bulmer，2013）。达赖厄斯等指出，由于学生对温室有不同的实验设计，他们可以在教学过程中更有效地对比和讨论设计原理（Darius，Portier，& Schrevens，2007）。此外，温室展示了更复杂的实验设计，是学生理解的试金石。尽管没有研究证据，但是这些教育者认为，使用虚拟环境可以使学生更全面地掌握研究设计背后的思想以及设计研究与分析数据之间的联系。

怀尔德认为虚拟环境具有无与伦比的潜力，可以增强统计推理能力和统计思维，并相信它们会成为模块化的开放资源并进一步发展（Wild，2007）。在虚拟环境的研究中，缺乏有关学生与之互动以及其如何改善学生统计思维的研究，这是课程可以考虑并研究的领域。这些教育者创建的虚拟环境具有以下特征，未来的研究可以尝试效仿这些特征：获得以前无法获得的概念和思想，识别学生对设计问题理解的差距，促进基本的学习经验，培养统计论证能力，缩小教育与统计实践的差距。因此，在我们重新构想的课程模式中，学生能够进入“将代替‘现实世界’的虚拟环境，可以在虚拟世界中设计并进行调查”（Wild，2007，p.323）。

12.3.5 评估论证和统计素养

为什么学生可以计算标准差但无法发现统计推理不佳的例子？（Utts，2010，p.1）为什么学生不区分媒体报道中的绝对风险和相对风险？（Kurz-Milcke，Gigerenzer，& Martignon，2008，p.18）教育工作者和研究人员越来越担心，学生没有学习到在日常生活和社会问题中做出明智决策所需的统计思想。当前的课程不足以教育人们批判性地评估基于数据的论证（Gal，2002）、理解风险（Gal，2005；Gigerenzer，2014），以及在做出判断时认识到使用启发法的陷阱（Kahneman，2011）。吉仁泽甚至提出了关于风险素养的学校课程改革（Gigerenzer，2014）。

加菲尔德和本–兹维从数据生成者和数据消费者的角度阐述统计素养，并指出人们要理解和使用基本的统计技能，如能够构造、识别和解释数据显示（Garfield & Ben-Zvi，2008）。从数据消费者的角度来看，贾勒将统计素养定义为人们具有以下能力：批判性地解释和评估来自各种来源的基于统计数据的信息，并针对这些信息表达和传达合理的意见（Gal，2002）。沃森同意该定义，但是认为该定义适用于成年人，而对于让学生具备统计素养，他们必须经历进行统计调查的过程才能合理判断他人的主张（Watson，2013）。我们认为，如果不向学生明确地教授如何批判性地评估他人基于统计数据的报告，那么所有学生在统计上仍然只是外行（Gal，2002；Gigerenzer，2014；Schield，2010；Utts，2010）。

贾勒认为，为了成为具有统计素养的人，就认知而言，需要同时激活“知识成分（由五个认知要素组成：读写能力、统计知识、数学知识、背景知识和关键问题）和性格成分（由两个要素组成：批判性立场，信念和态度）”（Gal，2002，p.3）。吉仁泽认为，风险素养需要统计思维、“在不确定的世界中良好决策”的经验法则，以及关于“指导我们行为的情感和社会力量”的风险心理学的学习（Gigerenzer，2014，p.247）。考虑到将理解和批判性评估报告中的统计证据所需的思想和概念网络整合起来具有复杂性，设想将统计素养纳入课程似乎令人望而生畏。尽管如此，仍有研究关注学生统计素养的类型和水平，以及如何在未来课程中构思和实践统计素养。

沃森研究了中学生对媒体报道的解释，并从研究数据中得出了统计素养发展中必需的三个层次结构：对概率和统计术语的基本理解、对广泛社会讨论中的统计语言和概念的理解、对媒体的说法的质疑（Watson，1997）。沃森和科林汉姆在此层次结构的基础上发现，“统计素养是一个复杂的结构，可以认为是包含两条相互交织的基本线条的粗线或粗绳：对内容的数学/统计理解以及发展这种理解”（Watson & Callingham，2003，p.20）。此外，沃森建议，当学生在学校课程中经历与统计调查相关的问题和不确定性时，他们应该“接触媒体的言论，以测试他们的批判性思维能力”（Watson，2013，p.60）。她展示了中学生如何学习发展对言论的质疑态度（Watson，2008）。为了检验媒体所声称的棕色眼睛的人比其他颜色眼睛的人具有更快的反应力，学生在课堂上收集数据，然后加入从其他学生那里收集的数据。因此，学生可以意识到样本容量的作用，并在面对媒体主张时进行批判性思考。在学校课程和教学中，可以经常让学生评估日常生活中普遍存在的基于数据的媒体论证。

以下研究人员借鉴了贾勒的观点（Gal，2002），特别关注了对其规定的知识和情感成分的认知激活，直接教授涉及媒体报道的统计素养，并探索学生的推理结果。梅里曼发现，她研究中的14岁学生对媒体报道中的统计数据越来越敏感和怀疑，从而使用更高水平的思维（Merriman，2006）。夏尔马等发现，13岁学生可以发展批判性思维技能，包括质疑和挑战数据，而背景知识和读写能力对学生来说是巨大的挑战，而这正是教师能够改善的（Sharma et al.，2011）。罗丝为17岁的学生制定了学习轨迹，介绍名为“评估基于统计数据的报告”（Evaluate Statistically Based Reports）的课程标准，并认为该轨迹需要12个关键组成部分，包括提供素养支持、扩展学生当前的统计和背景知识基础、借助“困扰的”问题进行教学以及发展学生在撰写对媒体报道的批判性评估时的交流能力（Rose，2012）。巴杰特和普凡库赫采访了一些学生，这些学生已完成的本科课程涉及评估基于数据的媒体论证（Budgett & Pfannkuch，2010a，2010b）。这些学生在任务中的表现证明了，他们提高了对媒体和日常生活中基于统计信息的问题的认识。

为了了解风险论证，格尔德·吉仁泽及其相关研究人员进行了最广泛的研究。譬如，库尔茨-米尔克等（Kurz-Milcke，Gigerenzer，& Martignon，2008）、吉仁泽（Gigerenzer，2014），以及马尔蒂尼翁和克劳斯（Martignon & Krauss，2009）认为，只要采用新的教学方法，如使用固有频率而不是概率，使用显示假阳性的总体图以及使用图标对信息进行编码，就可以向所有年龄段的人教授风险素养。普拉特等进一步发展了风险素养的概念，他们深入研究了教师在面对许多证据来源时如何权衡证据，以确定是否进行可以治愈疼痛性脊柱疾病的手术（Pratt et al.，2012）。他们的研究结果表明，在不确定性存在的情况下，决策具有丰富性和复杂性，个人因素对决策也有影响。因此，我们认为概率课程必须培养学生对风险的理解，因为风险观念渗透到了社会，是决策的基础。

研究应高度重视培养学生识别日常情境中的统计情境并进行批判性评估和挑战基于数据的论证的倾向。“使用数据进行批判性思考已成为越来越重要的核心生活技能”

（Nicholson，Ridgway，& McCusker，2010，p.5），这对于“将社会视为‘参与性民主’”的愿景至关重要（Gigerenzer，2014，p.261）。我们相信，重新构想课程模式时，评估基于数据的论据必须成为焦点。

12.4 培养统计推理能力

随着技术的发展，人们将学习的重点重新放在图表的推理而不是构建图表上，所以需要培养学生在统计领域推理和论证的能力。本节，我们将讨论统计学和其他学科中有关论证的一些当前和未来的问题。

12.4.1 统计学中的论证

统计学越来越强调解释、论证和交流，这意味着从数据中推理是最重要的，但是它也被认为是有困难的。比勒尔注意到了语言表达的问题（Biehler，1997，p.176），他说：

> 恰当的语言表达是很难做到的，而准确的措辞往往是关键。解释、口头描述统计图和表格时，要克服许多深刻的问题，这些问题与运用通用语言来有限地描述复杂定量关系有关。

里奇韦、尼科尔森和麦卡斯克在研究中发现了同样的问题，他们报告说，教师发现解释数据是学生最难模仿的部分（Ridgway，Nicholson，& McCusker，2007）。他们提到“缺乏资源，这些资源为解释数据的策略或用于描述数据模式的适当语言提供了建议”（p.1），认为学生需要经历多种背景情境，不仅要解锁数据中的故事，还需要交流并用语言表达这些故事。普凡库赫等设计示例时还发现，很难用语言表达作为图表基础的丰富概念，也很难清楚准确地表达对数据的解释和推理（Pfannkuch et al.，2010）。在新西兰，由于在课程和评估中关注了对统计推理和所持证据的交流，数学教师意识到需要提高学生的口头表达能力等一般素养。因此，需要研究什么是良好的论证实践，以及如何发展并支持学生的论证。在这种论证中，背景知识必不可少，因为数据和背景是密不可分的（Cobb & Moore，1997）。

培养统计论证应成为各级课堂文化的一个组成部分。学生一接触到数据，就需要开始在数据中进行询问、论证和推理。菲尔丁-韦尔斯和马卡尔生动地说明了基于探究的统计课堂是如何吸引年轻学生使用证据支持或质疑主张的（Fielding-Wells & Makar，2015），而马卡尔、巴克和本-兹维描述了如何在课堂上建立基于论证的探究规范（有关创建以基于论证的探究为中心的学习环境的讨论，请参见本手册第 16 章）（Makar，Bakker，& Ben-Zvi，2016）。在我们重新构想的课程模式中，培养统计论证和统计推理的能力将是最重要的，包括开发将新手对证据描述的论证和语言转换为专家的精确措辞和语言的方法。

12.4.2　其他学科中的统计论证

数据科学在越来越多的领域中盛行，芬泽认为数据科学涉及数学和统计学、学科背景知识以及计算和数据技能（Finzer，2013）。数据科学超越了学科和学科内容的指数式快速增长导致了“对精通数据的公民的需求”与教育实践之间令人担忧的差距（Finzer，2013，p.1）。他认为，所有学习者都需要在他们所学的所有学科中获得数据思维习惯，比如为数据绘图、寻找和讲述数据背后的故事。芬泽目前正领导开发开放源码的软件，为课程开发项目提供服务，其目标是通过促进学生参与不同学科领域的数据探索和论证，培养其成为有数据素养的公民（The Concord Consortium，2015）。我们预测，在不久的将来，所有学科的教师都将教学生如何使用数据资源在他们的学科领域进行辩论，因为“学习这些其他学科时，统计学是必要的”（Usiskin，2014，p.11）。

在我们重新构想的课程模式中，我们推测统计教育工作者和统计学者将需要关注跨越许多领域的数据科学（参见本手册第 1、13 和 15 章）。在高等教育课程（如心理学）中，教师已经在教授与其领域相关的统计学知识（如 Rowe，McKinney，& Wood，2010）。中小学教师倾向于跨学科领域教学，在许多背景下使用数据作为证据（如 Konold & Higgins，2003）。在高中，学科往往是各自为政的，在其他领域使用数据就存在困难。譬如，乔西发现生物教师倾向于使用黑箱方法进行统计，这导致了回归和相关性思想的误用（Jowsey，2007）。与统计学教师的合作可能导致学生使用他们已经掌握的统计技能（如箱线图），而不是他们不熟悉的回归。

但是，在不久的将来，我们设想进行更多的尝试让学生学习如何在不同学科中用数据进行论证。为了说明未来的方法将如何起步，我们描述了来自三个不同国家的研究人员是如何将数据论证用于其他学科领域的。美国的埃里克森描述了他如何与历史教师合作，以帮助学生（17 岁）通过使用 1900—2000 年的普查数据对美国历史上随时间变化的现象进行辩论并提出主张（Erickson，2012），学生项目的重点是使用数据支撑他们叙述的内容并推测现象发生的原因。里奇韦、尼科尔森和麦卡斯克的研究突出了用数据讲故事的艺术，他们认为为其他学科领域提供资源是英国促进统计学课程改革的唯一途径（Ridgway，Nicholson，& McCusker，2008）。在社会科学的课堂中，他们根据酒精使用和贫困等主题试用了资源，并使用了可访问的分析工具获取多元数据。他们的研究表明，11—14 岁的孩子“在不同的成就范围内都能参与并理解多元数据中的复杂信息”（p.5）。另一个观察结果是，社会科学的教师尽管在统计学上较为薄弱，但是能够帮助学生从数据中获得实质性见解。此外，学生参与其中并能够交流数据中的故事。在荷兰，政府对统计学与自然科学之间缺乏联系的回应是为 16—18 岁青少年引入新学科：“自然、生命与技术”。迪多普等描述了他们如何通过将真实实践的元素教育化来设计资源（Dierdorp et al.，2011），他们设计的资源包括确定改善运动员身体状况的最佳训练计划，通过监测堤坝高度让学生更多地了解回归和相关性。他们认为，他们的策略支持学生学习如何在这些学科中使用数据，以及提高学生的统计学知识和理解能力（另请参见 Dierdorp et al.，2017）。因此，可以通过统计学和其他学科教育工作者之间的合作，以及数据科学在其他学科领域的推广，积极弥合实践和教育之间的差距。

统计教育研究人员可以带头并优先考虑在多种情况下发展学生统计论证能力的方法，因为重新构想课程模式时，统计论证将成为统计学和其他学科学习的组成部分。

12.5 开发课程变革模式

重构课程模式是制定新的国家课程文件的重要前提，但是，倡导改革的人不仅必须对新课程有一个愿景，而且还必须考虑实施其愿景的策略。每个国家制定新的国家课程文件并实施课程时都有其自己的体系，激发变革的策略将取决于一个国家的教育文化，但是各国之间也会有一些共性。第一，要考虑改变课程期望会极大地影响教育领域的许多利益相关者（如评估开发者、学生家长）。第二，为了确保实施新的课程模式，可能需要愿意参与其中的利益相关者联合起来并推动许多合作。政策制定者、统计学者、研究人员、教师、学生以及软件和资源/教科书的设计人员可能需要共同设计、解释并实施课程，以使所教的内容与方法相符。第三，可能需要在学校、州/国家标准考试、州/国家资格以及政策和政治级别上联系并整合新的课程模式和学习与评估方法。第四，需要认识到新课程应该是一种教育课程（Stein，Remillard，& Smith，2007），教师需要学习新的内容和学习方法，一些国家可能需要设法帮助教师和学生从 20 世纪 60 年代的数学课程跃升到当代统计教育实践中。第五，重新构想的课程可能与实际不符，但如果没有愿景，课程将无法发展。

本节，我们将简要讨论开发课程变革模式以嵌入新课程时可能遇到的一些问题（完整讨论见本手册第 16 章），以及改变评估以匹配新的课程学习目标和意图的必要性。

12.5.1 面向 21 世纪的统计学课程

如何向所有学生提供 21 世纪的统计学课程？借鉴肯尼亚和巴西这两个国家的研究人员的观点，我们讨论他们当前解决此问题的方法以及可以从中汲取的广泛经验。两国都有类似的问题：他们注意到他们的教师缺乏学科内容知识和教学的信心，总是根据教科书进行规范的教学，缺乏技术经验，并且对统计学使用数学学科的教学方法。尽管问题相似，但解决方案似乎取决于社区的资源和文化。根据斯特恩的观点，肯尼亚缺乏“拥抱和鼓励”变革的“教育文化”，因此采取的举措并未对学生的学习和成果产生实质性影响；而且，与巴西不同的是，肯尼亚似乎没有建立数学和统计教育研究人员的社区，教师的专业发展也很少（Stern，2013，p.1）。

在肯尼亚，斯特恩和马尼亚拉等认为，技术可能是引发变革的关键因素，只要能免费获取，每个学生都可以掌握它，并且教学资源也与技术有关（Stern，2014；Manyalla et al.，2014）。他们最成功的举措似乎是使用计算机辅助统计教科书（Computer-Assisted Statistical Textbooks，CAST）（Stirling，2005），这一想法似乎与他们目前对教科书的依赖非常相似，教师可能因此感到更加自信和舒适。马尼亚拉等描述了在全国考试中使用 CAST 的学生表现优于未使用 CAST 的学生，从而导致其他教师愿意在课堂上尝试 CAST（Manyalla et al.，2014）。此外，使用 CAST 的学生更喜欢统计学，喜欢互动式的风格，并且能够进行同行自学，从而获得超越教师提供的统计学知识（Zachariah Mbasu，个人通信，2012.07）。

在巴西，改变教师对统计学和统计教学态度的一种方法是通过教师学习社区实现的。这种学习社区背后的精神是，教师的创新和变革需要长期的投入，其基础是教师和研究人员共同确定问题领域和解决方法。譬如，苏扎、洛佩斯和普凡库赫描述了一种发展中学教师专业技能的潜在模式，在这种模式下，教师群体可以接触到新思想，共同计划课程并在课堂中实施，向小组汇报并批判性地反思他们的实践（Souza，Lopes，& Pfannkuch，2015）。除了使用教学视频进行小组反思之外，纳卡拉多和格兰多描述了类似的模型（Nacarato & Grando，2014）。

从这两个国家的研究人员的经验来看，似乎所有国家都普遍考虑将课程改革视为一个进化过程，而社区中与教师一起工作的指导者最有可能实施变革。一个常见的变革要素是，指导者从一群愿意在课堂上实施与当前实践相差不大的变革的教师着手。当教师使用新的统计教学方法，从而注意并体验到学生的参与和成功时，他们似乎对变革更加积极。正如这些研究人员所指出的那样，我们建议重新构想课程模式时注意当前可用的资源、资源的开发、社区的教育文化，为所有人提供无障碍技术以及用于提升教师知识和实践的创新战略思维。有了慕课（参见本手册第 1 章）和 CAST 等电子资源，学生和教师群体甚至可以绕过停滞不前的教育系统，自学成才。然而，现行的评估制度可能阻止这种行为。

12.5.2　评估

评估驱动着教与学。随着课程目标的重点从计算技能转向更深入的概念理解、数据推理和评估统计论证，不同类型的评估方法至关重要。正如加菲尔德和本-兹维所说，“评估应该与重要的、有价值的学习目标保持一致”（Garfield & Ben-Zvi，2008，p.66）。如果课程的学习目标与评估实践不一致，那么教学中将优先考虑评估实践中的学习目标。此外，评估任务还传达着有关学科的性质和作用，以及思考和推理的价值的信息。麦卡斯克、尼科尔森和里奇韦对英国的统计学高风险评价进行了分析，得出的结论是，这些任务传达了一种贫乏的统计视角（McCusker，Nicholson，& Ridgway，2010）。同样，科林汉姆认为，澳大利亚的统计学被描述为以教育测量为目的的简单技能掌握，导致小学课程设置受到限制（Callingham，2011）。里奇韦等还指出，评估是如何将中小学生局限于单变量数据的，而在实践中，学生完全有能力处理多变量数据（Ridgway，Nicholson，& McCusker，2008）。

以下两个案例说明了需要为新型课程确定并制定重要的学习目标和指导原则（Garfield & Franklin，2011）。加菲尔德、戴尔马和齐夫勒说明了如何通过笔试评估参与入门课程的学生在统计素养、统计推理和统计思维方面宝贵的学习成果，该测试给出了计算机输出结果，包括从图表中提取统计信息、对基本统计思想进行推理、以完整的书面形式解释和评论统计主张（Garfield，delMas，& Zieffler，2010）。他们还提到了ARTIST，这是一个在线项目数据库，使用三种形式（开放式、多项选择、任务表现）评估结果。这些研究人员确定了对于入门课程很重要的学习成果，并将评估与这些成果匹配起来。同样，巴杰特和普凡库赫描述了他们的统计素养课程，其学习目标是评估基于统计的研究，构建统计上合理的陈述、图表和报告，以及识别日常事件中的统计概念（Budgett & Pfannkuch，2010a）。因此，他们的评估与这些要求学生的目标一致，譬如，批判性地评估一项研究，根据研究撰写一份具有统计学意义的报告，以及对日常事件进行统计推理（如认识到趋均值的回归）。

在一个计算和表征是自动化的技术环境中，解释、论证和交流可以在教学中占据首要地位。这种推理在概念上要求更高，且需要具备能力素养。通过使用更强大的理解统计学的方法，学生还可以“理解效用：如何以及为什么……统计思想有用”（Ainley & Pratt，2010，p.2）。譬如，学生可以将图表作为解释和分析结果的工具，而不是显示最终结果的工具。安利和普拉特认为效用是许多评估方法中缺失的一个方面，其中的过程知识和概念知识似乎都等同于“如何计算或表示统计对象”（Ainley & Pratt，2010，p.2）。安利、普拉特和汉森认为任务的设计者应该考虑对学生理解进行评估，例如，对统计度量（诸如均值、离散度）的效用的理解（Ainley，Pratt，& Hansen，2006）。

技术对教学和学习以及对学生理解的影响通常与评估的发展不相匹配。如果学习涉及使用技术进行分析、发展概念和建立概率模型，应在评估中使用相同的技术。譬如，在新西兰，基于学校的国家评估标准允许学生使用技术（如 iNZight）进行调查，包括撰写完整报告。而在美国，大学预修统计学课程考试通过图形计算器整合技术，并在一些问题中纳入统计输出（Garfield & Franklin，2011）。此外，科林汉姆认为，传统的评估项目可能对使用技术进行学习的学生不利，因为他们可能已经发展了与传统环境中的学生不同的认知基础，她认为“认知变化的性质需要确定……而且是一个需要进一步研究的领域”（Callingham，2011，p.9）。

仅评估程序性技能的掌握情况不会为新课程在统计素养、统计推理和统计思维方面的目标提供依据（Garfield & Ben-Zvi，2008；Garfield，delMas，& Zieffler，2010）。正如科林汉姆所说，“现在是时候重新考虑评估的挑战，开发既考虑学生对技术的使用，又考虑技术对评估作用的新方法”（Callingham，2011，p.9）。在我们重新构想的课程模式中，课程应推动评估，从而使学生评估与学习目标以及学生使用的技术保持一致。此外，无论是高风险评价还是教师设计的评估，评估开发人员应制定、实施并使用指导原则和目标（参见 Garfield & Franklin，2011）。

12.6 结论

预计 21 世纪前 25 年的课程变化将相当于整个 20 世纪的变化。课程的生命周期通常在 10—20 年，因此任何新的课程模式都必须走向未知，并准备好不断创新，以应对新的难以想象的可能性。随着新的社会学习目标的制定，以及技术工具不断改变我们与数据互动和思考的方式，对未来课程模式的清晰理解对于教育者走向未知道路至关重要。

我们对课程模式的重构适用于从学前班到高等教育的整个教育领域。我们承认技术带来的不断变化，这正在改变我们的思维工具。我们建议让学生沉浸在数据丰富的环境中，将重点放在概率建模上。需要进一步考虑和开发虚拟环境，以帮助学生将研究设计与数据分析联系起来，并且还可以扩展到虚拟世界能代替现实世界中统计和概率问题的新领域。我们设想的这类学习环境可以使学生进入统计和概率的天地，从而促进他们对统计的理解。有目的地学习技术还可以通过视觉感官（包括动态可视化）让学生接触到以前无法理解的概念，从而将学生的理解提升到前所未有的水平。可以凭借技术通过可视化帮助建立概念理解，我们设想课程将强调概念发展，并且将跨越统计和概率的许多领域，并以许多不同方式绘制跨越各个层次的连贯的概念路径。

随着技术的日新月异，建立并教授作为统计知识、思维、推理和论证基础的长久存在的思想和概念很重要。我们相信这些持续存在的思想和概念应该成为学生积极的、互动的和连贯的基本学习经历的一部分。此外，社会需要基于证据的论证，这些论证在人们的日常生活和社会层面上正在激增。为了实现参与式民主，统计学课程必须做出回应，因此，我们认为学习目标应该是评估基于数据的论证，这项技能需要直接传授，以便教授必要的更高层次的思维，从而真正掌握统计知识。随着数据科学在许多领域的普及，培养统计学和其他学科中的统计论证是当务之急。图表和分析的自动化可以重新引导学习，使学生专注于学习如何用数据和背景进行辩论，以及如何基于数据以口头和书面形式进行沟通，以便进行辩护或质询。在当今的统计世界中，发展这种技能是至关重要的。

重构课程模式时，我们还简要介绍了受课程变化影响的大量利益相关者。我们认为，局部和全面的连通性可以帮助教师和教育系统改变课程设置，而改变的途径可能是每个社区和文化所独有的。在评估方面，与课程目标和用于学习的技术相匹配对于实现未来课程目标至关重要。如果没有国际和地方统计学界在统计学者、教育工作者和研究人员之间形成合作，并继续作为一个团体推动他们的学科且积极促成统计学课程模式的愿景，课程改革也就不可能发生，更遑论发展。

质疑当前的实践、创造，推动可能的前沿研究是本章引用的许多研究和创新的标志。只有研究人员和教育者继续遵循先前研究人员的脚步，并为构建新的学习方法和新课程提供进一步的基础，我们对未来课程的明确愿景才会实现。重构课程模式时，我们建议未来研究的可能路径如下：

1）更深入地培养统计论证，包括学习如何在数据丰富的环境中提出基于证据的主张，并从统计素养的角度对不同媒体中基于数据的论证进行批判性评估。

2）深入研究概率建模、风险和调查设计，了解如何在设计这些新领域的课程之前帮助学生推理并确定需要解决的关键问题。

3）当学生从随机思想和随机过程的视觉表征中进行推理时，可以更深入地了解可视化如何增强学生的概念理解能力，以了解其优势、缺陷和视觉设计的注意事项。

4）开发连贯的课程概念路径和基础，关注并确定在技术变革下仍将流行的、从学生角度看来是有意义的持久概念（Bakker & Derry，2011）。

随着技术不断塑造统计学学科及其学习方法，我们希望各国的研究人员能够挑战当前的做法，继续以未知的方式重新设想课程模式。

致谢

我要感谢以下人士为改进本章提出了非常有用的建议：皮普·阿诺德，雅姆·巴格兰，斯蒂芬妮·巴杰特，吉尔·菲尔丁-韦尔斯，比尔·芬泽（Bill Finzer），克里斯蒂娜·富兰克林（Christine Franklin），珍妮弗·卡普兰，莱安德罗·德奥利韦拉·索萨（Leandro de Oliveira Souza）。

参考文献

Ainley，J.，& Pratt，D.（2010）. It's not what you know，it's recognizing the power of what you know: Assessing understanding of utility. In C. Reading（Ed.），*Data and context in statistics education：Towards an evidence-based society. Proceedings of the 8th International Conference on Teaching Statistics（ICOTS8，July，2010），Ljubljana，Slovenia*. Voorburg：International Statistical Institute.

Ainley，J.，Pratt，D.，& Hansen，A.（2006）. Connecting engagement and focus in pedagogic task design. *British Educational Research Journal，32*（1），23-38.

Allmond，S.，& Makar，K.（2014）. From hat plots to box plots in TinkerPlots：Supporting students to write conclusions which account for variability in data. In K. Makar，B. de Sousa，& R. Gould（Eds.），*Sustainability in statistics education. Proceedings of the 9th International Conference on Teaching Statistics，Flagstaff，AZ，USA*. Voorburg：International Statistical Institute.

Baglin，J.，Bedford，A.，& Bulmer，M.（2013）. Student' experiences and perceptions of using a virtual environment for project-based assessment in an online introductory statistics course. *Technology Innovations in Statistics Education*，*7*（2）. Retrieved from http://www.escholarship.org/uc/item/137120mt.

Bakker，A.，Biehler，R.，& Konold，C.（2005）. Should young students learn about boxplots? In G. Burrill & M. Camden（Eds.），*Curricular development in statistics education：International Association for Statistical Education（IASE）roundtable，Lund，Sweden 28 June-3 July 2004*（pp.163-173）. Voorburg：International Statistical Institute.

Bakker，A.，& Derry，J.（2011）. Lessons from inferentialism for statistics education. *Mathematical Thinking and Learning*，*13*（1-2），5-26.

Bates，M.，& Usiskin，Z.（Eds.）.（2016）. *Digital curricula in school mathematics*. Charlotte：Information Age Publishing.

Biehler，R.（1997）. Students' difficulties in practicing computer-supported data analysis：Some hypothetical generalizations from results of two exploratory studies. In J. Garfield & G. Burrill（Eds.），*Research on the role of technology in teaching and learning statistics*，*International Association for Statistical Education Round Table Conference*，*Granada 1996*（pp.169-190）. Voorburg：International Statistical Institute.

Biehler，R.，Ben-Zvi，D.，Bakker，A.，& Makar，K.（2013）. Technology for enhancing statistical reasoning at the school level. In M. A. Clements，A. Bishop，C. Keitel，J. Kilpatrick，& F. Leung（Eds.），*Third international handbook of mathematics education*（pp.643-689）. New York：Springer.

Budgett，S.，& Pfannkuch，M.（2010a）. Assessing students' statistical literacy. In P. Bidgood，N. Hunt，& F. Jolliffe（Eds.），*Assessment methods in statistical education：An international perspective*（pp.103-122）. Chichester：John Wiley and Sons Ltd.

Budgett，S.，& Pfannkuch，M.（2010b）. Using media reports to promote statistical literacy for nonquantitative majors. In C. Reading（Ed.），*Data and context in statistics education：Towards an evidence-based society. Proceedings of the 8th International Conference on Teaching Statistics*，*Ljubljana*，*Slovenia*，*July 2010*. Voorburg：International Statistical Institute.

Bulmer，M.，& Haladyn，J. K.（2011）. Life on an island：A simulated population to support student projects in statistics. *Technology Innovations in Statistics Education*，*5*（1）. Retrieved from http://www.escholarship.org/uc/item/2q0740hv.

Callingham，R.（2011）. Assessing statistical understanding in middle schools：Emerging issues in a technology-rich environment. *Technology Innovations in Statistics Education*，*5*（1）. Retrieved from http://escholarship.org/uc/item/3qr2p70t.

Chaput，B.，Girard，J.，& Henry，M.（2011）. Frequentist approach：Modeling and simulation in statistics and probability teaching. In C. Batanero，G. Burrill，& C. Reading（Eds.），*Teaching statistics in school mathematics-challenges for teaching and teacher education：A joint ICMI/IASE study：The 18th ICMI study*（pp.85-95）. New York：Springer.

Cobb，G.（2007）. The introductory statistics course：A Ptolemaic curriculum? *Technology Innovations in Statistics Education*，*1*（1）. Retrieved from http://escholarship.org/uc/item/6hb3k0nz.

Cobb，G.，& Moore，D.（1997）. Mathematics，statistics and teaching. *The American Mathematical Monthly*，*104*（9），801-823.

College Board.（2010）. Advanced Placement statistics course description. Princeton：College Board.

Common Core State Standards Initiative.（2010）. Common Core State Standards for mathematics. In *Common Core State Standards（College- and Career-Readiness Standards and K-12 standards in English language arts and math）*. Washington：National Governors Association Center for Best Practices and the Council of Chief State School Officers.

Darius，P.，Portier，K.，& Schrevens，E.（2007）. Virtual experiments and their use in teaching experimental design. *International Statistical Review，75*（3），281-294.

Dierdorp，A.，Bakker，A.，Ben-Zvi，D.，& Makar，K.（2017）. Secondary students' considerations of variability in measurement activities based on authentic practices. *Statistics Education Research Journal，16*（2），391-418.

Dierdorp，A.，Bakker，A.，Eijkelhof，H.，& van Maanen，J.（2011）. Authentic practices as contexts for learning to draw inferences beyond correlated data. *Mathematical Thinking and Learning，13*（1-2），132-151.

Eichler，A.，& Vogel，M.（2014）. Three approaches for modeling situations with randomness. In E. Chernoff & B. Sriraman（Eds.），*Probabilistic thinking：Presenting plural perspectives*（pp.75-99）. Dordrecht：Springer.

English，L.，& Watson，J.（2016）. Development of probabilistic understanding in fourth grade. *Journal for Research in Mathematics Education，47*（1），28-62.

Erickson，T.（2012）. *Signs of change：History revealed in U.S. census data*. North Charleston：CreateSpace Independent Publishing Platform.

Fielding-Wells，J.，& Makar，K.（2015）. Inferring to a model：Using inquiry-based argumentation to challenge young children's expectations of equally likely outcomes. In A. Zieffler & E. Fry（Eds.），*Reasoning about uncertainty：Learning and teaching informal inferential reasoning*（pp.1-27）. Minneapolis：Catalyst Press.

Finzer，W.（2005）. *Fathom™ dynamic statistics software（Version 2.0）*. Emeryville：Key Curriculum Press.

Finzer，W.（2013）. The data science education dilemma. *Technology Innovations in Statistics Education，7*（2）. Retrieved from http://escholarship.org/uc/item/7gv0q9dc.

Fischbein，E.（1975）. *The intuitive sources of probabilistic thinking in children*. Dordrecht：Reidel.

Franklin，C.，& Garfield，J.（2006）. The GAISE project：Developing statistics education guidelines for grades pre-K-12 and college courses. In G. Burrill & P. Elliott（Eds.），*Thinking and reasoning with data and chance，sixty-eighth yearbook*（pp.335-375）. Reston：National Council of Teachers of Mathematics.

Franklin，C.，Kader，G.，Mewborn，D.，Moreno，J.，Peck，R.，Perry，M.，et al.（2007）. *Guidelines for assessment and instruction in statistics education（GAISE）report：A pre-k-12 curriculum framework*. Alexandria：American Statistical Association.

Gal，I.（2002）. Adults' statistical literacy：Meanings，components，responsibilities. *International Statistical Review，70*（1），1-51.

Gal，I.（2005）. Towards "probability literacy" for all citizens：Building blocks and instructional dilemmas. In G. Jones（Ed.），*Exploring probability in school：Challenges for teaching and learning*（pp.39-63）. New York：Kluwer/Springer Academic Publishers.

Garfield，J.，& Ben-Zvi，D.（2008）. *Developing students' statistical reasoning：Connecting research and teaching practice*. Dordrecht：Springer.

Garfield，J.，delMas，R.，& Zieffler，A.（2010）. Assessing important learning outcomes in introductory tertiary courses. In P. Bidgood，N. Hunt，& F. Jolliffe（Eds.），*Assessment methods in statistical education：An international perspective*（pp.75-86）. Chichester：John Wiley and Sons Ltd..

Garfield，J.，delMas，R.，& Zieffler，A.（2012）. Developing statistical modelers and thinkers in an introductory，tertiary-level statistics course. *ZDM，44*（7），883-898.

Garfield，J.，& Franklin，C.（2011）. Assessment of learning，for learning，and as learning. In C. Batanero，G. Burrill，& C. Reading（Eds.），*Teaching statistics in school mathematics-challenges for teaching and teacher education：A joint ICMI/IASE study：The 18th ICMI study*（pp.133-145）. New York：Springer.

Garfield，J.，Le，L.，Zieffler，A.，& Ben-Zvi，D.（2015）. Developing students' reasoning about samples and sampling variability as a path to expert statistical thinking. *Educational Studies in Mathematics，88*（3），327-342.

Gigerenzer，G.（2002）. *Reckoning with risk：Learning to live with uncertainty*. London：Penguin Books.

Gigerenzer，G.（2014）. *Risk savvy：How to make good decisions*. New York：Viking.

Jones，G.（Ed.）.（2005）. *Exploring probability in school：Challenges for teaching and learning*. New York：Springer.

Jowsey，M.（2007）. *Statistical thinking across the curriculum：Year 13 biology students*. Unpublished Master's dissertation，The University of Auckland.

Kahneman，D.（2011）. *Thinking fast and slow*. New York：Farrar，Straus and Giroux.

Konold，C.（2002）. Teaching concepts rather than conventions. *New England Journal of Mathematics，34*（2），69-81.

Konold，C.，Harradine，A.，& Kazak，S.（2007）. Understanding distributions by modeling them. *International Journal of Computers for Mathematics Learning，12*（3），217-230.

Konold，C.，& Higgins，T.（2002）. Highlights of related research. In S. J. Russell，D. Schifter，& V. Bastable（Eds.），*Developing mathematical ideas：Working with data*（pp.165-201）. Parsippany：Dale Seymour Publications.

Konold，C.，& Higgins，T.（2003）. Reasoning about data. In J. Kilpatrick，W. G. Martin，& D. Schifter（Eds.），*A research companion to principles and standards for school mathematics*（pp.193-215）. Reston：National Council of Teachers of Mathematics.

Konold，C.，Higgins，T.，Russell，J.，& Khalil，K.（2015）. Data seen through different lenses. *Educational Studies in Mathematics，88*（3），305-325.

Konold，C.，& Kazak，S.（2008）. Reconnecting data and chance. *Technology Innovations in Statistics*

Education，*2*（1）. Retrieved from http://repositories.cdlib.org/uclastat/cts/tise/vol2/iss1/art1/.

Konold，C.，& Miller，C.（2011）. *TinkerPlots（Version v2.0）（Computer software）*. Emeryville：Key Curriculum Press.

Kultusministerkonferenz.（2004a）. *Bildungsstandards im Fach Mathematik für den Primarbereich. Beschluss vom 15.10.2004*. München：Kluwer.

Kultusministerkonferenz.（2004b）. *Bildungsstandards im Fach Mathematik für den mittleren Schulabschluss*. München：Kluwer.

Kultusministerkonferenz.（2012）. *Bildungsstandards im Fach Mathematik für die allgemeine Hochschulreife*. Retrieved from http://www.kmk.org/fileadmin/veroeffentlichungen_beschluesse/2012/2012_10_18-Bildungsstandards-Mathe-Abi.pdf.

Kurz-Milcke，E.，Gigerenzer，G.，& Martignon，L.（2008）. Transparency in risk communication. *Annals of the New York Academy of Sciences*，*1128*，18-28.

Lee，H. S.，& Lee，J. T.（2009）. Reasoning about probabilistic phenomena：Lessons learned and applied in software design. *Technology Innovations in Statistics Education*，*3*（2）. Retrieved from http://www.escholarship.org/uc/item/1b54h9s9.

MacGillivray，H.，& Pereira-Mendoza，L.（2011）. Teaching statistical thinking through investigative projects. In C. Batanero，G. Burrill，C. Reading，& A. Rossman（Eds.），*Teaching statistics in school mathematics-challenges for teaching and teacher education：A joint ICMI/IASE study*（pp.109-120）. New York：Springer.

Madden，S.（2008）. Dynamic technology scaffolding：A design principle with potential for supporting statistical conceptual understanding. *Monterrey：International Congress on Mathematics Education-ICME-11*. Retrieved from https://www.researchgate.net/publication/259472135.

Makar，K.，Bakker，A.，& Ben-Zvi，D.（2016）. Scaffolding norms of argumentation-based inquiry in a primary mathematics classroom. *ZDM*，*47*（7），1107-1120.

Manyalla，B.，Mbasu，Z.，Stern，D.，& Stern，R.（2014）. Measuring the effectiveness of using computer assisted textbooks in Kenya. In K. Makar，B. de Sousa，& R. Gould（Eds.），*Sustainability in statistics education. Proceedings of the 9th International Conference on Teaching Statistics*，*Flagstaff*，*AZ*，*USA*. Voorburg：International Statistical Institute.

Martignon，L.，& Krauss，S.（2009）. Hands-on activities for fourth graders：A tool box for decision-making and reckoning with risk. *International Electronic Journal of Mathematics Education*，*4*（3），117-148.

McCusker，S.，Nicholson，J.，& Ridgway，J.（2010）. Statistics assessment：The good，the bad，and the ugly. In C. Reading（Ed.），*Data and context in statistics education：Towards an evidence-based society. Proceedings of the 8th International Conference on Teaching Statistics（ICOTS8，July，2010），Ljubljana，Slovenia*. Voorburg：International Statistical Institute.

Merriman，L.（2006）. Using media reports to develop statistical literacy in year 10 students. In A. Rossman & B. Chance（Eds.），*Proceedings of the 7th International Conference on Teaching Statistics（ICOTS7，*

July，2006），Salvador，Brazil. Voorburg：International Statistical Institute.

Ministério da Educação.（2006）. *Parâmetros curriculares nacionais：Matemática（National curricular parameters：Mathematics）*. Brasilia：Ministério da Educação.

Ministry of Education.（2007）. *The New Zealand curriculum.* Wellington：Learning Media.

Mooney，E.，Langrall，C.，& Hertel，J.（2014）. A practitional perspective on probabilistic thinking models and frameworks. In E. Chernoff & B. Sriraman（Eds.），*Probabilistic thinking：Presenting plural perspectives*（pp.495-508）. New York：Springer.

Moore，D.（1990）. Uncertainty. In L. Steen（Ed.），*On the shoulders of giants：New approaches to numeracy*（pp.95-137）. Washington：National Academy Press.

Nacarato，A.，& Grando，R.（2014）. Teachers' professional development in a stochastics investigation community. In K. Makar，B. de Sousa，& R. Gould（Eds.），*Sustainability in statistics education. Proceedings of the 9th International Conference on Teaching Statistics，Flagstaff，AZ，USA*. Voorburg：International Statistical Institute.

Nicholson，J.，Ridgway，J.，& McCusker，S.（2010）. Luring non-quantitative majors into advanced statistical reasoning（and luring statistics educators into real statistics）. In C. Reading（Ed.），*Data and context in statistics education：Towards an evidence-based society. Proceedings of the 8th International Conference on Teaching Statistics（ICOTS8，July，2010），Ljubljana，Slovenia.* Voorburg：International Statistical Institute.

Parsonage，R.，Pfannkuch，M.，Wild，C. J.，& Aloisio，K.（2016）. Bootstrapping confidence intervals. In D. Ben-Zvi & K. Makar（Eds.），*The teaching and learning of statistics*（pp.181-191）. Switzerland：Springer International publishing.

Pfannkuch，M.，Budgett，S.，& Arnold，P.（2015）. Experiment-to-causation inference：Understanding causality in a probabilistic setting. In A. Zieffler & E. Fry（Eds.），*Reasoning about uncertainty：Learning and teaching informal inferential reasoning*（pp.95-125）. Minneapolis：Catalyst Press.

Pfannkuch，M.，Regan，M.，Wild，C. J.，& Horton，N.（2010）. Telling data stories：Essential dialogues for comparative reasoning. *Journal of Statistics Education，18*（1）. Retrieved from https://doi.org/10.1080/10691898.2010.11889479.

Pfannkuch，M.，& Ziedins，I.（2014）. A modeling perspective on probability. In E. Chernoff & B. Sriraman（Eds.），*Probabilistic thinking：Presenting plural perspectives*（pp.101-116）. New York：Springer.

Pratt，D.（2011）. *Re-connecting probability and reasoning from data in secondary school teaching. Proceedings of the 58th International Statistical Institute World Statistical Congress，Dublin*（pp.890-899）. The Hague：International Statistical Institute.

Pratt，D.，Levinson，R.，Kent，P.，Yogui，C.，& Kapadia，R.（2012）. A pedagogic appraisal of the priority heuristic. *ZDM，44*（7），927-940.

Pratt，D.，& Noss，R.（2010）. Designing for mathematical abstraction. *International Journal of Computers for Mathematics Learning，15*，81-97.

Prodromou，T.（2014）. Developing a modeling approach to probability using computer-based simulations. In

E. J. Chernoff & B. Sriraman（Eds.），*Probabilistic thinking：Presenting plural perspectives*（pp.417-439）. Dordrecht：Springer.

Ridgway，J.，Nicholson，J.，& McCusker，S.（2007）. Embedding statistical assessment within cross-curricular materials. In B. Phillips（Ed.），*Proceedings of the International Association of Statistical Education Satellite Conference on Assessing Student Learning in Statistics，Guimaraes，Portugal，19-21 August，2007*. Voorburg：International Statistical Institute.

Ridgway，J.，Nicholson，J.，& McCusker，S.（2008）. Reconceptualizing "statistics" and "education". In C. Batanero，G. Burrill，C. Reading，& A. Rossman（Eds.），*Joint ICMI/IASE Study：Teaching statistics in school mathematics. Challenges for teaching and teacher education. Proceedings of the ICMI Study 18 and 2008 IASE Round Table Conference. Monterrey，Mexico，July 2008*. Retrieved from https://iase-web.org/documents/papers/rt2008/T1P5_Ridgway.pdf.

Rose，D.（2012）. *Developing statistical literacy in year 13 statistics students*. Unpublished Master's dissertation，The University of Auckland.

Rosling，H.（2010）. *What showbiz has to do with it. Plenary presented at the 8th International Conference on Teaching Statistics（ICOTS8，July，2010），Ljubljana，Slovenia*. Retrieved from http://videolectures.net/icots2010_rosling_wshdw/.

Rowe，R.，McKinney，P.，& Wood，J.（2010）. Inquiry-based assessment of statistical methods in psychology. In P. Bidgood，N. Hunt，& F. Jolliffe（Eds.），*Assessment methods in statistical education：An international perspective*（pp.189-199）. Chichester：Wiley.

Saldanha，L.，& Liu，Y.（2014）. Challenges of developing coherent probabilistic reasoning：Rethinking randomness and probability from a stochastic perspective. In E. Chernoff & B. Sriraman（Eds.），*Probabilistic thinking：Presenting plural perspectives*（pp.367-396）. New York：Springer.

Schield，M.（2010）. Assessing statistical literacy：Take care. In P. Bidgood，N. Hunt，& F. Jolliffe（Eds.），*Assessment methods in statistical education：An international perspective*（pp.133-152）. Chichester：Wiley.

Sharma，S.，Doyle，P. Shandil，V.，& Talakia'atu，S.（2011）. Statistics is boring…because it makes you think! *Summary research report for the Teaching and Learning Research Initiative*. Retrieved from http://www.tlri.org.nz/sites/default/files/projects/9270_sharma-summaryreport.pdf.

Shaughnessy，M.（2003）. Research on students' understandings of probability. In J. Kilpatrick，W. G. Martin，& D. Schifter（Eds.），*A research companion to principles and standards for school mathematics*（pp.216-226）. Reston：National Council of Teachers of Mathematics.

Shaughnessy，M.（2007）. Research on statistics learning and reasoning. In F. Lester（Ed.），*Second handbook of research on the teaching and learning of mathematics*（Vol.2，pp.957-1009）. Charlotte：Information Age Publishers.

Souza，L.，Lopes，C.，& Pfannkuch，M.（2015）. Collaborative professional development for statistics teaching：A case study of two middle school teachers. *Statistics Education Research Journal，14*（1），112-134.

Stein，M.，Remillard，J.，& Smith，M.（2007）. How curriculum influences student learning. In F. Lester（Ed.），*Second handbook of research on the teaching and learning of mathematics*（Vol.1，pp.319-369）. Charlotte：Information Age Publishers.

Steiner，S.，& MacKay，J.（2009）. Teaching variation reduction using a virtual manufacturing environment. *The American Statistician，63*（4），361-365.

Stern，D.（2013）. Developing statistics education in Kenya through technological innovations at all academic levels. *Technology Innovations in Statistics Education，7*（2）. Retrieved from http://www.escholarship.org/uc/item/5cc0s29n.

Stern，D.（2014）. Reflections on using technology to teach statistics in Kenya. In K. Makar，B. de Sousa，& R. Gould（Eds.），*Sustainability in statistics education. Proceedings of the 9th International Conference on Teaching Statistics，Flagstaff，AZ，USA.* Voorburg：International Statistical Institute.

The Concord Consortium.（2015）. *Common Online Data Analysis Platform.* Retrieved from http://concord.org/projects/codap.

Tintle，N.，Topliff，K.，Vanderstoep，J.，Holmes，V.，& Swanson，T.（2012）. Retention of statistical concepts in a preliminary randomization-based introductory statistics curriculum. *Statistics Education Research Journal，11*（1），21-40.

Usiskin，Z.（2014）. On the relationships between statistics and other subjects in the K-12 curriculum. In K. Makar，B. de Sousa，& R. Gould（Eds.），*Sustainability in statistics education. Proceedings of the 9th International Conference on Teaching Statistics，Flagstaff，AZ，USA.* Voorburg：International Statistical Institute.

Utts，J.（2010）. Unintentional lies in the media：Don't blame journalists for what we don't teach. In C. Reading（Ed.），*Data and context in statistics education：Towards an evidence-based society. Proceedings of the 8th International Conference on Teaching Statistics（ICOTS8，July，2010），Ljubljana，Slovenia.* Voorburg：International Statistical Institute.

Watson，J.（1997）. Assessing statistical thinking using the media. In I. Gal & J. Garfield（Eds.），*The assessment challenge in statistics education*（pp.107-121）. Amsterdam：IOS Press.

Watson，J.（2008）. Eye colour and reaction time：An opportunity for critical statistical reasoning. *Australian Mathematics Teacher，64*（3），30-40.

Watson，J.（2013）. Statistical literacy，a statistics curriculum for school students，the pedagogical content needs of teachers，and the Australian Curriculum. *Curriculum Perspectives，33*（3），58-69.

Watson，J.，& Callingham，R.（2003）. Statistical literacy：A complex hierarchical construct. *Statistics Education Research Journal，2*（2），3-46.

Watson，J.，& English，L.（2015）. Introducing the practice of statistics：Are we environmentally friendly? *Mathematics Education Research Journal，27*（4），585-613.

Wild，C. J.（2007）. Virtual environments and the acceleration of experiential learning. *International Statistical Review，75*（3），322-335.

Wild，C. J.（2012）. *iNZight.* Retrieved from https://www.stat.auckland.ac.nz/～wild/iNZight/.

Wild, C. J., & Pfannkuch, M. (1999). Statistical thinking in empirical enquiry (with discussion). *International Statistical Review*, *67* (3), 223-265.

Wild, C. J., Pfannkuch, M., Regan, M., & Horton, N. (2011). Towards more accessible conceptions of statistical inference. *Journal of the Royal Statistical Society*, *174* (2), 247-295.

第 13 章　对既有课程的挑战：若干反思

罗伯特·古尔德　罗杰·D. 彭　弗劳克·克罗伊特尔
兰德尔·普鲁姆　杰夫·威特默　乔治·W. 科布

我们邀请了一些著名的统计学家和统计教育工作者展望未来，讨论他们认为对既定统计学课程的重大挑战，即让学生融入属于统计人员活动的统计实践。彭、克罗伊特尔和古尔德讨论了各种发展，这些发展已经在当前社会获得了关注，并将支撑数据丰富的沉浸式课程的概念。这些作者主要讨论了与本科课程相关的慕课、“大数据”和贝叶斯方法的影响。普鲁姆提出了一些关于统计计算教学的关键问题，特别关注本科生和编程。在最后一篇文章中，威特默和科布讨论了贝叶斯推断越来越大的影响，并强调了促进统计推理和论证评估的课程。

13.1　简介

本手册第 12 章重新构想了让学生融入属于统计人员活动的统计实践的课程模式，但这在当今学校课程中或许还没有给予足够重视。我们邀请了一些统计学家和统计教育工作者展望未来，讨论他们认为的对既定课程的重大挑战。

在下面的短文中，彭（第 13.2 节）、克罗伊特尔（第 13.3 节）和古尔德（第 13.4 节）讨论了各种发展，这些发展已经在当前社会中获得了关注，并将支撑普凡库赫在第 12 章中提出的数据丰富的沉浸式课程的概念。这些作者主要讨论了与本科课程有关的慕课、“大数据”和贝叶斯方法的影响。我们注意到慕课为非专业人士提供了学习机会，而且在高中，大多数统计学教师实际上是统计学领域的非专业人士。此外，大数据的出现为跨学科工作提供了机会，这对高中统计教学是有益的，并且需要有针对高中目前教授的统计推断的新思维方式。

普凡库赫认为技术将成为统计学课程的一个组成部分。普鲁姆（第 13.5 节）提出了一些关于统计计算教学的关键问题，特别关注了本科生和编程。在一些国家，如英国，编程被重新作为 21 世纪的关键技能，因此我们认为普鲁姆提出的问题对各级学校教育都具有重要意义。

在最后一部分，威特默（第 13.6 节）和科布（第 13.7 节）讨论了贝叶斯推断越来越大的影响，这说明普凡库赫所强调的是促进统计推理和论证评估的课程。

13.2 统计教育的巨大未来[①]

无论你走向哪里，都会以某种方式生成数据。当你阅读这篇文章时，你可能已经收集了一些数据。你无法避免数据——它来自四面八方。

那么，我们是如何处理这些数据的呢？在大多数情况下，什么都没有做，仅仅是大量数据涌现了出来。但是，对于我们感兴趣的数据，我们需要知道用于思考并分析它们的适当方法。这里的“我们”，我的意思是指几乎每个人。

将来，每个人都需要一些数据分析技能。人们经常面对数据，并且需要根据收到的原始数据做出选择和决策。手机能提供有关交通、餐馆或书籍的评价，甚至医院排名的信息。高中学生可以获得有关他们所申请大学的复杂且丰富的信息，而入学委员会可以获得申请人有关对大学兴趣的实时数据。

将来，如何对人们进行统计学和理解不确定性方面的训练？我们如何拓宽培训以满足在如此短时间内产生的巨大需求？慕课提供了一种以高带宽、低成本形式提供内容和培训的可能性，这易于被广泛受众获取。

我们教育系统提供的培训容量是不够的。麦肯锡全球研究院（McKinsey Global Institute）在一篇被高频引用的报告（Lund et al.，2013）中预测，“数据极客”（data geeks）将会短缺，到 2018 年，在数据科学领域将会有 140 000 —190 000 个空缺职位。此外，估计有 1 500 000 人担任管理职位，他们需要接受培训，从而管理数据科学家并了解数据分析。历史经验表明，这些职位可能将被任何人填补，无论他们是否接受过适当的培训。但是，由未经训练的 分析师解释来自各种不同质量来源的复杂大数据，这潜在的后果是灾难性的。

谁将为这些空缺职位提供必要的培训？

统计学领域的教育系统目前对人员进行培训并为他们提供硕士学位和博士学位，但是对这个任务来说是完全不够的。根据美国统计协会的报告，2013 年美国最大的 10 个统计学硕士学位课程共毕业 730 人（Pierson，2014）。按照这个速度，我们永远不能足以培训出所需要的人。虽然统计人员从世界各地流动数据量的突然激增中受益匪浅，但是我们几乎没有能力扩大分析这些数据所需的培训。

最重要的是，我认为麦肯锡报告（Lund et al.，2013）严重低估了未来需要接受一些数据分析技能培训的人数。鉴于每天生成的数据量，以及每个人能够明智地解释这些数据的重要性，我认为每个人都必须具备一些数据分析技能。毋庸置疑，建议每个人都获

① 本节内容作者为罗杰·D. 彭。

得统计学硕士学位或甚至学士学位是愚蠢的。我们需要一种既高质量又可在短时间内面向大量人群的替代方法。

13.2.1　慕课

统计学界一直在大力推动创建可以以慕课的形式提供的统计内容，其中一些例子包括普林斯顿大学的安德鲁·康韦的《统计一》（Statistics One）（Conway，2014），杜克大学的切廷卡亚–伦德尔（Cetinkaya-Rundel）的《数据分析和统计推断》（Data Analysis and Statistical Inference），以及卫斯理大学的莉萨·迪克（Lisa Dierker）的《激情驱动的统计学》（Passion Driven Statistics）。这些在线课程已经在各个领域存在了相当长的一段时间，并且许多慕课的低成本结构为更多受众打开了大门，增加了统计内容的可访问性。

2014 年，杰夫·利克（Jeff Leek）、布赖恩·卡福（Brian Caffo）和我发起了“约翰霍普金斯数据科学专业化”项目（Johns Hopkins Data Science Specialization）。这是一个包括 9 门课程的系列项目，旨在为那些具有高度积极性并具有一定数学和计算基础背景的人提供“从头到尾”的数据科学培训。9 门课程的顺序遵循我们所认为的必不可少的“数据科学过程”，即：

1）设计可以用数据回答的问题；

2）收集、清理并整理与问题相关的数据；

3）探索数据，检查以及消除假设；

4）建立统计模型；

5）进行统计推断；

6）交流结果；

7）再现研究。

我们采纳了这些基本步骤，并围绕每一个步骤设计了慕课课程。我们开发这一系列课程，一部分是为了满足全球对数据科学培训和教育不断增长的需求。作为生物统计学者，我们的背景与对数据科学感兴趣的人的培训需求非常贴近，因为我们基本上每一天都在做与数据科学有关的事情。事实上，我们所持有的一个课程规则是，如果我们实际上没有在自己的工作中使用某些内容，我们就不会在课程中纳入这些内容。

这个系列课程具有大量标准的统计内容，如概率和推断、线性模型和机器学习。它还有非标准内容，如 Git、GitHub、R 编程、Shiny 和 Markdown。

这个系列课程非常成功，第一年平均每月有 182 507 名参与者，整体课程完成率约为 6%，付费参与者的完成率为 67%。2014 年 10 月，距离专业化系列课程开始仅仅 7 个月，我们就有 663 名学员参与了最终项目。

通过运行数据科学专业化系列课程，我们学到了许多经验教训。在这里，我总结了一些重点：

1）作为艺术和科学的数据科学。尽管“科学”出现在“数据科学”这个名称中，但实际上数据科学的实践与科学实践完全不同。统计学者在数据分析中所做的大部分实践是直观的和临时的，每一次数据分析都被视为一朵独特的花。

尝试设计可以对成千上万人进行评分的数据分析任务时，我们发现设计用于评价这些任务的评估准则并非易事。原因在于，我们对于“好”分析区别于“坏”分析的理解并未在统计学领域中得到很好的阐述，我们无法确定任何群体范围内对良好分析组成部分的理解。在给定的数据分析情境中，什么是“正确”方法？什么是“错误”方法？没有这样一个定义明确的框架，就几乎不可能构建有用的评估准则。我们诉诸建立相当小的评估，但是我们相信对该领域的进一步研究和思考是非常需要的。

2）内容 vs.策展。我们在网上提供的大部分内容都可以在其他地方获得。可以用 YouTube 设计几乎任何主题的且包含高质量视频的课程，不过我们的视频实际上并没有那么好。此外，我们所教授的学科绝不是专有的。我们教的线性模型与其他地方教授的线性模型相同。那么我们提供的价值到底是什么？

实际上，我们提供的是关于数据科学主题的所有知识的策展（我们还添加了我们自己的独特陈述）。策展很难，因为策展人需要在“什么是”和“什么不是”领域的核心要素之间做出明确的选择。但是，对于外行来说，策展是学习一个领域必不可少的。

3）技能组合 vs.认证。因为我们知道我们不是在开发传统的学位课程，所以我们必须以另一种方式开发课程，以便学习者能够快速看到课程对他们的价值。这使我们采用了一种组合方法，让学习者能制作出可以公开观看的内容。

4）教育研究的新途径。慕课的大小和规模为我们开展研究创造了新的机会，既可以分析参加课程的学生所产生的数据（并且有大量的数据），也可以让学生自愿参加研究。譬如，我们对学生根据数据视觉表征评估一个相关性关系的统计显著性的能力进行了研究（Fisher et al.，2014）；其他人使用慕课生成的数据研究教学的具体方面（如 Guo，Kim，& Rubin，2014）。

13.2.2 结论

截至 2015 年 4 月，我们共有 1158 名学员完成了整个专业化系列课程，包括最终项目。从这些数字和我们整个专业化系列课程的完成率来看，我们正在实现目标，即创建一个用于培训人们的数据科学技能的高度可扩展的计划。当然，仅靠这一计划对于社会的整个数据科学培训需求来说是不够的。但我们认为，我们采用的方法，即使用非标准的慕课渠道、专注于技能组合而不是认证，并强调我们在策展中的作用，为统计学领域的探索提供了一个丰富的机会，可以让大众了解我们的重要工作。

13.3　对大数据的推断：跨学科的努力[①]

在许多（即使不是全部）学科中，可以明显看到人们对大数据的迷恋。“商业分析”“计算社会科学”“数据密集型语言学”只是行为科学和经济科学中的一小部分流行语，其他学科也可以创建类似的词语清单。对数据的这种兴趣是促进统计教育发展的一个绝佳机会，但是我们有责任将相关概念转化为在各学科中有用且适用的框架。

大数据的某些特征已经得以明确（如真实性、大量、多样），这挑战着标准推断实践。特别是，缺乏随机样本以及大量数据，往往会导向纯粹的描述性方法。但是，标准推断始终面临挑战。譬如，出色的理论证明了从样本到总体的推断是合理的，即使抽样过程很复杂，因为它包括多个阶段，如对学校、学校内的教室，最后是教室内的学生进行抽样，或者因为数据是在其中某个阶段的整个集群中收集的。

不幸的是，数据收集的现实很少与抽样理论所需的假设相匹配，数据生成过程中的失败使我们对想应用的有根据的方法产生怀疑。关于学校的案例，不难想象校长或教师可能由于学校正在进行的其他更重要的活动而拒绝或无法获得对学生的访问。在家庭调查中，人们会因为生病、度假或缺乏对调查的兴趣或动机而不能或不想参与。这种失败本身并不具有威胁性，只要它们随机发生，或者只要发生机制是已知的和可观察的，我们就仍然知道如何去创建有效的推断。但是，通常情况都不是这样。

标准推断范式的这些挑战已经存在了相当长的时间。然而，随着大数据的出现，人们很容易被可用数据的庞大规模所蒙蔽，并忽略了解数据生成机制的重要性。这并不是说样本容量不能解决某些问题或者可能有助于缓解这些问题。但是，如果确实是这种情况，需要深入了解数据生成过程。

以下是在大数据的每个分析中都应该提出的一些问题。所有数据分析师都应该熟悉这些问题：回答我们研究问题的恰当分析单元是什么？它们是我们在分析中所需要的所有单元吗？是否有某些单元被系统地丢失？有些单元会多次出现吗？我们的所有测量是否针对所有需要的单元？这些单元代表谁？

当数据收集是由研究人员组织，并在理想情况下得到统计学者的帮助时，获得这些问题的答案会容易得多。如果数据“有机地”发展并且由研究人员“发现”，需要额外的努力才能找到正确的答案。如果亚马逊公司（Amazon）对顾客在其官方网站上购买两本不同书籍之间的相关性感兴趣，他们当然可以分析总体，并且不出现任何推断方面的问题。但是，譬如，如果通过调查推特（Twitter）平台的消息衡量公民对健康或政治的态度，那么推断对于某些研究问题来说会更难。如果试图回答有关健康问题的频率或健康问题再次出现的问题，那么帖子的不规范性、帖子的审查、社会期望和其他问题会使得分析不那么简单明了。

如果不与领域专家交谈，很可能无法回答上面提到的基本问题。这意味着在未来，

---

① 本节内容作者为弗劳克·克罗伊特尔。

统计教育必须比现在更具有跨学科的方法。我们需要更好地了解如何教学生与其他学科的研究人员合作、如何更好地沟通，以及如何提出关于大数据的正确问题。当收集人类数据时，心理学家、社会学家、经济学家、语言学家等都将能够从根本上为数据生成过程的理解做出贡献。激动人心的时刻正在到来！

13.4 中学的数据科学[①]

如果向统计学家询问统计学专业的未来，你有望听到诸如“大数据”“数据科学”，甚至“分析”之类的热门短语。这些术语有时被视为炒作——对媒体友好的流行语，重新包装了统计学者一直在做的事情——在数据中寻找意义。

但是，将这些词弃为炒作忽略了一个重要的观点——数据已发生变化。开放数据运动（open-data movement）为所有能够访问互联网的人带来了大量、丰富和相关的数据（如参见美国政府数据开放平台 data.gov 和英国政府数据开放平台 data.gov.uk）。传感器在没有人为干预的情况下收集数据，促成了非随机高密度的抽样规范，并且通常创建“机会”数据。与传统的课堂数据相比，这些数据具有更多变量，具有丰富的高维关系，具有复杂的结构，在观测数量方面令人生畏，并且由并不总是能有效编码为数字的值组成。

与此形成鲜明对比的是，中小学统计学课程侧重于具有一个或两个变量的数据集，其中的数据是从总体中随机抽取的（通常是有限的但很大）或者个体是被随机分配到实验组的。其中包括观测数据，但变量数往往会被削减到学生可管理的程度，并且通常用作防止推断因果关系或执行无法解释的推断程序的警示。譬如，《统计教育评估和教学指南》（GAISE）描述了三个发展水平，最高是正式统计推断（Franklin et al., 2007）。学生应尽早学习描述统计和探索性技术，从而为学习支持推断的更复杂概念做准备。

那么，为什么学校应该纳入杂乱且复杂，却不符合课程设定的学习轨迹的数据呢？因为这些现代数据是学生每天都能看到的数据。譬如，玩在线游戏的学生有关于其在游戏中表现的数据，并且这些数据与其他玩家共享；等公共汽车的学生可能看到预测下一班车到达的数据；磁卡、闭路摄像机和大型公共数据库意味着有关学生的大量数据存储在互联网上。无论他们是否愿意，学生已经处于现代数据之中。这种无知的参与可能是危险的，因为现代数据引发了关于隐私、机密性和匿名性的道德问题。但是，现代数据令人兴奋，因为它们提供了机会。许多数据集都非常复杂，通过提醒学生可以发现其他人不知道的东西来激励他们重视数据是切合实际的。此外，由于分享、发送和分析数据的技术很丰富，对数据分析只知道一点点的学生将比那些一无所知的人更有优势。

通过参与 Mobilize 项目，一个由美国国家科学基金会（National Science Foundation,

① 本节内容作者为罗伯特·古尔德。

NSF）资助的包括加州大学洛杉矶分校统计学系、教育与信息科学研究生院，以及洛杉矶学区合作的项目，让我有机会思考学生是如何与现代数据互动的。Mobilize 为学生提供了一套软件和课程材料，使他们能够开展“参与式感知活动”（participatory sensing campaigns）（Tangmunarunkit et al.，2015）。参与式感知是一种数据收集范式，即学生作为人类传感器，在日常生活中收集有关其团体和环境的数据（Burke et al.，2006）。譬如，学生可能收集有关丢弃垃圾位置的数据，然后使用垃圾和回收箱位置的数据得出改进回收策略的结论或建议。

学生可以使用 Mobilize 仪表板直观地调查他们收集到的数据中的模式，仪表板能让学生快速且轻松地观察变量之间的多维关系。譬如，在一个场景中，学生们发现，早上在家吃谷物的同学相比深夜吃谷物的同学更倾向于将谷物看作健康的食物。虽然仪表板有助于发现模式、形成假设，以及构建统计问题，但是学生还学会使用 R 语言，即通过 Rstudio，以更加深思熟虑和可重复的方式为这些数据建立统计模型。

通过参与式感知收集的数据并不“大”，但它们显然是现代的，并且与“大数据”有许多共同的重要特征。譬如，它们是通过一个深思熟虑但非随机的程序收集的，并且它们具有复杂结构，由各种类型的数据组成：数字的、类别的、日期、时间、位置、文本和图像。这些数据提供了关于学生生活的详细信息，解释这些数据不仅需要通常所掌握的分布和变异性的基本统计概念，还需要了解“推断宇宙”（inferential universe）的确切构成。因此，参与式感知数据可以作为通向正式统计推断的桥梁，同时为学生提供有趣和有益的见解。

当自己完成活动的数据首次出现在教室中的交互式地图上时（使用智能手机提供的地理编码），学生看到他们自己的日常模式被揭露，通常会在课堂上倒吸一口气。出于对学生隐私的考虑，并且为了帮助学生意识到隐私问题，在学生明确共享数据之前，数据是不可见的，即使这样，教师也能够在数据显示之前清除有问题的观察数据。关于隐私和机密性的抽象对话被具体化，即使是那些我们可能认为对隐私感到厌倦的学生，当他们意识到其他人可以推断出他们居住的地方和他们在哪里花费时间（如他们在哪里吃饭和零食）时，他们会对观察数据所揭示的内容感到惊讶。

这些项目强调需要更多地了解学生是如何思考现代数据的、能够如何教导他们使用这些数据进行推理，以及我们应该设计哪些学习轨迹。克罗伊特尔在本章的其他部分提醒我们，无论数据是大还是小，仔细思考统计分析背后的基本假设将永远不会过时。我怀疑在学习分析现代数据时，所有用“传统数据”教授的统计概念和技能都将非常有价值。但是，我也怀疑这套概念太狭隘了。

以下是我个人很少在中学教授，但可能是易理解且有用的一些主题：编程、算法思维、平滑、非线性建模、拟合优度、克里金（Kriging）法（空间过程的平滑和插值）、分类和回归树，以及密度估计。每一个都是“大观念”，但我鼓励研究人员帮助我们了解我们能够多快并且能在多大程度上介绍这些主题。

13.5 关于统计计算教学的几个问题[①]

仅仅确信教师和学生能进行计算是统计教育的重要组成部分是不够的，甚至也不足以让我们致力于修改我们的科目和课程来符合这一信念。我们需要做的不仅仅是使用计算，而是必须有效地、鼓舞地，并以一种能使学生学到比我们所教知识更多的方式来使用它。但是我们该怎么做呢？为了做到这一点，教育工作者需要学习什么？

下面我将讨论有关统计教学的几个问题，其中一些可能是难以解决的问题，或者可能需要进行重大改进才能为其学习提供依据。其中一些答案可能是由我们目前没有的数据所提供的，但是，它们是重要的问题，其答案将在很大程度上影响未来统计学课程和教育实践的演变。

13.5.1 统计学学生应该如何以及在何时学习他们需要的计算工具和技能?

考虑美国统计协会（ASA）出版的 ASA 本科课程指南（Undergraduate Curriculum Guidelines，UCG）中的以下内容（American Statistical Association Undergraduate Guidelines Workgroup，2014）：

> 回答统计问题时，需要用数据进行思考，这代表了自 2000 年签署先前指南以来最显著的变化。将这些数据科学主题添加到课程中需要发展数据、计算和可视化能力来补充更传统的以数学为导向的统计技能。

现在看来，几乎所有人都认为计算能力是本科生和研究生统计学课程的重要目标，而且大多数现行课程都不足以实现这一目标，在非专业课程中引入统计计算的压力也越来越大。关于应该采取哪些措施来改善这种情况，达成的一致却很少。这是一个相当广泛的问题，所以让我们把它分解成一些更有针对性的问题。

13.5.2 统计学学生需要什么编程技能?

根据 UCG，使用数据思考是一种认知技能，需要一些数据、计算和可视化方面的技术技能。挑战在于确定教授哪些技能以及如何以一种能让学生在完成课程后能继续学习新事物的方式教授这些技能。虽然获得达到某种熟练程度的特定技术技能对于完成手头的任务非常重要，但是拥有一个概念框架和继续学习所需的新数据技术的必备信心会更有价值，特别是因为要教会学生在统计背景中有用的所有计算技能是不可能的。

列举使用数据思考所需的关键概念，以及理解学生是如何学习它们的，是理解旨在培养这种能力的课程和教学决策的重要前提。

13.5.3 我们可以从计算机科学教育界学到什么?

如果认为统计学者在教授计算方面没什么可以向计算机科学教育者学习的，是一种

① 本节内容作者为兰德尔·普鲁姆。

天真的想法。如果假设这两个群体对学生的计算训练有相同的目标，这也是天真的。但毫无疑问，对如何提高统计学学生计算能力感兴趣的统计教育研究人员应该了解计算机科学教育界所做的工作，并与计算机科学教育研究人员就目前的思想、工作和趋势保持对话。

可能需要一些努力来建立这两个团体之间的桥梁，但计算机科学家也对数据科学、大数据，以及许多其他流行语感兴趣，因此，相比以往，有更多可能的话题来源。

13.5.4　“概率论与数理统计”的教学序列是否过时?

统计学的大多数教科书仍然反映了可以追溯到霍格和克雷格的经典文本的主题大纲（Hogg & Craig，1959）。教科书很少纳入较新的计算密集型方法（如随机化检验、自助法、贝叶斯数值过程），提出处理大型、复杂或未经过处理的数据的方法，或利用计算工具以不同方式处理熟悉的主题。大多数人对概率论课程和统计学课程（通常假定为早期的概率论课程）进行相当明确的分离。

近年来，人们一直呼吁要重新思考，在计算既能实现又要求统计学者以不同方式工作的环境下，统计理论的哪些要素对本科生来说是最重要的，如在 2003 年的联合统计会议上有一个“数理统计课程是否过时”的议题（Rossman & Chance，2003），但多年之后，我们似乎尚未达成共识。近年出版的一些书（如 Chihara & Hesterberg，2011；Pruim，2011）正朝着霍格和克雷格的文本首次出版时未出现的方向发展，包括计算方法和支持它们的理论，将事情朝这个方向深入推进是有可能的。

由于对数据、计算和可视化技能的日益重视，现在是重新评估数理统计课程，从而确定下一代统计学者最重要的基本学习主题的重要时刻。

13.5.5　我们对统计教育现状有多了解?

美国数学协会（MAA）对美国国家科学基金会资助的微积分教学进行了为期 5 年的研究，其主要目标是：①加强我们对学习微积分的学生群体的了解；②测量被认为会影响学生成就的微积分课程的各种特征的作用。

戴维・布雷苏（MAA 的前任主席和该研究的负责人）得出的结论是，该研究“揭示了我们在学院和大学教授的微积分 I 在降低学生信心、对数学的享受以及对继续学习需要更深入的数学知识的领域的渴望上是很有影响的”（Bressoud & Rasmussen，2014）。与此同时，该研究确定了机构中“逆转这一趋势”的微积分教学的七个特征。

也许现在是时候开展类似雄心勃勃的统计教育研究了。根据 MAA 研究的方法和结果，并将范围扩大到美国以外，对本科统计教学进行类似全面的调查可以提供非常丰富的信息，并能更好地展现我们目前的状况。

13.6 是否要采用贝叶斯方法？（答案是肯定的）[①]

本科统计学课程建立在频率论推理的哲学基础之上，这种思想流派如此普遍，以至于大多数学生都不知道有另一种选择：贝叶斯推理。

对医学试验的贝叶斯分析（举一个具体的例子）侧重于大多数人认为是由兴趣而自然产生的问题："药物是否有效？"相反，传统（即频率论）推断围绕的是一个间接问题："如果这种药物无效，那么看到出现的这些数据的可能性有多大？"从医生那里得到处方的人中，没人想知道如果药物不能起作用，数据会怎么样；相反，他们想知道药物对他们起作用的可能性。一位贝叶斯分析师问道："鉴于这些数据，药物的影响有多大可能是积极的？"并且可能得出结论："根据数据，我认为该药物起作用的概率为97%。"

基于频率论统计课程的学生通常希望将p值解释为零假设为真的概率，但是他们的教师告诫他们这不是正确的推理。另一方面，贝叶斯推理允许并且实际上必须谈论零假设为真的概率（如在给定数据的情况下，有3%的可能性药物没有效果）。

如果贝叶斯推断能够直接回答感兴趣的问题，那么为什么这不是统计学中的主导思想流派呢？有几个原因使频率主义多年来一直处于中心地位。①直到最近，贝叶斯学派还受到数学难题的限制，因此经常发现他们自己只能处理一小类问题。②虽然有些人可能很容易想象一项研究在给定（零假设）情景下进行无数次重复，但是他们不愿意或无法想象药物作为随机量的影响。③两位统计学者查看相同数据并仅因他们的先前信念不同而得出一些不同结论，有些人对此感到不安。譬如，研究药物实验的第二位统计学者可能会说"根据数据，我相信该药物起作用的概率是98%"。④关于学生如何在贝叶斯情境中推理的研究很少，所以那些想要教授贝叶斯方法的人可能不确定要采取什么样的教学方法。

时代在变，计算能力和软件开发的最新进展已经导致贝叶斯统计学的应用发生了重大变化。计算机使马尔可夫链蒙特卡洛（MCMC）方法成为可能，使贝叶斯学派能够解决曾经被认为是难以处理的问题。今天，贝叶斯学派可以采用灵活而复杂的模型解决各种各样的问题。

关于②，我们应该将感兴趣的参数（在我们的案例中是药物的有效性）视为固定的、未知的量并想象重复抽取的假设数据的样本，人们可能对未知而受限于概率分布的参数概念感到相当自在。实际上，人们总是将概率分配给未观察到的但是固定的量。譬如，扔一枚硬币然后让它落在地板上，但在看到它是正面还是反面之前踩住它。在这一点上，几乎每个人都愿意说"正面的概率是1/2"，尽管抛硬币后没有任何随机的东西。如果我看不到硬币，那么它的状态（正面或反面）对我来说实际上是随机的。

关于③，可以谈论很多。一是对先验信息的适当使用应该为统计和科学推断提供信息。另一个是，当先验信息告诉频率论者只有一个方向是合理的时，他们很乐意使用定

① 本节内容作者为杰夫·威特默。

向（相对于典型的、非定向的）备择假设。但是，除此之外，随着越来越多的证据积累，有着相当不同的先验信念的贝叶斯学派将会趋于相同的后验信念。

如果有人确信贝叶斯统计值得教学，那应该怎么做呢？软件在贝叶斯实践中起着至关重要的作用，因而也是贝叶斯教学中的关键角色。近年来，随着 JAGS 和 Stan 等工具的引入，MCMC 更易于使用。

有必要核实现状。MCMC 已经改变了贝叶斯方法论的世界，但是从 2016 年开始，我们没有了易于被新手使用的用户友好型和菜单驱动型的 MCMC。但这种情况正在改变，尽管缺少用户友好的软件，我们中的一些人在本科课程中仍用 MCMC 教授贝叶斯方法。在我教给本科生的贝叶斯课程中，我详细介绍了 MCMC 的工作原理。人们可以在不知道计算机正在做什么的情况下使用 MCMC，就像在没有先得出 t 密度的情况下可以使用 t 表一样。因此，当然可以教授贝叶斯课程，其具有与标准频率论入门课程完全相同的先决条件。

任何主修统计学的大学生都应该学习贝叶斯方法和 MCMC（参见本章）。学习入门课程的非专业学生（这通常是学生的最后一门正式统计学课程）应该接触贝叶斯定理和贝叶斯推断的基础知识，因为人们可以预期在多个研究领域中使用贝叶斯方法，延续自 MCMC 成为一个可行工具时开始的趋势。

贝叶斯推理比频率论推理更自然，计算机使贝叶斯方法越来越容易，这使我预计未来贝叶斯推理的教学将继续增长。由于正在进行的统计学研究可以更好地了解学生的学习方式，我希望贝叶斯推理得到更多的关注。但是大多数情况下，我希望教育工作者能够向学生传授贝叶斯方法。

13.7　在我们的第一门课程中引入贝叶斯方法：教育研究可以引路①

2016 年，贝叶斯推断和贝叶斯层次型模型（Bayesian Hierarchical Model）在应用统计学中占据主要地位。然而，当谈到贝叶斯思想时，我们的入门课程和相应的教与学研究仍然回到了多年前我读研究生时的情况。我承认，我花了 25 年时间克服自己对贝叶斯的抵抗，又花了 10 年时间找到了在第一门统计学课程中教授它的方法，但我相信那些研究我们和我们的学生如何理解数据的人可以比我更快掌握贝叶斯思想。下文中，我描述了五个障碍，即贝叶斯“没有”的五个东西：①不客观的；②不可计算的；③不广泛适用；④不易懂的；⑤不是主流的。

接下来的部分我将把我自己转向贝叶斯的过程作为工具讨论①—③，然后叙述我是如何处理④和⑤，从而在第一门统计学课程中纳入贝叶斯思想的，最后，我以一个愿望清单结束，即我希望那些对统计学有兴趣并具有认知科学背景的人进行积极研究的五个

① 本节内容作者为乔治·W. 科布。

领域。

我转向贝叶斯思想。在大学毕业后的第一份工作中，我是一名计算机程序员，并在弗吉尼亚医学院的生物统计学系获得硕士学位。没有人使用或教授贝叶斯方法。使用先验分布（prior distribution）使得方法“不客观”，因此不科学。此外，除了最简单的应用程序，任何应用程序所需的计算都超出了当时的计算机和数值方法的能力，因为它们涉及高维积分。在 20 世纪 70 年代早期的哈佛大学，应用统计学课程同样不包含贝叶斯。我只在一个理论课程中遇到了贝叶斯思想，并且只是作为一种推导容许估计量（admissible estimators）的方法，这种估计被称为“贝叶斯”估计，但不是真正的贝叶斯。我唯一使用贝叶斯思想的经历来自阅读莫斯特勒和华莱士对《联邦党人文集》（Federalist Papers）作者的研究（Mosteller & Wallace，1964）。

在接下来的 20 年里发生了很多变化。博克斯和昭通过使用共轭先验（conjugate prior）解决了许多计算问题，并提出了贝叶斯方法解决许多传统应用问题，如方差分析和回归（Box & Tiao，1973）。使用一系列先验分布进行的再分析使得评估先验选择的敏感性成为可能，从而缓和了对主观性的关注。最引人注目的是，各种版本的马尔可夫链蒙特卡洛方法被调整为计算后验分布（posterior distributions），从而解决快速增长的应用问题集。

由于这些以及相关的发展，贝叶斯数据分析作为统计实践的一个主要部分已成为主流。然而，在第一门统计学课程中教授贝叶斯思想的情况仍然很少。

我转向教授贝叶斯数据分析。几十年来，对贝叶斯教学的一个主要反对意见是“贝叶斯不是主流”。入门课程仍然如此，但是专业实践肯定不再如此。目前，贝叶斯数据分析（如多层次模型）绝对是主流。在我看来，仍然存在一个主要障碍：贝叶斯方法不被认为是在统计学习的初级阶段可以理解的。只有在我找到解决这个障碍的方法之后，我才开始在第一门统计学课程中教授贝叶斯方法。

我在课堂上的经历使我确信贝叶斯逻辑的本质是直观的，贝叶斯教学的主要障碍不是概念性的，而是技术性的。下面的部分，我将提出与这些看法相关的六个研究问题。通过介绍，我将首先总结我在第一门课程中引入贝叶斯应用程序时使用的方法：一是通过限制样本空间计算条件概率；二是用拉普拉斯方法代替贝叶斯方法：

1）通过限制样本空间计算条件概率。贝叶斯推断的传统方法取决于条件概率的正式定义，最重要的是，取决于 $P(A|B)=P(A\ and\ B)/P(B)$ 中的分母。我的经验告诉我，所有概率都是有条件的，由样本空间的选择来定义，$P(A|B)$ 是原始概念，$P(A\ and\ B)$ 是推论，如在树图的逻辑中：$P(A\ and\ B)=P(B)\ P(A|B)$。参见下面的研究主题 3）。

2）用拉普拉斯方法代替贝叶斯方法。借助贝叶斯定理的传统方法，即 $P(q|X=x)=P(X=x|q)\ P(q)/P(X=x)$，将不必要的关注放在分母 $P(X=x)$ 上，它是整个参数空间的多重积分。拉普拉斯忽略分母从而将其简化：$P(q|X=x)$ 和 $P(X=x|q)$ 成正比。他的原则，我称之为“拉普拉斯的数据复制原则”（Laplace’s data duplication principle），

支持所有的贝叶斯思想。在我对拉普拉斯的解释中，“参数值可以重现观测数据值，这在某种程度上是可信的”。为了使拉普拉斯的原理具体而直观，我开始依赖于“俄罗斯轮盘赌”（Russian Roulette）算法。该名称来自卡恩（Kahn，1955），是指通过“杀死”不满足条件的结果评估条件概率。为给定数据 y_{obs} 的参数 q 创建贝叶斯后验时，我调整为一个四步过程（生成、模拟、比较和估计）：

（a）根据先验，生成参数 q 的随机值。

（b）根据 $P(y\mid q)$ 模拟数据值 y_{rand}。

（c）比较： $y_{rand}=y_{obs}$ ？如果不是，请排除 q。如果是，请保留 q。

（d）估计：留下的 q 值与它们重现观测到值 y_{obs} 的频率成比例。因此，留下的值可估计后验。

这种算法非常低效，但我发现它是解释贝叶斯思想的直观方式。参见研究主题 4）。

在我看来，认真对待贝叶斯方法打开了我们需要追求的无数未探索的研究问题的大门。包括以下五个研究主题：

1）使用概率量化不确定的知识。这种对概率的主观使用在多大程度上以及在何种方式下是直观的？它会以何种方式导致误解？（比较对贝叶斯后验区间和置信区间的解释。学生经常将置信区间误解为贝叶斯后验区间。）

2）概率的预测用途与后验用途。这种前后区别归功于登普斯特（Dempster，1964）。假设你打算投掷一个均匀的硬币十次，在投掷之前，十个正面的预测概率（predictive probability）是 1/1024；如果假设得到的所有十个投掷都是正面，此时的概率 1/1024 就是后验的。这是什么意思？费希尔将 p 值作为意外的度量，是与初始模型相对的证据。拉普拉斯假设 $P(X=x\mid q)$ 和 $P(q\mid X=x)$ 成正比：观察到的 x 被作为支持 q 值的证据。这两种解释分别是贝叶斯的（拉普拉斯）和非贝叶斯的（费希尔），两者都很重要且有效。如何让研究帮助我们弄清楚怎样教它们两个呢？

3）条件概率：转储定义？哪种获取 $P(A\mid B)$ 的方法更直观：将样本空间限制为 B 发生再考虑 $P(A)$，把 $P(A\ and\ B)$ 作为推论，还是 $P(A\mid B)=P(A\ and\ B)/P(B)$？

4）拉普拉斯的“数据复制原则”。我们需要研究：在什么情况下，以及在何种程度上， $P(q\mid X=x)$ 和 $P(X=x\mid q)$ 成正比是直观的？

5）纳入先验信息和敏感性分析。如果我们接受贝叶斯逻辑是数据分析的重要方法，我们需要通过改变先验和跟踪后果应对主观性的挑战。这是直观的吗？

作为一名统计学家，我相信贝叶斯逻辑作为思考数据的一个重要部分，将变得越来越重要。过去，统计教育的研究倾向于追踪我们已经教授的内容，有时是支持，有时是质疑，但到目前为止，都不是一个彻底的挑战。提出挑战时，我不确定如何最好地将贝叶斯思想融入我们当前的教学中。正确的研究可以帮助我们做出决定。

参考文献

American Statistical Association Undergraduate Guidelines Workgroup.（2014）. *2014 curriculum guidelines for undergraduate programs in statistical science*. Alexandria：American Statistical Association.

Box，G. E. P.，& Tiao，G. C.（1973）. *Bayesian inference in statistical analysis*. New York：Wiley.

Bressoud，D.，& Rasmussen，C.（2014）. Seven characteristics of successful calculus programs. *Notices of the American Mathematical Society，62*（2），144-146.

Burke，J.，Estrin，D.，Hansen，M.，Parker，A.，Ramanathan，N.，et al.（2006）. Participatory sensing. *UCLA：Center for Embedded Network Sensing*. Retrieved from http://escholarship.org/uc/item/19h777qd.

Chihara，L.，& Hesterberg，T.（2011）. *Mathematical statistics with resampling and R*. Hoboken：Wiley.

Conway，D.（2014）. Data science through the lens of social science（Video lecture）. *20th ACM SIGKDD Conference on Knowledge Discovery and Data Mining（KDD），New York 2014*. Retrieved from http://videolectures.net/kdd2014_conway_social_science/.

Dempster，A. P.（1964）. On the difficulties inherent in Fisher's fiducial argument. *Journal of the American Statistical Association，59*（305），56-66.

Fisher，A.，Anderson，G. B.，Peng，R. D.，& Leek，J. T.（2014）. A randomized trial in a massive online open course shows people don't know what a statistically significant relationship looks like，but they can learn. *PerrJ，2*，e589. Retrieved from https://peerj.com/articles/589/.

Franklin，C.，Kader，G.，Mewborn，D.，Moreno，J.，Peck，R.，Perry，M.，et al.（2007）. *Guidelines for assessment and instruction in statistics education（GAISE）report：A pre-K-12 curriculum framework*. Alexandria：American Statistical Association.

Guo，P.，Kim，J.，& Rubin，R.（2014）. *How video production affects student engagement：An empirical study of MOOC videos. In Proceedings of the 1st ACM Conference on Learning @ Scale*. New York：ACM Digital Library.

Hogg，R. V.，& Craig，A. T.（1959）. *Introduction to mathematical statistics*. New York：The Macmillan Company.

Kahn，H.（1955）. *Use of different Monte Carlo sampling techniques*. Santa Monica：The Rand Corporation.

Lund，S.，Manyika，J.，Nyquist，S.，Mendonca，L.，& Ramaswamy，S.（2013，July）. Game changers：Five opportunities for US growth and renewal. Retrieved from https://www.mckinsey.com/featured-insights/americas/us-game-changers.

Mosteller，F.，& Wallace，D. L.（1964）. *Inference and disputed authorship：The federalist*. Reading：Addison Wesley.

Pierson，S.（2014）. Largest U.S. Master's programs in statistics and biostatistics. *ASA Community blog*. Retrieved from https://community.amstat.org/blogs/steve-pierson/2014/02/09/largest-graduate-programs-instatistics.

Pruim，R.（2011）. *Foundations and applications of statistics*. Providence：American Mathematical Society.

Rossman，A.，& Chance，B.（2003）. Notes from the Joint Statistics Meetings session entitled "Is the Math Stat course obsolete?". Retrieved from https://nhorton.people.amherst.edu/MathStatObsolete.pdf.

Tangmunarunkit，H.，Hsieh，C. K.，Longstaff，B.，Nolen，S.，Jenkins，J.，Ketcham，C.，et al.（2015）. Ohmage：A general and extensible end-to-end participatory sensing platform. *ACM Transactions on Intelligent Systems and Technology*，*6*（3）. Retrieved from https://doi.org/10.1145/2717318.

第14章 统计学教师的教育能力建构

若昂·佩德罗·达蓬特　珍妮弗·诺尔

本章重点介绍统计学教师的教育能力建构。首先，本章回顾了对统计学教师（小学、初中、高中和大学教师）专业发展的已有研究，概述了统计学教师的专业发展方法、统计教育工作者制定专业发展计划时面临的挑战，以及可供未来研究参考的经验和教训。其次，本章在概述统计学教师专业发展研究的挑战、研究知识库中的空白的基础上，对未来统计学教师专业发展研究方向进行展望。我们概述了统计学教师专业发展的未来愿景，重点是通过将实践、学科内容和技术紧密整合培养能力。

14.1 简介

本章的主要目标是展望统计学教师的教育能力建构。所谓能力建构，本章是指职前教师或在职教师以及教师教育者专业发展的概念方法，其目的是解决以改善统计教育为目标的统计学教师专业发展的质量和数量问题。为此，有必要对“统计学教师”进行广泛观察。许多从事统计教学的人是数学教师，有些是科学或计算机科学教师，他们在自己的学科背景下教授统计学。在小学，许多教师是通才，将统计作为数学课程的一部分进行教学。因此，我们的讨论包括了所有教授统计学的小学、初中、高中和大学教师。

尽管教师发展可能帮助教学实践发生积极变化（Franklin，2014），但也有过传统统计教师教育无效的情况（Ponte，2011）。统计学教师的专业发展是一个非常重要的问题，面临着许多挑战。我们在展望之前，首先要看看现有的统计学教师专业发展研究。这种专业发展的典型环境是什么？它以何种方式同时面向职前教师和在职教师？专业发展如何关注教师的学科内容知识、实践或两者的整合？技术在专业发展中的作用是什么？先前的专业发展研究说明该领域需要解决什么问题？教育工作者制定和实施专业发展时面临的挑战是什么？

本章分为六个部分。第一部分综合了现有文献描述的统计学教师专业发展的不同环境；第二个部分侧重于教师的统计学科内容知识，这在本手册第10章讨论过，但在此我们重点介绍关注教师统计学科内容知识的研究是如何促进专业发展变革的；第三部分将讨论技术在专业发展中的作用；第四部分侧重于教师的实践；第五部分将论述专业发展中学科内容、实践和技术的交叉；第六部分通过综合研究文献中出现的重要思想和挑战，为读者提供经验教训，并确定统计学教师的教育能力建构的未来研究方向。

14.2 统计学教师专业发展环境

文献中有许多不同的专业发展方法。专业发展可能是长期的或短期的，可能包括为职前教师或在职教师提供的强制性课程，或通过国家组织和拨款计划为职前教师和在职教师提供的选修课程或研讨会。专业发展可以是面对面的、在线的或混合形式，它可能侧重于统计内容、统计教学实践，或两者兼而有之。本节梳理了当前教师专业发展工作的主要特点。

本章回顾的大部分教师专业发展研究，关注的是教授统计学的数学教师，包括小学、初中和高中教师。大多数研究关注职前教师在大学必修课程中的专业发展（Batanero et al.，2014；Batanero，Godino，& Roa，2004；Browning，Goss，& Smith，2014；Canada，2006；Confrey，Makar，& Kazak，2004；Dolor & Noll，2015；Garfield & Everson，2009；Groth & Xu，2011；Heaton & Mickelson，2002；Leavy，2010；Lee & Hollebrands，2008a，2008b；Lee & Nickell，2014）。有时，这种对大学课程的关注还包括在职教师为继续教育而参加的课程（Confrey，Makar，& Kazak，2004；Groth & Xu，2011；Madden，2014；McClain，2008；Meletiou-Mavrotheris & Mavrotheris，2007；Meletiou-Mavrotheris，Paparistodemou，& Stylianou，2009；Serradó-Bayés，Meletiou-Mavrotheris，& Paparistodemou，2014）。

至于为什么更多的研究集中在职前教师的背景下，我们认为可能有两个原因。首先，职前教师是研究人员在大学环境中最容易接触到的群体。其次，更多的研究人员和教育工作者关心职前教师在进入课堂之前是否尽可能地做好准备。大多数专业发展工作是作为大学课程的一部分出现的（针对职前教师和/或在职教师），通常为期 10—15 周，每周约 3 小时的时长。然而，也有一些短期的专业发展研究，如 4 天（Madden，2011），以及一些长期研究，如 6 个月（Henriques & Ponte，2014）、1 年（Wassong & Biehler，2014）、2 年（Makar，2010）。

一些专业发展项目使用在线或混合方式（Garfield & Everson，2009；Meletiou-Mavrotheris & Mavrotheris，2007；Meletiou-Mavrotheris，Paparistodemou，& Stylianou，2009；Serradó-Bayés，Meletiou-Mavrotheris，& Paparistodemou，2014）。譬如，梅莱蒂乌-马夫罗瑟里斯和她的同事在与西班牙、塞浦路斯、希腊、挪威和爱尔兰教师的合作方面取得了成功，他们开发了 EarlyStatistics，这是一个在线专业发展项目。来自不同欧洲国家的教师形成了一个虚拟的实践社区（Lave & Wenger，1991），他们基于广泛的资源和讨论开发了自己的项目。他们发现，在线社区使教师能够通过国际合作分享面临的挑战以及应对这些挑战的新方法，这些合作对一系列环境中的教师都很有帮助。

在线或混合方式还有其他优点。譬如，在线平台有可能覆盖住在农村地区且无法定期上大学课程的在职教师。此外，教师在工作日越来越忙，还可能参与课外活动，因此，在线专业发展适合忙碌的教师，从而促进更多的教师参与其中。但是，这种方式仍然存在挑战。譬如，梅莱蒂乌-马夫罗瑟里斯等（Meletiou-Mavrotheris，Paparistodemou，& Stylianou，2009）和塞拉多-贝斯等（Serradó-Bayés，Meletiou-Mavrotheris，& Paparistodemou，2014）指出，文化或语言障碍或是国家或地区课程的明显差异，会导致对统计思想或策略的误解。此外，如梅莱蒂乌-马夫罗瑟里斯和塞拉多-贝斯所述，如果不能保持在线群聊的参与度，则在线形式会存在困难（Meletiou-Mavrotheris & Serradó-Bayés，2012）。在线课程设计的要素与新材料的引入方式、向学习者提供的体验类型、指导者与学习者之间以及学习者自身之间互动的性质和数量、课程的内容和结构有关。这里所描述的工作表明，通过使用技术接触更多教师，从而在统计学教师教育中实现能力的建构，是一个重要部分。

在大学层面，目前统计学教师的准备状况看起来很不一样。与小学、初中和高中教师的准备相比，那些将从事高等教育工作的教师没有强制性的准备。因此，很少有研究调查本科统计学课程教师（通常是研究生助教）的专业发展。文献中描述的少数专业发展方法来自于制定课程以帮助他们的研究生助教教授统计学入门课程的机构（参见 Froelich，Duckworth，& Stephenson，2005；Gelman，2005；Harkness & Rosenberg，2005）。这些专业发展课程历时一个学期（持续 15 周），每周只有 1 小时。它们有两个主要目的：为研究生助教提供成功和失败的教学案例，或是如何在课堂上表现得更加专业的例子（不一定特定于统计教学），并为教授统计学入门课程提供活动和课程材料，以及如何在课堂上实施活动的示例。譬如，弗勒利希等描述了一种学徒模式，即研究生在学徒期成为等级生和实验领导者（Froelich，Duckworth，& Stephenson，2005）。这些研究生助教与课程指导者密切合作，以确保一致性并更多地了解课程材料。在这些起始教学活动中表现良好的研究生将成为课程指导者。该机构通过提供家庭作业、答案、教学大纲和实验室任务来帮助这些助教，助教还会收到一份旧的考试和测验材料、演讲笔记和演示文稿，以编写他们的课程作业。

汤普森和约翰逊认为，通过这种学徒模式慢慢开始统计教学，对于更好地培养未来的本科统计学教师非常重要（Thompson & Johnson，2010）。然而，虽然这些针对研究生助教的统计学专题研讨会应该能帮助他们为教学做好准备并使他们在课堂上更加自在，但这未必能让他们了解目前关于本科生统计学习的研究，这些课程只是帮助研究生更容易地模仿其教员的统计教学。该领域的进一步研究将有助于提供关于研究生助教的实践以及随后对学生学习影响的实证证据。

14.3　通过发展教师的学科内容知识来建构能力的途径

本章主要是通过专业发展构建教师在统计学科内容知识方面的能力。绝大多数研究表明，最有效的专业发展课程专注学习环境的创造，并且是统计教育研究人员期望的学习环境（Canada，2006；Lee & Hollebrands，2011；Makar & Confrey，2005；Meletiou-Mavrotheris，Paparistodemou，& Stylianou，2009；Pfannkuch，2008；Pratt，Davies，& Connor，2011）。关于教师教育课程设计的建议包括以下几点：

1）以教师的经验和先前知识为基础（Henriques & Ponte，2014；Makar & Confrey，2005）；

2）让教师为学生制定课堂计划和问题（Lee & Nickell，2014；Pfannkuch & Ben-Zvi，2011）；

3）让教师检查学生的作业并给予反馈（Confrey，Makar，& Kazak，2004；Lee & Nickell，2014；Makar & Confrey，2005；Makar & Fielding-Wells，2011）；

4）将统计学的“大观念”纳入课程作业（Browning，Goss，& Smith，2014；Madden，2011；Makar & Confrey，2005；McClain，2008；Pfannkuch，2008；Pfannkuch & Ben-Zvi，2011）。

统计学中关于教师专业发展的主要研究将统计调查的概念置于课堂活动的中心（属于上述第四项建议）。特别是，《统计教育评估和教学指南》（GAISE）（pre-K-12 阶段报告：Franklin et al.，2005；大学报告：American Statistical Association，2016）这一富有影响力的文件，被来自许多国家的研究人员用以在专业发展环境中设计统计活动（Browning，Goss，& Smith，2014；Dolor & Noll，2015；Garfield & Everson，2009；Green & Blankenship，2013；Heaton & Mickelson，2002；Henriques & Ponte，2014；Lee & Hollebrands，2008b；Meletiou-Mavrotheris & Mavrotheris，2007；McClain，2008）。GAISE 强调统计调查的过程，表明统计思想的教学过程为：①形成研究问题；②收集有助于回答问题的数据；③分析收集到的数据；④解释结果。pre-K-12 阶段的 GAISE 还提出了一个包含三个发展水平的框架，概述了学生统计素养的发展，并强调了变异性的概念。

统计调查被视为统计人员活动的核心（可参见本手册第 1 章和第 4 章），对于为学生提供真实的活动感知至关重要。统计调查也是向学生介绍从小学到大学统计学课程中具体概念、表征、过程和程序的适当方式。有人认为，职前教师必须学习统计调查，以便在实践中使用（Heaton & Mickelson，2002；Makar & Fielding-Wells，2011），从而帮助儿童运用数据进行推理（Santos & Ponte，2014）。他们还需要在教学中渗透这种认识，即对通过调查解决的不同问题中的实质性知识的认识（Heaton & Mickelson，2002）。

注重通过统计调查发展学科内容知识的专业发展取得了一些成功。譬如，利维指出职前小学教师对数据探索重要性的认识发生了积极变化，他们更加关注分布思想，并且在比较数据时使用替代度量和表征的能力增强（Leavy，2006）。然而，在以统计调查为重点的专业发展环境中也出现了一些挑战。希顿和米克尔森指出，职前小学教师主要关注调查的技术组成部分，忽视了整个统计过程的设置（Heaton & Mickelson，2002）。桑托斯和达蓬特发现，他们案例研究中的小学教师似乎专注于一系列技术的应用，而不是整个统计过程（Santos & Ponte，2014）。利维也指出，许多未来小学教师专注于数据的概括特征而忽略了变异（Leavy，2006）。

pre-K-12 阶段的 GAISE（Franklin et al.，2005）强调了统计调查的完整概念的重要性，即从研究问题的提出到研究设计和数据收集。然而，一些研究人员试图在专业发展计划中简化部分统计调查过程，从而更有效地培养教师的专业内容知识。特别是，一些研究人员已经讨论过使用互联网上已有的数据简化数据收集过程。譬如，霍尔建议使用原始数据和二手数据简化问题制定和数据收集阶段（Hall，2011）。此外，巴塔内罗等在职前高中教师的研讨会上使用了联合国教科文组织的数据（Batanero et al.，2014）。

马卡尔与在职小学教师开展了一项关于统计调查教学的长期专业发展项目（Makar，2010），涉及 23 名小学教师，为期 2 年。虽然教师确实认为调查对学生具有积极意义，但是他们表现出许多其他关注点，如课程/时间压力、课堂管理问题、管理开放式问题以及统计过程的学科内容知识。

康弗里等有另一种将统计调查用于专业发展的方法（Confrey，Makar，& Kazak，2004）。在他们的工作中，他们调查了职前初、高中教师在专业发展课程中的学科内容知识，该课程侧重于关于公平和高风险测试的统计调查。他们要求教师检查学生在高风险测试中的成绩数据，并解释成绩与教育公平的关系。职前教师后测分数的提高，表明他们增强了对如何在真实背景下调查和应用统计量的理解。该研究也提到了上述四点教师专业发展建议中的三点——基于以往经验、回应学生工作，以及关注统计学的“大观念”。

梅茨也专注于统计调查（Metz，2010），在研究中使用了 pre-K-12 阶段的 GAISE（Franklin et al.，2005）以及美国大学数学科学理事会（College Board of Mathematical Sciences，CBMS）（Blair，Kirkman，& Maxwell，2013）为未来中小学教师开设的专业发展课程。然而，梅茨的工作与其他统计调查方法不同。梅茨希望未来教师能够将调查中的内容与他们教授的内容联系起来，要求教师将统计活动与 GAISE 统计素养水平（A、B 和 C）相对应，并考虑如何修改或调整活动以便在更低或更高的水平上开展。这种方法不同于其他以统计调查为重点的工作，因为它更明确地试图将调查与教学实践联系起来，并通过 GAISE 三个统计素养水平理解特定的统计调查。这项工作有望帮助职前教师根据 GAISE 的框架思考他们学生起始的统计素养水平，以及学生的统计素养可能进一步发展到什么水平。然而，梅茨专注于教师对课程的评价，这些评估通常是积极的，但至于教师是否增进了学科内容知识或提高了对于在不同发展水平实施 GAISE 理念的认识，几乎没有提供什么信息。

在专业发展中构建教师在学科内容知识方面的能力的另一种方法，是多洛尔和诺尔对现实数学教育（RME）和引导式再创造框架的融合应用（Dolor & Noll，2015）。他们结合 RME 理论，即数学应随着学生解决现实问题而自然地开展学习（参见 Gravemeijer，2004；本手册第 16 章），并将这种方法应用于与统计教师的合作。研究人员让职前高中教师和在职高中教师参加为期 10 周的专业发展课程，课程重点是统计调查和统计学的“大观念”。课堂活动围绕一个专注于再创造假设检验的“大观念”的教学序列而设计，其目的不是开发可以放在统计学入门教材中的假设检验，而是支持和激励教师重新发明对分类数据的非正式假设检验。该研究中的一些教师成功地重新开发了类似于卡方检验的非正式检验。

高校本科统计学课程教师的专业发展特别值得一提。在美国，社区学院、学院和大学的本科生统计学课程正在崛起（参见 CBMS 和本手册第 2 章）。随着更多课程需要基本的统计推理能力，以及统计知识技能在技术、数据驱动的全球经济中变得越来越重要，全世界的大学可能都是如此。那些教授这些课程的人包括第一次教授统计学的研究生助教以及兼职教工和全职教工，会对本科生在统计学中的学习产生深远影响。穆尔认为，在美国，未来的统计学者可能只对统计学感兴趣，因为他们需要在本科生涯参加统计学入门课程（Moore，2005）。如果他们在第一门课程中有良好的体验，他们可能因此将学习转向统计学。穆尔认为，如果这些学生享受他们的经历并喜欢数据分析，他们可能选择与统计或统计教育相关的职业。如果这些本科生没有知识渊博且经验丰富的统计学教师，那么这些是不太可能发生的。然而，很少有研究调查从事高等教育的统计学教师。像大多数中学数学教师一样，许多研究生在本科阶段获得的是数学学士学位，之前可能从未学过统计学课程。他们可能正在参加研究生统计学课程并且这是他们学习的第一门统计学课程，同时开始他们的第一次统计教学任务。他们可能缺乏学科内容知识或/和教学知识，无法为学习并教授这些本科课程做充分准备（参见 Moore，2005；本手册第 10 章）。在调查研究生助教的少数几项研究中，诺尔发现许多人没有抽样分布的基础知识（Noll，2011）。鉴于研究生助教未来会成为社区学院和大学的教师，我们必须通过更多研究了解他们的学科内容知识，并建立专业发展帮助他们发展学科内容知识。

总之，本章回顾的大部分专业发展研究侧重于以某种形式进行的统计调查，将其作为构建教师在统计学科内容知识方面的能力的一种方法。然而，这种方法在转向课堂实践时面临重大挑战。研究表明，许多教师关注调查的程序性特征，或者陷入了问题制定和数据收集阶段。虽然教师确实倾向于通过这些课程提升学科内容知识，但是，这种影响似乎不足以使他们在课堂上坚定地对统计调查进行建模。许多教师不了解统计学基本的“大观念”（Garfield & Ben-Zvi，2008）或缺乏对统计过程的强烈感知。因此，统计调查在课堂上到底发挥中心作用或者只起到边缘作用仍然是一个悬而未决的问题。统计调查具有广阔的前景，但是也面临公认的挑战。重视统计调查过程的完整性是一个重要目标，但在许多情况下由于外部限制而无法实现这一目标。

即使条件有利，仍然存在关于调查是否是教授所有统计过程和思想的最有效方式的问题。譬如，统计调查在教师教育计划（以及课堂）中需要花费大量时间来实施，因此，只有有限的时间用来制定重要研究问题、设计适当数据收集方法、学习强大的数据分析方法，以及解释结果。譬如，在多洛尔和诺尔关于重新开发假设检验的统计“大观念”的研究中，他们花了相当多时间让教师重新发明一种假设检验类型，并且没有证据表明教师可以将这些想法转化为其他假设检验或对统计推断过程有更深入的了解（Dolor & Noll，2015）。在某些时候，学界需要解决专业发展中时间限制的问题，以及从专业发展的统计调查研究中学到的内容是否可以更快、更深入地发展，或者扩大规模，以应对统计学教师需要更好了解的大量统计思想。

14.4 通过发展教师的学科内容知识和技术知识来建构能力的途径

如今，很难想象在统计实践中不使用技术。除了制作最简单的图形和表征外，所有使用真实统计数据的工作都以技术为前提（Ben-Zvi，2000；Biehler et al.，2013；Chance et al.，2007）。统计学者、统计教育工作者（如 Gould，2010；Lee & Hollebrands，2008a，2008b；Madden，2011），以及国家组织（如 National Council of Teachers of Mathematics，2000；American Statistical Association，2016；Franklin et al.，2005）都认为技术可以而且应该用于中学生、大学生的统计教学和学习。然而，许多统计学教师在统计课堂的教育技术设计方面的经验可能有限。即使是那些有使用统计软件包经验的教师也可能只以最基本的方式使用技术，如更快地进行计算，而不是以更灵活的方式使用技术，如学习如何通过拖放屏幕上的属性构建不同的数据可视化表征。

TinkerPlots（Konold & Miller，2011）或 Fathom（Finzer，2012）等动态技术在中学和大学不是常见的软件包，然而，这些技术对于支持学生关键统计思想的发展非常重要（如 Biehler et al.，2013；Lee & Hollebrands，2008a，2008b；Lee & Nickell，2014；Lee et al.，2014；Madden，2011）。研究表明教师可能教他们所知道的和感到得心应手的内容（如 Lee & Hollebrands，2011，2008a，2008b；Pratt，Davies，& Connor，2011），因此，为了建构统计学教师的教育能力，我们需要了解整合技术的专业发展如何影响教师在课堂上的表现，本节将研究这些问题。

许多专业发展研究集中在教师的统计学科内容知识上。然而，有一小部分研究考察了将技术整合到专业发展课程中的影响。马登认为 TinkerPlots 可用于比较数据分布的变异性，为教师创造“技术激励性任务”，即为教师创造认识论障碍或智力冲突的任务，从而帮助他们发展新的统计思想（Madden，2011）。马登提供的任务示例似乎有助于职前中学教师和在职中学教师发展整合技术的统计教学知识（Madden，2014）（参见本手册第 10 章），他致力于对环境进行有意的安排，通过从物理环境转移到计算机环境以及技术激励性任务，创造一个让教师在经历认知冲突的同时又感到自己能够轻松应对智力挑战的环境。

在另一项重点关注变异性的统计“大观念”的研究中，布朗宁等在使用了 TinkerPlots 并努力遵循 GAISE 建议（Franklin et al.，2005）的课程中调查了职前小学教师（Browning，Goss，& Smith，2014）。作者认为，技术为职前教师提供了“适当参与变异性度量的概念路径”（p.1），使教师更好地支持学生在课堂上发展变异性概念。

麦克莱恩在将整合计算机工具视为一个关键组成部分的前提下，开发了一个教学序列，更加连贯地将初中统计学课程结合在一起（McClain，2008）。初中教师有可以操纵、整理、划分和组织数据的计算机工具。任务开始于评估教师对不同类型图表以及如何通过图形显示进行论证的理解。随着序列的推进，任务会体现出来自参与者的更多细微差别。一些任务需要比较两个数据分布，目的是创建可能将均值比较问题化的分布。教师的谈话从关注集中趋势度量的程序转向基于数据的对话和对背景的考虑。麦克莱恩认为，这种干预措施可以改善初中教师对重要思想的统计理解，并建立一个支持学生发展重要统计思想的教学安排。

梅莱蒂乌-马夫罗瑟里斯等研究了支持塞浦路斯的小学在职教师在课堂上实施技术的方法（Meletiou-Mavrotheris，Paparistodemou，& Stylianou，2009）。他们发现，阻碍教师实施技术的因素是缺乏将技术融入教学过程和课程的具体指导、缺乏对使用何种软件的建议，以及缺乏计算机或合适的软件。研究人员设计了一门专业发展课程，将 TinkerPlots 与核心课程思想和使用儿童熟悉的背景的以数据为中心的活动结合起来。他们的工作旨在帮助教师利用技术对这些以数据为中心的活动进行建模和调查，提升他们在课堂上开展类似工作的能力。这些活动包括让教师在使用和不使用 TinkerPlots 时解决的任务，譬如，给教师一个表示不同欧洲国家男女预期寿命的数据图表，要求他们先在没有技术的情况下比较预期寿命，然后用 TinkerPlots 进行比较。研究人员观察到，如果不借助技术，教师主要关注解决问题的数字策略。当针对同样的问题使用 TinkerPlots 时，教师对数据的比较就超出了要求的范围，并考虑使用多种方式查看数据。使用技术有助于教师以新的更强大的方式看待问题，这也符合麦克莱恩的发现（McClain，2008）。梅莱蒂乌-马夫罗瑟里斯等还观察到教师个人喜欢使用技术，因为他们认为这让他们有机会将当前数据带入他们的课堂（如将互联网数据导入 TinkerPlots），而不是使用教科书中已有的过时数据（Meletiou-Mavrotheris，Paparistodemou，& Stylianou，2009）。

李和霍利布兰兹指出，“技术是否会促进或阻碍学生的学习取决于教师使用技术工具时的决策，这种决策通常基于教师在教师教育课程中获得的知识”（Lee & Hollebrands，2008b，p.326）。他们的研究侧重于以综合方式使用模拟、动态技术和数据分析。这些材料旨在支持教师发展重要统计思想，并帮助理解统计和技术作为一种工具，是如何回答无法做出确定性陈述的与数据相关的问题的。同样，李和尼克尔的研究主要集中在初中和高中职前教师，并受到以下研究问题的推动：“教师如何使用动态软件工具理解统计思想，以及他们的工作如何为未来课堂上统计教学的教学决策做好准备？”（Lee & Nickell，2014，p.1）。他们研究得出的一个重要发现是，在这样一个强调使用动态技术进行统计教学的课程之后，教师可能还没有准备好在他们的教学中使用技术的动态方面。他们指出，许多教师使用技术进行自动化计算和创建图表，但是往往会生成他们已经熟悉的图表，并不总是尝试使用技术中可用的其他丰富的数据表征，这也使他们难以获取有关数据的新信息。

李等研究了职前和在职的小学、初中和高中教师，并发现了类似的结果（Lee et al.，2014）。他们观察到，研究中的许多教师似乎已经将他们的工作常规化，并认为这“可能表明他们的统计知识和整合技术的统计知识的发展并没有超越将工具视为自动创建图表和计算以及从事基本类型的数据分析活动的方式”（p.19）。这些发现与之前的研究结果相反（Madden，2014；McClain，2008；Meletiou-Mavrotheris，Paparistodemou，& Stylianou，2009）。

瓦松和比勒尔在德国为经验丰富的中学数学教师开展了为期一年的专业发展课程，这些教师也负责指导本国的其他教师（Wassong & Biehler，2014）。课程前 4 个月的重点是让教师研究统计学的“大观念”（正如其他关注学科内容的专业发展的学者所做的那样），同时将技术整合到这些研究中。瓦松和比勒尔发现，教师在技术方面的经验很少。软件似乎有助于他们学习统计概念以及解释统计思想。波德沃尔尼和比勒尔也在专业发展课程中进行了研究，该课程针对学习学位课程中基础统计学课程的未来初中教师（Podworny & Biehler，2014）。他们使用了 TinkerPlots 进行统计调查，研究重点是模拟和假设检验。他们发现大约一半职前教师喜欢在用 TinkerPlots 时使用模拟方案，帮助他们回顾性地记录在模拟过程中所做的事情。但是，大多数职前教师不希望使用模拟方案规划他们的假设检验方法。

普拉特等提出了教师在教学中整合技术面临的三个主要挑战：①教师对技术缺乏舒适感或了解；②技术在教师、学校和评估层面的优先级不足；③教师不能在课堂上很好地实施技术（Pratt，Davies，& Connor，2011）。本节总结的许多专业发展研究针对的是第一个挑战，它提供了如何能增加教师关于使用数字技术进行统计实践的知识的例子。一些研究指出了教师通过技术学习新统计思想的积极成果（Browning，Goss，& Smith，2014；Madden，2011，2014；McClain，2008；Meletiou-Mavrotheris，Paparistodemou，& Stylianou，2009）。然而，一些研究也指出，完成专业发展课程后，教师仍然倾向于以常规方式（即他们习惯和认为舒适的方式），而不是可能更适合手头数据的替代方法使用技术（Lee & Nickell，2014；Lee et al.，2014）。因此，统计教育界仍需要应对如何提高教师对动态统计软件包的认识的问题。此外，瓦松和比勒尔质疑，我们到底可以期望教师学习多少技术以及在何种程度上深入学习（Wassong & Biehler，2014）？这是一个统计教育界需要解决的相关问题，特别是考虑到在大多数专业发展课程中缺乏足够的时间。

普拉特等提出的另外两个挑战，即技术的优先级和教师技术实施的不力，很少受到研究的关注（Pratt，Davies，& Connor，2011）。统计学教师专业发展中需要进一步研究，重点关注技术在教师、学校和评估材料中的优先级，以及关注教师在实际教学中如何将技术纳入统计学课程。瓦松和比勒尔提出了一个与实施不良有关的问题：当数字形式的符号表征与教科书中的表示形式不同时，教师可能困惑于自己的学科内容知识以及如何在课堂内有效地解决这些问题（Wassong & Biehler，2014）。技术实施不力之所以不是研究的重点，一部分原因在于，研究过多关注职前教师的学科内容知识，并且错过了将学科内容（以及使用技术学习的内容）与教学实践相结合的机会。我们需要更多的研究来整合所有三个组成部分——学科内容、技术和实践——以帮助教师将使用软件的统计调查带入自己的课堂。学校能否有效实施技术取决于教师对技术在统计学中的作用的看法，统计教育界需要开展研究，重点关注如何建立教师信念和开展教师实践，花更多时间检查教师在课堂上使用统计软件包的工作，尤其需要设计在专业发展前后检查教师实践的研究（如 Kelly，Lesh，& Baek，2008）。学校有限的资源也可能限制了教师将技术应用于统计学课程的能力，统计教育界需要设法更广泛地获得统计调查的重要技术。

14.5　通过同时发展教师的实践知识和学科内容知识来构建能力的途径

本节侧重于强调将实践知识与学科内容知识相整合的专业发展研究。关注学科内容知识的专业发展项目往往有统计调查或统计“大观念”这个统一的主题，在我们的回顾中，关注实践的专业发展项目也有一个共同的主题，即教师作为研究人员，在自己的课堂上进行调查（或行动研究）（Mertler，2016）。研究者认为，专业发展在教师课堂教学的背景下会更有效（Meletiou-Mavrotheris & Serradó-Bayés，2012；Ponte，2011）。

课例研究是所回顾的几项专业发展研究项目所具有的一个关键特征，也是要求教师对课堂教学进行结构化调查的一种方式（Garfield，delMas，& Chance，2005，2007；Roback et al.，2006）。课例研究大致涉及三个主要步骤：①确定教师共同感兴趣的主题，并围绕主题策划课例；②观察小组中一位教师所教授的课例；③反思并持续跟进课例的修改（Murata，2011）。课例计划不仅要考虑可用的课程和资源，还要涉及当前关于学生学习该主题的研究。观察的重点是，学生如何解决所提出的任务。反思包括所有教师分析课堂上发生的事情，重点关注学生正在做什么和经历什么。进一步分析可能导致课堂的重新组织，改变策略、材料、任务或对学生提出的问题。这种教学周期可能重复多次（Murata，2011）。

加菲尔德等的研究在大学进行，研究对象包括两名经验丰富的教职工、一名教师和四名研究生助教（Garfield，delMas，& Chance，2005，2007）。在罗巴克等的研究中，课例研究被用于高级统计学课程，这类课程会涉及在良好测试背景下的抽样分布概念（Roback et al.，2006）。两组研究人员都认为，由于多视角的原因，课例研究对于更好地理解学生的思考和学习、促进学生之间更好地协作（大小组设置）、促进教师之间更好地协作以及改进课堂教学都非常有用。

利维将课例研究作为未来小学教师专业发展课程的一部分（Leavy，2010）。课例研究被视为教师学习学科内容的一种方式，通过规划课例和在课堂上与学生一起实施这些课例来为实践提供信息。利维的结论是，参与者在非正式统计推论性推理（属于学科内容知识）方面比较熟悉，但是在开发教学环境以促进小学生的这种推理方面存在困难（Leavy，2010）。总体而言，课例研究被认为是一种有用的课堂探究形式，而且对课例作为分析单元的重视促进了参与者统计知识和教学知识的发展。

课例研究的一个好处是它为教师提供了一种协作经验，并且侧重教授某个特定主题。参与者有机会观察课堂并与其他统计学教师合作，教师教育的指导者能够反思课堂效果。虽然教师的这种协作在日本很常见，但在一些国家并不普遍。课例研究面临的一个主要挑战是，它无论作为教学还是作为教师教育的方法，都非常耗时（Garfield，delMas，& Chance，2005，2007）。

与课例研究具有相似特征的方法是由苏扎、洛佩斯和普凡库赫开发的教师专业发展周期（Teacher Professional Development Cycle，TPDC）模型（Souza，Lopes，& Pfannkuch，2015）。这个模型建立在达蓬特的工作基础之上（Ponte，2011），致力于开发能提高教师专门的学科内容知识、学科教学知识和专业知识的专业发展。苏扎等创建的模型包含五个阶段：定位阶段、探索阶段、应用阶段、分析阶段和反思阶段（Souza，Lopes，& Pfannkuch，2015）。与课例研究一样，定位阶段的重点是教师在实践中识别他们想要探寻的问题。在探索阶段，教师调查相关研究并围绕已发现的问题设计课例，还要考虑如何收集课堂数据从而进行反思。在分析和反思阶段，教师使用形成性评估，进行自我评估并分析学生的思维。与课例研究一样，这项工作是协作的，因为教师在整个周期中合作，并获得作为合作伙伴的指导者的支持。研究人员对中学教师实施了他们的模型，并报告了对两位教师的案例研究。他们认为这些教师提升了统计知识水平并改变了统计教学方法。此外，他们提升了课堂设计以及与其他教师合作的能力。

达蓬特的全国中小学在职教师专业发展计划是基于实践的，以帮助教师使用 2007 年在葡萄牙引入的基础教育新课程进行教学（Ponte，2012），新课程的一个重要主题是数据处理。专业发展计划由 25 小时的集中讨论和另外 25 小时的独立工作组成，该计划有五个主要主题：①通过让教师熟悉新课程来导向实践；②通过创建并实施符合新课程目标的课程计划来关注学生学习；③合作；④通过在教师的课堂中收集行动研究数据进行实践者研究；⑤通过合作、讨论和对课堂的反思来改变专业文化。总的来说，这种专业发展是建立在教师自己的实践基础之上的，因为他们在课堂上上课，从课堂收集数据，并分析这些数据。研究人员希望这一计划能支持教师用新课程教授统计学，从而在工作上能有成效。教师对他们创建的活动感到自豪，并且会给新课程更多支持。

还有一些研究试图通过视频案例分析将实践和学科内容知识整合到职前和在职统计学教师教育中（Groth & Xu，2011；Lee & Hollebrands，2008a，2008b）。譬如，格罗思和徐阐述了两种情况，一种是美国未来中学数学教师进行的案例讨论，另一种是中国在职初中教师的教学研究活动。在案例分析中，教育工作者可以将教师的（假设的或真实的）课程计划、课堂活动、学生工作和教师反思作为专业发展工作的基础（如果可以的话，还有课堂活动或学生解决问题的视频）（Groth & Xu，2011）。格罗思和徐指出，在这种专业发展环境中进行的讨论有助于提高教师的学科内容知识，因为他们会在课堂活动、学生工作的案例，以及教师自己的反思/笔记中思考统计学相关知识（Groth & Xu，2011）。由于他们反思并讨论课堂上的学生工作和教师决策，这种类型的专业发展环境还可以提高教师针对具体学科内容的教学知识和一般教学知识。

14.6　通过发展教师的实践知识、学科内容知识和技术知识来建构能力的途径

相对较少的研究试图将教师的实践知识、学科内容知识和整合技术的学科内容知识全部整合到专业发展课程中。亨里克斯和达蓬特提出，除了关注用于统计教学的专门的学科内容知识，这种专业发展还必须整合针对统计学入门课堂提出的其他建议，如使用探索性数据分析和新的数字技术（Henriques & Ponte，2014）。他们建议，除了具备强大的统计学科内容知识，深入理解学生如何发展统计思想以及能够以富有成效的方式使用技术工具支持学生的统计发展，统计学教师还需要掌握有关统计学的有效的信念和概念。

亨里克斯和达蓬特基于社会学习理论研究了专业发展实践，关注教师参与者在 6 个月内的经验发展。教师教育工作者关注三个主要目标：①建立对统计推理重要性的认识；②提出关于在统计学入门课程中纳入哪些内容的建议；③根据课程内容的建议，找到发展其中的统计思想的方法，设计和开展使用 TinkerPlots 的课程并选择支持学生学习的教学活动。通过这种方式，专业发展侧重于与通过考察教师实践来建立知识的活动相关的教师知识发展。亨里克斯和达蓬特认为，这种专业发展是支持教师的有效方式，可以使他们更好地了解统计教学，并帮助教师将课堂与当前的课程标准保持一致（Henriques & Ponte，2014，p.5）。

梅莱蒂乌-马夫罗瑟里斯和她的同事开发了一门专业发展课程（EarlyStatistics 课程），该课程也将实践和学科内容与技术相结合（Meletiou-Mavrotheris，Mavrotheris，& Paparistodemou，2011；Meletiou-Mavrotheris & Serradó-Bayés，2012）。该课程围绕统计问题的解决过程进行，旨在让教师参与反思并讨论该过程的不同阶段以及相关的专门的学科内容知识。他们认为，EarlyStatistics 课程“旨在通过让教师接触基于网络的教育工具和资源，以及进行经验和思想的跨文化交流，帮助教师提升他们的统计学教学和学科内容知识”（Meletiou-Mavrotheris，Mavrotheris，& Paparistodemou，2011，p.3）。该课程为期 13 周，包括七个模块。前 6—7 周专注于使用 TinkerPlots 进行统计调查，后面的时间侧重于课堂实施问题，教师会在指导者的帮助下调整、开发并在实践中使用所提供的

材料。该课程还使用视频案例分析讨论内容和实践问题。课程结束时，教师报告他们的经历，进行集体讨论并反思。

李和霍利布兰兹通过对课堂上使用 TinkerPlots 进行统计调查的学生的视频案例分析，在专业发展中整合了实践、学科内容和技术（Lee & Hollebrands，2008a，2008b）。其中，教师必须关注学生的工作，目的在于，围绕使用 TinkerPlots 的学生工作的教师讨论将支持他们开发统计学科内容知识、统计学科教学知识和整合技术的统计学科教学知识。

另一种将实践、学科内容和技术联系起来的方法来自库茨勒和比勒尔的研究，他们旨在帮助 12 名经验丰富的数学教师成为教师教育者（Kuzle & Biehler，2015）。这些教师参加了连续 5 个月的专业发展课程，其主要特点是开展并实施持续一个下午的短期专业发展活动。该课程的目的是利用数字工具进一步提升参与者关于统计教学的专业知识，并发展他们设计和实施自己的统计专业发展课程的知识和能力。该课程包括三方面的知识：①统计教学的知识；②设计有效专业发展活动的知识；③关于用数字工具教授统计学的教师专业知识模型的知识。

本节描述的专业发展研究侧重于实践知识、学科内容知识和整合技术的学科内容知识，并在支持教师改善他们的课堂实践方面取得了很大成功。实践知识、学科内容知识和整合技术的学科内容知识是在统计学教师教育中构建能力的关键领域，因此，能够实施这三个关键方面的专业发展将会特别重要。

14.7 展望未来

统计学教师的专业发展是统计教育界需要考虑的一项重要工作，教师的学科内容知识以及他们在课堂上所做的事情会影响学生的学习。本章，我们综合了统计教育界对专业发展问题的处理。特别是，我们对文献的回顾表明，更多研究集中在职前教师的学科内容知识上（参见本手册第 10 章）。我们在这些研究中发现的优点包括，将研究建立在《统计教育评估和教学指南》等国家指南的基础上、对统计调查或统计学“大观念”的重点关注，以及对 Fathom 或 TinkerPlots 等动态教育软件的使用。这些研究揭示的一些挑战包括，相比一般大学课程，教师专业发展需要更多的时间切实改善学科内容知识和统计软件包知识（这超出了提高程序性知识的范围）。未来的研究需要关注如何更有效地提升统计学科内容知识和统计软件包的知识。

有关在职教师的实践和学科内容知识的研究虽然不那么突出，但在文献中仍然普遍出现。大部分研究也是在大学课程中进行的，让教师先开始进行统计调查，把关注点放在学科内容知识上，然后课程开始关注如何将统计调查纳入教师自己的课堂。教师可以独立工作，也可以与其他教师一起工作，制定课程计划、在课堂上尝试课程、反思课程、与同伴和教育工作者讨论成果，有时在修改原始课程后再进行一轮课程。这些专业发展课程倾向于通过整合课程开始时获得的统计学科内容知识和教师作为研究人员在课堂上实施统计调查的实践，从而同时关注学科内容和实践。重点不是在课堂上从理论角度看待教师的工作，而是在教学实践中转向专业发展，即利用教师可能在课堂上实施的活动、激发围绕学生的讨论、关注以学生为中心的课堂活动，以及在某些情况下，通过基于课堂的行动研究将专业发展置于教学实践中。

一些研究综合了统计调查、统计软件技术和实践（如 Henriques & Ponte，2014；Lee & Hollebrands，2008a，2008b；Meletiou-Mavrotheris，Mavrotheris，& Paparistodemou，2011；Meletiou-Mavrotheris & Serradó-Bayés，2012）。李和霍利布兰兹使用的视频案例分析是将实践纳入职前教师专业发展的新方法（Lee & Hollebrands，2008a，2008b），我们需要看到更多这方面的工作。一般而言，任何在统计调查期间关注学生思维并让教师检查学生学习的工作都有可能发展教师的学科内容知识，并帮助教师做好应对学生活动的准备。需要对整合了三个方面（学科内容知识、技术知识和实践知识）的统计学教师专业发展进行更多研究。如果我们希望教师能够胜任教授统计调查、统计学的“大观念”以及恰当地使用统计软件，那么我们就必须让他们在专业发展中参与这些工作。在实践方面也是如此：如果不能自觉地关注他们的实践，特别是学生在课堂上的活动，就不能指望教师使用技术成功地在课堂上实施强有力的统计调查。如果我们想要培养能够批判性地检查并反思课堂对学生学习影响的教师，将实践纳入专业发展是关键。此外，统计教育工作者需要进一步研究国家和州课程对教师课堂工作的影响，并试图找到方法，以便在课堂上将统计调查活动、技术知识和实践知识纳入规定的课程。

鉴于在统计学教师教育中建构能力所面临的挑战，我们还需要考虑在我们回顾的研究中尚不普遍或不存在的专业发展的替代方法。如果我们要为未来统计学教师做好最充分的准备，那么职前教师专业发展不能仅限于学科内容知识和整合技术的学科内容知识，我们还建议统计教师教育者与学校建立合作关系，以便他们的职前教师有更多的机会：在实际课堂中花时间观察学生的统计调查工作，反思学生在课堂上的工作，并在第一次教学任务前积累设计并实施教学的初步经验。协作教学或辅导可能是将实践纳入未来统计学教师教育的方法，譬如，探索职前教师和在职教师一起工作的协作教学研究，如同在卡克勒和伍德描述的课例研究的创新方法中那样（Cajkler & Wood，2016a，2016b）。虽然这种类型的指导发生在教师作为学生的教学活动中，但它似乎没有得到很好的研究，并且似乎并不总是与特定内容的课程相结合。我们需要职前教师充当学徒、在职教师充当导师的学科内容课程。如果职前教师和在职教师有机会一起探索统计调查，然后探索将这些调查纳入课堂的方法，那么这种经验实际上是一种相互支持的关系。共同准备课程、制定课程、反思课堂以及评级和评估学生工作的行为为讨论学科内容、学生的统计推理和实践提供了机会。

虽然本科教学的质量并非始终是高校的首要任务，但是，我们现在处于要求高校对教学质量负责的时期。统计教育工作者需要做更多的事情来与统计学者合作，以推动改善大学统计学入门课程的教与学。我们需要研究研究生、兼职教师和教授，以便更好地理解与这些群体的学科内容知识和实践相关的问题。在美国的社区学院，我们发现具有数学硕士学位的统计学入门课程教师从未在其课程中学习过任何统计学知识。因此，统计教育界必须努力与这些不同背景的社区和教师打交道。中小学专业发展模式包含可应用于高等教育统计学教师专业发展的方面，使用课例研究、合作教学、指导或视频案例研究的专业发展是可以与高等教育统计学教师共享的模型。目前很少有研究调查高等教育统计学教师的实践，一些教育工作者非正式地分享了他们为了让研究生为统计学入门课程教学做好准备所做的努力。譬如，加菲尔德和埃弗森以《统计教育评估和教学指南》为指导，描述了统计学教师的专业发展课程（Garfield & Everson，2009）。该课程不仅为研究生助教服务，还为那些将教授高中统计学的人服务。他们的研究重点是统计学入门课程教学中的具体问题，旨在通过了解学生的误解和对学生统计发展的研究，构建职前教师必备的学科内容知识以及具体的学科教学知识。然而，社区学院和大学的教师在专业发展文献中完全缺失。如果没有与统计学者的合作，这个群体可能因为没有强制性的专业发展而继续被遗忘。因此，统计学者和统计教育工作者需要制定本科统计学课程教学实践指南。

参考文献

American Statistical Association.（2016）. *Guidelines for assessment and instruction in statistics education（GAISE）: College report*. Alexandria：American Statistical Association.

Batanero，C.，Gea，M. M.，Díaz，C.，& Cañadas，G. R.（2014）. Building high school prospective teachers' knowledge to teach correlation and regression. In K. Makar，B. de Sousa，& R. Gould（Eds.），*Sustainability in statistics education. Proceedings of the 9th International Conference on Teaching Statistics，Flagstaff，AZ，USA*. Voorburg：International Statistical Institute.

Batanero，C.，Godino，J. D.，& Roa，R.（2004）. Training teachers to teach probability. *Journal of Statistics Education，12*（1）. Retrieved from https://doi.org/10.1080/10691898.2004.11910715.

Ben-Zvi，D.（2000）. Toward understanding the role of technological tools in statistical learning. *Mathematical Thinking and Learning，2*（1&2），127-155.

Biehler，R.，Ben-Zvi，D.，Bakker，A.，& Makar，K.（2013）. Technology for enhancing statistical reasoning at the school level. In M. A. Clements，A. Bishop，C. Keitel，J. Kilpatrick，& F. Leung（Eds.），*Third international handbook of mathematics education*（pp.643-690）. New York：Springer.

Blair，R.，Kirkman，E. E.，& Maxwell，J. W.（2013）. *Statistical abstract of undergraduate programs in the mathematical sciences in the United States（Fall 2010 conference board of mathematical sciences survey）*. American Mathematical Society. Retrieved from https://www.ams.org/profession/data/cbms-survey/cbms2010-Report.pdf.

Browning, C., Goss, J., & Smith, D.（2014）. Statistical knowledge for teaching: Elementary preservice teachers. In K. Makar, B. de Sousa, & R. Gould（Eds.）, *Sustainability in statistics education. Proceedings of the 9th International Conference on Teaching Statistics, Flagstaff, AZ, USA*. Voorburg: International Statistical Institute.

Cajkler, W., & Wood, P.（2016a）. Lesson study and pedagogic literacy in initial teacher education: Challenging reductive models. *British Journal of Educational Studies, 64*（4）, 503-521.

Cajkler, W., & Wood, P.（2016b）. Adapting "lesson study" to investigate classroom pedagogy in initial teacher education: What student-teachers think. *Cambridge Journal of Education, 46*（1）, 1-18.

Canada, D.（2006）. Elementary prospective teachers' conceptions of variation in a probability context. *Statistics Education Research Journal, 5*（1）, 36-64.

Chance, B., Ben-Zvi, D., Garfield, J., & Medina, E.（2007）. The role of technology in improving student learning of statistics. *Technology Innovations in Statistics Education, 1*（1）. Retrieved from http://escholarship.org/uc/item/8sd2t4rr.

Confrey, J., Makar, K., & Kazak, S.（2004）. Undertaking data analysis of student outcomes as professional development. *International Journal of Mathematics Education, 36*（1）, 32-40.

Dolor, J., & Noll, J.（2015）. Using guided reinvention to develop teachers' understanding of hypothesis testing concepts. *Statistics Education Research Journal, 14*（1）, 60-89.

Finzer, W.（2012）. *Fathom Dynamic Data Software（Version 2.13）（Computer software）*. Emeryville: Key Curriculum Press and KCP Technologies.

Franklin, C.（2014）. The statistical education of teachers（SET）: An American Statistical Association policy document. In K. Makar, B. de Sousa, & R. Gould（Eds.）, *Sustainability in statistics education. Proceedings of the 9th International Conference on Teaching Statistics, Flagstaff, AZ, USA*. Voorburg: International Statistical Institute.

Franklin, C., Kader, G., Mewborn, D., Moreno, J., Peck, R., Perry, M., et al.（2005）. *Guidelines for assessment and instruction in statistics education（GAISE）report: A pre-K-12 curriculum framework*. Alexandria: American Statistical Association.

Froelich, A. G., Duckworth, W. M., & Stephenson, W. R.（2005）. Training statistics teachers at Iowa State University. *The American Statistician, 59*（12）, 8-10.

Garfield, J., & Ben-Zvi, D.（2008）. *Developing students' statistical reasoning: Connecting research and teaching practice*. New York: Springer.

Garfield, J., delMas, R., & Chance, B.（2005）. The impact of Japanese lesson study on teachers of statistics. *Joint Statistical Meetings, Minneapolis, MN.*

Garfield, J., delMas, R., & Chance, B.（2007）. Using students' informal notions of variability to develop an understanding of formal measures of variability. In M. Lovett & P. Shah（Eds.）, *Thinking with data*（pp.117-147）. New York: Lawrence Erlbaum.

Garfield, J., & Everson, M.（2009）. Preparing teachers of statistics: A graduate course for future teachers. *Journal of Statistics Education, 17*（2）. Retrieved from https://doi.org/10.1080/10691898.2009.1188 9516.

Gelman，A.（2005）. A course on teaching statistics at the university level. *The American Statistician，59*（1），4-7.

Gould，R.（2010）. Statistics and the modern students. *International Statistical Review，78*（2），297-315.

Gravemeijer，K.（2004）. Creating opportunities for students to reinvent mathematics. *Proceedings of the 10th International Congress in Mathematics Education*（pp.4-11）. Retrieved from https://www.mendeley.com/catalogue/e495f5f6-e3f5-3cfe-b832-c28a756538f8/.

Groth，R. E.，& Xu，S.（2011）. Preparing teachers through case analyses. In C. Batanero，G. Burrill，& C. Reading（Eds.），*Teaching statistics in school mathematics：Challenges for teaching and teacher education（a Joint ICMI/IASE Study）*（pp.371-381）. New York：Springer.

Green，J. L.，& Blankenship，E. E.（2013）. Primarily statistics：Developing an introductory statistics course for pre-service elementary teachers. *Journal of Statistics Education，21*（3）. Retrieved from https://doi.org/10.1080/10691898.2013.11889683.

Hall，J.（2011）. Engaging teachers and students with real data：Benefits and challenges. In C. Batanero，G. Burrill，& C. Reading（Eds.），*Teaching statistics in school mathematics：Challenges for teaching and teacher education（a Joint ICMI/IASE Study）*（pp.335-346）. New York：Springer.

Harkness，W.，& Rosenberg，J.（2005）. Training graduate students at Penn State University to teach statistics. *The American Statistician，59*（12），11-14.

Heaton，R. M.，& Mickelson，W. T.（2002）. The learning and teaching of statistical investigation in teaching and teacher education. *Journal of Mathematics Teacher Education，5*（1），35-59.

Henriques，A.，& Ponte，J. P.（2014）. Preparing teachers to teach statistics：Developing professional knowledge and practice. In K. Makar，B. de Sousa，& R. Gould（Eds.），*Sustainability in statistics education. Proceedings of the 9th International Conference on Teaching Statistics，Flagstaff，AZ，USA*. Voorburg：International Statistical Institute.

Kelly，A. E.，Lesh，R. A.，& Baek，J. Y.（Eds.）.（2008）. *Handbook of design research methods in mathematics education：Innovations in science，technology，engineering，and mathematics learning and teaching*. New York：Routledge.

Konold，C.，& Miller，C. D.（2011）. *TinkerPlots：Dynamic data exploration（Version 2.2）（Computer software）*. Emeryville：Key Curriculum Press.

Kuzle，A.，& Biehler，R.（2015）. Examining mathematics mentor teachers' practices in professional development courses on teaching data analysis：Implications for mentor teachers' programs. *ZDM，47*（1），39-51.

Lave，J.，& Wenger，E.（1991）. *Situated learning：Legitimate peripheral participation*. Cambridge：Cambridge University Press.

Leavy，A.（2006）. Using data comparison to support a focus on distribution：Examining preservice teachers' understandings of distribution when engaged in statistical inquiry. *Statistics Education Research Journal，5*（2），89-114.

Leavy，A.（2010）. The challenge of preparing preservice teachers to teach informal inferential reasoning.

Statistics Education Research Journal，*9*（1），46-67.

Lee，H. S.，& Hollebrands，K. F.（2008a）. Preparing to teach data analysis and probability with technology. In C. Batanero，G. Burrill，C. Reading，& A. Rossman（Eds.），*Joint ICMI/IASE Study：Teaching statistics in school mathematics. Challenges for teaching and teacher education. Proceedings of the ICMI Study 18 and 2008 IASE Round Table Conference*（pp.359-369）. Monterrey：International Commission on Mathematical Instruction and International Association for Statistics Education.

Lee，H. S.，& Hollebrands，K. F.（2008b）. Preparing to teach mathematics with technology：An integrated approach to developing technological pedagogical content knowledge. *Contemporary Issues in Technology and Teacher Education*，*8*（4），326-341.

Lee，H. S.，& Hollebrands，K. F.（2011）. Characterising and developing teachers' knowledge for teaching statistics with technology. In C. Batanero，G. Burrill，& C. Reading（Eds.），*Teaching statistics in school mathematics：Challenges for teaching and teacher education. A joint ICMI/IASE Study*（pp.359-369）. Dordrecht：Springer.

Lee，H. S.，Kersaint，G.，Harper，S. R.，Driskell，S. O.，Jones，D. L.，Leatham，K. R.，et al.（2014）. Teachers' use of transnumerations in solving statistical tasks with dynamic statistical software. *Statistics Education Research Journal*，*13*（1），25-52.

Lee，H. S.，& Nickell，J.（2014）. How a curriculum may develop technological statistical knowledge：A case of teachers examining relationships among variables using Fathom. In K. Makar，B. de Sousa，& R. Gould（Eds.），*Sustainability in statistics education. Proceedings of the 9th International Conference on Teaching Statistics，Flagstaff，AZ，USA*. Voorburg：International Statistical Institute.

Madden，S. R.（2011）. Statistically，technologically，and contextually provocative tasks：Supporting teachers' informal inferential reasoning. *Mathematical Thinking and Learning*，*13*（1-2），109-131.

Madden，S. R.（2014）. Designing technology-rich learning environments for secondary teachers to explore and prepare to teach statistics. In K. Makar，B. de Sousa，& R. Gould（Eds.），*Sustainability in statistics education. Proceedings of the 9th International Conference on Teaching Statistics，Flagstaff，AZ，USA*. Voorburg：International Statistical Institute.

Makar，K.（2010）. Teaching primary teachers to teach statistical inquiry：The uniqueness of initial experiences. In C. Reading（Ed.），*Data and context in statistics education：Towards an evidence-based society. Proceedings of the 8th International Conference on Teaching Statistics（ICOTS8，July，2010，Ljubljana，Slovenia）*. Voorburg：International Statistical Institute.

Makar，K.，& Confrey，J.（2005）. "Variation-talk"：Articulating meaning in statistics. *Statistics Education Research Journal*，*4*（1），27-54.

Makar，K.，& Fielding-Wells，J.（2011）. Teaching teachers to teach statistical investigations. In C. Batanero，G. Burrill，& C. Reading（Eds.），*Teaching statistics in school mathematics：Challenges for teaching and teacher education（a Joint ICMI/IASE Study）*（pp.347-358）. New York：Springer.

McClain，K.（2008）. The evolution of teachers' understandings of distribution. In C. Batanero，G. Burrill，C. Reading，& A. Rossman（Eds.），*Joint ICMI/IASE Study：Teaching statistics in school mathematics：*

Challenges for teaching and teacher education. Proceedings of the ICMI Study 18 and 2008 IASE Round Table Conference. Monterrey：International Commission on Mathematical Instruction and International Association for Statistics Education.

Meletiou-Mavrotheris，M.，& Mavrotheris，E.（2007）. Online communities of practice enhancing statistics instruction：The European Project EarlyStatistics. *Electronic Journal of e-Learning，5*（2），113-122.

Meletiou-Mavrotheris，M.，Mavrotheris，E.，& Paparistodemou，E.（2011）. Distance learning for teacher professional development in statistics education. *Teaching Statistics，33*（1），2-8.

Meletiou-Mavrotheris，M.，Paparistodemou，E.，& Stylianou，D.（2009）. Enhancing statistics instruction in elementary schools：Integrating technology in professional development. *The Montana Mathematics Enthusiast，6*（1-2），57-78.

Meletiou-Mavrotheris，M.，& Serradó-Bayés，A.（2012）. Distance training of mathematics teachers：The EarlyStatistics experience. *Revista de Universidad y Sociedad del Conocimiento，9*（1），340-353.

Mertler，C. A.（2016）. *Action research：Improving schools and empowering educators*（5th ed.）. Thousand Oaks：SAGE Publications.

Metz，M. L.（2010）. Using GAISE and NCTM standards as frameworks for teaching probability and statistics to prospective elementary and middle school mathematics teachers. *Journal of Statistics Education，18*（3）. Retrieved from https://doi.org/10.1080/10691898.2010.11889585.

Moore，D.（2005）. Preparing graduate students to teach statistics：Introduction. *The American Statistician，59*（12），1-3.

Murata，A.（2011）. Introduction：Conceptual overview of lesson study. In L. C. Hart，A. Alston，& A. Murata（Eds.），*Lesson study research and practice in mathematics education：Learning together*（pp.1-12）. New York：Springer.

National Council of Teachers of Mathematics.（2000）. *Principles and standards for school mathematics.* Reston：National Council of Teachers of Mathematics.

Noll，J.（2011）. Graduate teaching assistants' statistical content knowledge of sampling. *Statistics Education Research Journal，10*（2），48-74.

Pfannkuch，M.（2008）. Training teachers to develop statistical thinking. In C. Batanero，G. Burrill，C. Reading，& A. Rossman（Eds.），*Joint ICMI/IASE Study：Teaching statistics in school mathematics. Challenges for teaching and teacher education. Proceedings of the ICMI Study 18 and 2008 IASE Round Table Conference*. Monterrey：International Commission on Mathematical Instruction and International Association for Statistics Education.

Pfannkuch，M.，& Ben-Zvi，D.（2011）. Developing teachers' statistical thinking. In C. Batanero，G. Burrill，& C. Reading（Eds.），*Teaching statistics in school mathematics：Challenges for teaching and teacher education（a Joint ICMI/IASE Study）*（pp.323-333）. New York：Springer.

Podworny，S.，& Biehler，R.（2014）. A learning trajectory on hypothesis testing with TinkerPlots-Design and exploratory evaluation. In K. Makar，B. de Sousa，& R. Gould（Eds.），*Sustainability in statistics education. Proceedings of the 9th International Conference on Teaching Statistics，Flagstaff，AZ，USA.*

Voorburg：International Statistical Institute.

Ponte，J. P.（2011）. Preparing teachers to meet the challenges of statistics education. In C. Batanero，G. Burrill，& C. Reading（Eds.），*Teaching statistics in school mathematics：Challenges for teaching and teacher education（A Joint ICMI/IASE Study）*. New York：Springer.

Ponte，J. P.（2012）. A practice-oriented professional development programme to support the introduction of a new mathematics curriculum in Portugal. *Journal of Mathematics Teacher Education，15*（4），317-327.

Pratt，D.，Davies，N.，& Connor，D.（2011）. The role of technology in teaching and learning statistics. In C. Batanero，G. Burrill，& C. Reading（Eds.），*Teaching statistics in school mathematics：Challenges for teaching and teacher education. A Joint ICMI/IASE Study*（pp.97-107）. Dordrecht：Springer.

Roback，P.，Chance，B.，Legler，J.，& Moore，T.（2006）. Applying Japanese lesson study principles to an upper-level undergraduate statistics course. *Journal of Statistics Education，14*（2）. Retrieved from https://doi.org/10.1080/10691898.2006.11910580.

Santos，R.，& Ponte，J. P.（2014）. Learning and teaching statistical investigations：A case study of a prospective teacher. In K. Makar，B. de Sousa，& R. Gould（Eds.），*Sustainability in statistics education. Proceedings of the 9th International Conference on Teaching Statistics，Flagstaff，AZ，USA*. Voorburg：International Statistical Institute.

Serradó-Bayés，A.，Meletiou-Mavrotheris，M.，& Paparistodemou，E.（2014）. EarlyStatistics：A course for developing teachers' statistics technological and pedagogical content. *Statistique et Enseignement，5*（1），5-29.

Souza，L.，Lopes，C. E.，& Pfannkuch，M.（2015）. Collaborative professional development for statistics teaching：A case study of two middle school teachers. *Statistics Education Research Journal，14*（1），112-134.

Thompson，H. M.，& Johnson，H. L.（2010）. How young statistics academics learn to teach statistics. In C. Reading（Ed.），*Data and context in statistics education：Towards an evidence-based society. Proceedings of the 8th International Conference on Teaching Statistics（ICOTS8，July，2010），Ljubljana，Slovenia*. Voorburg：International Statistical Institute.

Wassong，T.，& Biehler，R.（2014）. The use of technology in a mentor teacher course in statistics education. In K. Makar，B. de Sousa，& R. Gould（Eds.），*Sustainability in statistics education. Proceedings of the 9th International Conference on Teaching Statistics，Flagstaff，AZ，USA*. Voorburg：International Statistical Institute.

第 15 章　统计学教与学的变革：若干反思

罗伯特·古尔德　克里斯托弗·J. 怀尔德　雅姆·巴格兰
阿梅莉亚·麦克纳马拉　吉姆·里奇韦　凯文·麦康韦

本章包括一些著名的统计学家和统计教育工作者的文章，他们探讨了近期和未来发展对统计学课程及其教与学方式的影响。这些文章包含两个相关联的主题：无处不在的技术使用和决策中的数据使用。本章各节内容都揭示了两个群体未来对统计学的不同需求：作为公民，今天的学生需要接受教育，成为数据的批判性消费者，但是不需要知道详细的统计技术知识；将继续专门从事数据生产和分析的较小群体还需要具备使用更多细节技术的能力。统计教育面临的挑战（特别是在学校层面）在于提供同时适合这两种需求的学习环境，因为我们不了解学生未来的发展轨迹。第 16 章将讨论应对这一挑战的教学方法。

15.1　简介

在本章中，怀尔德（第 15.2 节）设想了技术的发展，使所有学生能够“广泛了解”如何使用数据调查现实问题并满足其好奇心；巴格兰（第 15.3 节）关注学生作为数据消费者和生产者对学习技术技能的需求；麦克纳马拉（第 15.4 节）讨论了目前可用于支持统计学学习的技术与统计学者用于数据分析的更强大技术之间的“差距”；里奇韦（第 15.5 节）也强调了教育公民批判性地使用数据的必要性，但是从一个不同的视角描述了一个项目，相对来说适用于新手学生使用公共领域的数据探索与自己生活相关的问题；麦康韦（第 15.6 节）通过考察新闻工作者的统计教育，进一步介绍了数据在社会和政治领域的运用。

15.2　明确的未来梦想

我梦想着众多学生被数据领域的广阔景象所包围，我梦想着他们在魔法地毯上飞行，能够毫不费力地在这个景观上俯冲，探索它的每个角落和缝隙，寻找隐藏的宝藏。

我梦想着学生有权查看数据并探索设计好的分析系统和教育环境，这样，像爱丽丝梦游仙境，他们不停地大喊："奇妙，真奇妙！"并有能力和信心去往好奇心驱使的地方。我梦想着有一个教育环境和分析环境，旨在利用"我想知道……"的力量吸引学生学习更多——"我想知道为什么……"的力量，"我想知道如果……会发生什么"的力量，"我想知道它是做什么的"的力量，以及"我想知道下一步或在这之外的东西是什么"的力量。我梦想着有一个软件可以消除平凡、乏味和枯燥，我梦想着有一个软件可以创建丰富的虚拟数据生成环境，模拟真实的现实环境，从而在加速的时间框架内实现真实的体验式学习。我有一个梦想，但这不是药物引发的幻想，我们已经在构建融合在这个乌托邦梦境中的系统。

填补梦想就是在实现它。我们都清楚地知道，技术的加速冲击正在对我们的日常生活和工作生活产生深远的影响。但在统计教育中，技术最深远的影响是它对实际上值得学习的东西以及由谁学习的影响。我们处于一个无限可能、瞬息万变的世界，机器的使用范围无限扩展，让我们能更自由地把关注点放在必要的人类思维上。统计学中越来越多的纯粹程序化的东西将在软件中实现自动化（这一过程将由"数据科学"中的大量计算机科学家推动，他们的每一寸肌肉和神经都在要求着"自动化"）。调查员和数据分析师不需要知道细节，正如他们现在不需要知道汽车引擎盖下发生了什么一样。教授程序性细节，即让学生学习操作特定的算法（或特定的软件菜单），是在教授短期的、过时的技能，几乎没有长期价值。我们需要开始在更高和更概念化的层面进行教学，因为只有大概念、基本原则和问题才具有真正的持久价值。

我们应该教育大量学生（我认为几乎所有学生）用数据进行思考，并用一些设备指导和批评现实世界的调查，以及培养少数能够开发新方法并将其转化为新工具的人。对于大群体，我们需要让他们快速了解关于统计学的广阔景观和重要问题，为他们的生活创造一种可能性和潜力——打开眼界、鼓舞心灵、解放思想、赋予权利——然后小心地适当调整。所有这一切都应该通过现有的最佳工具来促进。如果在软件中输入和输出正确的东西会占用这些学生的大部分时间，那么这就是不合适的软件。

为了缓和上面一些陈述的观点，需要说明"短期"并非完全是负面的，短期技能对即将完成的论文或第一份工作至关重要。此外，我并未声称学习操作算法（遵循说明进行）不是一项有用的技能。这是一项非常有用的技能，但不是操作你接受过训练的算法，而是在新算法被嵌入软件之前操作它。这同样适用于学习如何编写计算机程序（如用于数据整理）。在今天看来复杂的编程任务在明天就是点击鼠标那么简单。当这些技能被掌握到一个允许你做其他人尚未创造出的新事物的水平时，这些技能就可以提供它们的价值——弥合可用的东西和期望的"更多东西"之间的差距。

我认为"快速体验"的关键是软件和教育经验的同步发展，软件旨在提供教育方面可取的功能，教育经验利用了软件打开的大门。综合系统比一次性小程序更令人满意，虽然后者可以很好地说明特定部分，但它们并不能促进由统一框架所促成的广泛理解。

此外，每当有人要寻求新系统时，都会需要时间来确定新系统是如何“思考”的。除了浪费宝贵的时间，还可能被认为“太难”，从而阻碍人们学习并使用它们。

我们需要区分加速学习者发现新景观、适合用户偶尔使用的软件，以及让专业人员沉浸其中的软件。前者倾向于优先考虑容易理解的输入和输出部分并且不用担心是否覆盖全面，而后者必须提供专业人员想要的几乎所有东西。这不可避免地增加了人与软件交互的复杂性，也使得学习曲线更为陡峭。此外，用于扩展人们对数据世界的认识并为临时用户提供支持的软件，应该在让用户从软件中获得价值之前最大限度地减少他们需要知道的专业名称数量，并且应该把默认设置的作用最大化（如果不通过定期使用而保持对软件的熟悉，对于操作内容和步骤的记忆会很快模糊）。

我在构建用于数据可视化和分析的 iNZight（www.stat.auckland.ac.nz/~wild/iNZight/）和 VIT（www.stat.auckland.ac.nz/~wild/VIT/）中尝试了这些想法。新西兰的学校大量使用了 iNZight，特别是在高中的最后三年，但其功能涵盖了大部分本科统计学内容。免费在线慕课“数据洞察”（Data to Insight）（www.stat.auckland.ac.nz/~wild/d2i/4StatEducators/）是为了利用 iNZight 和 VIT 提供的加速功能，创建一个更快深入的统计学入门课程的原型。一方面，未来创建能更快深入的软件时，iNZight 和 VIT 是可以借鉴的原型。另一方面，它们现在也是非常好的教学和数据探索系统。虽然它们并没有引入开放的梦境，但它们足够接近，这已经表明在此有巨大的潜力并且几乎在我们掌控之内。

15.2.1 研究应当如何与所有这些相关?

数据世界正在快速扩张，但是我们所传达的内容变化很小。如果我们的视野并未跟上数据世界扩展的步伐，那么，我们的教育产品将表现为一个现实中不断缩小的趋于无关紧要的部分而被遗忘。为了描绘我们未来的发展方向，我们需要先知和梦想家，我们需要企业家和创新者，我们需要建筑师，我们非常需要研究和研究人员。

我们需要我们的研究人员解决更大、更基本但却更复杂、更难以理解的问题。即使只是将关键的研究问题具体化，也可以做出具有基础价值的研究贡献。最后，我在此列出一些研究挑战，以供研究人员思考。

15.2.2 需要大量研究的未来领域

1）现在，统计学正处在何处？哪些新领域正在开放？

2）潜在的新领域中，哪些是最值得追求的，为什么？什么是重要的，什么是次要的，为什么？我们不再需要教什么，为什么？

3）谁是这个教育产品的客户（包括未来的雇主）？他们需要什么？需要哪些技能？我们需要处理程序中的哪些地方？

4）机器可以做什么？统计思维本质上是人类思维吗？

5）我们可以通过新技术避免哪些问题？

15.3 教授统计技术

技术被用于准备、收集、操作、分析、总结和可视化当今庞大、复杂的“大数据”的各个方面，它使许多计算密集型方法的出现和发展成为可能，包括自助法、排列法、集成法、贝叶斯推断的马尔可夫链蒙特卡洛方法，这仅是其中的几个例子（有关贝叶斯方法的更多信息，请参见本手册第 13 章）。古尔德的结论是正确的，即统计学和技术已经变得不可分割（Gould，2010）。这为统计教育工作者提出了一个重要问题：“我们如何教授统计技术？”

统计技术适用于统计计算的更广泛领域，该领域的重要主题包括但不限于了解如何使用通用和统计编程语言、访问数据库、操作数据、使用可视化工具、从网络上下载非结构化数据以及进行模拟（Nolan & Temple Lang，2010a，2010b）。这些主题与统计学学习者最相关，对于那些将统计学作为所学的科目之一进行学习的人来说变得越来越重要。但是，至少那些参加统计学入门课程的学生应该熟悉使用 SPSS（社会科学统计软件包）、SAS（统计分析系统）或 R 等常用统计数据包。现代统计学学习者所需的技术是多种多样的，这可能在未来几年不断发展。关键不在于教授特定的软件或编程语言，而在于培养学生成为统计技术终身学习者的能力。

如何培养学生提升统计技术能力仍然是一个迫切的挑战。有限的研究探索了统计技术技能的发展，或所谓的“做”统计的技术（Baglin & Da Costa，2013a）。确实也有研究密切关注着在入门课程中用于发展统计包技能的策略，并对它们进行比较（Baglin & Da Costa，2012a，2013b，2014）。总的来说，这项研究表明，概念理解和使用技术的经验是成功的关键因素。统计软件包技能只是现代统计实践中使用技术的一个例子，必须把范围扩展到在数据调查过程的所有阶段使用的技术，包括规划、收集数据和表达结果的过程（如可视化）。基于这一点，有希望在统计教育工作者的研究文献中找到许多在课程中融入技术技能发展的创新方法。

哈丁等报告了包含丰富技术的数据科学选修统计学课程中教授数据科学主题的诸多策略（Hardin et al.，2014），他们认为统计技术最好是在解决现实问题的背景下教授，因为这能让学生看到技术与现实的相关性及其为问题解决提供的机会（Hardin et al.，2014）。霍顿、鲍默和威克姆讨论了在统计学入门课程中向学生展示数据科学先导技术的策略（Horton，Baumer，& Wickham，2014），包括用于计算的 R（Core Team R，2014），用于可重复分析的 R Markdown（Allaire et al.，2015；Baumer et al.，2014），以及用于数据库 SQL 查询的 R 包。古尔德和切廷卡亚-伦德尔创新出的“数据节”（DataFest）也揭示了统计教育中重要的概念和技术技能的差距（Gould & Çetinkaya-

Rundel，2014），这个为期 2 天的数据节让本科生团队互相竞争，从而深入了解真实的、大型的和复杂的数据。古尔德和切廷卡亚–伦德尔确定了学生在生成自己对数据的调查、确定特定变量的适当单位和标度、应用多变量统计技术、创建多变量数据的可视化、分析空间的和时间的数据，以及 R 中一般编程能力上的主要弱点。显然，一个现代统计学学习者需要在概念上和技术上都很熟练。

技术也可能迅速改变入门课程所涵盖的概念。也许，转向易理解形式的统计推断（Wild et al.，2011）和强调推断的核心逻辑的基于重复抽样的课程（Cobb，2007），可能实现技术协同作用以及一个更智能、更有效的课程。通过当前核心课程的学习，学生可以更快、更深入地进行学习和进入有意义的现实实践。于是，可以把时间更好地用于培养学生有意识地参与真实统计数据调查、进行统计计算以及处理“大数据”的能力。这将需要运用大量技术。

在统计学课程中越来越强调技术教学带来的诸多影响。使用技术时必须克服许多挑战，包括解决使用技术的教师准备不足的问题（Hassad，2013；Nolan & Temple Lang，2010a），一个网络拥挤的课程可能中断的问题（Nolan & Temple Lang，2010a），以及在概念理解之间权衡的教学问题（Chance et al.，2007）。这些是合理的担忧，不能忽视。

统计教育领域需要更好地理解技术技能和统计知识之间的关系。这些不同领域或这两个领域是不可分割的吗？更好地了解成为当今和未来统计数据的成功消费者和生产者所需的技术技能，将有助于形成新的和合理的课程模式。统计教育工作者必须在领域内（Nolan & Temple Lang，2010a）和领域外发起一个协调的、多学科的和国际的合作来教授统计技术。统计教育中使用的技术技能整合和评价模式需要仔细地评估研究，以确保学生毕业时有适当的技能、态度和批判性思维方式，从而成为有效的统计技术使用者和生产者。这也引发了新的评估挑战，因为正如古尔德提醒的，“我们再也不能自满，并假设学生将‘获得’他们处理复杂数据所需的技能”（Gould，2010，p.309）。

15.4 考虑统计学习与统计实践之间的差距

大多数统计学入门课程现在以某种方式融入了技术，这是统计学的福音，因为统计产品真正的生产者必须使用计算机。然而，将技术作为教学辅助和使用技术将计算完全整合到课程中是存在区别的（Biehler et al.，2013）。有些课程是使用工具来学习统计学或是使用工具进行统计实践。通常，这意味着学生作为计算统计工作的“创造者”（正如巴格兰在本章中所讨论的）和技术的熟练“使用者”之间的区别，即后者并未完全参与统计实践。

用于统计学习的工具包括小程序和 MicroWorlds（用于说明统计概念的软件），由罗斯曼和钱斯创建的小程序（Chance & Rossman，2006）和 StatKey 小程序（Morgan et al.，2014）是典型的例子。学生可以使用小程序，但无权修改它们的设计。TinkerPlots 和 Fathom（Konold & Miller，2005；Finzer，2002）提供了一种景观类型范式（a landscape-type paradigm）（该术语源自 Bakker，2002），但仍然只为初学者设计，且功能有限。

用于统计实践的工具是更强大、更灵活的产品，如 R、Python、SAS 和 Stata。这些工具是可扩展的（特别是开源 R 和 Python）并用于解决广泛的数据问题，但是新手很难掌握，特别是当他们尝试学习统计概念时。

用于统计学习的工具对学生来说通常更容易掌握，而用于统计实践的工具具有很高的上限，灵活性更强。但是，对于入门学习者有用的工具通常不利于执行真实数据分析，反之亦然。

开始着手于为学习而设计的工具（无论是小程序还是完整的软件包）的新手都必须参与界面学习的认知任务。无论是在更高级别的课程作业、研究中，还是在企业里，创建统计产品都需要更复杂的工具，因此学习者不得不学习其他工具界面。研究人员还没有在统计学的背景下研究这种学习进展，因此很少有“脚手架”可以使这种过渡变得更容易。

或者新手可以直接着手于统计实践的工具，这使他们可以跳过学习入门工具，但仍会产生学习该技术的高启动成本。无论是立即开始使用专业工具还是稍后过渡，专业工具的入门门槛都会高到让使用者相信他们无法学习它。

作为一个社区团体，我们应该通过创建新的工具和课程来考虑从统计学习到统计实践的学习轨迹，并开发新的方法支持这种过渡。

课程资源应该使用统计学习中的术语，明确提及先前的工具和教学任务，以使过渡更容易。技术应该尽可能在一个支持性的学习环境和一个富有表现力的实践工具之间架起桥梁，当使用者达到掌握学习工具的能力终点时进行“提升”，并且当他们开始着手于实践工具时逐渐降低难度，这样可以使跨越不那么突然。

自比勒尔（Biehler，1997）以来，研究人员已经探讨了什么是统计教学的有效工具（如 Ben-Zvi，2000），特别要赞扬 Fathom 和 TinkerPlots 对其的发展。同样，统计从业者也在不断改进用于创建真实统计产品的工具。譬如，威克姆一直在制作 R 包（ggplot2，dplyr，tidyr），以帮助从业者更轻松、更灵活地进行数据分析（Wickham，2014）。

然而，这些发展是孤立的，研究的交叉点通常是在剥离专业工具以允许新手使用它们的背景下。特别是，Project MOSAIC 定义了统一的 R 语法和一组有限的命令，用于入门统计学课程（Horton，Baumer，& Wickham，2014）。然而，这项工作将掌握 R 视为学生的最终目标，并反对科诺尔德的理念，即统计学习的工具应该自下而上发展，思考新手需要什么功能来促进他们的理解（Konold，2007）。

用于统计教学和统计实践的工具应该有相同的目标，尽管目标的来源不同。它们应该努力为新手使用者提供方便的切入点，同时仍然保证在系统上可扩展的灵活性，支持一系列探索性和验证性分析，提高交互性，并使分析的发布和重现变得简单（进一步分析参见 McNamara，2015）。

现在是时候进行交叉研究，让我们考虑如何缩小学生学习统计和进行统计分析之间的差距。通过开发工具和课程帮助新手从头开始促进他们的理解，我们最终可能找到更好的方法让每个人进行统计分析。

15.5 统计教育和权利

统计学之所以成为一门学科，是因为人们需要工具来改善决策。统计学早期历史中诸如南丁格尔和费希尔等名人都在发明解决实际问题的方法——尤其是南丁格尔发明的工具改变了长期难以改善的医疗实践。称统计学为“有用学科”的修辞仍然存在——英国皇家统计学会使用“数据、证据、决策”的口号。国际统计学会网站的头版标题是“统计科学促进更美好的世界”。有效的决策取决于关键的统计思想，如度量（包括数据来源和数据质量的思想）、估计、概率、效用、期望值、风险，当然还有不同的决策模型。在许多国家，统计学课程的目的主要是掌握 20 世纪 30 年代发明的技术，从而解决特定的、小规模的问题——特别是，可以将小样本的结果推广到总体的问题，以及用相当少的数据进行一些简单的决策（如在这种情况下，这种作物种类比那种更好吗？）（Batanero et al.，2011）。统计技术的技能掌握只是决策过程的一小部分，但往往却成为教学和评估的重点。

开放数据为课程变革提供了更加直接和深刻的机会。作为公共领域的决策依据，证据的使用方式发生了翻天覆地的变化，开放数据对政策决策以及政策的实施和沟通方式具有深远影响。2015 年英国大选就是个戏剧性的例子，大选中的许多团体批评了政治家们对其提案影响（通常是成本方面的）的主张，这种对演讲和辩论内容的现实考察已是政治生活的现实。

开放数据具有一些明显的属性，可以与学校课堂中通常使用的数据形成对比。开放数据集很大，所以处理数据的计算能力很重要，几乎任何组之间的比较都会得出差异“在统计上可靠”的结论。如果是处理不太大的数据集和较小的效应量，那么假设检验和 p 值的确定可以在背景中作为一个有用的起点。对于决策很重要的统计量可以立即教授，如对效应量的有界估计。

在媒体论证中使用的证据通常是多变量的，其来源也不同。在我们的研究中（如 Nicholson，Ridgway，& McCusker，2011，2013；Ridgway & Nicholson，2010；Ridgway，Nicholson，& McCusker，2007），不了解统计学的年轻学生在理解非线性、互动和混淆“第三变量”上是没有问题的——事实上，他们自己创造出并阐述这些想法，探索感兴趣的数据集（如有关年轻人与性、酒精、毒品和暴乱的数据）。建立于基础知识并关注统计技术的课程实践，由于各种原因疏离学生实际。教师很容易说统计学很难（确实如此），但是更为根本的是，隐含在社会现象的简单线性模型中的模型是不合适的，因此，学生们认为学习统计只是为了越过障碍，从而在教育过程中生存下去。

当被要求推理与社会问题相关的公开数据时，学生可以看到他们正在学习的东西可以赋予他们权利。开放数据运动的成功在于允许政府和非政府机构访问数据，但是，允许使用数据并不意味着公民代表实际上真的可以访问和使用它。因为访问可能需要具备数据库技能，很可能需要具备电子表格技能，当然还需要理解元数据，以及处理表格数据所需的技能。在学校层面，学生的第一次数据体验应该是通过他们感兴趣主题的多变量数据的丰富可视化实现的。在本科阶段，很容易提出将数据挖掘、统计学习、R 和 Python 结合到课程中的理由。

一个更大的群体迫切需要统计教育，即公民。数据越来越多地被用作政策制定和公共辩论的证据。统计教育工作者如何发挥作用？我的观点是，更多的研究人员需要进行体力劳动，与意见形成者和分析师一起工作。研究人员可以提供有关如何提高理解能力的见解，从业者可以让教育者的呼声被听见，并可以促进公众获得与统计教育相关的新数据来源。了解并影响公共领域中证据的使用是新的研究视野。下面是一个真实的例子。

PARLER 是杜伦大学和英国下议院图书馆（House of Commons Library）之间的一个合作项目。图书馆是英国政治家的第一站，他们想要了解一切——政策、即将发表的演讲，或是回答选民提出的问题。我们创建了选区浏览器套件（Constituency Explorer Kit），这是一系列链接工具，旨在鼓励和支持探索与全国选举相关的证据。在英国，候选人是从选区（地理区域）被选到下议院。该套件的一个组成部分是在移动设备上运行的为每个选区定制的测验，另一个组件是一个交互式显示器，能让用户在 150 个变量中的任何一个上绘制每个选区的地点，第三个组件是一个可视化文件，它记录了选举结果产生的变化（同样，用户可以将变化与大量变量相联系）。数据显示的设计反映了统计教育的一些重要原则：变量可以重新调整，但每次用户选择新变量时，标度都会恢复为 0—100；工具说明了显示功能；变量名称与元数据描述相关联；可以下载数据，但同时必须下载元数据。

图书馆很有影响力，他们直接与政治家合作，并且他们的出版物、博客和新闻稿被广泛使用。选区套件具有更高的曝光率，这在统计教育的许多学术工作中很常见。合作的一个主要目标是建立来自政治家、记者和数据提供者本身对关键数据源的高质量数据可视化的需求。在这种情况下，一个具有共同主题的广泛数据集由多个来源汇集而成，并且可以被普遍使用。

我认为统计教育最重要的挑战是理解和影响证据在决策中的用途，这应是一个积极主动的过程——在你试图改变它之前，你不了解一个复杂的系统（被“未知的未知事物”所困扰是学习的一个重要部分）。合作至关重要，与必定被视为政治中立的团体合作具有很大的优势。这不会是一个可以提前绘制出来的研究领域，正在研究的系统正发生变化，研究人员是变革的部分推动者，也是细心的观察者和分析师。研究结果将前馈给提供数据的组织的行动，并反馈给落后的统计学课程。

15.6 新闻中的统计学：现在和可能的未来

统计学在新闻业中发挥着作用，这并不是个新奇的事实。甚至在有所谓的数据新闻之前，媒体上就出现了大量数据。以前和现在的报纸上到处是统计信息和基于数据的故事——商业页面、体育页面，甚至在头版上，有基于经济指标的故事，或基于流行病学分析的健康恐慌，或者最近灾难或战争中的伤亡数量。

但是，发生改变的是使用和呈现数据的各种方式。譬如，数据新闻（包括数据驱动的新闻和数据库新闻）出现了越来越多的区别和变化。其定义是可变的，但它的基本思想是，调整和拓展来自其他使用数据的领域的方法和思维方式，以进一步实现新闻工作者向公众传递信息的目的。

因此，新闻工作者能通过官方统计数据找到医院工作的漏洞。新闻界指出医院伤害了病人，这并不是什么新鲜事，但过去的故事可能是关于个人的、基于法庭案件的陈述，而不是全面的统计景象，或者它是基于其他人找的数据并得出结论的官方调查报告。

而且，在几十年前，这些故事会出现在印刷品或电视上，而不是出现在能被用户找到他们感兴趣的确切细节的交互式网页中。有些这样的页面会链接到更为传统的出版物，如报纸或电视台，但许多其他网页不是这样的。

这些例子在本质上与“旧式”新闻不同，如果没有背后的公共数据，它们就不可能存在。（实际上，数据新闻工作者一直是开放数据运动的主要倡导者之一。）但是，即便是传统的印刷和广播媒体也发生了变化。商业版面或关于经济的文章中总是有一些图表，但是现在你很少会看到没有信息图的报纸，新闻中通常都会包含一些统计信息。其中一些图表的信息很丰富，而有些似乎完全是为了使新闻页面看起来更漂亮。

那么，所有这些变化如何反映在对新闻工作者在统计问题和数据使用方面的培训上？过去，一般新闻工作者在这方面受到的培训还很初级。新闻工作者彼得·威尔比写道，“新闻工作者不擅长数字。他们中的绝大多数来自艺术或社会研究背景……大多数新闻培训课程没有关于如何处理数字的模块。读写能力被认为是新闻工作者——或者至少是他们的副主编必不可少的——但是没有计算能力”（Wilby，2007）。

从那以后，情况发生了变化，但总的来说变化并不多。譬如，英国国家记者培训理事会（National Council for the Training of Journalist，NCTJ）现在需要在其认可的课程中开展计算能力的培养，但这是最近才提出的，并且要求的技能水平不高。

如果依赖别人的分析，就可以不必掌握超过基本水平的这些技能，根据现成的数据分析编写一个可接受的，甚至是优秀的新闻报道。那些向新闻工作者提供数据的人经常提供这样的分析。发布数据时，政府统计人员通常不只是提供原始数据，即他们会把数据呈现在分析报告中，完成执行摘要和对新闻工作者有用的新闻稿。基于流行病学数据的关于健康的故事通常会进入媒体视线，因为学术期刊或相关大学撰写了新闻稿，虽然新闻工作者可以访问期刊中的论文，但新闻中出现的内容往往类似于这些已撰写好的新闻稿。

这种新闻数据处理方法的问题在于，新闻工作者可能没有能力质疑数据生成者提出的正确的关键问题（更不用说他们可能也没有时间，考虑诸如期限紧迫的编辑要求）。2014 年的一项科学新闻研究发现，新闻稿经常夸大他们应该总结的研究结果，当他们这样做时，新闻报道倾向于以同样的夸张方式报道这个故事（Sumner et al.，2014）。这种无法质疑的问题在我看来比简单的计算失误更普遍，且总的来说更重要。

在专业领域，一直有新闻工作者具有更强的计算能力和统计技能，现在数据新闻专家也加入了进来，他们具备（并且需要具备）其他定义不精确的新兴领域即数据科学中所需的技能。除了统计技能外，他们还需要具备相关的高级计算技能（包括数据库和 Web 技能）、设计和图表方面的专业知识，以及辨别好的故事、提出棘手问题和写作良好且有说服力的传统新闻能力。专门针对数据新闻的培训和参考资料已经存在——一些大学开设课程，提供了更广泛的资源，如在线数据新闻手册（Gray，Chambers，& Bounegru，2012）和由欧洲新闻中心（European Journalism Centre，2014）运营的入门慕课（大规模开放在线课程）。

数据新闻对统计教育有何影响？一种风险是，在这种背景下，统计教育工作者被新闻工作者视为是不相干的。由新闻界对所有级别的新闻工作者进行必要的培训是合理的。目前，具有统计能力的新闻工作者可能相对较少，但不是没有，而且这个群体可能扩大。不，隐患在于统计教育界，他们可以从新闻工作者身上学习重要的东西。统计教育工作者正在与新闻教育工作者合作（如，McConway，2015），但是还不够。统计学者必须更加广泛地了解其他专业团体如何以及为何生产和使用统计数据。我们的统计人员无法知道，当然也无法控制其他人通过数据获得的一切。

特别是，我们不能假设，譬如，我们向科学家和社会科学家教授的统计内容可以很容易地转化为对新闻工作者的教学。他们的背景是非常不同的，例如，欧洲新闻中心慕课涵盖了使用 Excel 电子表格寻找故事思路的内容（European Journalism Centre，2014），这在使用 Excel 的技术方面与商学学生的统计学入门课程中的技术方面大致相同。但是指导者指出，一组数据中的新闻故事通常在于其极端值，因为它们可能比平均数更具新闻价值，而统计学者通常不会从那里入手。新闻工作者出于不同的原因，仍需要知道平均数和典型值。

通常情况下，新闻工作者的时间压力比统计学者和科学家要大得多。这暗示着什么事情是可能实现的，以及分析工具该如何发展——这种暗示可以说超越了新闻背景，进入了数据丰富但时间贫乏的其他领域。在大多数情况下，新闻工作者需要具备统计思维，而不是善于进行统计计算或使用统计软件。这与医学生（和其他人）学习的对文献批判性评价的统计方面有相似之处，但细节不同，且方法的适用性更广泛。

最后，如果不知道如何讲好故事，新闻工作者就无法生存。统计教育研究已经开始关注统计分析和报道的叙述，但在这方面我们可以向新闻工作者学习，而不是他们向我们学习。

统计人员已经开始参与培训新闻工作者，让我们继续并扩大这种参与面，让我们确保自己处于一个可以让新闻工作者和统计人员相互进行有效学习的位置。

参考文献

Allaire，J. J.，Cheng，J.，Xie，Y.，McPherson，J.，Chang，W.，Allen，J.，et al.（2015）. *Rmarkdown：Dynamic Documents for R（R Package）*. Retrieved from http://cran.r-project.org/web/packages/rmarkdown/index.html.

Baglin，J.，& Da Costa，C.（2012）. An experimental study evaluating error management training for learning to operate a statistical package in an introductory statistics course：Is less guidance more? *International Journal of Innovation in Science and Mathematics Education，20*（3），48-67.

Baglin，J.，& Da Costa，C.（2013a）. Applying a theoretical model for explaining the development of technological skills in statistics education. *Technology Innovations in Statistics Education，7*（2）. Retrieved from http://www.escholarship.org/uc/item/8w97p75s#.

Baglin，J.，& Da Costa，C.（2013b）. Comparing training approaches for technological skills development in introductory statistics courses. *Technology Innovations in Statistics Education，7*（1）. Retrieved from http://www.escholarship.org/uc/item/1hc308sv.

Baglin，J.，& Da Costa，C.（2014）. How do students learn statistical packages? A qualitative study. In H. MacGillivray，M. A. Martin，& B. Phillips（Eds.），*Topics from Australian Conferences on Teaching Statistics：OZCOTS 2008–2012*（pp.169-187）. New York：Springer Science+Business Media.

Bakker，A.（2002）. Route-type and landscape-type software for learning statistical data analysis. In B. Phillips（Ed.），*Proceedings of the 6th International Conference on Teaching of Statistics（CD-ROM）*. Voorburg：International Statistical Institute.

Batanero，C.，Burrill，G.，Reading，C.，& Rossman，A.（2011）. Teaching statistics in school mathematics-challenges for teaching and teacher education. In *Proceedings of the 18th Study of the International Commission on Mathematical Instruction*. Heidelberg：Springer.

Baumer，B.，Çetinkaya-Rundel，M.，Bray，A.，Loi，L.，& Horton，N. J.（2014）. R Markdown：Integrating a reproducible analysis tool into introductory statistics. *Technology Innovations in Statistics Education，8*（1）. Retrieved from http://escholarship.org/uc/item/90b2f5xh.

Ben-Zvi，D.（2000）. Toward understanding the role of technological tools in statistical learning. *Mathematical Thinking and Learning，2*（1-2），127-155.

Biehler，R.（1997）. Software for learning and for doing statistics. *International Statistical Review，65*（2），167-189.

Biehler，R.，Ben-Zvi，D.，Bakker，A.，& Makar，K.（2013）. Technology for enhancing statistical reasoning at the school level. In M. A. Clements，A. Bishop，C. Keitel，J. Kilpatrick，& F. Leung（Eds.），*Third international handbook of mathematics education*（pp.643-690）. New York：Springer.

Chance，B.，& Rossman，A.（2006）. Using simulation to teach and learn statistics. In A. Rossman & B. Chance（Eds.），*Proceedings of the 7th International Conference on Teaching Statistics（CD-ROM），Salvador，Bahia，Brazil，July 2006.* Voorburg：International Statistical Institute.

Chance，B. L.，Ben-Zvi，D.，Garfield，J. B.，& Medina，E.（2007）. The role of technology in improving student learning of statistics. *Technology Innovations in Statistics Education，1*（1）. Retrieved from http://escholarship.org/uc/item/8sd2t4rr.

Cobb，W.（2007）. The introductory statistics course：A ptolemaic curriculum. *Technology Innovations in Statistics Education，1*（1）. Retrieved from https://escholarship.org/uc/item/6hb3k0nz.

Core Team，R.（2014）. *The R Project for Statistical Computing.* Retrieved from http://www.r-project.org.

Finzer，W.（2002）. *Fathom：Dynamic data software（Version 2.1）（Computer software）*. Emeryville：Key Curriculum Press.

Gould，R.（2010）. Statistics and the modern student. *International Statistical Review，78*（2），297-315.

Gould，R.，& Çetinkaya-Rundel，M.（2014）. Teaching statistical thinking in the data deluge. In T. Wassong，D. Frischemeier，P. R. Fischer，R. Hochmuth，& P. Bender（Eds.），*Mit Werkzeugen Mathematik und Stochastik lernen-Using Tools for Learning Mathematics and Statistics*（pp.377-391）. Wiesbaden：Springer Fachmedien Wiesbaden.

Gray，J.，Chambers，L.，& Bounegru，L.（Eds.）.（2012）. *The data journalism handbook：How journalists can use data to improve the news.* Sebastopol：O'Reilly Media.

Hardin，J.，Hoerl，R.，Horton，N. J.，& Nolan，D.（2014）. Data science in the statistics curricula：Preparing students to "think with data". *arXiv：1410.3127v3.* Retrieved from http://arxiv.org/abs/1410.3127.

Hassad，R. A.（2013）. Faculty attitude toward technology-assisted instruction for introductory statistics in the context of educational reform. *Technology Innovations in Statistics Education，7*（2）. Retrieved from https://escholarship.org/uc/item/9k19k2f7.

Horton，N. J.，Baumer，B. S.，& Wickham，H.（2014）. Teaching precursors to data science in introductory and second courses in statistics. In K. Makar，B. de Sousa，& R. Gould（Eds.），*Sustainability in statistics education. Proceedings of the 9th International Conference on Teaching Statistics，Flagstaff，AZ，USA.* Voorburg：International Statistical Institute.

Konold，C.，& Miller，C. D.（2005）. *TinkerPlots：Dynamic data exploration（Computer software）*. Emeryville：Key Curriculum Press.

Konold，C.（2007）. Designing a data tool for learners. In M. Lovett & P. Shah（Eds.），*Thinking with data：The 33rd annual Carnegie Symposium on Cognition*（pp.267-292）. Hillside：Lawrence Erlbaum Associations.

McConway, K.（2015）. Statistics in the media: A statistician's view. *Journalism, 17*（1）, 49-65.

McNamara, A.（2015）. *Bridging the gap between tools for learning and for doing statistics.* Doctoral dissertation, University of California.

Morgan, K. L., Lock, R. H., Lock, P. F., Lock, E. F., & Lock, D. F.（2014）. StatKey: Online tools for bootstrap intervals and randomization tests. In K. Makar, B. de Sousa, & R. Gould（Eds.）, *Sustainability in statistics education. Proceedings of the 9th International Conference on Teaching Statistics, Flagstaff, AZ, USA.* Voorburg: International Statistical Institute.

Nicholson, J., Ridgway, J., & McCusker, S.（2011）. Visualise then Conceptualise. *Social Science Teacher, 40*（3）, 8-12.

Nicholson, J., Ridgway, J., & McCusker, S.（2013）. Getting real statistics into all curriculum subject areas: Can technology make this a reality? *Technology Innovations in Statistics Education, 7*（2）. Retrieved from http://escholarship.org/uc/item/7cz2w089.

Nolan, D., & Temple Lang, D.（2010a）. Computing in the statistics curricula. *The American Statistician, 64*（2）, 97-107.

Nolan, D., & Temple Lang, D.（2010b）. Integrating computing and data technologies into the statistics curricula. In C. Reading（Ed.）, *Proceedings of the 8th International Conference on Teaching Statistics, July 2010.* Retrieved from https://iase-web.org/documents/papers/icots8/ICOTS8_9B2_NOLAN.pdf.

Ridgway, J., & Nicholson, J.（2010）. Pupils reasoning with information and misinformation. In C. Reading（Ed.）, *Proceedings of the 8th International Conference on Teaching Statistics, July 2010.* Retrieved from http://iase-web.org/documents/papers/icots8/ICOTS8_9A3_RIDGWAY.pdf.

Ridgway, J., Nicholson, J., & McCusker, S.（2007）. Reasoning with multivariate evidence. *International Electronic Journal of Mathematics Education（IEJME）, 2*（3）, 245-269.

Sumner, P., Vivian-Griffiths, S., Boivin, J., Williams, A., Venetis, C. A., Davies, A., et al.（2014）. The association between exaggeration in health related science news and academic press releases: Retrospective observational study. *The British Medical Journal（BMJ）, 349*, g7015. Retrieved from https://doi.org/10.1136/bmj.g7015.

Wickham, H.（2014）. *Advanced R.* Chapman & Hall/CRC The R Series.

Wilby, P.（2007, Nov 5）. Damn journalists and statistics. *The Guardian.* Retrieved from http://www.theguardian.com/media/2007/nov/05/mondaymediasection.pressandpublishing.

Wild, C., Pfannkuch, M., Regan, M., & Horton, N. J.（2011）. Towards more accessible conceptions of statistical inference. *Journal of the Royal Statistical Society, 174*（2）, 247-295.

第16章　统计学学习环境的设计

达尼·本-兹维　科恩诺·格雷夫迈耶　珍妮特·安利

本章的目的是让人们注意对学习环境及其设计的思考，这是考虑如何支持统计学教与学中的可持续变革的一种方式。我们的目标不是要提倡一种特定的设计学习环境的方法，而是要提高人们对于在统计教育中考虑这种观点的必要性的认识。首先，我们对在统计教育中关注学习环境的重要性给出基本原理。我们提供了一些学习环境的案例，这些案例操作化并整合了各种设计观点（如 Hickey et al.，2003），并以两个理论框架为基础：社会建构主义学习理论和现实数学教育理论。我们通过比较和评估这些例子中的设计，寻找它们之间的共同点，并从中概括出统计学学习环境设计的六点思考，然后对这些例子进行了批判性的讨论。最后，我们讨论了学习环境研究的可能影响和新兴方向，以及未来实施和研究的目标。

16.1　简介

许多关于统计学教与学的研究（参见 Garfield & Ben-Zvi，2007；本手册第二部分的章节）提出了课堂实践的创新方法，它们不同于当前大多数统计学教师自己学习这门学科时的传统课堂实践。然而，只涉及教学环境一个方面的创新，其影响可能有限，譬如，在评估实践保持不变的情况下，在教学中引入技术工具。本章提供了统计学深度学习（Sawyer，2014）的理论和设计起点，以培养学生的统计推理能力。为此，我们使用学习环境的视角，为统计学中可持续的教育变革提供动态、整体、综合和多维的框架。

学习环境的视角可以指导统计教育者和研究人员在一个作为完整实体的设计环境（如课堂和在线课程）中考察、设计并评估统计学教与学，它可以支持教育环境的有意转变，这种转变是基于对所设计环境特征的整合如何支持统计学学习的猜想。这样的实体是一个复杂而动态的教育系统，由多种要素组成：关键统计思想和能力（内容）、参与性任务、真实或现实的数据集、技术工具、课堂文化（包括学生之间以及学生与教师之间的谈话和辩论方式）、参与的规范和情感方面，以及评估方法。整合所有这些因素来改革统计学教与学的方式是一项具有挑战性的工作。此外，更广泛的社区（学校一级的决策者、地方和国家当局等）在营造学习环境方面发挥着重要作用。譬如，在所需的传统测验与学习环境中采用的替代评估方法之间，或在国家课程与学习环境中新兴的动态学习轨迹之间，可能产生矛盾。

数学、统计学和科学教育的发展，尤其是学习科学的发展，为学习环境的设计提供了重要的思想和实践意义（如 Bielaczyc，2006；Collins，1999；De Corte et al.，2003；Vosniadou et al.，2001；Vosniadou & Vamvakoussi，2006），这些发展突出了重新思考教学内容、教学方法和评估方法的价值（如 Bransford，Brown，& Cocking，2000）。本章重点关注统计学学习环境的一般特征，这些特征需要根据这些新的发展进行检查和整合。我们的具体目标是，首先提出在统计教育中注重学习环境的重要性的基本原理。基于社会建构主义的背景理论和现实数学教育（RME）这一特定领域的理论，我们提供了一个思考统计学学习环境的潜在框架。然后，我们提出了三个在不同背景下（小学、初中和高等教育）所运用的统计学习环境的例子，并从中概括出统计学学习环境设计的六点思考。最后，我们讨论了学习环境研究的影响和新兴方向，以及未来实施和研究的目标。

16.2 学习环境

统计教育改革是必需的，近几十年来一直被人们所探寻和评估（本手册第 2 章；Cobb，1992，1993；Everson，Zieffler，& Garfield，2008；Garfield et al.，2002；Moore，1998；Reston & Bersales，2008）。支撑这项改革的核心思想是，学习统计学不是被动地获得一套事实和程序，而是主动地构建意义和对“大观念”、推理方式的理解，并阐明论点、态度和观点。单方面的变革，诸如重新设计特定任务或课程的某些方面，不足以产生广泛和持续性的变化（如 Cuban，2003；Darling-Hammond，1997；Kohn，1999）。我们认识到，即使是为改变统计学教与学的某几个方面做出全面努力，也不一定就能获得成功（Savelsbergh et al.，2016）。

统计教育的研究文献中充满了成功的案例，这些案例对该领域的发展很重要，但是对各级教育中的统计教学方式没有产生重大影响。我们认为，其中一个原因是缺乏一个系统的、全面的、综合的方法来设计教育变革。我们建议对相互关联的一组维度（学科内容、教学法、空间、时间、任务、工具、评估、课堂文化等）进行变革，从而通过提供一个各维度之间相互协作的连贯框架来实现统计学教与学的重大而可持续的改革。穆尔同样敦促基于学科内容、教学法和技术之间的强大协同作用来改革统计教学和课程（Moore，1997），学习环境的视角可以提供这种框架。统计教育的主要目标之一是培养批判性的、独立的、有统计素养的学习者，让他们能够研究自己感兴趣的课题，并参与基于数据的决策。学习环境的视角可以启示学习者朝着这个方向成长和发展。

本章将考虑和讨论的统计学学习环境的设计维度是基于最近研究中产生的一些原

则。特别是，我们参考的研究包括，先验知识的重要性和对深度而不是广度的偏爱（Bransford，Brown，& Cocking，2000）；建立一个学生可以从其成功和错误中学习的失败-安全（failure-safe）学习社区（Bielaczyc & Collins，1999；Kapur & Bielaczyc，2012）；培养和描述学习者的各种专业知识，鼓励反思和反馈（Boud，Keogh，& Walker，1985）；形成性评估（Clark，2012；Kingston & Nash，2011），以及统计学的文化适应（Edelson & Reiser，2006）。

统计学中的教师教育不仅在于提升教师的学科知识，还在于挑战他们对作为统计思维和学习的核心的统计调查全过程的思考（参见本手册第 10 章和第 14 章；Pfannkuch & Ben-Zvi，2011）。学习环境的视角可以为教师提供一个指导框架，以支持他们在统计教育中的专业成长。

虽然任何学习发生的环境都可以被视为学习环境的角度，但是，我们现在关注的是在设计[①]的学习环境[②]中进行的统计学教与学（主要是在教室和在线环境中，但有时也在家里或工作场所）。使用“环境”的隐喻强调课堂是社会、文化、物质、心理和教学相互影响的系统，而不是资源、任务和活动的集合或影响学习的一系列独立因素。由于学习环境的复杂性，成功的设计需要一个工作模型，该模型应说明如何共同建构并协调有助于构成学生参与和责任形式的设计要素（Lehrer，2009）。

为了达到这种平衡和协调，我们认为学习环境的设计必须以学习理论为基础，它可以指导设计、帮助决策，更好地实现教学目标。下一节，我们将介绍两个常用于指导构建学习环境的理论框架。

16.3 指导学习环境设计的理论

理论在研究设计和学习环境设计中的作用是复杂和动态的（Jonassen & Land，2012），它们在一般性的层次上是不同的。从最一般的层面到最具体的层面，包括：①定向框架或背景理论；②作为行动框架的特定领域教学理论；③局部教学理论（local instruction theories）/刍论（humble theory）/假设的学习轨迹（Prediger，Gravemeijer，& Confrey，2015）。理论并不能为设计有效的学习环境提供直接的方法。然而，它们的作用在于：①为使用学习环境的方法提供了原理和动机，而不是仅仅关注学科内容、任务或教师在做什么；②可以为学习环境设计的实际任务提供考虑因素、指导原则和约束条件（有关更多信息，参见本手册第 11 章中有关统计教育理论的性质和应用）。

我们以教育界公认的社会建构主义理论作为教与学的背景理论，该理论要求教学设计者思考学生如何建构新知识，以及课堂社区如何交互式地形成教学任务。除了这个一

① 学习发生在从“设计的”（designed）环境到“周围的”（ambient）环境的一系列环境连续体中（Kali et al.，2015）。在这个连续体中，本章着重于设计的学习环境，而不是非正式的和外围的学习方式。

② 其他人使用学习生态（learning ecology）而不是学习环境来强调教育系统始终是动态的和新兴的，而不是静态的实体（Cobb et al.，2003；Lehrer & Pfaff，2011）。

般的教育理论之外，我们还需要一个专门针对数学教育的理论。基于我们下面解释的原因，我们选择现实数学教育（RME）作为特定领域的教学理论。

16.3.1 社会建构主义理论

根据建构主义的观点，人们通过主动建构知识来学习，而不是被动地接受知识：新知识和新认识基于人们已经拥有的知识和信念，并建立在人们的经验、理解和文化实践之上（如 Cobb，1994b；Piaget，1978；Vygotsky，1978）。学生构建自己的知识这一论点引申出以下问题（Cobb，1994a）："作为教育者/教学设计者的我们希望学生建构什么？"或者"我们希望数学/统计学对他们有什么帮助？"以及"我们如何创造一个情境，让学生建构我们想要他们建构的东西？"

当试图回答最后一个问题时，从学习环境的角度来看，仅仅设计教学任务或教学活动是不够的，需要考虑整个学习环境。借鉴社会建构主义的观点，我们可以说，在学习环境中，重要的不仅仅是任务本身，而且是课堂上交互构成的任务。如何理解任务在很大程度上取决于课堂社会规范、互动形式以及教师的教学议程。这些反过来又与学习目标密切相关，包括一个更广泛的目标，即学生如何理解统计学的本质。

从我们的角度来看，应优先考虑统计学的探究性质（参见本手册第 4 章），探究需要特定的课堂社会规范，期望学生提出自己的问题和解决方案，并解释和证明自己的想法。此外，它还需要适当的社会统计规范或信念，即统计实践意味着什么，这涉及推理和表达方式、态度和观点。因此，社会建构主义的信念，即学生构建自己的知识，以及我们的信念，即应该为学生提供何种统计学，都产生了在学习环境方面进行思考的需求，并定义了我们希望塑造这些环境的方式。（有关使用这些社会建构主义理论宗旨的学习环境的案例，参见第 16.3.2 节。）

社会建构主义进一步确定了人们对符号表征的看法，这里的关键是可以区分诸如纸上标记的符号及其含义。从社会建构主义的观点来看，符号的含义取决于使用它们的社会实践。譬如，纸上的圆圈可以表示学生在计数活动中的计数对象，而类似的圆圈还可以表示自然语言课上学生的字符。因此，从社会建构主义的立场出发，建立产生和使用这种符号的社会实践将是学习环境设计中的核心问题。

一些社会建构主义的理论框架已经发展到将学习描述为在社区中的主动参与，实践社区（Wenger，1998）、学习者社区（Rogoff，1994）和知识建构社区（Scardamalia & Bereiter，2014）是对教育研究和实践产生重大影响的三个框架。虽然它们可能有一些细微的区别，但它们有三个共同的基本原则：活动、参与和文化适应。学习的积极性体现在学生在协作环境中参与商定意义、发展理解、评估，以及安排自己的学习，所有这些都是在专家教师的指导下进行的（Barron et al.，1998；Ben-Zvi，2007；Brown & Campione，1994；Sfard & Cobb，2014）。反过来，这些参与形式被视为文化适应的过程：学生在课堂社区中扮演越来越重要的角色，并沉浸在学习文化中，其间他们获得了语言、社会实践、习惯和学科价值观方面的能力（Barry，2007）。为了使课堂社区有效运作，学生和教师必须就指导和约束社会行为的标准价值观和规范进行协商并达成一致（Cialdini & Trost，1998；Hod & Ben-Zvi，2015）。课堂社区的参与不仅能产生有价值和共享的结果，而且有助于所有成员的持续发展和成长，因为他们接受并建立彼此的知识和行动（Rogoff，Turkanis，& Bartlett，2001）。

社会建构主义立场的含义是，良好的教学实践包括设计能激发学生在学习社区中建构知识的学习环境。统计调查就是这样一种方法，它为学生提供了许多参与、思考、推理和反思学习的机会，以及与同龄人讨论和反思的机会。社会建构主义的探究观并不意味着教师不应该直接告诉学生任何事情，相反，这意味着当教师认识到“教师讲”不会自动导致“学生理解”并关注学习者建构知识的方式时，学习就会得到加强。随着教学的进行，观察学生观念的变化可以为新的教学提供一个切入点。

研究并未提供设计有效学习环境的方法，但是确实拥护着提出关于学习环境设计的某些问题的价值，并表明了它们在某些情况下的价值和成功之处。我们认为，采用学习环境的方法的主要原因是，它似乎在帮助学生加深对统计学的理解上更加有效（如 Baeten et al.，2010；Bransford，Brown，& Cocking，2000；Cognition and Technology Group at Vanderbilt，1998；Sawyer，2014；Sfard & Cobb，2014）。

16.3.2　现实数学教育理论

根据社会建构主义的观点，每个人都建构自己的知识。这使教师——以及相关的教学设计者——陷入困境。怎样才能确保学生建构出你想要他们建构的东西？西蒙提出了“假设的学习轨迹”来回答这个问题：试着预测学生完成教学任务时的心理活动，并将这些心理活动与学习目标联系起来（Simon，1995）。教师可以通过开发、制定、分析和修改假设的学习轨迹来指导学生的学习过程；可以通过提供典型教学序列和局部教学理论基础来帮助教师设计假设的学习轨迹。这些都可以为教师提供参考框架，帮助他们决定要针对哪些心理活动安排教学并选择可以促进这些心理活动的教学任务。

现实数学教育（RME）的特定领域教学理论为此类局部教学理论的设计提供了理论基础。RME 的创始者弗赖登塔尔认为，学生应该将数学作为一种人类活动来体验，这类似于数学家的活动（Freudenthal，1973）。从事数学活动时，他们可以在教师和任务的帮助下再创造数学（或统计学）。与此相关的是，他谈到了引导式再创造，我们认为这与建构主义是相容的，因为弗赖登塔尔和建构主义都认为学生建构自己的数学。随着时间的推移，这些出发点在特定领域的教学理论中得到了阐述，最初由特雷费尔斯提出（Treffers，1987），后来由格雷夫迈耶以启发法教学设计的形式制定出来（Gravemeijer，2004）。这些启发法教学设计包括引导式再创造、教学现象学和新兴建模。

引导式再创造的启发法设计要求设计者开发一条潜在的再创造路线，其起点对于学生来说应该是真实体验的，因为学生会知道在这种情况下如何明智地行动和推理。弗赖登塔尔指出，设计者可以将数学/统计学的历史视为灵感的来源（Freudenthal，1973）（如参见 Bakker & Gravemeijer，2006，他们回顾了均值和中位数的历史现象学），历史可以告诉他们要避免哪些死胡同以及如何取得突破。斯特里夫兰德在此基础上增加了研究学生非正式解决策略的想法（Streefland，1991）。学生可以发明代表着应用数学萌芽的非正式解决策略，这些策略可以作为再创造过程的起点。在特雷费尔斯（Treffers，1987）和范耶勒（van Hiele，1986）的基础上，我们可能认为学习目标应该以数学关系网络为框架。与此相关的是，我们引入了具体化（reification）的概念，具体化的过程会获得类似对象的特征（Sfard & Linchevski，1994）。譬如，分布的概念会从在可能的结果空间内组织度量的过程演变为将分布概念化为具有某些特征（如形状、中心、离散度和偏度）的对象（Bakker & Gravemeijer，2004）。

教学现象学启发法也由弗赖登塔尔提出，他认为，诸如概念、规则和程序之类的数学思维事物是为了组织某些现象而发明的（Freudenthal，1983）。举个思维事物的例子，我们可以考虑将“均值”的概念作为将一组数据汇总为一个数字，或者将分布的概念视为一种更复杂的掌握数据集的方式。计算均值的过程是一个程序类型的思维事物。根据弗赖登塔尔的说法，设计者可以研究他们所针对的数学思维事物是如何在应用场合组织现象的，随后利用这些信息来创造情境，在这种情境中，需要通过发明最佳的思维事物来组织现象（Freudenthal，1983）。与此相关的是，建议探索应用思维事物的各种情况，从而建立一个广泛的现象学基础。

新兴的建模设计启发法是指模型和建模在支持再创造过程中可以发挥的作用。这里最重要的一点是，符号表征并不具有内在的意义。与此相关的是，贝赖特提出了学习悖论：要理解数学的一个新部分，必须了解源于这一部分的符号表征（Bereiter，1985）。新兴的建模启发法旨在通过促进符号和含义共同进化的学习过程来规避这种学习悖论。最初，这些模型以特定背景的模型的形式出现，也就是对学生来说真实的情境，初始模型必须考虑到在背景问题层面上的非正式解决策略。然后，当学生积累更多类似问题的经验时，老师会帮助他们将注意力转移到数学关系和策略上，这将有助于他们进一步发展这些数学关系，使他们能够从不同角度看待模型。模型开始从新兴的数学关系网络中得到其意义，并开始成为更正式的数学推理的基础。因此，非正式数学活动的模型随着数学关系网络的发展而发展成为更为正式的数学推理模型，学生可能体验到这种模型是他们现实数学世界的扩展①。

综上所述，社会建构主义和 RME 可以为指导学习环境的设计提供一个概念基础。尽管不是唯一相关的理论，但是它们提供了一个理论与实践如何紧密联系并相互补充的

① 在实践中，新兴建模启发法中的“模型”实际上被塑造成一系列连续的子模型，这些子模型可以被描述为一串符号或意义链。

案例。现在我们来描述基于这些理论之一所设计的三个统计学学习环境案例，每个例子针对不同的年龄层：小学、初中和高等教育。

16.4 统计学学习环境案例

16.4.1 案例 I："关联"学习环境

"关联"学习环境（The Connections Learning Environment）建立在社会建构主义理论的基础上（上文第 16.3.1 节），是为小学生（10—12 岁）设计的。这是一个始于 2005 年的设计和研究项目（Ben-Zvi，Gil，& Apel，2007），目的是在以色列小学有良好探究和技术强化的学习环境中培养学生的统计推理能力。

该项目每年在 4—6 年级开展为期 5 周（每周 6 小时）的学习，在此期间，学生会积极地体验包括基于数据探究的一些过程，从而表现出统计学者的某些做法。学生使用 TinkerPlots（版本 2；Konold & Miller，2011）（一种用于动态数据和建模探索的计算机工具），通过同伴协作和课堂讨论进行数据和统计建模探究。通过帮助学生学习表示数据的新方法并发展统计推理，TinkerPlots 逐渐成为这些学生的思维工具，它用数据、统计思想、推断及其意义为他们正在进行的探究提供帮助（Ben-Zvi & Ben-Arush，2014）。

关联项目中学生所承担的任务是一系列开放性的真实数据调查，这些调查为学生提供了丰富而积极的经验，包括提出统计问题，收集、表示、分析数据和建模，以及在真实情境中提出推论，从而有意义地使用统计概念（Ben-Zvi et al.，2012；Makar & Ben-Zvi，2011）。数据来自研究小组、教师和学生设计的问卷，并由学校的学生进行管理。"关联"课堂可以概念化和组织化为一个支持协作、论证、分享和反思的学习社区（Bielaczyc & Collins，1999）。项目是通过实际课堂和虚拟网站共同完成的，包含所有教育材料和各种支持、学生的反思日记，以及同伴和教师反馈。

评估的替代方法（Garfield & Ben-Zvi，2008，pp.65-89）被作为"关联"学习环境的一个组成部分。这些评估活动，包括学生项目、口头陈述、同伴和教师反馈，都被视为学习过程的重要组成部分，而不仅仅是"测试"学生成绩的手段。对于教师来说，它们能提供机会深入了解学生不断发展的意义建构，因此在规划和设计教学的过程中至关重要。在项目期间和统计过程中（最后一次与父母的节日活动中），学生对于在简短的展示中呈现并讨论他们的工作通常会有很高的积极性。

在"关联"学习环境中，不是先直接教授学生统计概念，然后要求他们在调查中应用这些概念，而是调查本身旨在引起关注这些概念的需要，从而加深学生对其相关性和应用的理解。在教学材料的设计中还使用了其他策略，诸如增加样本（Bakker，2004；Ben-Zvi，2006；Konold & Pollatsek，2002），这是一种教学启发法，这种启发法逐渐向学生引入来自同一总体的不断增加的样本容量。对于每个样本，要求他们进行非正式的推断（参见本手册第 8 章），然后预测在随后的较大样本中什么会保持不变，什么会改变。因此，要求学生用分布或变异过程的稳定特征进行推理，并将他们关于较大样本的假设与数据中的观察结果进行比较，并鼓励他们考虑自己对推理的确定程度。从小样本开始，学生们将体验到他们对当前样本推断的局限性。这是一个有用的教学工具，能使学生对样本容量敏感，并慢慢地向学生介绍，在日益增大的样本中，信号的变异性在明显降低。

本–兹维发现，结合“如果……那么……”问题来增加样本的启发法，不仅有助于关联项目中的学生理解手头的数据，而且还能帮助他们通过观察分布的整体特征，从噪声中识别出信号，说明其推断的局限性，并提供有说服力的基于数据的论据，从而支持他们的非正式统计推论性推理（Ben-Zvi，2006）。学生对数据不确定性和变异的认识的不断提高，使他们进入了对某种程度上具有不确定性的总体“有所了解”的中间地带，并帮助他们开发了一种语言来谈论这一中间地带的灰色领域（Makar，Bakker & Ben-Zvi，2011）。

增加样本的启发法不是孤立的，而是更广泛地“关联”学习环境的一部分。譬如，学生在收集样本数据后对其有了深刻的理解，而技术工具使他们能够在积极的课堂文化中轻松地、创造性地呈现不断增加的样本。

关联项目最初是基于探索性数据分析的教学方法（Shaughnessy，Garfield & Greer，1996），学生们在统计调查循环内从真实样本中得出非正式的推论。为了培养学生对其推断能力的理解，最近出现了一种基于模型的观点，即学生为探索的（假设）总体建立模型（概率分布），并使用 TinkerPlots 从他们的模型中生成随机样本数据。通过分析生成的随机样本并将其与建立的模型进行比较，学生能了解样本和总体之间的关系以及抽样变异性和代表性（Manor & Ben-Zvi，2017）。

关联项目的学生在探索性数据分析常用的技术方面具有相当的熟练性：使用统计概念、统计思维习惯、基于探究的推理技能、探究规范和习惯，以及 TinkerPlots 作为扩展他们对数据推理的工具（如 Ben-Zvi et al.，2012；Gil & Ben-Zvi，2011）。在一项混合方法的纵向研究中（Gil & Ben-Zvi，2014），研究人员对 9 年级学生进行三年的“关联”干预后，找到了对教与学长期影响的证据。对两个组的学生（参加/未参加该项目）进行了三个扩展开放式数据调查任务的比较，并进行了统计推理测试。在对分布和非正式统计推断的总体视角下的概念理解方面，参加过关联项目的学生获得了重大收获。他们在解释中以更有意义、更整合和更准确的方式使用了统计概念，对随机样本的归纳所涉及的不确定性更为熟悉，并用基于数据的证据支持他们的推断。

总之，关联项目的学生通过积极构建关键统计思想和能力的知识进行学习；享受开放、扩展和参与性的任务；使用先进技术调查真实数据集；并使用替代方法进行评估。这些活动和实体的结合，加上积极和关怀的课堂学习文化，创造了一个培养学生进行深度统计学习的环境（如 Aridor & Ben-Zvi，2017；Manor & Ben-Zvi，2017）。

16.4.2 案例Ⅱ：纳什维尔数据分析项目

纳什维尔数据分析项目（The Nashville Data Analysis Project）是针对初中学生的统计学学习环境案例。20 世纪 90 年代末，在一个 7 年级和一个 8 年级的班级里进行了两个扩展的数据分析教学实验。这些设计实验是科布、格雷夫迈耶、亚克尔等长达 10 年合作的一部分（Cobb et al.，2003），研究详细阐述了 RME 理论，同时采用了社会建构主义观点暗示的集体主义教学观（Cobb，Gravemeijer，& Yackel，2011）。与弗赖登塔尔“将数学视为一种活动”的格言相似，设计的出发点是学生必须通过进行数据分析来体验数据分析的学习（Freudenthal，1973）。这当然需要一种与之相匹配的课堂文化，在这种文化中，教师和学生可以充当实践/学习社区。课程的结构是根据这种文化理念量身定做的，首先是全班讨论提出一个问题，然后是小组借助计算机工具解决问题，最后是展示和讨论。

该方法的实施方式如下（另见 Gravemeijer & Cobb，2013）。这些任务的设计依据是，学生将“出于某种原因”进行数据分析：解决问题或回答问题，最好涉及学生认为与自己相关的主题。为了促进有效的再创造过程，在第一次教学实验中，从解决问题转向考虑并改进数据分析和可视化的方法，这是“培养学生的统计兴趣”。为了实现这一目标，学生被赋予了数据分析师的角色，为必须做出决定的人们服务。这些任务通常涉及比较两个数据集。学生出于某种原因忠于数据分析思想，参与了数据创建的过程。但是，由于在大多数情况下收集数据是不可行的，因此采用了“在数据创建过程中进行交谈”的形式。通过这种方式，研究人员还试图确保起点对学生而言是真实的。

研究人员们遵循新兴的建模设计启发法，试图提供一个符号化/可视化方法与意义发展共同进步的过程。教学序列的主干是由在新兴建模过程中作为子模型的一系列视觉表征构成的（图 16.1）。我们将简要描述这一系列子模型是如何演变的。

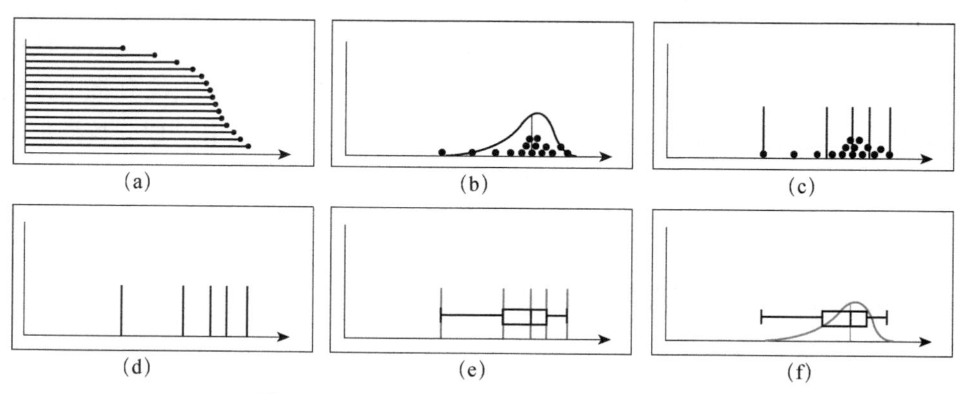

图 16.1 （a—f）新兴建模过程中的子模型

起点是假定 7 年级的学生熟悉如何将单个测量值表示为长度。比较数据集时，学生的重点在于各个值条的端点和 x 轴的相应位置（图 16.1a）。这样就可以在端点下降到水平轴上时省略条形，形成点图（图 16.1b）。分析和比较点图表示的分布，学生可能开始思考分布的形状（图 16.1b）。这样，垂直轴将表示围绕给定 x 值的数据点的密度。以各种方式构造数据集的同时，在四个相等组中构造数据将成为有力方法之一（图 16.1c，图 16.1d）。在这里，学生可以开始使用一半和四分之一的划分方法来比较数据集，同时也通过了解数据密度最大处的垂直条间距最小而开始掌握分布。然后，学生可以开始使用四个相等的组或箱线图作为推理分布的方法（图 16.1e，图 16.1f）。理想情况下，得益于箱线图出现的历史，它将被学生用来表示分布的形状。在此过程中，分布将让学生获得类似于对象的性质，即具有诸如形状、离散度和偏度等特征的对象——可以用中位数、四分位数和极值来进一步定义。

在此模型的基础上，可以将双变量数据集分为一系列单变量分布，这些分布可以表示为一系列（垂直的）箱线图。考虑到与这些箱线图相对应的山型形状，可以想象出一条横跨数据集的脊。这个脊线可以用两个变量之间共变的推测关系来解释。

可视化被嵌入到计算机工具中，计算机工具及其内置的工具选项，被设计成能够支持前面提到的自反过程。第一个工具将数据值显示为末尾带有点的条形图，学生可以在比较两个或三个数据集时以各种方式构造数据。第二个工具以点图的形式显示数据点，可以以各种方式构造它们，特别是以两个或四个相等的组进行构造。第三个工具在笛卡尔图中显示双变量数据集，能将数据集垂直划分，并将这些切片构造成两个或四个相等的组。

有几个指标表明，学生们实际上是在再创造初始的统计数据。在 7 年级末，学生们以原始的方式使用工具选项，并发明了“稳定性”（低离散度）、“多数”（最高密度）和山的隐喻等特殊概念，这些概念不仅表示学生看到的视觉形状，而且表示数据的分布方式（Cobb，McClain，& Gravemeijer，2003；Gravemeijer，2002a，2002b），他们意识到山上更高的点对应着更高密度的数据点。

7 年级的教学实验结束时，大多数学生可以很容易地根据分布的特征来解释数据集的图形，同时着眼于组织数据的有效方式。但是，一个局限性是他们没有将中位数视为数据集的特征，这可能是由于一个事实：中位数和四分位数经常用于划分数据集，以便进行倍数比较。然而，学生确实提出了“山”和“多数”的概念，这两个概念在后来（8 年级）可以进一步发展为将中位数解释为山丘位置的标志。[①]

16.4.3 案例Ⅲ：统计推理学习环境

加菲尔德和本-兹维设计了一个交互式的中等/高等教育统计学入门课程的学习环境模型，旨在发展学生的统计推理（Garfield & Ben-Zvi，2008，pp.45-64；2009）。该模型被称为“统计推理学习环境”（Statistical Reasoning Learning Environment，SRLE），其建立在社会建构主义学习理论之上（第 16.3.1 节）。该模型也被推荐用于教师教育

① 然而，请注意，学生必须意识到并非所有的分布都是单峰的。

（Pfannkuch & Ben-Zvi，2011）。

通过与“传统”大学课堂的比较，可以更好地理解 SRLE。在“传统”课堂中，学生上课前不会预料会学到什么，只是准备好要抄写教师说的话。教师做一个讲座，给出一些例子、一些数据分析，也许还有一些演示。学生们听、做笔记，也许还会问问题，然后带着有关课上信息的作业离开课堂。他们回到家，试图通过回顾笔记或查阅教科书中的范例来解决问题，如果找不到完全匹配的答案，他们往往会感到沮丧。

然而，在 SRLE 课堂上，学生知道他们必须通过阅读教科书中的几页，并用学习问题来指导他们的阅读和笔记，或通过完成诸如数据分析或访谈等任务，为上课做准备。因此，学生在上课前先会初步了解该主题，有时还会提出一些问题。课堂始于对上一节课所学内容的简短总结和反思，会询问学生对上一节课或布置的任务是否有疑问。学生提问，其他学生和/或教师回答。教师很少直接回答问题，而是经常问学生：“你怎么看？”如果另一个学生回答，教师会问：“你是否同意这个答案？为什么？”

现在，课堂准备开始第一项任务。给学生一个问题，如“你认为女生在手机上花费的时间比男生多吗？”学生组成小组讨论这些问题并勾勒出可能的数据分布，然后与全班分享并比较他们的猜想和推理。学生们寻求计算机的帮助，并获得一个以前用在线调查收集的有关班级学生信息的数据集。学生每两人一组，生成图表和统计量来回答有关手机使用的问题。学生可以讨论数据中心和离散度的适当度量，重新回顾以前课程中的观点。他们可能注意到数据中的异常值，可能重点讨论如何确定这些值是合理的还是错误的，以及如果删除这些极端值，图表和统计量会发生什么变化？

教师在 SRLE 课堂中的作用是提出问题、指导讨论、预测误解或推理的困难，并确保学生参与任务且不遇到困难。教师必须知道何时结束讨论、如何从错误中学习以及如何利用学生已完成的工作对任务进行良好的总结，这样学生才能理解他们从任务中学到的东西。在课堂末尾，经过总结性讨论和小结，学生可能被要求完成一个简短的评估任务，从而向教师提供有关该课程的学习反馈。

SRLE 与传统教学方法之间的差异很大，显然，即使是一个充满渴望和热情的教师想要从传统的教学方法转向 SRLE 的教学方法，也面临着许多挑战。这些挑战来源于学生、同事和机构，以及对教师自身期望的挑战，加菲尔德和本-兹维研究并探讨了这些挑战（Garfield & Ben-Zvi，2008，pp.57-63）。

SRLE 模型综合了许多先前的研究成果，并以当前的学习理论为基础。由于它太复杂并且在不同课程和教育水平上可能有不同的转化，因此很难设想一种对它进行全面实证检验的方法。的确，关于整个 SRLE 在多大程度上改善了学生的统计推理思维，几乎没有实证证据（Baglin，2013；Loveland，2014）。康韦研究了符合 SRLE 原则的课堂对美国 AP 统计学课程①学生统计推理能力的影响（Conway，2015），通过比较与 SRLE 原

① AP 课程是美国的一个学术课程，在各个学科领域开设了 30 多门课程，为中学生提供学习大学水平课程的机会。

则一致程度低和高的课堂，他们发现学生的统计推理能力在统计学上没有显著差异，但这项研究的结果表明，符合 SRLE 原则的信念和实践显示出有可能以高于全国水平的速度提高学生的统计推理能力。

通过研究 SRLE 的几个方面来评估学习结果。譬如，在大学一年级的统计学课程中，认知和情感/动机因素都被发现与使用真实数据教授统计学有关（Neumann，Hood，& Neumann，2013）。斯洛特梅克斯、凯勒曼和艾德利安森在将定量材料整合到面向政治学专业学生的非方法学课程中时使用了相似的原理（Slootmaeckers，Kerremans，& Adriaensen，2014），他们的结果表明，这种方法不仅可以激发学生对统计的兴趣，而且有利于他们长久掌握学会的统计技能。

16.5 统计学学习环境的设计维度

本节，我们将确定从我们讨论的理论和经验资源以及前一节中描述的三个学习环境案例中所产生的设计维度。这些维度并不是提供了教师和设计者应该做什么的方法，而是作为设计统计学学习环境时需要考虑、调整和平衡的各种因素或出发点。设计有效的、积极的统计学学习环境的目的是帮助发展学生对统计学深刻而有意义的理解，以及培养统计思维和推理能力。考虑这种学习环境的设计时，我们将讨论并扩展科布和麦克莱恩提出的教学设计的六个维度（Cobb & McClain，2004），强调我们所认为的它们之间的重要联系（图 16.2）。

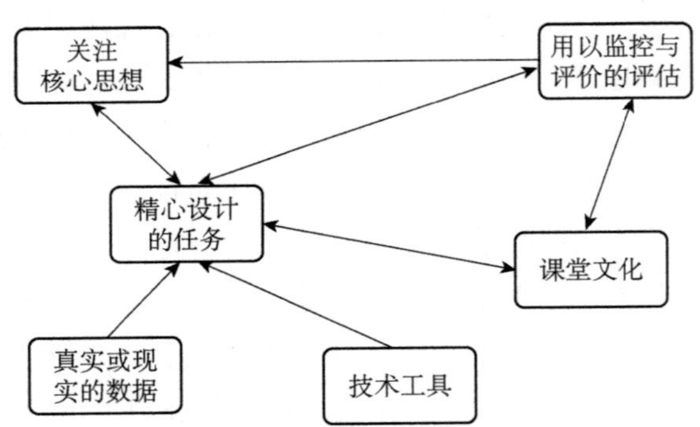

图 16.2 一个相互联系的学习环境的维度关系网络

16.5.1 注重发展核心统计思想，而不是工具和程序

有一些关键的统计思想是期望中小学生和大学生能在深刻的概念层面上理解的（Burrill & Biehler，2011；Garfield & Ben-Zvi，2008），这些思想是指导教学、激励和引导学生学习的重要目标，包括数据、分布、中心、变异性、组间比较、抽样、建模、推断和共变。

加菲尔德和本-兹维提倡将重点放在关键的统计思想及其相互关系上，并提出在整个课程中呈现这些思想的方法，从而在不同背景下重新审视它们、说明它们的多种表现形式和相互关系、帮助学生认识到自己是如何形成统计知识的基础结构的（Garfield & Ben-Zvi，2008；参见上文的案例III）。

遵循 RME 方法，我们将致力于再创造统计思想，并允许在形成关键思想的术语的过程中出现程序和定义。如前面案例中作为数学对象的分布概念的再创造过程所示，集中趋势度量可以发展为处理分布的手段。

16.5.2　使用精心设计的任务来支持统计推理的发展

研究结果表明，统计学学习环境的重要组成部分是使用精心设计的任务，通过协作、互动、讨论和解决有趣的问题来促进学生学习（如 Roseth，Garfield，& Ben-Zvi，2008）。可以说，这样的任务应该是经过深思熟虑的教学序列的一部分，以发展核心统计思想为目标，以局部教学理论为基础。局部教学理论通常包括有关潜在学习过程的理论和有关支持该学习过程的手段的理论（Gravemeijer & Cobb，2013）。前者为教师提供背景信息，教师可以根据这些信息确定每天的学习目标，而后者为教师提供有关可能的任务、工具、互动方式和课堂文化如何支持预期学习过程的信息。这些信息将有助于教师选择任务和工具，预测学生的心理活动，协调课堂互动，评估隐含的假设的学习轨迹。

在学习过程中有一个步骤，譬如，预测密度的概念，将涉及从按比例绘制的水平条表示的度量转换为由点表示的度量——其中，点的位置对应于条形的端点（图 16.1a，图 16.1b）。这里的关键是让学生确定条形的端点及其相对于水平轴的位置，这就提出了一个任务，即条形端点成为了一个核心问题。电池寿命任务（图 16.3）很好地满足了这个要求（尽管教师可以选择另一个满足此要求的任务）。

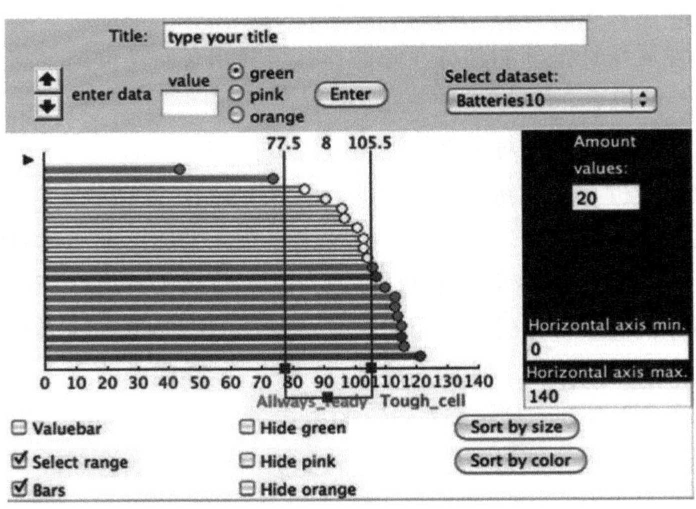

图 16.3　用计算机工具比较电池寿命的数据截图

设计高质量的任务要求很高，尤其是因为有一些固有的矛盾。其中一个被安利、普拉特和汉森称为“计划悖论”（planning paradox），即既要通过允许学生自由发展自己的想法来吸引学生的兴趣，又要确保在此期间处理了特定的数学或统计学思想（Ainley，Pratt，& Hansen，2006）。这是适当任务的设计与学术机构学习环境约束之间的矛盾。

为解决这一挑战，安利和普拉特提出了两个相关联的任务设计原则，这些原则特别适用于统计教育，并可能在学习环境的设计中得到广泛应用（Ainley & Pratt，2014a）。第一个原则是课堂环境中的任务对学生而言应该有明确的目的。这可能涉及制作一个真实的或虚拟的对象，比如一个纸转盘或一个生成数据的模型，或者解决一个有趣的问题。从这个意义上讲，目的并不一定与现实世界的应用有关：目的可能出现在虚构的背景中，如学生在“愤怒的小鸟”计算机游戏中为新角色的移动提供建议（Ainley & Pratt，2014b）。重要的是，任务设计的难点在于吸引学生。

第二个原则涉及统计思想的效用，即，使得这些思想有用的方式。参与性任务应为学生提供机会，使他们能够以某种方式使用统计思想，从而了解它们是如何以及为什么强大的。譬如，在对仅水平移动的“愤怒的小鸟”（“愤怒的鹂鹊”）的运动进行建模时，学生可以理解需要通过信号和噪声来描述，相对于弹簧后拉距离，鹂鹊移动了多远。

16.5.3 使用真实或现实的和积极的数据集

统计教学任务的设计必须考虑到将集中处理的数据。数据是统计工作的核心，数据也应该是统计学习的重点（Franklin & Garfield，2006）。在学习统计学的整个过程中，学生需要考虑收集和生成数据的方法，以及这些方法如何影响数据的质量和适当的分析类型。一种教学方法是寻找有趣的数据集来激励学生参与活动，尤其是那些要求他们在分析之前进行猜测的数据集（Ben-Zvi & Aridor，2016）。另一种方法是从一个问题开始，然后讨论需要什么数据来回答这个问题。但是，提供真实的或“现实的”数据并不总是足以使学生参与发展统计推理的任务，除非该任务提出了有意义的挑战并提供了以现实方式使用统计思想的机会。

考虑在统计教育研究中相对常见的使用真实数据的两种活动。第一种是基于真实数据源的探索性数据分析，如“新西兰学校调查”（Connor，2002）。尽管学生可能对与他们自己有关的数据具有内在的兴趣，但对数据提出有意义的问题可能对学生来说是个挑战（如 Burgess，2007），在没有明确目标的情况下对数据关系进行开放式探索可能不会让学生以现实的方式使用统计思想。第二种是抽样任务，如重复抽取小样本以估计碗中特定颜色的糖果比例。在这里，抽样的统计思想正以一种现实的方式被用来回答一个特定的问题，但是任务本身并不是一个有意义的挑战（Ainley，Gould，& Pratt，2015）。如果你真的想知道不同颜色的糖果的数量，从碗里倒出后直接数会更快、更可靠。这些任务的共同点是，尽管基于真实数据，但它们并不强调让学生有机会理解统计思想的效用。结果，他们看起来是人为的，无法吸引和激励学生。

关于数据在统计任务中的作用和性质，存在着进一步的矛盾。学生，尤其是年轻学生，需要体验收集、记录和清理自己的数据，从而发展对不同表征形式的理解（如 Neumann，Hood，& Neumann，2013）。但是，收集数据是很费时的，这样留给分析和讨论的时间就相对较少，并且所得数据集的特征无法预测。提供真实世界的数据集（如“新西兰学校调查”数据，http://new.censusatschool.org.nz/），或设计不真实但体现教师希望学生体验的特征的数据集将节省时间，但是学生可能发现此类数据集更难理解和使用（Arnold，2014）。

在关于数据分析的教学实验中，科布等使用了一种解决这种矛盾的方法（Cobb，McClain，& Gravemeijer，2003）。他们询问 7 年级学生，有关电池的消费者报告需要哪些数据，从而为这项任务提供了一个总体目标。学生提出了“寿命”变量，并弄清楚了如何收集有关寿命的数据，作者将该活动描述为“讨论数据创建过程”。随后，学生们获得了两种品牌电池的寿命数据，这是专门设定的虚拟数据，旨在让学生关注涉及比较两个数据集的统计思想，将其作为教学序列的一部分。两个数据集是按照这样的方式构建的：一个数据集中有许多高寿命的电池，另一个数据集的离散度较低。这样就可以对低离散度展开讨论，为此，相对于关注寿命高的数值，学生发明了“稳定性”（consistency）一词，学生们最终把这个问题与电池的用途联系起来。

16.5.4 整合能使学生探索和分析数据的技术工具的使用

任务的设计（Watson & Ohtani，2015）以及学生访问和探索数据的方式受到支持学生理解和推理能力发展的一系列技术工具的显著影响，如计算机、图形计算器、互联网、统计软件和 web 小程序（如 Biehler，2003）。学生不再需要花时间进行繁琐的计算或绘制图表，而是可以将精力集中在如何选择适当的分析方法和如何解释结果这些更重要的任务上。技术工具不仅用于生成统计数据、图表数据或分析数据，而且还可以帮助学生通过模拟来可视化概念并发展对抽象概念的理解。有关创新工具的示例以及使用这些工具来帮助学生发展推理的方法，请参见本-兹维、钱斯等、比勒尔等的文章（Ben-Zvi，2000；Chance et al.，2007；Biehler et al.，2013）。

有一类特殊的技术工具是根据教学序列定制的工具，旨在支持“引导式再创造”。譬如，我们可以参考上述格雷夫迈耶和科布的数据分析实验（Gravemeijer & Cobb，2013），该实验旨在增强学生对作为对象的分布的理解。这里应用了一种新兴建模方法，其中不同的子模型样例说明了可视化数据集的重要思想。这些可视化效果嵌入到计算机工具中，使学生能够以各种方式构造数据。譬如，当比较电池寿命的两个数据集时，学生使用工具选项将 AlwaysReady 电池的值与 Tough Cell 电池的值进行比较（图 16.3）。

根据计算机工具的表征，他们认为，当他们需要真正可靠的电池时，他们会更喜欢 Tough Cell 电池的“稳定性”，而不是 AlwaysReady 电池的许多高数值，因为 Tough Cell

电池至少能供给 80 小时。

16.5.5 建立促进统计论证的课堂文化

任务、技术和评估工具的设计必须考虑到课堂话语的预期形式。在统计学学习环境中，活动和技术的使用允许形成一种课堂话语形式，在这种形式中，学生学习相互提问并回答这些问题，以及解释他们的答案和论点。科布和麦克莱恩描述了有效的课堂话语，其中的统计论证解释了为什么数据的组织会引起对被调查现象的洞察，而学生则从事着眼于重要统计思想的持续交流（Cobb & McClain，2004）。

创造一个使学生能够参与讨论的有课堂话语的统计学学习环境，在讨论中生成有意义的统计问题、提出论点，并公开讨论其意义，这可能是一个挑战。创建一个让学生即使在不确定的情况下也可以放心表达自己观点的课堂环境是另一项艰巨的任务，这也与课堂文化有关，在课堂文化中，师生必须制定相应的课堂社会规范和社会数学（或社会统计学）规范（Yackel & Cobb，1996）。这些规范包括学生有义务解释和证明他们的解决方案，试图理解其他学生的解释和推理，在需要时要求澄清以及最终挑战他们不同意的思维方式。教师不应作解释，而应提出有助于培养学生思维的任务和问题。社会统计学规范将根据统计实践的含义进行调整，例如，什么是统计问题，什么是统计论证等。

如上述三个学习环境案例所述，课堂文化的转变与学生角色的潜在转变有关，学生角色从问题解决者转变为负责分析和表示数据以便决策者使用的统计学者。当扮演数据分析师或数据侦探的角色时（Pfannkuch & Rubick，2002），学生可以开始反思简明描述和数据表征的充分性和清晰性，这可能促进更复杂的表征和概念的再创造。

16.5.6 使用评估来监控学生统计学习的发展，并评价教学计划

评估应该与话语丰富的课堂中精心设计的关注核心统计思想的任务相一致。如果不以这种方式调整评估实践，那么其他设计维度的许多变化都将丧失价值，因为学生和教师的注意力将受到评估要求的影响。近年来，统计课堂上采用了多种不同的评价形式。除了测验、家庭作业和考试之外，许多教师还将统计项目作为一种评估形式（MacGillivray & Pereira-Mendoza，2011）。其他形式的替代评估也用于评估学生的统计素养（如评论报纸上的图表）和推理能力（如撰写有意义的短文）或向教师提供学习反馈（如小论文）（Bidgood，Hunt，& Jolliffe，2010；Franklin & Garfield，2006；Gal & Garfield，1997）。

评估需要与学习目标保持一致，重点是理解关键思想，而不仅仅是技能、程序和计算得出的答案。这可以通过课程中使用的形成性评估（如小测验、小项目或在课堂上观察和倾听学生）以及总结性评估（课程成绩）来完成。有用且及时的反馈对于评估至关重要，从而导向学习。在不同类型的课程中，不同类型的评估可能或多或少是实用的。然而，即使在大班中，也有可能实施良好的评估实践（Garfield & Ben-Zvi，2008，pp.65-89）。

16.6 讨论：当代议题和新兴方向

本章的目的是让人们注意统计教育中对学习环境及其设计的思考，这是考虑如何支持统计学教与学中的可持续变革的一种方式。不是要提倡一种特定的设计学习环境的方法，而是要提高人们对于在统计教育中考虑这种观点的必要性的认识。我们提供了一些由社会建构主义和现实数学教育理论所启发而设计的统计学学习环境的例子。基于这些案例和理论，我们讨论了统计学学习环境设计的六个维度。

支持学生统计推理发展的教育变革的设计是一项具有挑战性的任务。通过控制变量进行一维变革（如制定新的任务、使用新的教学策略）可能产生影响，但这未必能让学生对统计思想的理解产生可持续的变化。本章主张采用一种整体和综合的方法，倡导一种学习环境，在这种环境中，学生利用数据进行猜测和检验，讨论并解释统计推理，关注重要的统计学“大观念”，以创造性的方式使用创新工具辅助他们的学习，并以适当的方式评估。

我们讨论了统计学学习环境的设计如何在以下相互关联的方面得以考虑：关注核心统计思想、使用真实或现实的数据集、精心设计的任务、整合使用适当的技术工具、促进能形成话语和社会统计学规范的课堂文化，以及采用适当的评估方法（Cobb & McClain，2004）。

讨论中的一个关键方面是，这些相互关联的维度（图 16.2）必须保持一致和平衡。一致性问题对于加快学校内外的统计学习至关重要。将这些设计原则作为整体的一部分的意义是，单独使用其中的一项原则不足以对学生的学习产生深刻而持续的变化。学习环境的设计有助于将它们联系起来。譬如，激励任务的设计与真实的数据收集相联系；这些数据通过借助技术工具的创新性，可用于建立学生的统计理解；富有成效的课堂话语由支持论证的开放式任务设计和教师的适当回应提供支持（Makar，Bakker，& Ben-Zvi，2015）；评估方法需要与任务设计保持一致；新工具的提供必须考虑与学科内容和教学法的潜在互动（Moore，1997）。

因此，我们认为，变革的教学和研究工作必须考虑这些维度之间的相互作用。然而，本章没有包括学习环境的其他重要方面。比如，在情感方面（参与和认同），可以激励所有学生参与并反思他们的经历（Heyd-Metzuyanim，2013）。

学习环境应该成为统计教育界讨论的一部分，我们希望看到更多关于综合的统计学学习环境的研究报告，而不是目前对特定工具或一系列创新任务的有限关注。挑战是多方面的，设计一个对学习环境的研究比单因素实验更为复杂，还可能存在与地方和国家机构限制相对的矛盾，并且评估的设计必须考虑多个维度，且采用混合方法。

如果认真对待，那么统计学学习环境这一领域存在着许多当代议题和未来方向。首先，在不同的背景和年龄层次上，需要进一步研究，以提供更多、更全面的深入研究的例子。还需要系统地研究统计学学习环境的有效性、学习环境设计问题、统计学学习环境各方面之间的协调作用、创新设计中教与学的新可能性以及前沿领域中的契机，譬如，基于模型的推理、教授复杂抽象概念的视觉表征、虚拟世界中的学习、基于网络的协作团队和社区以及大数据（本手册第 1 章，第 13 章和第 15 章）。

在上面的案例III中，证明这种方法有效性的困难对研究学习环境提出了深刻的方法论问题。传统的研究方法是尽可能地控制大多数变量，并且将重点放在所讨论的一维变量上。学习环境的方法承认的是一个复杂的系统或生态，在这个系统或生态中，这种方法是站不住脚的。取而代之的是，需要一种设计研究方法（Cobb，McClain，& Gravemeijer，2003；Gravemeijer & Cobb，2013），其中，学习环境的迭代设计使研究团队对设计中学习的关键机制敏感。然而，请注意，在设计研究中，学生从参与学习环境中获得的经验数据也是必不可少的。我们建议在研究学习环境设计的方法论方面给予更多的关注。

其次，由于在线环境中学习的激增，针对慕课和虚拟环境等在线学习社区的设计有所增加（如 Pratt et al.，2016；Wild，2007）。因此，有必要研究未来学习环境的设计（Jacobson & Reimann，2010）。我们认为，学习环境的视角可以增进我们对在线学习领域的理解。

统计教育界迈向学习环境视角的第一步，是研究人员在其研究中考虑这种方法的影响，以及职业发展要支持教师考虑当前的课程和材料如何与学习环境中的社会、文化、物理、心理和教学部分相结合。经过一段时间的谨慎稳步的改变，而不是推动根本性的变革，有可能在统计教育界的研究人员和教师中成功地实施学习环境的设计。

参考文献

Ainley，J.，Gould，R.，& Pratt，D.（2015）. Learning to reason from samples：Commentary from the perspectives of task design and the emergence of“big data”. *Educational Studies in Mathematics*，*88*（3），405-412.

Ainley，J.，& Pratt，D.（2014a）. Chance re-encounters：“computers in probability education”revisited. In D. Frischemeier，P. Fischer，R. Hochmuth，T. Wassong，& P. Bender（Eds.），*Using tools for learning mathematics and statistics*（pp.165-177）. New York：Springer.

Ainley，J.，& Pratt，D.（2014b）. Expressions of uncertainty when variation is partially determined. In K. Makar，B. de Sousa，& R. Gould（Eds.），*Sustainability in statistics education. Proceedings of the 9th International Conference on Teaching Statistics，Flagstaff，AZ，USA*. Voorburg：International Statistical Institute.

Ainley，J.，Pratt，D.，& Hansen，A.（2006）. Connecting engagement and focus in pedagogic task design. *British Educational Research Journal*，*32*（1），23-38.

Aridor，K.，& Ben-Zvi，D.（2017）. The co-emergence of aggregate and modelling reasoning. *Statistics Education Research Journal*，*16*（2），38-63.

Arnold，P.（2014）. *Statistical investigative questions：An enquiry into posing and answering investigative questions from existing data*. Unpublished doctoral dissertation，University of Auckland.

Baeten，M.，Kyndt，E.，Struyven，K.，& Dochy，F.（2010）. Using student-centred learning environments to stimulate deep approaches to learning：Factors encouraging or discouraging their effectiveness. *Educational Research Review，5*（3），243-260.

Baglin，J.（2013）. *Evaluating learning theory-based methods for improving the learning outcomes of introductory statistics courses*. Unpublished doctoral dissertation，RMIT University.

Bakker，A.（2004）. *Design research in statistics education：On symbolizing and computer tools*. Utrecht：CD Beta Press.

Bakker，A.，& Gravemeijer，K.（2004）. Learning to reason about distribution. In D. Ben-Zvi & J. Garfield（Eds.），*The challenging of developing statistical literacy，reasoning，and thinking*（pp.147-168）. Dordrecht：Kluwer.

Bakker，A.，& Gravemeijer，K.（2006）. An historical phenomenology of mean and median. *Educational Studies in Mathematics，62*（2），149-168.

Barron，B. J. S.，Schwartz，D. L.，Vye，N. J.，Moore，A.，Petrosino，A.，Zech，L.，et al.（1998）. Doing with understanding：Lessons from research on problem- and project-based learning. *The Journal of the Learning Sciences，7*（3-4），271-311.

Barry，J.（2007）. Acculturation. In J. Grusec & P. Hastings（Eds.），*Handbook of socialization：Theory and research*（pp.543-560）. New York：Guilford Press.

Ben-Zvi，D.（2000）. Toward understanding the role of technological tools in statistical learning. *Mathematical Thinking and Learning，2*（1-2），127-155.

Ben-Zvi，D.（2006）. Scaffolding students' informal inference and argumentation. In A. Rossman & B. Chance（Eds.），*Proceedings of the 7th International Conference on Teaching Statistics（CD-ROM）*. Voorburg：International Statistical Institute.

Ben-Zvi，D.（2007）. Using wiki to promote collaborative learning in statistics education. *Technology Innovations in Statistics Education，1*（1）. Retrieved from https://doi.org/10.5070/T511000029.

Ben-Zvi，D.，& Aridor，K.（2016）. Children's wonder how to wander between data and context. In D. Ben-Zvi & K. Makar（Eds.），*The teaching and learning of statistics：International perspectives*（pp.25-36）. Switzerland：Springer International Publishing.

Ben-Zvi，D.，Aridor，K.，Makar，K.，& Bakker，A.（2012）. Students' emergent articulations of uncertainty while making informal statistical inferences. *ZDM，44*（7），913-925.

Ben-Zvi，D.，& Ben-Arush，T.（2014）. Exploratory data analysis instrumented learning with TinkerPlots. In D. Frischemeier，P. Fischer，R. Hochmuth，T. Wassong，& P. Bender（Eds.），*Using tools for learning mathematics and statistics*（pp.193-208）. New York：Springer.

Ben-Zvi，D.，Gil，E.，& Apel，N.（2007）. What is hidden beyond the data? Helping young students to reason and argue about some wider universe. In D. Pratt & J. Ainley（Eds.），*Reasoning about informal inferential statistical reasoning. Proceedings of the 5th International Research Forum on Statistical*

Reasoning，Thinking，And Literacy. Warwick：University of Warwick.

Bereiter，C.（1985）. Towards a solution of the learning paradox. *Review of Educational Research，55*（2），201-226.

Bidgood，P.，Hunt，N.，& Jolliffe，F.（Eds.）.（2010）. *Assessment methods in statistical education：An international perspective*. West Sussex：Wiley.

Biehler，R.（2003）. Interrelated learning and working environments for supporting the use of computer tools in introductory classes. In International Statistical Institute（Ed.），*CD-ROM Proceedings of the IASE Satellite Conference on Statistics Education and the Internet，Max-Planck-Institute for Human Development，Berlin，11-12 August 2003*. Retrieved from https://www.researchgate.net/publication/228697086.

Biehler，R.，Ben-Zvi，D.，Bakker，A.，& Makar，K.（2013）. Technology for enhancing statistical reasoning at the school level. In M. A. Clements，A. Bishop，C. Keitel，J. Kilpatrick，& F. Leung（Eds.），*Third international handbook of mathematics education*（pp.643-690）. New York：Springer.

Bielaczyc，K.（2006）. Designing social infrastructure：Critical issues in creating learning environments with technology. *The Journal of the Learning Sciences，15*（3），301-329.

Bielaczyc，K.，& Collins，A.（1999）. Learning communities in classrooms：A reconceptualization of educational practice. In C. M. Reigeluth（Ed.），*Instructional-design theories and models：A new paradigm of instructional theories*（Vol. II，pp.269-292）. Mahwah：Lawrence Erlbaum Associates，Publishers.

Boud，D.，Keogh，R.，& Walker，D.（1985）. Promoting reflection in learning：A model. In D. Boud，R. Keogh，& D. Walker（Eds.），*Reflection：Turning experience into learning*（pp.18-39）. East Brunswick：Nichols.

Bransford，J.，Brown，A. L.，& Cocking，R. R.（Eds.）.（2000）. *How people learn：Brain，mind，experience，and school*. Washington：National Academy Press.

Brown，A. L.，& Campione，J. C.（1994）. Guided discovery in a community of learners. In K. McGilly（Ed.），*Classroom lessons：Integrating cognitive theory and classroom practice*（pp.229-272）. Cambridge：The MIT Press.

Burgess，T.（2007）. *Investigating the nature of teacher knowledge needed and used in teaching statistics*. Unpublished doctoral dissertation，Massey University.

Burrill，G.，& Biehler，R.（2011）. Fundamental statistical ideas in the school curriculum and in training teachers. In C. Batanero，G. Burrill，& C. Reading（Eds.），*Teaching statistics in school mathematics - Challenges for teaching and teacher education: A Joint ICMI/IASE Study：The 18th ICMI Study*（pp.57-69）. Dordrecht：Springer.

Chance，B.，Ben-Zvi，D.，Garfield，J.，& Medina，E.（2007）. The role of technology in improving student learning of statistics. *Technology Innovations in Statistics Education Journal，1*（1）. Retrieved from https://doi.org/10.5070/T511000026.

Cialdini，R. B.，& Trost，M. R.（1998）. Social influence：Social norms，conformity，and compliance. In D. Gilbert，S. Fiske，& G. Lindzey（Eds.），*The handbook of social psychology*（Vol.2，4th ed.，pp.151-192）. New York：McGraw-Hill.

Clark，I.（2012）. Formative assessment：Assessment is for self-regulated learning. *Educational Psychology Review，24*（2），205-249.

Cobb，G. W.（1992）. Report of the joint ASA/MAA committee on undergraduate statistics. In *In the American Statistical Association 1992 Proceedings of the Section on Statistical Education*（pp.281-283）. Alexandria：American Statistical Association.

Cobb，G. W.（1993）. Reconsidering statistics education：A national science foundation conference. *Journal of Statistics Education，1*（1），1-28.

Cobb，P.（1994a）. Constructivism in mathematics and science education. *Educational Researcher，23*（7），4.

Cobb，P.（1994b）. Where is the mind? Constructivist and sociocultural perspectives on mathematical development. *Educational Researcher，23*（7），13-20.

Cobb，P.，& McClain，K.（2004）. Principles of instructional design for supporting the development of students' statistical reasoning. In D. Ben-Zvi & J. Garfield（Eds.），*The challenge of developing statistical literacy，reasoning，and thinking*（pp.375-396）. Dordrecht：Kluwer.

Cobb，P.，Confrey，J.，diSessa，A.，Lehrer，R.，& Schauble，L.（2003）. Design experiments in educational research. *Educational Researcher，32*（1），9-13.

Cobb，P.，Gravemeijer，K.，& Yackel，E.（2011）. Introduction. In E. Yackel，K. Gravemeijer，& A. Sfard（Eds.），*A journey in mathematics education research，insights from the work of Paul Cobb*（pp.109-115）. Dordrecht：Springer.

Cobb，P.，McClain，K.，& Gravemeijer，K.（2003）. Learning about statistical covariation. *Cognition and Instruction，21*（1），1-78.

Cognition and Technology Group at Vanderbilt.（1998）. Designing environments to reveal，support，and expand our children's potentials. In S. A. Soraci & W. McIlvane（Eds.），*Perspectives on fundamental processes in intellectual functioning：A survey of research approaches*（Vol.1，pp.313-350）. Stamford：Ablex.

Collins，A.（1999）. Design issues for learning environments. In S. Vosniadou，E. De Corte，R. Glaser，& H. Mandl（Eds.），*International perspectives on the psychological foundations of technology-based learning environments*（pp.347-361）. Hillsdale：Lawrence Erlbaum Associates.

Connor，D.（2002）. CensusAtSchool 2000：Creation to collation to classroom. *6th International Conference on Teaching Statistics（ICOTS-6）at Cap Town，South Africa*. Retrieved from http://iase-web.org/documents/papers/icots6/2d1_conn.pdf.

Conway Ⅳ，B. M.（2015）. *A comparison of high school students' development of statistical reasoning outcomes in high and low statistical reasoning learning environments*. Doctoral dissertation，Auburn University.

Cuban，L.（2003）. *Why is it so hard to get good schools?* New York：Teachers College，Columbia University.

Darling-Hammond，L.（1997）. *The right to learn：A blueprint for creating schools that work*. San Francisco：Jossey-Bass.

De Corte，E.，Verschaffel，L.，Entwistle，N.，& van Merrienboer，J.（2003）. *Powerful learning environments (Unravelling basic components and dimensions)*. UK：Emerald.

Edelson，D.，& Reiser，B.（2006）. Making authentic practices accessible to learning：Design challenges and strategies. In R. K. Sawyer（Ed.），*The Cambridge handbook of the learning sciences*（pp.335-354）. New York：Cambridge University Press.

Everson，M.，Zieffler，A.，& Garfield，J.（2008）. Implementing new reform guidelines in teaching introductory college statistics courses. *Teaching Statistics，30*（3），66-70.

Franklin，C.，& Garfield，J.（2006）. The guidelines for assessment and instruction in statistics education（GAISE）project：Developing statistics education guidelines for pre K-12 and college courses. In G. F. Burrill（Ed.），*Thinking and reasoning about data and chance：Sixty-eighth NCTM yearbook*（pp.345-375）. Reston：National Council of Teachers of Mathematics.

Freudenthal，H.（1973）. *Mathematics as an educational task.* Dordrecht：Reidel.

Freudenthal，H.（1983）. *Didactical phenomenology of mathematical structures*. Dordrecht：Reidel.

Gal，I.，& Garfield，J.（Eds.）.（1997）. *The assessment challenge in statistics education.* Amsterdam：IOS Press.

Garfield，J.，& Ben-Zvi，D.（2007）. How students learn statistics revisited：A current review of research on teaching and learning statistics. *International Statistical Review，75*（3），372-396.

Garfield，J.，& Ben-Zvi，D.（2008）. *Developing students' statistical reasoning：Connecting research and teaching practice*. Dordrecht：Springer.

Garfield，J.，& Ben-Zvi，D.（2009）. Helping students develop statistical reasoning：Implementing a statistical reasoning learning environment. *Teaching Statistics，31*（3），72-77.

Garfield，J.，Hogg，B.，Schau，C.，& Whittinghill，D.（2002）. First courses in statistical science：The status of educational reform efforts. *Journal of Statistics Education，10*（2）. Retrieved from ww2.amstat.org/publications/jse/v10n2/garfield.html.

Gil，E.，& Ben-Zvi，D.（2011）. Explanations and context in the emergence of students' informal inferential reasoning. *Mathematical Thinking and Learning，13*（1-2），87-108.

Gil，E.，& Ben-Zvi，D.（2014）. Long term impact of the connections program on students' informal inferential reasoning. In K. Makar，B. de Sousa and R. Gould（Eds.），*Sustainability in statistics education (Proceedings of the Ninth International Conference on Teaching Statistics，ICOTS9，July 2014)*. Voorburg：International Association for Statistics Education and International Statistical Institute.

Gravemeijer，K.（2002a）. Developing research，a course in elementary data analysis as an example. In F. Lin（Ed.），*Common sense in mathematics education*（pp.43-68）. Taipei：National Taiwan Normal University.

Gravemeijer，K.（2002b）. Emergent modeling as the basis for an instructional sequence on data analysis. *6th International Conference on Teaching Statistics (ICOTS-6) at Cape Town，South Africa*. Retrieved from https://www.researchgate.net/publication/46624621.

Gravemeijer，K.（2004）. Instruction theories as means of support for teachers in reform mathematics education. *Mathematical Thinking and Learning，6*（2），105-128.

Gravemeijer，K.，& Cobb，P.（2013）. Design research from the learning design perspective. In T. Plomp &

N. Nieveen（Eds.），*Educational design research：An introduction（part A）*（pp.72-113）. Enschede：SLO（Netherlands Institute for curriculum development）.

Heyd-Metzuyanim，E.（2013）. The co-construction of learning difficulties in mathematics-teacher-student interactions and their role in the development of a disabled mathematical identity. *Educational Studies in Mathematics，83*（3），341-368.

Hickey，D. T.，Kindfield，A. C.，Horwitz，P.，& Christie，M. A.（2003）. Integrating curriculum，instruction，assessment and evaluation in a technology-supported genetics learning environment. *American Educational Research Journal，40*（2），495-538.

Hod，Y.，& Ben-Zvi，D.（2015）. Students negotiating and designing their collaborative learning norms：A group developmental perspective in learning communities. *Interactive Learning Environments，23*（5），578-594.

Jacobson，M.，& Reimann，P.（Eds.）.（2010）. *Designs for learning environments of the future（international perspectives from the learning sciences）*. New York：Springer Science+Business Media.

Jonassen，D.，& Land，S.（Eds.）.（2012）. *Theoretical foundations of learning environments*（2nd ed.）. New York：Routledge.

Kali，Y.，Tabak，I.，Ben-Zvi，D.，et al.（2015）. Technology-enhanced learning communities on a continuum between ambient to designed：What can we learn by synthesizing multiple research perspectives? In O. Lindwall，P. Koschman，T. Tchounikine，& S. Ludvigsen（Eds.），*Exploring the material conditions of learning：The computer supported collaborative learning conference*（Vol. Ⅱ，pp.615-622）. Gothenburg：The International Society of the Learning Sciences.

Kapur，M.，& Bielaczyc，K.（2012）. Designing for productive failure. *The Journal of the Learning Sciences，21*（1），45-83.

Kingston，N.，& Nash，B.（2011）. Formative assessment：A meta-analysis and a call for research. *Educational Measurement：Issues and Practice，30*（4），28-37.

Kohn，A.（1999）. *The schools our children deserve：Moving beyond traditional classrooms and "tougher standards"*. Boston：Houghton Mifflin.

Konold，C.，& Miller，C. D.（2011）. *TinkerPlots：Dynamic Data Exploration（Version v2.0）（Computer software）*. Available：https://www.tinkerplots.com/.

Konold，C.，& Pollatsek，A.（2002）. Data analysis as the search for signals in noisy processes. *Journal for Research in Mathematics Education，33*（4），259-289.

Lehrer，R.（2009）. Designing to develop disciplinary knowledge：Modeling natural systems. *American Psychologist，64*（8），759-771.

Lehrer，R.，& Pfaff，E.（2011）. Designing a learning ecology to support the development of rational number：Blending motion and unit partitioning of length measures. In D. Y. Dai（Ed.），*Design research on learning and thinking in educational settings：Enhancing intellectual growth and functioning*（pp.131-160）. New York：Routledge.

Loveland，J. L.（2014）. *Traditional lecture versus an activity approach for teaching statistics：A comparison of outcomes*. Unpublished doctoral dissertation，Utah State University.

MacGillivray，H.，& Pereira-Mendoza，L.（2011）. Teaching statistical thinking through investigative projects. In C. Batanero，G. Burrill，& C. Reading（Eds.），*Teaching statistics in school mathematics-challenges for teaching and teacher education*（pp.109-120）. New York：Springer.

Makar，K.，& Ben-Zvi，D.（2011）. The role of context in developing reasoning about informal statistical inference. *Mathematical Thinking and Learning，13*（1-2），1-4.

Makar，K.，Bakker，A.，& Ben-Zvi，D.（2011）. The reasoning behind informal statistical inference. *Mathematical Thinking and Learning，13*（1-2），152-173.

Makar，K.，Bakker，A.，& Ben-Zvi，D.（2015）. Scaffolding norms of argumentation-based inquiry in a primary mathematics classroom. *ZDM，47*（7），1107-1120.

Manor，H.，& Ben-Zvi，D.（2017）. Students' emergent articulations of statistical models and modelling in making informal statistical inferences. *Statistics Education Research Journal，16*（2），116-143.

Moore，D. S.（1997）. New pedagogy and new content：The case of statistics. *International Statistical Review，65*（2），123-137.

Moore，D. S.（1998）. Statistics among the liberal arts. *Journal of the American Statistical Association，93*（444），1253-1259.

Neumann，D. L.，Hood，M.，& Neumann，M. M.（2013）. Using real-life data when teaching statistics：Student perceptions of this strategy in an introductory statistics course. *Statistics Education Research Journal，12*（2），59-70.

Pfannkuch，M.，& Ben-Zvi，D.（2011）. Developing teachers' statistical thinking. In C. Batanero，G. Burrill，& C. Reading（Eds.），*Teaching statistics in school mathematics-Challenges for teaching and teacher education（a Joint ICMI/IASE Study，the 18th ICMI Study）*（pp.323-333）. New York：Springer.

Pfannkuch，M.，& Rubick，A.（2002）. An exploration of students' statistical thinking with given data. *Statistics Education Research Journal，1*（2），4-21.

Piaget，J.（1978）. *Success and understanding*. Cambridge：Harvard University Press.

Pratt，D.，Griffiths，G.，Jennings，D. & Schmoller，S.（2016）. Tensions and compromises in the design of a MOOC for adult learners of mathematics and statistics. *13th International Congress on Mathematical Education，Hamburg*. Retrieved from https://link.springer.com/chapter/10.1007/978-3-030-03472-6_16.

Prediger，S.，Gravemeijer，K.，& Confrey，J.（2015）. Design research with a focus on learning processes：An overview on achievements and challenges. *ZDM，47*（6），877-891.

Reston，E.，& Bersales，L. G.（2008）. Reform efforts in training statistics teachers in the Philippines：Challenges and prospects. In C. Batanero，G. Burrill，C. Reading，& A. Rossman（Eds.），*Teaching statistics in school mathematics：Challenges for teaching and teacher education. Proceedings of the ICMI Study 18 and 2008 IASE Round Table Conference*. New York：Springer Science+Business Media.

Rogoff，B.（1994）. Developing understanding of the idea of communities of learners. *Mind，Culture，and Activity，1*（4），209-229.

Rogoff，B.，Turkanis，C. G.，& Bartlett，L.（2001）. *Learning together children and adults in a school community*. London：Oxford University Press.

Roseth，C. J.，Garfield，J. B.，& Ben-Zvi，D.（2008）. Collaboration in learning and teaching statistics. *Journal of Statistics Education*，*16*（1），1-15.

Savelsbergh，E. R.，Prins，G. T.，Rietbergen，C.，Fechner，S.，Vaessen，B. E.，Draijer，J. M.，et al.（2016）. Effects of innovative science and mathematics teaching on student attitudes and achievement：A meta-analytic study. *Educational Research Review*，*19*，158-172.

Sawyer，R. K.（2014）. Introduction. In R. K. Sawyer（Ed.），*The Cambridge handbook of the learning sciences*（pp.1-18）. Cambridge：Cambridge University Press.

Scardamalia，M.，& Bereiter，C.（2014）. Knowledge building and knowledge creation：Theory，pedagogy，and technology. In K. Sawyer（Ed.），*The Cambridge handbook of the learning sciences*（2nd ed.，pp.397-417）. New York：Cambridge University Press.

Sfard，A.，& Cobb，P.（2014）. Research in mathematics education：What can it teach us about human learning. In R. K. Sawyer（Ed.），*The Cambridge handbook of the learning sciences*（pp.545-564）. Cambridge：Cambridge University Press.

Sfard，A.，& Linchevski，L.（1994）. The gains and the pitfalls of reification - The case of algebra. *Educational Studies in Mathematics*，*26*（2），191-228.

Shaughnessy，J. M.，Garfield，J.，& Greer，B.（1996）. Data handling. In A. J. Bishop，K. Clements，C. Keitel，J. Kilpatrick，& C. Laborde（Eds.），*International handbook of mathematics education（part 1）*（pp.205-238）. Dordrecht：Kluwer.

Simon，M. A.（1995）. Reconstructing mathematics pedagogy from a constructivist perspective. *Journal for Research in Mathematics Education*，*26*（2），114-145.

Slootmaeckers，K.，Kerremans，B.，& Adriaensen，J.（2014）. Too afraid to learn：Attitudes towards statistics as a barrier to learning statistics and to acquiring quantitative skills. *Politics*，*34*（2），191-200.

Streefland，L.（1991）. *Fractions in realistic mathematics education：A paradigm of developmental research*. Dordrecht：Kluwer.

Treffers，A.（1987）. *Three dimensions：A model of goal and theory description in mathematics education - The Wiskobas Project*. Dordrecht：Reidel.

van Hiele，P. M.（1986）. *Structure and insight：A theory of mathematics education*. Orlando：Academic Press.

Vosniadou，S.，& Vamvakoussi，X.（2006）. Examining mathematics learning from a conceptual change point of view：Implications for the design of learning environments. In L. Verschaffel，F. Dochy，M. Boekaerts，& S. Vosniadou（Eds.），*Instructional psychology：Past，present and future trends. Sixteen essays in honour of Erik De Corte*（pp.55-70）. Oxford：Elsevier.

Vosniadou，S.，Ioannides，C.，Dimitrakopoulou，A.，& Papademetriou，E.（2001）. Designing learning environments to promote conceptual change in science. *Learning and Instruction*，*11*（4），381-419.

Vygotsky，L.（1978）. *Mind in society*. Cambridge：Harvard University Press.

Watson，A.，& Ohtani，M.（Eds.）.（2015）. *Task design in mathematics education：An ICMI study 22*.

Cham：Springer.

Wenger，E.（1998）. *Communities of practice：Learning，meaning，and identity*. Cambridge：Cambridge University Press.

Wild，C.（2007）. Virtual environments and the acceleration of experiential learning. *International Statistical Review*，*75*（3），322-335.

Yackel，E.，& Cobb，P.（1996）. Sociomathematical norms，argumentation，and autonomy in mathematics. *Journal for Research in Mathematics Education*，*27*（4），458-477.